Gerald Bosch / Manfred Kurz

Tiere
und
Pflanzen

in Wald, Feld
und Flur

Mit über 1000 Farbabbildungen

Natur Buch
VERLAG

Inhalt

Einleitung 4
Der heimische Lebensraum 5

Bäume und Sträucher 10

Nadelbäume 12
Laubbäume 20

Kräuter 82

Einkeimblättrige Kräuter 82
Liliengewächse und Dreiblattgewächse 82 • Narzissengewächse 88 • Schwertliliengewächse und Orchideen 90 • Aronstabgewächse 94

Zweikeimblättrige Kräuter 96
Hahnenfußgewächse 96 • Mohngewächse 104 • Brennessel- und Rosengewächse 108 • Dickblatt- und Steinbrechgewächse 116 • Schmetterlingsblütler 118 • Weiderich- und Nachtkerzengewächse 128 • Sauerklee- und Storchschnabelgewächse 132 • Balsaminengewächse 136 • Doldenblütler 138 • Wolfsmilchgewächse 144 • Johanniskrautgewächse 148 • Veilchengewächse 150 • Kreuzblütler 154 • Heidekrautgewächse 162 • Primelgewächse 166 • Nelkengewächse 168 • Gänsefußgewächse 176 • Knöterichgewächse 178 • Enziangewächse 184 • Hundsgift- und Schwalbenwurzgewächse 186 • Rötegewächse 188 • Geißblatt- und Moschuskrautgewächse 190 • Baldriangewächse 192 • Kardengewächse 194 • Windengewächse 196 • Rauhblattgewächse 198 • Nachtschattenge-wächse 202 • Rachenblütler 204 • Wegerichgewächse und Lippenblüt-ler 210 • Glockenblumengewächse 222 • Korbblütler 224

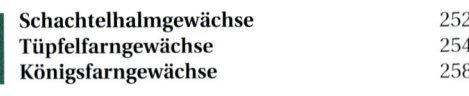

Farne 252

Schachtelhalmgewächse 252
Tüpfelfarngewächse 254
Königsfarngewächse 258

Säugetiere 260

Fledertiere 260
Insektenfresser 264
Nagetiere 270
Hasenartige 282
Raubtiere 284
Huftiere 292

Lappentaucher und Kormorane	298	**Vögel 298**
Reiher und Schreitvögel	300	
Gänsevögel	304	
Greifvögel	314	
Hühnervögel	320	
Kraniche und Rallen	322	
Watvögel, Möwen und Seeschwalben	326	
Tauben und Kuckucksvögel	336	
Eulen	340	
Schwalmvögel, Segler und Racken	342	
Spechte	346	
Sperlingsvögel	348	
Schwanzlurche	400	**Lurche und Kriechtiere 398**
Froschlurche	406	
Echsen und Schlangen	416	
Urinsekten, Eintags- und Steinfliegen	428	**Insekten 426**
Libellen und Heuschrecken	432	
Ohrwürmer, Schaben und Läuse	444	
Wanzen, Zikaden und Blattläuse	450	
Fransenflügler, Netzflügler und Verwandte	460	
Käfer	468	
Hautflügler, Schnabel- und Köcherfliegen	524	
Schmetterlinge	544	
Zweiflügler und Flöhe	586	
Schnecken und Muscheln	608	**Niedere Wirbellose 608**
Gürtelwürmer	620	
Ringelwürmer	622	
Egel	624	
Afterskorpione	628	**Spinnentiere und andere Gliederfüßer 628**
Spinnen	468	
Weberknechte, Kanker und Schneider	468	
Milben und Zecken	468	
Tausendfüßer	468	
Krebstiere	468	
Kräuter und Stauden	660	**Bestimmungsschlüssel 660**
Tiere	669	
Literatur	696	
Register	699	

Einleitung

Mit dem vorliegenden Naturführer hat der Leser einen praktischen Leitfaden zur Hand, der ihm beim Gang durch die heimische Natur hilft, die dort lebenden Tiere, Pflanzen und Pilze anhand von Fotos wiederzuerkennen. Angesichts der Fülle der Arten, die es in Mitteleuropa (d. h. Deutschland, Schweiz, Österreich, der Süden Dänemarks sowie der Osten Belgiens und der Niederlande) gibt, war es für die Autoren nicht leicht, eine Auswahl – die sich durch den Umfang des Buches automatisch einstellt – zu treffen. Daher wurden vor allem solche Arten ausgewählt, die aufgrund ihrer Farbe und Größe, aber auch aufgrund ihres Verhalten bzw. ihrer Häufigkeit besonders auffällig sind und deshalb vom Leser mit großer Wahrscheinlichkeit auch angetroffen werden. So wurde beispielsweise auf die Beschreibung von Gräsern und grasartigen Pflanzen gänzlich verzichtet; aber auch die Arten einiger Lebensräume wie Hochgebirge, sämtliche Gewässer sowie Meeresküsten werden hier nicht erwähnt. Dies gilt auch für seltene Tier- und Pflanzenarten. Derjenige, der sich speziell für solche Arten interessiert, wird im Literaturverzeichnis einige weiterführende bzw. detailliertere Werke finden, die ihm dann sicherlich weiterhelfen können.

Obwohl es bestimmte Tier- und Pflanzenarten gibt, die für einen Lebensraum charakteristisch sind und oft auch nur dort vorkommen, sind viele Arten nicht so standorttreu. Besonders Tiere, die sich im Gegensatz zu Pflanzen von der Stelle bewegen können, sind mitunter an Orten anzutreffen, wo man sie nicht vermutet. Aus diesem Grund haben die Autoren sich dafür entschieden, die Arten entsprechend ihrer jeweiligen Systematik zu beschreiben. Wollen Sie nun beispielsweise einen bestimmten Vogel oder Käfer finden, so brauchen Sie kein Biologiestudium, um den Namen herauszubekommen. Ab Seite 660 finden Sie pro Gruppe eine Liste mit beschreibenden Merkmalen, die Sie dann zur jeweiligen Familie führen.

Nachfolgend sollen die wichtigsten Bereiche des heimischen Lebensraums – mit Ausnahme von Hochgebirge, Feuchtbiotopen und Küstenbereichen – vorgestellt werden.

Der heimische Lebensraum

Wälder

Die natürliche Vegetation Mitteleuropas würde durch sommergrüne Laubwälder geprägt sein. In erster Linie sind dies Buchen- und Eichenmischwälder. Der jeweilige Waldtypus richtet sich dabei nach den Klima- und Bodenbedingungen, wie sie am jeweiligen Standort vorherrschen. Dabei dominieren jeweils auch nur wenige Baumarten.

Die Wälder sind meist deutlich in bestimmte Stockwerke gegliedert: in Bodennähe befindet sich eine Moosschicht, darüber eine Krautschicht mit Gräsern, Kräutern, Stauden und Gehölzjungwuchs. Dieser Schicht schließt sich eine Strauchschicht von mehreren Metern Höhe an, über der sich meist zwei Stockwerke von Baumkronen ausbreiten. Das höchste dieser Stockwerke kann in alten Buchenwäldern über 40 Meter Höhe erreichen,

Totholz und Unterwuchs charakterisieren diesen naturnahen Nadelwald.

Hecken sind wichtige Lebensadern der vom Menschen stark geprägten Kulturlandschaft. Sie vernetzen Lebensräume miteinander, bieten zahlreichen Tierarten Schutz und Nahrung und gliedern die offene Landschaft. Regelmäßges Auf-den-Stock-setzen – wie hier im Bild – fördert den Neuaustrieb im Frühjahr.

während die Bäume beispielsweise in nährstoffarmen Birkenwäldern auch nur 12 m hoch sein können.

In den sommergrünen Laubwäldern müssen die Pflanzen der unteren Schichten ihre Entwicklung von der Blüte bis zur Fruchtbildung zeitig im Frühjahr beginnen, da ihnen später die dichte Laubschicht der Bäume das Sonnenlicht zurückhält. Aus diesem Grund findet man im Frühjahr zahlreiche Blüten zwischen den noch kahlen Bäumen.

Neben den Laubwäldern finden sich reine Nadelwälder als natürliche Gemeinschaft nur noch in den Gebirgslagen sowie auf einigen nährstoffarmen Sandböden, z.B. lichte Kieferwälder. Bei den sonst anzutreffenden Nadelwäldern handelt es sich um reine Forstmonokulturen (Fichten und Kiefern; letztere wurden in den östlichen Bundesländern zur Harzgewinnung genutzt). Natürliche „Urwälder" wird man aufgrund des jahrhundertelangen Einflusses der Menschen in Mitteleuropa nicht mehr finden.

Freiland

Die beiden anderen großen Lebensräume, die von der heimischen Fauna und Flora genutzt werden, sind zum einen das Freiland sowie die menschlichen Siedlungen. Die meisten offenen Lebensräume unserer Heimat gehen auf den wirtschaftenden Menschen zurück. Hierzu zählen die Ackerfläche und die vielgestaltigen Formen des Grünlands wie Wiesen, Weiden und Trockenrasen. Gegliedert wird die offene Landschaft durch Weg- und Straßenränder, Hecken und Feldgehölze, die

oben: *Halbtrockenrasen sind artenreiche Biotope. Nur durch regelmäßige Beweidung oder Mahd kann dieser Lebensraum erhalten werden. Bei Aufgabe der Bewirtschaftung wandern hochwüchsige Stauden und Gehölze ein, die die Rasenarten verdrängen.*

unten: *Glatthafer ist eine Charakterpflanze von Fettwiesen. Durch häufigen Schnitt oder Beweidung und stärkere Düngung werden die Bestände zwar ertragreicher, sind aber insgesamt artenärmer.*

Wiesen entwickeln je nach Art und Weise der Bewirtschaftung eine immens hohe Artenvielfalt und sind Lebensraum für unzählige Insekten und Kleintiere.

im Vergleich zur offenen Fläche meist weniger stark vom Menschen genutzt sind und zahlreichen Tieren Schutz-, Nahrung- und Brutmöglichkeiten bieten.

Bei den Biotopen der offenen Landschaft spielt neben der Feuchtigkeit und dem Ausgangsgestein vor allem die Art der Bewirtschaftung eine Rolle. Die Häufigkeit der Mahd einer Wiese, die Art und Menge des Weideviehs, Düngung und Entwässerung führen zu jeweils unterschiedlichen Ausprägungen der Tier- und Pflanzenwelt. Ein Wechsel der Nutzungsart kann dazu führen, daß Arten, die einen Standort über Jahrhunderte geprägt haben, verschwinden. Momentan ist beispielsweise durch Umbruch, Neueinsaat und Düngung auf Wiesen und Weiden für jedermann eine massive Verarmung der Artenvielfalt des Grünlandes zu beobachten.

Siedlungen

Viele Tiere und Pflanzen haben sich als sogenannte Kulturfolger in direkter Nachbarschaft des Menschen niedergelassen. Neben solchen Arten, die als Schädlinge oder Lästlinge in menschlichen Behausungen gar nicht gerne gesehen werden, gibt es aber auch andere Beispiele. Typische Felsenbrüter, wie beispielsweise Tauben und Schwalben, aber auch Turmfalke und Mauersegler, nutzen die künstliche Felswände der Mauern und Dächer als Brutstätten; etliche Singvögel, wie Amseln, Meisen und Stare, haben sich als ehemalige Waldarten nun in Parks, Alleen und Gärten breitgemacht, wobei einige, wie der Star, aufgrund des reichhaltigen Nahrungsangebotes und des milden Stadtklimas sogar ihren Zugvogelstatus aufgegeben haben.

Elstern und Bussarde haben sich darauf spezialiert, im Verkehr getötete Kleintiere zu fressen; mancherorts kann man sogar Füchse beobachten, die nachts in der Nähe von Mülltonnen nach freßbaren Abfällen suchen. Trotz etlicher Nachteile und Gefahren wie z.B. versiegelte Böden und hohe Verkehrsdichte haben es diese Arten verstanden, sich den Veränderungen der Umwelt anzupassen. Mittlerweile findet bei vielen Städtern aber auch ein Umdenken statt: Statt monotoner Rasenwüste legt manch einer einen artenreichen Garten inklusive „Feuchtbiotop" an und manche Kommunen verbieten das Streuen von Salz im Winter oder verzichten auf häufiges Mähen der öffentlichen Grünanlagen.

Der Siedlungsbereich erhält eine Anzahl von Sonderbiotopen, die als Einfalltore für neue Tier- und Pflanzenarten fungieren. Dies sind neben den Gärten, aus denen immer wieder Zierpflanzen verwildern, vor allem die großen Verkehrsknotenpunkte wie Bahnanlagen und Häfen, die Arten fremder Länder und Kontinente die Erstansiedlung ermöglichen. Einige dieser Arten fassen in der heimischen Natur Fuß. Einige können sich problemlos integrieren, während andere „Neulinge" einheimische Arten verdrängen – beispielsweise der Japanische Knöterich, der an Bachläufen die charakteristische Pflanzenwelt aufgrund seines raschen Wachstums verdrängt.

Alleen mit alten Baumbeständen bieten vielfach Refugien für Arten, deren natürliche Lebensräume durch die Zersiedlung des Menschen zerstört worden sind.

Bäume und Sträucher

Mitteleuropa ist von Natur aus ein Waldland. Für das Auge sind daher trotz ihrer vergleichsweise geringen Artenzahl die Bäume die bestimmende Vegetationsform unserer Heimat.

Gemeinsam ist den Gehölzen, daß sie durch den Austrieb ihrer Endknospen und ihre Fähigkeit zum Dickenwachstum im Laufe ihrer oft Jahrhunderte messenden Lebensdauer allmählich an Masse zunehmen.

In Abhängigkeit von den Standortbedingungen haben sich verschiedene Waldtypen herausgebildet, in denen unter natürlichen Bedingungen jeweils bestimmte Baumarten mit unterschiedlichen Anteilen verteten sein würden. Mit Ausnahme der trockensten, feuchtesten und nährstoffärmsten Standorte wäre in Mitteleuropa die Rotbuche *(Fagus sylvatica)* die vorherrschende Baumart. Die Nutzung durch den Menschen jedoch hat die Waldvegetation in den meisten Gebieten überformt. Hier spielt vor allem der in unterschiedlichen Zeiten unterschiedliche Bedarf an unterschiedlichem Bauholz eine Rolle. Hinzu kommt die Tatsache, daß die Rückkehr ehemals landwirtschaftlich genutzter Flächen, z. B. auch der Heiden, zu einer der Endgesellschaft entsprechenden Vegetation Jahrhunderte dauert und über verschiedene Zwischenstufen erfolgt (Sukzession). Stellenweise wurden die Standortbedingungen auch unwiederruflich verändert (großflächige Entwässerung, Tagebau), so daß an diesen Standorten auch ohne Zutun der Forstwirtschaft heute andere Pflanzen wachsen als vor dem Eingriff des Menschen.

Zur besseren Handhabbarkeit des vorliegenden Bestimmungsbuches werden die Gehölze getrennt von den Kräutern behandelt, auch wenn sie derselben Pflanzengruppe angehören. Die Unterscheidung zwischen Bäumen (mit Stamm) und Sträuchern (ohne Stamm, Verzweigung vom Boden an) ist dabei nicht immer möglich. Als Folge regelmäßigen Schnittes können auch sonst baumartig wachsende Arten mehrstämmig werden wie z. B. Hainbuche *(Carpinus betulus)*, während sonst strauchförmige Arten als einzeln stehende Pflanzen baumförmigen Wuchs zeigen können wie beispielsweise der Eingriffelige Weißdorn *(Crataegus monogyna)*. Die Wuchsform ist also kein eindeutiges Bestimmungsmerkmal.

Da die Blüten nur über einen kurzen Zeitraum sichtbar und auch dann meist nicht zugänglich sind, stellen die Blätter das wesentlichste Bestimmungsmerkmal dar. Zu beachten sind ihre Stellung am Zweig (wechselständig oder gegenständig), ihre Form, ihr Rand, ihr Stiel und gegebenenfalls vorhandene Nebenblätter am Ansatz des Stieles. Eindeutige Beschreibung bieten häufig auch die Knospen sowie die Rinde und ermöglichen so auch eine Bestimmung im Winter.

Buchenwald im Frühling

Nadelbäume

Die Nadelbäume gehören zu der Pflanzengruppe, die als Nacktsamer (Gymnospermae) bezeichnet wird. Die weiblichen Zapfen der Nadelbäume bestehen aus einer Achse, um die Schuppen (Fruchtblätter) angeordnet sind, auf denen sich die Samenanlagen befinden. Diese Samenanlagen sind von einer dünnen Deckschuppe geschützt, sitzen jedoch im Gegensatz zu denen der Bedecktsamer (Angiospermae) nicht im Inneren eines Fruchtknotens. Die männlichen Zapfen setzen sich aus zahlreichen Staubblättern zusammen. Die Übertragung der Pollen erfolgt durch den Wind. Nach der Bestäubung schließen sich die weiblichen Zapfen wieder schützend um die sich entwickelnden Samen, deren Verbreitung zumeist durch den Wind erfolgt. Einige Arten haben fleischige Samenschuppen oder Samenmäntel entwickelt, die von Tieren gefressen, später ausgeschieden werden und so neue Wege der Verbreitung erschließen.

Die Blätter der einheimischen Nacktsamer sind nadelförmig. Sie reduzieren durch ihre Form und die Lage der wasserabgebenden Spaltöffnungen auf der Blattinnenseite die Wasserabgabe. Im Gegensatz zu den Blättern der Laubbäume werden nicht in jedem Herbst alle Nadeln abgeworfen. Sie bleiben stattdessen mehrere Jahre am Baum (Ausnahme: Lärche). Hierdurch sind Nadelbäume schneller als laubabwerfende Bäume in der Lage, bei günstigen Bedingungen Photosynthese zu betreiben. Dieser Vorteil ermöglicht ihnen die Besiedlung auch ungünstiger Klimazonen.

Taxaceae (Eibengewächse)

Eibe
(Taxus baccata), Fam. Taxaceae (Eibengewächse)

Beschreibung: Baum oder großer Strauch mit aufrechtem, gabelig verzweigtem Stamm und unregelmäßiger Krone, rote, im Alter in Streifen abblätternde Rinde, langsames Wachstum, bis 2–15 m, im Extremfall bis 35 m hoch; Alter bis über 1000 Jahre möglich, Zweige mit schraubig oder zweizeilig gestellten Nadeln, Nadeln flach, weich, gedreht, mit deutlicher Mittelrippe, bis 4 cm lang, Oberseite glänzend dunkelgrün, Unterseite mattgrün mit 2 Längsstreifen; zweihäusige Pflanze.
Blüten: ♂ Pflanzen mit gelben, kugeligen Kätzchen, ♀ mit einzelnen oder paarweisen, sehr kleinen, grünen Blüten.
Blütezeit: III–V.
Früchte: Scheinbeere mit roter, fleischig-schleimiger, becherartiger Fruchthülle („Arillus") und einem harten, braunen Nüßchen, Reife: VIII–X.
Standort: selten im Unterwuchs von Mischwäldern im Bergland.
Besonderheiten: Einschließlich der Nadeln sehr giftig, lediglich die rote Fruchthülle, nicht jedoch der darin befindliche Same, ist eßbar; gefährdet, regional ausgestorben oder verschollen (BArtSchV); Holz wird für Schnitzarbeiten verwendet.

Eibe *(Taxus baccata)*,
männliche Blüten

Eibe *(Taxus baccata)*,
Früchte

Pinaceae (Kieferngewächse)

Gewöhnliche Fichte
(Picea abies), Fam. Pinaceae (Kieferngewächse)

Beschreibung: Baum mit aufrechtem, unverzweigtem Stamm und kegelförmig zugespitzter Krone, rot- bis graubraune, anfangs glatte, später schuppig abblätternde Rinde; bis 40 m, vereinzelt bis 60 m hoch; im Forst bis 150, im Urwald bis 600 Jahre alt werdend; Stellung der Zweige sehr variabel; Nadeln vierkantig, bis 2,5 cm, steif, seitlich und oberwärts vom Zweig abstehend, glänzend grün, mit rundem, stark aufgewölbtem Blattkissen, dadurch entnadelter Zweig rauh.

Blüten: ♂ Blüten in rundlichen, roten, später gelben Kätzchen, ♀ Blüten in roten oder grünen kleinen aufrechten Zapfen.

Blütezeit: IV–VI.

Früchte: Fruchtstand brauner, bis 16 cm langer, hängender Zapfen mit spitz eiförmigen braunen, ab Oktober ausfliegendem Samen.

Standort: Von Natur aus in vielen Waldgesellschaften, vor allem im Osten beigemischt, jedoch nur in Höhen über 800 m bestandsbildend, Anbau meist in Reinbeständen.

Besonderheiten: Regional vom Aussterben bedroht, wertvolles Bauholz, jedoch auch Nutzung zur Gerbstoff- und Harzgewinnung.

Waldkiefer
(Pinus sylvestris), Fam. Pinaceae (Kieferngewächse)

Andere Namen: Gemeine Kiefer, Föhre, Forle

Beschreibung: Baum mit geradem Stamm; hoch angesetzte, schirmförmige Krone; jung glatte graue, später rotbraun borkige Rinde, 15–25 m, gelegentlich bis 50 m hoch; im Forst bis 80 Jahre alt werdend, jedoch bis 600 Jahre möglich; Zweige quirlständig; Nadeln paarweise in Kurztrieben, gedreht, halbrund, bis 8 cm lang, außen dunkelgrün, innen graugrün.

Blüten: ♂ Blüten in gelben, eiförmigen Kätzchen, ♀ Blüten in roten, gestielten Zapfen.

Blütezeit: V.

Früchte: Fruchtstand unreif kegelförmiger grüner, im 2. Jahr graubrauner Zapfen, bis 8 cm lang mit rautenförmigen, bis 2,5 cm langen Schuppen; Samen länglich eiförmig, geflügelt, schwarz oder gelblich, reift im Oktober, fliegt im Frühjahr des 3. Jahres aus.

Standort: Anspruchslos, natürliche Standorte auf Felsen und in Mooren oder beigemischt in Eichen-, Fichten- und Tannenwäldern; Forstbaum häufig auf nährstoffarmen Standorten.

Besonderheiten: Vielfältige Nutzung, z. B. zur Terpentingewinnung; zahlreiche Rassen und Varietäten.

Fichte
(Picea abies), Zapfen

Gemeine Kiefer
(Pinus sylvestris)

Gemeine Kiefer
(Pinus sylvestris)

Weymouthkiefer, Strobe

(Pinus strobus), Fam. Pinaceae (Kieferngewächse)

Beschreibung: Baum mit geradem, schlankem Stamm; gleichförmige, kegelförmige, im Alter ausgebreitete Krone; glatte schwarzgraue Rinde, ab dem zweiten Jahrzehnt rissige, graue Borke; 30 m, gelegentlich bis 50 m hoch; Zweige abstehend; Nadeln zu 5 in Kurztrieben, dünn, biegsam, bis 12 cm lang, blaugrün, innen mit bläulichweißen Längsstreifen.
Blüten: ♂ Blüten in hellgelben Kätzchen, ♀ Blüten in blaugrünen, schlanken, gestielten Zapfen.
Blütezeit: V–VI.
Früchte: Fruchtstand unreif rotbrauner, später grüner, aufrechter, im 2. Jahr hellbrauner, gebogener, walziger, vorn spitzer, bis 3 cm breiter und 20 cm langer, stark harziger Zapfen; Samen halbmondförmig geflügelt, braunfleckig, fliegt im Spätsommer des 2. Jahres aus.
Standort: In der Ebene und im Mittelgebirge Forstbaum; Herkunft: Nordamerika.

Europäische Lärche

(Larix decidua), Fam. Pinaceae (Kieferngewächse)

Beschreibung: Baum mit aufrechtem Stamm; kegel- bis eiförmige, regelmäßige Krone; glatte gelbe, später rissige graue Rinde; 20–30 m, gelegentlich bis 50 m hoch; 60–150 Jahre alt werdend, jedoch bis 700 Jahre möglich; Äste kurz, abstehend, Zweige hängend; Nadeln weich, bis 3 cm lang, büschelförmig zu mehreren Dutzend in Kurztrieben und einzeln am Langtrieb, hellgrün, im Herbst gelb werdend und abfallend.
Blüten: ♂ Blüten in eiförmigen rötlichen, hängenden Kätzchen, ♀ Blüten in roten, aufrechten Zapfen.
Blütezeit: III–VI.
Früchte: Fruchtstand eiförmiger, aufrechter hellbrauner, später graubrauner, 2–4 cm langer Zapfen mit 40–50 rundlichen Schuppen; Samen klein, dreieckig eiförmig, hellbraun, breit geflügelt, reift im Herbst, fliegt im Frühjahr aus, Zapfen verbleibt nach dem Aussamen noch lange am Zweig.
Standort: Forstbaum, natürliches Vorkommen im Alpenraum.

Weißtanne

(Abies alba), Fam. Pinaceae (Kieferngewächse)

Beschreibung: Baum mit aufrechtem, geradem Stamm; spitz, im Alter stumpf kegelförmige Krone; anfangs glatte braune, später borkige, schuppig abblätternde graue Rinde; 30–40 m, gelegentlich bis 50–70 m hoch; Alter im Forst bis 200 Jahre, jedoch bis 500 Jahre möglich; Zweige nach dem Nadelabfall glatt; Nadeln in 4 Reihen stehend, flach, gedreht, bis 3 cm lang, Oberseite dunkelgrün, Unterseite mit 2 weißen Längsstreifen.

Weymouthkiefer *(Pinus strobus)*, Nadeln

Europäische Lärche
(Larix decidua), Habitus

Europäische Lärche
(Larix decidua), Zapfen

Blüten: ♂ Blüten in gelben, walzenförmigen, bis 1 cm langen Kätzchen in den Nadelachsen, ♀ Blüten in grünlichen, aufrechten Zapfen in der oberen Kronenregion.

Blütezeit: V–VI.

Früchte: Fruchtstand walzig zapfenförmig, aufrecht, bis 20 cm lang; Samen groß, dreikantig, geflügelt, mit gebogenem Fortsatz, dunkelbraun, im Herbst reifend und aussamend; Zapfen zerfallen nach dem Aussamen, Achse verbleibt jedoch am Baum.

Standort: Bestandsbildend oder in Mischwäldern vor allem des Berglandes, anspruchsvolle Baumart tiefgründiger, lockerer Böden, empfindlich gegen klimatische Extreme und Luftschadstoffe.

Besonderheiten: Gefährdet, regional vom Aussterben bedroht, wertvolles Bauholz.

Douglasie
(Pseudotsuga menziesii), Fam. Pinaceae (Kieferngewächse)

Beschreibung: Baum mit geradem, aufrechten Stamm; spitz kegelförmige Krone; anfangs glatte, grünliche, später rissig borkige, schwarze Rinde mit auffälligen Harzblasen; bis 50 m, im Herkunftsland bis 100 m hoch; Alter mehrere hundert Jahre; Zweige ringsum benadelt; Nadeln flach, dünn, nicht stechend, bis 3,5 cm lang, Oberseite je nach Variante dunkel- oder hellgrün, Unterseite heller grün mit 2 weißlichen Längsstreifen, charakteristischer Zitronengeruch.

Blüten: ♂ Blüten in zahlreichen gelben Kätzchen in Nadelachseln, ♀ Blüten grüne, aufrechte, endständige, bis 10 cm lange Zapfen.

Blütezeit: IV–V.

Früchte: Fruchtstand hängender, hellbrauner Zapfen mit weit vorragenden, 3spitzigen Deckschuppen; Samen dreikantig, Oberseite gewölbt, rotbraun, Unterseite flach, hellbraun, geflügelt, reift im Herbst und fliegt aus.

Standort: Forstbaum; Herkunft: Westküste Nordamerikas.

Cupressaceae (Zypressengewächse)

Gemeiner Wacholder
(Juniperus communis), Fam. Cupressaceae (Zypressengewächse)

Beschreibung: Großer Strauch mit einfachem oder vom Grunde an verzweigtem Stamm und kegelförmiger, im Alter breit ausladender Krone; braune bis schwarze, tiefgefurcht borkige Rinde; bis 15 m hoch; hohes Alter möglich; Nadeln pfriemförmig, stachelspitzig, bis 2 cm lang, in dreizähligen Quirlen.

Blüten: ♂ Blüten in kleinen, gelben, kugeligen Kätzchen, ♀ Blüten in kleinen, hellgrünen, dreischuppigen Zapfen.

Blütezeit: III–VI.

Weißtanne *(Abies alba)*, Zapfen

Weißtanne *(Abies alba)*, Krone

Douglasie *(Pseudotsuga menziesii)*

Zapfen

Früchte: Beerenartig-fleischiger, kugeliger, violetter Zapfen („Wacholder-beere") mit 3 kantigen Samen; Fruchtansatz im 2. Herbst.
Standort: Lichte Wälder nährstoffarmer Standorte, als Gebüsch auf Heiden und mageren Weiden.
Besonderheiten: Regional vom Aussterben bedroht; Frucht nur in kleinen Mengen als Gewürz, zu Heilzwecken und zur Schnapsherstellung, Holz zum Räuchern verwendet.

Laubbäume

Die Laubbäume gehören wie die Gräser und Kräuter zur Gruppe der Bedecktsamer (Angiospermae). Pflanzensystematisch gesehen liegt der wichtigste Unterschied zu den Nacktsamern (Gymnospermae) darin, daß die Samenanlage in einem Fruchtknoten eingeschlossen ist. Dieser bessere Schutz erfordert zugleich das Vorhandensein eines Organs zum Auffangen der Pollen, der sogenannten Narbe.

Eine Reihe von Laubbäumen ist wie die Nadelbäume auf die Bestäubung durch den Wind angewiesen. Diese Arten haben in der Regel unauffällige Blüten (Kätzchen). Meist sind die männlichen Blütenstände darauf eingerichtet, den Pollen auszuschütten.

Bei der Mehrzahl der Bedecktsamer erfolgt die Bestäubung jedoch durch Tiere. Hierzu verfügen sie über auffällige Blüten; diese bestehen zumeist aus Kelchblättern zum Schutz der Knospe, farbigen und duftenden Kronblättern zur Anlockung der Bestäuber, den pollentragenden Staubblättern und den die Samenanlagen enthaltenden, einen Fruchtknoten bildenden Fruchtblättern mit Narbe und Griffel. Zahlreiche Abwandlungen dieses Grundtyps der Blüte sind möglich.

Salicaceae (Weidengewächse)

Espe
(Populus tremula), Fam. Salicaceae (Weidengewächse)

Andere Namen: Aspe, Zitterpappel.
Beschreibung: Baum mit geraden Stamm und lockerer Krone; glatte, gelbbraue Rinde; schnelles Wachstum, bis 35 m hoch; Alter bis 100 Jahre; Zweige glänzend braun bis grau, mit rundlichen Korkzellen, im Winter mit klebrigen, spitz kegelförmigen, gelb- oder rotbraunglänzenden Knospen.
Blätter: Wechselständig, rundlich eiförmig, 3–8 cm lang, grün, kahl, Blattstiel seitlich zusammengedrückt, Blattgrund herzförmig ausgerandet, Blattrand grob gesägt.
Blüten: Blütenstand kätzchenförmig; zweihäusig, ♂ bis 4 cm, ♀ bis 12 cm lang, hängend, zottig behaart, Staubbeutel und Narben karminrot.
Blütezeit: III–IV.

Gemeiner Wacholder
(Juniperus communis), Habitus

Früchte

Espe *(Populus tremula)*,
Blätter

Früchte: Zweiklappige, langgestielte Kapselfrucht; Samen schopfig behaarte, rundliche gelbe Nüßchen, im Mai reifend.
Standort: Pionierbaum, z. B. auf Waldschlägen, aber auch auf städtischen Brachen.
Besonderheiten: Bastardisierung mit anderen *Populus*-Arten. Der Name bezieht sich auf das raschelnde Zittern der an ihrem zusammengedrückten Stiel sehr beweglichen Blätter.

Silberpappel
(Populus alba), Fam. Salicaceae (Weidengewächse)

Beschreibung: Baum mit geradem Stamm und kegelförmiger, später breiter Krone; glatte, weißgraue Rinde; bis 30 m hoch; Alter bis 400 Jahre.
Blätter: Wechselständig, in der Form sehr variabel, Oberseite ledrig glänzend, dunkelgrün, Unterseite hellgrün und weißfilzig behaart (Name!), Blattstiel seitlich zusammengedrückt, Blattrand buchtig gezähnt bis handförmig gelappt.
Blüten: Blütenstand kätzchenförmig, zweihäusig, ♂ Kätzchen bis 4 cm lang, Staubbeutel karminrot; ♀ Kätzchen bis 12 cm lang, hängend, zottig behaart, Narben gelbgrün oder rosa.
Blütezeit: III–IV.
Früchte: Hellbraune, kahle Kapselfrucht mit nach Öffnung zurückgeschlagenen Klappen; Samen birnenförmig, wollschopfig behaart, im Mai reifend.
Standort: Zerstreut in Auwäldern großer Flußniederungen, gelegentlich auch auf städtischen Brachen.

Kanadapappel
(Populus x canadensis), Fam. Salicaceae (Weidengewächse)

Anderer Name: Hybridpappel
Beschreibung: Baum mit geradem Stamm und breiter Krone; grauweiße, längsrissige Rinde; schnellwüchsig, bis 50 m hoch; Alter bis 300 Jahre, jedoch meist viel früher durch Windbruch oder Kernfäule fallend; Zweige glänzend gelbbraun, bereits jung mit kantigen Korkzellen, im Winter mit klebrigenigen, spitzen Knospen
Blätter: Wechselständig, abgerundet dreieckig, bis über 15 cm lang, Oberseite blaugrün, Unterseite hellgrün, Blattstiel seitlich zusammengedrückt, Blattgrund gestutzt, Blattrand gekerbt, bewimpert.
Blüten: Blütenstand hängend kätzchenförmig, zweihäusig, ♂ Kätzchen dick walzig, bis 5 cm lang, Staubbeutel rot; ♀ schlanker, bis 7 cm lang, Narben hellgrün mit rotem Rand.
Blütezeit: III–IV.
Früchte: Bis 15 cm lange, gestielte grünlich braune Kapselfrucht; Samen weißwollig behaarte, hellbraune Nüßchen, im Juni reifend.
Standort: In Auenbereichen forstlich angebaut.

Silberpappel *(Populus alba)*, Rinde

Silberpappel *(Populus alba)*, Habitus

Blätter

Kanadapappel *(Populus x canadensis)*, Habitus

Kanadapappel *(Populus x canadensis)*, Blätter

Besonderheiten: In Europa werden Kreuzung mit der Schwarzpappel oder anderen amerikanischen *Populus*-Arten angebaut. Diese werden durch Stecklinge vermehrt und sind nur in seltenen Fällen zur geschlechtlichen Vermehrung in der Lage; windbruchgefährdet.

Salweide
(Salix caprea), Fam. Salicaceae (Weidengewächse)

Beschreibung: Kleiner Baum oder Strauch mit dichter Krone; glatte, graugrüne Rinde, im Alter borkig aufreißend; bis 13 m hoch; Alter bis 60 Jahre; Zweige im Winter mit großen, kahlen, spitzen Knospen.
Blätter: Wechselständig, breit elliptisch bis verkehrt eiförmig, bis 11 cm lang, Oberseite dunkelgrün, kahl, runzelig, Unterseite leicht bläulich, graufilzig, mit deutlichen Nerven; nierenförmige, hinfällige Nebenblätter, Blattgrund abgerundet, Blattrand ganzrandig bis gekerbt-gesägt.
Blüten: Blütenstand kätzchenförmig, sehr kurz gestielt, silbrig zottig behaart, zweihäusig, ♂ eiförmig, bis 3,5 cm lang, gelb, honigduftend; ♀ walzig, bis 7 cm lang, grünlich.
Blütezeit: III–V.
Früchte: Längliche, graufilzige, zweiklappige Kapselfrüchte; Samen sehr klein, mit weißem Haarschopf, Fruchtansatz.
Standort: Pionierstrauch auf unterschiedlichsten Standorten, Waldschläge, häufig auch auf städtischen Brachen.
Besonderheiten: Bildet zahlreiche Bastarde mit anderen Salix-Arten.

Silberweide
(Salix alba), Fam. Salicaceae (Weidengewächse)

Anderer Name: Weißweide.
Beschreibung: Baum mit meist geradem Stamm und unregelmäßiger Krone, auch als Kopfbaum; weißgraue Rinde, im Alter mit gelbbrauner, rissiger Borke; schnellwüchsig, bis 25 m hoch; Alter bis 100 Jahre; Zweige dünn, biegsam, jung behaart, im Winter mit kleinen, stumpfen, rötlichengelben, behaarten Knospen.
Blätter: Wechselständig, länglich-lanzettlich, bis 10 cm lang, jung beidseitig silbern langhaarig, Oberseite verkahlend, Nebenblätter klein, hinfällig, Blattrand gesägt.
Blüten: Blütenstand kätzchenförmig, mit den Blättern erscheinend, zweihäusig, ♂ Kätzchen aufsteigend-aufrecht, bis 8 cm lang, 2 Staubgefäße mit gelben Staubbeuteln; ♀ Kätzchen grün, bis 6 cm lang.
Blütezeit: V–VI.
Früchte: Kegelförmige, graufilzige Kapselfrüchte mit nach Öffnung zurückgebogenen Klappen; Samen sehr klein, am Grund mit weißem Haarschopf.
Standort: Bestandsbildend in Auenwäldern und an Ufern, stellenweise flächiger Anbau zu Nutzungszwecken.

Salweide *(Salix caprea)*, Habitus

Blätter

Männliche Blüten

Silberweide *(Salix alba)*, Männliche Blüten

Besonderheiten: Mehrere Unterarten, Bastardisierung mit anderen *Salix*-Arten, Nutzung zur Gewinnung von Flechtwerk (Körbe, Böschungs-befestigung), Gerb- und Heilmitteln.

Bruchweide
(Salix fragilis), Fam. Salicaceae (Weidengewächse)

Andere Namen: Knickweide, Knackweide.

Beschreibung: Baum mit geradem oder gekrümmtem Stamm und breiter, unregelmäßiger Krone, auch als Kopfbaum; glatte gelbliche Rinde, später mit grünlicher bis dunkelgrauer, längsrissiger Borke; 10–25 m hoch; Alter bis 100 Jahre; einjährige Zweige mit deutlichem Knacken abbrechend (Name!), im Winter mit spitzkegeligen, gelben, grünen oder braunen Knospen.

Blätter: Wechselständig, länglich-lanzettlich, bis 15 cm lang, behaart, später verkahlend, glänzend grün, Unterseite blau bereift; Nebenblätter halbherzförmig, Blattrand drüsig gesägt. Blüten: Blütenstand walzig kätzchenförmig; zweihäusig, ♂ Kätzchen dichtblütig, bis 5 cm lang, ♀ lockerblütig, bis 10 cm lang.

Blütezeit: IV–V.

Früchte: Kegelförmige, graufilzige Kapselfrüchte mit nach Öffnung zurückgebogenen Klappen; Samen sehr klein, am Grund mit weißem Haarschopf und werden miteinander zur Samenwolle verstrickt.

Standort: Zerstreut in Auenwäldern und an Ufern.

Besonderheiten: Bastardisierung mit anderen *Salix*-Arten, Nutzung wie Silberweide.

Aschweide
(Salix cinerea), Fam. Salicaceae (Weidengewächse)

Andere Namen: Grauweide.

Beschreibung: Strauch mit dichter Krone; graue Rinde; bis 6 m hoch; Zweige kräftig, dicht behaart, im 2. Jahr unter Rinde mit deutlichen Riefen.

Blätter: Wechselständig, variabel, breit elliptisch bis verkehrt eiförmig, mit kurzer Spitze, bis 12 cm lang, graugrün, Oberseite kurz, Unterseite filzig behaart, deutliche Nervatur; Nebenblätter nierenförmig, bis 1 cm lang.

Blüten: Blütenstand kätzchenförmig, silbrig behaart, bis 9 cm lang; zweihäusig; ♂ eiförmig, gelb, ♀ walzig, grünlich, mit lang hervorstehenden Narben.

Blütezeit: III–IV.

Früchte: Langstielige, silbrig glänzende, filzig behaarte Kapselfrüchten mit nach Öffnung zurückgebogenen Klappen.

Standort: Pioniergebüsche feuchter Standorte.

Besonderheiten: Der deutsche Name „Grauweide" ist mehrdeutig und wird auch auf die vor allem im Alpenraum und als Zierpflanze vorkommende *Salix eleagnos* bezogen.

Bruchweide
(Salix fragilis)

Aschweide
(Salix cinera)

Korbweide

(Salix viminalis), Fam. Salicaceae (Weidengewächse)

Beschreibung: Baum oder großer Strauch; grün- bis graubraune Rinde; bis 5 m, gelegentlich bis 10 m hoch; Zweige biegsam, gerade, bis 1 m lang, mit gelbgrüner Rinde, jung flaumig behaart, im Winter mit spitz eiförmigen, behaarten Knospen.

Blätter: Wechselständig, lanzettlich bis linealförmig, 10–25 cm lang, bis 1,5 cm breit, Oberseite matt dunkelgrün, runzelig, Unterseite seidig silbern behaart; Nebenblätter hinfällig, Blattstiel bis 1,5 cm, Blattgrund keilförmig verschmälert, Blattrand ganzrandig bis schwach gekerbt, eingerollt, wellig.

Blüten: Blütenstand kätzchenförmig, sitzend, zweihäusig; ♂ Kätzchen eiförmig, mit auffälligen, goldgelben, kolbenförmigen Staubblättern, ♀ Kätzchen walzig, bis 6 cm lang, gelbgrün.

Blütezeit: III–IV.

Früchte: Dicht und kurz behaarte Kapselfrüchte.

Standort: Häufiger Pionierstrauch in den Tieflandauen der großen Flüsse.

Besonderheiten: Anbau zur Gewinnung von Flechtwerk (Körbe, Böschungsbefestigung), Bastardbildung mit *Salix caprea, Salix cinerea* und *Salix aurita.*

Purpurweide

(Salix purpurea), Fam. Salicaceae (Weidengewächse)

Beschreibung: Baum oder großer Strauch mit schlankem Stamm und unregelmäßiger, besenartiger Krone; glatte, graue Rinde; bis 6 m, gelegentlich bis 10 m hoch; Zweige lang, dünn, in der Jugend rot (Name!).

Blätter: Wechselständig oder gegenständig, lanzettlich, im vorderen Drittel verbreitert, bis 5 cm lang, kahl, Oberseite mattgrün, Unterseite heller, bläulich überlaufen; Nebenblätter meist fehlend, Blattrand an der Spitze fein gesägt.

Blüten: Blütenstand kätzchenförmig, bis 5 cm lang, zweihäusig, ♂ Kätzchen erst grau, dann rot, dann vom Blütenstaub gelb, Blüten mit 2 verwachsenen Staubgefäßen; ♀ Kätzchen 2–6 cm lang, mit kurzen Griffeln und kopfigen Narben.

Blütezeit: III–IV.

Früchte: Kleine, gedrängt stehende, grünliche, filzig behaarte Kapselfrüchte.

Standort: Häufig in Auengebüschen.

Besonderheiten: Regional gefährdet; Nutzung zur Gewinnung von Flechtwerk, beliebte Gartenpflanze, mehrere Unterarten.

Korbweide *(Salix viminalis)*, Habitus

Purpurweide *(Salix purpurea)*, Blätter

Ohrweide
(Salix aurita), Fam. Salicaceae (Weidengewächse)

Beschreibung: Kleiner Strauch mit abstehenden Ästen; bis 2 m hoch; Zweige dünn, im 2. Jahr mit deutlich gerieftem Holz.

Blätter: Wechselständig, verkehrt eiförmig bis breit lanzettlich, Spitze zurückgerollt, Oberseite matt grün, flaumig behaart, netzrunzelig, Unterseite graufilzig, Ader auffällig hervortretend; Nebenblätter von charakteristischer Ohrenform (Name!), Blattrand undeutlich grob gesägt.

Blüten: Blütenstand kätzchenförmig, silbrig behaart; zweihäusig, ♂ Kätzchen eiförmig, bis 2,5 cm lang, gelb, duftend; ♀ Kätzchen walzig, bis 3,5 cm lang, grünlich.

Blütezeit: III–V.

Früchte: Walzen- bis kegelförmige, silbrig behaarte, gestielte Kapselfrüchte mit nach Öffnung zurückgerollten Klappen.

Standort: Häufig in lichten Bruchwäldern und am Rande von Gewässern und Mooren.

Myricaceae (Gagelstrauchgewächse)

Gagelstrauch
(Myrica gale), Fam. Myricaceae (Gagelstrauchgewächse)

Beschreibung: Niedriger Strauch, bis 1,5 m hoch; Zweige aufrecht, mit aromatischem Geruch.

Blätter: Wechselständig, länglich, verkehrt eiförmig, lederig, drüsig, aromatisch riechend, Oberseite dunkelolivgrün, Unterseite graugrün, Blattgrund keilförmig, Blattrand im oberen Bereich gesägt.

Blüten: Blütenstand aufrecht ährenförmig; zweihäusig, ♂ Kätzchen braun, walzig, bis 1,5 cm lang; ♀ Kätzchen grün, kugelig, bis 0,6 cm lang.

Blütezeit: III–V, vor dem Laubaustrieb.

Früchte: Fruchtstand zapfenförmig, aus kleinen, braunen Steinfrüchten.

Standort: Bestandsbildend vor allem am Rande von Heidemooren und Moorwäldern.

Besonderheiten: Gefährdet, regional vom Aussterben bedroht; Symbiose mit Strahlenpilzen in Wurzelknöllchen, vor Einführung des „Reinheitsgebotes" lokal als Bierwürze verwendet.

Ohrweide *(Salix aurita)*, Blätter

Männliche Blüten

Gagelstrauch *(Myrica gale)*, männliche Blüten

Juglandaceae (Walnußgewächse)

Walnuß
(Juglans regia), Fam. Juglandaceae (Walnußgewächse)

Andere Namen: Welschnuß.

Beschreibung: Baum mit geradem, kräftigem Stamm und kugeliger, dichter Krone; graue, glatte Rinde mit im Alter rissiger Borke; bis 30 m hoch; Alter von mehreren hundert Jahren möglich; Zweige kahl, dick, graugrün, später dunkelbraun, im Winter mit großen, rundlichen, behaarten, rötlich-braunen Knospen.

Blätter: Wechselständig, 5–13teilig gefiedert mit länglich eiförmigen, ganzrandigen Fiedern, bis 45 cm lang, leicht mit den Blättern der Gemeinen Esche zu verwechseln, glänzend dunkelgrün, Endfieder groß, beim Zerreiben charakteristischer Geruch.

Blüten: ♂ Blütenstand kätzchenförmig, gelb-grün, hängend, bis 15 cm lang; einhäusig, ♀ Blüten zu 2–5 endständig, grün mit 2 fleischigen, gekrümmten, weißen oder rosafarbenen Narben.

Blütezeit: V–VI.

Früchte: Runde Steinfrucht mit grüner, fleischiger Fruchthülle; Samen mit holziger, gefurchter Schale und fetthaltigem „Kern"; Reife im September.

Standort: Ursprünglich im Balkangebiet beheimatet, gelegentlich in Auen- und Hangwäldern, meist jedoch als Alleebaum und im Siedlungsbereich.

Besonderheiten: Formenreich, frostempfindlich, vielfältige Nutzung der Früchte (Verzehr, Öl, Beize), wertvolles Nutzholz. Die Fruchthülle sondert eine braunfärbende Flüssigkeit (Nußbeize) ab.

Fagaceae (Buchengewächse)

Stieleiche
(Quercus robur), Fam. Fagaceae (Buchengewächse)

Beschreibung: Baum mit geradem, walzenförmigen Stamm und unregelmäßiger Krone; in der Jugend glänzend graue Rinde, später mit tiefrissiger hellbrauner Borke; bis 35 m, gelegentlich bis 60 m hoch; Alter in der Regel 300–400, auch bis 800 Jahre und darüber; Zweige, stumpfkantig, unregelmäßig verzweigt, graugrün, jung flaumig behaart, später kahl, im Winter mit stumpfkantigen, vielschuppigen braunen Knospen, Endknospe größer als die Seitenknospen.

Blätter: Wechselständig, am Zweigende gehäuft, derb, mit verkehrt eiförmigem Umriß, unregelmäßig gelappt, bis 12 cm lang, Oberseite dunkelgrün, Unterseite heller, Blattstiel kurz, Blattgrund mit 2 ungleich großen Lappen („geöhrt"), Blattrand ganzrandig.

Walnuß *(Juglans regia)*,
Früchte

Stieleiche *(Quercus robur)*, Früchte

Stieleiche *(Quercus robur)*,
Habitus im Herbst

Blüten: Einhäusig, ♂ Blütenstand locker kätzchenförmig, grünlich, mit dünner Achse und zahlreichen, zierlichen Blüten, bis 4 cm lang; ♀ Blüten zu mehreren langgestielt, rot, dreinarbig.

Blütezeit: IV–VI.

Früchte: Zu 1–3 auf 4–8 cm langen Stielen (Name!), walzenförmige Eichel, Fruchtbecher flach, schuppig, grün, später hellbraun, Reife IX–X.

Standort: Bestandsbildend in Laubmischwäldern.

Besonderheiten: Wertvolles Nutzholz, in früheren Zeiten außerdem hohe Bedeutung für die Waldweide („Eichelmast"), Rinde zur Gerbstoffgewinnung, hohes Ausschlagsvermögen.

Traubeneiche

(Quercus petraea), Fam. Fagaceae (Buchengewächse)

Beschreibung: Baum mit geradem, walzenförmigen Stamm und unregelmäßiger Krone; in der Jugend glänzend graue Rinde, später mit tiefrissiger hellbrauner Borke; bis 40 m, gelegentlich bis 60 m hoch; Alter 300–400, auch bis 800 Jahre und darüber; Zweige stumpfkantig, unregelmäßig verzweigt, dunkelgrau, jung kahl, später bereift, im Winter mit stumpfkantigen, vielschuppigen, orangebraunen Knospen, Endknospe größer als die Seitenknospen.

Blätter: Wechselständig, in mehr oder weniger regelmäßigen Abständen, derb, mit verkehrt eiförmigem Umriß, regelmäßig gelappt, bis 12 cm lang, Oberseite glänzend dunkelgrün, Unterseite heller, Blattstiel 1–3 cm lang, Blattgrund keilförmig, Blattrand ganzrandig.

Blüten: Einhäusig, ♂ Blütenstand locker kätzchenförmig, grünlich, mit dünner Achse und zahlreichen, zierlichen Blüten, bis 8 cm lang; ♀ Blüten zu mehreren, weitgehend sitzend, weiß mit 3 roten Narben.

Blütezeit: IV–VI.

Früchte: Zu 1–7 traubig gehäuft (Name!), gedrängt in sitzenden oder bis 1 cm langgestielten Fruchtständen, Eichel im unteren Drittel am dicksten, Fruchtbecher flach, schuppig, grün, später hellbraun; Reife IX–X.

Standort: Bestandsbildend in Laubmischwäldern, vor allem des Hügellandes und der Mittelgebirge.

Besonderheiten: Wertvolles Nutzholz, in früheren Zeiten außerdem hohe Bedeutung für die Waldweide („Eichelmast"); Rinde zur Gerbstoffgewinnung; hohes Ausschlagsvermögen.

Flaumeiche

(Quercus pubescens), Fam. Fagaceae (Buchengewächse)

Beschreibung: Strauch oder Baum mit geradem, walzenförmigen Stamm und unregelmäßiger Krone; in der Jugend glänzend graue Rinde, später mit kleinschuppig abblätternder, hellbrauner Borke; bis 25 m hoch; Zweige stumpfkantig, unregelmäßig verzweigt, braun, graufilzig behaart, im Winter mit stumpfkantigen, vielschuppigen, dicht behaarten Knospen.

Traubeneiche *(Quercus petraea)*, Blätter

Früchte

Flaumeiche *(Quercus pubescens)*, Blätter/Frucht

Blätter: Wechselständig, mit verkehrt eiförmigem Umriß, gelappt, bis 12 cm lang, filzig behaart (Name!), später verkahlend, Oberseite matt dunkelgrün, Unterseite graugrün, Blattstiel filzig behaart, Blattgrund keilförmig, Blattrand mitunter buchtig gezähnt.

Blüten: Einhäusig; ♂ Blütenstand locker kätzchenförmig, gelbgrün, mit dünner Achse und zahlreichen, zierlichen Blüten; ♀ Blüten zu mehreren, weitgehend sitzend, grün.

Blütezeit: IV–VI.

Früchte: Traubig gehäuft, auf bis 1 cm langgestielten Fruchtständen; Eichel klein und schlank, Fruchtbecher behaart und mit den Rand überragenden Schuppen, grün, später hellbraun; Reife: IX–X.

Standort: Bestandsbildend in Wäldern trocken-warmer, kalkhaltiger bis schwach saurer Gebiete.

Besonderheiten: Gefährdet.

Roteiche

(Quercus rubra), Fam. Fagaceae (Buchengewächse)

Beschreibung: Baum mit geradem, walzenförmigen Stamm und breiter Krone; sommergrün; dunkelgraue, in den ersten Jahrzehnten glatte Rinde, später mit dünner, schuppiger Borke; bis 35 m hoch; Alter bis etwa 180 Jahre; Zweige dunkelbraun, gefurcht, im Winter mit spitz eiförmigen, dunkelbraunen Knospen.

Blätter: Wechselständig, mit verkehrt eiförmigem Umriß, mit grobgezähnten, lang bespitzten Lappen, bis 30 cm lang, jung gelb, später Oberseite matt dunkelgrün, Unterseite heller, im Herbst leuchtend rot (Name!), Blattstiel kurz, Blattgrund keilförmig, Blattrand ganzrandig.

Blüten: einhäusig.

Blütezeit: V.

Früchte: Eichel breit eiförmig, glänzend rotbraun, Fruchtbecher angedrückt schuppig; Reife im Herbst des 2. Jahres.

Standort: Forstbaum, aus dem östlichen Nordamerika stammend.

Rotbuche

(Fagus silvatica); Fam. Fagaceae (Buchengewächse)

Beschreibung: Baum mit aufrechtem Stamm, mit glatter, hellgrauer Rinde (kaum Borkenbildung) und nach oben gerichteten Ästen; bis 45 m hoch; Alter bis 300 Jahre; Zweige zickzackförmig, im Winter mit langen, spitzen, zimtfarbenen Knospen.

Blätter: Wechselständig, zweizeilig gestellt, eiförmig bis elliptisch, Oberseite glänzend dunkelgrün, selten rötlich („Blutbuche"), Unterseite heller, Blattrand wellig, ganzrandig, manchmal leicht buchtig gezähnt, jung bewimpert.

Blüten: Einhäusig; ♂ Blüten in gelben oder rötlichen Kätzchen, ♀ in aufrechten Köpfen.

Roteiche *(Quercus rubra)*, Blätter

Roteiche *(Quercus rubra)*, Früchte

Rotbuche *(Fagus silvatica)*, Buchenwald im Frühjahr

Früchte und Blätter

Früchte: 2–3 dreikantige Nüsse (Bucheckern) im holzigen, stacheligen vierklappigen Fruchtbecher; in mehrjährigen Abständen „Mastjahre" mit besonders starkem Fruchtansatz; Keimling mit 2 großen, nierenförmigen, ledrig glänzenden Keimblättern, erstes Blattpaar gegenständig, von ähnlicher Form wie die normalen Blätter, jedoch gezähnt.

Standort: Optimal auf mittleren Standorten, dort in der Regel die bestandsbildende Baumart, auf staunassen und sehr trockenen Standorten stark zurückgehend.

Besonderheiten: Vielfältige Nutzung. In alter Zeit wurden Zweigabschnitte für Orakelzwecke („Buchstaben") verwendet.

Edelkastanie
(Castanea sativa), Fam. Fagaceae (Buchengewächse)

Andere Namen: Eßkastanie, Echte Kastanie, Marone.

Beschreibung: Baum mit variabler Stamm- und Kronenform; olivbraune, glatte, später weißfleckige Rinde, im Alter mit grau-brauner, längsrissiger Borke; bis 30 m hoch; Alter etwa 500 Jahre, möglicherweise bis über 1000 Jahre.

Blätter: Zweizeilig wechselständig, länglich bis lanzettlich, bis 25 cm lang, ledrig, Oberseite glänzend grün, Unterseite blasser, zunächst filzig behaart, später verkahlend mit deutlich hervortretenden Nerven, Blattstiel kurz, Blattgrund abgerundet oder schwach herzförmig, Blattrand mit buchtigen, gebogenen, stachelspitzigen Zähnen.

Blüten: Einhäusig; ♂ Blütenstand kätzchenförmig, hellgelb, bis 20 cm lang, ♀ Blüten in Knäueln an der Basis der ♂ Kätzchen.

Blütezeit: V–VII.

Früchte: Glänzend braune Nüsse, im Unterschied zur Roßkastanie spitz und eßbar (Kastanien, Maronen); zu 1–3 in gelblichen, fein bestachelten, sich vierklappig öffnenden Fruchtbechern; Reife im Oktober.

Standort: Eichenwälder bodensaurer Standorte im Tiefland.

Besonderheiten: Vermutlich bereits von den Römern aus dem Mittelmeerraum eingeführt, entsprechend frostempfindlich.

Betulaceae (Birkengewächse)

Sandbirke
(Betula pendula [B. verrucosa]), Fam. Betulaceae (Birkengewächse)

Andere Namen: Hängebirke, Warzenbirke, Weißbirke, Gemeine Birke.

Beschreibung: Baum mit schlankem, gekrümmtem Stamm und unregelmäßiger, meist lichter Krone; gelbbraune, später weiße Rinde, im Alter schwarzborkig; bis 30 m hoch; Alter bis 120 Jahre; Zweige glänzend rotbraun, im Alter hängend (Name!), im Winter mit spitzkegeligen, braunen Knospen.

Frucht

Edelkastanie *(Castanea stavia)*, Blüten und Fruchtansatz

Sandbirke *(Betula pendula)*, Früchte

Sandbirke *(Betula pendula)*, Herbstfärbung

Sandbirke *(Betula pendula)*, Rinde

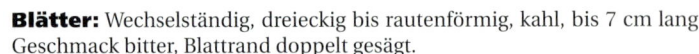

Blätter: Wechselständig, dreieckig bis rautenförmig, kahl, bis 7 cm lang, Geschmack bitter, Blattrand doppelt gesägt.

Blüten: Einhäusig; Blütenstand kätzchenförmig, ♂ Kätzchen ungestielt, braun, zu 1–4, hängend, 3–6 cm lang, bereits im Winter erscheinend, ♀ grün, aufrecht, bis 1,5 cm lang.

Blütezeit: III–V.

Früchte: Fruchtstand zapfen- bis hängend kätzchenförmig, braun, bis 3,5 cm lang, im Herbst zerfallend; Samen breit geflügelte Nüßchen, fliegen ab August aus.

Standort: Lichte Wälder aller Art, auf Brachen auch bestandsbildend.

Besonderheiten: Nutzung zu Heil- und Kosmetikzwecken (Blätter, Saft).

Moorbirke

(Betula pubescens), Fam. Betulaceae (Birkengewächse)

Andere Namen: Haarbirke, Ruchbirke, Bruchbirke, Schwarzbirke

Beschreibung: Baum mit schlankem, meist gekrümmtem Stamm und unregelmäßiger, meist lichter Krone, auch strauchförmig; braune, später hellgraue Rinde, im Alter kaum Borkenbildung; bis 25 m hoch; Alter bis 120 Jahre; Zweige glänzend rotbraun, jungbehaart, nicht überhängend, im Winter mit kleinen, spitzkegeligen, braunen Knospen.

Blätter: Wechselständig, dreieckig bis rautenförmig, kahl, bis 7 cm lang, jung behaart, Geschmack wesentlich milder als der der Sandbirke, Blattrand gesägt; Herbstfärbung gelb.

Blüten: Einhäusig; Blütenstand kätzchenförmig, ♂ Kätzchen ungestielt, braun, zu 1–4, hängend, bis 6 cm lang, bereits im Winter erscheinend, ♀ grün, aufrecht, bis 1,5 cm lang.

Blütezeit: IV–V.

Früchte: Fruchtstand zapfen- bis hängend kätzchenförmig, braun, bis 3,5 cm lang, im Herbst zerfallend; Samen breit geflügelte Nüßchen, fliegen ab August aus.

Standort: Bruchwälder nährstoffarmer Standorte, Moorränder.

Besonderheiten: Mehrere Unterarten.

Schwarzerle

(Alnus glutinosa), Fam. Betulaceae (Birkengewächse)

Anderer Name: Roterle

Beschreibung: Baum mit meist länglich eiförmiger Krone, häufig mit Stockausschlägen; anfangs glatte, graubraune Rinde, im Alter mit schwarzbrauner, rissiger Borke; meist bis 20 m, gelegentlich bis 33 m hoch; Alter bis 120 Jahre. Zweige aufsteigend, dreikantig, grün, später braunviolett, mit orangenen oder weißen Korkzellen, kahl, im Winter mit kurzgestielten, stumpfen, klebrigen, violetten Knospen. Durch die violette Knospenfärbung fallen Schwarzerlen-Wälder im Winter bereits auf große Entfernung ins Auge.

Moorbirke *(Betula pubescens)*, Blätter

Schwarzerle *(Alnus glutinosa)*, Erlenbruch

♂ und ♀ Blüten

Blätter

Blätter: Wechselständig, verkehrt eiförmig, oben eingebuchtet, 4–10 cm lang, kahl, mit 5–8 Paar Seitennerven, Oberseite dunkelgrün, Unterseite heller, Nervenwinkel rotbraun behaart, Blattgrund keilförmig, Blattrand doppelt gezähnt.

Blüten: Einhäusig; Blütenstände kätzchenförmig, langgestielt, bereits im Winter sichtbar, ♂ Kätzchen zu mehreren, endständig, hängend, 2–3 cm lang, Deckschuppen violett, Staubbeutel gelb, ♀ Kätzchen zu mehreren, aufrecht, bis 1,5 cm lang, mit auffallenden roten Narben.

Blütezeit: III–IV, vor dem Laubaustrieb.

Früchte: Fruchtstand eiförmiges Zäpfchen, 1–3 cm lang, unreif grün, klebrig, reif dunkelbraun, holzig; Samen schmal geflügelte, runde, glänzend braune Nüßchen, reifen im Herbst und fliegen im Februar – März aus.

Standort: Bestandsbildend in Auen- und Bruchwäldern.

Besonderheiten: Die Schwarzerle verträgt auch lange andauernde Überflutung. Der Name Roterle geht auf die Holzfärbung zurück, ist jedoch mehrdeutig, da er auch auf die amerikanische *Alnus rubra* bezogen wird. Früher häufig im Niederwaldbetrieb.

Corylaceae (Haselnußgewächse)

Hainbuche
(Carpinus betulus), Fam. Corylaceae (Haselnußgewächse)

Beschreibung: Meist vielstämmiger Baum oder Strauch mit gedrehtem Stamm und länglicher Krone; glatte, graue Rinde; bis 30 m hoch; Alter bis 150 Jahre; Zweige grau oder braun, mit hellen Korkzellen, schwach behaart, im Winter mit zweizeilig angeordneten, vielschuppigen, spitz kegelförmigen, bewimperten Knospen.

Blätter: Zweizeilig wechselständig, länglich eiförmig, zugespitzt, 4–10 cm lang, längs der Nerven gefaltet, Oberseite olivgrün, kahl, Unterseite heller, Nervenwinkel behaart, im Herbst leuchtend gelb; Blattgrund abgerundet oder herzförmig, Blattrand scharf doppelt gesägt

Blüten: Einhäusig; Blütenstand kätzchenförmig, ♂ Kätzchen zahlreich, walzig, hängend, bis 5 cm lang, hellgrün oder rötlich, ♀ Kätzchen endständig hängend, lockerblütig, grün mit roten Narben.

Blütezeit: V–VI.

Früchte: Fruchtstand kätzchenförmig, hängend, bis 15 cm lang; Samen gerippte, zusammengedrückte, harte, anfangs grüne, später braune Nüßchen mit großen, dreilappigen, grünen Flügeln; Reife im Oktober, fliegt während des gesamten Winters aus.

Standort: Bestandbildend in Laubwäldern der Ebene und der Mittelgebirge mit reicher Krautschicht, häufig auf wasserbeeinflußten Standorten.

Besonderheiten: Hartes, schweres Holz; hohe Ausschlagfähigkeit begünstigt Niederwaldnutzung und Pflanzung in Hecken. Die Früchte werden von Goldhamstern u. ä. Haustieren gern als Nahrung genommen.

Hainbuche *(Carpinus betulus)*, Habitus

Früchte und Blätter

Haselnuß

(Corylus avellana), Fam. Corylaceae (Haselnußgewächse)

Anderer Name: Hasel.

Beschreibung: Großer Strauch oder kleiner Baum; graubraune Rinde mit weißlichen Korkzellen; bis 7 m, selten bis 12 m hoch; Alter bis 70 Jahre; Zweige dunkelbraun, jung drüsig behaart, im Winter mit zweizeilig angeordneten, dicken, vielschuppigen, glänzenden, bewimperten, hellbraunen Knospen.

Blätter: Wechselständig, rund mit kurzer, abgesetzter Spitze, bis 10 cm lang, Unterseite hervortretende, stark behaarte Nervatur, Blattgrund herzförmig, Blattrand doppelt gesägt.

Blüten: Einhäusig; Blütenstand kätzchenförmig, ♂ Kätzchen zu 2–4, hängend, bis 8 cm lang, gelbbraun, bereits im Winter sichtbar, ♀ Kätzchen knospenartig, 2–5blütig, mit roten, büschelförmigen Narben.

Blütezeit: I–IV, vor Laubaustrieb,

Früchte: Hartschalige, fetthaltige „Haselnüsse", bis 2 cm groß, zu 2–5 in zerschlitztem Hüllbecher; Reife VIII–X.

Standort: Verbreitet im Unterholz lichter Laubwälder, Hecken und Waldmäntel.

Besonderheiten: Hohes Ausschlagsvermögen; gepflanzt werden häufig anstelle von *Corylus avellana* die Südosteuropäischen Arten *Corylus colurna* und *Corylus maxima*.

Ulmaceae (Ulmengewächse)

Feldulme

(Ulmus minor [U. carpinifolia, U. campestris]),
Fam. Ulmaceae (Ulmengewächse)

Andere Namen: Feldrüster, Rotrüster.

Beschreibung: Baum mit hohem Stamm und dichter Krone; graubraune, glatte Rinde, im Alter mit rechtwinkelig tief gefurchter, dunkelbrauner Borke; bis 30 m hoch; Alter bis mehrere Jahrhunderte; Zweige schlank, braun, teiweise mit Korkleisten, im Winter mit zweizeilig angeordneten, schief stehenden, spitz kegelförmigen, braunen, wenig behaarten Knospen, Blattknospen kugelig.

Blätter: Zweizeilig wechselständig, eiförmig mit größter Breite in der Mitte, 8–12 cm lang, derb, 8–15 Nervenpaare, Oberseite glänzend dunkelgrün, kahl, Unterseite heller, Nervenwinkel behaart, Blattgrund stark unsymmetrisch, Blattrand einfach oder doppelt gesägt.

Blüten: Blütenstand knäulig, Blüten zwittrig, rot oder gelb.

Blütezeit: III–IV.

Früchte: 0,7–1,8 cm lange, sehr kurz gestielte, ringsum häutig geflügelte Nüßchen; kahl, grün, später gelblich; Reife V–VI.

Haselnuß *(Corylus avellana)*, Habitus

Haselnuß, Blätter

Haselnuß, ♂ und ♀ Blüten

Haselnuß, Frucht

Feldulme *(Ulmus minor)*, Früchte

Feldulme *(Ulmus minor)*, Blätter

Standort: In Auenwäldern und Auengebüschen, an Böschungen und in Steinbrüchen, auch als Alleebaum.

Besonderheiten: Gefährdet, regional stark gefährdet; wertvolles Holz z. B. für Schnitzarbeiten. Ein gefährlicher Ulmenschädling ist der Pilz *Ceratocystis ulmi*, der zum Absterben der Ulmen führt.

Flatterulme
(Ulmus laevis), Fam. Ulmaceae (Ulmengewächse)

Beschreibung: Baum mit hohem Stamm und lockerer, unregelmäßiger Krone; graubraune, glatte Rinde, im Alter mit tief längs gefurchter, schuppiger, dunkelbrauner Borke; bis 35 m hoch; Alter bis 250 Jahre; Zweige schlank, rotbraun, behaart, im Winter mit zweizeilig angeordneten, schief stehenden, spitzen, orangebraunen Knospen.

Blätter: Zweizeilig wechselständig, eiförmig mit größter Breite in der Mitte, 6–13 cm lang; 12–19, im oberen Teil ungegabelten Nervenpaare, Oberseite glänzend dunkelgrün, kahl, Unterseite heller, kurz behaart, Blattgrund stark unsymmetrisch und mit zusätzlichen Nerven, Blattrand doppelt gesägt mit vorwärts gebogenen Hauptzähnen.

Blüten: Blütenstand knäulig mit langgestielten, im Wind flatternden (Name!), zwittrigen, rötlichen oder violetten Blüten.

Blütezeit: III.

Früchte: 1–1,2 cm lang, lang gestielt, Nüßchen in der Mitte breiter, bewimperter Flügel, grün, später gelblich.

Standort: Selten in Auenwäldern der Ebene und des Hügellandes, auch als Allee- und Straßenbaum.

Besonderheiten: Regional stark gefährdet.

Loranthaceae (Mistelgewächse)

Mistel
(Viscum album agg.), Fam. Loranthaceae (Mistelgewächse)

Beschreibung: Als kugeliger Busch auf Laub- und Nadelbäumen sitzend; Zweige gabelig verzweigt.

Blätter: Gegenständig, nur an den Zweigenden, sitzend, eiförmig bis lanzettlich, ganzrandig, ledrig, gelbgrün; immergrün.

Blüten: Zweihäusig; in Knäueln stehende, gelbgrüne Blüten mit vierblättriger Hülle und eingesenktem Fruchtknoten.

Blütezeit: II–IV.

Früchte: Glänzend weiße Scheinbeere mit schleimigem Fleisch, reift im Winter.

Standort: Halbschmarotzer, entzieht dem Wirt Wasser und Nährsalze, nicht aber Photosyntheseprodukte.

Flatterulme *(Ulmus laevis)*, Habitus

Flatterulme, Blätter

Flatterulme, Früchte

Früchte

Mistel *(Viscum album)*, Habitus

Besonderheiten: Auf verschiedene Wirtsarten spezialisierte Unterarten, giftig, z. T. regional ausgestorben oder verschollen; alte Heil- und Zauberpflanze; Bedeutung im Weihnachtsbrauchtum vor allem angelsächsischer Länder.

Ranunculaceae (Hahnenfußgewächse)

Gewöhnliche Waldrebe
(Clematis vitalba), Fam. Ranunculaceae (Hahnenfußgewächse)

Beschreibung: Linkswindende Kletterpflanze; kantiger, knotiger, bis 3 cm dicker brauner Stengel; graue Rinde; 3–20m hoch.
Blätter: Gegenständig, 3–5teilig gefiedert mit gestielten, herzförmigen, grob gezähnten bis ganzrandigen Fiedern, gelegentlich einfach; Oberseite dunkelgrün, Unterseite hellgrün; Blattstiel rankend.
Blüten: Zweihäusig; trugdoldige Blütenstände; Blüten mit filzig behaarten, weißen Kelchblättern, duftend.
Blütezeit: VI–IX.
Früchte: Fruchtstand köpfchenförmig; kleine, braune Nüßchen mit langem, gefiederten, grauen Fortsatz; im Spätherbst reifend.
Standort: In Auenwäldern und an Waldmänteln und Gebüschen frischer Standorte.
Besonderheiten: Giftig.

Saxifragaceae (Steinbrechgewächse)

Stachelbeere
(Ribes uva-crispa), Fam. Saxifragaceae (Steinbrechgewächse)

Beschreibung: Kleiner Strauch, 0,5–1,5 m hoch; Zweige mit mehrteiligen Stacheln, hell.
Blätter: Wechselständig, drei- bis fünflappig, weich behaart, bereits im März austreibend; Oberseite glänzend, Blattrand grob gekerbt.
Blüten: Zwittrig, zu 1–3, fünfzählig, nicht duftend, nickend glockig, mit zurückgeschlagenen Kronblättern, grün oder rötlich, Fruchtknoten unterständig.
Blütezeit: IV–V.
Früchte: Eiförmige, steif behaarte, rötliche Beeren mit Resten der Kelchblätter und zahlreichen Samen.
Standort: Vereinzelt in Auen- und Schluchtwäldern, Waldmänteln und Gebüschen auf lockerem, nährstoffreichem Boden.
Besonderheiten: Kultursorten mit größeren, oft anders gefärbten Beeren.

Gewöhnliche Waldrebe
(Clematis vitalba), Früchte

Gewöhnliche Waldrebe
(Clematis vitalba), Blüten

Stachelbeere *(Ribes uva-crispa)*,
Blüte, Blätter

Rote Johannisbeere

(Ribes rubrum), Fam. Saxifragaceae (Steinbrechgewächse)

Beschreibung: Kleiner Strauch, 0,5–2 m hoch; Zweige ohne Stacheln, graubraun.

Blätter: Wechselständig, drei- bis fünflappig, bereits im März austreibend; Oberseite matt dunkelgrün, Unterseite heller und weich behaart, Blattrand scharf gezähnt:

Blüten: Blütenstand hängend traubig; Blüten zwittrig, fünfzählig, nicht duftend, glockig, mit zurückgeschlagenen Kronblättern, gelbgrün; Kelchbecher mit fünfeckigem Wall, Fruchtknoten unterständig.

Blütezeit: III–V.

Früchte: Runde, rote, saure Beeren; Reife: VI–VII.

Standort: Wildform selten in Auenwäldern; verwilderte Kultursorten.

Schwarze Johannisbeere

(Ribes nigrum), Fam. Saxifragaceae (Steinbrechgewächse)

Beschreibung: Kleiner Strauch, 0,5–2 m Hoch; Zweige ohne Stacheln.

Blätter: Wechselständig, drei- bis fünflappig; beim Zerreiben charakteristischer Geruch; Oberseite matt dunkelgrün, Unterseite heller und gelbdrüsig behaart, Blattrand gezähnt.

Blüten: Blütenstand hängend traubig mit kurzen Blütenstielen; Blüten zwittrig, fünfzählig, duftend, glockig, mit zurückgeschlagenen Kronblättern, gelbgrün; Kelch behaart, Fruchtknoten unterständig.

Blütezeit: IV–V.

Früchte: Runde, schwarze Beeren; Reife: VI–VII.

Standort: Wildform selten in Auen- und Erlenbruchwäldern; bisweilen verwildern Kultursorten.

Besonderheiten: Regional stark gefährdet.

Platanaceae (Platanengewächse)

Ahornblättrige Platane

(Platanus x hybrida, [P. hispanica]),
Fam. Platanaceae (Platanengewächse)

Andere Namen: Gemeine Platane, Bastard-Platane.

Beschreibung: Baum mit geradem Stamm und breiter Krone; gelbgrüne Rinde mit brauner Borke, die in dünnen Platten abgestoßen wird; bis 35 m hoch; Zweige jung grünlich, filzig behaart, später braun.

Blätter: Wechselständig (im Gegensatz zu Ahornarten), drei- bis fünfteilig gelappt, bis 25 cm lang; Oberseite glänzend grün, Unterseite heller, Blattstiel

Schwarze Johannisbeere *(Ribes nigrum)*, Früchte

Rote Johannisbeere *(Ribes rubrum)*, Früchte

Blätter

Rinde

Ahornblättrige Platane *(Platanus x hybrida)*, Habitus

mit am Grunde halbkreisförmigem Querschnitt, Blattgrund meist abgestutzt, Blattrand entfernt grob gezähnt.

Blüten: Einhäusig; in kugeligen Köpfchen, die zu mehreren an bis 8 cm langen Stielen sitzen; die ♂ Blüten gelb, die ♀ Blüten rot.

Blütezeit: V–VI.

Früchte: Kugelige, etwa 3 cm durchmessende, stachelige, bräunliche, schnell zerfallende Scheinfrucht; Reife: X.

Standort: Alleebaum.

Besonderheiten: Vermutlich Kreuzung der Südosteuropäischen *P. orientalis* mit der Nordamerikanischen *P. occidentalis*.

Rosaceae (Rosengewächse)

Eberesche
(Sorbus aucuparia agg.), Fam. Rosaceae (Rosengewächse)

Anderer Name: Vogelbeere.

Beschreibung: Baum mit schlankem Stamm und runder, lockerer Krone, auch strauchförmig; glatte, graue, glänzende Rinde, im Alter mit schwarzer Borke; 10–20 m hoch; Alter bis 80, selten bis 120 Jahre; Zweige grau, mit rotbraunen Korkzellen, kahl, im Winter mit länglich kegelförmigen, schwarzbraunen, filzig behaarten Knospen.

Blätter: Wechselständig, 9–19teilig gefiedert, bis 22 cm lang, Fiedern ungestielt, länglich bis lanzettlich; Rand scharf gesägt; Oberseite dunkelgrün, Unterseite graugrün, behaart.

Blüten: Zwittrig; Kronblätter weiß oder gelb, Durchmesser bis 1 cm; Blütenstand reichblütig trugdoldig.

Blütezeit: V–VI.

Früchte: Kugelige Beere, Durchmesser bis 0,9 cm, dreisamig; reif rot, in dichten Büscheln; Reife: VIII–IX.

Standort: Verbreitet in Laub- und Nadelwäldern bodensaurer Gebiete.

Besonderheiten: Mehrere Unterarten; regional potentiell gefährdet. Die Früchte sind Vitamin C-reich und gekocht eßbar; der Geschmack ist je nach Unterart unterschiedlich.

Eingriffeliger Weißdorn
(Crataegus monogyna), Fam. Rosaceae (Rosengewächse)

Beschreibung: Strauch oder kleiner Baum; rötliche Rinde mit grauer Borke; 1–10 m, unter Umständen bis 18 m hoch; Alter bis mehrere hundert Jahre; Zweige glänzend grau, glatt, kahl, mit kräftigen Dornen, im Winter mit kleinen, braunen Knospen.

Blätter: Wechselständig, im Umriß eiförmig, bis wenigstens zur Hälfte eingeschnitten, 1,5–4,5 cm lang, Oberseite glänzend dunkelgrün, Unterseite

Eberesche *(Sorbus aucuparia)*, Früchte

Eberesche *(Sorbus aucuparia)*, Blüte

Eberesche *(Sorbus aucuparia)*, Habitus mit Früchten

Eingriffliger Weißdorn *(Crataegus monogyna)*, Blüten

Eingriffliger Weißdorn *(Crataegus monogyna)*, Habitus

Eingriffliger Weißdorn *(Crataegus monogyna)*, Früchte

heller, mit Blauschimmer; Nebenblätter ganzrandig oder nur wenig gesägt; Blattrand in den Einschnitten ganzrandig und an den Lappenspitzen mit wenigen Zähnen

Blüten: Zwittrig, unangenehm riechend, Durchmesser 0,8–1,5 cm, mit breit dreieckigen, zurückgeschlagenen Kelchblättern und weißen Kronblättern, Fruchtknoten eingriffelig; Blütenstand aufrecht trugdoldig, reichblütig.

Blütezeit: IV–VI.

Früchte: Längliche, bis 1,5 cm große, rote Äpfel; Reife: VI–IX.

Standort: Häufig in Laubmischwäldern, an Waldrändern, in Hecken und sonnigen Gebüschen; rotblütige Form häufig als Straßenbaum im Siedlungsbereich („Rotdorn").

Besonderheiten: Mehrere Unterarten.

Gemeine Mispel
(Mespilus germanica), Fam. Rosaceae (Rosengewächse)

Andere Namen: Echte Mispel, Deutsche Mispel.

Beschreibung: Strauch oder kleiner Baum mit ausladender Krone; graue Rinde; 2–6 m hoch; Zweige grau, jung stark behaart, kurz bedornt.

Blätter: Wechselständig, länglich eiförmig, sehr variabel, behaart, 5–15 cm lang, Oberseite matt, gelb- bis graugrün, Unterseite heller; Nebenblätter vorhanden, variabel; Blattrand ganzrandig oder fein gezähnt.

Blüten: Zwittrig; einzeln, 3–6 cm Durchmesser; mit wollig behaartem, die Kronblätter überragenden Kelch, weißen Kronblättern, zahlreichen roten Staubblättern und 5griffeligem Fruchtknoten.

Blütezeit: V–VI.

Früchte: Apfelförmig, rötlich, später braun, Durchmesser bis 4 cm.

Standort: Ursprünglich alte, aus dem östlichen Mittelmeerraum stammende Obstpflanze, eingebürgert mit Vorkommen in Gebüschen und an Waldrändern, häufig in der Nähe von Burgen und Klöstern.

Besonderheiten: Regional vom Aussterben bedroht. Das rötlich-braune bis graue, pastenartige, unappetitlich aussehende Fruchtfleisch ist nach Überfrieren äußerst wohlschmeckend; mehrere Kultursorten mit recht verschiedenem Aussehen.

Gemeine Bergmispel
(Cotoneaster integerrimus), Fam. Rosaceae (Rosengewächse)

Beschreibung: Niedriger Busch; Rinde graubraun; bis 1,5 m hoch; Zweige filzig behaart:

Blätter: Wechselständig, eiförmig, bespitzt, 1–4 cm lang, Oberseite matt dunkelgrün, kahl, Unterseite heller, filzig behaart, ganzrandig.

Blüten: Zwittrig; einzeln oder zu wenigen; glockig, Kelchblätter behaart, Kronblätter weiß bis rosa.

Blütezeit: IV–VI.

Gemeine Mispel *(Mespilus germanica)*, Frucht und Blätter

Gemeine Bergmispel *(Cotoneaster integerrimus)*, Früchte und Blätter

Früchte: Apfelförmig, meist rot oder gelblich, kahl, mehlig; Reife: VI–VIII.
Standort: Gelegentlich in Gebüschen und Eichen-Kiefernwäldern flachgründiger, trocken-warmer Gegende.
Besonderheiten: Regional potentiell gefährdet; Pflanzung als Ziergehölz (Bodendecker).

Hundsrose

(Rosa canina), Fam. Rosaceae (Rosengewächse)

Anderer Name: Heckenrose.
Beschreibung: Strauch mit zahlreichen Schößlingen; 1–4 m hoch; Zweige mit zahlreichen, kräftigen, hakig gebogenen Stacheln, im Winter mit rundlichen, rötlichen Knospen.
Blätter: Wechselständig, 5–7teilig gefiedert, Fiederblätter elliptisch, bis 3,5 cm lang, einfach oder doppelt gezähnt, Oberseite kahl, Unterseite höchstens auf dem Mittelnerv dünn behaart.
Blüten: Zwittrig; einzeln oder zu wenigen; Blütenstiel kahl, Kelchblätter mit fiederspaltigem Anhängsel, zurückgeschlagen, hinfällig; Kronblätter weiß oder rosa, Griffel frei.
Blütezeit: V–VII.
Früchte: Länglich ovale, fleischige, rote „Hagebutten" mit zahlreichen behaarten Samen; Fruchtansatz.
Standort: Häufig in Hecken und an Waldrändern.
Besonderheiten: Mehrere Unterarten und Varianten; regional vom Aussterben bedroht. Die Früchte können zu Marmeladen, Heiltees, Likören verarbeitet werden. Die fein behaarten Samen eignen sich als Juckpulver-Ersatz. Nicht jede wilde Rose ist eine Heckenrose. Es gibt eine Vielzahl von teils einheimischen, teils eingeführten, teils speziell gezüchteten Rosenarten und -rassen, die auch in der Natur vorkommen oder in Hecken gepflanzt werden.

Himbeere

(Rubus idaeus), Fam. Rosaceae (Rosengewächse)

Beschreibung: Strauch mit aufrechtem Stengel; 0,5–1,5 m hoch; zweijährig; Zweige weich bestachelt, im Winter mit länglichen, spitzen, hellbraunen Knospen.
Blätter: Wechselständig, 3–7teilig gefiedert, in der Größe sehr variabel; Fiederblättchen eiförmig, gesägt, Oberseite hellgrün, kahl, Unterseite weißfilzig behaart; Nebenblätter linealförmig.
Blüten: Zwittrig, Kronblätter weiß; Blütenstand nickend trugdoldig, erscheint im 2. Jahr.
Blütezeit: V–VI.
Früchte: Matt hellrote Sammelfrucht („Himbeere"), etwa 1 cm durchmessend, sich vom Blütenboden ablösend; Reife: VII–VIII.
Standort: Auf Waldlichtungen und in Schlagfluren.

Hundsrose
(Rosa canina), Blüten

Hundsrose *(Rosa canina)*,
Früchte / Hagebutten

Blätter

Himbeere
(Rubus idaeus), Bestand

Besonderheiten: Früchte eßbar; Heiltee aus den Blättern; zahlreiche Kultursorten.

Brombeere

(Rubus fruticosus agg.), Fam. Rosaceae (Rosengewächse)

Beschreibung: Strauch mit meist überhängendem oder kriechendem Stengel; 0,5–7 m hoch; zweijährig; Zweige meist kräftig bestachelt, im Winter mit länglichen, spitzen, hellbraunen Knospen.
Blätter: Wechselständig, 3–7teilig gefingert; Fiederblättchen gezähnt.
Blüten: Zwittrig, weiß oder rosa; Blütenstand locker trugdoldig.
Blütezeit: V–VIII.
Früchte: Schwarze bis rötliche Sammelfrucht („Brombeere"), mit dem Blütenboden abfallend; Reife: VII–IX.
Standort: Wälder, Waldränder, Lichtungen und Gebüsche.
Besonderheiten: Als Brombeeren wird eine Gruppe von zahlreichen, in Aussehen und Standortansprüchen z. T. sehr verschiedene Arten zusammengefaßt. Von den Botanikern werden fast 400 verschiedene Arten und Kleinarten unterschieden. Einzelne Kleinarten sind vom Aussterben bedroht oder ausgestorben oder verschollen. Früchte eßbar, Heiltee aus Blättern; zahlreiche Kultursorten.

Vogelkirsche

(Prunus avium), Fam. Rosaceae (Rosengewächse)

Anderer Name: Süßkirsche.
Beschreibung: Baum mit geradem Stamm und hochangesetzter, unregelmäßiger, breiter Krone; graubraunee, glatte Rinde mit rötlichen Korkzellen und sich reifenartig ablösender, häutiger Borke; bis 30 m hoch; Alter bis 100 Jahre; Zweige glänzend rötlich bis hellgrau, glatt, im Winter mit eiförmigen, braunen Knospen.
Blätter: Wechselständig, spitz länglich bis eiförmig, 10–15 cm lang, Oberseite dunkelgrün, kahl, Unterseite heller, dünn behaart; Blattstiel mit 2 rötlichen Honigdrüsen; Blattgrund keilförmig oder abgerundet; Blattrand grob gesägt.
Blüten: Zwittrig; lang gestielt, Kronblätter weiß, bis 1,5 cm lang; Blütenstand doldig-büschelig, meist unbeblättert.
Blütezeit: IV–V.
Früchte: Erbsengroße, rote, später schwarze Kirschen; Reife: VII.
Standort: Zerstreut in Laub- und Mischwäldern, vor allem in Eichen-Hainbuchenwäldern, feuchter, nährstoffreicher Gegende.
Besonderheiten: Eine der Stammformen der Kulturkirschen; Frucht eßbar; wertvolles Holz.

Früchte

Brombeere *(Rubus fructicosus)*, Blätter

Vogelkirsche *(Prunus avium)*, Blüten (Wildform)

Vogelkirsche *(Prunus avium)*, Früchte (Kulturform)

Vogelkirsche *(Prunus avium)*, Rinde

Schlehe
(Prunus spinosa), Fam. Rosaceae (Rosengewächse)

Anderer Name: Schlehdorn.
Beschreibung: Strauch mit sperrig abstehenden Ästen; schwarze Rinde; 1–3 m hoch; Alter bis 40 Jahre; Zweige schwarz, jung behaart, im Alter bedornt, im Winter mit kleinen kugelrunden Knospen.
Blätter: Wechselständig, länglich eiförmig, bis 5 cm lang, behaart, später verkahlend, Oberseite dunkelgrün, Unterseite heller, kurzgestielt; Blattgrund keilförmig; Blattrand gesägt.
Blüten: Zwittrig; einzeln oder paarweise, kurzstielig, Kronblätter weiß, bis 0,6 cm lang.
Blütezeit: IV–V, vor dem Laubaustrieb.
Früchte: Ovale, schwarzblaue, bereifte Steinfrüchte; Reife IX–X.
Standort: Waldränder, Gebüsche auf Magerweiden, häufig auf Autobahnböschungen gepflanzt.
Besonderheiten: Formenreich; Früchte nach Überfrieren für Marmelade, Aufgesetzten usw. nutzbar.

Gemeine Traubenkirsche
(Prunus padus agg.), Fam. Rosaceae (Rosengewächse)

Beschreibung: Strauch oder kleiner Baum mit schlankem Stamm und dichter Krone; schwarzgraue Rinde, im Alter längsrissig borkig; bis 10 m, gelegentlich bis 15 m hoch; Alter bis 80 Jahre; Zweige braun, kahl, im Winter mit länglich kegelförmigen, spitzen, schwarzen Knospen.
Blätter: Wechselständig, elliptisch mit abgesetzter Spitze, bis 10 cm lang, Oberseite leuchtend grün, Unterseite bläulich; Blattstiel mit 2 Honigdrüsen; Blattgrund abgerundet; Blattrand gesägt.
Blüten: Blütenstand verlängert überhängend traubig, bis 15 cm lang, mit 10 bis 35 zwittrigen Blüten, Kronblätter weiß, 0,6–0,9 cm lang.
Blütezeit: IV–VI.
Früchte: Erbsengroße, schwarze Steinfrüchte (Kirschen) mit im Gegensatz zu *P. serotina* gefurchtem Stein; Reife: VII–VIII.
Standort: Häufig in Auenwäldern und an Waldrändern feuchter Gegende.
Besonderheiten: Mehrere Unterarten; regional potentiell gefährdet. Frucht wohlschmeckend, leicht bitter, jedoch sollte der Verzehr großer Mengen vermieden werden (enthält Blausäure!).

Spätblühende Traubenkirsche
(Prunus serotina), Fam. Rosaceae (Rosengewächse)

Beschreibung: Strauch oder kleiner Baum mit dichter Krone; dunkelbraune, glatte Rinde, später mit rissiger, grauer Borke; bei uns meist unter 10 m, im Herkunftsland bis 30 m hoch; Zweige braun.

Schlehe *(Prunus spinosa)*, Früchte

Schlehe *(Prunus spinosa)*, Habitus blühend

Spätblühende Traubenkirsche *(Prunus serotina)*, Blätter

Gemeine Traubenkirsche *(Prunus padus)*, Habitus blühend

Blätter: Wechselständig, länglich bis lanzettlich, mit abgesetzter Spitze, bis 14 cm lang, Oberseite dunkelgrün, ledrig glänzend, Unterseite heller; Blattstiel mit 2 Honigdrüsen; Blattrand gesägt.

Blüten: Blütenstand traubig, anfangs aufrecht, bis 15 cm lang, mit bis zu 20 zwittrigen Blüten, Kronblätter weiß, bis 0,5 cm lang.

Blütezeit: VI.

Früchte: Erbsengroße, schwarzrote Steinfrüchte (Kirschen) mit glattem Stein; Reife: IX.

Standort: Verwildert vor allem in bodensauren Eichen- und Kiefernwäldern; gelegentlich gepflanzt.

Besonderheiten: Herkunft östliches Nordamerika.

Fabaceae (Schmetterlingsblütler)

Besenginster

(Cytisus scoparius, [Sarothamnus scoparius]),
Fam. Fabaceae (Schmetterlingsblütler)

Beschreibung: Ausdauernder Strauch; 0,5–2 m hoch; Zweige rutenförmig, aufrecht, gerieft, grün.

Blätter: Wechselständig, lanzettlich, die unteren auch dreiteilig, bis 2 cm lang, behaart, ganzrandig, früh abfallend.

Blüten: Einzeln oder paarweise stehend, gelb, kurzgestielt, bis 2 cm lang, mit langem, eingerolltem Griffel.

Blütezeit: V–VII.

Früchte: Schwarze, flache, an den Nähten behaarte, bis 4 cm lange, spiralig aufspringende Hülsenfrüchte mit zahlreichen bräunlichen Samen.

Standort: Häufig an Waldrändern und auf Schlagfluren in bodensauren Eichenwäldern, auf Böschungen und extensiv genutzten Grünland.

Robinie

(Robinia pseudacacia), Fam. Fabaceae (Schmetterlingsblütler)

Anderer Name: Falsche Akazie.

Beschreibung: Baum mit unregelmäßigem Stamm und lockerer Krone; glatte Rinde mit graubrauner, tief längsrissiger Borke; 10–25 m hoch; Alter bis 200 Jahre; Zweige kantig, rauh, dornig, im Winter mit zwischen Dornenpaaren verborgenen Knospen.

Blätter: Wechselständig, 4–10paarig gefiedert, mit Endfieder; bei starker Sonneneinstrahlung zusammenklappend, bis 30 cm lang; Fiederblättchen elliptisch, ganzrandig mit Endspitze, Oberseite grün, Unterseite graugrün; Nebenblätter zu Dornen umgewandelt.

Blüten: Blütenstand hängend traubig, bis 15 cm lang, mit zahlreichen weißen oder roten Einzelblüten.

Besenginster
(Cytisus scoparius)

Robinie *(Robinia pseudacacia)*, Blüten

Blätter und Dornen

Blütezeit: V–VI.

Früchte: Kahle, rotbraune, innen behaarte, 5–10 cm lange Hülsenfrüchte mit 3–10 schwarzbraunen Samen; Reife: X–XI.

Standort: Häufig als Pionierholz auf warmen Böden, in Städten gelegentlich waldähnliche Bestände bildend; wirkt durch Stickstoffanreicherung standortverändernd.

Besonderheiten: Herkunft Nordamerika; bereits im frühen 17. Jahrhundert nach Europa eingeführt.

Aquifoliaceae (Stechpalmengewächse)

Stechpalme
(Ilex aquifolia), Fam. Aquifoliaceae (Stechpalmengewächse)

Beschreibung: Strauch oder kleiner Baum; graue Rinde; bis 10 m hoch; Alter bis 300 Jahre.

Blätter: Wechselständig, elliptisch, lederig, immergrün, 5–10 cm lang, Oberseite glänzend dunkelgrün, Unterseite heller; Blattrand wellig, stachelig ausgezogen.

Blüten: Meist zweihäusig; Blütenstand büschelig blattwinkelständig, Blüten klein, weiß, 4zählig, wohlriechend, unvollkommen eingeschlechtlich, mit verkümmerten Organen des jeweils anderen Geschlechts.

Blütezeit: V–VI.

Früchte: Beerenähnliche, erbsengroße, rote Steinfrüchte.

Standort: Häufig in Buchen- und Eichenmischwäldern in wintermilder Klimalage, dort gelegentlich dichte Bestände bildend.

Besonderheiten: „Beeren" giftig; regional gefährdet, BArtSchV; Drechselholz; zahlreiche Gartenformen.

Celastraceae (Spindelstrauchgewächse)

Pfaffenhütchen
(Euonymus europaea), Fam. Celastraceae (Spindelstrauchgewächse)

Andere Namen: Pfaffenkäppchen, Gemeiner Spindelbaum.

Beschreibung: Strauch; glatte, später rissige, graue Rinde; 1–6 m hoch; Zweige sparrig abstehend, graugrün, teilweise rötlich, jung vierkantig, mit ausgeprägten Korkleisten, im Winter mit gegenständigen, eiförmigen, grünen oder gefleckten Knospen.

Blätter: Kreuzförmig gegenständig, eiförmig bis lanzettlich, 3,5–5 cm, selten bis 10 cm lang, kahl, Oberseite sattgrün, Unterseite heller; Blattstiel rinnig; Blattrand gesägt.

Stechpalme
(Ilex aquifolia)

Pfaffenhütchen

Pfaffenhütchen *(Euonymus europaea)*, Blüten

Blüten: Ein- oder zweihäusig; Blütenstand trugdoldig, mit 3–8 vierzähligen, hellgrünen Blüten, Kronblätter schmal.

Blütezeit: V–VI.

Früchte: Charakteristisch geformte (Name!), vierklappige rote Kapselfrüchte mit 4 in orangefarbenen Samenmäntel gehüllten, eiförmigen Samen; Reife: VIII–X.

Standort: Gebüsche, Hecken, häufig in Wäldern nährstoffreicher, feuchter Böden und in Hecken.

Besonderheiten: Früchte sehr giftig.

Aceraceae (Ahorngewächse)

Bergahorn
(Acer pseudoplatanus), Fam. Aceraceae (Ahorngewächse)

Beschreibung: Baum mit geradem Stamm, kräftigen Ästen und runder Krone; anfangs graubraune, glatte Rinde, die sich später in rechteckigen Platten löst und orangefarbene bis gelbbraune Flecken hinterläßt; 15–35 m hoch; Alter bis 500 Jahre; Zweige graugrün, mit Korkzellen, kahl, im Winter mit gegenständigen, großen, eiförmigen, glänzend gelbgrünen, schwarzrandigen Knospen.

Blätter: Kreuzförmig gegenständig, fünflappig, 10–15 cm lang, mit Honigdrüsen, Oberseite matt dunkelgrün, Unterseite bläulich hellgrün; Blattstiel bis 20 cm lang; Blattgrund herzförmig; Blattrand spitz-buchtig gezähnt.

Blüten: Blütenstand hängend rispig-traubig, 5–15 cm lang mit ♂ und ♀, gelbgrünen, fünfzähligen Blüten.

Blütezeit: V–VI, erst nach dem Laubaustrieb beginnend.

Früchte: Nüßchen mit im rechten Winkel angeordneten Flügeln, bis 6 cm breit; reife: IX–X.

Standort: Häufiger als Forstbaum und in innerstädtischen Baumbeständen; natürlicher Standort in Schluchtwäldern.

Besonderheiten: Wertvolles Nutzholz.

Spitzahorn
(Acer platanoides), Fam. Aceraceae (Ahorngewächse)

Beschreibung: Baum mit geradem, kurzen Stamm, wenig verzweigten Ästen und umfangreicher Krone; glatte, graue Rinde mit flachem Relief; 10–30 m hoch; Alter bis 150 Jahre; Zweige matt grün, oft rötlich überlaufen, im Winter mit spitz eiförmigen Knospen.

Blätter: Kreuzförmig gegenständig, 5–7lappig, 10–15 cm lang, beiderseits glänzend, Unterseite kahl; Blattstiel bis 20 cm lang; Blattgrund meist herzförmig; Blattrand grob gezähnt mit ausgerundeten Buchten.

Blüten: Mitunter zweihäusig; Blütenstand aufrecht kurz doldig-rispig mit

Bergahorn *(Acer pseudoplatanus)*, Blüten und Blätter

Früchte

Blüten

Spitzahorn *(Acer platanoides)*, Früchte und Blätter

30–40 scheinbar zwittrigen, fünfzähligen, bis 1 cm durchmessenden, blaßgelben Blüten.

Blütezeit: III–V, vor dem Laubaustrieb beginnend, zeitgleich mit Blattaustrieb.

Früchte: Flache Nüßchen mit fast waagerechten Flügeln, bis 10 cm breit; Reife: IX–X.

Standort: Gelegentlich Forstbaum und in innerstädtischen Baumbeständen; natürlicher Standort in Hang- und Schluchtwäldern.

Feldahorn

(Acer campestre), Fam. Aceraceae (Ahorngewächse)

Beschreibung: Strauch oder kleiner Baum mit gekrümmtem Stamm und kugeliger Krone; graubraune, gefurchte, rissige Rinde, 3–15 m hoch; Alter bis 150 Jahre; Zweige braun, jung behaart, oft geflügelt, im Winter mit kurzen, spitzen, grauen oder braunen Knospen.

Blätter: Kreuzförmig gegenständig, stumpf 3–5lappig, 4–12 cm lang, lederig, mattgrün, jung behaart; Blattgrund herzförmig; Blattstiel rötlich.

Blüten: Meist zweihäusig, gelbgrün; Blütenstand aufrecht doldig-rispig mit wenigen Blüten.

Blütezeit: IV–V, meist vor Laubaustrieb.

Früchte: Filzig behaarte, flache Nüßchen mit waagerechten Flügeln, bis 5 cm lang.

Standort: Häufig in Laubwäldern frischer und feuchter Böden und in Hecken.

Besonderheiten: Regional gefährdet.

Hippocastanaceae (Roßkastaniengewächse)

Gemeine Roßkastanie

(Aesculus hippocastanum),
Fam. Hippocastanaceae (Roßkastaniengewächse)

Beschreibung: Baum mit kurzem, dickem, gedrehten Stamm und runder, dichter Krone; graubraune, rissige und sich in Schuppen lösende Rinde; 15–25 m hoch; Alter bis 200 Jahre; Zweige dick, jung rotbraun, später graubraun, mit Korkzellen, im Winter mit gegenständigen, bis 3,5 cm langen, klebrigen Knospen.

Blätter: Gegenständig, 5–7teilig gefingert; Fiederblättchen verkehrt länglich eiförmig, sitzend, 10–25 cm lang, Oberseite glänzend grün, Unterseite heller mit behaarten Nerven; Rand gekerbt bis gesägt; Blattstiel lang, rinnig.

Blüten: Blütenstände aufrecht rispig („Kerzen") mit ♂ und wenigen ♀ sowie zwittrigen Blüten mit 5 welligen, weißen, rot- oder gelbfleckigen Kronblättern.

Feldahorn *(Acer campe-stre)*, Früchte und Blätter

Gemeine Roßkastanie *(Aesculus hippocastanum)*, Blüten

Gemeine Roßkastanie *(Aesculus hippocastanum)*, Früchte

Blütezeit: IV–V.
Früchte: Stachelige, dreifächerige, bis 6 cm durchmessende Kapselfrüchte; 1–3 große, glänzend rotbraune Samen mit hellgrauem Fleck; Reife: IX–X.
Standort: Gelegentlich als Forstbaum auf nährstoffreichen, tiefgründigen Böden, meist jedoch als Alleebaum.
Besonderheiten: Herkunft Schluchtwälder des Balkans. Bei der Rotblühenden Kastanie *(Aesculus x carnea)* handelt es sich wahrscheinlich um einen Bastard von *A. hippocastanum* und der Pavie *A. pavia*.

Rhamnaceae (Kreuzdorngewächse)

Faulbaum
(Frangula alnus [Rhamnus frangula]),
Fam. Rhamnaceae (Kreuzdorngewächse)

Anderer Name: Pulverholz.
Beschreibung: Strauch; dünne, graubraune, recht übelriechende Rinde; 1–4 m, gelegentlich bis 7 m hoch; Alter bis etwa 60 Jahre; Zweige jung grün, später braun, leicht behaart, mit länglichen, weißen Korkzellen; dornenlos; im Winter mit filzig behaarten Knospen.
Blätter: Wechselständig, verkehrt eiförmig bis elliptisch, mit 7–9 Nervenpaaren; dünn, glänzend, Oberseite dunkelgrün, Unterseite heller, im Herbst weithin gelb und rot leuchtend; ganzrandig.
Blüten: Blütenstand locker büschelig, mit meist 5 zwittrigen, fünfzähligen, weißgrünen, unscheinbaren Blüten.
Blütezeit: V–VI.
Früchte: Erbsengroße, beerenartige, rote oder schwarze Steinfrüchte; Reife ab VII.
Standort: Laub- und Kiefernwälder feuchter, meist nährstoffarmer Böden.
Besonderheiten: Giftig! Heilpflanze (Rinde als Abführmittel).

Kreuzdorn
(Rhamnus cartharticus), Fam. Rhamnaceae (Kreuzdorngewächse)

Beschreibung: Baumförmiger Strauch mit meist krummem Stamm; schwarze Rinde; 1–3 m, gelegentlich bis 10 m hoch; Alter bis über 100 Jahre; Zweige gegenständig, aufrecht, meist bedornt; im Winter mit nahezu gegenständigen, spitzen, dunkelbraunen Knospen.
Blätter: Meist gegenständig, mitunter in Büscheln, oval; mit 3–5 Nervenpaaren, 3–7 cm lang; Oberseite matt grün, Unterseite heller; Blattstiel viel länger als die hinfälligen Nebenblätter; Blattrand gezähnt.
Blüten: Meist zweihäusig, Blütenstand knäuelig mit meist vierzähligen, kleinen, wohlriechenden, gelbgrünen Blüten.

Faulbaum *(Frangula alnus)*, Blätter und Früchte

Früchte

Kreuzdorn *(Rhamnus cathar-ticus)*, Blätter und Früchte

Blütezeit: V–VI.
Früchte: Erbsengroße, schwarze, beerenartige Steinfrüchte.
Standort: Waldränder und Gebüsche warmer, meist nährstoffreicher Böden, auch in Auwäldern.
Besonderheiten: Giftig! Heilpflanze; Beeren zur Farbgewinnung.

Tiliaceae (Lindengewächse)

Sommerlinde
(Tilia platyphyllos), Fam. Tiliaceae (Lindengewächse)

Beschreibung: Baum mit gewölbter Krone; dunkelgraue, längsriefe Rinde; 15–40 m hoch; Alter bis 1000 Jahre; Zweige rotbraun; im Winter mit etwa 0,6 cm langen, eiförmigen, dunkelroten Knospen.
Blätter: Zweizeilig wechselständig, herzförmig, 6–15 cm lang, Oberseite grün, Unterseite heller; in den Nervenwinkeln mit weißer Behaarung; Blattstiel behaart; Blattrand gezähnt.
Blüten: Blütenstand hängend trugdoldig, mit 2–6 wohlriechenden, fünfzähligen, gelblichen Blüten und lang-ovalem, grün-weißem Tragblatt.
Blütezeit: VI.
Früchte: Fruchtstand mit bis 1,2 cm langen, kantigen Kapselfrüchten und dem als Flugorgan dienenden Tragblatt.
Standort: Vereinzelt in Schlucht- und Bergewäldern, häufiger Park- und Alleebaum.
Besonderheiten: Regional potentiell gefährdet; Heilpflanze.

Winterlinde
(Tilia cordata), Fam. Tiliaceae (Lindengewächse)

Beschreibung: Baum mit unregelmäßiger, dichter Krone; graubraune, jung glatte, später breit rissige Rinde; 10–30 m hoch; Alter bis 180 Jahre; Zweige jung oliv oder rötlich, mit schwarzen Korkzellen; im Winter mit zweizeilig angeordneten, etwa 5 cm langen, olivfarbenen oder rötlichen Knospen.
Blätter: Zweizeilig wechselständig, herzförmig, 3–9 cm lang, Oberseite matt dunkelgrün, Unterseite blaugrün; in den Nervenwinkeln hellbraun behaart, Blattstiel kahl; Blattrand gezähnt, jedoch ohne Grannenspitzen.
Blüten: Blütenstand hängend trugdoldig mit 3–11 wohlriechenden, fünfzähligen, weißen Blüten und lang ovalem, hellgrünem Tragblatt.
Blütezeit: VI-VII.
Früchte: Fruchtstand mit bis 0,6 cm langen, kantigen Kapselfrüchten und dem als Flugorgan dienenden Tragblatt; Reife: VIII–IX.
Standort: Vereinzelt in Eichen- und Ahorn-Mischwäldern.
Besonderheiten: Eine der Stammarten der in Parks häufig gepflanzten Krim-Linde *(Tilia x euchlora)*; Heilpflanze.

Sommerlinde *(Tilia platyphyllos)*, Blattunterseite

Winterlinde *(Tilia cordata)*, Habitus

Blätter, Blattunterseite, Blüten

Araliaceae (Efeugewächse)

Efeu
(Hedera helix), Fam. Araliaceae (Efeugewächse)

Beschreibung: Kletterpflanze und Bodendecker; bis 20 m hoch; Alter bis mehrere hundert Jahre.
Blätter: Wechselständig, immergrün, 3–5zählig gelappt, an blatttragenden Sprossen breit eiförmig; Oberseite glänzend dunkelgrün, Unterseite hellgrün; Blattstiel lang, ganzrandig.
Blüten: Blütenstand dicht doldig; grünen Blüten mit 5 gelben Staubblättern und fünffächrigem, mit einem griffelumschließenden Diskus versehenen Fruchtknoten.
Blütezeit: VIII–XI.
Früchte: Giftige, blauschwarze, beerenartige, erbsengroße Steinfrüchte; Reife: im folgenden Frühjahr.
Standort: Laubmischwälder.
Besonderheiten: Vielgestaltig; Wurzelkletterer; kein Parasit!

Cornaceae (Hartriegelgewächse)

Hartriegel
(Cornus sanguinea), Fam. Cornaceae (Hartriegelgewächse)

Anderer Name: Roter Hornstrauch.
Beschreibung: Großstrauch; graubraune, längsrissige Rinde; 1–4 m hoch; Alter bis 30 Jahre, Zweige lang, jung rot; im Winter mit gegenständigen, kurz gestielten, kegelförmigen, filzig braun behaarten Knospen.
Blätter: Gegenständig, breit elliptisch, mit 3–5 Nervenpaaren; grün, Unterseite heller und kraushaarig; ganzrandig; im Herbst charakteristisch rot.
Blüten: Blütenstand doldig-rispig, bis 8 cm durchmessend, mit zwittrigen, vierzähligen weißen Blüten.
Blütezeit: V–VI.
Früchte: Schwarze, kugelige Steinfrüchte; Reife: VIII–X.
Standort: Laubmischwälder und Waldmäntel frischer Böden.

Kornelkirsche
(Cornus mas), Fam. Cornaceae (Hartriegelgewächse)

Andere Namen: Herlitze, Dirlitze.
Beschreibung: Großstrauch oder kleiner Baum mit runder ausladender Krone; gelbgraue Rinde; 2–6 m, selten bis 10 m hoch; Alter bis über 100 Jahre;

Efeu *(Hedera helix)*, Blüten und Blätter

Efeu *(Hedera helix)*, Habitus an Baum

Efeu *(Hedera helix)*, Früchte

Hartriegel *(Cornus sanguinea)*, Früchte

Hartriegel *(Cornus sanguinea)*, Blüten und Blätter

Zweige jung hellgrün, teilweise bläulich überlaufen, behaart, später graubraun; im Winter mit gegenständigen, spitz lanzettlichen, behaarten, kleinen Knospen.

Blätter: Gegenständig, elliptisch, zugespitzt, mit 3–5 Nervenpaaren, 4–10 cm lang, mattgrün; Unterseite spärlich behaart; Blattgrund abgerundet bis keilförmig, ganzrandig.

Blüten: Blütenstand doldig, bis 2 cm durchmessend, mit 10 bis 25 zwittrigen, vierzähligen, gelben Blüten vom 0,4 cm Durchmesser.

Blütezeit: II–IV, vor dem Blattaustrieb.

Früchte: Rote, längliche, eßbare Steinfrüchte; Reife: VIII–IX.

Standort: Eichenmischwälder, häufig auch gepflanzt und verwildert.

Besonderheiten: Regional stark gefährdet; wertvolles Drechselholz.

Oleaceae (Ölbaumgewächse)

Gemeine Esche
(Fraxinus excelsior), Fam. Oleaceae (Ölbaumgewächse)

Beschreibung: Großer Baum mit gewölbter Krone; graue, glatte Rinde, im Alter mit rissiger, schwarzer Borke; 15–40 m hoch; Alter bis 250 Jahre; Zweige dick, graugrün; im Winter mit schwarzen, gegenständigen Knospen.

Blätter: Kreuzförmig gegenständig, langstielig, bis 35 cm lang, gefiedert, mit 5–15 sitzenden, eiförmig-lanzettlichen, bis 12 cm langen, ungleichmäßig gesägten Fiederblättchen; Oberseite dunkel-, Unterseite heller grün.

Blüten: Teilweise zweihäusig; meist zwittrig, Blütenstand dicht rispig mit violetten Blüten ohne Kelch und Blütenblättern.

Blütezeit: V–VI.

Früchte: Lanzettliche, bis 5 cm lang geflügelte Nüßchen; Reife: VII–X, im Winter ausfliegend.

Standort: Laubmischwälder meist feuchter Böden; bestandsbildend.

Besonderheiten: Regional Kopfbaum-Nutzung.

Liguster
(Ligustrum vulgare), Fam. Oleaceae (Ölbaumgewächse)

Andere Namen: Rainweide, Zaunriegel.

Beschreibung: Strauch; 1–5 m hoch; Zweige markig, grün oder gelblich, mit Korkzellen, jung behaart; im Winter mit nahezu gegenständigen, kleinen, grünlichen oder bräunlichen Knospen.

Blätter: Gegenständig oder zu 3 quirlig, länglich-lanzettlich; Oberseite lederig dunkelgrün, Unterseite heller.

Blüten: Blütenstand reichblütig rispig mit weißen, kleinen, röhrenförmigen, vierzähligen Blüten.

Blütezeit: VI–VII.

Kornelkirsche *(Cornus mas)*, Blüten

Kornelkirsche *(Cornus mas)*, Habitus, blühend

Kornelkirsche *(Cornus mas)*, Früchte

Blüten und Knospe

Gemeine Esche *(Fraxinus excelsior)*, Früchte

Liguster *(Ligustrum vulgare)*, Früchte und Blätter

Früchte: Schwarze, ungenießbare Beerenfrüchte; Reife: VIII–IX.
Standort: Lichte Eichen- und Kiefernwälder und Waldmäntel warmer, kalkreicher Böden; häufig als Hecke im Siedlungsbereich.
Besonderheiten: Giftig.

Caprifoliaceae (Geißblattgewächse, siehe Seite 190)

Wildes Geißblatt
(Lonicera periclymenum), Fam. Caprifoliaceae (Geißblattgewächse)

Beschreibung: Rechtswindender Strauch; 1–10 m hoch;
Blätter: Gegenständig, spitz eiförmig-elliptisch, kahl; Oberseite dunkelgrün, Unterseite heller; kurzstielig.
Blüten: Blütenstand kopfförmig mit großen, gelblich-weißen, röhrenförmigen, zweilippigen, duftenden Blüten.
Blütezeit: VI–VIII.
Früchte: Rote Beeren.
Standort: Eichen- und Birkenwälder saurer Böden.
Besonderheiten: Giftig; Bestäubung vor allem durch Nachtfalter.

Gemeine Heckenkirsche
(Lonicera xylosteum), Fam. Caprifoliaceae (Geißblattgewächse)

Beschreibung: Strauch; graubraune, längsrissige Rinde; 1–2 m hoch; Zweige jung dicht behaart, mit gegenständigen, graugelben Knospen.
Blätter: Gegenständig, breit elliptisch, weich behaart, 3–7 cm lang; Oberseite dunkelgrün, Unterseite heller; kurzstielig.
Blüten: Paarweise; behaarte Blütenstiele so lang wie die hellgelben, bis 1,5 cm lang röhrenförmigen, zweilippigen Blüten.
Blütezeit: V–VI.
Früchte: Rote, glänzende Beeren; Reife: VI–VII.
Standort: Eichen- und Buchenwälder meist warmer, basenreicher Böden.
Besonderheiten: Früchte giftig.

Schwarzer Holunder
(Sambucus nigra), Fam. Caprifoliaceae (Geißblattgewächse)

Andere Namen: Holler, Wilder Flieder.
Beschreibung: Großer Strauch; graue, tief rissige Rinde; 2–10 m hoch; Zweige grau, mit rotbraunen Korkzellen und weißem Mark; gegenständige, kahle Knospen.
Blätter: Gegenständig; gefiedert mit sitzenden, grob gesägten, 4–12 cm langen Fiederblättchen.

Wildes Geißblatt *(Lonicera periclymenum)*, Blüten und Blätter

Gemeine Heckenkirsche *(Lonicera xylosteum)*, Blüten und Blätter

Gemeine Heckenkirsche *(Lonicera xlyosteum)*, Früchte und Blätter

Schwarzer Holunder *(Sambucus nigra)*, Blüten

Schwarzer Holunder *(Sambucus nigra)*, Früchte

Blüten: Blütenstand schirmförmig trugdoldig mit fünfzähligen, kurz röhrenförmigen, duftenden, weißen Blüten.
Blütezeit: V–VI.
Früchte: Schwarze, beerenartige Steinfrüchte; Reife: VIII–IX.
Standort: Häufig in Wäldern, Hecken, Gebüschen und auf Schuttplätzen nährstoffreicher, nicht zu trockener Böden.
Besonderheiten: Obst- und Heilpflanze.

Traubenholunder

(Sambucus racemosa), Fam. Caprifoliaceae (Geißblattgewächse)

Beschreibung: Strauch; 1–5 m hoch; Zweige grau, mit rotbraunem Mark, mit Korkzellen; gegenständige, runde Knospen.
Blätter: Gegenständig; mit kurzgestielten, groß gesägten Fiederblättchen.
Blüten: Blütenstand dicht rispig mit fünfzähligen, kurz röhrenförmigen, weißen oder grünlichen Blüten.
Blütezeit: IV–VI.
Früchte: Rote beerenartige Steinfrüchte; Reife: VI–VIII.
Standort: Waldlichtungen und Schlagfluren nährstoffreicher Böden.
Besonderheiten: Früchte schwach giftig, jedoch gekocht eßbar.

Wolliger Schneeball

(Viburnum lantana), Fam. Caprifoliaceae (Geißblattgewächse)

Beschreibung: Strauch; graubraune, rauhe Rinde; 1–4 m hoch.
Blätter: Gegenständig; eiförmig, gestielt, dick, graufilzig behaart, Oberseite stark runzelig, dunkelgrün; Blattrand gezähnt.
Blüten: Blütenstand doldig mit fünfzähligen weißen Blüten.
Blütezeit: V–VI.
Früchte: Eiförmige, rote, später schwarze, beerenartige Steinfrüchte.
Standort: Eichen- und Kiefernwälder warmer Gegenden; in Grünanlagen.
Besonderheiten: Früchte giftig.

Gemeiner Schneeball

(Viburnum opulus) Fam. Caprifoliaceae (Geißblattgewächse)

Beschreibung: Strauch, 1–5 m hoch; Zweige z. T. kantig, mit gegenständigen, gewölbten Knospen.
Blätter: Gegenständig; ahornblattartig 3–5lappig, grün, kahl, mit borstenförmigen Nebenblättern.
Blüten: Blütenstand schirmförmig trugdoldig mit fünfzähligen, kurz röhrenförmigen, weißen Blüten; Randblüten größer, strahlig, steril.
Blütezeit: V–VI
Früchte: Rundliche, rote, ungenießbare, beerenförmige Steinfrüchte.
Standort: Auenwälder und Waldränder feuchter, nährstoffreicher Böden.

Traubenholunder
(Sambucus racemosa), Mark

Traubenholunder
(Sambucus racemosa), Früchte

Wolliger Schneeball
(Viburnum lantana), Blüten

Wolliger Schneeball
(Viburnum lantana), Früchte

Gemeiner Schneeball
(Viburnum opulus), Blüten

Gemeiner Schneeball
(Viburnum opulus), Früchte

Kräuter

Einkeimblättrige Kräuter

Neben zahlreichen nicht ohne Mikroskop zu sehenden Merkmalen weisen einkeimblättrige Pflanzen (Monokotyledoneae) meist ungeteilte Blätter mit unverzweigten Nerven auf. Die Blütenorgane sind in der Regel dreizählig, die Blütenhülle ist nur selten in Kelch- und Kronblätter unterschieden. Unsere einheimischen einkeimblättrigen Pflanzen verholzen nicht.

Zu den einkeimblättrigen Pflanzen gehören auch die Süßgräser, Sauergräser und Binsen, die im vorliegenden Bestimmungsbuch nicht berücksichtigt werden.

Liliaceae (Liliengewächse) und
Trilliaceae (Dreiblattgewächse)

Liliengewächse weisen traubige, ährige oder rispige Blütenstände mit auffälligen Blüten auf. Die Blütenhülle besteht aus zwei dreizähligen Blattkreisen, hinzu kommen meist 6 Staubblätter und ein dreiblättriger, über den übrigen Blütenorganen stehender (oberständiger) Fruchtknoten. Sie überwintern mit Knollen, Zwiebeln oder Kriechsprossen.

Neben den hier aufgeführten Arten gehören beispielsweise auch Tulpe, Schnittlauch, Knoblauch und Porree zu den Liliengewächsen.

Die Familie der Trilliaceae wurde früher in die Liliengewächse einbezogen. Bekannt ist die heimische Einbeere *(Paris quadrifolium)*, die sich durch ihre quirlständigen Blätter und eine einzige Blüte auszeichnet.

Bärlauch
(Allium ursinum); Fam. Liliaceae (Liliengewächse)

Beschreibung: 15–50 cm hoch; Stengel dreikantig.
Blätter: Meist 2 lanzettlich-eiförmige Grundblätter, bis 15 cm lang gestielt.
Blüten: Blütenstand mit 5–20 Blüten; Einzelblüte 1,5 cm lang, 6 Blütenblätter, spitzlanzettlich, weiß, frei.
Blütezeit: IV–VI.
Standort: Krautreiche Laub-, Misch- und Auenwälder; oft große Bestände; zeigt Wasserzügigkeit oder Grundwassernähe an.
Besonderheiten: Intensiver Knoblauchgeruch; regional vom Aussterben bedroht.

Bärlauch
(Allium ursinum)

Herbstzeitlose
(Colchicum autumnale)

Maiglöckchen *(Convallaria majalis)*, Blütentraube

Herbstzeitlose

(Colchicum autumnale); Fam. Liliaceae (Liliengewächse)

Beschreibung: 10–25 cm hoch; Stengel stark verkürzt.
Blätter: Breitlinealförmig; erst im folgenden Frühjahr nach der Blüte.
Blüten: 1–3 hellviolette, trichterförmige Blüten mit 6 großen Blütenblätter.
Blütezeit: VIII–X.
Frucht: 3–4 cm lange, dreiklappige Fruchtkapsel, in der Mitte der Blatt-rosette; erscheint im Frühjahr.
Standort: Auwälder, Vorkommensschwerpunkt jedoch auf Wiesen.
Besonderheiten: Äußerst giftig, enthält das in Pharmazie und For-schung verwandte Alkaloid Colchicin; regional vom Aussterben bedroht.

Maiglöckchen

(Convallaria majalis); Fam. Liliaceae (Liliengewächse)

Beschreibung: 10–20 cm hoch.
Blätter: Zwei gestielte, lang elliptische Blätter.
Blüten: Einseitswendige, 5–12blütige Blütentraube aus weißen, nicken-den, sechszipfeligen Glöckchen.
Blütezeit: V.
Frucht: Rote Beerenfrüchte.
Standort: Eichen- und Buchenwälder vor allem der Tieflagen.
Besonderheiten: Giftig; Pflanze enthält die Glukoside Convallarin und Convallamarin, die in der Pharmazie Verwendung als Herzmittel finden.

Schattenblümchen

(Maianthemum bifolium); Fam. Liliaceae (Liliengewächse)

Beschreibung: 5–15 cm hoch; Stengel wimperhaarig.
Blätter: Zwei herzförmige, kurzgestielte Blätter.
Blüten: Endständige Blütentraube aus 2–3blütigen Dolden; Einzelblüten sternförmig, weiß, wohlriechend, vierzählig (!).
Blütezeit: V–VI.
Frucht: Rote Beerenfrüchte.
Standort: Laub- und Nadelwälder auf sauren Böden.
Besonderheiten: Schwach giftig.

Vielblütige Weißwurz

(Polygonatum multiflorum); Fam. Liliaceae (Liliengewächse)

Beschreibung: 30–70 cm hoch; Stengel rund, überhängend.
Blätter: Stengelumfassend, wechselständig, eiförmig-elliptisch, bis 15 cm lang; Oberseite dunkelgrün, Unterseite graugrün.

Schattenblümchen
(Maianthemum bifolium)

Vielblütige Weißwurz *(Polygona-tum multiflorum)*, Blüten

Vielblütige Weißwurz
(Polygonatum multiflorum)

Blüten: Weiß, zu 2–7 blattachselständig, kurzgestielt, hängend, mit 6zipfeliger Blütenröhre, Staubfäden behaart.
Blütezeit: V–VI.
Frucht: Schwarze Beerenfrüchte.
Standort: Buchen-, Eichen- und Nadelmischwälder.
Besonderheiten: Giftig! Von Spechten ausgegrabene Polygonatum-Wurzeln gelten als zauberkräftige, schlösseröffnende „Springwurz".

Salomonssiegel
(Polygonatum odoratum); Fam. Liliaceae (Liliengewächse)

Anderer Name: Wohlriechender Salomonssiegel.
Beschreibung: 15–40 cm hoch; Stengel kantig, überhängend.
Blätter: Stengelumfassend, wechselständig zweizeilig, breit eiförmig bis elliptisch.
Blüten: Weiß, einzeln oder paarweise blattachselständig, kurzgestielt, hängend, mit glockiger 6zipfeliger Blütenhülle; duftend;
Blütezeit: V–VI.
Standort: Warme Eichengebüsche und lichte Kiefernwälder.
Besonderheiten: Giftig! Ihren Namen haben diese Arten von ihrem Wurzelstock. Die Pflanze bildet jedes Jahr neue Triebe, während die alten auf dem Wurzelstock Narben hinterlassen, die wie ein Siegelabdruck aussehen; regional stark gefährdet.

Quirlblättrige Weißwurz
(Polygonatum verticillatum); Fam. Liliaceae (Liliengewächse)

Beschreibung: 30–60 cm hoch; Stengel kantig, aufrecht.
Blätter: Quirle lanzettlicher, mittelgrüner Blätter.
Blüten: Weiß, zu 1–7 blattachselständig, hängend, glockenförmig; grünlich-weiß.
Blütezeit: V–VI.
Frucht: Anfangs rote, später schwarze Beerenfrüchte.
Standort: Buchen- und Nadelwälder und Hochstaudenfluren im Bergland.
Besonderheiten: Giftig; regional vom Aussterben bedroht.

Blaustern
(Scilla bifolia); Fam. Liliaceae (Liliengewächse)

Anderer Name: Zweiblättrige Sternhyazinthe.
Beschreibung: 10–20 cm hohe Zwiebelpflanze; Stengel rund, zart.
Blätter: Meist 2, breit linealförmig, stengelumfassend.
Blüten: 2– 5blütige Blütentraube; Einzelblüten sternförmig, mit aufrechten Blütenstielen; 6 blaue, bis 1,2 cm lange Blütenhüllblätter.
Blütezeit: III–IV.

Salomonssiegel
(Polygonatum odoratum), Blüten

Quirlblättrige Weißwurz *(Polygo-natum verticillatum)*, Früchte

Blaustern *(Scilla bifolia)*,
Blüten und Blätter

Standort: Auenwälder und -wiesen, Eichen- und Buchenwälder.

Besonderheiten: Regional gefährdet; BArtSchV für wildlebende Populationen. Gelegentlich kommen in Siedlungsnähe verwilderte Exemplare weiterer *Scilla*-Arten vor. Diese weisen zumeist einen kräftigeren Wuchs und einen kantigen, zusammengedrückten Stengel auf.

Einbeere

(Paris quadrifolium); Fam. Trilliaceae (Dreiblattgewächse)

Beschreibung: 10–30 cm hoch.

Blätter: Quirl aus großen, sitzenden, verkehrt eiförmigen, netzadrigen Blättern.

Blüten: Endständige Einzelblüte, 4 lanzettliche, grüne äußere und 4 lineale, gelbgrüne innere Blütenhüllblätter, 8 Staubblätter, vierfächriger, viernarbiger Fruchtknoten.

Blütezeit: V.

Frucht: Eine große, glänzend schwarze Beerenfrucht.

Standort: Eichen-, Buchen-, Auen- und Nadelmischwälder.

Besonderheiten: Pflanze in allen Teilen sehr giftig („Pestbeere"); regional gefährdet.

Amaryllidaceae (Narzissengewächse)

Der Blütenbau entspricht weitgehend dem der Liliaceae, jedoch entspringen Hüll- und Staubblätter oberhalb des Fruchtknotens (unterständiger Fruchtknoten). Gelegentlich bilden Teile der Staubblätter eine „Nebenkrone". Narzissengewächse überwintern mittels Zwiebeln.

Zu dieser Familie gehören ebenfalls zahlreiche Gartenpflanzen.

Schneeglöckchen

(Galanthus nivalis); Fam. Amaryllidaceae (Narzissengewächse)

Beschreibung: 8–15 cm hohe Zwiebelpflanze.

Blätter: Schmal riemenförmig, halb aufrecht, grundständig, blaugrün.

Blüten: Einzelne, endständige, glockenförmige, nickende weiße Blüten mit 3 äußeren großen und 3 inneren kürzeren Hüllblättern und einer zweikieligen Scheide.

Blütezeit: II–III.

Frucht: Gelbgrüne, beerenartige Fruchtkapsel.

Standort: Auwälder und feuchte Laubmischwälder.

Besonderheiten: Häufig handelt es sich um verwilderte Gartenpflanzen; gefährdet, regional stark gefährdet; BArtSchV für wildlebende Populationen, EU.

Einbeere
(Paris quadrifolium)

Schneeglöckchen *(Galanthus nivalis)*, Blüten und Blätter

Iridaceae (Schwertliliengewächse)

Gelbe Schwertlilie

(Iris pseudacorus); Fam. Iridaceae (Schwertliliengewächse)

Beschreibung: 50–100 cm hoch; Stengel am Grund meist zusammengedrückt; ausdauernd.
Blätter: Schwertförmig, 1–3 cm breit, grundständig.
Blüten: Hellgelb; verästelter, mehrblütiger Blütenstand; 3 äußere große, zurückgeschlagene und 3 innere, kleine, lineale, aufrechte Blütenhüllblätter, 3 blumenblattartige Narbenäste, die jeweils 1 Staubblatt überdachen.
Blütezeit: V–VI.
Standort: Röhrichte, Sümpfe, Au- und Bruchwälder.
Besonderheiten: Giftig! BArtSchV für wildlebende Populationen.

Orchidaceae (Knabenkräuter, Orchideen)

Die Blüten der Orchideen stehen in ährigen oder traubigen Blütenständen und sind spiegelbildlich symetrisch. Die Blütenhülle besteht aus zwei dreizähligen Kreisen, wobei das mittlere, innere Blatt als Lippe charakteristisch geformt und gefärbt ist. Orchidaceen haben 1 oder 2 Staubblätter, die mit Griffel und Narbe verwachsen sind. Der Blütenstaub wird als zusammenhängende Masse (Pollinium) an einen Blütenbesucher angeheftet. Die Samen sind staubfein, undifferenziert und ohne Nährgewebe. So sind Orchideen auf die Symbiose mit speziellen Pilzarten angewiesen, die den Keimlingen Wasser und Nährstoffe liefern.

Alle europäischen Orchideen wachsen terrestrisch, d. h. sie wurzeln in der Erde. In den tropischen und subtropischen Gebieten leben die meisten Orchidee epiphytisch: Sie wachsen auf Bäumen und nehmen mittels ihrer Luftwurzeln Wasser sowie Nährstoffe aus der Luft auf.

Alle Orchideen sind streng geschützt (Bundesartenschutzverordnung).

Hundswurz

(Anacamptis pyramidalis);
Fam. Orchidaceae (Knabenkräuter, Orchideen)

Andere Namen: Kammstendel, Pyramidenorchis
Beschreibung: 20–50 cm hoch.
Blätter: Lineal-lanzettlich.
Blüten: Blütenstand pyramiden- bis eiförmig, dichtblütig; Einzelblüten karminrot, dreilappige Lippe mit 2 gelben, aufrechten Plättchen, fadenförmiger Sporn.
Blütezeit: VI–VII.

Hundswurz *(Anacamptis pyramidalis)*, Blütenstand

Gelbe Schwertlilie *(Iris pseuda-corus)*, Blüten und Blätter

Standort: Kalkreicher Magerrasen, Moorwiesen und Säume von Wäldern warmer Gebiete.
Besonderheiten: Stark gefährdet, regional ausgestorben oder verschollen; BArtSchV, CITES.

Breitblättriger Waldstendel

(Epipactis helleborine); Fam. Orchidaceae (Knabenkräuter, Orchideen)

Beschreibung: 20–50cm hoch; Stengel oben flaumhaarig.
Blätter: Stengelumfassend, lanzettlich bis breit eiförmig.
Blüten: Reichblütige, lockere Blütentraube aus grünlichen, rot überlaufenen Blüten mit langen Deckblättern, kurzer, rötlicher, vorne herzförmiger oder zugespitzter Lippe, deren kahnförmiges hinteres Glied auf der gesamten Fläche Honig abscheidet; vielgestaltig.
Blütezeit: VI–VIII.
Standort: Nährstoffreiche Wälder aller Art, auch in Städten.
Besonderheiten: Häufigste Orchidee, BArtSchV, CITES.

Bienenragwurz

(Ophrys apifera); Fam. Orchidaceae (Knabenkräuter, Orchideen)

Anderer Name: Bienenstendel.
Beschreibung: 15–35 cm hoch.
Blätter: Obere Blätter scheidenförmig stengelumfassend.
Blüten: Blütenstand 2–8blütig; Einzelblüten: 3 äußere Blütenhüllblätter länglich, rosa bis violett mit grünem Mittelnerv, innere Hüllblätter klein, grün oder rötlich, behaart, Lippe entfernt bienenähnlich (Name!), breit mit dreizipfeligem, aufgeblasenem, samtartigem dunklen Mittellappen mit gelblicher Zeichnung und Rand sowie gekrümmten Anhängseln, Seitenlappen klein, zurückgebogen, meist goldgelb.
Blütezeit: VI–VII.
Standort: Kalkreicher Magerrasen und lichte Eichen-Kiefernwälder.
Besonderheiten: Stark gefährdet, regional ausgestorben oder verschollen; BArtSchV, CITES.

Fliegenragwurz

(Ophrys insectifera); Fam. Orchidaceae (Knabenkräuter, Orchideen)

Beschreibung: 15–30 cm hoch.
Blätter: 2–5 länglich lanzettlich, grundständig.
Blüten: Lockere, einseitswendige Blütenähre; Einzelblüten mit kleinen, lanzettlichen, grünen äußeren und violettbraunen, fast fadenförmigen inneren Hüllblättern, Lippe vierlappig, dunkelpurpurbraun samtig, fliegenähnlich ähnlich mit den inneren Hüllblättern als „Fühlern", in der Mitte mit kahlem Fleck.

Breitblättriger Waldstendel *(Epipactis helleborine)*, Blütentraube

Bienenragwurz *(Ophrys apifera)*, Blütenstand

Bienenragwurz *(Ophrys apifera)*, Einzelblüte

Fliegenragwurz *(Ophrys insectifera)*, Blütenähre

Blütezeit: V–VI.
Standort: Kalkreiche Magerrasen und lichte Kiefernwälder.
Besonderheiten: Gefährdet, regional vom Aussterben bedroht; BArtSchV, CITES.

Kuckucksknabenkraut

(Orchis mascula); Fam. Orchidaceae (Knabenkräuter, Orchideen)

Beschreibung: 20–40 cm hoch.
Blätter: Breit lanzettlich, zum Grunde hin verschmälert.
Blüten: Lockere, reichblütige Blütenähre; Einzelblüten purpurn, selten weiß, äußere Blütenhüllblätter abstehend, dreilappige, am Grunde weiße, innen gefleckte Lippe mit auffällig geteiltem und gezähntem Mittellappen und abgerundeten Seitenlappen, walziger bis schwach keulenförmiger, waagerechter oder aufgerichter Sporn von Fruchtknotenlänge.
Blütezeit: V–VI.
Standort: Bergwiesen und Eichen-Hainbuchenwälder.
Besonderheiten: Stark gefährdet, regional ausgestorben oder verschollen; BArtSchV, CITES.

Purpurknabenkraut

(Orchis purpurea); Fam. Orchidaceae (Knabenkräuter, Orchideen)

Beschreibung: 30–75 cm hoch; Stengel meist purpurn überlaufen.
Blätter: scheidig, schlaff, Oberseite glänzend; kurze, spitze Tragblätter.
Blüten: bis 15 cm lange Blütenähre; Einzelblüten duftend, Helm aus 3 oberen Hüllblättern kurz, außen rotbraun, innen grünweißlich, purpurfleckig; dreispaltige, weißliche oder purpurne Lippe mit Haarpinseln, Mittellappen sich nach vorn verbreiternd, mit 2 gezähnten Lappen und Mittelzahn, Sporn halbfruchtknotenlang.
Blütezeit: V–VI.
Standort: lichte, warme Eichenwälder, Hartholz-Auenwälder.
Besonderheiten: gefährdet, regional vom Aussterben bedroht; BArtSchV, CITES.

Araceae (Aronstabgewächse)

Typisch für die Aronstabgewächse ist das auffällige Hochblatt (Spatha), das den Blütenkolben (Spadix) umhüllt. Das Hochblatt ist oftmals auffällig gefärbt und übt eine gewisse Schutzfunktion aus und dient der Bestäubung. Neben den aufgeführten einheimischen Arten zählen zu den Araceen unter anderem bekannte Zimmerpflanzen wie *Monstera* und *Dieffenbachia*.

Fliegenragwurz *(Ophrys insectifera)*, Einzelblüte

Kuckucksknabenkraut *(Orchis mascula)*

Purpurknabenkraut *(Orchis purpurea)*, Blütenähren

Purpurknabenkraut *(Orchis purpurea)*, Einzelblüten

Aronstab

(Arum maculatum); Fam. Araceae (Aronstabgewächse)

Beschreibung: 15–30 cm hoch.
Blätter: Grundständig, pfeilförmig mit langem Stiel, Nervatur netzförmig.
Blüten: Blütenstand mit unten ♀, oben ♂ Blütenkreis, von einer grünlich weißen Blütenscheide umhüllt, aus welcher oben ein braunviolett Kolben deutlich herausragt.
Blütezeit: IV–V.
Frucht: Rote Beerenfrüchte.
Standort: Krautreiche Laubmisch- und Buchenwälder, Auenwälder.
Besonderheiten: In allen Pflanzenteilen giftig! Der Aronstab lockt durch den Aasgeruch des „Kolbens" Fliegen an, die in den „Kessel" des Blütenstandes rutschen und beim Herausklettern die innenliegenden, kleinen Blüten bestäuben.

Zweikeimblättrige Kräuter

Bei fast allen Arten der Zweikeimblättrigen Pflanzen (Dikotyledoneae) besitzt der Embryo zwei Keimblätter. Die Blätter sind vielgestaltig, oft zusammengesetzt, meist gestielt und weisen meist verzweigte Nerven auf. Die Blütenhülle ist fast immer in Kelch- und Kronblätter unterschieden und oft in 4– 5zähligen Wirteln.

Ranunculaceae (Hahnenfußgewächse)

Die Ranunculaceen sind eine recht vielgestaltige Pflanzenfamilie. Außer der meist fünfzähligen Blütenhülle treten häufig besondere „Honigblätter" auf, die teilweise blütenblattähnlich sind. Staub- und Fruchtblätter sind meist zahlreich vorhanden. Die Blätter sind in der Regel wechselständig.

Blauer Eisenhut

(Aconitum napellus agg.); Fam. Ranunculaceae (Hahnenfußgewächse)

Beschreibung: 50–150 cm hoch; Stengel aufrecht; ausdauernd.
Blätter: 3–7teilig gelappt, eingeschnitten gesägt.
Blüten: Blütenstand traubig, mit zahlreichen dunkelblauen Einzelblüten, diese mit 5 äußeren Hüllblättern, die oben meist breiter als hoch helmförmig (Name!) gewölbt ist, 2 langstielige Honigblätter, zahlreiche Staubblätter.
Blütezeit: VII–VIII.
Früchte: 1,5–2,0 cm große Balgfrüchte, Samen dreikantig, geflügelt.
Standort: Hochstaudenfluren und Auwälder im Gebirge.
Besonderheiten: Giftig! mehrere Kleinarten; z. T. regional stark gefährdet, BArtSchV; im Flachland gelegentlich verwilderte Gartenpflanzen.

Aronstab *(Arum maculatum)*, Hochblatt mit Kolben

Blauer Eisenhut *(Aconitum napellus)*, Blütenstand und Blätter

Blauer Eisenhut *(Aconitum napellus)*, Einzelblüten

Buschwindröschen
(Anemone nemorosa); Fam. Ranunculaceae (Hahnenfußgewächse)

Beschreibung: 5–25 cm hoch; Stengel aufrecht; ausdauernd.
Blätter: Dreiteilig, in der oberen Stengelhälfte zu 3 quirlständig, gesägt und eingeschnitten, gelegentlich ein Grundblatt.
Blüten: Weiße, einzeln endständig, meist 6 Hüllblätter, zahlreiche Staubblätter und Fruchtknoten.
Blütezeit: III–V.
Standort: Weit verbreitet in Wäldern nahezu jeden Typs.

Sumpfdotterblume
(Caltha palustris agg.); Fam. Ranunculaceae (Hahnenfußgewächse)

Beschreibung: 15–30 cm hoch; Stengel, niederliegend bis aufsteigend, hohl; ausdauernd.
Blätter: Rundlich herz- bis nierenförmig, glänzend dunkelgrün; Grundblätter langgestielt, Stengelblätter zunehmend sitzend.
Blüten: Gelb, mit 5 Hüll- und zahlreichen Staubblättern, 5–8 Fruchtknoten.
Blütezeit: IV–V.
Früchte: Balgfrüchte mit kurzem Schnabel.
Standort: Bruch- und Auwälder, Sumpfwiesen, Bäche, Gräben.
Besonderheiten: Schwach giftig; zahlreiche Unterarten, eine davon regional vom Aussterben bedroht.

Stinkende Nieswurz
(Helleborus foetidus); Fam. Ranunculaceae (Hahnenfußgewächse)

Beschreibung: 30–50 cm hoch; Stengel verzweigt, beblättert, verholzend; ausdauernd.
Blätter: Grundblätter langgestielt, dunkelgrün ledrig, 3–9teilig fußförmig, entfernt gesägt, immergrün; untere Stengelblätter wie Grundblätter, allmählich einfacher werdend, schließlich in hellgrüne ungeteilte Hochblätter übergehend.
Blüten: Zahlreich, gelbgrün, meist rotberandet, 5 glockenförmig gestellte Blütenhüllblätter, Honigblätter kurz, tütenförmig, zahlreiche, gelbe, charakteristisch übelriechende Staubgefäße.
Blütezeit: II–IV.
Früchte: Drei aufgeblasene Balgfrüchte.
Standort: Krautreiche Eichen- und Buchenwälder, Waldmäntel und -säume in mildem Klima auf kalkreichen Böden in Westeuropa und ganz Süddeutschland.
Besonderheiten: Giftig; regional gefährdet, BArtSchV.

Buschwindröschen *(Anemona nemorosa)*, Blüten und Blätter

Stinkende Nieswurz *(Helleborus foetidus)*, Blüten und Hochblätter

Sumpfdotterblume *(Caltha palustris)*, Bestand, blühend

Blüte

Gewöhnliche Küchenschelle

(Pulsatilla vulgaris); Fam. Ranunculaceae (Hahnenfußgewächse)

Anderer Name: Gewöhnliche Kuhschelle.
Beschreibung: 5–40 cm hoch; horstbildend; ausdauernd.
Blätter: Grundrosette aus langstieligen, 2–3fach gefiederten, zottig behaarten Blättern; nach der Blüte erscheinend.
Blüten: Mit zerschlitzter, behaarter Hochblattscheide, violett, auch weiß oder rot, 6 glockig zusammenstehende Hüllblätter, zahlreiche Fruchtknoten mit behaarten Griffeln und violetten Narben.
Blütezeit: III–IV.
Standort: Kalkreiche Kiefernwälder, vor allem Magerrasen.
Besonderheiten: Schwach giftig; Klettverbreitung; mehrere Unterarten; z. T. regional vom Aussterben bedroht, BArtSchV.

Scharfer Hahnenfuß

(Ranunculus acris); Fam. Ranunculaceae (Hahnenfußgewächse)

Anderer Name: Butterblume.
Beschreibung: 30–100 cm hoch; Stengel aufrecht, verzweigt, ausdauernd.
Blätter: 3–5teilig handförmig, eingeschnitten, Endabschnitt der Grundblätter nicht gestielt, Blattrand gezähnt.
Blüten: Gelb, 3–5blättrige, aufgerichtete Kelch, 5 gelbe Kronblätter mit Honiggrube, zahlreiche Staubblätter und Fruchtknoten.
Blütezeit: V–IX.
Früchte: Kurz geschnäbelte, kahle Nüßchen.
Standort: Frisch bis feuchte, nährstoffreiche Wiesen.
Besonderheiten: Schwach giftig.

Scharbockskraut

(Ranunculus ficaria [= Ficaria verna]);
Fam. Ranunculaceae (Hahnenfußgewächse)

Anderer Name: Feigwurz.
Beschreibung: 5–20 cm hoch; Stengel niederliegend bis aufsteigend; ausdauernd.
Blätter: Rundlich herzförmig, gekerbt, glänzend, Stengelblätter mit Brutknospen in den Blattachseln.
Blüten: Goldgelb, mit 3–5blättrigem Kelch, bis zu 12 Kronblätter, zahlreichen Staubblättern und Fruchtknoten.
Blütezeit: III–V.
Frucht: Kugelig, behaart.
Standort: Auwälder, krautige Laubmischwälder, Hecken und Obstwiesen.

Gewöhnliche Küchenschelle
(Pulsatilla vulgaris)

Scharfer Hahnenfuß
(Ranunculus acris)

Scharbockskraut
(Ranunculus ficaria), Blüten

Besonderheiten: Fruchtbildung und Samenentwicklung selten, Vermehrung durch Brutknospen. Der Name „Feigwurz" bezieht sich auf die Form von Knöllchen am Wurzelstock; jung als Salatpflanze, alte Pflanzen sind giftig.

Kriechender Hahnenfuß

(Ranunculus repens); Fam. Ranunculaceae (Hahnenfußgewächse)

Beschreibung: 10–30 cm hoch; Stengel niederliegend bis aufsteigend, verzweigt, oberirdische Ausläufer bildend; ausdauernd.
Blätter: Dreiteilige Grundblätter gestielt, gezähnt, Stengelblätter einfacher, zum Teil sitzend.
Blüten: 2–3 cm durchmessend, gelb, Kelch der Krone anliegend.
Blütezeit: V–IX.
Früchte: 0,3 cm große, rundliche, kahle Nüßchen mit kurzem geraden oder gebogenem Schnabel.
Standort: Besiedelt staunasse Böden nahezu jeder Art.
Besonderheiten: Gefürchtetes Garten- und Ackerunkraut.

Gifthahnenfuß

(Ranunculus sceleratus); Fam. Ranunculaceae (Hahnenfußgewächse)

Beschreibung: 20–50 cm hoch; Stengel aufsteigend bis aufrecht, hohl, beblättert; einjährig oder überwinternd.
Blätter: 3–5teilig, fleischig, dunkelgrün, glänzend.
Blüten: Bis 1 cm durchmessend, 3–5blättrige Kelch, 5 hellgelbe Kronblätter mit Honiggrube, zahlreiche Staubblätter und bis zu 100 walzig angeordnete Fruchtknoten.
Blütezeit: VI–X.
Frucht: Kurz geschnäbeltes, runzeliges Nüßchen.
Standort: Schlammböden.
Besonderheiten: Stark giftig.

Gewöhnliche Akelei

(Aquilegia vulgaris); Fam. Ranunculaceae (Hahnenfußgewächse)

Beschreibung: 30–80 cm hoch; Stengel aufrecht, verzweigt; ausdauernd.
Blätter: Grundblätter langstielig, mehrfach dreiteilig, Stengelblätter nach oben hin einfacher werdend, oberste Blätter sitzend.
Blüten: 3–10, blauviolett, langstielig, nickend, fünfzählig, alle Kronblätter mit gekrümmtem, nektarführenden Sporn, Staubblätter zahlreich und die Kronblätter nicht überragend.
Blütezeit: V–VII.
Standort: Eichen- und Buchenmischwälder warmer Böden, auch als Zierpflanze in kultivierten Formen.
Besonderheiten: Regional ausgestorben oder verschollen, BArtSchV.

Kriechender Hahnenfuß
(Ranunculus repens)

Gifthahnenfuß
(Ranunculus sceleratus)

Gewöhnliche Akelei
(Aquilegia vulgaris), Blüten

Gewöhnliche Akelei
(Aquilegia vulgaris), Bestand

Gelbe Wiesenraute
(Thalictrum flavum); Fam. Ranunculaceae (Hahnenfußgewächse)

Beschreibung: 50–120 cm hoch; Stengel aufrecht; ausdauernd.
Blätter: Gefiedert mit dreispaltigen, oben lanzettlichen Fiederblättchen.
Blüten: Blütenstand zusammengezogen rispig mit gedrängten, winzigen, gelblichen Blüten, bis 0,2 cm lange Staubblätter.
Blütezeit: VI–VIII.
Standort: Hochstaudenfluren nasser Böden.
Besonderheiten: Regional stark gefährdet.

Papaveraceae (Mohngewächse)

Die Blüten der Mohngewächse sind zweilippig mit Sporn oder groß und strahlig symetrisch. Der Fruchtknoten ist verwachsenblättrig, fast immer oberständig. Als Frucht wird meist eine Kapsel, seltener eine Schote oder Schließfrucht gebildet. Die Blätter sind in der Regel gefiedert.

Hohler Lerchensporn
(Corydalis cava); Fam. Papaveraceae (Mohngewächse)

Beschreibung: 15–25 cm hoch; Stengel aufrecht, kahl, am Grunde ohne Schuppen; Wurzelknolle hohl (Name!); ausdauernd.
Blätter: Meist 2, blaugrün, doppelt dreiteilig handförmig, eingeschnitten, kahl; Tragblätter eiförmig ganzrandig.
Blüten: Blütenstand endständig, traubig; Einzelblüten purpur, weiß oder lila, 1,5–3 cm groß, 4 Kronblätter, oberes mit gekrümmtem Sporn.
Blütezeit: IV–V.
Früchte: Zweiklappige Schotenfrucht.
Standort: Buchen- und Eichenwälder, Auwälder, aber auch Weinberge.
Besonderheiten: Regional gefährdet.

Rankender Lerchensporn
(Corydalis claviculata [= Ceratocapnos claviculata]);
Fam. Papaveraceae (Mohngewächse)

Beschreibung: 50–100 cm hoch; Stengel kletternd; einjährig.
Blätter: Zahlreich, 3–5teilig gefiedert, mit Endranken, Tragblätter lineal ganzrandig.
Blüten: Blütenstand blattgegenständig traubig mit zahlreichen gelblich weißen winzigen Einzelblüten.
Blütezeit: VI–IX.
Standort: Waldlichtungen und Säume.
Besonderheiten: Regional vom Aussterben bedroht.

Gelbe Wiesenraute *(Thalictrum flavum)*, Blütenstand

Rankender Lerchensporn *(Corydalis claviculata)*, Blütenstand

Blütenstand und Blätter

Hohler Lerchensporn *(Corydalis cava)*, Bestand

Saatmohn
(Papaver dubium); Fam. Papaveraceae (Mohngewächse)

Beschreibung: 30–60 cm hoch; Stengel aufrecht; Pflanze mit Milchsaft; einjährig.
Blätter: Wechselständig, 1–2fach fiederteilig.
Blüten: Endständig, rot, Kelch zweiblättrig, hinfällig, 4 Kronblätter, bis 2 cm lang, zahlreiche Staubblätter, scheibenförmige, 4–10strahlige Narbe.
Blütezeit: V–VI.
Früchte: Gerippte Kapselfrucht.
Standort: Äcker und Wegränder.
Besonderheiten: Mehrere Unterarten.

Klatschmohn
(Papaver rhoeas); Fam. Papaveraceae (Mohngewächse)

Beschreibung: 20–80 cm hoch; Stengel aufrecht, behaart; Pflanze mit Milchsaft; einjährig.
Blätter: Wechselständig, einfach fiederteilig oder tief buchtig
Blüten: Endständig, rot, Kelch zweiblättrig, hinfällig, 4 Kronblätter, 2–4 cm lang, zahlreiche Staubblätter, scheibenförmige, 8–14strahlige Narbe.
Blütezeit: V–X.
Früchte: Eiförmige Kapselfrucht.
Standort: Getreidefelder, Schuttplätze.

Cannabaceae (Hanfgewächse)

Hopfen
(Humulus lupulus); Fam. Cannabaceae (Hanfgewächse)

Beschreibung: 2–6 m hohe Schlingpflanze; dünner, rauhhaariger, rechtswindender Stengel; ausdauernd.
Blätter: Gegenständig, ungeteilt oder 3–5lappig, rauh, gesägt, Blattgrund herzförmig.
Blüten: Zweihäusig; ♂ Blütenstände rispig, Einzelblüten grün, 5 Hüll- und 5 Staubblätter; ♀ Blütenstände zapfenähnliche Scheinähren, grünen Einzelblüten aus zweinarbigem Fruchtknoten und Tragblatt zu viert in den Achseln verwachsener Nebenblattpaare.
Blütezeit: VII–VIII.
Früchte: Zapfenförmiger Fruchtstand.
Standort: Auwälder, feuchte Gebüsche.
Besonderheiten: Auch zahlreiche Kultursorten: Fruchtstandsdrüsen als Bierwürze, junge, unterirdische Sprosse als Gemüse verwendet.

Klatschmohn
(Papaver rhoeas)

Saatmohn
(Papaver dubium)

Hopfen *(Humulus lupulus)*, Früchte

Urticaceae (Brennesselgewächse)

Große Brennessel
(Urtica dioica); Fam. Urticaceae (Brennesselgewächse)

Beschreibung: 30–120 cm hoch; Stengel aufrecht, vierkantig, mit Borsten und Brennhaaren; Ausläufer bildend; ausdauernd.
Blätter: Kreuzgegenständig, länglich eiförmig, mit herzförmigem Grund, grob gesägt.
Blüten: Zweihäusig; Blütenstand lange, überhängende Rispe, blattachsel-ständig.
Blütezeit: VI–IX.
Standort: Nährstoffreiche, feuchte Böden überall.
Besonderheiten: Gemüse- und Heilpflanze, Faserlieferant.

Kleine Brennessel
(Urtica urens); Fam. Urticaceae (Brennesselgewächse)

Beschreibung: 10–50 cm hoch; Stengel niederliegend, vierkantig, mit Borsten und Brennhaaren; einjährig.
Blätter: Kreuzgegenständig, ei-bis rautenförmig.
Blüten: Getrenntgeschlechtlich-einhäusig, klein, Blütenstand kurz rispig, blattachselständig.
Blütezeit: VI–X.
Standort: Äcker, Schuttplätze.

Rosaceae (Rosengewächse)

Die Blüten der Rosaceen sind in der Regel fünfzählig strahlig symmetrisch mit Kelch- und Kronblättern. Die Zahl der Staubblätter beträgt das Doppelte bis Vierfache der Kelchblätter, oder es sind unbestimmt viele, gelegentlich auch nur 1 bis 5. In dem krugförmigen Fruchtboden kommen einer bis viele Fruchtknoten vor, die verwachsen sein können; man findet alle Übergänge zwischen ober- und unterständigen oder in die Blütenachse eingesenkten Fruchtknoten. Von außen sind nur die dichtgedrängten Narben zu sehen sowie zahlreiche Staubblätter, die am Rand des Blütenbodens entspringen. Die Blätter sind sehr vielgestaltig, wechselständig und weisen meist Neben-blättern auf.

Zu den Rosengewächsen gehören auch viele Gehölze. Diese werden zur leichteren Handhabbarkeit dieses Bestimmungsbuches in einem gesonder-ten Abschnitt aufgeführt (siehe Seite 52 bis 62).

Große Brennessel
(Urtica dioica)

Kleine Brennessel
(Urtica urens)

Gewöhnlicher Frauenmantel

(Alchemilla vulgaris agg.); Fam. Rosaceae (Rosengewächse)

Beschreibung: 10–30 cm hoch; Stengel aufsteigend; ausdauernd.
Blätter: Rundlich bis nierenförmig, gefaltet, mit meist 7–9 randlichen Lappen, gesägt.
Blüten: In der Regel eingeschlechtlich; unscheinbar, gelbgrün, Kronblätter fehlen; Blütenstand in unterschiedlicher Dichte trugdoldig.
Blütezeit: V–VIII.
Standort: Wälder, Gebüsche, Wiesen.
Besonderheiten: Sammelbezeichnung für eine Reihe schwer unterscheidbarer Frauenmantelarten. Diese weisen höchst unterschiedliche Gefährdungsgrade auf, einige sind bereits regional ausgestorben oder verschollen.

Gewöhnlicher Ackerfrauenmantel

(Aphanes arvensis); Fam. Rosaceae (Rosengewächse)

Beschreibung: 2–10 cm hoch; einjährig.
Blätter: Dreispaltig, Blattstiel bis 0,8 cm lang; Nebenblätter dreieckig, eingeschnitten.
Blüten: Klein, grünlich, blütenblattlos; Kelch bis 0,2 cm lang, Blütenstand blattachselständig, knäuelig.
Blütezeit: V–X.
Standort: Äcker.
Besonderheiten: Regional gefährdet.

Walderdbeere

(Fragaria vesca); Fam. Rosaceae (Rosengewächse)

Beschreibung: 5–20 cm hoch; Stengel abstehend behaart; ausdauernd.
Blätter: Grundblätter dreizählig, Unterseite behaart, mit langen, behaarten Blattstielen und eiförmigen, gesägten Blättchen, das mittlere gestielt; Hochblätter verkümmert
Blüten: Weiß, zwittrig; Kelch anliegend behaart, bei fruchtenden Pflanzen abstehend oder zurückgeschlagen, 5 Kronblätter, zahlreiche Staubblätter und Stempel; anliegend behaarte Blütenstiel
Blütezeit: V–VI.
Früchte: Rote, saftig fleischige Sammelfrucht („Erdbeere"); die eigentlichen Früchte sind die „Kerne" auf der Außenseite, die als Nüßchen bezeichnet werden.
Standort: Waldränder, Lichtungen, Waldwege.

Gewöhnlicher Frauenmantel
(*Alchemilla vulgaris*)

Gewöhnlicher Ackerfrauen-
mantel (*Aphanes arvensis*)

Walderdbeere
(*Fragaria vesca*)

Blutwurz

(Potentilla erecta); Fam. Rosaceae (Rosengewächse)

Anderer Name: Aufrechtes Fingerkraut.
Beschreibung: 15–30 cm hoch; Stengel zu mehreren niederliegend bis aufsteigend, behaart; Wurzelstock innen rot; ausdauernd.
Blätter: Grundblätter dreizählig, langstielig, Stengelblätter mehr oder weniger sitzend, mit großen, gezähnten Nebenblättern, dadurch scheinbar fünfzählig.
Blüten: Zu 1–2, gelb, langstielig, 4 bis 0,5 cm lange Kronblätter, etwa so lang wie der Kelch, 15–20 Staubblätter.
Blütezeit: VI–VIII.
Frucht: Nüßchen.
Standort: Lichte Wälder, Heiden, Magerrasen.
Besonderheiten: Heilpflanze (krampfstillend); regional gefährdet.

Gänsefingerkraut

(Potentilla anserina); Fam. Rosaceae (Rosengewächse)

Beschreibung: 10–50 cm hoch; Stengel dünn, niederliegend, sich an den Knoten bewurzelnd; ausdauernd.
Blätter: Unterseits weißlich seidenhaarig, unterbrochen gefiedert mit 10–20 dünn behaarten, gezähnten Fiederblättchen.
Blüten: Zu 1–2, gelb, langstielig, 5 Kronblätter, die doppelt so so lang wie der Kelch sind, 15–20 Staubblätter.
Blütezeit: VI–VII.
Früchte: Nüßchen
Standort: Wegränder.
Besonderheiten: Alte Heilpflanze.

Kriechendes Fingerkraut

(Potentilla reptans); Fam. Rosaceae (Rosengewächse)

Beschreibung: 30–100 cm hoch; Stengel niederliegend, sich an den Knoten bewurzelnd; ausdauernd.
Blätter: Grundblätter dreizählig, langstielig, Blattrand grob gezähnt; Stengelblätter gestielt, mit großen ungezähnten Nebenblättern.
Blüten: Einzeln auf langen Stielen, gelb, Kronblätter bis 0,7 cm lang, 15–20 Staubblätter.
Blütezeit: VI–VIII.
Früchte: Nüßchen.
Standort: Äcker, Wegränder, feuchtes Grünland.

Blutwurz
(Potentilla erecta)

Gänsefingerkraut (Potentilla anserina), Blüte und Blatt

Kriechendes Fingerkraut (Potentilla reptans)

Echtes Mädesüß

(Filipendula ulmaria); Fam. Rosaceae (Rosengewächse)

Beschreibung: 50–150 cm hoch; Stengel aufrecht, derb, kantig, kahl; ausdauernd.

Blätter: Zahlreiche Stengelblätter, unregelmäßig 2–5paarig gefiedert, doppelt gesägt, Unterseite weißfilzig, Endblättchen 3–5teilig handförmig; Nebenblätter groß, mit dem Blattstiel verwachsen.

Blüten: Zahlreich, gelblich weiß, klein, fünfzählig, stark duftend; Blütenstand rispig trugdoldig.

Blütezeit: VI–VIII.

Früchte: Kahle, gewundene Balgkapseln.

Standort: Auwälder, Feuchtwiesen.

Gewöhnlicher Odermennig

(Agrimonia eupatoria); Fam. Rosaceae (Rosengewächse)

Beschreibung: 30–50 cm hoch; Stengel aufrecht, behaart; ausdauernd; schwacher Terpentingeruch.

Blätter: Unterbrochen gefiedert, gesägt, Unterseite grau behaart.

Blüten: Blütenstand ährehförmige Traube aus gelben, fünfzähligen Einzelblüten, 15 rote Staubblätter, 2 Griffel.

Blütezeit: VI–VIII.

Standort: Waldsäume, Waldwege.

Besonderheiten: Alte Heilpflanze.

Echte Nelkenwurz

(Geum urbanum); Fam. Rosaceae (Rosengewächse)

Beschreibung: 20–50 cm hoch; Stengel aufrecht, behaart, seitlich aus der Achsel eines Grundblattes entspringend; ausdauernd.

Blätter: Grundblätter leierförmig 3–7blättrig gefiedert mit schief rautenförmigen, grob gesägten behaarten Blättchen; Stengelblätter dreizählig; Nebenblätter groß, blattähnlich.

Blüten: Gelb, klein, langstielig, fünfzählig, Griffel auffallend hakenförmig.

Blütezeit: V–IX.

Früchte: Kugelförmiger Fruchtstand aus behaarten, borstigen Einzelfrüchten mit hakigem Griffelrest.

Standort: Waldränder, Waldwege, auch an schattigen Stellen in Städten (wissenschaftlicher Name!).

Echtes Mädesüß
(Filipendula ulmaria)

Gewöhnlicher Odermennig
(Agrimonia eupatoria)

Echte Nelkenwurz
(Geum urbanum), Blüte

Crassulaceae (Dickblattgewächse)

Die Blüten der Crassulaceen sind fast immer zwittrig, 4–5zählig und auffällig sternförmig mit meist mehreren, oberständigen Fruchtknoten. Die Blätter sind – für die Familie namengebend – fleischig (als Wasserreservoir für lange Trockenperioden), Nebenblätter fehlen. In der Regel werden häutige oder ledrige Balgfrüchte, selten Kapseln gebildet.

Die meisten Arten besiedeln Trockenstandorte. Neben den aufgeführten Beispielen gibt es weitere, meist ähnlich aussehende Arten.

Weißer Mauerpfeffer
(Sedum album); Fam. Crassulaceae (Dickblattgewächse)

Anderer Name: Weiße Fetthenne.

Beschreibung: 5–15 cm hoch; Stengel niederliegend, rasenbildend; ausdauernd.

Blätter: Wechselständig, walzenförmig, 0,6–1,2 cm lang, dunkelgrün.

Blüten: Weiß, 4–6 Kelch- und Kronblätter, 8–12 Staubblätter; Blütenstand abgeflacht rispig.

Blütezeit: VI–VIII.

Standort: Mauern und Sandböden.

Besonderheiten: Die Pflanze treibt zweierlei Sprosse: dichtbeblätterte, nicht blühende und lockerbeblätterte Blütenstengel.

Scharfer Mauerpfeffer
(Sedum acre); Fam. Crassulaceae (Dickblattgewächse)

Beschreibung: 5–15 cm hoch; Stengel niederliegend, Rasen bildend; ausdauernd.

Blätter: Wechselständig, bis 0,4 cm lang, eiförmig, Oberseite flach, Unterseite gewölbt.

Blüten: Gelb, 4–6 Kelch- und Kronblätter, 8–12 Staubblätter; Blütenstand abgeflacht rispig

Blütezeit: VI–VII.

Standort: Mauern und Sandböden.

Besonderheiten: Pflanze schmeckt scharf (Name!) durch darin enthaltene Alkaloide.

Saxifragaceae (Steinbrechgewächse)

Die Blüten der Saxifragaceen sind meist zwittrig, in der Regel fünfzählig strahlig symetrisch und weisen zwei am Grunde verwachsene Fruchtknoten auf. Als Früchte bilden sie Kapseln, seltener Balgfrüchte. Die Blätter sind wechsel- oder gegenständig, oft rosettig gedrängt und von sehr verschiedener Gestalt. Nebenblätter fehlen häufig.

Weißer Mauerpfeffer *(Sedum album)*, Blütenstand und Blätter

Blüten

Scharfer Mauerpfeffer *(Sedum acre)*, Bestand

Gegenständiges Milzkraut

(Chrysosplenium oppositifolium);
Fam. Saxifragaceae (Steinbrechgewächse)

Beschreibung: 5–10 cm hoch; Stengel, niederliegend bis aufsteigend, vierkantig, am Grund verzweigt; ausdauernd, rasenbildend.

Blätter: Kurzstielig, rundlich, schwach gekerbt, Grundblätter rosettig, Stengelblätter gegenständig.

Blüten: Gelbgrün, vierzählig; Blütenstand trugdoldig, mit gelbgrünen Hochblättern

Blütezeit: IV–V.

Standort: Bachauwälder, vor allem im Bergland.

Besonderheiten: Regional vom Aussterben bedroht; früher aufgrund der Ähnlichkeit der Blätter mit der Milz als Heilpflanze gegen Milzerkrankungen eingesetzt, doch keine entsprechenden Wirkstoffe nachgewiesen.

Fabaceae (Schmetterlingsblütler)

Die Blüten der Fabaceen sind fünfzählig und zweiseitig symmetrisch. Das obere, große Kronblatt wird als Fahne bezeichnet, die beiden seitlichen als Flügel. Die unteren beiden sind verwachsen und bilden das Schiffchen. Von den 10 Staubblättern sind alle oder zumindest 9 zu einer Röhre verwachsen. Die aus 1 Fruchtblatt entstehende Frucht bezeichnet man als Hülse. Die Blätter sind fast stets wechselständig und haben immer Nebenblätter.

Zu den Schmetterlingsblütern gehören auch eine Reihe von Gehölzen (siehe Seite 62).

Behaarter Ginster

(Genista pilosa), Fam. Fabaceae (Schmetterlingsblütler)

Beschreibung: 10–30 cm hoch; holzige, meist niederliegender, knotiger Stengel ohne „Flügel", Zweige kantig, ohne Stacheln.

Blätter: Wechselständig, länglich lanzettlich, etwa 1 cm lang, ganzrandig, Oberseite dunkelgrün, Unterseite seidig behaart, Blattstiel sehr kurz.

Blüten: Kurzgestielt, gelb, seidig behaart; einzeln oder paarweise in Blattachseln, am Ende oft gehäuft.

Blütezeit: V–VII.

Früchte: Braune, seidig behaarte Hülsenfrucht, etwa 2 cm lang, mit 3–8 Samen.

Standort: Gelegentlich in Waldsäumen in Bereich bodensaurer Eichenwälder.

Besonderheiten: Regional stark gefährdet.

Gegenständiges Milzkraut *(Chrysosplenium oppositifolium)*, Blüten und Hochblätter

Blüten

Behaarter Ginster *(Genista pilosa)*

Flügelginster

(Genista sagittalis [= Chamaespartium sagittale]);
Fam. Fabaceae (Schmetterlingsblütler)

Beschreibung: 10–25 cm hoch; Stengel niederliegend bis aufsteigend breit geflügelt; ausdauernd.
Blätter: Wechselständig, eiförmig, ohne Nebenblätter
Blüten: Gelb, kurzgestielt; Blütenstand traubig, endständig.
Blütezeit: V–VI.
Früchte: Flache, zweiklappige, 2 cm lange Hülsenfrüchte.
Standort: Lichte Eichen- und Kiefernwälder nährstoffarmer Böden, Magerrasen.
Besonderheiten: Regional vom Aussterben bedroht.

Gewöhnlicher Hornklee

(Lotus corniculatus); Fam. Fabaceae (Schmetterlingsblütler)

Beschreibung: 5–30 cm hoch; Stengel niederliegend bis aufsteigend, markig; ausdauernd.
Blätter: Dreizählig mit großen, schief eiförmigen Nebenblättern.
Blüten: Blütenstand doldig mit 3–7 gelben, teilweise rot überlaufenen Einzelblüten, Schiffchen abgeknickt.
Blütezeit: V–VIII.
Früchte: Ungeflügelte Hülsenfrüchte, die bei der Reife spiralig aufspringen und die hartschaligen Samen herausschleudern.
Standort: Grünland.
Besonderheiten: Mehrere Kleinarten mit unterschiedlichen Standortansprüchen.

Sumpfhornklee

(Lotus uliginosus); Fam. Fabaceae (Schmetterlingsblütler)

Beschreibung: 20–40 cm hoch; Stengel niederliegend bis aufsteigend, hohl; ausdauernd.
Blätter: Dreizählig mit großen, schief eiförmigen Nebenblättern.
Blüten: Blütenstand doldig mit 8–12 gelben Einzelblüten.
Blütezeit: V–VII.
Früchte: Ungeflügelte Hülsenfrüchte, die bei der Reife spiralig aufspringen und die hartschaligen Samen herausschleudern.
Standort: Nasses Grünland.

Sumpfhornklee *(Lotus uliginosus)*, Blütenstand

Flügelginster *(Genista sagittalis)*, Blüte

Gewöhnlicher Hornklee *(Lotus corniculatus)*, Bestand

Blüten

Weißer Steinklee
(Melilotus albus); Fam. Fabaceae (Schmetterlingsblütler)

Beschreibung: 30–120 cm hoch; Stengel kantig; einjährig.
Blätter: Dreiteilig, mit lang gestieltem Endblättchen, Blattrand undeutlich gezähnt; Nebenblätter klein, ganzrandig.
Blüten: Locker traubiger, langgestielter Blütenstand mit zahlreichen weißen Einzelblüten.
Blütezeit: VI–VIII.
Früchte: Kahle, runzelige, kugelige Hülsenfrucht.
Standort: Wegränder, Schuttplätze.
Besonderheiten: Alte Heil- und Nutzpflanze.

Echter Steinklee
(Melilotus officinalis); Fam. Fabaceae (Schmetterlingsblütler)

Anderer Name: Gewöhnlicher Steinklee.
Beschreibung: 30–90 cm hoch; Stengel kantig; einjährig.
Blätter: Dreiteilig, mit lang gestieltem Endblättchen, Blattrand gezähnt; Nebenblätter klein, ganzrandig.
Blüten: Locker traubiger, bis 10 cm langer Blütenstand mit zahlreichen gelben, 0,5–0,7 cm langen Einzelblüten.
Blütezeit: VI–VIII.
Früchte: Kahle, runzelige, kugelige Hülsenfrucht.
Standort: Wegränder, Schuttplätze.
Besonderheiten: Alte Heilpflanze, früher als Mottenmittel (kumarinhaltig) verwendet.

Feldklee
(Trifolium campestre); Fam. Fabaceae (Schmetterlingsblütler)

Beschreibung: 10–20 cm hoch; Stengel niederliegend bis aufsteigend; ausdauernd.
Blätter: Wechselständig, dreiteilig, Endblättchen lang gestielt, ohne Spitze; kleine, behaarte, eiförmige Nebenblätter.
Blüten: Blütenstand reichblütig kopfig, 0,7–1,0 cm lang, aus gelben Einzelblüten; Kron- und Staubblätter verwachsen, Schiffchen ungeschnäbelt.
Blütezeit: VI–IX.
Früchte: Kurze Hülsenfrüchte mit nach Abblühen verbleibenden Kronblättern.
Standort: Mageres Grünland.

Weißer Steinklee *(Melilotus albus)*, Blütenstand

Feldklee (*Trifolium campestre*), Blütenstand

Echter Steinklee *(Melilotus officinalis)*, Blütenstand

Wiesenklee

(Trifolium pratense); Fam. Fabaceae (Schmetterlingsblütler)

Anderer Name: Rotklee.
Beschreibung: 10–40 cm hoch; Stengel niederliegend bis aufsteigend, behaart, an den Knoten wurzelnd; ausdauernd.
Blätter: Wechselständig, dreiteilig, meist gefleckt, Unterseite behaart, Endblättchen ohne Spitze; kleine, kahle, eiförmige Nebenblätter mit bewimperter Spitze.
Blüten: Blütenstand reichblütig kopfig, meist paarweise, aus rotvioletten Einzelblüten; Kron- und Staubblätter verwachsen, Schiffchen ungeschnäbelt.
Blütezeit: VI–IX.
Früchte: Kurze Hülsenfrüchte mit nach Abblühen verbleibenden Kronblättern.
Standort: Grünland.
Besonderheiten: Mehrere Unterarten, giftig.

Weißklee

(Trifolium repens); Fam. Fabaceae (Schmetterlingsblütler)

Anderer Name: Kriechender Klee.
Beschreibung: Stengel niederliegend, bis 60 cm lang, kriechend, an den Knoten wurzelnd; ausdauernd.
Blätter: Wechselständig, dreiteilig, oft gefleckt, Unterseite kahl, Endblättchen ohne Spitze; kleine, häutige Nebenblätter.
Blüten: Blütenstand reichblütig kopfig aus gestielten, weißen Einzelblüten; Kron- und Staubblätter jeweils verwachsen, Schiffchen ungeschnäbelt.
Blütezeit: V–X.
Früchte: Kurze Hülsenfrüchte mit nach Abblühen verbleibenden Kronblättern.
Standort: Grünland und Wegränder.
Besonderheiten: Mehrere Unterarten; giftig.

Vogelwicke

(Vicia cracca); Fam. Fabaceae (Schmetterlingsblütler)

Beschreibung: 30–120 cm lang; Stengel meist kletternd, weichhaarig; ausdauernd.
Blätter: 6–10paarig gefiedert, mit Endranke, Fiederblättchen lanzettlich, 0,3–0,5 cm breit; Nebenblätter spießförmig, ganzrandig.
Blüten: Blütenstand traubig, mindestens so lang wie das Blatt, mit 5–30 blauvioletten Einzelblüten (0,8–1,1 cm lang), schiefe Staubblattröhre.
Blütezeit: VI–VIII.
Früchte: Hülsenfrucht.
Standort: Grünland und Wegränder.

Wiesenklee *(Trifolium pratense)*, Blütenstand

Vogelwicke *(Vicia cracca)*

Weißklee *(Trifolium repens)*, Bestand

Behaarte Wicke

(Vicia hirsuta); Fam. Fabaceae (Schmetterlingsblütler)

Beschreibung: 15–50 cm hoch; einjährig.
Blätter: 6–10paarig gefiedert, mit Endranke, Fiederblättchen lineal, gezähnt, vorne abgestutzt; Nebenblätter halb spießförmig.
Blüten: Blütenstand lang gestielt, traubig mit 3–6 graublauen Einzelblüten (0,2–0,9 cm lang), schiefe Staubblattröhre.
Blütezeit: VI–VII.
Früchte: Weichhaarige, zweisamige Hülsenfrucht.
Standort: Äcker, Wegränder, Schuttplätze.
Besonderheiten: Regional zurückgehend.

Zaunwicke

(Vicia sepium); Fam. Fabaceae (Schmetterlingsblütler)

Beschreibung: 30–60 cm hoch; Stengel mit Hilfe von Blattranken kletternd, vierkantig; ausdauernd.
Blätter: 4–7paarig gefiedert, mit verzweigter Endranke, Fiederblättchen länglich eiförmig, bewimpert, vorne ausgerandet und stachelspitzig; Nebenblätter klein, bewimpert, gezähnt, mit Honiggrübchen.
Blüten: Blütenstand traubig blattachselständig mit 2–5 schmutzigvioletten, selten weißen Einzelblüten, Kelch asymmetrisch, mit kurzer Röhre, Schiffchen dunkler als Fahne und Flügel, Griffel behaart, schiefe Staubblattröhre.
Blütezeit: V–VII.
Früchte: Breit lineale Hülsenfrüchte, etwa 3 cm lang, im reifen Zustand kahl und schwarz.
Standort: Säume, Wegränder, auch im Grünland.

Viersamige Wicke

(Vicia tetrasperma); Fam. Fabaceae (Schmetterlingsblütler)

Beschreibung: 20–60 cm hoch; einjährig.
Blätter: 3–6paarig gefiedert, mit Endranke, Fiederblättchen lineal, vorn abgerundet mit Spitzchen; Nebenblätter halb spießförmig.
Blüten: Blütenstand mit 1–3 violetten Einzelblüten (0,2–0,9 cm lang), schiefe Staubblattröhre.
Blütezeit: VI–VII.
Früchte: Kahle, viersamige Hülsenfrucht.
Standort: Äcker, mageres Grünland.

Behaarte Wicke *(Vicia hirsuta)*, Blüten und Fiederblättchen

Viersamige Wicke *(Vicia tetrasperma)*, Einzelblüten

Zaunwicke *(Vicia sepium)*, Blütenstand

Lythraceae (Weiderichgewächse)

Blut-Weiderich

(Lythrum salicaria); Fam. Lythraceae (Weiderichgewächse)

Beschreibung: 30–120 cm hoch; Stengel aufrecht, verzweigt, kurz behaart, scharf mehrkantig; ausdauernd.

Blätter: Eiförmig lanzettlich, unten zum Teil gegenständig oder in dreizähligen Quirlen, oben wechselständig, mit abgerundetem oder herzförmigem Grund, Unterseite auf den Nerven behaart.

Blüten: Rosa, rot; 2 verschiedene Formen, die sich in der Länge der Griffel und der Staubfäden unterscheiden; in langer Scheinähre.

Blütezeit: VI–IX.

Standort: Naßwiesen, Flachmoore und Bachränder, gelegentlich in Au- und Bruchwäldern.

Onagraceae (Nachtkerzengewächse)

Die zwittrigen Blüten der Onagraceen sind strahlig oder zweizeilig symmetrisch und meist vierzählig mit unterständigem Fruchtknoten, der mit der meist farbigen Blütenachse verwachsen ist. Es werden sehr verschiedene Früchte gebildet. Die Nachtkerzengewächse sind nicht mit der völlig anders aussehenden Familie der Nachtschattengewächse zu verwechseln!
Die allerseits bekannte *Fuchsia* ist z. B. auch ein Nachtkerzengewächs.

Waldweidenröschen

(Epilobium angustifolium); Fam. Onagraceae (Nachtkerzengewächse)

Beschreibung: 50–150 cm hoch; Stengel aufsteigend bis aufrecht, rund, unverzweigt, kahl, oft rot überlaufen; ausdauernd.

Blätter: Wechselständig, lanzettlich, drüsig gezähnt, zum Teil ganzrandig, sitzend bis kurzgestielt, Unterseite blaugrün.

Blüten: Blütenstand traubig mit zahlreichen großen, roten, vierzähligen Blüten mit lanzettlichen Kelchblättern, Kronblätter mit Fahne und Nagel, bis 1,5 cm lang, vierteilige Narbe.

Blütezeit: VI–VIII.

Früchte: Schotenförmige, vierklappige Kapselfrucht, lang behaarte kleine Samen.

Standort: Schlagfluren, Flußufer.

Besonderheiten: Alte Heil- und Gemüsepflanze.

Blut-Weiderich
(Lythrum salicaria)

Waldweidenröschen *(Epilobium angustifolium)*, Blütenstand

Waldweidenröschen *(Epilobium angustifolium)*, Bestand

Bergweidenröschen

(Epilobium montanum); Fam. Onagraceae (Nachtkerzengewächse)

Beschreibung: 30–80 cm hoch; Stengel aufrecht, selten verzweigt, rund, anliegend behaart; ausdauernd.
Blätter: Gegenständig, lanzettlich eiförmig, mit abgerundetem oder herzförmigem Grund, gezähnt, kurzgestielt.
Blüten: Blütenstand traubig mit roten oder weißen, rotgeäderten, trichterförmigen, 1–1,5 cm durchmessenden, vierzähligen Einzelblüten, vierteilige kreuzförmig ausgebreitete Narbe.
Blütezeit: VI–IX.
Früchte: Schotenförmige, vierkantige, behaarte Kapselfrucht mit lang behaarten Samen.
Standort: Laub- und Nadelmischwälder, Schlagfluren, Waldwege.

Gewöhnliches Hexenkraut

(Circea lutetiana); Fam. Onagraceae (Nachtkerzengewächse)

Beschreibung: 20–50 cm hoch; Stengel aufrecht, zerstreut behaart; ausdauernd.
Blätter: Kreuzgegenständig, spitz eiförmig mit abgerundetem oder herzförmigem Grund, geschweift gezähnt, mit behaarten Nerven.
Blüten: Blütenstand locker traubig mit weißen oder rötlichen, kleinen, zweizähligen Einzelblüten.
Blütezeit: VI–VII.
Früchte: 0,3–0,4 cm lang, eiförmig, hakenborstig.
Standort: Auwälder, feuchte Laub- und Nadelmischwälder.
Besonderheiten: Der lateinische Gattungsname „Circea" weist auf die Zauberin Circe aus der Odysseus-Sage hin („becircen"), der Artname „lutetiana" spielt auf die Stadt Paris an.

Gewöhnliche Nachtkerze

(Oenothera biennis); Fam. Onagraceae (Nachtkerzengewächse)

Beschreibung: 50–100 cm hoch; Stengel steif aufrecht, dicht beblättert; ein- bis zweijährig.
Blätter: Blattrosette, Stengelblätter wechselständig, lanzettlich, mit rotem Mittelnerv.
Blüten: Blütenstand endständig traubig mit gelben Blüten, Kronblätter 2–3 cm lang, walzenförmiger, vierteiliger Fruchtknoten, 8 Staubblätter.
Blütezeit: VI–VIII.
Standort: Wegränder und Schuttplätze.
Besonderheiten: Die Pflanze und ihre zahlreichen, nahe verwandten Arten stammen aus Nordamerika.

Bergweidenröschen *(Epilobium montanum)*, Früchte

Gewöhnliches Hexenkraut *(Circea lutetiana)*

Gewöhnliche Nachtkerze *(Oenothera biennis)*, Blütenstand

Oxalidaceae (Sauerkleegewächse)

Die dreizählig gefingerten Blätter der Oxalidaceen führten zur deutschen Bezeichnung Sauerklee. Sie können oft Reizbewegungen durchführen. Eine Verwandtschaft mit dem zu den Schmetterlingsblütern gehörendem Klee (*Trifolium* spec.) besteht – wie der Blütenbau zeigt – nicht. Die Blüte ist im Gegensatz zur Blüte der Kleearten fünfzählig strahlig symmetrisch mit fünffächrigem, oberständigen Fruchtknoten. Die Früchte sind meist fachspaltig aufspringende Kapseln.

Waldsauerklee

(Oxalis acetosella); Fam. Oxalidaceae (Sauerkleegewächse)

Beschreibung: 5–20 cm hoch; Stengel aufrecht, mit schuppenförmigen Vorblättern; ausdauernd.
Blätter: Grundblätter dreiteilig kleeblattartig, langgestielt, zart, zeitweise zusammengefaltet.
Blüten: Weiß, rot geädert, 5 Kelchblätter, 5 Kronblätter, 10 Staubblätter, fünfgriffliger Fruchtknoten.
Blütezeit: IV–V.
Früchte: Fünffächrige Kapselfrucht.
Standort: Feuchte, schattige Wälder mit Moderhumusauflage.
Besonderheiten: Blätter der Pflanze enthalten Oxalsäure und Kleesalz und schmecken säuerlich.

Geraniaceae (Storchschnabelgewächse)

Die Blüten dieser Familie sind zwittrig, fünfzählig strahlig symmetrisch und weisen schnabelförmig (Name!) verlängerte, oberständige Fruchtblätter auf. Früchte treten meistens in Form von fünf- bis zwei klappigen Spaltfrüchten auf. Die Blätter sind gefiedert oder zumindest geteilt mit Nebenblättern.

Gewöhnlicher Reiherschnabel

(Erodium cicutarium); Fam. Geraniaceae (Storchschnabelgewächse)

Anderer Name: Schierlingsreiherschnabel.
Beschreibung: 5–30 cm hoch; Stengel niederliegend bis aufsteigend; einjährig.
Blätter: Gefiedert, im Umriß länglich.
Blüten: Blütenstand doldig, fünfzählige, rotviolette Blüten mit 0,5–0,7 cm langen Kronblättern, nur 5 der 10 Staubblätter fruchtbar.
Blütezeit: IV–IX.
Früchte: Mit bis 4 cm langer behaarter Granne („Schnabel"), die sich bei der Reife spiralig aufrollt.
Standort: Sandige Äcker und Wegränder.

Waldsauerklee
(*Oxalis acetosella*)

Gewöhnlicher Reiherschnabel
(*Erodium cicutarium*)

Weicher Storchschnabel

(Geranium molle); Fam. Geraniaceae (Storchschnabelgewächse)

Beschreibung: 10–30 cm hoch; Stengel niederliegend, zottig behaart (Name!); einjährig.
Blätter: Wechselständig, im Umriß rundlich, halb bis 2 Drittel eingeschnitten, behaart.
Blüten: Fünfzählig, zu mehreren, rosafarbene Blütenblätter bis 0,8 cm lang.
Blütezeit: V–IX.
Früchte: Geschnäbelt, kahl.
Standort: Rasen und Wegränder.

Kleiner Storchschnabel

(Geranium pusillum); Fam. Geraniaceae (Storchschnabelgewächse)

Beschreibung: 15–20 cm hoch; Stengel niederliegend, kurz behaart; einjährig.
Blätter: Untere Blätter gegenständig, im Umriß rundlich, halb bis 2 Drittel eingeschnitten, behaart.
Blüten: Fünfzählig, zu mehreren, hellviolette Blütenblätter bis 0,4 cm lang.
Blütezeit: V–IX.
Früchte: Geschnäbelt, behaart.
Standort: Äcker und Wegränder.

Stinkender Storchschnabel

(Geranium robertianum); Fam. Geraniaceae (Storchschnabelgewächse)

Anderer Name: Ruprechtskraut.
Beschreibung: 15–45 cm hoch; Stengel aufrecht, rot, drüsenhaarig, verzweigt; ganze Pflanze unangenehm riechend; einjährig.
Blätter: Langstielig, 3–5teilig gefiedert mit fiederspaltigen Blättchen, beidseitig behaart.
Blüten: Paarweise auf roten Stielen, rot bis violett, Staubblätter so lang wie der Kelch, kahl.
Blütezeit: VI–X.
Früchte: 2 cm groß, geschnäbelt.
Standort: Wälder, Gebüsche und Mauern nährstoffreicher Böden.
Besonderheiten: Mehrere Unterarten, zum Teil regional potentiell gefährdet.

Weicher Storchschnabel
(Geranium molle)

Kleiner Storchschnabel
(Geranium pusillum)

Stinkender Storchschnabel
(Geranium robertianum)

Balsaminaceae (Balsaminengewächse)

Die Blüten sind zweiseitig symmetrisch. Sie weisen nur noch 3 Kelchblätter auf, deren hinteres kronblattartig gefärbt ist und einen Sporn hat. Der Rest der Blüte ist fünfzählig. Die reife längliche Kapselfrucht springt bereits bei leichter Berührung auf und schleudert die Samen weg.

Rührmichnichtan

(Impatiens noli-tangere); Fam. Balsaminaceae (Balsaminengewächse)

Beschreibung: 30–80 cm hoch; Stengel aufrecht, gläsern durchscheinend, kahl, verzweigt, an den Knoten verdickt; einjährig.
Blätter: Wechselständig, spitz länglich eiförmig, gestielt, grob gesägt.
Blüten: Blütenstand blattachselständig traubig, 3–4 gelben, innen rot punktierte, 2,0–3,0 cm lange, an dünnen Blütenstielen hängende, spiegelbildlich symetrische Einzelblüten mit langem, zurückgebogenen Sporn.
Blütezeit: VII–IX.
Früchte: Fünfklappige, auf Berührung aufspringende und die Samen ausschleudernde Kapselfrucht.
Standort: Au- und Schluchtwälder, Waldränder und -wege, auf sickerfeuchten Standorten.

Kleinblütiges Springkraut

(Impatiens parviflora); Fam. Balsaminaceae (Balsaminengewächse)

Beschreibung: 15–80 cm hoch; Stengel aufrecht, gläsern durchscheinend, kahl, meist unverzweigt; einjährig.
Blätter: Wechselständig, spitz länglich eiförmig, gestielt, grob gesägt.
Blüten: Blütenstand blattachselständig traubig, 4–10 gelbe, 0,8–1,0 cm lange, aufrechte, zweiseitig symmetrische Einzelblüten mit kurzem, geraden Sporn.
Blütezeit: IV–X.
Früchte: Fünfklappige, auf Berührung aufspringende Kapselfrucht.
Standort: Siedlungsnahe Eichen- und Buchenwälder, Waldränder und -wege, Gartenunkraut.
Besonderheiten: Aus Ostasien stammend, seit den 30er Jahren des 19. Jh. aus Botanischen Gärten verwildert und heute völlig eingebürgert.

Drüsiges Springkraut

(Impatiens glandulifera); Fam. Balsaminaceae (Balsaminengewächse)

Anderer Name: Indisches Springkraut.
Beschreibung: 30–300 cm hoch; Stengel aufrecht; einjährig.
Blätter: In dreiblättrigen Quirlen, spitz länglich eiförmig, gestielt, grob gesägt, an Blattstiel und Zähnen drüsig.

Rührmichnichtan *(Impatiens noli-tangere)*, Blüten und Blätter

Rührmichnichtan *(Impatiens noli-tangere)*, Einzelblüte

Kleinblütiges Springkraut *(Impatiens parviflora)*, Einzelblüte

Blüten: Blütenstand blattachselständig traubig mit 2–14 roten, 2–4 cm langen, hängenden, zweiseitig symmetrischen Einzelblüten mit dickem Sporn.

Blütezeit: VII–IX.

Früchte: Fünfklappige, auf Berührung aufspringende und die Samen ausschleudernde Kapselfrucht.

Standort: Auwälder und Gewässerufer.

Besonderheiten: Aus dem Südosthimalaya stammend, verwildert und seit den 40er Jahren des 20. Jh. eingebürgert.

Polygalaceae (Kreuzblumengewächse)

Gewöhnliche Kreuzblume

(Polygala vulgaris); Fam. Polygalaceae (Kreutblumengewächse)

Beschreibung: 5–10 cm hoch; Stengel aufrecht, verholzend.

Blätter: Wechselständig, länglich elliptisch.

Blüten: Blütenstand traubig ohne Tragblattschopf mit mehr als 10 blauen oder weißen Blüten, seitliche Kelchblätter als Flügel abstehend, deutlich netzadrig, 5–10 mm lang, vorderes Kronblatt schiffchenartig, 8 röhrig verwachsene Staubblätter.

Blütezeit: V–VIII.

Früchte: Verkehrt herzförmige Kapselfrucht.

Standort: Mageres Grünland, Heiden.

Besonderheiten: Mehrere Unterarten, zum Teil regional ausgestorben oder verschollen.

Apiaceae (Doldenblütler)

Die Blüten der Apiaceen sind meist zwittrig, fünfzählig und mehr oder weniger strahlig symmetrisch. Die beiden Griffel sitzen auf einem Griffelpolster. Der zweiblättrige Fruchtknoten ist unterständig. Die Blüten stehen in einfachen oder zusammengesetzten Dolden, wobei die Tragblätter der Hauptdoldenstrahlen als Hüllen, die der Strahlen 2. Ordnung als Hüllchen bezeichnet werden. Die Blätter sind wechselständig, meist gefiedert und weisen eine große Blattscheide auf. Doldenblütler haben in Stengel und Frucht Ölgänge, welche für den aromatischen Geruch der meisten Arten verantwortlich sind.

Zu den Doldenblütlern gehören zahlreiche bekannte Gewürzpflanzen wie Kümmel, Petersilie und Dill. Bei der Bestimmung von Doldenblütlern ist Vorsicht geboten, da die Familie neben eßbaren auch tödlich giftige Arten (z. B. Hundspetersilie) umfaßt.

Gewöhnliche Kreuzblume
(Polygala vulgaris), Bestand

Gewöhnliche Kreuzblume
(Polygala vulgaris), Blüten

Drüsiges Springkraut
(Impatiens glandulifera)

Giersch

(Aegopodium podagraria); Fam. Apiaceae (Doldenblütler)

Anderer Name: Geißfuß.

Beschreibung: 50–80 cm hoch; Stengel aufrecht, kantig, verzweigt, hohl, kurzhaarig; ausdauernd.

Blätter: Doppelt dreizählig mit länglich eiförmigen, scharf gesägten Blättchen. Statt einer zweiten Fiederung der Blätter kommt es häufig bei einzelnen Abschnitten nur zu einer ziegenhufförmigen Spaltung (Name!); aufgeblasene Blattscheiden.

Blüten: Blütenstand doppelt doldig, ohne Hüllen und Hüllchen, mit großen weißen oder rötlichen, bisweilen eingeschlechtlichen Blüten mit verkehrt herzförmigen Kronblätter.

Blütezeit: V–VIII.

Früchte: Länglich eiförmig, zusammengedrückt, ungeflügelt.

Standort: Schlagfluren, Weg- und Grabenränder und Hochstaudenfluren.

Waldengelwurz

(Angelica sylvestris); Fam. Apiaceae (Doldenblütler)

Beschreibung: 50–150 cm hoch; Stengel aufrecht, oben verzweigt, rund, gerieft, kahl, weiß bereift; zwei- bis mehrjährig.

Blätter: 2–3fach gefiedert, über 60 cm lang, im Umriß dreieckig mit lanzettlich eiförmigen, scharf gesägten Fiederblättchen.

Blüten: Blütenstand doppelt doldig mit grauhaarigen Strahlen, Hüllblätter hinfällig, Hüllchenblätter lineal borstlich, zahlreich, Kelch undeutlich gesäumt, Kronblätter klein mit einwärts gebogener Spitze, von den Staubblättern überragt.

Blütezeit: VII–VIII.

Früchte: Frucht länglich flach, geflügelt, dunkel gestreift.

Standort: Auwälder, Uferfluren und Naßwiesen.

Besonderheiten: Regional gefährdet; alte Heilpflanze (Wurzel enthält ätherische Öle). An den Ufern großer Flüsse und auf den Böschungen von Kanälen wächst die recht ähnliche, jedoch wesentlich größer werdende Echte Engelwurz *(Angelica archangelica)* mit honigduftenden Blüten, die zu Magenbitter verarbeitet wird.

Wiesenkerbel

(Anthriscus sylvestris); Fam. Apiaceae (Doldenblütler)

Beschreibung: 60–120 cm hoch; Stengel gefurcht, kantig, hohl; ausdauernd.

Blätter: 2–3fach gefiedert.

Blüten: Blütenstand 8–15strahlig doldig mit 0–3 Hüllblättern und zugespitzten Hüllchenblättern, weiße Blüten.

Giersch *(Aegopodium podagraria)*

Giersch *(Aegopodium podagraria)*, Blätter

Waldengelwurz *(Angelica sylvestris)*

Wiesenkerbel *(Anthriscus sylvestris)*

Blütezeit: IV–VII.
Früchte: Lineal, gerippt, geschnäbelt, glänzend.
Standort: Grünland und Wegränder.

Taumelkälberkropf
(Chaerophyllum temulum); Fam. Apiaceae (Doldenblütler)

Anderer Name: Heckenkälberkropf.
Beschreibung: 30–100 cm hoch; Stengel aufrecht, fein gerieft, steif behaart, rotfleckig; ein- bis zweijährig.
Blätter: Doppelt gefiedert mit eiförmigen, lappig fiederspaltigen Abschnitten, mattgrün, oft dunkel gefleckt, zerstreut behaart.
Blüten: Blütenstand doldig, ohne Hülle, jedoch mit 3–8, breit lanzettlichen, bewimperten Hüllchenblättern, zahlreiche weiße, fünfzählige Einzelblüten, Griffel so lang wie das Griffelpolster.
Blütezeit: V–VII.
Früchte: 7 mm groß, gelb gerippt, ungeschnäbelt.
Standort: Wald- und Wegränder.
Besonderheiten: Giftig; Verwechslungsmöglichkeit mit dem ebenfalls giftigen Gefleckten Schierling.

Wilde Möhre
(Daucus carota); Fam. Apiaceae (Doldenblütler)

Anderer Name: Wilde Gelbe Rübe.
Beschreibung: 30–90 cm hoch; einjährig.
Blätter: 2–3fach gefiedert mit feinen Abschnitten.
Blüten: Blütenstand doppeldoldig mit großen, fein gefiederten Hüll- und Hüllchenblättern, fünfzählige, weiße Blüten, die mittlere Blüte meist dunkelrot oder schwarz.
Blütezeit: VI–IX.
Früchte: Borstig, ungeschnäbelt.
Standort: Grünland und Wegränder magerer Böden.
Besonderheiten: Formenreich.

Riesenbärenklau
(Heracleum mantegazzianum); Fam. Apiaceae (Doldenblütler)

Beschreibung: 2–5 m hoch; Stengel aufrecht, kantig gefurcht, steifhaarig, meist gefleckt; zwei- bis mehrjährig.
Blätter: Dreizählig zerschnitten, bis über 1 m lang.
Blüten: Blütenstand doppeldoldig, bis über 50 cm durchmessend.
Blütezeit: VI–IX.
Standort: Wegränder, Flußufer.
Besonderheiten: Aus dem Kaukasus stammend, schwach giftig.

Riesenbärenklau *(Heracleum mantegazzianum)*

Taumelkälberkopf *(Chaerophyllum temulum)*

Wilde Möhre *(Daucus carota)*

Wiesenbärenklau

(Heracleum sphondylium); Fam. Apiaceae (Doldenblütler)

Beschreibung: 80–150 cm hoch; Stengel aufrecht, kantig gefurcht, steifhaarig; ausdauernd.

Blätter: Tief lappig bis fiederspaltig mit gekerbt gesägtem Rand, bis 60 cm lang.

Blüten: Blütenstand doppeldoldig mit wenigblättrigen Hüllen und vielblättrigen Hüllchen und je 15–30 weißen oder grünen Einzelblüten.

Blütezeit: VI–IX.

Standort: Grünland.

Besonderheiten: Mehrere Unterarten; Charakterpflanze jauchegedüngter Wiesen, wo er wertvollere Wiesenpflanzen unterdrückt.

Große Bibernelle

(Pimpinella major); Fam. Apiaceae (Doldenblütler)

Beschreibung: 40–100 cm hoch; Stengel aufsteigend bis aufrecht, kantig gefurcht; ausdauernd.

Blätter: Gefiedert mit, bis 4 cm langen, glänzenden, gezähnten Fiederblättchen; zerrieben unangenehm riechend.

Blüten: Blütenstand doppelt doldig, Hülle und Hüllchen fehlend oder 1–2blättrig, mit weißen oder rosafarbenen Blüten.

Blütezeit: VI–X.

Früchte: Rundlich eiförmig.

Standort: Grünland lehmiger Böden.

Besonderheiten: Mehrere Unterarten, regional gefährdet; die Wurzeln enthalten Gerbstoffe und das scharf schmeckende Pimpinellin.

Euphorbiaceae (Wolfsmilchgewächse)

Die Wolfsmilchgewächse besitzen eingeschlechtliche, meist dreizählige Blüten. Diese sind bei den *Euphorbia*-Arten (Wolfsmilch-Arten) zu einem Blütenstand aus Hochblättern, einer ♀ und mehreren ♂ Blüten mit je 1 Staubblatt, diese „Scheinblüten" jeweils wieder zu Trugdolden zusammengefaßt. Bei uns führt nur die Gattung *Euphorbia* Milchsaft (Name!).

Einjähriges Bingelkraut

(Mercurialis annua); Fam. Euphorbiaceae (Wolfsmilchgewächse)

Beschreibung: 20–30 cm hoch; Stengel aufrecht, verzweigt, 4kantig; 1jährig.

Blätter: Gegenständig, gestielt, länglich lanzettlich, gekerbt-gesägt, mit lanzettlichen Nebenblättern.

Wiesenbärenklau *(Heracleum sphondylium)*, Blütendolde

Große Bibernelle
(Pimpinella major)

Einjähriges Bingelkraut
(Mercurialis annua)

Blüten: Zweihäusig, grün, blattachselständig, mit dreiteiliger Blütenhülle.
Blütezeit: V–X.
Standort: Äcker.
Besonderheiten: Leicht giftig.

Waldbingelkraut
(Mercurialis perennis); Fam. Euphorbiaceae (Wolfsmilchgewächse)

Beschreibung: 15–30 cm hoch; Stengel aufrecht, unverzweigt, unten rund; ausdauernd.
Blätter: Nur am oberen Stengelende, gegenständig, gestielt, länglich eiförmig, gekerbt gesägt, mit lanzettlichen Nebenblättern.
Blüten: Zweihäusig, grün, blattachselständig, mit dreiteiliger Blütenhülle, ♂ Blüten in Scheinähren, ♀ Blüten einzeln oder paarweise.
Blütezeit: IV–V.
Früchte: Rauhhaarige Kapselfrucht.
Standort: Feuchtstandorte in Buchen-, Eichen-, Eschen- und Nadelwäldern.
Besonderheiten: Alte Heilpflanze.

Zypressenwolfsmilch
(Euphorbia cyparissias); Fam. Euphorbiaceae (Wolfsmilchgewächse)

Beschreibung: 15–30 cm hoch; Stengel aufsteigend, gelbgrün; blütentragende Sprosse stärker verzweigt; ausdauernd.
Blätter: Hellgrün, nadelförmig, ganzrandig, Ränder umgebogen, kahl.
Blüten: Blütenstand doldig, gelbgrün, Hüllblätter lanzettlich, Hüllchenblätter breit lanzettlich bis dreieckig; Einzelblütenstand 3 mm lang, gelblich bis rötlich, Honigdrüsen halbmondförmig bis zweihörnig.
Blütezeit: IV–VIII, zum Teil Herbstblüte.
Standort: Waldrand, Böschungen, meist in magerem Grünland.

Sonnenwendwolfsmilch
(Euphorbia helioscopia); Fam. Euphorbiaceae (Wolfsmilchgewächse)

Beschreibung: 5–30 cm hoch; Stengel aufrecht; einjährig.
Blätter: Wechselständig, verkehrt länglich eiförmig, Blattrand vorn fein gesägt.
Blüten: Blütenstand doldig fünfstrahlig, wenden sich immer der Sonne zu (Name!), ovale Honigdrüsen.
Blütezeit: IV–X.
Früchte: Glatte Kapselfrucht.
Standort: Äcker, Schuttplätze, Weinberge, Gärten.

Zypressenwolfsmilch *(Euphorbia cyparissias)*, Blütendolden

Waldbingelkraut *(Mercurialis perennis)*

Sonnenwendwolfsmilch *(Euphorbia helioscopia)*, Blütendolde

Hypericaceae (Johanniskrautgewächse)

Die Blüten der Hypericaceen sind fünfzählig, wobei die Staubblätter jeweils in Büschel aufgespalten sind. Der Fruchtknoten ist oberständig; die Blätter sind gegenständig.

Geflecktes Johanniskraut

(Hypericum maculatum); Fam. Hypericaceae (Johanniskrautgewächse)

Beschreibung: 20–50 cm hoch; Stengel aufrecht, vierkantig, im Gegensatz zum Tüpfeljohanniskraut hohl; ausdauernd.
Blätter: Gegenständig, eiförmig, ungestielt, durch Öldrüsen schwarz punktiert.
Blüten: Blütenstand trugdoldig mit gelben, fünfzähligen Einzelblüten, Kelchblätter stumpf, schwarz punktiert, Kronblätter schwarz punktiert.
Blütezeit: VI–VIII.
Standort: Waldränder und Staudenfluren, vor allem im Bergland.

Tüpfeljohanniskraut

(Hypericum perforatum); Fam. Hypericaceae (Johanniskrautgewächse)

Beschreibung: 20–60 cm hoch; Stengel aufrecht, verzweigt, rund mit Längsleisten, markig; ausdauernd.
Blätter: Gegenständig, länglich eiförmig, ungestielt, durchscheinend punktiert (ätherische Öle enthaltende Drüsen).
Blüten: Blütenstand doldenrispig mit zahlreichen gelben, fünfzähligen Einzelblüten, Kelchblätter spitz, doppelt so lang wie der Fruchtknoten, Kronblätter schwarz punktiert, 3–5 Bündel von Staubblättern; Blütenstiele schwarzdrüsig.
Blütezeit: VI–VIII.
Früchte: Eiförmige, dreiklappige Kapselfrucht.
Standort: Trockene Waldränder, Wegränder, Brachen.
Besonderheiten: Heilpflanze (Wunden, Hautleiden, Depressionen).

Bergjohanniskraut

(Hypericum montanum); Fam. Hypericaceae (Johanniskrautgewächse)

Beschreibung: 30–60 cm hoch; Stengel aufrecht, rund, kahl; ausdauernd.
Blätter: Gegenständig, länglich eiförmig mit herzförmigem Grund, bis 8 cm, sitzend unterseits behaart, am Rande schwarz gepunktet.
Blüten: Blütenstand trugdoldig, fast köpfchenförmig, mit wenigen blaßgelben, fünfzähligen Einzelblüten, Kelchblätter spitz, mit gestreiften Drüsen, Kronblätter nicht schwarz punktiert.
Blütezeit: VI–VIII.
Standort: Trockene Eichenmischwälder, im nördlichen Tiefland selten.

Geflecktes Johanniskraut
(Hypericum maculatum)

Tüpfeljohanniskraut
(Hypericum perforatum)

Bergjohanniskraut
(Hypericum montanum)

Violaceae (Veilchengewächse)

Die Blüten der Violaceen stehen meist einzeln und sind fünfzählig, spiegelbildlich symmetrisch mit dreiblättrigem, oberständigen Fruchtknoten. Das untere Kronblatt ist gesport. Die Veilchengewächse bringen meist Kapselfrüchte hervor, seltener sind Beeren- und Nußfrüchte. Die Blätter sind wechselständig, morphologisch sehr unterschiedlich und weisen große Nebenblätter auf.

Ackerstiefmütterchen
(Viola arvensis); Fam. Violaceae (Veilchengewächse)

Andere Namen: Feldstiefmütterchen, Ackerveilchen.
Beschreibung: 10–25 cm hoch; Stengel aufsteigend, verzweigt; einjährig.
Blätter: Wechselständig, breit eiförmig lanzettlich, Blattgrund keilförmig; fiederspaltige Nebenblätter.
Blüten: Langstielig, nickend, zweiseitig symmetrisch, blattachselständig, 8–15 mm lang, 5zählig, gelblich weiß; unteres Kronblatt mit kurzem Sporn.
Blütezeit: V–X.
Früchte: Kapselfrucht.
Standort: Äcker, Wegränder, Schuttplätze.
Besonderheiten: Mehrere Unterarten.

Hundsveilchen
(Viola canina); Fam. Violaceae (Veilchengewächse)

Beschreibung: 5–30 cm hoch; Stengel niederliegend bis aufsteigend, am Grunde verzweigt; ausdauernd.
Blätter: Stengelständig, spitz länglich herzförmig, Nebenblätter lanzettlich, fransig gesägt.
Blüten: Langstielig, nickend, zweiseitig symmetrische, 5zählig blauviolett, duftlos, mit weißem Schlund und 5–7 mm langem weißen Sporn.
Blütezeit: IV–VI.
Früchte: Stumpf eiförmige Kapselfrucht.
Standort: Waldränder und licht Eichenwälder saurer Böden, Heiden.
Besonderheiten: Mehrere Unterarten, zum Teil ausgestorben oder verschollen.

Rauhes Veilchen
(Viola hirta); Fam. Violaceae (Veilchengewächse)

Beschreibung: 5–15 cm hoch; Stengel aufsteigend, ohne Ausläufer; ausdauernd.
Blätter: Grundständig, länglich herzeiförmig, gekerbt gesägt, langgestielt, abstehend behaart (Name!): Nebenblätter lanzettlich, fransig gesägt, kahl.

Ackerstiefmütterchen
(Viola arvensis)

Hundsveilchen
(Viola canina)

Rauhes Veilchen
(Viola hirta)

Rauhes Veilchen
(Viola hirta), Blüte

Blüten: Langstielig, nickend, zweiseitig symmetrisch, 5zählig blauviolett, selten weiß, duftlos, mit grundständigen Blütenstielen.
Blütezeit: III–V.
Früchte: Behaarte Kapselfrucht.
Standort: Trockene Waldränder, oft Kalkböden.
Besonderheiten: Regional vom Aussterben bedroht.

Märzveilchen
(Viola odorata); Fam. Violaceae (Veilchengewächse)

Anderer Name: Wohlriechendes Veilchen.
Beschreibung: 5–10 cm hoch; Stengel niederliegend bis aufsteigend; mit Ausläufern; ausdauernd.
Blätter: Nierenförmig bis breit eiförmig, herzförmiger Blattgrund, bis 5 cm gestielt, gekerbt, schwach behaart, Nebenblätter eiförmig bis lanzettlich, kahl.
Blüten: Langstielig, nickend, zweiseitig symmetrisch, 5zählig dunkelviolett, selten weiß, stark duftend, mit etwa 5–7 mm langem Sporn.
Blütezeit: III–IV.
Früchte: Dreiklappige, kugelige Kapselfrucht.
Standort: Wald- und Wegränder vor allem in Siedlungsnähe.
Besonderheiten: Blüten werden in der Parfümherstellung verwendet.

Waldveilchen
(Viola reichenbachiana); Fam. Violaceae (Veilchengewächse)

Beschreibung: 5–20 cm hoch; Stengel aufsteigend; ausdauernd.
Blätter: Spitz herz- bis nierenförmig, Grundblätter länger gestielt als die Stengelblätter, Nebenblätter schmal lanzettlich, lang gefranst gesägt.
Blüten: Violett, langstielig, nickend, zweiseitig symmetrisch, 5zählig, bis 2 cm lang, mit violettem, schlankem Sporn; duftlos.
Blütezeit: IV–V.
Früchte: Länglich zugespitzte Kapselfrucht.
Standort: Laub- und Nadelmischwälder.

Hainveilchen
(Viola riviniana); Fam. Violaceae (Veilchengewächse)

Beschreibung: 5–20 cm hoch; Stengel aufrecht; ausdauernd.
Blätter: Breit herzförmig, Nebenblätter wenig gefranst.
Blüten: Langstielig, nickend, zweiseitig symmetrisch, 5zählig, hellblau, 2 cm lang, mit weißem, gefurchtem Sporn.
Blütezeit: IV–V, gelegentlich Herbstblüte.
Standort: Eichenmischwälder.

Märzveilchen
(Viola odorata), Blüten

Waldveilchen
(Viola reichenbachiana)

Hainveilchen
(Viola riviniana)

Brassicaceae (Kreuzblütler)

Die Blüten der Brassicaceen sind kreuzförmig zweiseitig symmetrisch mit je 4 Kelch- und Kronblättern, meist 6 Staubblättern und oberständigem, zweiblättrigen Fruchtknoten. Die in der Regel zweiklappig aufspringenden Früchte werden je nach dem Längen-Breiten-Verhältnis als Schoten (mindestens 3:1) oder Schötchen (kürzer) bezeichnet. Die Pflanzen besitzen oft grundständige Rosetten. Die Blätter sind wechselständig, meist behaart und fiederschnittig; sie bilden keine Nebenblätter.

Mit Kohl, Senf und Meerettich gehören wichtige Nutzpflanzen zur Familie der Kreuzblütler.

Ackerschmalwand

(Arabidopsis thaliana); Fam. Brassicaceae (Kreuzblütler)

Beschreibung: 5–30 cm hoch; Stengel aufrecht; einjährig.
Blätter: In Grundrosette und sitzend stengelständig, länglich lanzettlich, mit Gabelhaaren, ganzrandig oder schwach gezäht.
Blüten: Weiß, bis 8 mm durchmessen.
Blütezeit: IV–V.
Früchte: Länglich walzenförmige Schoten.
Standort: Äcker, Magerrasen, Mauern.

Knoblauchsrauke

(Alliaria petiolata); Fam. Brassicaceae (Kreuzblütler)

Andere Namen: Lauchkraut, Lauchhederich.
Beschreibung: 30–80 cm hoch; Stengel aufrecht, meist unverzweigt, blaugrün bereift; zweijährig oder ausdauernd.
Blätter: Kreuzgegenständig, nierenförmig, buchtig gezähnt, die unteren langgestielt; beim Zerreiben mit starken Knoblauchgeruch.
Blüten: Traubiger Blütenstand mit weißen, vierzähligen Einzelblüten, 4 lange und 2 kurze Staubblätter.
Blütezeit: IV–VI.
Früchte: Schoten 3–6 cm lang, gerade, rundlich vierkantig, vorspringender Mittelnerv und je ein schwächerer Seitennerv, Samen zahlreich, schwarzbraun, etwa 3 mm groß.
Standort: Schattige Hochstaudenfluren nährstoffreicher Böden, Waldmäntel, Schuttplätze, Bachufer.
Besonderheiten: Alte Heil- und Gemüsepflanze, jedoch nicht mit dem Knoblauch, einem Liliengewächs, verwandt. Frische, zerquetschte Pflanzen wurden früher zur Heilung von Hautgeschwüren verwendet. In Frankreich macht man aus den Blättern Salat.

Blüte und Blätter

Ackerschmalwand
(*Arabidopsis thaliana*), Blüten

Knoblauchsrauke
(*Alliaria petiolata*)

Hirtentäschel

(Capsella bursa-pastoris); Fam. Brassicaceae (Kreuzblütler)

Beschreibung: 10–30 cm hoch; Stengel aufrecht, verzweigt; ein- bis zweijährig.
Blätter: Grundrosette mit fiederteiligen Blättern, Stengelblätter meist ungeteilt, stengelumfassend.
Blüten: Traubiger Blütenstand mit kleinen, vierzähligen, weißen Einzelblüten.
Blütezeit: III–XI.
Früchte: Charakteristisch umgekehrt herzförmig, bis 1 cm lang.
Standort: Äcker, Wegränder.
Besonderheiten: Alte Heilpflanze.

Wiesenschaumkraut

(Cardamine pratensis agg.); Fam. Brassicaceae (Kreuzblütler)

Beschreibung: 10–30 cm hoch; Stengel aufrecht, rund, hohl; ausdauernd.
Blätter: Gefiedert, mit vergrößertem Endblättchen, Grundrosette mit langgestielten, Stengel mit kurzgestielten Blättern.
Blüten: Trugdolde mit helllilafarbenen oder weißen, 4zähligen Einzelblüten, mit 1 cm langen, ausgebreiteten Kronblättern, Staubblätter gelb.
Blütezeit: IV–VII.
Früchte: Etwa 4 cm lange Schoten.
Standort: Feuchtes Grünland, Auwälder, feuchte Laubmischwälder.
Besonderheiten: Formenreiche Sammelart, einzelne Kleinarten regional gefährdet. Seinen Namen hat es bekommen, weil an den Stengeln häufig Schaumzikaden den sogenannten *Kuckucksspeichel* erzeugen.

Virginische Kresse

(Lepidium virginicum); Fam. Brassicaceae (Kreuzblütler)

Beschreibung: 30–50 cm hoch; Stengel aufrecht; einjährig.
Blätter: Lineal lanzettlich, fein gesägt, bewimpert.
Blüten: Traubiger Blütenstand mit zahlreichen schmutzig weißen Einzelblüten.
Blütezeit: V–VIII, mitunter Herbstblüte.
Früchte: Runde Schötchen, bis 3 mm groß.
Standort: Wegränder, Schuttplätze, Bahn- und Hafengelände.
Besonderheiten: Aus Amerika stammend, häufiger als die ähnliche einheimische Schuttkresse *(Lepidium ruderale)*.

Hirtentäschel *(Capsella bursa-pastoris)*, Blüten und Früchte

Virginische Kresse *(Lepidium virginicum)*

Wiesenschaumkraut

Wiesenschaumkraut *(Cardamine pratensis)*

Hederich

(Raphanus raphanistrum); Fam. Brassicaceae (Kreuzblütler)

Anderer Name: Ackerrettich.
Beschreibung: 20–60 cm hoch; Stengel aufrecht; einjährig.
Blätter: Länglich, fiederspaltig, behaart
Blüten: Weiß oder hellgelb, aufrechte Kelchblätter.
Blütezeit: V–VI, Herbstblüte möglich.
Früchte: Perlschnurartige Schotenfrucht.
Standort: Äcker und Schuttplätze.

Wilde Sumpfkresse

(Rorippa sylvestris); Fam. Brassicaceae (Kreuzblütler)

Anderer Name: Wildkresse.
Beschreibung: 10–20 cm hoch; Stengel niederliegend bis aufrecht, mit Ausläufern; ausdauernd.
Blätter: Tief fiederschnittig bis gefiedert mit gezähnten Abschnitten, nicht geöhrt, Stengelblätter sitzend.
Blüten: Traubiger Blütenstand mit vierzähligen, goldgelben Einzelblüten.
Blütezeit: VI–IX.
Früchte: Bis 1,8 cm langes, walzenförmiges Schötchen, nicht deutlich geschnäbelt.
Standort: Feuchte Bereiche aller Art.

Ackersenf

(Sinapis arvensis); Fam. Brassicaceae (Kreuzblütler)

Beschreibung: 20–60 cm hoch; Stengel aufsteigend, reich verzweigt, unten borstig; einjährig.
Blätter: Gestielt, Grundblätter fiederspaltig; obere Stengelblätter eiförmig, ganzrandig oder gezähnt.
Blüten: Vierzählig, hellgelb, Kelchblätter waagerecht abstehend.
Blütezeit: V–VI, Herbstblüte möglich.
Früchte: Schwach gegliederte Schoten, lang geschnäbelt, kahl.
Standort: Äcker und Schuttplätze.
Besonderheiten: Schwach giftig.

Wegrauke

(Sisymbrium officinale); Fam. Brassicaceae (Kreuzblütler)

Beschreibung: 30–60 cm hoch; Stengel aufrecht, sparrig verzweigt, behaart; einjährig.
Blätter: Fiederspaltig

Hederich *(Raphanus raphanistrum)*, Blüten

Wilde Sumpfkresse *(Rorippa sylvestris)*

Ackersenf *(Sinapis arvensis)*, Blüten

Wegrauke *(Sisymbrium officinale)*

Blüten: Hellgelb, wenige Millimeter durchmessend.
Blütezeit: V–VIII.
Früchte: An den Stengel angedrückte Schoten, 1–2 cm lang.
Standort: Äcker, Wegränder und Schuttplätze.

Ackerhellerkraut
(Thlaspi arvense); Fam. Brassicaceae (Kreuzblütler)

Anderer Name: Ackertäschelkraut.
Beschreibung: 10–30 cm hoch; Stengel verzweigt, kantig; Pflanze mit lauchartigem Geruch; einjährig.
Blätter: Breit lanzettlich, grob gezähnt, pfeilförmig stengelumfassend.
Blüten: Bis 6 mm durchmessend, weiß.
Blütezeit: V–VI, Herbstblüte möglich.
Früchte: Kreisrunde Schötchen (Name!), bis 1,5 cm durchmessend, breit geflügelt.
Standort: Äcker, Schuttplätze.
Besonderheiten: Der Name bezieht sich auf die Form der Früchte, die wie runde Geldstücke (Heller) aussehen.

Resedaceae (Resedengewächse)

Gelbe Resede
(Reseda lutea); Fam. Resedaceae (Resedengewächse)

Anderer Name: Gelber Wau.
Beschreibung: 20–50 cm hoch; Stengel aufrecht; meist zweijährig.
Blätter: Wechselständig, Stengelblätter 1–2fach fiederschnittig, mit kleinen Nebenblättern.
Blüten: Traubiger Blütenstand mit zweiseitig symmetrischen, gelben Blüten, 6 Kelch- und Kronblätter.
Blütezeit: VI–IX.
Früchte: Eiförmige Kapselfrucht.
Standort: Wegränder und Schuttplätze.

Färberresede
(Reseda luteola); Fam. Resedaceae (Resedengewächse)

Anderer Name: Wau.
Beschreibung: 60–120 cm hoch; Stengel aufrecht; einjährig.
Blätter: Wechselständig, mit kleinen Nebenblättern.
Blüten: zweiseitig symmetrisch, 4 Kelch- und Kronblätter; Blüten traubig.
Blütezeit: VI–IX.

Ackerhellerkraut *(Thlaspi arvense)*, Blüten und Früchte

Gelbe Resede (*Reseda lutea*), Blütenstand

Färberresede *(Reseda luteola)*

Früchte: Kugelige Kapselfrucht.
Standort: Wegränder und Schuttplätze.
Besonderheiten: Alte Färbepflanze, wurde zur Gewinnung eines gelben, lichtechten Farbstoffs zum Färben von Seide angebaut.

Ericaceae (Heidekrautgewächse)

Die einheimischen Heidekrautgewächse sind Zwergsträucher und kleine Sträucher mit ledrigen oder nadelförmigen Blättern, die in Wirteln stehen. Die Blüten sind 4–5zählig mit verwachsenen, oft glockigen Kronblätterlättern und ober- oder unterständigem Fruchtknoten. Als Früchte werden fach- oder wandspaltige Kapseln oder einsamige Nüßchen gebildet.

Heidekraut
(Calluna vulgaris), Fam. Ericaceae (Heidekrautgewächse)

Beschreibung: Zwergstrauch, 20–50 cm hoch.
Blätter: Vierreihig gegenständig, sich überdeckend, schuppenförmig, nur wenige Millimeter lang, immergrün.
Blüten: Einseitswendig traubiger Blütenstand mit vierzählige Einzelblüten mit grünem Außenkelch, blütenblattartigen, rosafarbenen Kelchblättern und innenliegender, kleiner Krone.
Blütezeit: VII–IX.
Früchte: Kapseln mit zahlreichen Samen; Fruchtansatz.
Standort: Lichte Eichen- und Kiefernwälder saurer Böden, Heiden und Magergrünland.

Heidelbeere
(Vaccinium myrtillus), Fam. Ericaceae (Heidekrautgewächse)

Andere Namen: Blaubeere, Bickbeere.
Beschreibung: Zwergstrauch, 15–50 cm hoch; Stengel kantig, grün.
Blätter: Wechselständig, oval, spitz, hellgrün, Blattstiel kurz, Blattrand fein gezähnt.
Blüten: Einzeln blattachselständig, grünlich, mitunter rot überlaufen, weitglockig, nickend, fünfzählig.
Blütezeit: IV–VI.
Früchte: Blaue bis schwarze Beeren, Reife: VII.
Standort: Verbreitet in Laub- und Nadelwäldern nährstoffarmer Böden.
Besonderheiten: Heilpflanze, getrocknete Beeren als Heilmittel; Früchte eßbar, vitaminreich, wichtiges Wildobst.

Heidelbeere *(Vaccinium myrtillus), Blätter und Blüten*

Heidekraut *(Calluna vulgaris)*

Heidelbeere *(Vaccinium myrtillus)*, Früchte

Preiselbeere
(Vaccinium vitis-idaea), Fam. Ericaceae (Heidekrautgewächse)

Anderer Name: Kronsbeere.
Beschreibung: Zwergstrauch, 10–30 cm hoch.
Blätter: Wechselständig, oval, immergrün, Oberseite dunkel ledrig glänzend, Unterseite hell blaugrün, Blattrand eingerollt.
Blüten: Traubiger Blütenstand mit wenigen glockigen, weißen oder rosafarbenen, vierzähligen Blüten.
Blütezeit: V–VI.
Früchte: Rote, säuerlich schmeckende Beeren, im August bis September reifend.
Standort: Nadel- und Eichenwälder nährstoffarmer Böden, Heiden und Moore.
Besonderheiten: Heilpflanze, Früchte als Kompott; regional vom Aussterben bedroht.

Sumpfporst
(Ledum palustre), Fam. Ericaceae (Heidekrautgewächse)

Beschreibung: Kleiner Strauch, 50–150 cm hoch; Zweige jung rotfilzig.
Blätter: Wechselständig, lineal lanzettlich, Oberseite ledrig dunkelgrün, Unterseite rotfilzig, Blattrand eingerollt.
Blüten: Langgestielt, weiß oder rosa, 5zählig, mit nur wenig verwachsenen Blütenblättern.
Blütezeit: V–VII.
Früchte: Fünfklappige Kapsel.
Standort: Selten in Kiefernmoorwälder und Mooren.
Besonderheiten: Alte Heilpflanze, giftig, mit betäubendem Geruch, als Mottenmittel verwendet; gefährdet, regional ausgestorben oder verschollen, BArtSchV.

Glockenheide
(Erica tetralix), Fam. Ericaceae (Heidekrautgewächse)

Beschreibung: Zwergstrauch, 15–50 cm hoch.
Blätter: Zu 3–4 quirlständig, nadelförmig, bewimpert.
Blüten: Gedrängt traubiger Blütenstand mit vierzähligen, roten oder weißen Einzelblüten ohne Außenkelch, Staubblätter nicht aus der Blüte hervorragend.
Blütezeit: VI–IX.
Früchte: Kapseln.
Standort: Gelegentlich in feuchten, bodensauren Eichenwäldern, zumeist jedoch in Mooren und feuchten Heiden.
Besonderheiten: Regional vom Aussterben bedroht.

Preiselbeere *(Vaccinium vitis-idaea)*, Früchte

Sumpfporst *(Ledum palustre)*

Glockenheide *(Erica tetralix)*, Blütenstand

Primulaceae (Primelgewächse)

Die Blüten der Primulaceen sind 5zählig, strahlig symmetrisch mit verwachsenen Kronblättern und oberständigem, einfächerigem Fruchtknoten. Als Früchte entwickeln sich Kapseln. Die ungeteilten Blätter vieler Schlüsselblumengewächse bilden Rosetten.

Ackergauchheil

(Anagalis arvensis); Fam. Primulaceae (Schlüsselblumengewächse)

Beschreibung: 5–30 cm hoch; Stengel niederliegend, vierkantig; einjährig.
Blätter: Sitzend, gegenständig, stumpf eiförmig.
Blüten: Bis 12 mm durchmessend, ausgebreitet, rot, langgestielt, 5zählig.
Blütezeit: VI–X.
Früchte: Kugelrunde Kapsel.
Standort: Hackfruchtäcker.

Gewöhnlicher Gilbweiderich

(Lysimachia vulgaris); Fam. Primulaceae (Schlüsselblumengewächse)

Anderer Name: Felberich.
Beschreibung: 50–150 cm hoch; Stengel aufrecht, verzweigt, kantig, zottig behaart; ausdauernd.
Blätter: Gegenständig oder quirlig, länglich eiförmig, bis 14 cm lang, kurzgestielt, ganzrandig, Oberseite flaumhaarig und rotdrüsig punktiert.
Blüten: Rispiger Blütenstand mit gelben, 5zähligen Einzelblüten, etwa 1,5 cm durchmessend, 5 Staubblätter ungleich lang, zur Röhre verwachsen.
Blütezeit: VI–VIII.
Früchte: Dreikantige Kapsel.
Standort: Bruch- und Auwälder, Gewässerränder.
Besonderheiten: Alte Heilpflanze.

Echte Schlüsselblume

(Primula veris); Fam. Primulaceae (Schlüsselblumengewächse)

Andere Namen: Duftende Schlüsselblume, Arzneischlüsselblume.
Beschreibung: 10–20 cm hoch; Stengel aufrecht; ausdauernd.
Blätter: Grundständig, eiförmig, in den Blattstiel verschmälert, runzelig, gekerbt gezähnt, Unterseite im Gegensatz zur Hohen Schlüsselblume filzig behaart, junge Blätter eingerollt.
Blüten: Doldiger Blütenstand mit zahlreichen dottergelben, langgestielten, duftenden Einzelblüten, Kelch aufgeblasen, Krone bis 25 mm durchmessend, mit herzförmigen Zipfeln.
Blütezeit: IV–V.

Ackergauchheil
(Anagalis arvensis)

Echte Schlüsselblume
(Primula veris)

Gewöhnlicher Gilbweiderich
(Lysimachia vulgaris), Blütenstand

Standort: Waldränder, kalkreiche Magerrasen, magere Wiesen.
Besonderheiten: Alte Heil- und Zauberpflanze; mehrere Unterarten, zum Teil regional stark gefährdet.

Hohe Schlüsselblume
(Primula elatior); Fam. Primulaceae (Schlüsselblumengewächse)

Beschreibung: 10–20 cm hoch; Stengel aufrecht; ausdauernd.
Blätter: Grundständig, eiförmig, in den Blattstiel verschmälert, runzelig, gekerbt gezähnt, Unterseite kurz behaart, junge Blätter eingerollt.
Blüten: Doldiger Blütenstand mit zahlreichen schwefelgelben, langgestielten, geruchlosen Einzelblüten mit orangefarbener Zeichnung; Kelch walzenförmig, schmal, Krone 15–20 mm durchmessend, mit herzförmigen Zipfeln.
Blütezeit: III–V.
Standort: Eichen-Hainbuchenwälder, Au- und Schluchtwälder.
Besonderheiten: Regional vom Aussterben bedroht.

Caryophyllaceae (Nelkengewächse)

Die Blüten der Caryophyllaceen sind 4–5zählig, strahlenförmig symmetrisch mit 2–5blättrigem, oberständigem Fruchtknoten. Die Kronblätter sind bisweilen in „Platte" und „Nagel" gegliedert oder weisen eine „Nebenkrone" auf. Diese Blüten stehen meist in Blütenständen mit Verzweigungen in je 2 Neben- und einen Haupttrieb (Dichasien). Letzterer kann auch zurückgebildet sein.
Die Blätter sind gegenständig oder quirlig.

Quendelblättriges Sandkraut
(Arenaria serpyllifolia); Fam. Caryophyllaceae (Nelkengewächse)

Beschreibung: 5–20 cm hoch; Stengel aufsteigend; einjährig.
Blätter: Gegenständig, oval lanzettlich, blaugrün, bis 0,5 cm lang; Blattstiel kurz oder fehlend.
Blüten: 4- oder 5zählig, weiß, Blütenblätter kürzer als Kelch.
Blütezeit: V–IX.
Früchte: 6zähnige Kapseln.
Standort: Sandige Wege und Äcker, Sandtrockenrasen.
Besonderheiten: Mehrere Kleinarten.

Gewöhnliches Hornkraut
(Cerastium holosteoides); Fam. Caryophyllaceae (Nelkengewächse)

Beschreibung: 10–40 cm hoch; Stengel niederliegend bis aufsteigend, rund, mit nichtblühenden Trieben; Pflanze drüsig, behaart; ausdauernd.

Hohe Schlüsselblume
(Primula elatior)

Gewöhnliches Hornkraut
(Cerastium holosteoides), Blüten

Quendelblättriges Sandkraut
(Arenaria seroyllifolia), Bestand

Blüten

Blätter: Gegenständig, länglich oval, 1–2,5 cm lang, Hochblätter mit Hautrand.

Blüten: 5zählig, weiß; Blütenblätter so lang wie der Kelch, gespalten, bis 9 mm lang, 5 Griffel.

Blütezeit: IV–X.

Früchte: 10zähnige, längliche Kapsel.

Standort: Grünland, Äcker, Wegränder.

Besonderheiten: Mehrere Kleinarten.

Karthäusernelke

(Dianthus carthusianorum); Fam. Caryophyllaceae (Nelkengewächse)

Beschreibung: 15–40 cm hoch; Stengel aufrecht, kahl; ausdauernd.

Blätter: Lineal, paarweise mit verbundenen Scheiden

Blüten: Köpfchenförmiger Blütenstand mit häutigem Hochblatt und 4–10 5zähligen Blüten, lederartiger, schuppiger Kelch, rote, 1 cm lange Kronblätter mit gezähntem Rand, 10 Staubblätter mit violetten Staubbeuteln.

Blütezeit: VI–IX.

Standort: Mageres Grünland und Hänge sonniger, kalkhaltiger Böden.

Besonderheiten: Formenreich, regional vom Aussterben bedroht, BArtSchV.

Kahles Bruchkraut

(Herniaria glabra); Fam. Caryophyllaceae (Nelkengewächse)

Beschreibung: 5–15 cm hoch; Stengel niederliegend, Polster bildend, verzweigt; Pflanze gelbgrün, ausdauernd.

Blätter: Gegenständig, ovale Form, 0,2–1 cm lang, kahl, mit kleinen Nebenblättern.

Blüten: Knäuliger Blütenstand aus sehr kleinen, 5zähligen, gelbgrünen Einzelblüten.

Blütezeit: VI–IX.

Standort: Sandige Wegränder, Pflasterritzen.

Besonderheiten: Alte Heilpflanze.

Kuckuckslichtnelke

(Lychnis flos-cuculi); Fam. Caryophyllaceae (Nelkengewächse)

Beschreibung: 30–90 cm hoch; Stengel aufsteigend, kantig, behaart; ausdauernd.

Blätter: Lanzettlich, rosettig und stengelständig.

Blüten: Locker trugdoldiger Blütenstand mit rosafarbenen Einzelblüten; kurze Kelchzipfel, vierteilige Kronblätter mit langem Nagel und kleiner Nebenkrone, 10 Staubblätter, 5 Griffel.

Blütezeit: V–VII.

Karthäusernelke *(Dianthus carthusianorum)*, Bestand

Blüten

Kuckuckslichtnelke *(Lychnis flos-cuculi)*, Blüte

Kahles Bruchkraut *(Herniaria glabra)*

Früchte: 5zähnige Kapsel.
Standort: Feuchte und nasse Wiesen.
Besonderheiten: Regional stark gefährdet.

Weiße Lichtnelke

(Melandrium album [= Silene alba]) ;
Fam. Caryophyllaceae (Nelkengewächse)

Beschreibung: 40–90 cm hoch; Stengel aufrecht, aber schlaff, oben drüsenhaarig; ein- bis zweijährig.
Blätter: Eiförmig lanzettlich, die grundständigen gestielt.
Blüten: Zweihäusig; duftend, weiß, abends aufblühend; 5zähniger Kelch bauchig, behaart, Kronblätter zweispaltig, mit hellem Krönchen, 10 Staubblätter, Fruchtknoten mit 5 Griffeln.
Blütezeit: VI–IX.
Früchte: Eiförmige, zehnzähnige Kapsel.
Standort: Wegränder, Schuttplätze.

Rote Lichtnelke

(Melandrium rubrum [= Silene dioica]) ;
Fam. Caryophyllaceae (Nelkengewächse)

Anderer Name: Taglichtnelke.
Beschreibung: 30–80 cm hoch; Stengel aufrecht, aber schlaff; zwei- bis mehrjährig.
Blätter: Länglich eiförmig, die grundständigen gestielt.
Blüten: Hellpurpur, 5zähniger Kelch bauchig, behaart; Kronblätter zweispaltig, mit hellem Krönchen, 10 Staubblätter, 5 Griffel. Es treten zweihäusige und zwittrige Formen auf.
Blütezeit: IV–VI.
Früchte: Eiförmige, 10zähnige Kapsel, vom Kelch umschlossen.
Standort: Feuchte Wiesen und Wälder, Nährstoffzeiger.

Dreinervige Nabelmiere

(Moehringia trinervia); Fam. Caryophyllaceae (Nelkengewächse)

Beschreibung: 5–25 cm hoch; Stengel niederliegend bis aufrecht; einjährig.
Blätter: Gegenständig, gestielt, spitz eiförmig, mit 3 deutlich hervortretenden Nerven (Name!).
Blüten: 5zählig, weiß, Kronblätter kürzer als Kelchblätter.
Blütezeit: V–VII.
Früchte: 6klappige, kugelige Kapsel.
Standort: Lichte Wälder, Schlagfluren, Waldwege.
Besonderheiten: Fliegen- und Selbstbestäubung.

Weiße Lichtnelke
(Melandrium album)

Rote Lichtnelke
(Melandrium rubrum), Blüten

Dreinervige Nabelmiere
(Moehringia trinervia)

Niederliegendes Mastkraut
(Sagina procumbens); Fam. Caryophyllaceae (Nelkengewächse)

Beschreibung: 2–5 cm hoch; Stengel niederliegend; ausdauernd.
Blätter: Linear, 0,5– 1,2 cm lang, mit Stachelspitze.
Blüten: 4zählig, mit zurückgebogenen Stielen, Kronblätter weiß, oft fehlend, kürzer als Kelchblätter.
Blütezeit: V–IX.
Standort: Wege, Pflasterritzen und Äcker.

Nickendes Leimkraut
(Silene nutans); Fam. Caryophyllaceae (Nelkengewächse)

Beschreibung: 20–60 cm hoch; Stengel aufrecht, unverzweigt, zottig behaart, drüsig-klebrig; ausdauernd.
Blätter: Spatelig, behaart, randlich bewimpert, die grundständigen stumpf, langstielig, Stengelblätter spitz.
Blüten: Trugdoldiger Blütenstand mit 3–7 nickenden Einzelblüten, Kelch länglich, 5 weiße, tief zweispaltige Kronblätter.
Blütezeit: VI–VIII.
Früchte: Eiförmige Kapsel.
Standort: Lichte Wälder, Gebüsche, Magerrasen.
Besonderheiten: Nachtfalterblume; regional gefährdet.

Roter Spörgel
(Spergularia rubra); Fam. Caryophyllaceae (Nelkengewächse)

Anderer Name: Rote Schuppenmiere.
Beschreibung: 5–20 cm hoch; Stengel niederliegend; einjährig bis ausdauernd.
Blätter: Gegenständig, lineal, stachelspitzig, bis 2,5 cm lang; 2 häutige, verwachsene Nebenblätter.
Blüten: 5zählig, rosa, dreiteiliger Fruchtknoten.
Blütezeit: V–IX.
Standort: Äcker, Wegränder und Schlagfluren.
Besonderheiten: Regional gefährdet.

Grassternmiere
(Stellaria graminea); Fam. Caryophyllaceae (Nelkengewächse)

Beschreibung: 10–30 cm hoch; Stengel aufsteigend, schlaff, vierkantig, verzweigt; ausdauernd.
Blätter: Lineal.
Blüten: Locker trugdoldiger Blütenstand mit trockenhäutigen Hochblät-

Niederliegendes Mastkraut
(Sagina procumbens)

Nickendes Leimkraut
(Silene nutans)

Roter Spörgel
(Spergularia rubra)

Grassternmiere *(Stellaria graminea)*, Blüten

tern und 5zähligen, 5–12 mm durchmessenden, weißen Einzelblüten, tief gespaltene Kronblätter, so lang wie der Kelch, 3 Griffel.

Blütezeit: IV–VI.
Früchte: Kugelige, 6klappige Kapsel.
Standort: Mageres Grünland, Wegränder.

Große Sternmiere

(Stellaria holostea); Fam. Caryophyllaceae (Nelkengewächse)

Beschreibung: 10–30 cm hoch; Stengel aufrecht, verzweigt, vierkantig, mit ausgeprägten Knoten; ausdauernd.
Blätter: Lanzettlich, sitzend mit behaartem Rand.
Blüten: Locker trugdoldiger Blütenstand mit langgestielten, 5zähligen, 1,5–3 cm durchmessenden, weißen Blüten; tief gespaltene Kronblätter, doppelt so lang wie der Kelch, 3 Griffel.
Blütezeit: IV–VI.
Früchte: Kugelige, 6klappige Kapsel.
Standort: Krautreiche Eichen-Hainbuchen- oder Buchen-Mischwälder.

Vogelmiere

(Stellaria media); Fam. Caryophyllaceae (Nelkengewächse)

Beschreibung: 5–30 cm hoch; Stengel niederliegend, rund, mit Haarreihe; ein- bis zweijährig.
Blätter: Oval.
Blüten: 5–10 mm durchmessend, weiß, tief gespaltene Kronblätter, so lang wie der Kelch, 3 Griffel.
Blütezeit: Ganzjährig.
Früchte: Kugelige, sechsklappige Kapselfrucht.
Standort: Äcker und Wegränder.
Besonderheiten: Mehrere Unterarten.

Chenopodiaceae (Gänsefußgewächse)

Die Blüten der Gänsefußgewächse sind klein und unscheinbar. Sie weisen nur eine einzige Blütenhülle auf und stehen meist in knäuligen Blütenständen. Es wird eine meist nicht aufspringende Frucht gebildet. Die meisten Arten sind einjährige Kräuter, seltener Sträucher.

Weißer Gänsefuß

(Chenopodium album); Fam. Chenopodiaceae (Gänsefußgewächse)

Beschreibung: 10–100 cm hoch; Stengel aufrecht, häufig gerillt und rot überlaufen; Pflanze blaugrün, einjährig.

Vogelmiere
(Stellaria media)

Große Sternmiere *(Stellaria holostea)*, Blüten

Weißer Gänsefuß *(Chenopodium album)*, Blütenstand

Blätter: Eiförmig bis lanzettlich, Blattrand gezähnt.
Blüten: Locker rispiger Blütenstand, 5zählige Blüten knäuelig, mehlig überlaufen.
Blütezeit: VII–X.
Standort: Äcker, Schuttplätze.
Besonderheiten: Formenreich.

Polygonaceae (Knöterichgewächse)

Die eingeschlechtigen oder zwittrigen Blüten der Polygonaceen sind meist klein und unscheinbar. Sie haben eine 3- bis 6zählige Hülle und einen oberständigen, einblättrigen Fruchtknoten. In der Regel entwickelt sich eine einsamige Nußfrucht. Die Blätter sind wechselständig und weisen an ihrem Grund eine den Stengel umgebende charakteristische tütenförmige Röhre („Ochrea") auf.

Wasserknöterich

(Polygonum amphibium var. terr.);
Fam. Polygonaceae (Knöterichgewächse)

Beschreibung: 30–100 cm hoch; Stengel niederliegend bis aufsteigend, verzweigt; ausdauernd.
Blätter: Wechselständig, länglich lanzettlich, Blattgrund abgerundet bis herzförmig, mit stengelumfassender, häutiger Blattscheide.
Blüten: Ähriger Blütenstand, 5 rosafarbene Blütenhüllblätter, 5 Staubblätter, 2 Griffel.
Blütezeit: VI–IX.
Früchte: Dreikantige Nuß.
Standort: Äcker, feuchtes Grünland.
Besonderheiten: Neben der Landform existiert eine Wasserform, die bis zu 1 m tiefe Gewässer besiedelt.

Vogelknöterich

(Polygonum aviculare agg.); Fam. Polygonaceae (Knöterichgewächse)

Beschreibung: 10–50 cm hoch; Stengel niederliegend bis aufsteigend, dunkel gestreift; ein- bis zweijährig.
Blätter: Wechselständig, lineal bis länglich eiförmig, mit stengelumfassender, häutiger Blattscheide.
Blüten: Zu wenigen blattachselständig, grünliche oder rosafarbene Blütenhüllblätter.
Blütezeit: VI–X.
Früchte: Dreikantige, schwarzbraune Nuß.
Standort: Je nach Kleinart Äcker, Pflasterritzen oder Dünen.
Besonderheiten: Zahlreiche Kleinarten.

Wasserknöterich *(Polygonum amphibium),* Wasserform

Wasserknöterich *(Polygonum amphibium),* Landform

Vogelknöterich *(Polygonum aviculare),* Blüten

Schlangenknöterich

(Polygonum bistorta); Fam. Polygonaceae (Knöterichgewächse)

Anderer Name: Wiesenknöterich.
Beschreibung: 30–60 cm hoch; Stengel einfach, kahl; ausdauernd.
Blätter: Länglich eiförmig bis lanzettlich, die grundständigen mit geflügeltem Stiel, Blattscheide bräunlich.
Blüten: Rosa, sehr klein, in dichtem Blütenstand.
Blütezeit: V–VII.
Standort: Feuchte Wiesen, Hochstaudenfluren und Auwälder im Bergland und Gebirge.
Besonderheiten: Alte Arzneipflanze; regional stark gefährdet.

Japan-Knöterich

(Polygonum cuspidatum [= Reynoutria japonica]);
Fam. Polygonaceae (Knöterichgewächse)

Anderer Name: Spitzblättriger Knöterich.
Beschreibung: 100–300 cm hoch; Stengel aufrecht, unterirdische Kriechsprosse; ausdauernd.
Blätter: Herz bis eiförmig, 10–15 cm lang, Blattgrund abgestutzt, mit stengelumfassender, häutiger Blattscheide.
Blüten: Blütenstand blattachselständig traubig rispig mit zahlreichen weißen Einzelblüten.
Blütezeit: VII–IX.
Standort: Bestandsbildend an Gewässerrändern und auf Schuttplätzen.
Besonderheiten: Aus den Taifungebieten Japans eingeschleppt und eingebürgert, verdrängt die einheimische Ufervegetation. Hier tritt außerdem der recht ähnliche Sacchalin-Knöterich *(Polygonum sacchalinense)* mit herzförmig ausgerandetem Blattgrund auf.

Wasserpfeffer

(Polygonum hydropiper); Fam. Polygonaceae (Knöterichgewächse)

Beschreibung: 20–60 cm; Stengel niederliegend bis aufsteigend, verzweigt; einjährig.
Blätter: Wechselständig, lanzettlich, mit stengelumfassender, am Rand kurz bewimperter, häutiger Blattscheide; pfefferartig scharfer Geschmack.
Blüten: Locker ährige Blütenstand, grünliche oder rötliche Blütenhüllblätter, 6 Staubblätter.
Blütezeit: VII–IX.
Früchte: Gewölbte Nußfrucht.
Standort: Schlammige Ufer, Gräben, gelegentlich Äcker.
Besonderheiten: Giftig.

Blütenstände

Japan-Knöterich *(Polygonum cuspidatum)*

Schlangenknöterich *(Polygonum bistorta)*, Blütenstände

Wasserpfeffer *(Polygonum hydropiper)*, Blütenstände

Flohknöterich

(Polygonum persicaria); Fam. Polygonaceae (Knöterichgewächse)

Beschreibung: 10–60 cm hoch; Stengel niederliegend bis aufsteigend, verzweigt; einjährig.
Blätter: Wechselständig, länglich lanzettlich, glänzend, meist schwarz gefleckt, mit stengelumfassender, randlich lang bewimperter, häutiger, kurz behaarter Blattscheide.
Blüten: Dicht ähriger Blütenstand, weiße oder rötliche Blütenhüllblätter, 6 Staubblätter.
Blütezeit: VII–X.
Früchte: Dreikantige oder linsenförmige Nußfrucht.
Standort: Äcker, Grabenränder und Schuttplätze.
Besonderheiten: Giftig.

Kleiner Sauerampfer

(Rumex acetosella agg.); Fam. Polygonaceae (Knöterichgewächse)

Beschreibung: 5–15 cm hoch; Stengel meist aufsteigend; ausdauernd.
Blätter: Wechselständig, lanzettlich oder lineal spießförmig, mit silbrig glänzender Blattscheide.
Blüten: Scheintraube aus unscheinbaren rot überlaufenen grünen zweihäusigen Blüten; Blütenhülle sechsteilig, schwielenlos.
Blütezeit: V–IX.
Standort: Allgemein auf versauerten oder mageren Böden.
Besonderheiten: Schwach giftig, formenreiche Sammelart.

Sauerampfer

(Rumex acetosa); Fam. Polygonaceae (Knöterichgewächse)

Beschreibung: 30–60 cm hoch; Stengel aufrecht; ausdauernd.
Blätter: Wechselständig, länglich bis eiförmig; Blattgrund spießförmig, mit stengelumgreifender, zerschlitzter Blattscheide.
Blüten: Locker scheintraubiger Blütenstand mit unscheinbaren hellroten zweihäusigen Blüten, 6 Blütenhüllblätter, schwielig, äußere Hüllblätter zurückgeschlagen.
Blütezeit: V–VI.
Standort: Grünland.
Besonderheiten: Schwach giftig, enthält Caliumbioxalat (saurer Geschmack), kann in größeren Mengen gefährlich werden. In größeren Beständen schadet er auch dem Weidevieh.

Flohknöterich *(Polygonum persicaria)*, Blüten und Blätter

Kleiner Sauerampfer *(Rumex acetosella)*

Sauerampfer *(Rumex acetosa)*

Stumpfblättriger Ampfer
(Rumex obtusifolius); Fam. Polygonaceae (Knöterichgewächse)

Beschreibung: 50–120 cm hoch; ausdauernd.
Blätter: Wechselständig mit stengelumgreifender Blattscheide, Grundblätter bis über 30 cm lang, vorne stumpf, mit herzförmigem Grund.
Blüten: Blütenstand ohne Blätter, 6 Hüllblätter, Fruchtstand rostbraun.
Blütezeit: VII–VIII.
Standort: Hochstaudenfluren.

Gentianaceae (Enziangewächse)

Die Blüten der Gentianaceen sind meist 5zählig, strahlig symmetrisch mit röhren- oder glockenförmigen Kelchen und Kronen und oberständigem, zweiblättrigen Fruchtknoten. Meistens werden an den Scheidenwänden aufspringende Kapselfrüchte, selten beerenartige Früchte gebildet. Die Blätter sind meist einfach und gegenständig.

Insbesondere die Gattung Enzian *(Gentiana)* weißt neben dem aufgeführten Lungenenzian zahlreiche weitere Arten auf Trockenstandorten und im Gebirge auf.

Echtes Tausendgüldenkraut
(Centaurium erythraea); Fam. Gentianaceae (Enziangewächse)

Beschreibung: 10–30 cm hoch; Stengel aufrecht, vierkantig, oben verzweigt; ein- bis zweijährig.
Blätter: Stengelblätter gegenständig, eiförmig-lanzettlich, Grundblätter rosettig.
Blüten: Blütenstand trugdoldig mit zahlreichen roten fünfzähligen Einzelblüten, Kelch halb solang wie die dünne Kronröhre, Kronblätter nach der Blüte nicht abfallend.
Blütezeit: VII–IX.
Standort: Waldlichtungen und Halbtrockenrasen.
Besonderheiten: Alte Heilpflanze, wurde schon im Altertum verwendet, enthält Bitterstoffe, die bei Magenkrankheiten und Blutungen günstig wirken; Zaubermittel gegen allerlei Unheil; regional gefährdet, BArtSchV.

Lungenenzian
(Gentiana pneumonanthe); Fam. Gentianaceae (Enziangewächse)

Beschreibung: 15–40 cm hoch; Stengel aufrecht, unten verholzend; ausdauernd.
Blätter: Lineal-lanzettlich, am Rande gerollt, am Grunde scheidig, keine Grundrosette.

Echtes Tausendgüldenkraut
(Centaurium erythraea)

Stumpfblättriger Ampfer
(Rumex obtusifolius)

Lungenenzian *(Gentiana
pneumonanthe)*

Blüten: 5zählig, bis zu einem Dutzend end- und blattachselständig, blau, 5 cm groß, trichterförmig, aufrecht, mit je einem Zahn zwischen den Kronblättern.

Blütezeit: VII–IX.

Standort: Ränder von Eichenwäldern feucht-bodensaurer Gebiete, Moorwiesen.

Besonderheiten: Alte Heilpflanze; gefährdet, regional vom Aussterben bedroht, BArtSchV.

Apocynaceae (Hundsgiftgewächse)

Immergrün

(Vinca minor); Fam. Apocynaceae (Hundsgiftgewächse)

Beschreibung: Bis 10–20 cm hoch; Stengel niederliegend, verholzend; ausdauernd.

Blätter: Gegenständig, länglich-lanzettlich, ganzrandig, Oberseite ledrig glänzend, kurzgestielt.

Blüten: Blühende Triebe aufrecht bis 20 cm hoch mit hellblauen, blattachselständigen, langstieligen, 5zähligen Blüten, Krone trichterförmig mit ausgebreiteten Zipfeln, 5 Staubblätter.

Blütezeit: III–IV, zuweilen Herbstblüte.

Früchte: Zwei walzenförmige Balgkapselfrüchte.

Standort: Laubmischwälder vor allem frischer Böden, gelegentlich auch als verwilderte Gartenpflanze.

Besonderheiten: Giftig!

Asclepidaceae (Schwalbenwurzgewächse)

Schwalbenwurz

(Vincetoxicum hirundinaria);
Fam. Asclepidaceae (Schwalbenwurzgewächse)

Beschreibung: 30–80 cm hoch; Stengel aufrecht oder windend, rund, hohl, zweizeilig behaart; ausdauernd.

Blätter: Gegenständig, länglich-lanzettlich mit herzförmigem Grund, kurzstielig, Unterseite blaugrün.

Blüten: Blütenstand blattachselständig, knäulig trugdoldig mit gelblich weißen, übelriechenden, 5zähligen Einzelblüten, Kelch kahl; Krone ausgebreitet, bis 1,5 cm durchmessend, kahl, Nebenkrone aus Staubblattanhängseln, Honigdrüsen.

Blütezeit: V–VIII.

Immergrün *(Vinca minor)*, Blüten und Blätter

Schwalbenwurz *(Vincetoxicum hirundinarie)*, Blütenstände und Blätter

Früchte: Schotenartige, bis 7 cm lange Balgkapselfrucht mit schopfig behaarten Samen.

Standort: Waldränder trocken-warmer Gebiete.

Besonderheiten: Alte Heilpflanze, giftig; regional ausgestorben oder verschollen. Die vorwiegend tropischen Schwalbenwurzgewächse sind bei uns nur durch diese Art vertreten.

Rubiaceae (Rötegewächse)

Die Blüten der Rubiaceen sind meist kreuzförmig zweiseitig-symmetrisch mit einer Kronröhre und unscheinbar mit unterständigem, zweiblättrigen Fruchtknoten. Es kommen Kapsel-, Beeren- und Steinfrüchte vor. Die Blätter sind in der Regel gegenständig und ganzrandig. Sie täuschen mit ihren gleichförmigen Nebenblättern oft Quirle vor.

Waldmeister

(Galium odoratum); Fam. Rubiaceae (Rötegewächse)

Beschreibung: 5–25 cm hoch; Stengel aufrecht, 4 beborstete Kanten; ausdauernd; typischer Geruch (Kumarin).

Blätter: 6–9zählige Quirlen, spatelförmig bis lanzettlich, stachelspitzig.

Blüten: Verzweigt trugdoldiger Blütenstand mit trichterförmigen weißen, vierzähligen Einzelblüten.

Blütezeit: IV–V.

Früchte: Kugelig mit Hakenborsten.

Standort: Laubmischwälder.

Besonderheiten: Gewürzpflanze, angewelkt für Maibowle, zu große Beigaben können Kopfweh erzeugen. Mottenmittel.

Wiesenlabkraut

(Galium mollugo); Fam. Rubiaceae (Rötegewächse)

Beschreibung: 25–80 cm hoch; mehrere Stengel, niederliegend bis aufrecht, verzweigt, vierkantig, Knoten verdickt; ausdauernd.

Blätter: In meist 8zähligen Quirlen, lineal-lanzettlich, stachelspitzig, randlich rauh, beidseitig grün.

Blüten: Rispiger Blütenstand mit 2–4 mm breiten, weißen, duftenden, 4zähligen Einzelblüten, ausgebreitete, bespitzte Kronblätter.

Blütezeit: V–IX.

Standort: Fettwiesen, gelegentlich im Saum von Eichenmisch- und Auwäldern.

Besonderheiten: Früher in der Käseherstellung verwendet; regional gefährdet.

Waldmeister *(Galium odoratum)*, Bestand

Blütenstand

Wiesenlabkraut *(Galium mollugo)*

Klebkraut

(Galium aparine); Fam. Rubiaceae (Rötegewächse)

Anderer Name: Klettenlabkraut.

Beschreibung: 30 bis über 150 cm hoch; niederliegend oder kletternd, verzweigt, vierkantig, mit rückwärts gerichteten Häkchen; die gesamte Pflanze an Kleidung klettenartig festhaftend, einjährig.

Blätter: In 6–9zähligen Quirlen, verlängert eiförmig lanzettlich, stachelspitzig, Ränder und Nerven rauh.

Blüten: Blattwinkelständig trugdoldiger Blütenstand mit wenigen, 2 mm breiten, weißen, vierzähligen Einzelblüten, spitze Kronblätter.

Blütezeit: VI–X.

Früchte: Mit Hakenborsten, bleiben an Tieren hängen und werden so verbreitet.

Standort: Unkrautfluren und Wegränder, Erlenbruchwälder.

Caprifoliaceae (Geißblattgewächse, siehe auch Seite 78)

Die Blüten dieser Pflanzenfamilie sind fünfzählig, zweiseitig symmetrisch, der Fruchtknoten 2- bis 5blättrig. Die Fruchtbildung ist sehr unterschiedlich, meist sind es Beeren oder Steinfrüchte. Die einfachen Blätter sind kreuzgegenständig, vielfach mit Drüsenhaaren und nebenblattartigen Anhängseln versehen. Bis auf wenige Ausnahmen enthält die Familie der Geißblattgewächse nur Gehölze, die aus Gründen der übersichtlicheren Handhabbarkeit des vorliegenden Buches in dem Abschnitt „Bäume und Sträucher" aufgeführt werden.

Adoxaceae (Moschuskrautgewächse)

Moschuskraut

(Adoxa moschatellina); Fam. Adoxaceae (Moschuskrautgewächse)

Beschreibung: 5–15 cm hoch; Stengel aufrecht, kahl; ausdauernd.

Blätter: Grundblätter doppelt 3zählig mit gekerbt gelappten Abschnitten, langgestielt; 2 gegenständige oder 3 quirlständige Stengelblätter.

Blüten: Würfelförmiger, 5blütiger, gelbgrüner Blütenkopf mit vierzähliger Endblüte, zweispaltigem Kelch, fünfzählige Seitenblüten mit dreispaltigem Kelch, Staubblätter gespalten.

Blütezeit: III–V.

Früchte: Steinfruchtartig, gelbgrün, kugelig, geschnäbelt.

Standort: Feuchte Laubmischwälder.

Besonderheiten: Besondere Familie, nur eine einzige Art.

Klebkraut (*Galium aparine*), Blüten und Blätter

Moschuskraut *(Adoxa moschatellina)*, Blüten und Blätter

Valerianaceae (Baldriangewächse)

Die Blüten der Valerianaceen sind schwach asymmetrisch, fast radiär, mit 5zähliger, verwachsener Krone, 1–4 Staubblättern und 3blättrigem, unterständigem Fruchtknoten. Sie stehen in Trugdolden. Das Nüßchenfrucht enthält einen nährgewebslosen Samen. Die Blätter sind – im Gegensatz zu denen der oft ähnlich aussehenden Doldenblütler – gegenständig.

Arzneibaldrian
(Valeriana officinalis); Fam. Valerianaceae (Baldriangewächse)

Beschreibung: 30–150 cm hoch; Stengel aufrecht, unverzweigt, gefurcht; ausdauernd.
Blätter: Gegenständig, gefiedert mit bis zu 23 ganzrandigen oder gesägten Fiederblättchen; untere gestielt, obere sitzend.
Blüten: Schirmförmig trugdoldig, zahlreiche kleine, weiße oder rötliche, duftende Einzelblüten mit 10zähnigem Kelch, trichterförmiger, 5lappiger Krone, 3 Staubblättern und 3spaltiger Narbe.
Blütezeit: VI–VIII.
Früchte: Federig weißbehaart.
Standort: Waldlichtungen, Gräben, Moorwiesen.
Besonderheiten: Heilpflanze.

Kriechender Baldrian
*(Valeriana procurrens [=V. repens]);
Fam. Valerianaceae (Baldriangewächse)*

Beschreibung: 80–150 cm hoch; Stengel aufsteigend; ausdauernd.
Blätter: Gegenständig, gefiedert mit 9–15 eiförmig lanzettlichen, gezähnten Fiederblättchen, Unterseite behaart, Endblättchen vergrößert.
Blüten: Schirmförmig trugdoldig, zahlreiche kleine, weiße oder rötliche Blüten mit 10zähnigem Kelch, trichterförmiger, 5lappiger Krone, 3 Staubblättern und 3spaltiger Narbe.
Blütezeit: VI–VIII.
Früchte: Federig weißbehaart.
Standort: Feuchte Hochstaudenfluren, Ufer.
Besonderheiten: Regional ausgestorben oder verschollen.

Echter Feldsalat
(Valerianella locusta); Fam. Valerianaceae (Baldriangewächse)

Andere Namen: Gewöhnlicher Feldsalat, Sonnenwirbele
Beschreibung: 10–20 cm hoch; Stengel mehrfach verzweigt; einjährig.
Blätter: Gegenständig, obere spitz lanzettlich, untere spatelförmig, ganzrandig, ungeteilt.

Arzneibaldrian *(Valeri-
ana officinalis)*, Blüten

Kriechender Baldrian
(Valeriana procurrens)

Echter Feldsalat
(Valerianella locusta)

Echter Feldsalat *(Valerianella
locusta)*, Blütenstaude

Blüten: Köpfchenförmiger Blütenstand, sehr kleine, weiße oder leicht bläuliche Blüten mit undeutlichem Kelchsaum, 3 Staubblättern.
Blütezeit: IV–VI.
Früchte: Rundlich, abgeflacht, glatte.
Standort: Äcker und Pioniervegetation auf Sandgrus.
Besonderheiten: Salatpflanze.

Dipsacaceae (Kardengewächse)

Die Blüten der Dipsacaceen sind in Köpfchen oder Ähren angeordnet und weisen als Einzelblüten jeweils einen Außenkelch, einen 4- 5zähligen röhrenförmigen Kelch, 4 Staubblätter und einen 2blättrigen, unterständigen Fruchtknoten auf. Als weiterer und auffälligster Unterschied zu den teilweise ähnlichen Korbblütern sind die Blätter gegenständig.

Wilde Karde
(Dipsacus fullonum [= D. sylvestris]); Fam. Dipsacaceae (Kardengewächse)

Beschreibung: 80–150 cm hoch; Stengel aufrecht, kantig, dicht bestachelt; ein- bis zweijährig.
Blätter: Grundblätter rosettig, Stengelblätter gegenständig, lanzettlich, tütenförmig verwachsen, fast ungeteilt, Blattrand gekerbt gesägt.
Blüten: Blütenköpfe länglich eiförmig mit langen Hüllblättern, gehäuft, bis 8 cm lang, Blüten lila oder weiß, 4zählig.
Blütezeit: VII–VIII.
Standort: Ruderalfluren, Böschungen.
Besonderheiten: Das sich in dem Trichter am Stengelgrund sammelnde Wasser ist z. B. für Insekten von Bedeutung. Alte Heil- und Zierpflanze.

Taubenskabiose
(Scabiosa columbaria); Fam. Dipsacaceae (Kardengewächse)

Anderer Name: Krätzkraut.
Beschreibung: 20–60 cm hoch; Stengel verzweigt, oben behaart; ausdauernd.
Blätter: Matt grün, kraus behaart, fiederspaltig.
Blüten: Mehrere, bis 3 cm durchmessende, halbkugelige Blütenköpfe mit meist 5zähligen, lilafarbenen Blüten mit roten oder schwarzen Kelchborsten.
Blütezeit: VI–X.
Standort: Mageres Grünland trockener, meist kalkhaltiger Böden.
Besonderheiten: Alte Heilpflanze; regional stark gefährdet.

Taubenskabiose *(Scabiosa columbaria)*, Blütenstand

Wilde Karde *(Dipsacus fullonum)*, Blütenkopf und Hüllblätter

Gewöhnlicher Teufelsabbiß

(*Succisa pratensis*); *Fam. Dipsacaceae (Kardengewächse)*

Beschreibung: 15–60 cm hoch; Stengel aufsteigend, behaart; ausdauernd.
Blätter: Länglich eiförmig bis lanzettlich, ganzrandig.
Blüten: Zahlreiche halbkugelige Blütenköpfe mit vergrößerten Randblüten, Blüten dunkelblau, mit vierkantigem Außen- und fünfborstigem Innenkelch.
Blütezeit: VII–IX.
Standort: Magere, feuchte Wiesen, Flachmoore.
Besonderheiten: Alte Heilpflanze; der Name rührt von der Form der Wurzel her; regional stark gefährdet.

Convolvulaceae (Windengewächse)

Ackerwinde

(*Convolvulus arvensis*); *Fam. Convolvulaceae (Windengewächse)*

Beschreibung: 20–80 cm hoch; Stengel windend oder liegend; bis 2 m tief wurzelnd; ausdauernd.
Blätter: Wechselständig, pfeilförmig
Blüten: Trichterförmig, weiß oder rosa, 2–3 cm durchmessen, kleine Hochblätter, zweiteilige Narbe.
Blütezeit: VI–IX.
Früchte: Zweifächrige Kapselfrucht.
Standort: Äcker, Wegränder, Schuttplätze.

Zaunwinde

(*Convolvulus sepium [= Calystegia sepium]*);
Fam. Convolvulaceae (Windengewächse)

Beschreibung: 1–3 m hoch; Stengel windend; ausdauernd.
Blätter: Wechselständig, pfeilförmig.
Blüten: Trichterförmige weiß, 5 bis 7 cm durchmessen, mitunter mit roten Streifen, Kelchblätter von großen Hochblättern umgeben, zweiteilige Narbe.
Blütezeit: VI–IX.
Früchte: Zweifächrige Kapselfrucht.
Standort: Wegsäume.
Besonderheiten: Aufgrund der Blütenform ist auch die volkstümliche Bezeichnung „Muttergottesgläschen" verbreitet.

Ackerwinde
(Convolvulvus arvensis)

Gewöhnlicher Teufelsabbiß
(Succisa pratensis), Blütenköpfe

Zaunwinde
(Convolvulvus sepium)

Boraginaceae (Rauhblattgewächse)

Die Blüten der Boraginaceen sind 5zählig mit verwachsenen Kronblätterlättern und zweiblättrigem, oberständigem Fruchtknoten, der bei der Reife in 4 Nüßchen zerfällt. Die Blüten stehen meist in schneckenförmigen Wickeln. Die Blätter sind im Gegensatz zu denen der mitunter ähnlich aussehenden Lippen- und Rachenblütlern wechselständig.

Natternkopf

(Echium vulgare); Fam. Boraginaceae (Rauhblattgewächse)

Anderer Name: Stolzer Heinrich.
Beschreibung: 30–80 cm hoch; Stengel aufrecht; zweijährig oder ausdauernd.
Blätter: Länglich lanzettlich, steif behaart.
Blüten: Zweilippig (Name!), jung rötlich, später blau, mit herausragenden Staublättern.
Blütezeit: VI–VIII.
Standort: Staudenfluren sonnig-warmer Gebiete.

Ackervergißmeinnicht

(Myosotis arvensis); Fam. Boraginaceae (Rauhblattgewächse)

Beschreibung: 10–30 cm hoch; Stengel niederliegend bis aufrecht, stark behaart; einjährig.
Blätter: Breit lanzettlich, unten in den Stiel verschmälert, oben sitzend.
Blüten: Kurzer, dichter Blütenstand mit 5zähligen Einzelblüten, Kronblätter hellblau mit gelblichem Schlund, 6–10 mm groß, leicht trichterförmig, Kelch abstehend behaart, Fruchtstiel 2–3mal länger als der Kelch, Kelchhaare meist hakig gekrümmt, geschlossen.
Blütezeit: IV–X.
Standort: Äcker.

Sumpfvergißmeinnicht

(Myosotis palustris); Fam. Boraginaceae (Rauhblattgewächse)

Beschreibung: Sehr vielgestaltig, 10–50 cm hoch (einzelne Formen kleiner); Stengel niederliegend bis aufrecht, in unterschiedlicher Weise behaart oder kahl; einjährig oder ausdauernd.
Blätter: Lanzettlich, unten meist gestielt, oben sitzend.
Blüten: Doppelwickel mit 5zähligen Einzelblüten; Kronblätter himmelblau (anfangs rosa), Zipfel höchstens so lang wie die Röhre, je nach Art 2–12 mm groß, Kelch zu ein Drittel bis eingeschnitten, anliegend behaart oder haarlos, Haare nicht hakig gekrümmt, offen bleibend.
Blütezeit: IV–X.

Natternkopf
(Echium vulgare), Blüten

Ackervergißmeinnicht *(Myosotis arvensis)*, Blütenstand

Sumpfvergißmeinnicht
(Myosotis palustris)

Früchte: Schwimmfähig.
Standort: Bruchwälder, Naßwiesen, Verlandungszonen.
Besonderheiten: Gruppe nahe verwandter Arten, zum Teil regional stark gefährdet.

Waldvergißmeinnicht
(Myosotis sylvatica); Fam. Boraginaceae (Rauhblattgewächse)

Beschreibung: Sehr formenreich, 15–45 cm hoch (einzelne Formen kleiner); Stengel niederliegend bis aufrecht, behaart; ausdauernd.
Blätter: Breit lanzettlich, unten in den Stiel verschmälert, oben sitzend.
Blüten: Doppelwickel mit 5zähligen Einzelblüten, Kronblätter, hell- bis dunkelblau, selten rosa oder weiß, 6–10 mm ausgebreitet, Kelch abstehend behaart, Haare meist hakig gekrümmt, geschlossen.
Blütezeit: V–VIII.
Standort: Waldschläge, Waldränder und Hochstaudenfluren.
Besonderheiten: Gruppe nahe verwandter Arten, in Nord- und Mitteldeutschland zumeist verwilderte Gartenformen.

Geflecktes Lungenkraut
(Pulmonaria officinale); Fam. Boraginaceae (Rauhblattgewächse)

Anderer Name: Echtes Lungenkraut.
Beschreibung: 15–35 cm hoch; Stengel aufrecht, borstig, aber nicht klebrig behaart; ausdauernd.
Blätter: Eiförmig bis lanzettlich, behaart, in der Regel mit weißen Flecken; Grundblätter langgestielt mit herzförmigem Grund, Stengelblätter kurzstielig bis sitzend.
Blüten: Blütenstand zweiteilig wickelig, mit blauvioletten (anfangs roten), 5zähligen Einzelblüten, Kronröhre innen bis auf 5 Haarbüschel kahl.
Blütezeit: III–IV.
Standort: Buchen- und Laubmischwälder.
Besonderheiten: Früher als Heilpflanze verwendet (aufgrund der Fleckenform gegen Lungenleiden); regional gefährdet.

Gemeiner Beinwell
(Symphytum officinale); Fam. Boraginaceae (Rauhblattgewächse)

Beschreibung: 30–80 cm hoch; Stengel aufrecht, bis 1 cm dick, hohl, durch herablaufende Blätter geflügelt; ausdauernd.
Blätter: Lanzettlich, bis 20 cm lang, mit gewelltem Rand, Oberseite zerstreut, Unterseite rauh behaart.
Blüten: Blattachselständiger Doppelwickel mit violetten oder weißen, 5zähligen Einzelblüten, Kronröhre mit großen Schlundschuppen.
Blütezeit: V–VII.

Waldvergißmeinnicht
(Myosotis sylvatica)

Geflecktes Lungenkraut *(Pulmonaria officinale)*, Blüten

Gemeiner Beinwell
(Symphytum officinale)

Gemeiner Beinwell *(Symphytum officinale)*, Blüten

Standort: Au- und Bruchwälder, Naßwiesen.
Besonderheiten: Wildgemüse; alte Heilpflanze, die Wurzel wurde als Breiumschlag bei offenen Beinen und Knochenbrüchen verwendet.

Solanaceae (Nachtschattengewächse)

Die Blüten der Solanaceen sind 5zählig mit oberständigem, meist zweifächerigem Fruchtknoten. Die Frucht kann eine Kapsel oder Beere sein. Die Blätter sind wechselständig.

Zu den Nachtschattengewächsen gehören auch Giftpflanzen wie Stechapfel, Tollkirsche und Bilsenkraut, aber auch Nahrungsmittel wie Kartoffel, Aubergine und Tomate sowie der Tabak.

Bittersüßer Nachtschatten
(Solanum dulcamara); Fam. Solanaceae (Nachtschattengewächse)

Beschreibung: 30–200 cm hoch; Stengel niederliegend oder kletternd, unten verholzend, kahl; ausdauernd.
Blätter: Recht verschieden gestaltet, spitz länglich-eiförmig mit herz- oder spießförmigem Grund, gestielt.
Blüten: Trugdoldig oder rispig wickeliger Blütenstand mit violetten, selten weißen, hängenden 5zähligen Blüten, aus deren zurückgeschlagenen, spitzen Kronblätter die zusammengelegten Staubblätter kegelförmig herausschauen.
Blütezeit: VI–VIII.
Früchte: Rote, eiförmige Beeren.
Standort: Weidengebüsche, Auwälder und Verlandungszonen.
Besonderheiten: Mäßig giftig.

Schwarzer Nachtschatten
(Solanum nigrum); Fam. Solanaceae (Nachtschattengewächse)

Beschreibung: 10–80 cm hoch; Stengel aufrecht; einjährig.
Blätter: Dreieckig eiförmig, Blattrand buchtig gezähnt, gestielt.
Blüten: Trugdoldig oder rispig wickeliger Blütenstand mit weißen, hängenden 5zähligen Blüten, aus deren zurückgeschlagenen, spitzen Kronblättern die zusammengelegten Staubblätter kegelförmig herausschauen.
Blütezeit: VI–X.
Früchte: Anfangs grüne, dann schwarze Beeren.
Standort: Äcker, Wegränder und Schuttplätze.
Besonderheiten: Mäßig giftig.

Bittersüßer Nachtschatten
(Solanum dulcamara), Blüten

Schwarzer Nachtschatten
(Solanum nigrum), Blüten

Scrophulariaceae (Rachenblütler)

Die Blüten der Scrophulariaceen sind 4- bis 5zählig, spiegelbildlich symmetrisch mit röhrig verwachsenen Kronblättern, deren Schlundröhre durch 2 Schuppen verschlossen ist und einem oberständige, zweifächrigen Fruchtknoten. Es werden verschiedene Fruchtformen gebildet. Bei den Blättern kommen Wechsel- und Gegenständigkeit vor.

Roter Fingerhut

(Digitalis purpurea); Fam. Scrophulariaceae (Rachenblütler)

Beschreibung: 40–120 cm hoch; Stengel aufrecht, filzig behaart; zweijährig oder ausdauernd.
Blätter: Eiförmig-lanzettlich, gekerbt, Oberseite flaumig behaart, Unterseite filzig behaart; untere Blätter gestielt, nach oben hin zunehmend kurzstieliger.
Blüten: Einseitswendig traubiger Blütenstand mit roten, innen gefleckten und behaarten, blattachselständigen, röhrig-glockigen Einzelblüten, eiförmige Kelchzipfeln.
Blütezeit: VI–VII.
Früchte: Eiförmige, drüsig behaarte Kapselfrucht.
Standort: Schlagfluren, Lichtungen und Waldränder.
Besonderheiten: Giftig; Arzneipflanze.

Gewöhnliches Leinkraut

(Linaria vulgaris); Fam. Scrophulariaceae (Rachenblütler)

Beschreibung: 20–40 cm hoch; Stengel aufrecht, oben drüsenhaarig, dicht beblättert; ausdauernd.
Blätter: Wechselständig, dicht, lineal-lanzettlich, sitzend.
Blüten: Traubiger Blütenstand, hellgelbe, 2lippige, gesporte Einzelblüten mit 2lappiger Ober- und 3lappiger Unterlippe, mit aufgeblasenem, orangefarbenem Röhrenverschluß, 4 Staubblätter.
Blütezeit: VI–IX.
Früchte: Eiförmige, dreiklappige Kapselfrucht.
Standort: Schlagfluren und Ruderalfluren aller Art.
Besonderheiten: Alte Heilpflanze.

Wiesenwachtelweizen

(Melampyrum pratense); Fam. Scrophulariaceae (Rachenblütler)

Beschreibung: 10–30 cm hoch; Stengel niederliegend bis aufsteigend, verzweigt, dünn behaart; einjährig.
Blätter: Lineal-lanzettlich, ganzrandig, Tragblätter mitunter gezähnt.
Blüten: Einseitswendig ähriger Blütenstand mit gelben, weiß gemusterten, 1,5–2 cm langen Einzelblüten, 4zähniger Kelch mit 2 zurückgebogenen

Roter Fingerhut *(Digitalis purpurea)*, Bestand

Roter Fingerhut *(Digitalis purpurea)*, Blüten

Wiesenwachtelweizen *(Melampyrum pratense)*, Blüten

Gewöhnliches Leinkraut *(Linaria vulgaris)*, Blüten

Zähnen, Krone mit mehr oder weniger gerader Ober- und Unterlippe und nahezu geschlossenem Schlund.
Blütezeit: VI–VIII.
Früchte: Kapselfrucht.
Standort: Lichte Laub- und Nadelwälder, Waldränder und Heiden meist basenarmer Böden.
Besonderheiten: Halbschmarotzer an den Wurzeln von Bäumen und Heidelbeeren.

Knotige Braunwurz
(Scrophularia nodosa); Fam. Scrophulariaceae (Rachenblütler)

Beschreibung: 50–100 cm hoch, Stengel aufrecht, unverzweigt, vierkantig, kahl; ausdauernd.
Blätter: Gegenständig, länglich-eiförmig mit variabler Blattgrundform, gesägt, kurzgestielt, kahl.
Blüten: Aus doldigen Ästen zusammengesetzte, endständige Rispe aus gelbbraunen Einzelblüten mit glockigem, häutig 5zipfeligem Kelch, 2lippige, bauchige Krone mit 3lappiger Unterlippe, deren Mittellappen zurückgeschlagen ist, 4 Staubblätter und 1 Schuppe.
Blütezeit: V–VIII.
Früchte: Kapselfrucht.
Standort: Laub- und Nadelmischwälder.
Besonderheiten: Alte Heilpflanze.

Dunkle Königskerze
(Verbascum nigrum); Fam. Scrophulariaceae (Rachenblütler)

Beschreibung: 50–100 cm hoch; Stengel aufrecht, oben kantig; ausdauernd.
Blätter: Länglich-eiförmig, mit herzförmigem Grund, gekerbt; Oberseite wenig, Unterseite filzig behaart, untere Blätter langgestielt, nach oben hin zunehmend kurzstieliger.
Blüten: Ähriger Blütenstand aus blattachselständig geknäulten gelben, innen dunkel (Name!) gefleckten, 5zähligen Einzelblüten, Staubfäden purpurn, wollig behaart.
Blütezeit: VI–VIII.
Standort: Schlagfluren, Wegränder, Schuttplätze.

Feldehrenpreis
(Veronica arvensis); Fam. Scrophulariaceae (Rachenblütler)

Beschreibung: 5–20 cm hoch; Stengel aufsteigend, drüsenhaarig; einjährig.
Blätter: Kreuz-gegenständig, spitz-eiförmig, gekerbt, behaart, sitzend.

Knotige Braunwurz
(Scrophularia nodosa), Blüten

Dunkle Königskerze
(Verbascum nigrum)

Feldehrenpreis *(Veronica arvensis)*, Blütenstand

Blüten: Locker traubiger Blütenstand, vierteilige, weiß-blaue Einzelblüten mit längeren Tragblättern, am Grunde verwachsenen Kronblättern, 2 Staubblättern.
Blütezeit: III–IX.
Früchte: Breit herzförmige, bewimperte Kapselfrucht, Fruchtstiel kürzer als der Kelch.
Standort: Äcker, Schuttplätze, Schlagfluren, Rasen.

Gamanderehrenpreis
(Veronica chamaedrys); Fam. Scrophulariaceae (Rachenblütler)

Beschreibung: 10–30 cm hoch; Stengel aufsteigend, zweireihig behaart; ausdauernd.
Blätter: Gegenständig, eiförmig, mit herzförmigem Grund, gekerbt-gesägt, die oberen sitzend, behaart.
Blüten: Blattwinkelständig traubiger Blütenstand aus vierteiligen, blauen, dunkel geäderten, ausgebreiteten, leicht abfallenden Einzelblüten mit am Grunde verwachsenen Kronblättern, 2 Staubblätter.
Blütezeit: V–VI.
Früchte: Dreieckig verkehrt herzförmige, kurze Kapselfrucht.
Standort: Waldwege und Waldränder.
Besonderheiten: Mehrere Unterarten, alte Zauberpflanze.

Efeublättriger Ehrenpreis
(Veronica hederifolia agg.); Fam. Scrophulariaceae (Rachenblütler)

Beschreibung: 5–30 cm hoch; Stengel niederliegend; einjährig.
Blätter: Kreuzgegenständig, rundlich, efeuähnlich 3–7lappig, Blattstiel bis 2 cm lang.
Blüten: Vierteilig, einzeln blattachselständig, winzig klein, hellblau, grau oder weißlich, mit breit eiförmigen, bewimperten Kelch- und am Grunde verwachsenen Kronblättern, 2 Staubblätter.
Blütezeit: III–V.
Früchte: Rundliche Kapselfrucht, Fruchtstiel aufrecht.
Standort: Äcker, Wegränder, Schlagfluren, Auwälder.
Besonderheiten: Mehrere Unterarten.

Persischer Ehrenpreis
(Veronica persica); Fam. Scrophulariaceae (Rachenblütler)

Beschreibung: 10–30 cm hoch; Stengel niederliegend bis aufsteigend; meist einjährig.
Blätter: Kreuzgegenständig, eiförmig, gekerbt.
Blüten: Einzeln blattachselständig, vierteilig, 8–12 mm durchmessend, blau, weißgeädert, gelbschlundig,

Gamanderehrenpreis
(Veronica chamaedrys)

Persischer Ehrenpreis
(Veronica persica)

Efeublättriger Ehrenpreis
(Veronica hederifolia)

mit eiförmig lanzettlichen Kelch- und am Grunde verwachsenen Kronblättern, 2 Staubblätter.
Blütezeit: II–IX.
Früchte: 8–10 mm breite Kapselfrucht, Fruchtstiel länger als Blätter, zurückgebogen.
Standort: Äcker, Wegränder.
Besonderheiten: Vor etwa 150 Jahren in Mitteleuropa ausgebreitet.

Plantaginaceae (Wegerichgewächse)

Die unscheinbaren Blüten der Plantaginaceen sind 4zählig und zu ährigen oder kopfigen Blütenständen zusammengefaßt. Es entwickelt sich eine Deckelkapselfrucht, die sich mit einem Querriß öffnet. Die Blätter sind wechselständig, häufig tritt auch eine Grundrosette auf. Charakteristisch ist eine Parallelnervatur.

Spitzwegerich
(Plantago lanceolata); Fam. Plantaginaceae (Wegerichgewächse)

Beschreibung: 10–40 cm hoch; Stengel aufsteigend; ausdauernd.
Blätter: Rosettig, länglich lanzettlich, paralellnervig.
Blüten: Länglich eiförmiger Blütenstand mit trockenhäutigen, 4zähligen Blüten.
Blütezeit: V–IX.
Standort: Grünland.
Besonderheiten: Mehrere Kleinarten; in der Volksheilkunde als Mittel gegen Husten verwendet.

Breitwegerich
(Plantago major); Fam. Plantaginaceae (Wegerichgewächse)

Anderer Name: Großer Wegerich.
Beschreibung: 10–30 cm hoch; Stengel aufsteigend, kürzer als die Blütenähre; ausdauernd.
Blätter: Rosettig, breit eiförmig, gestielt, paralellnervig.
Blüten: Länglich ähriger Blütenstand mit trockenhäutigen, 4zähligen Blüten, Stengel kürzer als Blütenähre.
Blütezeit: VI–X.
Standort: Trittrasen.

Lamiaceae (Lippenblütler)

Die Blüten der Lamiaceen sind spiegelbildlich symmetrisch und weisen eine charakteristische Form mit Ober- und Unterlippe auf. Es treten 4, gele-

Spitzwegerich
(*Plantago lanceolata*)

Breitwegerich
(*Plantago major*)

gentlich auch 2 Staubblätter auf. Der Fruchtknoten ist oberständig und zweifächrig und zerfällt in 4 Teilfrüchte. Der Stengel der Lippenblütler ist vierkantig und charakteristisch kreuzförmig gegenständig beblättert.
Viele Lippenblütler produzieren ätherische Öle und sind als Gewürz- oder Heilpflanzen nutzbar.

Kriechender Günsel

(Ajuga reptans); Fam. Lamiaceae (Lippenblütler)

Beschreibung: 15–30 cm hoch; Stengel aufrecht, vierkantig, kahl oder zweizeilig behaart; ausdauernd.
Blätter: Gegenständig, spatelig, schwach gekerbt, langgestielt, nach oben zu sitzend, meist rot überlaufen.
Blüten: Scheinquirlen und eine endständigen Scheinähre mit blauen, mitunter weißen Einzelblüten mit glockigem, rauhhaarigen Kelch, Krone mit kurzer, zweispitziger Oberlippe, längerer, dreilappiger Unterlippe und innen mit Haarring versehener Kronröhre, 4 Staubblätter.
Blütezeit: V–VII.
Standort: Frische, nährstoffreiche Waldstandorte, Wiesen.
Besonderheiten: Heilpflanze; regional gefährdet.

Heilziest

(Betonica officinalis [= Stachys officinalis]);
Fam. Lamiaceae (Lippenblütler)

Beschreibung: 20–70 cm hoch; Stengel aufrecht, rauhhaarig; ausdauernd.
Blätter: Länglich eiförmig, mit herzförmigem Grund, gleichmäßig gekerbt; Grundblätter langgestielt, Stengelblätter kreuzgegenständig, kurzgestielt bis sitzend.
Blüten: Scheinährig, aus Quirlen roter oder weißer, 10–15 mm langer Einzelblüten zusammengesetzt, Oberlippe gewölbt, später flach, Unterlippe mit zwei kleineren Seitenlappen, Kronröhre außen behaart, innen kahl.
Blütezeit: VI–VIII.
Standort: Grundfeuchte Laubmischwälder, vor allem jedoch Moor- und Bergwiesen und Heiden.
Besonderheiten: Alte Heilpflanze; regional vom Aussterben bedroht.

Gewöhnlicher Hohlzahn

(Galeopsis tetrahit); Fam. Lamiaceae (Lippenblütler)

Beschreibung: 10–50 cm hoch; Stengel aufrecht, meist nur einfach verzweigt, Knoten stark verdickt, wenigstens an den Knoten abstehend behaart; einjährig.
Blätter: Kreuzgegenständig, länglich eiförmig, kerbig gesägt, mit keilförmigem Blattgrund, gestielt, weichhaarig.

Kriechender Günsel *(Ajuga reptans)*, Blüten

Heilziest *(Betonica officinalis)*, Blüten

Gewöhnlicher Hohlzahn *(Galeopsis tetrahit)*, Blütenstand und Blätter

Einzelblüten

Blüten: Mehrere übereinander stehende Quirle aus weißen oder rosaroten 1–2 cm langen Einzelblüten, meist mit rotem Mittellappen an der Unterlippe; Kelch stachelspitzig, Kronröhre so lang wie der Kelch, mit gelbem Fleck am Eingang; Oberlippe helmförmig, Unterlippe 3lappig, mit flachem, annähernd quadratischen Mittellappen und 2 hohlen Zähnen.
Blütezeit: VI–X.
Standort: Waldschläge, Unkrautfluren.

Gundermann

(Glechoma hederacea); Fam. Lamiaceae (Lippenblütler)

Anderer Name: Gundelrebe, Efeugundermann.
Beschreibung: Bis 1 m hoch; Stengel niederliegend, an den Knoten wurzelnd, Blütenäste bis 15 cm aufsteigend; ausdauernd.
Blätter: Gegenständig, nierenförmig, gekerbt, charakteristisch riechend.
Blüten: Blattachselständige Scheinquirlen aus meist 3 Einzelblüten; Kelch röhrig, 2lippig, Krone mit gerader, vorne erweiterter Röhre, Oberlippe kurz, Unterlippe 3lappig mit großen Mittellappen, 4 Staubblätter, Staubbeutel kreuzweise gestellt.
Blütezeit: III–VI.
Standort: Überall auf frischen und nassen Böden verbreitet.
Besonderheiten: Formenreich; alte Heilpflanze, vielfältige Verwendungsmöglichkeiten in der Küche.

Weiße Taubnessel

(Lamium album); Fam. Lamiaceae (Lippenblütler)

Beschreibung: 20–50 cm hoch; Stengel aufsteigend; ausdauernd.
Blätter: Länglich eiförmig, scharf gesägt, Blattgrund herzförmig.
Blüten: weiß, Schlund mit schrägem Haarring, Kelch leicht glockig, Krone mit helmförmiger Oberlippe, 3zipfeliger Unterlippe und langer Kronröhre, 4 Staubblätter.
Blütezeit: IV–X.
Standort: Wegränder.
Besonderheiten: Die Größe der Blüte paßt genau für zahlreiche Hummelarten (Bestäubung).

Goldnessel

(Lamium galeobdolon [= Lamiastrum galeobdolon]);
Fam. Lamiaceae (Lippenblütler)

Beschreibung: 15–50 cm hoch; Stengel niederliegend bis aufrecht; im Sommer mit Ausläufern; ausdauernd.
Blätter: Herzeiförmig, gesägt, gestielt, nesselblattähnlich, mit weißen Flecken, wintergrün.

Gundermann
(Glechoma hederacea)

Gundermann *(Glechoma hederacea)*, Blüten und Blätter

Weiße Taubnessel *(Lamium album)*, Blüten und Blätter

Goldnessel *(Lamium galeobdolon)*, Blüten und Blätter

Blüten: Übereinanderstehende Scheinquirlen mit meist 6 gelben Einzelblüten, Kelch glockig, Krone mit helmförmiger Oberlippe, dreizipfeliger Unterlippe und langer Kronröhre, 4 Staubblätter.
Blütezeit: IV–VI.
Standort: Frische, nährstoffreiche Waldböden.
Besonderheiten: Alte Heilpflanze.

Gefleckte Taubnessel
(Lamium maculatum); Fam. Lamiaceae (Lippenblütler)

Beschreibung: 20–60 cm hoch; Stengel aufrecht; ausdauernd.
Blätter: Kreuzweise gegenständig, länglich herz-eiförmig, gestielt, gekerbt.
Blüten: Scheinbar quirliger Blütenstand, in den Blattachseln aus mehreren schmutzig roten 2–3 cm langen Einzelblüten, gekrümmte Kronröhre mit innenliegendem Haarkranz, Oberlippe stark gewölbt, Unterlippe mit 2 kleinen Seitenlappen, jeweils mit einem Zahn.
Blütezeit: IV–X.
Früchte: Vier dreikantige Nüßchen mit ölhaltigem Anhängsel.
Standort: Waldränder, Hecken, Hochstaudenfluren.
Besonderheiten: Früher Heilpflanze.

Rote Taubnessel
(Lamium purpureum); Fam. Lamiaceae (Lippenblütler)

Beschreibung: 10–30 cm hoch; Stengel aufsteigend; einjährig.
Blätter: Dreieckig, gestielt, Blattrand gekerbt.
Blüten: Bis 2 cm lang, rot, Kelch leicht glockig, Krone mit helmförmiger Oberlippe, 3zipfeliger Unterlippe, Kronröhre gerade, 4 Staubblätter.
Blütezeit: III–X.
Standort: Äcker, Schuttplätze.

Uferwolfstrapp
(Lycopus europaeus); Fam. Lamiaceae (Lippenblütler)

Beschreibung: 20–60 cm hoch; Stengel vierkantig; ausdauernd.
Blätter: Kreuzgegenständig, eiförmig lanzettlich, kurzstielig, buchtig gesägt (bis zur Fiederspaltigkeit).
Blüten: Scheinqirlen mit kleinen Vorblättern und zahlreichen weißen, kleinen Einzelblüten, Kelch glockig, langgezähnt, Krone etwa so lang wie der Kelch, trichterförmig, 2 Staubblätter.
Blütezeit: VII–VIII.
Standort: Erlenbrücher, Verlandungsgesellschaften.
Besonderheiten: Alte Heil- und Färbepflanze.

Gefleckte Taubnessel
(Lamium maculatum)

Rote Taubnessel *(Lamium
purpureum)*, Blüten und Blätter

Uferwolfstrapp
(Lycopus europaeus)

Uferwolfstrapp,
Blüten und Blätter

Wasserminze

(Mentha aquatica); Fam. Lamiaceae (Lippenblütler)

Beschreibung: 20–80 cm hoch; Stengel aufrecht, mit überirdischen Ausläufern; stark nach Minze riechend, ausdauernd.
Blätter: Gegenständig, länglich-eiförmig, gestielt, gesägt.
Blüten: Kopfiger oder ähriger Blütenstand, darunter einige weitere Blütenquirle aus lila Blüten mit röhrenförmigem, pfriemlich gezähnten Kelch, nahezu radiärer, vierspaltiger Krone mit behaarter Röhre, 4 gleichlange Staubblätter.
Blütezeit: VII–IX.
Standort: Bruchwälder und Verlandungszonen, Gräben.
Besonderheiten: Alte Heil- und Teepflanze.

Dost

(Origanum vulgare); Fam. Lamiaceae (Lippenblütler)

Anderer Name: Oregano, Wilder Majoran.
Beschreibung: 30–50 cm hoch; Stengel aufrecht, rund, verzweigt, behaart; ausdauernd.
Blätter: Gegenständig, eiförmig, gekerbt, gestielt, nahezu kahl.
Blüten: Nahezu doldiger Blütenstand aus kleinen purpurroten oder weißen Einzelblüten mit 3–6 mm langen, bräunlichen, kahlen Deckblättern, Kelch radiärsymetrisch mit Haarring, Oberlippe kurz, Unterlippe 3zipfelig, 4 Staubblätter, diese wie der Griffel aus der Krone hervorragend.
Blütezeit: VII–VIII.
Standort: Waldränder, lichte Eichen- und Kiefernwälder, Magerrasen.
Besonderheiten: Stammt ursprünglich aus Südwestasien; früher Heilpflanze, beliebtes Gewürz (vor allem aus der italienischen Küche bekannt); regional stark gefährdet.

Kleine Braunelle

(Prunella vulgaris); Fam. Lamiaceae (Lippenblütler)

Beschreibung: 5–30 cm hoch; Stengel aufrecht; ausdauernd.
Blätter: Länglich eiförmig, leicht behaart.
Blüten: Kopfiger Blütenstand mit großen, spitz herzförmigen Tragblättern, blauvioletten oder weißen, bis 15 mm langen Lippenblüten, Kelch 2lippig, Krone mit helmförmiger Ober- und 3lappiger Unterlippe, Kronröhre gerade, 2 ungleich lange Staubblattpaare.
Blütezeit: VI–IX.
Standort: Rasen und Grünland aller Art.

Wasserminze *(Mentha aquatica)*, Blütenstand

Kleine Braunelle *(Prunella vulgaris)*, Blütenstand

Dost *(Origanum vulgare)*, Bestand

Blütenstand

Wiesensalbei

(Salvia pratensis); Fam. Lamiaceae (Lippenblütler)

Beschreibung: 30–60 cm hoch; Stengel aufrecht, kurz behaart; ausdauernd.

Blätter: Grundrosette, Stengelblätter spitz länglich-eiförmig, mit abgestutztem oder herzförmigem Grund, unregelmäßig gesägt, behaart, runzelig.

Blüten: Übereinanderstehende Scheinquirlen aus blauen, selten weißen, 2–2,5 cm langen Einzelblüten mit 2lippigem Kelch, seitlich zusammengedrückte Oberlippe, dreiteilige Unterlippe mit größerem Mittellappen, nur 2 Staubblätter, Narbe auffallend zweispitzig.

Blütezeit: IV–VIII.

Standort: Häufig in magerem Grünland.

Besonderheiten: Alte Heilpflanze; regional gefährdet, zum Teil vom Aussterben bedroht.

Waldziest

(Stachys sylvatica); Fam. Lamiaceae (Lippenblütler)

Beschreibung: 30–100 cm hoch; Stengel aufrecht, vierkantig, hohl, drüsig behaart, verzweigt; unangenehmer Geruch, ausdauernd.

Blätter: Gegenständig, spitz herz-eiförmig, gesägt, gestielt, brennesselblattähnlich, behaart.

Blüten: Aus übereinanderstehende Scheinquirlen aus je 6 purpurroten Einzelblüten mit weißer Schlangenlinie auf der Unterlippe, Kelch drüsig behaart, Krone doppelt so lang wie der Kelch, Krone mit helmförmiger Ober-, großer Unterlippe und innen mit Haarring versehener Kronröhre.

Blütezeit: VI–VIII.

Standort: Auwälder und feuchte Laubmischwälder.

Besonderheiten: Alte Heilpflanze; wird häufig mit Taubnesseln verwechselt.

Salbeigamander

(Teucrium scorodonia); Fam. Lamiaceae (Lippenblütler)

Beschreibung: 30–50 cm hoch; Stengel aufrecht, vierkantig, behaart; ausläuferbildend, ausdauernd.

Blätter: Kreuzgegenständig, länglich herzeiförmig, gestielt, gekerbt, runzelig, Hochblätter eiförmig.

Blüten: Aus blattachselständigen Scheintrauben aus gelbgrünen, gestielten Lippenblüten mit 2lippigem Kelch, kurzer, 2lappiger Ober- und 4zähniger Unterlippe, Kronröhre unbehaart, 4 Staubblätter.

Blütezeit: VII–IX.

Standort: Lichte Eichenwälder saurer Böden, Waldränder, Heiden.

Besonderheiten: Alte Heilpflanze; regional stark gefährdet.

Wiesensalbei *(Salvia pratensis)*, Blüten

Waldziest *(Stachys sylvatica)*, Blüten

Salbeigamander *(Teucrium scorodonia)*, Blüten

Feldthymian

(Thymus serpyllum); Fam. Lamiaceae (Lippenblütler)

Anderer Name: Sandthymian.
Beschreibung: 10–50 cm hoch; Stengel niederliegend bis aufsteigend, rund, verholzend, schwach behaart, verzweigt; ausdauernd.
Blätter: Oval, etwa 1 cm lang, kurzgestielt, ganzrandig, typischer Thymiangeruch.
Blüten: Kopfig scheinquirliger Blütenstand mit purpurroten, bis 6 mm langen Einzelblüten, Kelch 2lippig, 4 Staubblätter.
Blütezeit: IV–X.
Standort: Lichte Kiefernwälder, Dünen, Sandrasen.
Besonderheiten: Stammt aus dem Mittelmeergebiet; wird als Gewürz- und Heilpflanze angebaut. Regional vom Aussterben bedroht.

Campanulaceae (Glockenblumengewächse)

Die Blüten der Campanulaceen sind 5zählig strahlenförmig mit verwachsener Krone und unterständigem, meist dreiblättrigem Fruchtknoten. Der Griffel weist „Fegehaare" auf, mit denen er den Pollen aus den Staubblättern herausschiebt. Als Früchte werden vielsamige Kapseln gebildet. Die Blätter sind wechselständig. Der Stengel führt meist Milchsaft.

Rundblättrige Glockenblume

(Campanula rotundifolia);
Fam. Campanulaceae (Glockenblumengewächse)

Beschreibung: 10–40 cm hoch; Stengel aufrecht, am Grunde etwas behaart; ausdauernd.
Blätter: Grundblätter rundlich herz-nierenförmig, gekerbt-gesägt, langgestielt, früh welkend, Stengelblätter lineal-lanzettlich, ganzrandig oder gesägt, mit nach oben hin kürzeren Stielen.
Blüten: Locker traubiger oder rispiger Blütenstand mit blauen oder weißen, bis 2 cm langen, glockigen, 5zählig, Kelch kürzer als die Krone.
Blütezeit: VI–IX.
Früchte: Dreiporige, nickende Kapselfrucht.
Standort: Lichte Wälder, Waldränder Mageres Grünland, Heiden.
Besonderheiten: Zahlreiche Unterarten.

Schwarze Teufelskralle

(Phyteuma nigrum); Fam. Campanulaceae (Glockenblumengewächse)

Anderer Name: Schwarze Rapunzel.
Beschreibung: 20–50 cm hoch; Stengel unverzweigt; ausdauernd.

Feldthymian
(*Thymus serpyllum*)

Feldthymian,
Blütenstand

Rundblättrige Glockenblume
(*Campanula rotundifolia*)

Schwarze Teufelskralle
(*Phyteuma nigrum*)

Blätter: Grundblätter herz-eiförmig, gekerbt, gestielt, mitunter schwarzfleckig, Stengelblätter zunehmend lineal-lanzettlich und kurzstieliger werdend, gesägt.

Blüten: Dichtähriger, eiförmig-walziger Blütenstand mit linearen Hüllblättern und dunkelvioletten oder weißen, 5zähligen Einzelblüten, die im Knospenzustand anfangs krallenartig gekrümmt sind.

Früchte: Kapselfrucht.

Blütezeit: V–VII.

Standort: Laubmischwälder vor allem im Bergland, Bergwiesen.

Besonderheiten: Regional stark gefährdet.

Asteraceae (Korbblütler)

Die Blüten der Asteraceen stehen in einem von Hüllblättern umgebenen Körbchen. Die Einzelblüten sind 5zählig, Kelchblätter reduziert oder zu einem der Fruchtverbreitung dienenden Haarkranz („Pappus") umgebildet. Die Kronblätter sind verwachsen und bilden entweder eine strahlig symmetrische Röhre oder weisen eine asymmetrische Zunge auf. Die Staubblätter sind ebenfalls zu einer Röhre verwachsen. Aus dieser Röhre schiebt der Griffel mittels spezieller „Fegehaare" den Pollen heraus. Der Fruchtknoten ist unterständig und zweiblättrig. Die Blätter sind im Gegensatz zu denen der Kardengewächse wechselständig oder stehen in einer Grundrosette. Eine Gruppe der Korbblütler weist Milchsaftbildung auf.

Wiesenschafgarbe

(Achillea millefolium agg.); Fam. Asteraceae (Korbblütler)

Beschreibung: 15–50 cm hoch; Stengel aufrecht; Ausläufer, ausdauernd.

Blätter: Wechselständig, 2–3fach gefiedert.

Blüten: Zahlreiche, trugdoldig gestellte Blütenköpfchen (nicht mit Doldenblütlern verwechseln!) mit wenigen, weißen oder rosafarbenen Zungen- und Röhrenblüten.

Blütezeit: VI–X.

Standort: Grünland und Wegränder aller Art.

Besonderheiten: Alte Heilpflanze.

Sumpfschafgarbe

(Achillea ptarmica); Fam. Asteraceae (Korbblütler)

Beschreibung: 20–60 cm hoch; Stengel aufrecht.

Blätter: Wechselständig, lineal-lanzettlich, gesägt, glänzend, kahl.

Blüten: Locker trugdoldig gestellte, etwa 1,5 mm breite Blütenköpfchen.

Blütezeit: VII–VIII.

Standort: Naßwiesen und Grabenränder.

Besonderheiten: Alte Heil- und Zierpflanze; regional gefährdet.

Wiesenschafgarbe *(Achillea millefolium)*, Blütendolden

Sumpfschafgarbe *(Achillea ptarmica)*, Bestand

Sumpfschafgarbe, Blütenköpfchen

Ackerhundskamille

(Anthemis arvensis); Fam. Asteraceae (Korbblütler)

Beschreibung: 15–30 cm hoch; Pflanze dünn behaart.
Blätter: Wechselständig, doppelt fiederschnittig mit feinen, linealen Abschnitten.
Blüten: Blütenköpfchen mit weißen, schmalen Zungen- und gelben Scheibenblüten, kegelförmiger Boden und Spreublätter.
Blütezeit: V–X.
Standort: Äcker.
Besonderheiten: Regional gefährdet.

Große Klette

(Arctium lappa); Fam. Asteraceae (Korbblütler)

Beschreibung: 80–150 cm hoch; Stengel aufrecht; einjährig.
Blätter: Wechselständig, herzförmig, Unterseite grauweiß, bis etwa 50 cm groß, mit markigem Blattstiel.
Blüten: Runde Blütenköpfe mit an den Enden hakig gebogenen, grünen, fast kahlen Hüllblättern und violetten oder weißen Röhrenblüten.
Blütezeit: VII–IX.
Standort: Wegränder, Schuttplätze.
Besonderheiten: Neben der Großen Klette können an ähnlichen Standorten weitere, ähnliche Klettenarten vorkommen.

Gemeiner Beifuß

(Artemisia vulgaris); Fam. Asteraceae (Korbblütler)

Beschreibung: 50–140 cm hoch; Stengel aufrecht, verzweigt, meist rotbraun; ausdauernd.
Blätter: Wechselständig, tief eingeschnitten, Oberseite dunkelgrün, Unterseite weißfilzig behaart, Blattrand gezähnt, eingerollt.
Blüten: Rispiger Blütenstand aus wenige Millimeter großen, braunen Blütenköpfen mit filzig behaarter Hülle.
Blütezeit: VII–IX.
Standort: Wegränder, Schuttplätze.
Besonderheiten: Gewürzpflanze; mehrere Kleinarten.

Gänseblümchen

(Bellis perennis); Fam. Asteraceae (Korbblütler)

Anderer Name: Maßliebchen.
Beschreibung: 5–15 cm hoch; Stengel gebogen bis aufrecht, einköpfig; ausdauernd.

Ackerhundskamille *(Anthemis arvensis)*, Blütenköpfchen

Große Klette *(Arctium lappa)*, Blütenköpfe

Gemeiner Beifuß *(Artemisia vulgaris)*

Gänseblümchen *(Bellis perennis)*, Blütenköpfe

Blätter: In Grundrosette, länglich spatelförmig.
Blüten: Einzelne Blütenköpfe mit gelben Röhren- und weißen Zungenblüten.
Blütezeit: II–XI.
Früchte: Ohne Haarkrone.
Standort: Grünland, Rasen

Krause Distel

(Carduus crispus); Fam. Asteraceae (Korbblütler)

Beschreibung: 50–140 cm hoch; Stengel aufrecht, oben verzweigt, wollig behaart, stachelig geflügelt, zerbrechlich; zweijährig.
Blätter: Buchtig fiederspaltig, Unterseite filzig behaart, an Rande weichstachelig.
Blüten: Kugelige, 1 cm lange Blütenköpfe mit geraden oder auswärtsgebogenen, spinnwebig verbundenen Hüllblättern und purpurroten, selten weißen Blüten.
Blütezeit: VII–IX.
Standort: Unkrautgesellschaften, auch Schlagfluren.

Nickende Distel

(Carduus nutans); Fam. Asteraceae (Korbblütler)

Beschreibung: 30–100 cm hoch; Stengel kraus dornig geflügelt; ein- bis zweijährig.
Blätter: Fiederspaltig, kräftig bedornt, beiderseits grün, Nerven unterseits wollig behaart.
Blüten: Auf verlängertem Stengel Blütenköpfe, meist einzeln, 3–6 cm durchmessend, nickend mit zurückgebogenen, eingeschnürten Hüllblättern, Blüten 5spaltig röhrig, purpurrot.
Blütezeit: VI–IX.
Standort: Unkrautgesellschaften trocken-warmer Böden, Schuttplätze.
Besonderheiten: Mehrere Unterarten, zum Teil regional gefährdet.

Kornblume

(Centaurea cyanus); Fam. Asteraceae (Korbblütler)

Beschreibung: 30–80 cm hoch; Stengel aufrecht, verzweigt, einjährig.
Blätter: Wechselständig, lineal-lanzettlich, teilweise fiederspaltig, bis 0,5 cm breit.
Blüten: Blütenköpfe mit eiförmigen, trockenrandigen Hüllblättern, Randblüten stark verlängert, blau, Scheibenblüten violett.
Blütezeit: VI–X.
Standort: Getreideäcker, Wegränder.
Besonderheiten: Regional gefährdet.

Krause Distel
(Carduus crispus)

Kornblume (Centaurea cyanus), Blütenköpfe

Nickende Distel (Carduus nutans), Bestand

Blütenköpfe

Wiesenflockenblume

(Centaurea jacea); Fam. Asteraceae (Korbblütler)

Beschreibung: 20–80 cm hoch; Stengel aufrecht, verzweigt; ausdauernd.
Blätter: Wechselständig, eiförmig lanzettlich bis lineal, Stengelblätter teilweise gelappt, bis 0,5 cm breit.
Blüten: Bis 4 cm breite Blütenköpfe mit trockenrandigen, meist zerschlitzten braunen Hüllblättern, Blüten rotviolett, Randblüten wenig verlängert.
Blütezeit: VI–X.
Standort: Mageres Grünland.
Besonderheiten: Mehrere Kleinarten, zum Teil regional gefährdet.

Margerite

(Chrysanthemum leucanthemum [= Leucanthemum vulgare]);
Fam. Asteraceae (Korbblütler)

Anderer Name: Gewöhnliche Wucherblume.
Beschreibung: 20–80 cm hoch; Stengel aufrecht, meist verzweigt; ausdauernd.
Blätter: Wechselständig, ungeteilt, Blattrand scharf gesägt, behaart.
Blüten: Blütenköpfe mit mehrreihigen Hüllblättern mit dunklem Rand, Zungenblüten weiß, Röhrenblüten gelb.
Blütezeit: V–X.
Früchte: Ohne Haarkrone.
Standort: Grünland.
Besonderheiten: Mehrere Kleinarten; zum Teil regional stark gefährdet.

Rainfarn

(Chrysanthemum vulgare [= Tanacetum vulgare]);
Fam. Asteraceae (Korbblütler)

Beschreibung: 40–120 cm, Stengel aufrecht; ausdauernd.
Blätter: Farnähnlich fiederschnittig, eingeschnitten, drüsig punktiert.
Blüten: Zahlreiche doldentraubig gestellte, gelbe, 7–12 mm breite, scheibenförmige Blütenköpfe ohne Zungenblüten.
Blütezeit: VII–IX.
Früchte: Ohne Haarkranz, gezähnt.
Standort: Waldränder, Schlagfluren, Unkrautfluren insbesondere sandiger Lehmböden, in der Nähe größerer Flüsse.
Besonderheiten: Schwach giftig, wurde früher als Wurm- und Mottenmittel verwendet.

Wiesenflockenblume *(Centaurea jacea)*, Blütenkopf

Margerite *(Chrysanthemum leucanthemum)*

Rainfarn *(Chrysanthemum vulgare)*, Bestand

Blütenköpfe

Ackerkratzdistel
(Cirsium arvense); Fam. Asteraceae (Korbblütler)

Beschreibung: 50–120 cm hoch; Stengel aufrecht, kahl, meist rötlich; ausdauernd.
Blätter: Länglich-lanzettlich, buchtig gezähnt, stachelspitzig, bewimpert, nicht am Stengel herablaufend.
Blüten: Rispig gestellte, 1–2 cm breite Blütenköpfe mit spinnwebigen, schwarzspitzigen Hüllblättern und purpurroten oder weißen Röhrenblüten; zweihäusig.
Blütezeit: VII–VIII.
Früchte: Mit bis 3 cm langer schmutzig gelber Haarkrone.
Blütezeit: VII–VIII.
Standort: Unkrautgesellschaften, Schuttplätze, Waldränder.

Kohlkratzdistel
(Cirsium oleraceum); Fam. Asteraceae (Korbblütler)

Beschreibung: 50–150 cm hoch; Stengel aufrecht, bis oben beblättert, ausdauernd.
Blätter: Fiederspaltig, obere eiförmig, gezähnt, stengelumfassend, bewimpert.
Blüten: Eiförmige, von Hochblättern umgebene bis 4 cm lange Blütenköpfe mit weichdornigen Hüllblättern und gelblichen Blüten.
Blütezeit: VII–IX.
Früchte: Mit gefiederter Haarkrone.
Standort: Naßwiesen, Auenwälder und Bachufer.

Gemeine Kratzdistel
(Cirsium vulgare); Fam. Asteraceae (Korbblütler)

Beschreibung: 60–200 cm hoch; einjährig.
Blätter: Wechselständig, tief fiederspaltig, am Stengel herablaufend, Oberseite mit kleinen Dornen, Unterseite filzig behaart, Blattrand dornig.
Blüten: 2–4 cm durchmessende Blütenköpfe mit eiförmiger Hülle und rot-violetten, selten weißen Blüten.
Blütezeit: VII–IX.
Standort: Wegränder, Schlagfluren.

Grüner Pippau
(Crepis capillaris); Fam. Asteraceae (Korbblütler)

Anderer Name: Kleinköpfiger Pippau.
Beschreibung: 15–50 cm hoch; aufrecht; Pflanze wenig behaart, 1jährig.

Ackerkratzdistel
(Cirsium arvense)

Kohlkratzdistel
(Cirsium oleraceum)

Gemeine Kratzdistel *(Cirsium vulgare)*, Blütenköpfe

Grüner Pippau
(Crepis capillaris)

Blätter: Grundrosette und Stengelblätter tief fiederspaltig, Blattgrund der Stengelblätter pfeilförmig.
Blüten: Mehrere Blütenköpfe, 1–1,5 cm durchmessen, mit glockiger, zweireihiger Hülle und gelben Zungenblüten.
Blütezeit: VI–IX.
Früchte: Mit einfacher, weißer Haarkrone.
Standort: Grünland, Parkrasen.

Kanadisches Berufskraut

(Conyza canadensis [= Erigeron canadensis]);
Fam. Asteraceae (Korbblütler)

Beschreibung: 15–120 cm hoch; Stengel aufrecht, oben verzweigt, behaart; ein- bis zweijährig.
Blätter: Lineal-lanzettlich, behaart.
Blüten: Zahlreiche, rispig gestellte, wenige Millimeter breite Blütenköpfe mit dachziegelartigen, kahlen Hüllblättern, mehreren Reihen kleiner, weißlicher Zungenblüten und weißlicher Röhrenblüten.
Blütezeit: VII–IX.
Früchte: 1 mm lang mit langer, zerbrechlicher Haarkrone.
Standort: Lückige Unkrautfluren, auch Schlagfluren.
Besonderheiten: Um 1700 aus N-Amerika eingeschleppt und seither fest eingebürgert; altes Zaubermittel (hilft gegen das „Berufen" durch Hexen).

Wasserdost

(Eupatorium cannabinum); Fam. Asteraceae (Korbblütler)

Beschreibung: 50–150 cm hoch; Stengel aufrecht, kurzhaarig; ausdauernd.
Blätter: Zahlreich, gegenständig, 3–5teilig handförmig, grob gesägt, kurzgestielt.
Blüten: In großer Zahl doldenrispig gestellte, wenigblütige Köpfchen mit 2–3reihig dachziegelartigen Hüllblättern, rosafarbene oder weiße Röhrenblüten.
Blütezeit: VII–IX.
Standort: Waldsäume und Schlagfluren von Wäldern feuchter, nährstoffreicher Böden.
Besonderheiten: Giftverdächtig, Arzneipflanze.

Behaartes Franzosenkraut

(Galinsoga ciliata); Fam. Asteraceae (Korbblütler)

Anderer Name: Behaartes Knopfkraut.
Beschreibung: 20–70 cm hoch; Stengel aufrecht, zottig behaart; einjährig.
Blätter: Gegenständig, grob gezähnt.

Kanadisches Berufskraut
(Conyza canadenis)

Wasserdost *(Eupatorium cannabinum)*, Blütenköpfchen

Behaartes Franzosenkraut
(Galinsoga ciliata), Bestand

Behaartes Franzosen-
kraut, Blütenköpfe

Blüten: 3–5 mm durchmessende Blütenköpfe, meist 5 weiße Zungenblüten, gelbe Röhrenblüten.
Blütezeit: VI–X.
Früchte: Schuppig.
Standort: Äcker und Schuttplätze.
Besonderheiten: Um 1850 aus Südamerika eingebürgert.

Kleinblütiges Franzosenkraut

(Galinsoga parviflora); Fam. Asteraceae (Korbblütler)

Anderer Name: Kleinblütiges Knopfkraut.
Beschreibung: 20–70 cm hoch; Stengel aufrecht, nur wenig behaart; einjährig.
Blätter: Gegenständig, fein gezähnt.
Blüten: 3–5 mm durchmessende Blütenköpfe, meist 5 weiße Zungenblüten, gelbe Röhrenblüten.
Blütezeit: VI–X.
Früchte: Schuppig.
Standort: Äcker und Schuttplätze.
Besonderheiten: Um 1800 aus S-Amerika eingebürgert.

Habichtskraut

(Hieracium spec.); Fam. Asteraceae (Korbblütler)

Die Habichtskräuter bilden einen Komplex zahlreicher, zum Teil schwer unterscheidbarer Arten. Diese weisen teilweise deutliche Unterschiede in ihren Standortansprüchen und ihrer Gefährdung auf. Die folgenden Beispiele zeigen einige repräsentative Arten.

Waldhabichtskraut

(Hieracium murorum, [= H. sylvaticum]); Fam. Asteraceae (Korbblütler)

Beschreibung: 20–50 cm hoch; Stengel aufrecht, unten behaart; ausdauernd.
Blätter: Dunkel- bis graugrün, teilweise gefleckt, Unterseite zum Teil rot überlaufen, Grundblätter länglich, grob gezähnt, mit herzförmigem bis abgerundeten Grund, weichhaarig, bis zu 2 schmal-lanzettliche Stengelblätter.
Blüten: Zahlreiche Blütenköpfe in lockerer Rispe mit aufwärts gebogenen Ästen, Köpfchenstiele und Hüllblätter drüsig, gelbe, fünfzähnige Zungenblüten.
Blütezeit: V–VII.
Früchte: 3 mm lang, mit schmutzigweißer Haarkrone.
Standort: Gras- und krautreiche Laub- und Nadelwälder, Waldränder, Waldwiesen, aber auch Mauern und Felsen.
Besonderheiten: Zahlreiche ähnliche Arten!

Waldhabichtskraut
(Hieracium murorum)

Kleinblütiges Franzosenkraut
(Galinsoga parviflora), Blütenköpfe

Kleines Habichtskraut
(Hieracium pilosella); Fam. Asteraceae (Korbblütler)

Beschreibung: 5–30 cm hoch; Stengel aufrecht, graugrün behaart; ausdauernd.
Blätter: Grundständig-rosettig, ei-lanzettlich, randlich bewimpert, Unterseite filzig behaart.
Blüten: Endständige Blütenköpfe mit schmalen, spitzen, behaarten Hüllblättern, gelbe, zum Teil gestreifte Zungenblüten.
Blütezeit: V–X.
Standort: Magerrasen, lichte Gebüsche und Kiefernwälder.
Besonderheiten: Viele ähnliche Arten; alte Heil- und Zauberpflanze.

Gewöhnliches Ferkelkraut
(Hypochaeris radicata); Fam. Asteraceae (Korbblütler)

Beschreibung: 20–40 cm hoch; Stengel aufrecht, blaugrün, kahl, mit Blattschuppen; ausdauernd.
Blätter: Schwach borstig behaart.
Blüten: 2–4 cm durchmessende Blütenköpfe, gelbe Zungenblüten länger als die Hülle.
Blütezeit: VI–X.
Früchte: Mit ungefiederter Haarkrone.
Standort: Mageres Grünland.

Kompaßlattich
(Lactuca serriola); Fam. Asteraceae (Korbblütler)

Anderer Name: Wilder Lattich.
Beschreibung: 50–120 cm hoch; Stengel aufrecht; einjährig.
Blätter: Meist senkrecht gestellt und auf die Sonne ausgerichtet, derb, grob gesägt bis buchtig fiederspaltig, blaugrün, mit unterseits bestacheltem Mittelnerv, Stengelblätter pfeilförmig stengelumfassend.
Blüten: Rispiger Blütenstand aus Blütenköpfchen mit mehr als 5 blaßgelben Zungenblüten.
Blütezeit: VI–IX.
Früchte: Geschnäbelt, mit kurzem Borstenkranz.
Standort: Wegränder.

Rainkohl
(Lapsana communis); Fam. Asteraceae (Korbblütler)

Beschreibung: 30–100 cm hoch; Stengel aufrecht, mit Milchsaft; einjährig.

Kleines Habichtskraut
(Hieracium pilosella)

Gewöhnliches Ferkelkraut
(Hypochaeris radicata)

Kompaßlattich
(Lactura serriola)

Rainkohl
(Lapsana communis)

Blätter: Untere leierförmig-fiederspaltig mit großem Endlappen, gezähnt, obere länglich-lanzettlich, sitzend.
Blüten: Rispig gestellte, kleine Blütenköpfe mit walzenförmiger, einreihiger Hülle aus gleichlangen linearen Blättern mit wenigblättriger Außenhülle, 8–15 gelbe Zungenblüten.
Standort: Wegränder.
Besonderheiten: Gemüse- und Heilpflanze (Schnittwunden).

Herbstlöwenzahn

(Leontodon autumnalis); Fam. Asteraceae (Korbblütler)

Beschreibung: 15–40 cm hoch; Stengel aufrecht, gabelig verzweigt, mit Blattschuppen; ausdauernd.
Blätter: Rosettige Grundblätter tief buchtig gezähnt, meist kahl.
Blüten: Blütenköpfe mit gelben Zungenblüten, die äußeren rot gestreift.
Blütezeit: VII–X.
Früchte: Mit gefiederter Haarkrone.
Standort: Grünland.
Besonderheiten: Mehrere Unterarten.

Echte Kamille

(Matricaria chamomilla [= M. reticuta]); Fam. Asteraceae (Korbblütler)

Beschreibung: 15–35 cm hoch; Stengel aufrecht; einjährig.
Blätter: Wechselständig, fein 2–3fach fiederteilig.
Blüten: Lang gestielte Blütenköpfe mit hohlem, kegelförmigen Boden, ohne Spreublätter, schmale weiße Zungen-, gelbe Röhrenblüten, charakteristischer Geruch.
Blütezeit: V–VII.
Standort: Äcker, Wegränder, Schuttplätze.
Besonderheiten: Mehrere Kleinarten; alte Heilpflanze.

Strahllose Kamille

(Matricaria discoidea); Fam. Asteraceae (Korbblütler)

Beschreibung: 15–20 cm hoch; Stengel niederliegend bis aufsteigend; einjährig.
Blätter: Wechselständig, fein 2–3fach fiederteilig.
Blüten: Kurz gestielte Blütenköpfe mit kegelförmigen Boden ohne Spreublätter, Zungenblüten reduziert, grünliche Röhrenblüten, charakteristischer Geruch.
Blütezeit: V–VIII.
Standort: Äcker, Wegränder, Schuttplätze.
Besonderheiten: Mehrere Kleinarten, alte Heilpflanze.

Herbstlöwenzahn
(Leontodon autumnalis)

Strahllose Kamille
(Matricaria discoidea)

Echte Kamille
(Matricaria chamomilla)

Mauerlattich
(Mycelis muralis); Fam. Asteraceae (Korbblütler)

Beschreibung: 30–100 cm hoch; Stengel aufrecht, oben verzweigt, grün, bläulich bereift, mit Milchsaft; ausdauernd.
Blätter: Leierförmig-fiederspaltig, eckig gezähnt, mit geflügeltem, stengelumfassenden Blattstiel, nach oben einfacher werdend.
Blüten: Zahlreiche, rispig gestellte, kleine Blütenköpfe mit wenigen Hüllblättern und je 5 gelben Zungenblüten.
Blütezeit: VII–VIII.
Früchte: Geschnäbelt mit einfacher, borstlicher Haarkrone.
Standort: Waldlichtungen, Schlagfluren, Fichtenforste, Mauern.

Gewöhnliche Pestwurz
(Petasites hybridus); Fam. Asteraceae (Korbblütler)

Beschreibung: 30–100 cm hoch; Stengel aufrecht, mit lanzettlichen, bleichen, behaarten Schuppenblättern; ausdauernd.
Blätter: Bis 1 m groß, rundlich herzförmig, regelmäßig fein gezähnt, Unterseite wollig behaart, erst nach der Blüte erscheinend.
Blüte: Zahlreiche traubig gestellte Blütenköpfen, zweihäusig mit fleischfarbenen oder weißen Blüten.
Blütezeit: III–V.
Früchte: Bis 3 mm groß mit Haarkrone.
Standort: Ufer von Bächen und Flüssen, Auwälder; tritt häufig in dichten Beständen auf.
Besonderheiten: Alte Heilpflanze.

Klebriges Greiskraut
(Senecio viscosus); Fam. Asteraceae (Korbblütler)

Beschreibung: 15–40 cm hoch; Pflanze drüsig-klebrig, unangenehm riechend, einjährig.
Blätter: Wechselständig, fiederspaltig, Blattgrund stengelumfassend geöhrt.
Blüten: Rispig-doldiger Blütenstand aus Blütenköpfen, Hüllblätter meist einreihig, mit wenigen kurzen Außenblättern, Blüten gelb, mit äußeren, zurückgerollten Zungen- und inneren Röhrenblüten.
Blütezeit: VI–IX.
Früchte: Mit Haarkrone.,
Standort: Wald- und Wegränder, Schuttplätze.

Mauerlattich
(Mycelis muralis)

Klebriges Greiskraut
(Senecio viscosus)

Gewöhnliche Pestwurz
(Petasites hybridus)

Gewöhnliche Pestwurz,
Blütenköpfe

Gewöhnliches Greiskraut
(Senecio vulgaris); Fam. Asteraceae (Korbblütler)

Beschreibung: 10–30 cm hoch; einjährig.
Blätter: Wechselständig, fiederspaltig, Blattgrund stengelumfassend geöhrt.
Blüten: Rispig-doldiger Blütenstand aus Blütenköpfen, meist schwarzbespitzte Hüllblätter, einreihig, mit wenigen kurzen Außenblättern, Blüten gelb, ohne Zungenblüten.
Blütezeit: II–XI.
Früchte: Mit flaumiger Haarkrone.
Standort: Wegränder, Äcker und Schuttplätze.

Fuchsgreiskraut
(Senecio ovatus [= S. fuchsii]); Fam. Asteraceae (Korbblütler)

Beschreibung: 60–150 cm hoch; Stengel aufrecht, rotbraun überlaufen; ausdauernd.
Blätter: Elliptisch-lanzettlich, 5mal so lang wie breit, Blattgrund lang keilförmig, abstehend gezähnt, höchstens unterseits schütter behaart.
Blüten: Zahlreiche etwa 3 cm breite Blütenköpfe mit 8 Hüll- und bis 5 Außenhüllblättern, 5 randliche gelbe Zungenblüten, 12 gelbe Röhrenblüten, duftend.
Blütezeit: VI–VIII.
Früchte: Mit Haarkrone.
Standort: Buchen- und Buchenmischwälder, Schläge und Waldlichtungen.
Besonderheiten: Mehrere Unterarten.

Waldgreiskraut
(Senecio sylvaticus); Fam. Asteraceae (Korbblütler)

Beschreibung: 15–60 cm hoch; Stengel aufrecht, einjährig.
Blätter: Tief fiederspaltig, lineal gezähnt, kurzgestielt oder sitzend, anfangs weichhaarig.
Blüten: Doldig-rispig gestellte, etwa 6 mm breite Blütenköpfe mit 13 langen inneren sowie mehreren kurzen äußeren Hüllblättern, schmale, hellgelbe, zurückgerollte Zungenblüten, zentrale Röhrenblüten.
Blütezeit: VII–IX.
Früchte: Mit Haarkrone.
Standort: Schlagfluren, Waldlichtungen, Waldwege.

Waldgreiskraut
(Senecio sylvaticus)

Gewöhnliches Greiskraut *(Senecio vulgaris)*, Blüten und Früchte

Fuchsgreiskraut *(Senecio ovatus)*, Blütenköpfe

Kanadische Goldrute

(Solidago canadensis); Fam. Asteraceae (Korbblütler)

Beschreibung: 50–250 cm hoch; Stengel aufrecht, oben traubig verzweigt, behaart; ausdauernd.

Blätter: Zahlreich, wechselständig, eiförmig elliptisch bis lanzettlich, gesägt, geflügelt gestielt, obere sitzend, unterseits dicht behaart.

Blüten: Zahlreiche dicht einseitswendig rispig gestellte, bis 6 mm lange Blütenköpfe auf aufrechten Rispenästen, mehrere Reihen dachziegelartiger Hüllblätter, 5–8 gelbe Zungenblüten, die so lang wie die gelben Röhrenblüten sind.

Blütezeit: VII–X.

Früchte: Mit Haarkrone.

Standort: Lichte Auwälder, Ufer, Schuttplätze.

Besonderheiten: Mittlerweile eingebürgerte Zierpflanze aus Nordamerika.

Riesengoldrute

(Solidago gigantea); Fam. Asteraceae (Korbblütler)

Beschreibung: 50–250 cm hoch; Stengel aufrecht, oben traubig verzweigt, wenigstens unten kahl; ausdauernd.

Blätter: Zahlreich, wechselständig, eiförmig elliptisch bis lanzettlich, gesägt, geflügelt gestielt, obere sitzend, Unterseite höchstens auf den Nerven behaart.

Blüten: Zahlreiche dicht einseitswendig rispig gestellte, bis 6 mm lange Blütenköpfe auf überhängenden Rispenästen, mehrere Reihen dachziegelartiger Hüllblätter, 5–8 gelbe Zungenblüten, die so deutlich länger als die gelben Röhrenblüten sind.

Blütezeit: VIII–X.

Früchte: Mit Haarkrone.

Standort: Lichte Auwälder, Ufer, Schuttplätze.

Besonderheiten: Mittlerweile eingebürgerte Zierpflanze aus Nordamerika.

Ackergänsedistel

(Sonchus arvensis); Fam. Asteraceae (Korbblütler)

Beschreibung: 50–120 cm hoch; Stengel aufrecht, oben doldig verzweigt; ausdauernd.

Blätter: Wechselständig, lanzettlich, weichstachelig buchtig gezähnt, Stengelblätter mit geöhrtem Grund.

Blüten: Bis 5 cm durchmessende Blütenköpfe mit gelbdrüsiger Hülle und gelben Zungenblüten.

Blütezeit: VII–IX.

Kanadische Goldrute
(Solidago canadensis)

Kanadische Goldrute *(Solidago canadensis)*, Blütenköpfe

Riesengoldrute
(Solidago gigantea)

Ackergänsedistel *(Sonchus arvensis)*, Blütenkopf

Früchte: Abgeflacht mit einfacher Haarkrone, zehnrippig.
Standort: Äcker.
Besonderheiten: Mehrere Unterarten.

Rauhe Gänsedistel
(Sonchus asper); Fam. Asteraceae (Korbblütler)

Beschreibung: 30–80 cm hoch; Stengel aufrecht, verzweigt; einjährig.
Blätter: Wechselständig, breit-lanzettlich, stachelig, ledrig, dunkelgrün, Stengelblätter rund geöhrt.
Blüten: Rispiger Blütenstand, 2–2,5 cm durchmessende Blütenköpfe mit gelben Zungenblüten.
Blütezeit: VI–X.
Früchte: Abgeflacht mit einfacher Haarkrone, glatt.
Standort: Äcker und Schuttplätze.

Kohlgänsedistel
(Sonchus oleraceus); Fam. Asteraceae (Korbblütler)

Andere Namen: Gewöhnliche Gänsedistel, Gemüsegänsedistel.
Beschreibung: 30–80 cm hoch: Stengel aufrecht, verzweigt; einjährig.
Blätter: Breit lanzettlich, buchtig-fiederschnittig, Stengelblätter spitz geöhrt.
Blüten: Rispiger Blütenstand, 2–2,5 cm durchmessende Blütenköpfe mit gelben Zungenblüten.
Blütezeit: VI–X.
Früchte: Abgeflacht mit einfacher Haarkrone, fein gerieft.
Standort: Äcker, Wegränder und Schuttplätze.

Wiesenlöwenzahn
(Taraxacum officinale agg.); Fam. Asteraceae (Korbblütler)

Anderer Name: Gemeiner Löwenzahn.
Beschreibung: 5–40 cm hoch; Stengel aufrecht, röhrig, mit Milchsaft; ausdauernd.
Blätter: In Grundrosette, tief buchtig gezähnt-fiederspaltig.
Blüten: Einzelner Blütenkopf mit zurückgeschlagenen äußeren Hüllblättern und sattgelben Zungenblüten.
Blütezeit: III–VII, mitunter Herbstblüte.
Früchte: Mit gestieltem, einfachem Haarkranz („Schirmchen").
Standort: Grünland, Wegränder.
Besonderheiten: Zahlreiche Kleinarten.

Rauhe Gänsedistel *(Sonchus asper)*, Blütenstand und Blätter

Wiesenlöwenzahn *(Taraxacum officinale)*

Kohlgänsedistel (*Sonchus oleraceus*), Blütenköpfe

Geruchlose Kamille

(Tripleurospermum perforatum [= Matricaria perforata, M. maritima ssp. inodora]); Fam. Asteraceae (Korbblütler)

Beschreibung: 25–80 cm hoch; einjährig.
Blätter: Wechselständig, fein 2–3fach fiederteilig.
Blüten: Lang gestielte Blütenköpfe mit halbkugelförmigem, markigen Boden, ohne Spreublätter, schmalen weiße Zungen- und gelbe Röhrenblüten, Geruch weniger intensiv als bei der Echten Kamille.
Blütezeit: VI–X.
Standort: Äcker, Wegränder, Schuttplätze.

Huflattich

(Tussilago farfara); Fam. Asteraceae (Korbblütler)

Beschreibung: 5–20 cm hoch; Stengel aufsteigend, mit Schuppenblättern, spinnwebig behaart; ausdauernd.
Blätter: Bis 20 cm groß, grundständig herzförmig, eckig gezähnt, Oberseite glänzend, Unterseite filzig behaart, erst nach der Blüte erscheinend.
Blüten: Einzelner, bis 2,5 cm breiter Blütenkopf, bei schlechtem Wetter geschlossen, mit bis zu 300 ♀ Zungenblüten und etwa 40 zentralen ♂ Röhrenblüten.
Blütezeit: II–IV.
Früchte: Mit mehrreihiger langer Haarkrone.
Standort: Nachrutschende Böden insbesondere lehmiger oder kalkhaltiger Gebiete.
Besonderheiten: Alte Heilpflanze, wirkt vor allem gut bei Husten und Asthma. Huflattich enthält jedoch geringe Mengen an Pyrrolizidinalkaloiden, so daß eine Langzeitbehandlung (mehr als 4 Wochen) nicht angeraten ist. Schwangere, stillende Frauen sowie Kleinkinder sollten generell keine Huflattich-Präparate einnehmen.

Geruchlose Kamille (*Tripleurospermum perforatum*)

Huflattich, Blütenkopf

Huflattich
(*Tussilago farfara*)

Farne (Pteridophyta)

Die Farne sind in vielem urtümlicher als die übrigen im vorliegenden Bestimmungsbuch behandelten grünen Pflanzen. Dies betrifft insbesondere ihre Fortpflanzung. Die sichtbare „Farnpflanze" (Sporophyt) schüttet aus an den Blättern befindlichen Sporenbehältern (Sporangien) staubfeine Sporen aus. Diese werden in der Regel vom Wind verbreitet. Aus den Sporen wachsen kleine, empfindliche Vorkeime (Prothallium) unterschiedlichen Geschlechts, die männliche und weibliche Geschlechtsorgane (Antheridien und Archegonien) bilden. Die männlichen Geschlechtsorgane entlassen begeißelte Samenfäden (Spermatozoide), die zu den weiblichen Geschlechtsorganen schwimmen und mit den Eizellen verschmelzen. Dieser Vorgang bedarf einer hohen Feuchtigkeit. Aus der befruchteten Eizelle entwickelt sich die sichtbare „Farnpflanze".

Systematisch sind innerhalb der einheimischen Farne 3 Klassen zu unterscheiden: die Bärlappgewächse (Lycopodiatae) mit den Bärlappen im engeren Sinne (Lycopodiaceae) sowie weiteren, hier nicht behandelten Verwandtschaftskreisen, die Schachtelhalmgewächse (Articulatae) mit der einzigen Familie der Equisetaceae und die Echten Farne (Filicatae) mit mehreren Familien, von denen hier nur zwei eine Rolle spielen.

Equisetaceae (Schachtelhalmgewächse)

Bei den Schachtelhalmen befinden sich die sporentragen Blätter als Ähre an einem speziellen, zur Fortpflanzungszeit wachsenden Sproß.

Wiesenschachtelhalm
(Equisetum pratense); Fam. Equisetaceae (Schachtelhalme)

Beschreibung: 10–30 cm hoch; Stengel graugrün, gerieft, Äste abstehend bis überhängend, nicht verzweigt; Scheiden bis 8 mm lang, 8–15zähnig; sporentragende Sprosse anfangs bleich, astlos, später grün, mit Ästen; ab April auftretend.
Standort: Auen- und Eichen-Hainbuchenwälder, Waldränder feuchter Gebiete.
Besonderheiten: Regional stark gefährdet.

Wiesenschachtelhalm
(Equisetum pratense)

Polypodiaceae (Tüpfelfarngewächse)

Zu dieser Familie zählen die meisten einheimischen Farnarten. Charakterisch sind die gestielten Sporenkapseln (Sporangien), die wiederum im flächigen Sporenbehälterhäufchen (Sori) zusammenstehen, oftmals von einer Hülle (Indusium oder Schleier) bedeckt.

Hirschzunge

(Asplenium scolopendrium [= Phyllitis scolopendrium]);
Fam. Polypodiaceae (Tüpfelfarne)

Beschreibung: 15–50 cm hoch; Wedel in Büscheln, ungeteilt zungenförmig (Name!), meist wellig, Grund herzförmig, Blattstiel kurz, mit Spreuschuppen; wintergrün; schmale Sporenbehälterhäufchen auf der Blattunterseite in Streifen angeordnet.
Sporenreife: VII–IX.
Standort: Schluchtwälder, beschattete, überrieselte Felsen und Mauern, gelegentlich in Fichtenforsten.
Besonderheiten: Wildlebende Populationen regional vom Aussterben bedroht, BArtSchV; auch als Zierpflanze erhältlich, alte Heilpflanze.

Waldfrauenfarn

(Athyrium filix-femina); Fam. Polypodiaceae (Tüpfelfarne)

Beschreibung: 25–100 cm hoch; Wedel rosettig gestellt, im Umriß länglich-lanzettlich, fein 2–3fach gefiedert mit länglichen, gesägten, gebogenen Fiedern; Sporenhäufchen auf der Fiederunterseite entlang des Mittelnerves, kommaförmig gebogen, mit weißem, bewimperten Schleier.
Sporenreife: VII–IX.
Standort: Laub- und Nadelwälder basenreicher Standorte, weltweit verbreitet.

Rippenfarn

(Blechnum spicant); Fam. Polypodiaceae (Tüpfelfarne)

Beschreibung: 15–50 cm hoch; unfruchtbare Wedel rosettig gestellt, rippenartig fiederspaltig mit linealen, ganzrandigen Fiedern, im Umriß länglich-lanzettlich, ledrig, Oberseite glänzend grün, Blattstiel kurz, rotbraun; sporentragende Wedel aus der Rosette der unfruchtbaren Wedel nur im Sommer erscheinend, mit größerem Fiederabstand, grün, später verbraunend, Sporenhäufchen auf der Wedelunterseite in langen, ineinander übergehenden Reihen mit eingeschlagenem Schleier.
Standort: Schattige Laub- und Nadelwälder, Erlenbruchwälder, oft an Böschungskanten.
Besonderheiten: Regional stark gefährdet.

Hirschzunge *(Asplenium scolopendrium)*

Waldfrauenfarn *(Athyrium filix-femina)*

Rippenfarn *(Blechnum spicant)*

Männlicher Wurmfarn

(Dryopteris filix-mas); Fam. Polypodiaceae (Tüpfelfarne)

Anderer Name: Gemeiner Wurmfarn.
Beschreibung: 30–120 cm hoch; Wedel rosettig angeordnet, im Umriß lanzettlich, 1–2fach gefiedert, Fiedern lanzettlich, gekerbt-gesägt, ohne Stachelspitze (im Gegensatz zum Dornfarn); sommergrün; Sporenhäufchen auf der Fiederunterseite entlang des Mittelnervs, mit nierenförmigem Schleier.
Sporenreife: VII–IX.
Standort: Laub- und Nadelwälder.
Besonderheiten: Die Bezeichnung „Männlicher Wurmfarn" bezieht sich nicht auf die Fortpflanzungsbiologie, sondern auf die relative Größe gegenüber dem Frauenfarn *(Athyrium filix-femina)*.

Gewöhnlicher Dornfarn

(Dryopteris carthusiana); Fam. Polypodiaceae (Tüpfelfarne)

Beschreibung: 30–90 cm hoch; Wedel rosettig gestellt, länglich-dreieckig, zweifach gefiedert, Fiederabschnitte mit Stachelspitzen, Stiel dünn mit wenigen hellbraunen Spreuschuppen; Sporenhäufchen klein, mit nierenförmigem Schleier.
Sporenreife: Spätsommer–Frühherbst.
Standort: Laub- und Nadelwälder saurer Böden, Heiden.

Tüpfelfarn

(Polypodium vulgare agg.); Fam. Polypodiaceae (Tüpfelfarne)

Anderer Name: Engelsüß.
Beschreibung: 10–40 cm hoch; Sproß kriechend; Wedel aufrecht, fiederteilig bis einfach gefiedert mit ganzrandigen bis schwach gesägten Fiedern, lederartig, wintergrün; fruchtbare Wedel den unfruchtbaren gleichend, mit großen, kreisrunden, goldgelben, schleierlosen Sporenhäufchen (Sori) auf der Unterseite.
Sporenreife: VII–IX.
Standort: Lichte Eichenwälder, beschattete Felsen und Mauern.
Besonderheiten: Gruppe nahe verwandter Arten, alte Heilpflanze.

Adlerfarn

(Pteridium aquilinum); Fam. Polypodiaceae (Tüpfelfarne)

Beschreibung: 30–200 cm hoch; Wedel sehr groß, im Umriß dreieckig mit 3–4facher Fiederung, derb, hellgrün, im Herbst vergilbend, Blattstiel lang, gelb, fingerdick; durch eine verzweigte, unterirdische, schnellwachsende

Wurmfarn *(Dryop-
teris filix-mas)*

Sporen in Sori

Gewöhnlicher Dornfarn
(Dryopteris carthusiana)

Tüpfelfarn
(Polypodium vulgare)

Sporen in Sori auf
Wedelunterseite

Grundachse große, sich rasch ausdehnende Bestände bildend; Sporenhäufchen am Rand der Fiederunterseite als durchgehende Linie, vom umgerollten Blattrand bedeckt.

Sporenreife: VII–IX.

Standort: Häufig in großen, dichten Beständen in lichten Laub- und Nadelwäldern, weltweit verbreitet.

Besonderheiten: Giftig; früher Nutzung als Stalleinstreu, in Japan spezielle Zubereitung des Wurzelstockes als Delikatesse. Der Name weist angeblich auf eine doppeladlerähnliche Stellung der Leitbündel im Stengelquerschnitt hin. Einleuchtender ist die deutsche Benennung nach der schwingenartig überhängenden Form der Fiederpaare 1. Ordnung.

Osmundaceae (Königsfarngewächse)

Diese recht urtümliche Farnfamilie, die fossil schon seit dem Obercarbon bekannt ist, kennzeichnet sich dadurch, daß die Sporenbehälter nicht in Häufchen stehen und daß das Indusium fehlt.

Königsfarn

(Osmunda regalis); Fam. Osmundaceae (Königsfarne)

Beschreibung: 50–18 cm hoch; Wedel im Umriß länglich elliptisch, zweifach gefiedert mit länglich-eiförmigen, ganzrandigen oder schwach gekerbten, am Grund schief gestutzten Fiedern, langestielt; Sporenstand lang endständig verzweigt-rispig mit zahlreichen rotbraunen Sporenkapseln.

Sporenreife: V–VI.

Standort: Bruchwälder, selten als Zierpflanze.

Besonderheiten: Gefährdet, regional ausgestorben oder verschollen, BArtSchV.

Adlerfarn *(Pteridium aquilinum)*, Bestand

Adlerfarn, Wedel

Königsfarn *(Osmunda regalis)*, Habitus

Königsfarn, Sporangien an Wedelabschnitt

Säugetiere

Im folgenden Abschnitt werden die großen und kleinen Tiere unserer Heimat vorgestellt, beginnend mit den Wirbeltieren (Säuger und Vögel, Lurche und Echsen), denen sich dann die große Gruppe der Insekten anschließt, gefolgt von einigen repräsentativen, häufig anzutreffenden terrestrischen Wirbellosen. Da dieses Buch Landlebewesen zum Thema hat, werden Fische und andere Tiere, die ausschließlich im Wasser leben, hier nicht berücksichtigt.

Was ist ein Säugetier?

Nach wissenschaftlicher Definition sind Säugetiere eigenwarme, behaarte Wirbeltiere, die ihre Jungen mit Milch ernähren. Die Körperbehaarung kann bei einigen Vertretern schwach ausgebildet sein oder fehlen (zum Beispiel bei Walen, beim Nilpferd und beim Menschen), bei einigen Arten sind die Haare in Stacheln umgewandelt worden (etwa bei Igel und Stachelschwein). Die Haut der Säugetiere enthält zahlreiche Drüsen, wie beispielsweise Schweiß- und Talgdrüsen. Die hochspezialisierten Milchdrüsen sind jedoch das namengebend Charakteristikum dieser Wirbeltierklasse. Denn nur durch sie wird Milch gebildet, und mit Milchdrüsen werden die Jungen gesäugt. Typisch ist auch das Säugetiergebiß, das aus vier Zahntypen besteht (Schneide-, Eck-, Vorbacken- und Backenzähne) und einen natürlichen Zahnwechsel (Milchgebiß) durchläuft. Auch der spezielle Aufbau des Herzens sowie die Gehörknöchelchen im Innenohr sind einzigartige Säugetiermerkmale. Besonders auffällig sind auch die gewaltigen Größenunterschiede innerhalb dieser Tiergruppe: Während die kleinsten Vertreter (Etruskische Spitzmaus) nur ein Lebendgewicht von 1,5 bis 2 g aufweisen, repräsentieren die größten Säugetiere (Blauwal) mit 130 Tonnen die schwersten heute lebenden Tiere überhaupt.

Fledertiere

Fledertiere (Chiroptera), im Volksmund „Fledermäuse" genannt, bilden die einzige Säugetierordnung, die den aktiven Flug beherrscht. Es sind scheue, nachtaktive Tiere, die sich mit Hilfe eines ausgetüftelten Sinnesorgans, dem Echolotorgan, in völliger Dunkelheit orientieren. Der Biologe unterteilt Fledertiere in zwei Unterordnungen: Flughunde (Megachiroptera), die nur in den Tropen und Subtropen vorkommen und rein vegetarisch leben, sowie Fledermäuse (Microchiroptera), die weltweit (außer in den Polargebieten) vorkommen und sich auf unterschiedliche Nahrung spezialisiert haben (In-

Gemeiner Abendsegler
(Nyctalus noctula)

sekten und andere Gliederfüßer, Blut, Obst und Pollen). In Mitteleuropa sind viele ehemals weit verbreitete Arten, wie beispielsweise die Große Hufeisennase (größte europäische Fledermaus), aufgrund schwindender Lebensräume vom Aussterben bedroht.

Gemeiner Abendsegler
(Nyctalus noctula); Fam. Verspertilionidae (Glattnasen)

Beschreibung: Große Fledermaus, Kopf-Rumpf-Länge 6,4–8 cm; Schwanzlänge 4,2–6 cm; Gewicht 22–40 g; SpW 42–59 cm, Unterarmlänge 5,1–5,7 cm; Fell dorsal und ventral rötlichbraun; Flügel breit, dunkel; Schnauze breit, stumpf, Ohren kurz (1,5–2 cm), dickhäutig, dunkelbraun, mit nierenförmigem Ohrdeckel.

Lebensraum: Laub- und Mischwald, Parks, auch in Ortschaften; Ebenen bis 1900 m.

Nahrung: Schmetterlinge, größere Flugkäfer (Maikäfer, Mistkäfer).

Lebensweise: Dämmerungs- und nachtaktiv; im Sommer tagsüber in Baumhöhlen, auch in Mauerspalten und alten Nistkästen; Winterschlaf in hohlen Bäumen, auch auf alten Dachböden.

Fortpflanzung: Paarung ab Mitte VIII; ab Mitte bis Ende VI werden meist jeweils 2 Junge geboren; Junge flugfähig mit etwa 1,5 Monaten.

Stimme: Hohes zwitscherndes „bick", in Intervallen abgegeben (sicheres Erkennungszeichen eines Quartierbaums von Abendseglern).

Besonderheiten: Abendsegler fliegen recht hoch und wandern auch über große Entfernungen; Kolonienbildung; trächtige ♀♀ bilden „Wochenstuben" aus bis zu 100 Tieren. In Deutschland **gefährdet.**

Großes Mausohr
(Myotis myotis); Fam. Verspertilionidae (Glattnasen)

Beschreibung: Größte einheimische Fledermaus, Kopf-Rumpf-Länge 6,5–9 cm; Schwanzlänge 4,8–6,5 cm; Gewicht 26–45 g; SpW 35–43 cm, Unterarmlänge 5,5–6,8 cm; Fell dorsal hellbraun, ventral weißlich; Flügel breit, dunkel; Schnauze breit, Ohren sehr groß (26–32 mm), schmal, mit mehreren Querfalten und langem, spitzem Ohrendeckel.

Lebensraum: In menschlichen Siedlungen oder deren Nähe, in Höhen bis 1900 m ü.N.N.

Nahrung: große Käfer (Laufkäfer), Motten, Heuschrecken, auch Spinnen.

Lebensweise: Nachtaktiv; im Sommer tagsüber auf geräumigen Dachböden alter Gebäude (Ruinen, Kirchen), Winterschlaf (X–IV) in Höhlen, verlassenen Grubenstollen und Kellergewölben.

Fortpflanzung: Tragzeit 60–70 Tage, meist nur 1 Junges (Ende Mai und Mitte Juni); Junges selbständig und flugfähig nach 6–7 Wochen.

Besonderheiten: Auch das Mausohr bildet große Wochenstuben, die sich auflösen, wenn die Jungen selbständig sind (Aug.). Natürliche Feinde sind Marder und Eulen. Laut Roter Liste (Deutschland) **stark gefährdet.**

Gemeiner Abendsegler
(Nyctalus noctula)

Großes Mausohr
(Myotis myotis) im Flug

SÄUGETIERE

Zwergfledermaus

(Pipistrellus pipistrellus); Fam. Verspertilionidae (Glattnasen)

Beschreibung: Kleinste einheimische Fledermaus, Kopf-Rumpf-Länge 3,3–5 cm; Schwanzlänge 2,3–3,5 cm; Gewicht 3–9 g; SpW 19–23 cm, Unterarmlänge 2,7–3,3 cm; Fell kurz, dicht, sehr variabel rötlich-braun gefärbt, Schnauze dunkelbraun, Flügel dunkel, lang, schmal; Ohren dunkel, kurz, breit, dreieckig, mit kurzem, abgerundeten Ohrdeckel.

Lebensraum: Offenes Terrain, lichte Wälder; oft in Wassernähe; sehr anpassungsfähige Art, daher häufigste Fledermaus in Kulturlandschaften, sogar in Großstädten, im Gebirge bis 2000 m (Baumgrenze).

Nahrung: Mücken, Fliegen, Florfliegen, kleine Motten.

Lebensweise: Aktiv etwa halbe Stunde nach Sonnenuntergang; im Sommer untertags in Mauerspalten und hinter Fensterläden alter Gebäude, auch in Astlöchern und hinter Baumrinde, oft in größeren Gruppen im selben Quartier; Winterschlaf (Ende X–III) unterirdisch, auch in Felsspalten und Mauerritzen. Gesellige Art, ♀ oft in größeren Kolonien (300 bis 400 Tiere), ♂ in Kleingruppen.

Fortpflanzung: Geburt der Jungen (1 bis 2, selten 3) VI bis Anfang VII; Junge flugfähig nach 3 Wochen, selbständig nach 4 Wochen. Wochenstuben oft aus mehreren 100 ♀.

Besonderheiten: ♂ besetzen über mehrere Jahre hinweg dieselben Quartieren, die sie akustisch gegen andere ♂ abgrenzen. ♀ werden durch Paarungsrufe, die im Ultraschallbereich liegen, angelockt. Die Zwergfledermaus fliegt selbst in naßkalten Nächten und an wärmeren Wintertagen. Natürliche Feinde sind Marder und Sperber. Laut Roter Liste (Deutschland) **gefährdet.**

Insektenfresser

In der weltweit verbreiteten Ordnung der Insektenfresser (Insectivora) finden wir so bekannte Tiere wie den Igel oder den Maulwurf. Die Vertreter dieser Ordnung sind insgesamt meist sehr kleine, nachtaktive Tiere, die – wie der Name schon besagt – vornehmlich Insekten fressen. Weitere typische Kennzeichen sind eine lange, rüsselförmige Schnauze, kurze Beine mit fünf Fingern sowie spitze, höckrige Zähne, die zum Durchlöchern des chitinigen Insektenpanzers dienen. Ihr Geruchs- und Gehörsinn ist sehr gut ausgebildet. Insektenfresser sind eine entwicklungsgeschichtlich sehr alte Ordnung. Erste Vorfahren der Igel sind aus der Kreidezeit bekannt, haben also bereits in der Zeit der Dinosaurier gelebt.

Großes Mausohr *(Myotis myotis)*, Wochenstube

Zwergfledermaus *(Pipistrellus pipistrellus)*

Maulwurf

(Talpa europaea); Fam. Talpidae (Maulwürfe)

Beschreibung: Kopf-Rumpf-Länge 11–16 cm, Schwanzlänge 2–4 cm; Gewicht 60–125 g; ♂ größer und schwerer als ♀; Körper walzenförmig, grabschaufelförmige Vorderfüße; Schnauze rüsselförmig, Augen winzig, im Fell verborgen, Außenohren fehlend; Fell kurz, samtig, schwarz, bauchseitig oft schiefergrau. Rüsselspitze, „Grabhände" und Schwanzspitze nackt.

Fährte: Typisch sind die starken, halbmondförmigen Krallenabdrücke.

Lebensraum: Wiesen, Viehweiden, Parks, Gärten und Laubwälder, bis 2000 m ü.N.N.

Nahrung: Meist Würmer und unterirdische Insektenlarven, auch Spinnen, Tausendfüßer, Schnecken und junge Mäuse.

Lebensweise: Unterirdisch, in einem weitverzweigten Gangsystem, dicht unter der Grasfläche; gelöstes Erdreich wird mit den Vorderfüßen nach draußen geschoben; kein Winterschlaf; guter Schwimmer, Einzelgänger.

Fortpflanzung: Paarungszeit III–VII („Balzkämpfe" der ♂), Tragzeit 4–6 Wochen, 1–2 Würfe zu je 2–7 blinden Jungen; Junge werden 30–35 Tage gesäugt, öffnen die Augen nach 23–25 Tagen, selbständig mit 5 Wochen.

Besonderheiten: Treffen zwei Maulwürfe außerhalb der Brunstzeit zusammen, so gehen sie sofort aufeinander los. Natürliche Feinde sind Wildschwein, Fuchs, Dachs, Marder sowie Raubvögel (Bussard, Eulen).

Igel

(Erinaceus europaeus); Fam. Erinaceidae (Igel)

Beschreibung: Größter einheimischer Insektenfresser, Kopf-Rumpf-Länge 25–35 cm, Schwanzlänge 2–4 cm, Widerristhöhe 12–15 cm; Gewicht 450–1200 g; Körper plump, Gesicht oft dunkel, mit spitzer Schnauze, recht kurzen Ohren und kleinen, schwarzen Augen; Stachel dunkel, mit hellen Spitzen, Unterseite variabel, rötlich bis hell gelblichbraun.

Fährte: Zu sehen ist hier eine breitbeinige Gehspur, die Trittsiegel der Hinterfüße überlappen oft diejenigen der Vorderfüße.

Lebensraum: Wiesen in Waldrandnähe, Hecken, Gärten, Parks, bis 2000 m.

Nahrung: Schnecken, Würmer, Insekten (Laufkäfer), auch junge Mäuse, Obst und Beeren.

Lebensweise: Dämmerungs- und nachtaktiv; im Sommer tagsüber versteckt in einer Mulde aus Gras, Moos und Laub; Winterschlaf (X–IV) in großen, gut verborgenen Haufen aus Stroh, Reisig und Heu; guter Läufer und Kletterer, Einzelgänger, ziemlich reviertreu.

Fortpflanzung: Paarungszeit IV–VIII, Tragzeit 5–7 Wochen, 1–2 Würfe zu je 2–10 blinden Jungen; Junge werden $2^1/_2$–3 Wochen gesäugt, öffnen die Augen mit 2–$2^1/_2$ Wochen, selbständig mit 6–7 Wochen.

Besonderheiten: Igel schnarchen, bei der Paarung geben sie grunzende, bei der Nahrungssuche schmatzende Laute von sich. Natürliche Feinde sind Raubtiere (Fuchs, Dachs, Iltis) und Eulen (Uhu).

Maulwurf
(Talpa europaea)

Igel (Erinaceus
europaeus)

Waldspitzmaus

(Sorex araneus); Fam. Soricidae (Spitzmäuse)

Beschreibung: Mittelgroße, häufigste einheimische Spitzmaus, Kopf-Rumpf-Länge 6–8,5 cm, Schwanzlänge 4,5–5,5 cm; Gewicht 4,5–16 g; lange, spitze Schnauze, mit braunen Zahnspitzen, Ohren und Augen winzig, im Fell versteckt; Schwanz lang, dünn; Fell samtig, Oberseite rötlich oder dunkelbraun, Unterseite hellgrau bis gelb, Flanken mit deutlichem hellen Band.

Lebensraum: Feuchte Orte in dichten Wäldern, Moore, Auwiesen, auch Parks, Gärten und grasreiche Hecken, Gebirge bis oberhalb Baumgrenze.

Nahrung: Insekten und deren Larven, kleine Schnecken, Würmer, auch junge Mäuse, Spitzmäuse und Amphibien.

Lebensweise: Tag- und nachtaktiv, hält sich in verlassenen Wühlmaus- und Maulwurfgängen auf, gräbt aber auch selbst; kugelförmiges Nest aus Gras, Moos und Laub an trockenen Stellen in Bodennähe; guter Läufer, Schwimmer und Kletterer; Einzelgänger.

Fortpflanzung: Paarungszeit IV–XII, Tragzeit 2–3 Wochen, meist 3–4 Würfe zu je 4–10 blinden Jungen; Säugezeit 21–23 Tage, Junge öffnen nach $2^1/_2$–3 Wochen die Augen und sind nach 23 Tagen selbständig.

Stimme: Helles Zwitschern.

Besonderheiten: Waldspitzmäuse sind eine ökologisch sehr breit angepaßte Art. Sie sind sehr gefräßig und schnüffeln auf der Suche nach Freßbarem überall umher. Waldspitzmäuse sondern einen moschusartigen Geruch ab.

Feldspitzmaus

(Crocidura leucodon); Fam. Soricidae (Spitzmäuse)

Beschreibung: Mittelgroße Spitzmaus, Kopf-Rumpf-Länge 6,5–9 cm, Schwanzlänge 3–4 cm; Gewicht 6–15 g; oberseits dunkelgrau, unterseits hellgrau, an Flanken klar abgesetzt, Schwanz zweifarbig, mit Borsten; Ohren ragen aus dem Fell heraus; Zahnspitzen farblos.

Lebensraum: Trockene Waldgebiete, Hecken und Felder, bis 1200 m.

Nahrung: Insekten, Würmer, Schnecken, auch tote Tiere.

Lebensweise: Dämmerungs- und nachtaktiv, lebt als Mitbewohner in Gängen und Bauen anderer Kleinsäuger.

Fortpflanzung: Paarungszeit III–IX, Tragzeit 31 Tage, 2–5 Würfe zu je 3–9 blinden Jungen; Säugezeit bis zu $3^1/_2$ Wochen, Junge öffnen nach knapp 2 Wochen die Augen und sind mit $5^1/_2$–6 Wochen selbständig.

Besonderheiten: Junge Tiere bilden „Spitzmauskarawane": Sie verbeißen sich hintereinander in die Schwanzwurzel eines Geschwisters und reiten dann auf dem Schwanz der Mutter. Natürliche Feinde sind Hauskatze, Schleiereule und Wiesel. Laut Roter Liste (Deutschland) **gefährdet.**

Waldspitzmaus
(Sorex araneus)

Feldspitzmaus *(Crocidura leucodon)*, bei der Paarung

Nagetiere

Die Nagetiere (Rodentia) bilden mit weltweit etwa 1700 Arten, davon knapp 60 in Europa, die größte Ordnung der Säugetiere. Das markanteste Kennzeichen sind die vier wie Meißel geformten Schneidezähne, die ständig nachwachsen. Mit Ausnahme der Ratten, die Allesfresser sind, ernähren sich die Nagetiere pflanzlich. Im Laufe der Evolution haben sie eine Vielzahl von Lebensräumen erobert, wie z. B. die Murmeltiere, welche die Hochgebirgszonen besiedelt haben. Einige Arten, wie z. B. Goldhamster und Gerbil, werden als Heimtiere gehalten, andere hingegen (etwa Hausmaus und Ratte), können mitunter zu lästigen Hausgenossen werden.

Eichhörnchen
(Sciurus vulgaris); Fam. Sciuridae (Hörnchenartige)

Beschreibung: In ganz Mitteleuropa verbreitetes Hörnchen, Kopf-Rumpf-Länge 21–25 cm, Schwanzlänge 15–20 cm; Gewicht 250–400 g; Fell rot, rötlichbraun bis schwarz, im Winter hellgrau bis dunkelgrau, Ohren dann mit deutlichem Haarbüschel, Bauch immer hell; Schwanz buschig, körperlang; Hinterbeine länger und kräftiger als Vorderbeine; Augen groß, dunkel.
Lebensraum: Lichte Wälder, mit altem Baumbestand und viel Unterholz, auch Gärten und Parks, im Hochgebirge bis über 2000 m.
Nahrung: Samen von Laub- und Nadelhölzern (Tannenzapfen), Nüsse (typische Fraßspuren!), Beeren, Pilze, Baumrinde, auch Insekten.
Lebensweise: Meist tagaktiv; Baumbewohner, baut sich kugelförmiges Schlaf- und Wurfnest (Kobel) aus abgenagten Ästen und Zweigen, hoch oben in Bäumen; kein Winterschlaf; guter Springer und Kletterer; häufig paarweise im Kobel, legt Vorratshöhlen für den Winter an.
Fortpflanzung: Paarungszeit XII–VII, Tragzeit 38 Tage, 1–2 Würfe zu je 2–5 blinden Jungen; diese werden 9–12 Wochen gesäugt, öffnen die Augen nach gut 30 Tagen und verlassen das Nest mitunter erst nach 6 Wochen.
Stimme: Bei Erregung lautes „tjuck tjuck tjuck".
Besonderheiten: Während der Paarung laufen die ♂♂ den ♀♀ in wahren Hetzjagden hinterher. Wenn das ♀ säugt, ist es gegen ♂ sehr aggressiv. Obwohl Eichhörnchen gerne Nüsse fressen, sind Mandeln für sie giftig! Natürliche Feinde sind Marder, Habicht und Uhu.

Haselmaus
(Muscardinus avellanarius); Fam. Gliridae (Schläfer, Bilche)

Beschreibung: Kleinste europäische Schläferart, Kopf-Rumpf-Länge 6,5–8,5 cm; Schwanzlänge 5,5–8 cm; Gewicht 15–35 g; Oberseite hellbraun, Unterseite hellgelblich-weiß, nicht scharf abgegrenzt; Schwanz dicht behaart; Ohren kurz; Nase rosafarben.
Lebensraum: Misch- und Laubwälder (alte Buchenbestände) mit viel Unterholz, dichte Hecken, aufgeforstete Kahlschläge, im Gebirge bis 1600 m.

Fraßspuren am Fichtenzapfen

Eichhörnchen
(*Sciurus vulgaris*)

Haselmaus (*Muscardinus avellanarius*)

Nahrung: Himbeeren, Brombeeren, Nüsse, Knospen, Insekten.

Lebensweise: Dämmerungs- und nachtaktiv, baut ein kunstvolles, kugelförmiges Nest (Schlafnest, Kinderstube) aus Gras, Blättern und Rindenstückchen, meist 1–2 m über dem Boden, auch hoch in Bäumen, in Baumhöhlen und Starenkästen. Winterschlaf (X–IV) in dickwandigen Nestern in Baumstümpfen oder -wurzeln, legt keinen Wintervorrat an; guter Kletterer und Springer, kein großes Revier (1000–2000 m), meist Einzelgänger.

Fortpflanzung: Paarungszeit IV–X, Tragzeit 3–3$\frac{1}{2}$ Wochen, 1–2 Würfe zu je 2–7 (meist 3–4) blinden Jungen; diese werden 4 Wochen gesäugt, öffnen die Augen mit 16 Tagen, selbständig nach 6 Wochen; nach dem 1. Winterschlaf geschlechtsreif.

Besonderheiten: Haselmäuse leben besonders gerne in Haselbüschen (Name!), aber auch in Wäldern, in denen viele Brombeer- und Himbeersträucher wachsen.

Siebenschläfer
(Glis glis); Fam. Gliridae (Schläfer, Bilche)

Beschreibung: Größter einheimischer Schläfer, Kopf-Rumpf-Länge 14–20 cm, Schwanzlänge 10–18 cm; Gewicht 70–160 g; Fell dicht und weich, Oberseite hellgrau-silbrig, Unterseite weiß; buschiger Schwanz; Ohren klein, rund, Augen klein, schwarz, dunkel gesäumt.

Lebensraum: Laub- und Mischwälder (alte Eichenbestände), Gärten, Parks, oft auch in Jagd- und Waldhütten, im Gebirge bis 1200 m.

Nahrung: Blätter, Knospen, frische Rinde, Eicheln, Bucheckern, Obst und Beeren, mitunter auch Insekten und Vogeleier.

Lebensweise: Dämmerungs- und nachtaktiv, baut kugelförmiges Nest aus Zweigen, Moos und Laub; Winterschlaf (X–V) in selbstgegrabener Erdhöhle (in 1 m Tiefe), rollt sich zu einer Kugel zusammen, wobei die Schnauze vom Schwanz bedeckt ist; sehr guter Springer und Kletterer, lebt gesellig in Familiengruppen, trächtige ♀♀ meist einzeln, meist reviertreu.

Fortpflanzung: Paarungszeit VI–IX, Tragzeit 30–32 Tage, 1 Wurf mit 4–11 blinden Jungen; Säugezeit 4–5 Wochen, Öffnen der Augen mit 3–3$\frac{1}{2}$ Wochen, Junge sind mit ca. 8 Wochen selbständig.

Besonderheiten: Die antiken Römer schätzten fette Siebenschläfer als Delikatesse. Die Tiere wurden damals in einem Glirarium – heute würde man es als „Siebenschläferfarm" bezeichnen – gemästet. Zu den heutigen natürlichen Feinden zählen vor allem Marder und Eulen.

Schermaus
(Arvicola terrestris); Fam Arvicolidae (Wühlmäuse)

Anderer Name: Ostschermaus.

Beschreibung: Größte einheimische Wühlmaus, Kopf-Rumpf-Länge 12–22 cm, Schwanzlänge 7–10 cm; Gewicht 80–270 g; Fellfärbung sehr variabel, Oberseite schwarz, dunkelbraun, graubraun oder grau, mitunter röt-

Siebenschläfer
(Glis glis)

Schermaus
(Arvicola terrestris)

Schermaus
(Arvicola terrestris)

lich überflogen, Unterseite dunkelgrau bis weißgrau; Augen klein, Ohren kurz, ragen kaum aus dem Fell heraus, Schwanz drehrund, geringelt, etwa halbe Körperlänge.

Lebensraum: Ökologisch sehr anpassungsfähig; dichtbewachsene Uferbereiche, Feuchtwiesen, aber auch wasserferne Standorte, Gärten, sogar Dünen und trockene Kieferwälder, im Gebirge bis 2400 m.

Nahrung: Wasserpflanzen, Wurzeln aller Art, Schilf, wasserfern lebende Schermäuse fressen auch Früchte, Gemüse und Obstbaumwurzeln.

Lebensweise: Tag- und nachtaktiv; legt an Steilufern ausgedehnte, unterirdische Gangsysteme an; kugelförmiges Nest aus Halmen, Blättern und anderem Pflanzenmaterial mitunter auch oberirdisch; kein Winterschlaf; guter Schwimmer und Taucher; ungesellig, meist paarweise lebend.

Fortpflanzung: Paarungszeit III–X, Tragzeit gut 21–22 Tage, 2–5 Würfe zu je 2–10 blinden Jungen; Säugezeit 12 Tage, Öffnen der Augen mit 9–10 Tagen, Junge selbständig mit 2–3 Wochen, geschlechtsreif mit 8–9 Wochen.

Besonderheiten: Viele natürliche Feinde, u. a. Hauskatze, Iltis, Hermelin, Fischotter, Reiher, Storch, Uhu, Waldkauz und sogar der Hecht.

Rötelmaus

(Clethrionomys glareolus); Fam. Arvicolidae (Wühlmäuse)

Anderer Name: Waldwühlmaus.

Beschreibung: Kopf-Rumpf-Länge 7,5–13,5 cm, Schwanzlänge 4–7 cm; Gewicht 12–34 g; Oberseite rötlich bis kastanienbraun, Flanken grau-rötlich, Unterseite weißlichgrau, scharf abgesetzt; Schwanz etwa halbe Körperlänge, zahlreich geringelt, zweifarbig (oberseits graubraun, unterseits weißlich); Ohren groß, ragen gut erkennbar aus dem Fell heraus; Augen groß, schwarz.

Lebensraum: Unterholzreiche Misch- und Laubwälder, Waldränder und Hecken, meist in der Ebene, im Gebirge bis 2000 m.

Nahrung: Körner, Samen, Knospen, Knollen, Krautpflanzen und Pilze.

Lebensweise: Meist dämmerungs- und nachtaktiv, in M-Europa auch am Tage zu sehen; legt weitverzweigte Gangsysteme unter der Erdoberfläche an; baut Wurfnester und „Vorratskammern" aus Gras, Moos und trockenem Laub; kein Winterschlaf; lebt gesellig.

Fortpflanzung: Paarungszeit IV–X, Tragzeit $2\frac{1}{2}$–3 Wochen, 2–4 Würfe zu je 2–8 nackten, blinden Jungen; Säugezeit 1 Monat, Augen nach 13 Tagen geöffnet, Fell nach 25 Tagen komplett, selbständig nach 30 Tagen.

Besonderheiten: Wenn ♀♀ beim Säugen gestört werden, so verbeißen sich die Jungen an den 4 Zitzenpaaren der flüchtenden Mutter und werden mitgetragen. Natürliche Feinde sind u. a. Katzen, Kreuzotter und Marder.

Feldmaus

(Microtus arvalis); Fam. Arvicolidae (Wühlmäuse)

Beschreibung: Mittelgroße Wühlmaus, Kopf-Rumpf-Länge 8–12,5 cm, Schwanzlänge 3–4,5 cm; Gewicht 19–42 g; Fell kurzhaarig, glatt; Oberseite

Rötelmaus *(Clethrio-
nomys glareolus)*

Feldmaus
(Microtus arvalis)

braungrau bis graugelblich, Unterseite gelblichgrau, unscharf abgesetzt; Schwanz kurz, 55– bis 80fach geringelt, einfarbig; Ohren klein; Hinterfüße mit 6 Sohlenschwielen.

Lebensraum: Offenes Terrain, Wiesen, Weiden, Felder und Gärten, fehlt in reinen Waldgebieten, im Gebirge bis 2400 m; häufigste europäische Wühlmaus (fehlt in Großbritannien, Skandinavien und Teilen Spaniens, Portugals und Italiens, sowie auf den Mittelmeerinseln).

Nahrung: Gräser, Krautpflanzen, Wurzeln, Samen und Feldfrüchte.

Lebensweise: Tag- und nachtaktiv; legt ein weitverzweigtes, unterirdisches Gangsystem mit zahlreichen Öffnungen an, im Winter auch oberirdisch zwischen Gras und Schneedecke, die Gänge sind nach der Schneeschmelze oft gut zu erkennen. Kugeliges Nest aus fein zerschlissenem Heu; kein Winterschlaf; sehr bewegungsfreudig, gesellig, guter Schwimmer. Massenvermehrung alle 4 Jahre, dann Populationszusammenbruch.

Fortpflanzung: Paarungszeit III–X, Tragzeit 16–24 Tage, 3–6 Würfe zu je 2–12 nackten, blinden Jungen; Säugezeit 12 Tage, Augen nach 9 Tagen geöffnet, selbständig nach 3 Wochen.

Besonderheiten: Mehrere ♀♀ bilden oft Nestgemeinschaften. Normal quieken die Tiere schrill und hoch, bei Gefahr fauchen und zischen sie. Zu den natürlichen Feinden zählen Eulen (Uhu, Waldkauz, Schleiereule), Greifvögel (Turmfalke, Mäusebussard) und Weißstorch, aber auch Katzen, Mauswiesel, Fuchs, Kreuzotter sowie Spitzmäuse.

Bisamratte

(Ondatra zibethica); Fam. Arvicolidae (Wühlmäuse)

Anderer Name: Bisam.

Beschreibung: Etwa kaninchengroße Wühlmaus, Kopf-Rumpf-Länge 25–40 cm, Schwanzlänge 20–27 cm; Gewicht 600–2400 g; Körper gedrungen; Schwanz nackt, schwarz, relativ lang, seitlich zusammengedrückt, Ruderorgan; Fell dicht und weich, Oberseite rötlichbraun bis schwarzgrau, Unterseite hellgrau bis hellbraun, Ohren recht kurz, ragen kaum aus dem Fell heraus.

Lebensraum: Teiche und Seen mit üppiger Wasservegetation, auch langsam fließende Bäche und künstliche Gewässer (Kanäle, Stauseen).

Nahrung: Wasserpflanzen, Rinde, Früchte, Wurzeln, mitunter auch Schnecken und Muscheln.

Lebensweise: Dämmerungs- und nachtaktiv; baut Gangsysteme an Steilufer sowie kegelförmige Burgen (aus Seggen, Binsen und Schilf), deren Eingänge unter Wasser liegen; kein Winterschlaf; guter Schwimmer und Taucher.

Fortpflanzung: Paarungszeit III–IX; Tragzeit 1 Monat, 2–3 Würfe zu je 2–8 blinden Jungen; Säugezeit 18 Tage, Öffnen der Augen mit 10–14 Tagen, Haarentwicklung nach 4 Wochen abgeschlossen, selbständig mit 4 Wochen, geschlechtsreif nach 3–5 Wochen.

Besonderheiten: Bisamratten stammen ursprünglich aus Nordamerika. Sie wurden erst 1905 bei Prag ausgesetzt und haben sich seitdem konstant ausgebreitet. Sie besitzen Moschusdrüsen, die einen markanten Duft ausströmen. Die natürlichen Feinde sind Füchse, Fischotter und Uhus.

Bisamratte
(Ondatra zibethica)

Waldmaus
(Apodemus silvaticus); Fam. Muridae (Echte Mäuse)

Beschreibung: Weitverbreitete Maus (etwa hausmausgroß); Kopf-Rumpf-Länge 8–11 cm, Schwanzlänge 7–11 cm; Gewicht 15–32 g; Oberseite rötlich-graubraun, Unterseite weißlichgrau; große dunkle Augen, große Ohren; Schwanz etwa körperlang.

Lebensraum: Misch- und Laubwälder, Hecken, Gärten, auch Parks, im mittelgroße, häufigste europäische Wühlmaus (fehlt in Großbritannien, Skandinavien und Teilen Spaniens, Portugals und Italiens, sowie auf den Mittelmeerinseln); Gebirge bis 2000 m.

Nahrung: Samen (Eicheln, Bucheckern und Haselnüsse – typische Fraß-spuren!), Knospen, Früchten und Beeren.

Lebensweise: Dämmerungs- und nachtaktiv, legt Gangsystem mit Nest (aus trockenem Gras und Moos) und Vorratslagern an; kein Winterschlaf; guter Läufer, Kletterer und Springer (weite Bogensprünge); Einzelgänger.

Fortpflanzung: Paarungszeit IV–X; Tragzeit 23–24 Tage, 3–4 Würfe zu je 4–9 blinden Jungen; Säugezeit knapp 14 Tagen, Junge öffnen dann die Augen und sind mit 3 Wochen selbständig.

Besonderheiten: Zum Öffnen einer Haselnuß nagt die Maus zunächst ein kleines Loch in die Schale, in das sie die unteren Schneidezähne steckt. Mit den oberen Schneidezähnen hält sie die äußere Nußschale fest, während sie die Nuß mit den Pfoten kreisförmig bewegt und mit den unteren Zähnen wie ein Dosenöffner aufmeißelt.

Hausmaus
(Mus musculus); Fam. Muridae (Echte Mäuse)

Beschreibung: Körper klein, schlank, mit spitzer Schnauze; Kopf-Rumpf-Länge 7,2–11,5 cm, Schwanzlänge 5–11 cm; Gewicht 10–36 g; Oberlippe gespalten, Hinterseiten der oberen Schneidezähne mit rechtwinkligen Einschnitten; Schwanz nackt, dick, mit 150 bis 200 Ringen, Ohren lang; Augen recht klein; typisch der muffige Mäusegeruch; ♀ meist größer und schwerer als ♂. Bei der westlichen Unterart *(Mus musculus domesticus)* ist die Oberseite grauschwarz bis weißlichgrau gefärbt, und der Schwanz etwa körperlang; östliche Unterart *(Mus musculus domesticus)* mit kürzerem Schwanz und gelbbrauner Oberseite.

Lebensraum: Kulturfolger, der weltweit (Kosmopolit) in menschlichen Behausungen, in Scheunen, Ställen, Getreidespeichern und sogar in Kühlhäusern lebt; in Nordeuropa im Sommer auch im Freiland.

Nahrung: Körner (Getreide), Samen, auch Insekten und Lebensmittel (Käse, Speck).

Lebensweise: Meist dämmerungs- und nachtaktiv; leben im Familienverband (1 dominantes ♂, 1 oder mehrere ♀♀ sowie Jungtiere verschiedener Altersstufen) in einem festen Territorium, dessen Grenzen mit Harn markiert werden; tagsüber Aufenthalt im Versteck (Hohlräume, Zwischen-

Waldmaus (Apodemus silvaticus)

Hausmaus (Mus musculus)

decken, Verschalungen), deren Öffnungen („Mauselöcher") bis zu 3 cm ⌀ haben können; in Häusern lebende Mäuse bauen Nester aus Papier- und Lumpenfetzen; Verständigung durch hohes Quieken und Fiepen; gute Kletterer, Läufer und Schwimmer.

Fortpflanzung: Paarungszeit in Gebäuden ganzjährig (bis zu 8 Würfe), bei Freilandarten von IV–X (bis zu 4 Würfe), Tragzeit $3^1/_2$–4 Wochen, jeweils 3–8 nackte, blinde Junge; Säugezeit $3^1/_2$ Wochen, Augen nach 13 Tagen offen, Haarentwicklung ab dem 2. bis 3. Tag, selbständig nach 30 Tagen, geschlechtsreif nach $1^1/_2$ Monaten. Hausmäuse werden bis zu 3 Jahre alt.

Besonderheiten: Wenn eine Mäusepopulation eine kritische Größe überschritten hat, wird die Dichte der Gruppe dadurch reguliert, daß die heranwachsenden ♀♀ vorübergehend steril sind, möglicherweise durch hormonelle Störungen, verursacht durch den Streß der Überbevölkerung. Sämtliche Formen der weißen Labormaus entstammen der Hausmaus und werden trotz heftiger Diskussion um den Tierschutz in vielen Bereichen der medizinischen Forschung als Versuchstier eingesetzt. Die natürlichen Feinde sind Raubtiere (Katze), Greifvögel und Eulen.

Wanderratte

(Rattus norvegicus); Fam. Muridae (Echte Mäuse)

Beschreibung: Große, kräftige Ratte (größer als die Hausratte); Kopf-rumpflänge 20–28 cm, Schwanzlänge 17–23 cm; Gewicht 280–550 g; Schnauze stumpf, Ohren und Augen verhältnismäßig klein; Oberseite grau- bis rötlichbraun, mitunter schwarzbraun, Unterseite weißlichgrau, undeutlich abgesetzt; Schwanz etwa körperlang, nackt, zahlreich geringelt (160–200 Ringe); Füße blaß rosa.

Lebensraum: Weltweit in menschlichen Behausungen, Vorratshäusern und Stallungen, auch in Kanalsystemen und Kloaken.

Nahrung: Allesfresser, greift andere Wirbeltiere bis Kaninchengröße an, tötet und frißt diese; auch Getreide, Samen, Lebensmittel, Aas.

Lebensweise: Meist dämmerungs- und nachtaktiv, guter Taucher und Schwimmer; Zusammenleben in Familienrudeln, die streng hierarchisch geordnet sind; Kämpfe um die Rangordnung nicht selten. Die Tiere sind sehr aggressiv und greifen auch Menschen an. Im Gegensatz zur Hausratte legen die Tiere ausgedehnte Erdbaue an, die neben mehreren Eingängen auch Wohnkessel und „Vorratskammern" enthalten. Das Nest wird unter Verwendung von Gras, Laub und Papier unweit einer Nahrungsquelle gebaut. Wanderratten können Rudel aus bis zu 200 Individuen bilden, die sich untereinander am Geruch erkennen.

Fortpflanzung: Bei ausreichender Ernährung erfolgt die Paarung ganzjährig, ansonsten von IV–X; Tragzeit 3–$3^1/_2$ Wochen, 4–6 Würfe aus zu je 6–9 (bis 13) nackten, blinden Jungen; Säugezeit 3 Wochen, Augenöffnen nach 2 Wochen, selbständig nach 6–7 Wochen.

Besonderheiten: Stammform der weißen Laborratte. Wanderratten verursachen große Fraßschäden an Nahrungsmitteln, nagen Elektrokabel und Wasserleitungen an und übertragen Seuchen (Paratyphus). Sie besitzen

Hausmaus
(*Mus musculus*)

Wanderratte
(*Rattus norwegicus*)

ein größeres Repertoire an Fauch-, Knurr-, Fiep- und Quiektönen. Natürliche Feinde sind u. a. Uhu, Fuchs, Hunde, Katzen und verschiedene Marderarten

Hasentiere

Diese rein vegetarisch lebende Tiergruppe wurde früher den Nagetieren zugeordnet. Heute jedoch betrachtet man sie aufgrund des stark abweichendes Gebisses als eigene Ordnung (Lagomorpha). Typisch ist ein Paar zusätzlicher Schneidezähne, die hinter den „normalen" Schneidezähnen sitzen. In Mitteleuropa leben drei Arten, wobei sich die Verbreitung des Schneehasen *(Lepus timidus)* auf den Alpenraum beschränkt.

Feldhase

(Lepus capensis [= Lepus europaeus]);
Fam. Leporidae (Hasen und Kaninchen)

Beschreibung: Kopf-Rumpf-Länge 40–80 cm, Schwanzlänge 7–12 cm, Widerristhöhe bis 30 cm; Gewicht 2,5–7 kg; Fell dicht und wollig, Oberseite graubraun bis gelblichgrau, schwarz gesprenkelt, Unterseite weiß; Fell im Winter hellgrau-weißlich; Schwanz („Blume") dicht, oberseits dunkel, unterseits weiß; Hinterbeine länger als Vorderbeine; Ohren („Löffel") lang, mit schwarzen Spitzen, können angelegt werden; Schnauze gespalten. Fährte: Die normale Gangart des Hasens ist das Hoppeln; die breiten Hinterpfoten werden nebeneinander vor den Vorderpfotenn aufgesetzt, die wiederum hintereinander aufgesetzt werden.

Lebensraum: Offene Felder, Wiesen und Äcker, auch im Wald, im Gebirge bis 1600–1800 m.

Nahrung: Krautpflanzen, Knospen, Gräser; als Kot nahezu kugelförmige Kotballen („Hasenkötel"), nur aus pflanzlichen Resten, 1,5–2 cm.

Lebensweise: Dämmerungs- und nachtaktiv, ruht tagsüber in selbst angelegten flachen Bodenmulden („Sassen"); kein Winterschlaf; kann aufgrund der langen Hinterbeine hervorragend laufen und geschickt Haken schlagen; Einzelgänger (außer zur Paarungszeit), ortstreu.

Fortpflanzung: Paarungszeit I–VII (Höhepunkt der „Rammelzeit" III–IV), Tragzeit 6 Wochen, die Häsin setzt in offener Nestmulde unterschiedlich große Würfe ab: Der 1. Wurf besteht meist aus 1–2 Jungen, der 2. bis 4. Wurf aus 2–4 Jungen (im Uterus des ♀ sitzen unterschiedlich entwickelte Föten, so daß die Targzeit der einzelnen Würfe auch weniger als 6 Wochen betragen kann); Junge werden 21 Tage gesäugt, sind selbständig mit 3–4 Wochen und am Ende des 1. Lebensjahres geschlechtsreif.

Besonderheiten: Männliche Hasen („Rammler") führen zur Balzzeit „Boxkämpfe" durch. Die natürlichen Feinde sind Fuchs, Wiesel, Katze, Marder und Uhu. Der Hase wird im Volksmund „Mümmelmann" oder „Meister Lampe" genannt. Bei den Germanen war er der Frühlingsgöttin Ostara zugeordnet, daher leitet sich der Name „Osterhase" ab.

Feldhase
(Lepus capensis)

Feldhase,
Spuren im Schnee

Feldhase,
Losung

Wildkaninchen

(Oryctolagus cuniculus); Fam. Leporidae (Hasen und Kaninchen)

Beschreibung: Kopf-Rumpf-Länge 35–45 cm (kleiner als ein Hase); Schwanzlänge 4–8 cm; Widerristhöhe 16–18 cm; Gewicht 700–1000 g; Fell ähnlich dem des Feldhasen, Oberseite dunkelgrau mit schwarzen Sprenkeln, Unterseite weiß; Kopf rundlich; Ohren lang, nicht abgeklappt; Hinterbeine länger als Vorderbeine; Schwanz kurz, wollig.

Lebensraum: Lehmige, sandige und felsige Böden, lichte Wälder, Parkanlagen, Gärten.

Nahrung: Krautpflanzen, Wurzeln, Gemüse; Kotballen ähnlich wie beim Hasen, insgesamt kleiner (etwa 0,1 cm).

Lebensweise: Dämmerungs- und nachtaktiv; legt weitverzweigtes, bis 3 m tiefes Gangsystem mit mehreren Schlafkesseln an; Geburt der Jungen in gepolstertem Wurfnest, einer Röhre mit nur einem Eingang; Familienkolonien aus bis zu 25 Tieren, soziale Rangordnung (Fortpflanzung nur bei ranghöheren Tieren); reviertreu; läuft gut und schlägt ebenfalls Haken; meist stumme Tiere, bei Gefahr wird mit den Hinterläufen auf den Boden getrommelt.

Fortpflanzung: Paarungszeit II–X (ganzjährig in Südeuropa); Tragzeit 28–31 Tage, 4–7 Würfe zu je 1–15 blinden, nackten Jungen; Säugezeit 21 Tage, Öffnen der Augen mit 10 Tagen, selbständig mit 4–5 Wochen, geschlechtsreif nach 4–5 Monaten.

Besonderheiten: Ursprünglich aus Spanien und Nordafrika stammend, wurde das Wildkaninchen in historischer Zeit durch den Menschen im übrigen Europa verbreitet. Größere Verluste als durch Raubtiere und Eulen (als natürliche Feinde) wurden dem Kaninchen in moderner Zeit durch das Myxomatose-Virus zugefügt.

Raubtiere

Nur 10 Prozent der weltweit vorkommenden Raubtierarten leben auch in Europa. Es handelt sich bei dieser Ordnung (Carnivora) um in erster Linie fleischfressende Tiere, die folglich gute Jäger sind. Ihr Gebiß ist durch stark entwickelte Eckzähne und meist scharfe Reißzähne (Backenzähne) gekennzeichnet. Besonders der Geruchs- und Gehörsinn sind hoch entwickelt. Sie halten keinen echten Winterschlaf, manchmal aber eine Winterruhe.

Rotfuchs

(Vulpes vulpes); Fam. Canidae (Hundeartige)

Beschreibung: Überall verbreitetes einheimisches Raubtier; Kopf-Rumpf-Länge 50–90 cm, Schwanzlänge 30–50 cm, Widerristhöhe 35–40 cm; Gewicht 4–10 kg; Körper schlank; Fell rostrot bis rotbraun, Unterseite bis Kehle weiß, spitze Schnauze mit weißer Lippe; Schwanz buschig, mit weißer

Wildkaninchen
(Oryctolagus cuniculus)

Wildkaninchen
vor dem Bau

Wildkaninchen

Spitze; Ohren außen dunkel; Beine ebenfalls dunkel; Fährte: typische „Schnürspur" (d. h. der Fuchs trabt), Vorder- und Hinterpfoten werden in einer Linie hintereinandersetzt.

Lebensraum: Wälder aller Art, Parklandschaften, im Gebirge bis 4500 m ü.N.N.

Nahrung: Hauptsächlich Mäuse, sonst kleine und junge Säugetiere (bis Kitzgröße), Vögel (bis Gansgröße), auch Aas, Eier, Schnecken und Würmer, gelegentlich auch Obst und Beeren; dicke, wurstförmige Kotballen, in einem schraubigen Zipfel endend, werden als „Duftmarken" an erhöhter Stelle (Baumstümpfe, Wurzelknorren, kleine Hügel) abgesetzt.

Lebensweise: Dämmerungs- und nachtaktiv; legt zum Wohnen und zur Aufzucht der Jungen weitverzweigten Baue (Haupt- und Nebenbaue) mit einem Wohnkessel sowie mehreren Ein- und Ausgängen an, mitunter auch in alten Kaninchenbauen oder verlassenen bzw. bewohnten Dachsbauen (Fuchs und Dachse leben dann Seite an Seite, allerdings in verschiedenen Kesseln); Territorium (bis zu 100 ha groß) wird durch Duftmarken gekennzeichnet; riecht, hört und sieht gut, kann hervorragend laufen; Einzelgänger (außer zur Paarung).

Fortpflanzung: Paarungszeit („Ranzzeit") I–II; Tragzeit 50–55 Tage, ein Wurf zu 3–12 blinden Jungen; Säugezeit 4 Wochen, Öffnen der Augen nach 12–13 Tagen, selbständig mit 3–4 Monaten, geschlechtsreif nach mehr als 9 Monaten.

Besonderheiten: Sehr variable Fellfärbung, bekannte Farbvarianten sind Brandfuchs (Kehle, Bauch und Schulter dunkel), Kohlfuchs (Unterseite fast schwarz), Kreuzfuchs (dunkles Schulterkreuz) und Birkenfuchs (helle Variante). Füchse übertragen den für Menschen schädlichen Fuchsbandwurm sowie Tollwut; die Impfaktionen der Forstbehörden gegen Tollwut haben mittlerweile soviel Erfolg gezeigt, daß heute von der früher üblichen „Vergasung" der Fuchsbaue abgesehen wird und sich die Fuchsbestände wieder erholt haben.

Fischotter

(Lutra lutra); Fam. Mustelidae (Marderartige)

Beschreibung: Im Wasser lebender, einheimischer Marder; Kopf-Rumpf-Länge 60–95 cm, Schwanzlänge 25–55 cm, Widerristhöhe 25–30 cm; Gewicht 5,5–10 kg; Fell dicht, wasserabweisend, Oberseite glänzend braun, Unterseite silbrig graubraun; Körper schlank; Schwanz lang, fleischig, an der Basis recht dick; Kopf breit, flach, mit runder Schnauze und kräftigem Schnauzbart, Nasenlöcher verschließbar, Ohren recht klein, rund; Füße kurz, stämmig, mit Schwimmhäuten zwischen den Krallen.

Lebensraum: Stehende und gemächlich fließende Gewichtässer mit bewaldeten Ufern und vielen Versteckmöglichkeiten, auch Sümpfe, Meeresküsten und Flußmündungen, im Gebirge bis 2500 m ü.N.N.

Nahrung: Wassertiere wie Fische, Frösche, Schnecken, Würmer, auch Kleinsäugetiere und Wasservögel.

Lebensweise: Dämmerungs- und nachtaktiv, gelegentlich am Tage sicht-

Rotfuchs *(Vulpes vulpes)*

Rotfuchs, Fuß-
spuren im Schnee

Rotfuchs, Losung

Fischotter *(Lutra lutra)*

Fischotter, Fußspuren

bar; lebt in selbstgegrabenem Bau im Ufer, mit einer über der Wasserlinie gelegenen Wohnhöhle („Kessel") und einem „Unterwassereingang" (50 cm unter Wasserlinie); hervorragender Schwimmer und Taucher (bis 10 min); Einzelgänger, paarweise oder im Familienverband, reviertreu.

Fortpflanzung: Paarungszeit ganzjährig; Tragzeit 63 Tage, Wurfgröße 1–5 blinde Jungen, die 49–56 Tage gesäugt werden, nach 28–35 Tagen die Augen öffnen und nach 6–9 Monaten selbständig sind; nach 2–3 Jahren geschlechtsreif.

Besonderheiten: Otter spielen gerne „Schwanzhaschen" und „Verfolgen im Wasser"; an Land „rodeln" sie im Winter oft bäuchlings einen steilen Eishang hinab. Laut Roter Liste (Deutschland) **vom Aussterben bedroht.**

Dachs
(Meles meles); Fam. Mustelidae (Marderartige)

Beschreibung: Größter einheimischer Marder (etwa fuchsgroß); Kopf-Rumpf-Länge 60–75 cm, Schwanzlänge 15–20 cm, Widerristhöhe bis 30 cm; Gewicht 10–18 kg (manche ♂ bis 25 kg); Körper plump, flacher Kopf mit länglicher Schnauze, Ohren und Augen klein; Schwanz kurz; Beine kurz, kräftig, mit langen Krallen; Fell langhaarig, grauweiß, Rücken mit schwarzem „Aalstrich", Kopf weiß mit 2 breiten schwarzen Bändern. Fährte: typische Spur mit langen Krallenabdrücken (Dachse „nageln" beim Gehen).

Lebensraum: Laub- und Mischwald.

Nahrung: Schnecken, Würmer, Insekten, kleine Säugetiere (Maulwürfe, Mäuse), Frösche, Eidechsen, Eier und Jungvögel, auch Aas, Obst, Pilze und Beeren.

Lebensweise: Nacht-, seltener dämmerungsaktiv; gräbt als Bau an abgelegenen Stellen ein Gangsystem („Dachsbau") mit Einfahrtsröhre, Wohnkessel, mehreren Fluchtgänge sowie einer „Latrine", in der er Kot und Abfälle vergräbt; lange Winterruhe, doch kein echter Winterschlaf; Einzelgänger, paarweise oder im Familienverband, reviertreu.

Fortpflanzung: Paarungszeit II–X (Hauptranz VII–VIII, Nebenranz X); Tragzeit 7–13 Monate, ein Wurf zu 3–5 nackten, blinden Jungen, die zwischen I–IV in gepolsterter Wurfgrube geboren werden; Säugezeit 2–3 Monate, Öffnen der Augen nach 10–12 Tagen, selbständig mit 6 Monaten.

Besonderheiten: Die langen Haare von „Meister Grimbart", wie der Dachs in der Sage genannt wird, werden zu Rasierpinseln verarbeitet.

Steinmarder
(Martes foina); Fam. Mustelidae (Marderartige)

Beschreibung: Stämmiger, kurzbeiniger Marder (etwa so groß wie eine kleine Katze); Kopf-Rumpf-Länge 40–48 cm, Schwanzlänge 23–27 cm, Widerristhöhe ca. 12 cm; Gewicht 1–2,3 kg; Färbung braungrau, mit hellgrauer Unterwolle, charakteristischer weißer, gabelförmiger Brustfleck (bis zu den Vorderbeinen); Schwanz lang, buschig; Ohren mittelgroß; Nase rosa.

Fischotter *(Lutra lutra)*, frißt Fisch

Dachs *(Meles meles)*

Fußspuren

Lebensraum: Felsiges, offenes Terrain mit vielen Unterschlupfmöglichkeiten, Waldränder, Gärten, Parks, im Gebirge bis 2500 m.

Nahrung: Kleine Säugetiere (bis Hasengröße), Vögel (bis Hühnergröße), Lurche, Reptilien, Insekten, Früchte und Eier, in der Nähe menschlicher Siedlungen auch Haushühner, Tauben und Stallkaninchen.

Lebensweise: Überwiegend nachtaktiv, jagt meist am Boden, klettert an Felsen empor, seltener an Bäumen; bewohnt Baumhöhlen, Erd- und Felsspalten, auch Dachstühle und Ställe.

Fortpflanzung: Paarungszeit VII–VIII, Tragzeit $8^1/_2$ Monate (verzögerte Tragzeit!), ein Wurf im IV–V, 2–7 blinde Junge; Öffnen der Augen nach 5 Wochen, selbständig mit etwa 3 Monaten, geschlechtsreif mit 1–2 Jahren.

Besonderheiten: In manchen Gegenden Deutschlands gelten Steinmarder als „KFZ-Vandalen", die Zünd-, Bremskabel und andere Gummiteile an Autos zernagen.

Iltis
(Mustela putorius [=Putorius putorius]); Fam. Mustelidae (Marderartige)

Anderer Name: Waldiltis, Ratz.

Beschreibung: Mittelgroßer Marder (größer als eine Hauskatze); Kopf-Rumpf-Länge 32–45 cm, Schwanzlänge 12–20 cm, Widerristhöhe 4,5–6,5 cm; Gewicht 600–1500 g; Körper schlank, hinterer Rückenbereich (Becken) buckelartig; Gesicht dunkel, mit heller Schnauze und weißlich-gelber Gesichtsmaske, Ohren rund, klein, weiß gerandet, ragen kaum aus dem Fell heraus; Beine kurz; Schwanz buschig, mittellang; variable Färbung, dunkelbraun bis schwarz, mitunter auch rötlichbraune Varianten.

Lebensraum: Bewaldetes Kulturland und Flachland, nicht in ausgedehnten Waldgebiete, oft in Gewässernähe und nahe Ortschaften, im Gebirge bis 2000 m.

Nahrung: Kleine Säugetiere (bis Kaninchengröße), Frösche, Fische, Eidechsen, Vögel und Eier, auch Raupen, Schnecken und Würmer; Kotballen dunkel, lang gedreht (gezwirbelt), nicht so groß wie Marderlosung.

Lebensweise: Dämmerungs- und nachtaktiv, tagsüber gerne versteckt in Felsritzen, Scheunenböden, Holzhaufen oder Kaninchenbauen; guter Läufer, Taucher und Schwimmer, doch schlechter Kletterer; Einzelgänger und Mutterfamilien.

Fortpflanzung: Paarungszeit II–IV, Tragzeit 40–42 Tage, ein Wurf mit 3–8 blinden Jungen, die 42 Tage gesäugt werden und mit 35 Tagen die Augen öffnen; Färbung der Jungen zunächst weiß, nach 3 Wochen allmählich wie die erwachsenen Tiere, selbständig im IX–X, geschlechtsreif nach etwa 9 Monaten.

Besonderheiten: Die Tiere spritzen bei Bedrohung ein übel riechendes Sekret aus ihren Analdrüsen aus; daher stammt die Redewendung „stinkt wie ein Iltis"; natürliche Feinde sind Fuchs, Dachs, Steinmarder und Uhu. Laut Roter Liste (Deutschland) **gefährdet**.

Steinmarder
(Martes foina)

Iltis
(Mustela putorius)

Paarhufer

Der weltweit verbreiteten Ordnung der Paarhufer (Artiodactyla) werden beinahe alle größeren Pflanzenfresser wie Hirsche, Rinder, Schafe, Schweine und Antilopen zugeordnet. Charakteristisches Merkmal sind die gespaltenen Hufe: Das gesamte Körpergewicht der Tiere lastet auf der 3. und 4. Zehe der Vorder- und Hinterbeine. Bei fast allen Paarhufern (Ausnahme: Schwein und Wasserreh) besitzen zumindest die männlichen Tiere Hörner oder ein Geweih. Häufig wird die pflanzliche Nahrung in einem speziell gebauten Magen erneut gekaut (Wiederkäuer).

Rothirsch
(Cervus elaphus); Fam. Cervidae (Hirsche)

Beschreibung: Größter einheimischer Hirsch; Kopf-Rumpf-Länge 1,6–2,5 m, Widerristhöhe 12–15 cm, Schwanzlänge 12–14 cm; Gewicht 95–350 kg; Fell kastanienbraun bis rötlichbraun (im Sommer), graubraun (im Winter); Bereich um den Schwanz („Spiegel") rötlichgelb bis gelblich, Schwanz oben dunkel, Nase schwarz; Hirschkälber rötlichbraun mit weiß gesprenkeltem Rücken; ♂ mit Halsmähne (Herbst und Winter), mit individuellem, aus mehreren Spitzen bestehenden Geweih, das je nach Alter unterschiedlich ausfällt; Geweih wird im Frühjahr abgeworfen (II–IV) und sofort durch neues, von sogenanntem Bast überzogenes Folgegeweih ersetzt; Bast wird im Juli bis August abgescheuert („Fegezeit"); ♀ ohne Geweih; Fährte: recht breites Trittsiegel, das zur Spitze hin gleichmäßig gewölbt ist.
Lebensraum: Dichte Wälder, auch im Gebirge und in Moorgebieten.
Nahrung: Gräser, Krautpflanzen, Triebe, Blätter, Rinde, Flechten; Kot (Losung): kurze, zylindrische Ballen, an einem Ende zugespitzt, am anderen gerundet (♀) oder nach innen gewölbt (♂).
Lebensweise: Dämmerungsaktiv, tagsüber ruhen die Hirsche versteckt in Dickungen; Rudel aus Hirschkühen und -kälbern unter Leitung eines ♀, junge ♂ in lockeren Rudeln, ältere ♂♂ Einzelgänger; zur Brunftzeit Auflösung der ♂♂-Rudel, diese versuchen, andere ♂♂ zu vertreiben und die ♀♀ in einen Harem zu drängen; feste Pfade („Wechsel"), Markierung durch Augeninnendrüse; guter Läufer, Traber und Springer; Stimme: ♂ röhrt während der Brunft im Herbst.
Fortpflanzung: Paarungszeit (Brunftzeit) IX–X; Tragzeit etwa 8 Monate, meist 1 Junges, das schon wenige Stunden nach der Geburt der Mutter folgen kann; geschlechtsreif im 2. oder 3. Lebensjahr.

Damhirsch
(Dama dama); Fam. Cervidae (Hirsche)

Beschreibung: Kleinerer Hirsch (kleiner als Rothirsch); Kopf-Rumpf-Länge 1,3–2,3 m, Widerristhöhe ca. 1 m, Schwanzlänge 15–20 cm; Gewicht 35–200 kg; Fell hellbraun (im Sommer), mit kräftigen weißen Flecken, grau-

Rothirsch *(Cervus ela-phus)*, männliches Tier

Rothirsch, Fußspur

Rothirsch, weibliches Tier

Losung

braun (im Winter), ungefleckt; „Spiegel" und Bauch weißlich, Schwanz lang, oberseits schwarz, unterseits weiß; mitunter ganz weiße Exemplare; ♂ mit flachem, schaufelartigen Geweih (meist 80 cm lang); Geweih wird im Frühjahr abgeworfen (IV–V) und sofort durch Folgegeweih ersetzt, dessen Bast bis Ende August „gefegt" wird; ♀ ohne Geweih.

Lebensraum: Helle Misch- und Laubwälder, Parkanlagen.

Nahrung: Gräser, Krautpflanzen, Beeren, im Winter auch Rinde; Kot: kurze, zylindrische Kotballen, ähnlich wie Rothirsch, jedoch kleiner.

Lebensweise: Dämmerungsaktiv, gesellig, im Winter gemeinsame Rudel aus ♂♂ und ♀♀ (bis zu 170 Tiere), Rudel lösen sich im Frühjahr auf; tagsüber ruhen die Hirsche in Dickungen; Markierung des Territoriums durch Urin.

Fortpflanzung: Paarungszeit (Brunftzeit) X–XI; Tragzeit etwa 7 Monate, meist 1 Junges (zwischen V–VII), das schon wenige Stunden nach der Geburt der Mutter folgen kann; Säugezeit bis Ende IX.

Besonderheiten: Die heute in Mitteleuropa lebenden Damhirsche stammen von Einbürgerungen kleinasiatischer Formen ab.

Reh

(Capreolus capreolus); Fam. Cervidae (Hirsche)

Beschreibung: Kleinster einheimischer Hirsch; Kopf-Rumpf-Länge 95–135 cm, Widerristhöhe 60–80 cm; Gewicht 15–35 kg; Fell rötlichbraun (im Sommer), mit gelblichem „Spiegel", graubraun (im Winter); Unterseite weißlich, Schwanz kurz, kaum sichtbar, Schnauze nackt, schwarz. ♂ (Bock) mit an der Basis wulstigem, meist 3endigen, gabligen Geweih (bis 23 cm lang); Geweih wird im Herbst abgeworfen (X–XI), ab Dezember entwickelt sich Folgegeweih, dessen Bast im IV–V „gefegt" wird; ♀ (Ricke) ohne Geweih und kleiner als ♂; Kitz rötlichbraun, weiß getupft. Fährte: Beim Trittsiegel ist der Ballenabdruck flach, der Abdruck der Außenschale jedoch tief. Auf der Flucht sind die Tritte oft weit gespreizt.

Lebensraum: Wälder mit größeren Lichtungen, Waldränder, Wiesen und Felder.

Nahrung: Blätter, Gräser, Krautpflanzen, Beeren, Pilze, Bucheckern und Eicheln; kurze, zylindrische Kotballen, ähnlich wie Rothirsch, jedoch kleiner.

Lebensweise: Dämmerungsaktiv, tagsüber ruhen die Rehe im Unterholz, auch in Getreidefeldern; Einzelgänger oder als Familienverband (mehrere Ricken und Kitze); ♂ und ♀ meist nur zur Paarungszeit zusammen; Territorialverhalten zur Brunftzeit: Böcke fegen die Bäume und setzen Duftmarken aus ihrer Stirndrüse; hervorragender Läufer und Springer.

Fortpflanzung: Paarungszeit (Brunftzeit) VII–VIII; Tragzeit 40 Wochen, doch ruht das befruchtete Ei bis Dezember, entwickelt sich dann weiter (im Herbst befruchtete Ricken tragen nur etwa 24 Wochen), 1–2 Junge, meist Zwillinge (V–VI); Säugezeit 2–3 Monate; Kitz selbständig nach 1. Lebensjahr, geschlechtsreif nach 2. Lebensjahr.

Besonderheiten: Infolge hormoneller Störungen können bei einigen ♂♂ enorme wulstartige Wucherungen an der Geweihbasis entstehen, der

männliches Tier

Damhirsch (*Dama dama*), weibliches Tier

Rehkitz

Reh (*Capreolus capreolus*), Ricke

Jäger spricht dann von sogenannten „Perückenböcke". Bei Gefahr verläßt die Ricke vorübergehend ihr neugeborenes Kitz; man sollte ein gefundenes Kitz daher niemals berühren, da der menschliche Geruch die Ricke sonst von der Rückkehr zu ihrem Kind abhalten würde.

Wildschwein

(Sus scrofa); Fam. Suidae (Schweine)

Beschreibung: Nicht wiederkäuender Paarhufer; Kopf-Rumpf-Länge 1–1,8 m, Widerristhöhe 60–110 cm, Schwanzlänge 15–30 cm; Gewicht 35–350 kg; ♂♂ sind meist um ein Viertel schwerer und größer als ♀♀; Fell dicht, dunkelbraun bis schwarzbraun; Körper massig; Kopf keilförmig (besonders beim ♂), Hals kurz, dick, Schnauze (Rüssel) lang, beweglich; ♂ (Keiler) mit großen Eckzähnen (Hauern); ♀ (Bache) ohne Hauer; Fell der Jungen (Frischlinge) hellbraun, dunkel längsgestreift. Fährte: Typisch der Abdruck der beiden rückgebildeten (1. und 5.) äußeren Zehen (Afterklauen) im hinteren Bereich des Trittsiegels, gut zu erkennen in weichem Boden, z. B. an einer Suhle.

Lebensraum: Laub- und Mischwälder.

Nahrung: Wurzeln, Knollen, Eicheln, Früchte, Feldfrüchte, Pilze, Insekten, Schnecken, Würmer, auch Aas oder Vogeleier.

Lebensweise: Tag- und nachtaktiv, ruhen tagsüber oft in Schlafkesseln, suhlen sich im Schlamm (Körperpflege); leben in Familienverbänden („Rotten") aus mehreren Bachen und Frischlingen, erwachsene ♂♂ meist Einzelgänger (außer Paarungszeit); zur Paarungszeit Kampf der ♂♂ um die Bachen („Schulterstemmen"); Geburt der Jungen erfolgt in speziellen „Wurfkesseln".

Fortpflanzung: Paarungszeit („Rauschzeit") XI–I; Tragzeit 4–5 Monate, ein Wurf aus 3–12 Jungen (März–April); Säugezeit 3 Monate, fressen feste Nahrung in der 2. Woche und verlieren nach ca. 10–12 Wochen ihr gestreiftes Jugendkleid, im 2. Lebensjahr heißen sie dann „Überläufer"; selbständig nach einem halben Jahr, geschlechtsreif mit 9–12 Monaten.

Besonderheiten: Natürliche Feinde des Wildschweines sind normalerweise Luchs und Wolf, die in unseren Breiten fehlen. Wildschweine können 20–30 Jahre alt werden.

Fußspur

Wildschwein
(Sus scrofa)

Wildschwein, Losung

Wildschwein,
spielende Frischlinge

Vögel

Mit 27 Ordnungen und knapp 9000 Arten stellt die Klasse der Vögel (Aves) eine der größten Abteilungen innerhalb der Wirbeltiergruppe dar. Besondere Kennzeichen der Vögel sind ihr Federkleid, ihre in Flügel umgewandelten Vordergliedmaßen und ihre hartschaligen Eier. Auch sonst zeigt der Körperbau der Vögel starke Anpassung an ihre Lebensweise als Flugtiere: Ihre Knochen sind vielfach hohl, um Gewicht zu sparen; um größere Festigkeit beim Fliegen zu erzielen, sind einige Knochen im Wirbelsäulenbereich miteinander verwachsen, und die Rippen besitzen strebenartige Fortsätze, die den gesamten Brustkorb ebenfalls zusätzlich stabilisieren. Auch die ausgeprägte Flugmuskulatur und der hervorragende Gesichtssinn sind weitere Merkmale, die für Vögel typisch und unerläßlich sind.

Lappentaucher und Kormorane

Lappentaucher (Podicipediformes) bilden eine Gruppe Wasservögel, die ein sehr schmuckes Sommerkleid besitzen und elegant nach Fischen tauchen können. Die auffälligen Halskrausen und Ohrbüschel, wie z. B. beim Haubentaucher, sind deutliche Unterscheidungsmerkmale gegenüber den Seetauchern. Lappentaucher brüten im Sommer auf Binnengewässern, im Winter ziehen einige Arten ans Meer. Kormorane werden wissenschaftlich zusammen mit Pelikanen und Tölpeln zur Ordnung Pelecaniformes zusammengefaßt. Diese Ordnung stellt die größten europäischen Meeresvögel. Kormorane, deren Füße Schwimmhäute besitzen, sind Fischfresser und kommen oft auch an Flüssen und Binnengewässern vor.

Haubentaucher

(Podiceps cristatus); Fam. Podicipedidae (Lappentaucher)

Beschreibung: Größter heimischer Taucher, KL 48–55 cm; Oberseite graubraun, Unterseite und Hals weiß; Schnabel rötlich, spitz; im Sommer mit dunkler Federhaube und rötlich-brauner Halskrause, ihrem Winterkleid fehlt dieser „Backenbart".
Lebensraum: Größere Seen.
Nahrung: Fische, Wasserinsekten, Schalentiere und zarte Wasserpflanzen.
Lebensweise: Teilzieher.
Fortpflanzung: Beide Eltern brüten 1–2 mal im Jahr (V–VII), pro Gelege 3–6 Eier, Schwimmnest (etwa 30 cm) aus Schilf und anderen Wasserpflanzen, im Röhricht, kolonieweise; Brutzeit 25 Tage; Junge Nestflüchter, nach 71–79 Tagen flügge.

Haubentaucher
(Podiceps cristatus)

Haubentaucher,
Paar bei der Balz

Stimme: gegenüber Partnern ein lautes „rra rra" oder „köck köck".
Besonderheiten: Junge Haubentaucher reiten auf dem Rücken der Mutter huckepack.

Kormoran

(Phalacrocorax carbo);
Fam. Phalacrocoracidae (Kormorane und Scharben)

Beschreibung: Etwa gansgroß, KL. 90 cm, SpW 145 cm; zur Brutzeit gänzlich schwarzes Gefieder, mit weißem Kopf und Flankenflecken; Gefieder metallisch petrolfarben; Flügel braun; Scheitel, Hals und Nacken schwarz, weißer Wangenfleck; Schnabel mittellang, gelb, mit Hakenspitze und gelber Basis; Schwanz lang, gerundet; Füße dunkel, mit Schwimmhäuten.
Lebensraum: Küsten und Ufer größerer Binnengewässer.
Nahrung: Fische.
Lebensweise: Teilzieher; hervorragender Taucher.
Fortpflanzung: Beide Altvögel brüten 1–2mal im Jahr, einander abwechselnd (IV–VI)), pro Gelege 3–4 Eier, klobiges, schalenförmiges Nest, aus Zweigen und Ästen, in Baumkronen (Binnenland), oder aus Algen und Treibgut, auf flachen Felsen oder Felsabsätzen; Brutzeit 23–24 Tage, Junge Nesthocker, werden nach ca. 50 Tagen flügge.
Stimme: Rauhes, krächzendes, zuweilen gurgelndes „korr korr", zischende Angriffslaute.
Besonderheiten: Brütet in großen Kolonien auf baumbewachsenen Ufern und Inseln. Aufgrund von Nachstellungen in Deutschland fast ausgerottet, werden Kormorane in jüngster Zeit wieder häufiger an Seeufern und in der Nähe großer Ströme gesehen (Rhein, Elbe).

Reiher und andere Schreitvögel

Wie der Name schont sagt, schreiten diese langbeinigen Vögel der Ordnung Ciconiiformes durch Gewässer, um Fische, Frösche und andere im Wasser lebende Kleintiere zu jagen. Diese erbeuten sie mit ihrem langen Schnabel, der meist an einem ebenfalls langen Hals sitzt. Im Flugbild kann man Störche und Reiher gut unterscheiden: Störche fliegen mit ausgestrecktem, geraden Hals, während Reiher ihren Hals beim Fliegen anwinkeln.

Graureiher

(Ardea cinerea); Fam. Ardeidae (Reiher)

Anderer Name: Fischreiher.
Beschreibung: Häufigster großer Reihervogel Mitteleuropas (etwa storchengroß), KL 90–97 cm, SpW 170 cm; Gefieder grau, Schopf- und Schwungfedern schwarz, Hals mit schwarzer Längsbinde, schwarzer Schulterfleck, Schnabel spitz, gelblich, lang, Beine gelb und lang.

Kormoran *(Phalacrocorax carbo)*, Kolonie mit Brutvögeln

Kormoran im Flug

Kormoran mit ausgebreiteten Flügeln beim Trocknen

Graureiher *(Ardea cinerea)*

Lebensraum: Flüsse, flache Seen und deren baumbestandene Ufer.

Nahrung: Hauptsächlich kleine Fische, Frösche, Mäuse, Schnecken, Würmer auch junge Vögel.

Lebensweise: Teilzieher; man beobachtet den Reiher, wie er stundenlang am Wasser steht, bis sein Kopf ruckartig vorschnellt, um einen Fisch oder ein anderes Tier zu erbeuten.

Fortpflanzung: Beide Eltern brüten einmal im Jahr (III–V), 3–6 Eier, großes, flaches Nest aus Zweigen und Stöcken, Nistmmulde mit Ästchen gepolstert; Brutzeit 25–28 Tage, Junge verlassen den Horst nach 42–49 Tagen; sie sind im zweiten oder dritten Jahr geschlechtsreif.

Stimme: Als Drohung ein langgedehntes „gooo", im Flug ein schrilles und hartes „kriäk".

Besonderheiten: Aus Interessensgründen von Anglern als „Fischdieb" nahezu verteufelt, aber in diesem Punkt maßlos überschätzt.

Flugbild: Der Graureiher fliegt langsam, mit schweren Flügelschlägen, wobei die Beine ausgestreckt und der Hals S-förmig angezogen sind.

Weißstorch

(Ciconia ciconia); Fam. Ciconiidae (Störche)

Beschreibung: Unverkennbarer Schreitvogel (größer als ein Reiher), mit einer KL von 103–115 cm; SpW 220cm; Oberseite und Hals weiß, Schnabel und Schreitbeine rot; Flügel dunkel.

Lebensraum: Auen, Feuchtwiesen, flache, verschilfte Seen, Tümpel; auch Kulturland.

Nahrung: Mäuse, Frösche, kleine Fische, größere Insekten und Regenwürmer.

Lebensweise: Zugvogel.

Fortpflanzung: Beide Eltern brüten einmal im Jahr (IV–VII), pro Gelege 3–5 Eier, Horst aus größeren Zweigen, mit Grashalmen, Schilf und Reisig gepolstert, auf Bäumen, oft auf Dächern; Brutzeit 5 Wochen, Junge Nesthocker, nach gut 9 Wochen flügge.

Stimme: Abgesehen von lautem Schnabelklappern stumm; junge Weißstörche quarren und piepsen.

Besonderheiten: Aufgrund seiner mächtigen Flügelspannweite versucht der Weißstorch möglichst große Strecken segelnd zurückzulegen. Meister Adebar, wie der Weißstorch in Märchen und Sagen genannt wird, ist ein großer Mäusevertilger: So fing beispielsweise eine 3- bis 4köpfige Storchenfamilie im Verlauf einer Brutperiode über 11000 Mäuse. Allerdings sind die Storchbestände primär infolge von Nahrungsproblemen (zuwenig Feuchtwiesen) zurückgegangen: 1965 waren es in der ehemaligen BRD noch 1918 Horstpaare, 1984 wurden nur noch 649 gezählt. Laut Roter Liste (Deutschland) **gefährdet.**

Weißstorch *(Ciconia ciconia)*,
Paar klappernd, mit Küken

Weißstorch im Flug

Weißstorch auf
der Wiese

Gänsevögel

Zu dieser Ordnung (Anseriformes) mit etwa 150 Arten zählen Gänse, Enten und Schwäne. Typisch ist für diese Wasservögel, die allesamt Füße mit Schwimmhäuten besitzen, daß ihre Jungen mit einem Daunenkleid schlüpfen und Nestflüchter sind.

Löffelente

(Anas clypeata); Fam. Anatidae (Entenvögel)

Beschreibung: Großköpfige Ente, KL 51 cm; ♂ (Erpel) mit dunkelgrünem Kopf, weißer Brust und rötlichbraunen Flanken, gelben Augen; ♀ unauffällig, mit braunweißgesprenkeltem Gefieder; beide Geschlechter mit grünem Flügelspiegel und dunkler Flügelspitze; auffällig der große, löffelförmige Schnabel (Name!).
Lebensraum: Größere Verlandungsseen im Binnenland, Moor- und Sumpfgebiete.
Nahrung: Algen, Wasserlinsen, kleine Wasserinsekten, Pflanzenteile.
Lebensweise: Teilzieher; seltener Wintergast.
Fortpflanzung: Nur ♀ brütet einmal im Jahr (IV–VI), Gelegegröße 9–11 Eier, wassernahes Bodennest aus Schilf und anderen Pflanzenteilen des Röhrichts, Nestmulde vom ♀ mit Dunen gepolstert; Brutzeit 22–23 Tage, Junge Nestflüchter, nach 40–45 Tagen flügge.
Stimme: ♂ verhalten „tuk tuk", beim ♀ ein leises, gedehntes Quaken.
Besonderheiten: Die Nahrung wird mit dem Löffelschnabel aus dem Wasser geseiht.

Stockente

(Anas platyrhynchos); Fam. Anatidae (Enten)

Anderer Name: Wildente.
Beschreibung: Häufigste einheimische Ente, Stammform der Hausente, KL 58 cm; ♂ unverkennbar in seinem typischen Prachtkleid: Kopf leuchtend grün, mit weißem Halsring abgesetzt, Brust dunkelbraun, Schnabel gelb, Unterseite grau, Bürzel schwarz;. ♀ braun, dunkel gesprenkelt, mit weiß gerandetem Flügelspiegel; Füße orange.
Lebensraum: Schilf- und Röhrichtreiche, seichte Seen, auch Parkseen.
Nahrung: Frisches Gras (Spitzen), Knospen, Wasserlinsen, Laich von Fischen und Amphibien.
Lebensweise: Teilzieher; ein Teil überwintert in Deutschland. Nur in sehr kalten Wintern ziehen sie in den Süden ans Mittelmeer.
Fortpflanzung: Brütet einmal im Jahr (III–IV), 8–14 Eier, Nest eine Mulde in Gras, Laub, innen mit Daunen gepolstert, versteckt im Schilf, oft auf Kopfweiden, mitunter auch auf Bäumen im Wald; Brutzeit 22–26 Tage, Junge Nestflüchter, die nach 50–60 Tagen selbständig sind.
Stimme: ♂ ein heiseres „räb räb räb", ♀ weich „waak waak waak".

Löffelente *(Anas clypeata)*, Männchen

Löffelente *(Anas clypeata)*, Weibchen

Stockente *(Anas platyrhynchos)*, Männchen und Weibchen

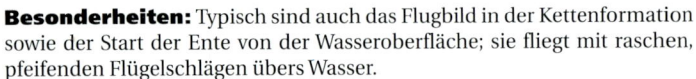

Besonderheiten: Typisch sind auch das Flugbild in der Kettenformation sowie der Start der Ente von der Wasseroberfläche; sie fliegt mit raschen, pfeifenden Flügelschlägen übers Wasser.

Knäkente
(Anas querquedula); Fam. Anatidae (Entenvögel)

Beschreibung: Kleine Ente (etwa bläßhuhngroß), KL 38 cm; ♂ mit bräunlichem Kopf und hellem sichelförmigen Überaugenstreif, Flanken hellgrau; bei beiden Geschlechtern Gefieder braun-grau-cremefarben gesprenkelt, Vorderflügel im Flug hellblaugrau.
Lebensraum: Stehende Binnengewässer mit Verlandungszonen und dichtem Uferbewuchs.
Nahrung: Kleine wirbellose Wassertiere, Pflanzen.
Lebensweise: Zugvogel, im Winter in größeren Trupps.
Fortpflanzung: ♀ brütet einmal jährlich (IV–VI), Gelegegröße 8–11 Eier, Bodennest aus Pflanzenteilen der Umgebung, in hohen Gräsern (Binsen, Schilf), Nestmulde vom ♀ mit Dunen gepolstert; Brutzeit gut 3 Wochen, Junge Nestflüchter, nach 35–40 Tagen flügge.
Stimme: ♂ schnarrendes „trr trr"; ♀ kurz „knäk".
Besonderheiten: Knäkenten legen auf dem Vogelzug große Entfernungen zurück; der Großteil der heimischen Knäkenten überwintert in Afrika in offenen Feuchtbiotopen; Bestand stark rückläufig. Laut Roter Liste (Deutschland) **gefährdet.**

Tafelente
(Aythya ferrina); Fam. Anatidae (Entenvögel)

Beschreibung: Mittelgroße Ente, KL 46 cm; Erpel mit rötlichbraunem Kopf, roten Augen, schwarzer Brust, dunklem Schwanz, grauen Flügeln und Flanken; beim ♀ Kopf, Brust und Flanken gelblichbraun.
Lebensraum: Sumpf- und Moorgewässer, auch Binnenseen mit dichtem Röhricht.
Nahrung: Algen, Wasserpflanzen, Wasserinsekten und Kleinkrebse.
Lebensweise: Teilzieher.
Fortpflanzung: 1 Jahresbrut (IV–VI), Gelegegröße 8–10 Eier, Bodennest in Röhricht oder dichter Ufervegetation, aus Pflanzenteilen der Umgebung, Nestmulde vom ♀ mit Dunen gepolstert; Brutzeit (nur ♀) 25 Tage, Junge Nestflüchter, nach 50–55 Tagen flügge.
Stimme: ♂ verhalten „wi-wierr"; ♀ nasal ratschend, meist stumm.
Besonderheiten: Das gut getarnte Nest wird häufig von Füchsen, Elstern oder Krähen geplündert. Tafelenten wie auch die nachfolgend besprochene Reiherente haben in den letzten 20 Jahren zahlenmäßig stark zugenommen und sich westwärts ausgebreitet.

Knäckente *(Anas quer-quedula)*; Männchen

Tafelente *(Aythya ferrina)*; Männchen

Reiherente

(Aythya fuligula); Fam. Anatidae (Entenvögel)

Beschreibung: Plumpe Tauchente, KL 43 cm; Erpel mit glänzendem schwarzen Gefieder, Kopf mit markantem Schopf („Reiherschopf), gelben Augen, weißen Flanken; ♀ durchgängig braun-schwarz gefärbt, mit kleinem Schopf.

Lebensraum: Sumpf- und Moorgewässer, Binnenseen mit dichtem Röhricht, aber auch Parkseen; im Winter auch auf Talsperren oder am Meer anzutreffen.

Nahrung: Süßwassermuscheln, Wasserinsekten und Kleinkrebse.

Lebensweise: Teilzieher, Wintergast.

Fortpflanzung: 1 Jahresbrut (IV–VI), Gelegegröße 8–11 Eier, gewässernahes Bodennest in dichter Ufervegetation; gepolstert mit Gras und Dunen; nur ♀ brüten, 25 Tage, Junge Nestflüchter, nach 45–50 Tagen flügge.

Stimme: ♂ kollernd-trillernd „gügügürr"; ♀ meist stumm oder „krök".

Besonderheiten: Die Männchen wechseln während der Brutzeit an besonderen Mauserplätzen das Großgefieder; in dieser Zeit sind sie flugunfähig. Reiherenten sind hervorragende Taucher (bis 14 m Tiefe); die Art hat stark zugenommen und sich westwärts ausgebreitet.

Gänsesäger

(Mergus merganser); Fam. Anatidae (Entenvögel)

Beschreibung: Größte heimische Sägerart (viel größer als eine Ente) mit einer KL von 62–66 cm; ♂ (Erpel) mit dunkelgrünem Kopf, Hals und Unterseite weiß, Rücken grau, mit dunklem Fleck, Flügelspitzen dunkel; beim ♀ ist der Kopf braun und besitzt eine kleine Haube.

Lebensraum: Waldgesäumte Seen, Flüsse und Küsten; auch Flußmündungen und Ufer von Gebirgsbächen.

Nahrung: Fische, auch Krebse und Wasserkäfer.

Lebensweise: Teilzieher; bleiben bis März bei uns und fliegen dann in ihre nördliche Heimat zurück.

Fortpflanzung: ♀ brütet einmal im Jahr (V–VII, Gelegegröße 7–12 Eier; Höhlenbrüter in hohlen Bäumen, Astlöchern, Felslöchern, gelegentlich auch in großen Nistkästen, Dachböden und sogar in länger ungenutzten Schornsteinen; Brutzeit 30–33 Tage, Junge Nestflüchter, nach 60–70 Tagen flügge.

Stimme: ♀ kurzes „aik aik", ♂ helles „auig-a" oder quakendes Rätschen.

Besonderheiten: Gänsesäger haben sich auf den Fang von Fischen spezialisiert. Manchmal schließen sich mehrere Vögel zusammen und bilden eine „Treiberkette", die die Fische in die flachen Uferzone drängt. Laut Roter Liste (Deutschland) **gefährdet.**

Reiherente *(Aythya fuligula)*, Männchen

Gänsesäger *(Mergus merganser)*, Männchen

Gänsesäger *(Mergus merganser)*, Weibchen

Graugans

(Anser anser); Fam. Anatidae (Entenvögel)

Beschreibung: Kräftige Gans, KL 80–90 cm; Schnabel und Beine orange-farben, Gefieder bei ♂ (Ganter) und ♀ gleich gefärbt, grau, am Hals fein hell gestreift; Flügel hell bis silbergrau.
Lebensraum: Sumpfige Seen, Binnengewässer mit ausgedehnter Verlandungszone, Feuchtwiesen; fliegen zum Äsen auf Wiesen und Felder.
Nahrung: Vegetarisch, meist Gras und zarte Kräuter.
Lebensweise: Teilzieher; häufig fliegen Graugänse in V–Formation.
Fortpflanzung: Graugänse leben wie alle Gänse in Dauereinehe; ♀ brütet 1mal jährlich (IV–VI), ♂ hält derweil Wache; Gelegegröße 4–6 Eier, nistet in flacher Bodenmulde, diese mit etwas Laub und Dunen ausgepolstert; gelegentlich in Brutkolonie; Brutzeit knapp 4 Wochen, Junge Nestflüchter, nach 50–60 Tagen flügge.
Stimme: Lautes Gackern („gna gna gna" oder „ang ang"), Gössel (Küken) feines „wiwiwi".
Besonderheiten: Graugänse sind sehr wachsame und intelligente Vögel. Bei den Römern waren sie der Göttin Juno geweiht, und der Sage nach verhinderten sie durch ihr lautes Trompeten, mit dem sie die schlafenden Wachen weckten, daß das Kapitol von den Barbaren gestürmt wurde. Die Graugans ist die Stammform der heutigen Hausgans.

Kanadagans

(Branta canadensis); Fam. Anatidae (Entenvögel)

Beschreibung: Größte in Mitteleuropa vorkommende Gans, KL 95 cm; schwarzer Kopf und Hals, mit weißem Halsband, Oberseite graubraun, Unterseite heller.
Lebensraum: Häufig auf Binnengewässern, vor allem Parkseen.
Nahrung: Pflanzen, hauptsächlich Gräser.
Lebensweise: Teilzieher; häufiger Wintergast aus Skandinavien.
Fortpflanzung: ♀ brütet 1mal jährlich (IV–VI), Gelegegröße 5–6 Eier, nistet in flacher Bodenmulde, kaum Nistmaterial; in lockeren Brutkolonien; Brutzeit 28–30 Tage, Junge Nestflüchter, nach 40–48 Tagen flügge.
Stimme: Langanhaltendes, nasales Trompeten, im Flug „ahong ahong".
Besonderheiten: Die Kanadagans stammt ursprünglich aus Nordamerika (Name!) und kommt etwa seit knapp 300 Jahren in Europa vor.

Höckerschwan

(Cygnus olor); Fam. Anatidae (Entenvögel)

Beschreibung: Unverkennbarer und größter heimischer Entenvogel, KL 152 cm, Gewicht bis 12 kg; weißes Gefieder mit orangem Schnabel, schwarzer Schnabelhöcker. Beine kurz, kräftig, dunkel; Hals in typischer Weise

Graugans *(Anser anser)*

Kanadagans
(Branta canadensis)

Höckerschwan
(Cygnus olor)

zurückgebogen („Schwanenhals"), junge Schwäne mit grauem Dunenkleid und schwarzen Schnäbeln.

Lebensraum: Binnengewässer aller Art, auch Meeresküste, Parkseen.

Nahrung: Hauptsächlich Wurzeln und Teile von Wasserpflanzen, die mit dem langen Hals ergündelt werden; auch Wasserinsekten, Würmer und Schalentiere; äst auch an Land, dann meist schwerfällig.

Lebensweise: Standvogel.

Fortpflanzung: Schwäne sind ebenfalls streng monogam; die brütende Altvögel verteidigen ihr Revier sehr heftig gegen Artgenossen, auch gegen Menschen; ♀ brütet 1mal jährlich (IV–VI), Gelegegröße 5–8 Eier, großer Haufen aus Schilf und Halmen in unzugänglichen Uferbereichen (Röhricht); Brutzeit 34–38 Tage, Junge Nestflüchter, nach 120–140 Tagen flügge.

Stimme: Neben Zisch-, Kehl- und Grunzlauten ist gelegentlich ein leises „tru-tru-truu" zu hören.

Besonderheiten: In den Parks der Großstädte sind Höckerschwäne sehr zutraulich und aufgrund der starken Zufütterung auch sehr zahlreich geworden; dadurch kommt es mancherorts zu starker Belastung für die Ökologie dieser Gewässer (Schäden an der Ufervegetation, Vertreibung anderer Wasservögel).

Brandgans

(Tadorna tadorna); Fam. Anatidae (Entenvögel)

Anderer Name: Brandente.

Beschreibung: Auffällig gefärbter Entenvogel, KL 61–68 cm; Kopf dunkelgrün, Brust und Körper weiß, mit kastanienbrauner Brustbinde; ♂ mit dickem roten Wulst auf der Schnabelbasis.

Lebensraum: Mündungen von Strömen und Flüssen, Wattenmeer, Küsten; zunehmend auch im Binnenland anzutreffen.

Nahrung: Kleinkrebse, Muscheln, Insektenlarven und Wasserpflanzen.

Lebensweise: Teilzieher.

Fortpflanzung: Ungewöhnlicherweise brütet das ♀ im Landesinnern in Erdlöchern, meist in Kaninchenbauen; 1 Jahresbrut (IV–VI) aus 8–10 Eier, Nest vom ♀ mit viel Dunen und ein paar Ästlein ausgepolstert; Brutzeit knapp 1 Monat, Junge Nestflüchter, nach 45–50 Tagen flügge.

Stimme: ♂ hohes pfeifendes „tju-tju trr"; bei ♀ ein sonores schnatterndes „ga ga".

Besonderheiten: Die von Menschen sehr geschätzten Dunen werden nach der Brut an Mauserplätzen gesammelt. Im Anschluß an die Brutsaison ziehen die Brandgänse in großen Scharen nach Norddeutschland auf den Großen Knechtsand (zwischen Ems- und Wesermündung), wo sie sich ungestört mausern können. Da sie während dieser Zeit nicht fliegen können, sind sie auf den Inseln vor Raubtieren geschützt. Systematisch stehen Brandgans und die in Zentral- bis Südafrika beheimatete Nilgans zwischen den Enten und Gänsen.

Brandgans
(Tadorna tadorna)

Brandgans *(Tadorna tadorna)*,
Männchen und Weibchen

Greifvögel

Greifvögel (Falconiformes) sind Raubvögel, die meist lebende Beute schlagen, gelegentlich aber auch Aas fressen. Typisch ist ihr Hakenschnabel, mit dem die Beute gefressen („gekröpft") wird, sowie die Krallen, mit denen die Beutetiere geschlagen werden. Greifvögel jagen im Gegensatz zu Eulen immer am Tage.

Habicht

(Accipiter gentilis); Fam. Accipitridae (Habichtvögel)

Beschreibung: Mittelgroßer Greifvogel, ♀ (880–1270 g, KL 58 cm, SpW 120 cm) deutlich größer und schwerer als ♂ (530–870 g, KL 48 cm, SpW 100 cm); Oberseite graubraun, Unterseite weiß mit deutlichen, engen dunklen Querstreifen, Schwanz lang, ebenfalls quergebändert; Augen gelb oder orange, weißer Augenstreif (beim ♀ deutlicher); Schnabel dunkel, kräftig gebogen, mit gelbem Häutchen; Beine kurz, stämmig, Füße kräftig, gelb, mit scharfen, dunklen Sichelklauen. Bei Jungvögeln ist die Oberseite braun, Unterseite braun-gelblich mit dunklen Längstupfern.
Lebensraum: Hochwälder; jagt im Wald und an Waldrändern.
Nahrung: Vögel aller Art im Flug erbeutet werden (z. B. Krähen, Elstern, Tauben, Fasane), sowie kleinere Säuger (Mäuse, Eichhörnchen).
Lebensweise: Teilzieher.
Fortpflanzung: 1 Jahresbrut, meist vom ♀ allein ausgebrütet (IV–V), 3–4 Eier, mehrfach genutzter, alljährlich aufgestockter Horst aus kräftigen Zweigen und Reisern, Nestmulde mit Flaum, Rinde und Zweiglein gepolstert, gut getarnt im Waldinnern, auf hohen Bäumen, die ein leichtes An- und Abfliegen der Vögel ermöglichen; Brutzeit 35–40 Tage, Nestlingsdauer 36–40 Tage; das ♀ bleibt ca. 10 Tage nach dem Schlüpfen auf den Jungen hocken und wärmt sie nachts für weitere 10 Tage.
Stimme: Bei Störungen am Horst lange Reihen von „gik"-Rufen (sog. Gickern oder Kirren); ♀ hoher Schrei „juhijä", ähnlich Mäusebussard, ♂ kurz „jük"; Jungvögel mitunter kreischendes „klijäh".
Flugbild: Langer, stumpfendiger Schwanz und breite, runde Flügel.
Besonderheiten: Von seiner Anatomie her (kräftige Flugmuskeln, kurze Flügel, langer Schwanz) kann der Habicht ohne Probleme rasch losfliegen und leicht wenden – ideale Voraussetzungen für einen lauernden Jagdvogel. Habichte wurden seit altersher zur Beizjagd abgerichtet.

Sperber

(Accipiter nisus); Fam. Accipitridae (Habichtvögel)

Beschreibung: Kleiner Greifvogel, ♀ (ca. 270 g, KL 38 cm, SpW 80 cm) deutlich größer und schwerer als ♂ (ca. 150 g, KL 28 cm, SpW 60 cm). ♂ oberseitig schieferfarben, heller Nackenfleck, Wangen mit rötlichbraunem Fleck, ventral weiß mit braunen, unterbrochenen Querbändern („Sperber-

Habicht *(Accipiter gentilis)*,
Jungvogel mit Beute

Sperber *(Accipiter nisus)*,
Weibchen

Habicht *(Accipiter
gentilis)*, adultes Tier

zeichnung"); ♀ oberseitig graubraun, fahler Nackenfleck, mit weißer „Augenbraue", ventral grau „gesperbert"; Augen gelb, langer Schwanz und Unterflügel breit quergebändert; Beine lang, dünn, mit hellen Sichelklauen.

Lebensraum: Lichte, unterholzreiche Wälder, auch Parks und Alleen.

Nahrung: Singvögel, die im Flug erbeutet werden, die ♀ jagen auch taubengroße Vögel.

Lebensweise: Teilzieher.

Fortpflanzung: 1 Jahresbrut, nur ♀ (Mitte IV–V), 2–4 Eier, alljährlich neu angelegter, lockerer Horst aus Zweigen, dessen Mulde mit Ästchen ausgekleidet ist; Brutzeit 40–50 Tage, Junge nach 24–30 Tagen flügge.

Stimme: Helles, schnatterndes „kuii kuii kuii".

Flugbild: Ähnlich dem des viel größeren Habichts, langer, stumpfendiger Schwanz und breite, runde Flügel.

Besonderheiten: Sperber sind sehr geschickte, wendige Jäger, die ihre Beute oft bis in deren Verstecke hinein verfolgen und selbst in Wohnräumen oder Menschenmengen schlagen. Nach einer solchen wilden Jagd bleiben meist Federreste („Rupfungen") der erbeuteten Vögel am „Tatort" zurück, die deren Bestimmung ermöglichen.

Mäusebussard

(Buteo buteo); Fam. Accipitridae (Habichtvögel)

Beschreibung: Häufigster einheimischer, relativ kräftiger Greifvogel, mit einer KL von 50–56 cm, SpW 120–130 cm; Gefieder sehr variabel gefärbt, Oberseite dunkelbraun, hellbraun, bis nahezu weiß, Unterseite meist heller, unterschiedlich gesprenkelt und gestreift.

Lebensraum: Offenes Terrain (Felder, Wiesen) mit Einzelgehölzen, Waldränder.

Nahrung: Er frißt hauptsächlich Mäuse, aber auch andere Kleinsäuger (Spitzmäuse, Maulwürfe, junge Hasen), junge Vögel, Aas („Gesundheitspolizei"), sowie Insekten, Frösche und Eidechsen.

Lebensweise: Teilzieher.

Fortpflanzung: 1 Jahresbrut, beide Eltern brüten, einander abwechselnd (IV–V), 2–3 Eier, größerer Horst (bis 50 cm hoch, 70–80 cm), aus Wurzeln, Ästen und Zweigen, schalenförmige Nestmulde mit Moos, Gras und Zweiglein gepolstert; Brutdauer 30–35 Tage, Nestlingsdauer etwa 42–45 Tage.

Stimme: Lautes, pfeifendes „hjäh".

Flugbild: Runder, fächerförmiger Schwanz, 10–12fach dicht quergebändert, sowie lange Flügel.

Besonderheiten: Mäusebussarde weisen drei Gefiederphasen (d. h. Morphe mit unterschiedlichen Gefiederfarben) auf: eine helle, eine dunkle und eine rostfarbene Morphe.

Mäusebussard
(Buteo buteo)

Rotmilan

(Milvus milvus); Fam. Accipitridae (Habichtvögel)

Anderer Name: Gabelweihe.

Beschreibung: Mittelgroßer Greifvogel (größer als der Mäusebussard), KL 58–64 cm, SpW bis 160 cm; Gefieder kräftig rostfarben, Kopf und Halspartie heller, Schwanz lang, tief gegabelt (Gabelweihe!); ♀ etwas größer als ♂, beide von gleicher Färbung.

Lebensraum: Kulturland mit alten Bäumen und viel Kleinwild, oft in der Nähe von Gewässern und Siedlungen; im Mittelgebirge selten, in den Bergen fehlend.

Nahrung: Kleine Säuger (Mäuse, Maulwürfe), Frösche, Eidechsen, aber auch Aas und Müll.

Lebensweise: Teilzieher, dessen nördliche Populationen im Süden überwintern.

Fortpflanzung: 1 Jahresbrut, nur ♀ brütet (Mitte IV–V), 2–4 Eier, großer, flacher Horst, aus Wurzeln, Ästen und Zweigen, Nestmulde mit Halmen, Erde, Papier und Lumpen gepolstert; Brutzeit 25–28 Tage, Junge nach 40–50 Tagen flügge.

Stimme: Gedehnt pfeifend „wiiuu…", langsam trillernde Strophen „uuuu-wiuwiuwiu-wiuuuu".

Flugbild: Tief gegabelter Schwanz und lange Flügel.

Besonderheiten: Rotmilane ernähren sich auch von überfahrenen Tieren oder greifen sich tote Fische von der Wasseroberfläche auf. Sie fliegen langsam und kräftig, mit ausgreifenden Schlägen, und sind auch sehr geschickt im Sturzflug.

Turmfalke

(Falco tinnunculus); Fam. Falconidae (Falken)

Beschreibung: Häufigster, heimischer Falke (etwa taubengroß) mit einer KL von 33–35 cm, SpW 70–80 cm; schlank, beim ♂ Oberseite rostbraun mit dunklen Tupfern, Kopf graublau, mit schwarzem Backenstreif, Kehle und Unterseite hell, mit dunklen Tupfern, Schwanz grau, Schwanzende breit dunkel gebändert, mit weißem Saum; Kopf und Schwanz beim ♀ wie Oberseite gefärbt, Schwanz mit dunklen Querbinden.

Lebensraum: Offenes Terrain mit Baumbeständen (Wäldchen, Feldgehölze), auch Waldrand.

Nahrung: Bodenbewohnende Kleintiere wie Mäuse, Eidechsen, Frösche, auch Insekten (Heuschrecken) und Jungvögel.

Lebensweise: Teilzieher.

Fortpflanzung: ♀ brütet einmal im Jahr (IV–VI), 4–7 Eier, verlassene Horste von Krähen, Elstern oder Bussarden; Brutzeit 28–30 Tage; Junge werden nach ca. 30 Tagen flügge, werden dann noch weitere 30 Tage von den Altvögeln gefüttert.

Stimme: Hohes, helles „kji kji kji".

Rotmilan
(Milvus milvus)

Turmfalke an künst-
licher Nisthilfe

Turmfalke *(Falco
tinnunculus)* im Flug

Flugbild: Schwanz beim Rütteln gespreizt; Flügel im Flug mit schwarzen Spitzen, Schwanz gerade.

Besonderheiten: Typisch ist das sogenannte „Rütteln"; bei dieser Flugtechnik scheint der Falke, der sich gegen den Wind „stellt", in der Luft zu stehen. Nimmt er eine Maus wahr, stürzt er mit großer Schnelligkeit nach unten, bremst kurz vor der Beute und ergreift diese mit seinen scharfen Krallen.

Hühnervögel

Hühner (Ordnung Galliformes) sind zwar recht unbeholfene Flieger, haben sich dafür jedoch hervorragend an das Leben auf dem Boden angepaßt. Sie können gut laufen, scharren mit ihren kräftigen Füßen nach Futter und verstecken sich meist bei Gefahr. Charakteristisch ist auch, daß die Männchen der Hühnervögel sehr prachtvolle Gefieder besitzen, während die Weibchen eher unauffällig gefärbt sind. Die Jungen dieser Ordnung können oft schon fliegen, bevor sie voll ausgewachsen sind. Heimische Hühnervögelfamilien sind die Rauhfußhühner (z. B. Auer- und Birkhuhn) sowie die Fasanen und Feldhühner (Fasan, Rebhuhn und Wachtel).

Rebhuhn

(Perdix perdix); Fam. Phasianidae (Fasanenvögel)

Beschreibung: Mittelgroßes, gedrungenes Huhn (etwa taubengroß) mit einer KL von 30–32 cm; Gesicht rostfarben, Hals grau; helle Brust mit rostbraunem, hufeisenförmigen Fleck; dieser beim ♂ intensiver gefärbt; Schwanz kurz, rötlich-braun; Beine grau.

Lebensraum: Kleinräumige Ackerlandschaft mit Hecken, Brachen und Wiesenrainen.

Nahrung: Körner, Sämereien, Insekten, die auf Äckern und Feldern gesucht werden.

Lebensweise: Standvogel; paarweise im Frühjahr, im Herbst und Winter schließen sich bis zu 20 Tiere zu Familienverbänden (Ketten) zusammen.

Fortpflanzung: ♀ brütet 1 Jahresbrut (IV–VI), Gelegegröße 10–20 Eier, flachmuldiges Bodennest, in der Krautschicht versteckt, Mulde mit Heu, trockenem Laub und Halmen ausgepolstert; Brutzeit 23–25 Tage, Junge Nestflüchter, nach 90–100 Tagen voll ausgewachsen.

Stimme: ♂ schnarrend „kirreck", wie eine rostige Türangel, beim Auffliegen der Kette alarmierend „rrib rrib rrib".

Besonderheiten: Rebhühner fliegen schnell und niedrig, sie gleiten oft auf nach unten gebogenen Flügeln. Das Rebhuhn zählte früher zu den am intensivsten bejagten Hühnervögeln Europas. Seine Bestände sind infolge der Intensivierung in der Landwirtschaft deutlich geschrumpft. Laut Roter Liste (Deutschland) **stark gefährdet.**

Rebhuhn *(Perdix perdix)*

Fasan

(Phasianus colchicus); Fam. Phasianidae (Fasanenvögel)

Beschreibung: Großer, farbenprächtiger Hühnervogel (etwa haushuhngroß); KL beim ♀ 53–60 cm, beim ♂ 83–90 cm; Hahn mit kupferfarbenem, schwarzgetupftem Gefieder, Hals türkis-violett, metallisch glänzend, mit weißem Ring, Augenhof nackt, leuchtend rot, Schwanz lang (etwa halbe Körperlänge), dunkel gestreift; Henne mit graubraunem oder gelbbraunem, schwarzgetupftem Gefieder.
Lebensraum: Lichte Wälder, unterholzreiche Waldränder, Feldgehölze, Gebüsche.
Nahrung: Beeren, Getreidekörner, Unkrautsamen, gelegentlich Insekten und Würmer.
Lebensweise: Standvogel; lebt in kleinen Gruppen, zur Balzzeit paarweise.
Fortpflanzung: ♀ brütet 1mal im Jahr (V–VI), 6–12 Eier, flache Bodenmulde, mit wenigen Halmen und Zweigen gepolstert, im Gras versteckt; Brutzeit 24–25 Tage, Junge Nestflüchter, werden nach ca. 70–80 Tagen flügge.
Stimme: Unmelodisches, lautes „göögock".
Besonderheiten: Der Fasan stammt ursprünglich aus Vorderindien, wurde aber wahrscheinlich schon von den Römern in Mitteleuropa eingebürgert.

Kraniche und Rallen

In dieser Vogelordnung (Gruiformes) finden wir langbeinige Schreitvögel, unter ihnen seltene Vertreter wie den Kranich oder die in Mecklenburg-Vorpommern und Brandenburg lebende, sehr seltene Großtrappe *(Otis tarda)*, aber auch überall und häufig anzutreffende Wasservögel wie Bläß- und Teichhuhn.

Kranich

(Grus grus); Fam. Gruidae (Kraniche)

Beschreibung: Größter einheimischer Vogel mit einer KL von 106–114 cm und einer SpW von 130 cm; Gefieder insgesamt grau, auf dem Rücken bräunlich werdend; Kopf und Hals dunkel, roter Scheitelfleck, ein weißes Band zieht von den Augen über die Wangen nach hinten zum Hals und dann daran entlang herab. Beine lang und dunkel, im Flug lang nach hinten gestreckt; äußere Schwungfedern der Flügel dunkel; hintere Rückenfedern hängend, werden zur Balz aufgestellt; Schnabel lang, rötlich-ockerfarben.
Lebensraum: Ausgedehnte Sumpfgebiete, Erlenbruchwälder, Verlandungszonen von Binnengewässern.
Nahrung: Insekten (Imagines und Larven), Würmer, Frösche, Mäuse, Sämereien, Gras und Blätter.

Fasan *(Phasianus colchicus)*, Männchen

Fasan, Weibchen

Kranich *(Grus grus)*

Kranich *(Grus grus)*

Lebensweise: Zugvogel, der im September/Oktober unter lautem Schreien nach S-Europa zum Überwintern fliegt; typische Keilformation, Hals und Beine sind beim Fliegen gestreckt.

Fortpflanzung: Beide Altvögel brüten 1mal im Jahr (IV–V), 2 Eier, Nest ein lockerer Haufen aus Schilf, Halmen und Moos, gut versteckt an trockenen Stellen in Auwiesen oder im Röhricht; Brutzeit 29–31 Tage, Junge nach 65–70 Tagen flügge.

Stimme: Lautes, weit hallendes „kruh"; während der Balz ein helles Trompeten.

Besonderheiten: Zum Brüten benötigen Kraniche ausgedehnte, ungestörte Feuchtwiesen- und Sumpfgebiete, da sie während der Aufzucht der noch nicht flüggen Jungen ihr Gefieder mausern, in dieser Zeit flugunfähig sind und ihre Nahrungung nur schreitend erbeuten können. Infolge zivilsationsbedingter, intensiver Trockenlegung von Feuchtgebieten sind in diesem Jahrhundert nicht nur diese, sondern auch die Kranichbestände zurückgegangen.

Bläßhuhn

(Fulica atra); Fam. Rallidae (Rallen)

Anderer Name: Bläßralle.

Beschreibung: Gedrungener, grauschwarzer Wasservogel (kleiner als eine Ente), KL 36–40 cm; Füße braungrau, Schwimmlappen klein, eingekerbt; Kopf schwarz, Schnabel und Stirn (Blesse!) hellweiß; ♀ kleiner als ♂.

Lebensraum: Röhricht, schilfbewachsene Waldseen, auch Flüsse und Parkteichs.

Nahrung: Wasserpflanzen, Fischlaich, kleine Wassertiere (Muscheln, Schnecken, Würmer, Insekten).

Lebensweise: Guter Tauch- und Schwimmvogel, nickt beim Schwimmen mit dem Kopf; Teilzieher, der mitunter in Süd- oder Südosteuropa überwintert.

Fortpflanzung: Brütet 1–2 mal im Jahr (IV–VIII)), pro Gelege 5–12 Eier, Nest napfförmig, in Schilf oder Röhricht; Brutzeit 23–25 Tage, Junge nach ca. 56 Tagen flügge, werden meist noch länger geführt.

Stimme: ♂ ruft knallend „tsk", ♀ ein lautes „köw".

Besonderheiten: Bei der Flucht laufen Bläßhühner vor dem Abheben flügelschlagend und wassertretend über das Wasser; Junge der ersten Brut helfen Altvögeln manchmal beim Füttern der zweiten Brut. Im Winter werden auf Teichen und Flüssen oft große Pulks gebildet.

Teichhuhn

(Gallinula chloropus); Fam. Rallidae (Rallen)

Anderer Name: Teichralle.

Beschreibung: Schwärzlicher Wasservogel, KL 33 cm; Oberseite dunkelbraun, Flanke mit weißem Streifen, Füße grün, roter Stirnschild, Schnabel

Bläßhuhn
(Fulica atra)

Bläßhuhn *(Fulica atra)*, brütend

Teichhuhn
(Gallinula chloropus)

rot mit gelber Spitze, Schwanz kurz, unterseits weißlich; ♀ und ♂ von gleicher Färbung.

Lebensraum: Dicht mit Schilf bewachsene Waldseen, Gräben, Flüsse und Parkteichs.

Nahrung: Wasserpflanzen, Samen, Beeren, kleine Wassertiere (Muscheln, Schnecken, Würmer, Insekten).

Lebensweise: Klettert gern im Röhricht, stelzt geschickt über Wasserpflanzen, nickt beim Schwimmen ständig mit dem Kopf; schwerfälliger Flieger, Teilzieher.

Fortpflanzung: Brütet 2mal im Jahr (IV–VII), pro Gelege 5–11 Eier, Napfnest auf Höhe der Wasseroberfläche, in Röhricht oder Schilf verborgen; Brutzeit ca. 21 Tage, Junge werden nach etwa 5 Wochen flügge.

Stimme: ♂ wirbt mit Kurzrufen „bak back … rraii" (letzteres gedehnt); Erregungslaut gurgelndes, klangvolles „kürrk", auch helles „kirreck"; Kurzruf „dack", verhalten.

Besonderheiten: Beim Abheben nehmen Teichhühner wie Bläßhühner viel „Anlauf", indem sie flügelschlagend und wassertretend über das Wasser laufen; Junge der 1. Brut helfen ihren Geschwistern aus der 2. Brut beim Futtersuchen. Laut Roter Liste (Deutschland) **zurückgehend** (Vorwarnliste).

Watvögel, Möwen und Seeschwalben

In der nun besprochenen Ordnung Regenpfeifervögel (Charadriiformes), obwohl hierzu irritierenderweise auch Möwen und Seeschwalben zählen, sind mehrere äußerlich sehr unterschiedliche Vögel untergebracht, die in der Regel jedoch alle in Küstennähe oder in Feuchtgebieten wohnen. Regenpfeier und Schnepfen sind kleine Watvögel (Limikolen), wobei Regenpfeifer einen kurzen Schnabel sowie kurze Beine haben, Schnepfen hingegen einen langen, zum Teil gebogenen Schnabel und lange Beine besitzen. Möwen und Seeschwalben lassen sich sehr gut auseinanderhalten: Während Möwen breite Flügel, einen breiten Schnabel und einen fächerförmigen Schwanz besitzen, sind bei Seeschwalben Flügel und Schnabel schmal, und der Schwanz ist gegabelt.

Flußregenpfeifer
(Charadrius dubius); Fam. Charadriidae (Regenpfeifer)

Beschreibung: Kleiner Regenpfeifer (etwa spatzengroß), KL 15 cm; Brustbinde, Schnabel und Stirnband dunkel, weißer Streifen über der Stirn, Scheitel und Oberseite matt braun, Beine gelb.

Lebensraum: Schotterbedeckte Flußufer, auch Kiesgruben und Halden (siehe Besonderheiten).

Nahrung: Insekten.

Teichhuhn *(Gallinula chloropus)*, kämpfend

Flußregenpfeifer *(Charadrius dubius)*

Lebensweise: Zugvogel.

Fortpflanzung: Beide Eltern brüten 2mal im Jahr (IV–VII), Gelegegröße 4 Eier, Nest eine flache Bodenmulde zwischen Kieseln, z. T. mit Steinchen, Halmen und Zweigstücken ausgelegt; Brutzeit 24–25 Tage, Junge Nestflüchter, nach 2-3 Wochen flügge.

Stimme: ♂ im Singflug rauh-kehlig „griä griä", alarmierend kurzes zweisilbiges „piu".

Besonderheiten: Der Flußregenpfeifer hat sich als ein erstaunlicher Kulturfolger erwiesen. Viele Vertreter dieser Art brüten heute in kaum bewachsenen Kies- und Sandgruben, an Baggerlöchern, Abraumhalden und sogar auf kiesbedeckten Flachdächern.

Kiebitz

(Vanellus vanellus); Fam. Charadriidae (Regenpfeifer)

Beschreibung: Weit verbreiteter Wiesenvogel, KL 30 cm; Kopf mit dunkler Augenbinde und auffälligem schwarzen Schopf; Brust dunkel; Nacken, untere Gesichtshälfte und Unterseite weiß; Flügel graugrün.

Lebensraum: Äcker, Weiden und Wiesen; zur Nahrungssuche auf Böden mit niedriger Vegetation.

Nahrung: Insekten, Regenwürmer, kleine Wirbellose.

Lebensweise: Teilzieher; charakterisch der Schwenkflug (Gaukelflug).

Fortpflanzung: Beide Eltern, überwiegend jedoch das ♀, bebrüten 1 Jahresgelege aus 4 Eiern (IV–VI); flachmuldiges Bodennest, in niedriger Krautschicht; Brutzeit 3–4 Wochen, Junge Nestflüchter, nach 35–40 Tagen flügge.

Stimme: Kurzes „ki-witt ki-witt" (daher der Name „Kiebitz").

Besonderheiten: Kiebitze „trampeln" oft auf der frischen Ackerkrume, um Regenwürmer aufzuscheuchen. Mithilfe spezieller Tastsinnesorgane in den Füßen können sie die Bewegung der Würmer registrieren und diese dann orten und fangen. Laut Roter Liste (Deutschland) **gefährdet.**

Austernfischer

(Haematopus ostralegus); Fam. Haematopidae (Austernfischer)

Beschreibung: Auffällig gezeichneter Watvogel der Küstenregionen (etwa krähengroß), KL 43 cm; Körper schwarz-weiß, Beine und Schnabel leuchtend rot.

Lebensraum: Wattenmeer, Kiesstrände, Küste, auch Flußufer im Binnenland.

Nahrung: Fische, Muscheln (vor allem Herzmuscheln, selten Austern), Schnecken, auch Krebstiere, Würmer und Insekten.

Lebensweise: Zugvogel.

Fortpflanzung: Beide Eltern brüten 1mal im Jahr (IV–VII) ein Gelege von 2–4 Eiern; Nest eine Bodenmulde in Kies oder Schotter, mitunter mit kleinen Steinen, Halmen oder Scherben von Muschelschalen oder Schnecken-

Kiebitz
(Vanellus vanellus)

Austernfischer *(Haema-topus ostralegus)*, rufend

häusern ausgekleidet; Brutzeit 24–27 Tage, Junge Nestflüchter, nach 5–6 Wochen flügge.

Stimme: Balzruf trillernd, alarmierend ein lautes „kulip".

Besonderheiten: Mit seinem klingenähnlichen Schnabel meißelt der Austernfischer Seepocken und Napfschnecken von Gesteinen oder knackt Muschelschalen.

Waldschnepfe

(Scolopax rusticola); Fam. Scolopacidae (Schnepfen)

Beschreibung: Gedrungener Schnepfenvogel (etwa taubengroß) mit einer KL von 32–36 cm, SpW 55–60 cm; Gefieder rötlichbraun, rostfarben und dunkel gesprenkelt (Tarnfärbung im Herbstlaub), Kopf und Nacken mit dunklen Bändern und hoher Stirn, Schnabel lang, Flügel kurz, breit; Beine ebenfalls kurz.

Lebensraum: Laub- und Mischwälder.

Nahrung: Regenwürmer (die mit dem Schnabel aus dem Boden gezogen werden), Insekten (Imagines und Larven).

Lebensweise: Zugvogel.

Fortpflanzung: ♀ brütet 1mal im Jahr (III–VI), 4 Eier, Nestmulde aus Fallaub; Brutzeit 22–23 Tage, Junge sind Nestflüchter, die nach 15–20 Tagen selbständig sind.

Stimme: Außerhalb der Balzzeit stumm; während des sogenannten „Schnepfenstrichs" knarrende Laute wie „quorr quorr woworr" sowie ein hohes „pitzie" (siehe Besonderheiten).

Flugbild: Fliegt mit gesenktem Schnabel.

Besonderheiten: Unter dem Schnepfenstrich versteht man das Balzverhalten dieser Art, bei dem die Männchen ab Mitte März morgens und abends über Waldlichtungen fliegen und eigenartige Laute von sich geben, ein tiefes „Murksen" (oder „Quorren") und ein hohes „Puitzen". Weibchen streichen auch, jedoch nur bis zur Brutzeit; sie „puitzen" nur, „murksen" jedoch nicht.

Rotschenkel

(Tringa totanus); Fam. Scolopacidae (Schnepfen)

Beschreibung: Mittelgroßer Watvogel, KL 28–31 cm; lange rote Beine (Name!), breiter weißer Flügelrand, im Flug auch der weiße Bürzel gut zu erkennen.

Lebensraum: Im Sommer Marschen, Feuchtwiesen, Weiden; im Winter an Flußmündungen.

Nahrung: Insekten, kleine Krebstiere und Regenwürmer.

Lebensweise: Zugvogel.

Fortpflanzung: 1 Gelege pro Jahr (IV–VI), das von beiden Eltern 24 Tage lang bebrütet wird; in Gras und dichter Vegetation verborgenes, muldenförmiges, gepolstertes Bodennest; Junge sind Nestflüchter, nach 25–30 Tagen

Waldschnepfe
(Scolopax rusticola)

Rotschenkel
(Tringa totanus)

flügge; beide Altvögel versorgen die Jungen; das ♀ verläßt die Brut mitunter, ehe diese flügge ist.

Stimme: Melodisches „tjüih", sanft abfallend, im Flug hintereinandergereiht „tjühdüdü".

Besonderheiten: Rotschenkel sind sehr wachsame Watvögel, die andere Vögel im Revier vor Eindringlingen warnt. Laut Roter Liste (Deutschland) **gefährdet.**

Silbermöwe
(Larus argentatus); Fam. Laridae (Möwen)

Beschreibung: Häufige, große, recht massige Möwe, KL 60–63 cm; Gefieder weiß; Rücken und Flügel grau, Handschwingen schwarz mit weißen Flügelspitzen; am kräftigen, gelben Schnabel sitzt unterseits ein roter Fleck; Beine blaßrosa.

Lebensraum: Küstenstädte, Häfen, auch Müllkippen; zunehmend im Binnenland.

Nahrung: Allesfresser.

Lebensweise: Teilzieher.

Fortpflanzung: Beide Eltern brüten 1 Jahresbrut (IV–VI) aus 3 Eiern, flaches schalenförmiges Nest aus Tang, Gras und anderem verfügbaren Material, am Boden, auf Dächern und Klippen, kolonieweise; Brutzeit 28–31 Tage, Junge Platzhocker, d. h. sie verlassen bald nach dem Schlüpfen das Nest, halten sich aber versteckt in dessen Nähe auf, um von den Altvögeln gefüttert zu werden, nach 35–40 Tagen flügge.

Stimme: Klagendes, hohes „kjä kjä kjäkjäkjä".

Besonderheiten: Die Schreie der Silbermöwe bilden die typische Klangkulisse aller nordischen Küstenstädte.

Sturmmöwe
(Larus canus); Fam. Laridae (Möwen)

Beschreibung: Mittelgroße Möwe, KL 40–41 cm; Gefieder ähnlich wie Silbermöwe, Schnabel jedoch gelblichgrün, schlanker und ohne roten Fleck; Beine ebenfalls gelblichgrün.

Lebensraum: Im Sommer Küsten, Dünen, Marschen und stehende Gewässer (vor allem Ostseeraum); winters meist nur Küste oder küstennahes Binnenland.

Nahrung: Kleine Meereswirbellose, im Binnenland auch Insekten, Beeren, Mäuse und Getreidekörner.

Lebensweise: Teilzieher.

Fortpflanzung: Beide Altvögel brüten in Brutkolonien, 1 Jahresbrut (V–VII), 2–3 Eier, muldenförmiges Bodennest, mit Heu und trockenen Halmen ausgekleidet, Brutzeit 22–28 Tage, Junge Platzhocker wie bei Silbermöwe, nach 35–40 Tagen flügge.

Stimme: Schrilleres Klagen („kjä-kjä") als Silbermöwe.

Silbermöwe
(Larus argentatus)

Sturmmöwe *(Larus canus)*, im Flug

Sturmmöwe mit Küken

Besonderheiten: Die Brutkolonien der Sturmmöwe, die oft auch am Rande von Lachmöwenkolonien brütet, befinden sich nicht direkt an der Küste, sondern mitunter auch in küstenfernen Gras- oder Heidelandschaften. Auch bei der Sturmmöwe ist in den letzten Jahren die Tendenz zu beobachten, daß sie sich häufiger im Binnenland – vor allem in der Nähe von Müllkippen – aufhält.

Lachmöwe

(Larus ridibundus); Fam. Laridae (Möwen)

Beschreibung: Häufigste Möwe des Binnenlandes, KL 40–41 cm; Gefieder weiß, Flügel hellgrau mit weißer Vorderkante, Schnabel und Beine rot, Brutkleid mit schokoladenfarbenem Kopf und weißem Nacken.
Lebensraum: Im Sommer Seen und Teiche mit dichtem Uferbewuchs und Verlandungszonen, auch Talsperren; im Winter an der Küste, vielfach auch in Innenstädten.
Nahrung: Kleine Meereswirbellose, Fische, Insekten, Würmer, Abfall.
Lebensweise: Zugvogel.
Fortpflanzung: Brut erfolgt durch beide Altvögel in Kolonien, 1 Jahresbrut (IV–VII), 3 Eier, schalenförmiges Nest aus Pflanzenmaterial (Röhricht), Brutzeit 23–26 Tage, Junge Platzhocker, nach 5 Wochen flügge.
Stimme: Quarzendes „kwäarr", oft heller.
Besonderheiten: Lachmöwen bilden große Brutkolonien in Marschen und Sumpfgebieten. Heute hat der Bestand dieser Möwenart derart zugenommen, daß man sie beinahe überall in der Vogelfauna von Teichen, Seen und Talsperren antrifft. Auch auf jeder Müllkippe finden sich große Schwärme von Lachmöwen.

Flußseeschwalbe

(Sterna hirundo); Fam. Sternidae (Seeschwalben)

Beschreibung: Schlanke, mittelgroße Seeschwalbe, KL 35–37 cm; Gefieder weiß, Rücken und Schwingen hellgrau, Schwanz gegabelt; Schnabel im Sommer rot, oberseits mit schwarzer Spitze.
Lebensraum: Sand- und flache Felsküsten, kieselige Flußufer, Marschland.
Nahrung: Krustentiere und kleine Fische, durch Stoßtauchen erbeutet.
Lebensweise: Zugvogel.
Fortpflanzung: Brut erfolgt in Kolonien, beide Altvögel betreuen 1 Jahresbrut (V–VI), 2–3 Eier, muldenförmiges Bodennest, in Sand oder Kies, mitunter mit Pflanzenmaterial ausgekleidet; Brutzeit 22–26 Tage, Junge Platzhocker, nach 21–26 Tagen flügge.
Stimme: Schneidend scharfes „kjärrih".
Besonderheiten: In den großen Brutkolonien legen Flußseeschwalben ihre Nester oft nahe beieinander an; Nestabstände von 1–2 m sind dort keine Seltenheit.

Lachmöwe *(Larus ridibundus)* im Sommerkleid

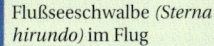
Lachmöwe im Flug

Flußseeschwalbe *(Sterna hirundo)* im Flug

Tauben- und Kuckucksvögel

Im folgenden Abschnitt werden zwei Ordnungen vorgestellt: die Taubenvögel (Columbiformes) und die Kuckucksvögel (Cuculiformes). Tauben sind durch einen plumpen Körper, kurze Beine und einen kleinen Kopf gekennzeichnet. Sie brüten meist in Höhlen, einige Arten auch auf Bäumen. Die Jungen werden in den ersten Lebenstagen mit einer sogenannten „Kropfmilch" gefüttert, die gegen Ende der Brut im Kropf der Altvögel gebildet wird. Alle Haustauben, aber auch die verwilderten Stadttauben, die in den Großstädten schon eine wahre Plage darstellen, stammen von der ursprünglich aus Nordafrika kommenden Felsentaube *(Columba livia)* ab. Kuckucksvögel sind vor allem durch ihren Brutparasitismus bekannt: Die Weibchen brüten nicht selbst, sondern legen ihre Eier in die Vögel kleinerer Singvögel ab; der dann schlüpfende Jungkuckuck wirft anschließend alle anderen Eier oder Jungvögel aus dem Nest und läßt sich von seinen Zieheltern „durchfüttern".

Ringeltaube

(Columba palumbus); Fam. Columbidae (Tauben)

Beschreibung: Größte Taube Europas, KL 39–43 cm; Kopf, Rücken, Bürzel und Bauch graublau, Brust schwach violett-grau, Hals grünlich schimmernd, mit weißem Fleck; Flügel dunkler grau, mit weißer Randbinde; Schwanz lang, dunkel.
Lebensraum: Wälder aller Art, Parkanlagen.
Nahrung: Körner, Sämereien (Fichten, Kiefern,), Eicheln, Beeren und Blätter.
Lebensweise: Teilzieher, fliegt mit lautem Flügelklatschen; sehr gesellig, schwarmbildend außerhalb der Brutzeit.
Fortpflanzung: Beide Eltern betreuen 2–3 Jahresbruten (IV–IX), pro Gelege 2 Eier, flaches, lockeres Nest aus dünnen Reisern, in den Kronen von Laubbäumen; Brutzeit 16–17 Tage, Nestlingsdauer 21–28 Tage.
Stimme: Gurrendes „hu-huú-hu-hu(hu)ru".
Besonderheiten: Jungtauben werden von den Altvögeln mit ausgewürgter Kropfmilch gefüttert.

Türkentaube

(Streptopelia decaocto); Fam. Columbidae (Tauben)

Beschreibung: Schlanke Taubenart, KL 32 cm; Oberseite hellgrau-bräunlich, mit schmalem, schwarzen Nackenband, Schwanz lang, im Flug unterseits breit weiß gesäumt.
Lebensraum: Gärten, Parks.
Nahrung: Sämereien, Beeren, Abfälle.
Lebensweise: Standvogel.
Fortpflanzung: Beide Eltern betreuen 2–3 Jahresbruten (III–X), pro Gelege 2 Eier, dünnes Plattformnest in Baumkronen oder auf Gebäudesimsen;

Türkentaube
(Streptopelia decaocto)

Ringeltaube
(Columba palumbus)

Brutzeit 25 Tage; die Jungen sind Nesthocker, nach 17 Tagen flügge, verlassen oft auch schon früher das Nest.

Stimme: Dreitöniges gurrendes „gu-gúh-gu"; im Sommer zum Teil von morgens bis abends zu hören.

Besonderheiten: Die Türkentaube hat sich erst seit 1935 vom Balkan aus nach Westeuropa ausgebreitet.

Turteltaube
(Streptopelia turtur); Fam. Columbidae (Tauben)

Beschreibung: Kleine Taube, KL 26–29 cm; Oberseite und Flügel rostbraun, dunkelgefleckt, Brust und Kehle grau, schwach rosa überlaufen, typischer schwarz-weiß gebänderter Halsfleck; Schwanz lang, dunkel, schwach weiß gerandet.

Lebensraum: Helle Mischwälder mit viel Unterholz, auch Hecken, Parks und kleine Feldgehölze.

Nahrung: Samen (von Nadelhölzern, Birken und Krautpflanzen), Früchte, Beeren und Blätter; im Herbst bilden Turteltauben Scharen, die gemeinsam auf den abgeernteten Feldern nach Körnern suchen.

Lebensweise: Zugvogel.

Fortpflanzung: Beide Eltern brüten 1–2 mal im Jahr (V–VII), pro Gelege 2 Eier, lockeres, flaches Nest aus dünnen Zweigen, in Sträuchern und niedrigen Bäumen; Brutzeit 2 Wochen, Nestlingsdauer ca. 20 Tage.

Stimme: Schnurrendes, leises „grurrr-túrrr-turrr".

Besonderheiten: Der balzende Tauber gurrt unermüdlich, selbst in den heißen Mittagsstunden; typisch ist auch sein steil aufsteigender Balzflug mit Flügelklatschen. Turteltauben werden in Südeuropa gerne bejagt und verzehrt.

Kuckuck
(Cuculus canorus); Fam. Cuculidae (Kuckucksvögel)

Beschreibung: Sehr bekannter, am Ruf unverwechselbarer, schlanker Vogel (etwa taubengroß), KL 32–34 cm; Oberseite und Kopf des ♂ grau, Brust weiß-schwarz „nach Sperberart" gestreift, Flügel dunkelgrau; Schwanz leicht gerundet, dunkelgrau, mit weißen Tupfen; Schnabel gelblich, leicht gebogen. Färbung des ♀ rötlich-braun, Zeichnung wie beim ♂.

Lebensraum: Baumbestandenes Terrain; überall, wo seine Wirtvögel leben.

Nahrung: Insekten, oft haarige Raupen (Raupenhaare werden als Gewölle wieder hervorgewürgt).

Lebensweise: Zugvogel, der einzeln oder in kleinen Trupps nach Afrika zieht.

Fortpflanzung: Brutparasit; ♀ legt zwischen V–VII 20–25 Eier, jeweils in Abständen von 2 Tagen einzeln in das Nest bestimmter Singvögelarten. Dabei entfernt es vorher je ein Ei aus dem Gelege und ersetzt es durch das

Turteltaube
(Streptopelia turtur)

Kuckuck: Weibchen entnimmt Ei
aus Nest eines Sumpfrohrsängers

Kuckuck *(Cuculus canorus)*, Jungvogel wird
von einem Sumpfrohrsänger gefüttert

eigene. Nach 12–14 Tagen schlüpft der junge Kuckuck (selbst nackt und blind), der innerhalb von 3–4 Tagen die übrigen Eier oder Junge des Wirtvogels aus dem Nest schubst. Das Junge wird von den Wirteltern sehr sorgfältig aufgezogen und wird nach 20–23 Tagen flügge.

Stimme: Typisches, dreisilbiges, dumpfes „kuckuckuck".

Besonderheiten: Im Volkslied gilt der Kuckuck als Frühlingsbote. Laut Roter Liste (Deutschland) **zurückgehend** (Vorwarnliste).

Eulen

Eulen (Strigiformes) sind typische Nachtvögel, die geräuschlos Jagd auf andere Vögel und kleine Wirbeltiere, insbesondere Mäuse, machen. Charakteristisch sind neben dem großen, flachgesichtigen Kopf mit seinen großen, nach vorne gerichteten Augen ein krummer Schnabel und mächtige Klauen. Die Vögel brüten meist in Höhlen; die Männchen sind in der Regel kleiner als die Weibchen. Nahrungsreste werden in meist arttypischer Form als „Gewölle" wieder ausgewürgt.

Waldohreule

(Asio otus); Fam. Strigidae (Eulen)

Beschreibung: Mittelgroße Eule, KL 34–37 cm, SpW 90 cm; Oberseite hellbraun, ventral heller, mit dunklen Sprenkeln, Kopf mit zwei auffälligen, großen Federohren, Augen bernsteingelb, deutlicher Gesichtsschleier.

Lebensraum: Große Waldgebiete.

Nahrung: Mäuse, seltener Finken oder Insekten (nur in Hungerszeiten).

Lebensweise: Standvogel.

Fortpflanzung: ♀ betreuen 1 Jahresbrut (III–VI), 4–6 Eier, in ehemaligen Krähenhorsten (oft vom selben Jahr), Eichhörnchenkobel und Elsternnestern; Brutzeit 27 Tage, Nestlingsdauer 28 Tage.

Stimme: Hohler, langer Revierruf „huh huh huh", auch dumpf bellendes „kuä", bei der Flugbalz wird mit den Flügeln geklatscht.

Steinkauz

(Athene noctua); Fam. Strigidae (Eulen)

Beschreibung: Kleine Eule (etwa amselgroß), KL 22 cm, SpW 50 cm; Oberseite dunkelgrau, weiß gesprenkelt, Brust und Bauch hell, mit dunklen Streifen, Kopf flach, Stirn niedrig, verschwommener Gesichtsschleier, Augen intensiv gelb, Schwanz kurz.

Lebensraum: Offenes Terrain, Obstgärten, Parks, Feldgehölze.

Nahrung: Insekten (meist Nachtfalter), Mäuse, Kleinvögel.

Lebensweise: Standvogel; seltene Art.

Fortpflanzung: ♀ brütet 1mal im Jahr (IV–V), 4–5 Eier, Brut erfolgt ohne Nistunterlage in hohlen Bäumen (Kopfweiden), Felslöchern, auch in Rui-

Waldohreule
(Asio otus)

Waldohreule (Asio otus), Jungvogel

Steinkauz
(Athene noctua)

nen, alten Brunnenschächten, Feldscheunen oder in Erdlöchern; Brutzeit 28 Tage, Junge frühestens nach 1 Monat flügge.

Stimme: Bei Erregung ein durchdringend miauendes „quiu" oder „kuitt".

Besonderheiten: Bei den alten Griechen galt der Steinkauz als Vogel der Göttin Athene und als ein Symbol der Weisheit. Den Ruf als Totenvogel erhielt der Steinkauz in früheren Zeiten: Steinkäuze flogen in den dunken Nächten (damals noch ohne Straßenbeleuchtung) gerne an solche Fenster, hinter denen noch Lichter brannten und wo die Vögel dann ihren hohlen Ruf ertönen ließen. Oft war der Grund für den Lichterschein, daß in solchen Zimmern schwer Erkrankte versorgt wurden, und so wurde in der Phantasie der abergläubischen Kranken und ihrer Pfleger aus dem „kuitt" ein aufforderndes „Komm mit!", das aus dem Munde eines Nachtgeschöpfes wie dem Steinkauz nur einer Einladung in das Reich der Toten gleichkommen konnte. Laut Roter Liste (Deutschland) **stark gefährdet.**

Schleiereule
(Tyto alba); Fam. Tytonidae (Schleiereulen)

Beschreibung: Taubengroße Eule, KL 34–40 cm; Gefieder hell, Kopf mit herzförmigem Gesichtsschleier, Federohren fehlen, lange Beine.

Lebensraum: Kirchtürme und Dachböden alter Bauernhäuser und Scheunen; strukturreiches Kulturland, Dörfer.

Nahrung: Mäuse und andere kleine Säuger.

Lebensweise: Standvogel.

Fortpflanzung: ♀ brütet 1–2mal im Jahr (IV–VI), 4–7 Eier, Nest eine ungepolsterte, gekratzte Mulde in Gebäudenischen (Kirchtürme, Scheunen), auch Baumhöhlen; Brutzeit 30–32 Tage, Nestlingsdauer 55–65 Tage.

Stimme: Im Flug zitterndes Kreischen; die Rufe brütender Tiere sind schnarchend und zischend.

Besonderheiten: Zur Jagd sitzt die Schleiereule entweder auf einer hohen Warte, um sich lautlos auf ihre Beute zu stürzen, oder aber sie fliegt gleitend über offenes Terrain.

Schwalmvögel, Segler und Racken

In Mitteleuropa finden wir nur wenige heimische Vertreter der folgenden drei Vogelordnungen: Unter den Schwalmvögeln (Caprimulgiformes), einer Gruppe nacht- und dämmerungsaktiver Vögel mit langen Schwänzen und Flügeln, ist allein der Ziegenmelker bei uns beheimatet. Segler (Apodiformes) sind hervorragende Flieger mit allerdings winzigen Beinen; einmal am Boden gelandet, haben sie kaum eine Chance, von dort wieder zu starten. Daher schlafen die Segler nachts sogar im Fliegen. Mit weit geöffnetem Maul jagen sie Fluginsekten. In Mitteleuropa repräsentiert lediglich der Mauer-

Schleiereule

Schleuereule *(Tyto alba)*

segler diese Vogelordnung, zu der auch alle Kolibriarten zählen. Die meisten Vertreter der Rackenvögel (Coraciiformes) leben ebenfalls nicht bei uns, sondern hauptsächlich in den Tropen (z. B. die Nashornvögel). Neben selten gewordenen oder nur noch sporadisch anzutreffenden Arten wie Wiedehopf, Bienenfresser und Blauracke vertritt bei uns also nur noch der Eisvogel diese Gruppe prächtig bunt gefärbter, fleischfressender Landvögel.

Mauersegler

(Apus apus); Fam. Apodidae (Segler)

Beschreibung: Unverkennbarer Vogel, KL 16–17 cm; Gefieder rußschwarz mit hellem Kehlfleck; Flügel lang, sichelförmig. Schwanz gegabelt; Füße sehr klein, reichen gerade zum Festkrallen aus.
Lebensraum: Städte, Dörfer, jegliche Form von Siedlungen.
Nahrung: Insekten und Spinnen, die im Flug erbeutet werden.
Lebensweise: Zugvogel; rasanter Flieger.
Fortpflanzung: Beide Eltern brüten 1mal im Jahr (V–VI), Gelegegröße 2–4 Eier, flaches, schalenförmiges Nest aus Halmen, Pflanzenresten und Federn, die mit Speichel verklebt werden; Nest ursprünglich auf Felsklippen, heute auf vor allem Mauersimsen und Dächern angelegt, in Kolonien; Brutzeit 18–25 Tage, Nestlingsdauer 44–49 Tage.
Stimme: Schrilles hohes Kreischen, an heißen Sommerabenden sehr laut.
Besonderheiten: Erbeutete Insekten, die für die Fütterung der Jungen bestimmt sind, werden in einer Tasche unter der Zunge aufbewahrt. Mauersegler trinken selbst im Fliegen. Dazu jagen sie dicht über die Wasseroberfläche und tauchen dabei den Schnabel ein.

Eisvogel

(Alcedo atthis); Fam. Alcedinidae (Eisvögel)

Beschreibung: Kleiner, bunter Wasservogel, KL 15–16 cm; Scheitel, „Bartstreifen", Flügel und Rücken blautürkis schillernd, obere Wangen, Brust und Bauch rötlich-hellbraun, Kehle und Wangenfleck weiß; Schnabel kurz und spitz, Schwanz blau, kurz, wie abgeschnitten, Füße hellrot.
Lebensraum: Meist fließende Gewässer (Flüsse, Bäche), bis 1800 m Höhe.
Nahrung: Kleine Fische, Wasserinsekten und Krustentiere.
Lebensweise: Teilzieher.
Fortpflanzung: Beide Eltern brüten 2–3mal im Jahr (IV–VIII), pro Gelege 6–8 Eier, Nest in einer selbstgegrabenen Erdröhre, an deren Ende sich ein Kessel befindet; in sandigen oder erdigen Steilufern oder Gewässernähe; Brutzeit 3 Wochen, Junge nach 23–27 Tagen flügge.
Stimme: Gesang aus gereihten, trillernden Elementen „tij-tie-ih".
Besonderheiten: Eisvögel sind in den vergangenen Jahrzehnten aufgrund von Gewässerverschmutzung und Uferbegradigungen zurückgegangen, ihre Zahl hat in den letzten Jahren aber wieder zugenommen. Laut Roter Liste (Deutschland) **gefährdet.**

Mauersegler *(Apus apus)*

Eisvogel *(Alcedo atthis)*

Spechte

Spechtvögel (Ordnung Piciformes) sind Spezialisten für das Leben an und in Bäumen. Mit ihren spitzen, kräftigen Schnäbeln meißeln sie ihre Wohnhöhlen und befördern Insekten unter der Baumrinde hervor. Auch die lange, weit vorstreckbare Zunge, der versteifte Stützschwanz und die kräftigen Kletterfüße stellen Anpassungen an ihren Lebensraum dar. Ihre Zehen ermöglichen ihnen ein gewandtes Auf- und Abklettern an Ästen und Stämmen. Charakteristisch ist auch das Trommeln der Spechte, die ihren Schnabel mit hoher Frequenz (bis zu 30 Schläge/ Sekunde) auf Baumstämme und Masten klopfen.

Buntspecht

(Dendrocopos major); Fam. Picidae (Spechte)

Anderer Name: Rotspecht.

Beschreibung: Der häufigste Spechtvogel Mitteleuropas. Großer schwarz-weiß-roter Specht, KL 22–24 cm; Stirn, Hals- und Schulterpartien weiß, Kopfplatte und Backenstreif schwarz, ventral weiß, an der Schwanzbasis rot, Flügel schwarz-weiß gebändert; ♂ mit rotem Nackenband, beim ♀ fehlend.

Lebensraum: Wälder aller Art, häufig Nadelwälder, auch Parks und Gärten mit alten, morschen Bäumen.

Nahrung: Insekten (Borkenkäfer, Ameisen) oder holzbohrende Insektenlarven, die mit dem Schnabel freigemeißelt und mit der langen, klebrigen Zunge aus ihren Bohrgängen geholt werden; im Winter werden Fichten- und Tannenzapfen in einen Spalt geklemmt („Spechtschmiede"), worauf der Vogel die Schuppen mit dem Schnabel wegmeißelt und die Samen anschließend frißt.

Lebensweise: Standvogel.

Fortpflanzung: Beide Eltern brüten 1mal im Jahr (IV–V), 4–8 Eier, in selbstgezimmerter, nur mit Mulm ausgekleideter Nisthöhle, in morschen Nadel- und Laubbäumen (2–9 m Höhe), Flugloch ca. 4,5 cm ⌀; Brutzeit 12–13 Tage, Junge fliegen nach 21 Tagen aus der Höhle.

Stimme: Helles, scharfes „kix"; im Frühjahr wird deutlich auf totem Holz getrommelt (12–18 Schläge, im Abstand von 2–3 min).

Besonderheiten: Junge Spechte machen in ihrer Höhle so viel Radau, daß man sie in Entfernung von bis zu 100 m hören kann; in städtischen Habitaten trommeln manche Buntspechte auch lautstark an Dachrinnen und Regenrohren. Buntspechte zimmern jedes Jahr aufs neue für ihre Gelege eine Höhle, wobei sie zielstrebig Bäume aussuchen, die von innen faul sind.

Buntspecht
(*Dendrocopos major*)

Grünspecht

(Picus viridis); Fam. Picidae (Spechte)

Beschreibung: Großer Specht, KL 32 cm; Unterseite schmutziggrün, Oberseite grün; Stirn und Kappe rot, ♂ mit rot-schwarzem Wangenstreifen („schwarze Brille"), äußere Schwungfedern schwarz-weiß gefleckt, Bürzel gelb; ♀ mit rein schwarzem Wangenstreifen.
Lebensraum: Offene Wälder, Waldränder, Parks, Obstgärten mit alten Einzelbäumen.
Nahrung: Ameisen und deren Larven; die Ameisenburgen werden mit dem spitzen Schnabel aufgemeißelt, die angreifenden Arbeiterinnen bleiben an der langen, klebrigen Zunge haften.
Lebensweise: Standvogel; kräftiger, wellenförmiger Flug (typisch für Spechte).
Fortpflanzung: Beide Eltern brüten 1mal im Jahr (IV–V), 5–7 Eier, in selbstgezimmerter, nicht ausgepolsterter Nisthöhle (wird oft mehrere Jahre benutzt), oft in morschen Bäumen (bis 6 m Höhe), Flugloch ca. 6,5 cm ∅; Brutzeit 15–17 Tage, Junge verlassen die Höhle nach 19 Tagen.
Stimme: Typisches laut wieherndes oder lachendes „kjü kjü kjü" (12 bis 20 Elemente); nur selten wird getrommelt.
Besonderheiten: Grünspechte suchen oft auf Wiesen nach Nahrung, wo sie aufgrund ihres grünen Gefieders gut getarnt sind.

Sperlingsvögel

Die größte Ordnung innerhalb der Vögel stellt die Ordnung der Sperlings- oder Singvögel (Passeriformes) dar. Mehr als die Hälfte aller bekannten Vogelarten fallen in diese Gruppe. Typisch ist, daß der Fuß aller Sperlingsvögel aus drei nach vorne reichenden Zehen und einer langen, nach hinten gerichteten Zehe besteht. Die meisten Passeriformes sind nicht besonderes groß, viele auch sehr klein. Jedoch kann die Mehrzahl dieser Vögel hervorragend singen, und der typische Gesang ist oft auch das einzige eindeutige Bestimmungsmerkmal einer Art.

Feldlerche

(Alauda arvensis); Fam. Alaudidae (Lerchen)

Beschreibung: Häufigste einheimische Lerche, KL 18 cm; Oberseite bräunlich, Brust heller, braun gestrichelt, Haube kurz, aufrichtbar; Schwanz mit weißem Rand.
Lebensraum: Felder, Äcker, Wiesen, Heideland.
Nahrung: Sämereien, Insekten.
Lebensweise: Teilzieher.
Fortpflanzung: 2–3 Jahresbruten, nur von ♀ betreut (IV–VII), pro Gelege 3–5 Eier, napfförmiges Grasnest, mit feinen Halmen, Haaren usw. ausge-

Grünspecht
(Picus viridis)

Feldlerche
(Alauda arvensis)

polstert, in der Bodenvegetation versteckt; Brutzeit 11–12 Tage, Junge Nesthocker, nach 18–21 Tagen flügge.

Stimme: Lang trillernder Singflug; die Lerche steigt dazu steil in die Luft, rüttelt dort und fällt im Sturzflug bis kurz über den Boden.

Besonderheiten: Lerchen trippeln über den Boden, hüpfen jedoch nicht. Wenn die Brutsaison vorbei ist, schließen sich die Vögel gerne zu größeren Trupps zusammen. Laut Roter Liste (Deutschland) **zurückgehend** (Vorwarnliste).

Haubenlerche
(Galerida cristata); Fam. Alaudidae (Lerchen)

Beschreibung: Kräftige Lerche (etwa spatzengroß), KL 17–19 cm; Gefieder sandbraun, ähnlich wie Feldlerche, Schwanz jedoch mit braunem Rand, Haube auffällig, meist aufgerichtet, Schnabel kräftig, leicht gebogen.

Lebensraum: Felder, Kiesgruben, Gleiskörper, offenes Terrain in der Nähe von Ortschaften, trockenes Ödland ohne Vegetation.

Nahrung: Insekten, Sämereien und Pflanzen.

Lebensweise: Teilzieher.

Fortpflanzung: 2–3 Jahresbruten, nur von ♀ bebrütet (IV–VI), Gelegegröße 3–5 Eier, tiefes, schalenförmiges Grasnest in Bodenmulde; Brutzeit 12–13 Tage, Junge Nesthocker, Nestlingsdauer 12–13 Tage.

Stimme: Lauter, melodischer Gesang, von hoher Warte oder im Kreisflug vorgetragen; flötender Ruf „di-dji-djii".

Besonderheiten: Typisch ist für diesen Vogel auch der taumelnde Flug. Die Ausdehnung der natürlichen Verbreitungsgebiete sind derzeit aus unbekannten Gründen rückläufig. Laut Roter Liste (Deutschland) **gefährdet.**

Mehlschwalbe
(Delichon urbica); Fam. Hirundinidae (Schwalben)

Beschreibung: Mittelgroßer bekannter Sommervogel, KL 12–13 cm; Oberseite glänzend schwarzblau, Unterseite und Bürzel weiß, Schwanz kurz, dunkel, schwach gegabelt.

Lebensraum: Menschliche Siedlungen, meist Dörfer und kleinere Ortschaften, selten Großstädte, über Straßen, Parks.

Nahrung: Insekten, die im Flug gefangen werden.

Lebensweise: Zugvogel.

Fortpflanzung: Beide Eltern brüten 2–3mal im Jahr (V–VIII), Gelegegröße 4–5 Eier, kugeliges Lehmnest unter Dachrinnen und Mauervorsprüngen, lockere Brutkolonie; Brutzeit 2 Wochen, Junge Nesthocker, nach 19–22 Tagen flügge.

Stimme: Schriller Alarmschrei „ziürr".

Besonderheiten: Die Mehlschwalbe fliegt oft recht hoch und kann auch am Boden gut laufen. Zum Nestbau sammelt sie Lehmkügelchen an Pfützen oder Gewässerufern.

Haubenlerche
(Galerida cristata)

Mehlschwalbe sammelt
Schlamm als Nestmaterial

Mehlschwalbe *(Delichon
urbica)*, Nestkolonie

Rauchschwalbe

(Hirundo rustica); Fam. Hirundinidae (Schwalben)

Beschreibung: Häufigste mitteleuropäische Schwalbenart, KL 19 cm; Oberseite metallisch blauschwarz, Stirn und Kehlbereich rot, Bauch weiß, Schwanz dunkel, lang ausgezogen („Schwalbenschwanz").
Lebensraum: Menschliche Siedlungen und umliegendes Ackerland.
Nahrung: Insekten, die im Flug gefangen werden.
Lebensweise: Zugvogel.
Fortpflanzung: Beide Eltern brüten 2–3mal im Jahr (V–VII), Gelegegröße 4–6 Eier, schalenförmiges, mit Federn und Stroh gepolstertes Lehmnest auf Balken, Dachsparren, Simsen und Mauervorsprüngen, in Stallungen, Scheunen und Höhlen; Brutzeit 14–16 Tage, Junge Nesthocker, Nestlingsdauer 17–24 Tage.
Stimme: Hastiges, melodisches Zwitschern; zwei- oder mehrsilbiges „wid wid".
Besonderheiten: Die Schwalbe wird mit vielen positiven Eigenschaften assoziiert; sie gilt als Glücksbringerin, als Vorbotin des Frühlings und als Symbol der romantischen Liebe. Der Name Rauchschwalbe entstand wahrscheinlich, weil die Schwalben häufig auch in rußgeschwärzten Kaminen genistet haben. In regnerischen Jahren, wenn wenig Insekten fliegen, sterben viele Schwalben, vor allem Jungvögel. Laut Roter Liste (Deutschland) **zurückgehend** (Vorwarnliste).

Baumpieper

(Anthus trivialis); Fam. Motacillidae (Stelzen)

Beschreibung: Mittelgroßer, schlanker Pieper (etwa spatzengroß), KL 15–16 cm; Oberseite bräunlich, schwarz gestreift, Unterseite cremefarben, Brust kräftig dunkel gestreift, Beine fleischfarben.
Lebensraum: Lichtungen, Waldränder, offenes, baumbestandenes Gelände.
Nahrung: Insekten, Spinnen, Würmer.
Lebensweise: Zugvogel.
Fortpflanzung: 2 Jahresbruten (V–VII), pro Gelege 4–6 Eier, lockeres Nest aus Gras, Moos und trockenem Laub, am Boden unter Büschen; Brutzeit 12–13 Tage, Junge werden weitere zwei Wochen im Nest gefüttert.
Stimme: Typisch ist der trillernde, kanarienvogelähnliche Gesang, bei dem das ♂ von einer hohen Warte singend aufsteigt, dann singend wieder zur Warte herabschwebt und die Strophe mit fallendem „sïë-sïë-sïë" beendet. Beim Herabschweben spreizt es den Schwanz, läßt die Beine hängen und hebt die Flügel leicht an.

Rauchschwalbe, Sammlung im Herbst

Rauchschwalbe (*Hirundo rustica*)

Rauchschwalbe, Jungvögel im Nest

Baumpieper (*Anthus trivialis*)

Bachstelze

(Motacilla alba); Fam. Motacillidae (Stelzen)

Beschreibung: Schlanke Stelze (etwa spatzengroß), KL 17–18 cm; Kappe, Brust, Nacken und Kehle schwarz; dorsal grau, schlanke Beine, langer, schwarzer Schwanz mit weißen Rändern.

Lebensraum: Offenes Gelände, immer in Gewässernähe (Bäche, Pfützen, Seen), nie im Waldinnern.

Nahrung: Kleine Wassertiere (Insekten, Schnecken, Würmer).

Lebensweise: Teilzieher, der im Mittelmeerraum bis in Ostafrika überwintert.

Fortpflanzung: 2 Jahresbruten (IV–VI), pro Gelege 5–6 Eier, gepolsterte Nester, die sich meist in Höhlen befinden; Brutzeit 12–14 Tage, Junge meist nach 13–16 Tagen flügge.

Stimme: Kräftiges „zilipp" im Fluge, auch einsilbig „zit"; Gesang zwitschernd, leise.

Besonderheiten: Bachstelzen laufen und hüpfen mit nickendem Kopf und wippendem Schwanz. Auf den britischen Inseln gibt es eine Unterart, die Trauerbachstelze, deren ♂ einen schwarzen Rücken besitzt.

Gebirgsstelze

(Motacilla cinerea); Fam. Motacillidae (Stelzen)

Beschreibung: Größere schlanke Stelze (leicht mit Schafstelze zu verwechseln), KL 19 cm; Schwanz jedoch viel länger; Rücken und Kopf stets grau, Unterseite gelblich; Brutkleid der ♂♂ mit schwarzem Kehlfleck; stetes Schwanzzucken.

Lebensraum: Immer in der Nähe von Fließgewässern, auch wassernahe Gärten.

Nahrung: Kleine Wassertiere (Insekten, Schnecken, Krebstierchen).

Lebensweise: Teilzieher.

Fortpflanzung: 2 Jahresbruten, von ♀ bebrütet (IV–VI), pro Gelege 5–6 Eier, schalenförmiges Moos- oder Grasnest am Ufer, in Höhlen oder unter einem Felsvorsprung; Brutzeit 13–14 Tage, Junge Nesthocker, Nestlingsdauer 14–16 Tage.

Stimme: Im Fluge „ziss-zississ"; Gesang von hoher Warte, spitzes „zizizürit", auch schwatzend.

Schafstelze

(Motacilla flava); Fam. Motacillidae (Stelzen)

Anderer Name: Viehstelze.

Beschreibung: Etwas größer als Bachstelze, mehrere geographische Rassen, KL 17 cm; Oberseite olivgrün; Brust beim ♂ leuchtend gelb, beim ♀ schwach gelb, Kopf der ♂ grau.

Gebirgsstelze
(Motacilla cinerea)

Bachstelze
(Motacilla alba)

Schafstelze
(Motacilla flava

Schafstelze, Männchen
der Nordischen Rasse

Lebensraum: Feuchtwiesen, Flutpolder, Viehweiden mit Entwässerungsgräben.

Nahrung: Fliegen und andere Wieseninsekten, die vom Weidevieh aufgescheucht werden.

Lebensweise: Zugvogel.

Fortpflanzung: 2 Jahresbruten, von ♀ bebrütet (V–VII), pro Gelege 5–6 Eier, napfförmiges Nest aus Würzelchen und Grashalmen, dick mit Haaren, Fellresten und Flaum gepolstert, am Boden, unter überhängendem Gras, in Mulden oder Böschungen versteckt; Brutzeit und Nestlingsdauer je 13 Tage.

Stimme: Im Fluge „psie"; Gesang unauffälliges, kurzes „zier zier".

Besonderheiten: Schafstelzen trippeln sehr schnell, so daß sie auch mit einer ziehenden Herde Schritt halten können; Verwechslung mit Gebirgsstelze möglich. Bei der englischen Rasse der Schafstelze *(M. f. flavissima)* ist der Kopf des ♂ gelb. Laut Roter Liste (Deutschland) **zurückgehend** (Vorwarnliste).

Neuntöter
(Lanius collurio); Fam. Laniidae (Würger)

Anderer Name: Rotrückenwürger.

Beschreibung: KL 18 cm; beim ♂ Nacken und Kappe grau, mit schwarzer Augenbinde; Rücken rostbraun, Wange, Kehle, Brust, Bauch und Schwanzunterseite schwach rosa bis weiß; beim ♀ ist die Oberseite kastanienbraun.

Lebensraum: Offenes Terrain mit vielen Büschen und Dornenhecken; Neuntöter hocken auf einer hohen Warte, um sich auf ihre Beute zu stürzen.

Nahrung: Große Insekten (Laufkäfer, Heuschrecken), aber auch junge Mäuse, Fröschlein und Kleinvögel.

Lebensweise: Zugvogel, der nur von Mai bis August in M-Europa bleibt.

Fortpflanzung: ♀ brütet einmal im Jahr (V–VI), pro Gelege 4–7 Eier, schalenförmiges Nest aus kleinen Zweigen, Moos und Würzelchen, in dichtem Gebüsch; nach ca. 15 Tagen verlassen die noch nicht flugfähigen Jungen das Nest; durch lautes Kreischen machen sie den Eltern klar, wo ihr hungriger Nachwuchs steckt.

Stimme: In Erregung „dschä" oder „trrtr-trrt"; Gesang schwätzend, enthält Strophenelemente anderer Vögel.

Besonderheiten: Neuntöter können wie Turmfalken in der Luft „rütteln". Die Beutetiere werden oft zu mehreren auf Zweige gespießt, daher der deutsche Name. Laut Roter Liste (Deutschland) **zurückgehend** (Vorwarnliste).

Wasseramsel
(Cinclus cinclus); Fam. Cinclidae (Wasseramseln)

Anderer Name: Wasserschmätzer.

Beschreibung: Plumper Wasservogel, KL 18–19 cm; Kopf und Nacken schwarzbraun, Kehle und Brust weiß, Bauch grau, mit rostbraunem Band, Rücken und der kurze Schwanz grau.

Neuntöter (*Lanius collurio*), Männchen

Neuntöter, Weibchen

Wasseramsel (*Cinclus cinclus*)

Lebensraum: In der Nähe schnellfließender, klarer Bäche und Flüsse.
Nahrung: Insekten, wasserbewohnende Insektenlarven, Weich- und Krebstiere, manchmal auch winzige Fische.
Lebensweise: Standvogel; einziger tauchender Singvogel.
Fortpflanzung: Brütet 2mal im Jahr (IV, VI–VII), pro Gelege 4–6 Eier, kugel- und backofenförmiges Nest mit seitlichem Eingang, versteckt im Uferbereich (unter Baumwurzeln, Wasserfällen, in Uferhöhlen); Brutzeit 16 Tage, Junge nach 21 Tagen flügge.
Stimme: Metallisch klingendes „zit" oder „zrik", mitunter gereiht, Gesang kratzend und schwätzend.
Besonderheiten: Die Wasseramsel ist ein geschickter Taucher, die geschwind unter Wasser über den Grund läuft, wobei sie oft Steine umdreht.

Zaunkönig

(Troglodytes troglodytes); Fam. Troglodytidae (Zaunkönige)

Beschreibung: Kleinster einheimischer Singvogel; Körper rundlich, KL 8–9,5 cm; Oberseite zimtfarben, Unterseite etwas heller, dunkel quergebändert, hellgrauer Streifen über dem Auge, Schwanz kurz, immer aufgestellt; Geschlechter von gleichem Aussehen.
Lebensraum: Wälder, Gebüsche am Waldrand, oft in der Wassernähe.
Nahrung: Huscht wie eine Maus durchs Unterholz, auf der Suche nach Insekten, Milben und Spinnen, unter Umständen auch Samen und Beeren.
Lebensweise: Standvogel.
Fortpflanzung: ♀ brütet 2mal im Jahr (IV–V, VII), pro Gelege 5–8 Eier, oft Kuckuckswirt; kugelförmiges Nest aus Gras, Laub und Zweigen, mit seitlichem Eingang, immer in Bodennähe (Hecken, Zweighaufen), auch in Höhlen (Baum- und Erdlöcher); Brutzeit 2 Wochen, Nestlingszeit 15–17 Tage.
Stimme: Metallisches „tek tek"; sein schmetternder Gesang ist für einen so winzigen Vogel recht kräftig, mit typischem ausrollenden Strophenende; Zaunkönige singen auch im Winter.
Besonderheiten: ♂♂ legen im Frühling mehrere Nester an (Spiel- oder Balznester).

Heckenbraunelle

(Prunella modularis); Fam. Prunellidae (Braunellen)

Beschreibung: Schlanker Vogel (etwa spatzengroß), KL 14–15 cm; Kopf und Halskrause bläulich-grau, Rücken und Flügel braun, mit unauffälligen, schwarzen Längsstreifen; ♂ und ♀ gleich aussehend.
Lebensraum: Unterholzreiche Misch- und Nadelwälder.
Nahrung: Insekten, Sämereien.
Lebensweise: Teilzieher.
Fortpflanzung: ♀ brütet 2mal im Jahr (IV–VI), pro Gelege 4–6 Eier, Nest schalenförmig, aus Moos und Gras, mit Flaum gepolstert; Brutzeit 12–14 Tage, Nestlingsdauer 13–14 Tage.

Zaunkönig
(Troglodytes troglodytes)

Heckenbraunelle *(Prunella modularis)*, singend

Stimme: Warnruf heiser „zieh", Gesang etwas monoton.

Besonderheiten: Die erste Brut geht häufig verloren, weil das Nest aufgrund der meist schwachen Vegetation im April noch nicht optimal getarnt ist; auch werden die für einen Bodenbrüter auffälligen blauen Eier leicht von Eichelhähern, Elstern und anderen Nesträubern entdeckt.

Rotkehlchen

(Erithacus rubecula); Fam. Turdidae (Drosseln)

Beschreibung: Rundlicher Vogel von Spatzengröße, KL 14 cm; Gesicht und obere Brust auffällig rostrot (Name!), grau-blau gerändert, Oberseite und Flügel bräunlich-oliv, Bauch weiß; ♀ und ♂ von gleichem Aussehen.

Lebensraum: Laub- und Mischwälder mit viel Unterholz, Gebüsch.

Nahrung: Insekten, Spinnen, Nacktschnecken, kleine Würmer, auch Beeren im Winter.

Lebensweise: Teilzieher; überwintert im Mittelmeerraum.

Fortpflanzung: 2 Jahresbruten (IV–VII), pro Gelege 5–7 Eier, kugelförmiges Nest aus Laub und Moos; Brutzeit 13–15 Tage, Nestlingsdauer 12–15 Tage.

Stimme: Schnalzendes „zik zik"; Gesang anfangs gepreßt, später locker und perlend.

Besonderheiten: Die rote Brust löst aggressives Verhalten („Revierverhalten") gegenüber Artgenossen aus. Rotkehlchen sind auch sehr lernfähig: Vor einiger Zeit wurde am Ufer der Fulda ein Exemplar gesehen, das Eisvögel beim Fischfang beobachtet hatte und nun auf gleiche Manier Fische jagte. Rotkehlchen sind beliebte Wirtsvögel des Kuckucks.

Nachtigall

(Luscinia megarhynchos); Fam. Turdidae (Drosseln)

Beschreibung: Mittelgroßer Singvogel, KL 16–17 cm; Oberseite braun, Unterseite hellgrau, Schwanz eher rötlich.

Lebensraum: Laub- und Mischwälder mit viel Unterholz.

Nahrung: Beeren, Insekten (Larven).

Lebensweise: Zugvogel.

Fortpflanzung: ♀ brütet 1mal im Jahr (V–VII), pro Gelege 4–6 Eier, schalenförmiges Nest aus trockenen Blättern, im Dickicht; Brutzeit 13 Tage, Nestlingsdauer 11–12 Tage.

Stimme: Lautes, hartes „hüid", schnarrendes „karr", leises „tack"; der flötende, schmelzende Gesang („Nachtigallenschlag"), der vor allem frühmorgens und nachts besonders gut klingt, gilt als der schönste Vogelgesang.

Besonderheiten: In der Weltliteratur gilt die Nachtigall als Vogel der Liebenden (z. B. „Romeo und Julia"). Junge Nachtigallen müssen ihren Gesang aber erst lernen; häufig profitieren sie von einem guten „Vorsänger", dessen optimal vorgetragenes Lied auch die Gesangsqualität der benachbarten Artgenossen verbessert.

Rotkehlchen
(*Erithacus rubecula*)

Nachtigall (*Luscinia megarhynchos*)

Hausrotschwanz

(Phoenicurus ochruros); Fam. Turdidae (Drosseln)

Beschreibung: Schlanker auffälliger Drosselvogel (etwa spatzengroß), KL 14–15 cm; ♂ mit schwärzlichem Gefieder, Oberseite grau-schwarz, ♀ mit bräunlich-grauer Oberseite; Bürzel rot, Schwanz rostrot, wippend.

Lebensraum: Ursprünglich ein Bewohner steiniger oder felsiger Lebensräume, heute oft in Städten und Gärten anzutreffen, aber auch Ruinen; Hausrotschwänze sitzen gerne auf Steinhaufen und Mauern.

Nahrung: Insekten.

Lebensweise: Teilzieher.

Fortpflanzung: ♀ brütet 2 mal im Jahr (V–VII), Gelegegröße 4–6 Eier, nistet in Höhlen, dunklen Winkeln, Mauerspalten, unordentliches Nest aus Halmen, mit Grashälmchen, Haaren und Flaum ausgekleidet; Brutzeit 12–13 Tage, Nestlingsdauer 16–18 Tage.

Stimme: Quietschender, knirschender Gesang, wird von hoher Warte vorgetragen.

Besonderheiten: Charakteristisch ist das „Knicksen", während gleichzeitig der Schwanz zittert.

Gartenrotschwanz

(Phoenicurus phoenicurus); Fam. Turdidae (Drosseln)

Beschreibung: Schlanker, mittlerweile selten gewordener Vogel, KL 14–15 cm; ♂ mit schwarzer Kehle, weißer Stirn, grauer „Kapuze" und rötlicher Unterseite, Bauch weißlich; Oberseite und Flügel grau-blau; ♀ mit bräunlich-grauer Oberseite und rötlich-hellbrauner Unterseite; Schwanz rostrot, wippend, Unterseite stets heller als Hausrotschwanz.

Lebensraum: Helle Laub- und Mischwälder mit viel Unterholz, auch Nadelwälder und Parks.

Nahrung: Beeren, Insekten.

Lebensweise: Zugvogel.

Fortpflanzung: ♀ brütet 1–2 mal im Jahr (III–VII), pro Gelege 5–7 Eier, Nisthöhle, Nistmulde wird mit Haaren und Flaum gepolstert; Brutzeit 13–14 Tage, Nestlingsdauer 12–14 Tage.

Stimme: Alarmierend „füid-tek-tek"; Gesang quietschend und schwätzend.

Besonderheiten: Rastloser Vogel, der oft mit dem Schwanz zittert. Laut Roter Liste (Deutschland) **zurückgehend** (Vorwarnliste).

Amsel

(Turdus merula); Fam. Turdidae (Drosseln)

Anderer Name: Schwarzdrossel.

Beschreibung: Mittelgroße, unverkennbare Drossel, KL 24–26 cm; ♂ ist tiefschwarz mit orange-gelbem Schnabel und Augenring. ♀ mit dunkel-

Hausrotschwanz (Phoenicurus ochruros), Weibchen

Hausrotschwanz, Männchen

Gartenrotschwanz (Phoenicurus phoenicurus), Weibchen

Gartenrotschwanz, Männchen

Amsel (Turdus merula), Männchen

brauner Oberseite, heller, braun gesprenkelter Unterseite; Schnabel braun, Flügel, Bürzel und Schwanz dunkelbraun.

Lebensraum: Waldränder, Gärten und Parks.

Nahrung: Spezialisiert auf Regenwürmer, die vorsichtig aus der Erde gezogen werden; aber auch Insekten, Schnecken, Beeren und Früchte werden gefressen.

Lebensweise: Teilzieher; sucht hüpfend am Boden nach Nahrung.

Fortpflanzung: Brütet 2–3mal im Jahr (III–VII), pro Gelege 4–6 Eier, Napfnest aus Lehm, Gras, Würzelchen und Moos und Ästchen; Brut- und Nestlingsdauer jeweils 2 Wochen.

Stimme: Bei Störung oder vor dem Anflug zum Schlafplatz „tiks tiks tiks"; voller, flötender Gesang, der von einer hohen Warte aus (Dachfirst, hohe Bäume) vorgetragen wird.

Besonderheiten: Die Amsel ist ein Kulturfolger, der noch vor 100 Jahren ein scheuer Waldvogel war.

Singdrossel
(Turdus philomelos); Fam. Turdidae (Drosseln)

Beschreibung: Kleinste einheimische Drossel, KL 23 cm; Oberseite hellbeige-braun, Unterseite weiß, satt dunkel gesprenkelt.

Lebensraum: Parks, Gärten und Wälder.

Nahrung: Insekten, Schnecken, Würmer und Früchte.

Lebensweise: Teilzieher.

Fortpflanzung: ♀ brütet 2 mal im Jahr (IV–VII), pro Gelege 4–6 Eier, napfförmiges Nest aus Halmen, Moos und Würzelchen, innen mit zerkautem Holz und Mulm ausgekleidet (diese „Innenschale" kann Jahre überdauern); Brut- und Nestlingsdauer jeweils knapp 2 Wochen.

Stimme: Lockt „zip zip", warnt „tschi tschi"; der Gesang ist wie bei der Amsel sehr melodiös, flötend, die Motive werden 2–4mal wiederholt.

Besonderheiten: Singdrosseln suchen sich besondere Steine (sog. „Schnecken-" oder „Drosselschmieden") aus, auf denen sie Schneckengehäuse mit dem Schnabel zertrümmern, um dann das weiche Innere zu verzehren.

Wacholderdrossel
(Turdus pilaris); Fam. Turdidae (Drosseln)

Anderer Name: Krammetsvogel.

Beschreibung: Laute, große Drossel, KL 25 cm; Kopf, Nacken und Backen grau, heller Überaugenstreif, Oberseite und Schwanz graubraun, Brust beige-hellbraun mit dunklen Sprenkeln, Flügel und Schwanz dunkel; ♀ und ♂ von gleichem Aussehen.

Lebensraum: Feucht- und Auwälder, Waldränder, Parks.

Nahrung: Insekten, Schnecken, Würmer, im Winter Fallobst und Beeren wie Weißdorn, Eberesche und Wacholderbeeren (Name!).

Singdrossel
(*Turdus philomelos*)

Wacholderdrossel
(*Turdus pilaris*)

Wacholderdrossel
(*Turdus pilaris*)

Lebensweise: Zugvogel.

Fortpflanzung: 2 Jahresbruten (IV–VI), pro Gelege 5–6 Eier, schalenförmiges Nest, aus Gras, Zweigen und Moos, mit Lehm verputzt, in Bäumen; Brut- und Nestlingsdauer je 2 Wochen; brütet in Kolonien, Eindringlinge (Häher, Krähen und Greifvögel) werden durch Kotspritzen angegriffen.

Stimme: Lautes „schack schack", Gesang eher quietschend.

Besonderheiten: Wacholderdrosseln wurden in der Vergangenheit an sogenannten „Dohnenstiegen" (speziellen Vogelfangplätzen mit zahlreichen Schlingen) gefangen und als Delikatesse gebraten verzehrt. Das Fleisch dieser Drosselart wird durch die zu Lebzeiten massenhaft verzehrten Wacholderbeeren quasi auf natürliche Weise gewürzt.

Teichrohrsänger

(Acrocephalus scirpaceus); Fam. Sylviidae (Grasmücken)

Beschreibung: KL 13 cm; Oberseite braun, Unterseite hell-bräunlich, keine Streifung.

Lebensraum: Schilfröhrichte.

Nahrung: Insekten.

Lebensweise: Zugvogel.

Fortpflanzung: Beide Eltern brüten 2mal im Jahr (V–VII), pro Gelege 3–5 Eier; tiefes, napfförmiges Nest aus Laub, Gras und Schilfblüten, im Röhricht hängend, mit Härchen ausgelegt, gelegentlich in Kolonien; Brutdauer 11–12 Tage, Junge Nesthocker, Nestlingsdauer 10–14 Tage, oft verlassen die noch nicht flugfähigen Jungen vorzeitig das Nest.

Stimme: ♂ singt in dichtem Röhricht, Gesang wetzend, mit 2– oder 3maliger Motivwiederholung „tiri tiri tiri tier tier tier zeck zeck zeck".

Besonderheiten: Viele Rohrsänger können gut klettern; ihre kunstvollen Nester bauen sie meist an 2–3 Röhrichthalmen klebend, das Nistmaterial wird naß verarbeitet. Die Bestände des Teichrohrsängers sind wahrscheinlich infolge des Rückgangs vieler Röhrichte in den letzten Jahren rückläufig.

Feldschwirl

(Locustella naevia); Fam. Sylviidae (Grasmücken)

Anderer Name: Heuschreckensänger.

Beschreibung: Kleine Grasmücke, KL 13 cm; Oberseite hellbraun, mit grauen Spenkeln, Unterseite schmutzig weiß, dunkelgesprenkelt, beigefarbener Überaugenstreif; Füße fleischfarben; Schwanz fast keilförmig, mit Querbändern; ♀ und ♂ von gleichem Aussehen.

Lebensraum: Mit Dickicht zugewachsene Waldlichtungen, feuchte Wiesen.

Nahrung: Kleininsekten.

Lebensweise: Zugvogel.

Fortpflanzung: 1 Jahresbrut (V–VII), 5–6 Eier, schalenförmiges faust-

Teichrohrsänger *(Acroce-phalus scirpaceus)*

Feldschwirl *(Locustella naevia)*, am Nest

großes Nest aus Blättern und Halmen, im Gras versteckt; Brutzeit 12–13 Tage, Nestlingszeit 10–12 Tage.

Stimme: Scharfes „pitt", wenn am Nest gestört; Gesang meist abends und nachts, ein hohes, tragendes Schwirren, ähnelt dem Zirpen einer Heuschrecke (Name!).

Besonderheiten: Feldschwirle leben fast ausschließlich am Boden, unter hohem Gras, in dem sie flink wie Mäuse umherhuschen. Obwohl ein recht häufiger Vogel, hört man den Feldschwirl mehr, als daß man ihn sieht.

Zilpzalp
(Phylloscopus collybita); Fam. Sylviidae (Grasmücken)

Anderer Name: Weidenlaubsänger.

Beschreibung: Schlanke Grasmücke, KL 11 cm; Oberseite braungrau, Unterseite hellbeige, heller Überaugenstreif, Füße dunkel.

Lebensraum: Laubwälder mit viel Unterholz.

Nahrung: Insekten, Spinnen, aber auch Beeren.

Lebensweise: Zugvogel.

Fortpflanzung: Brütet 2 mal im Jahr (V–VI/VII), pro Gelege 5–7 Eier, Nest backofenförmig, meist aus Material aus unmittelbarer Umgebung (gute Tarnung), am Boden oder in Bodennähe; Brutzeit bis 13–16 Tage, Nestlingsdauer 14–15 Tage.

Stimme: Typisches, monotones, helles „zilp zalp zilp zalp" (Name!).

Fitis
(Phylloscopus trochilus); Fam. Sylviidae (Grasmücken)

Anderer Name: Fitislaubsänger.

Beschreibung: Sehr kleiner Laubsänger, KL 11 cm; Oberseite oliv-gelbbraun, Unterseite zartgelb, Überaugenstreif zartgelb; Füße hell; ♂ und ♀ gleich aussehend.

Lebensraum: Laub-, Misch- und Nadelwald.

Nahrung: Insekten, Beeren.

Lebensweise: Zugvogel.

Fortpflanzung: 1 Jahresbrut (V–VI), 4–8 Eier, backofenförmiges Nest im Bodenbewuchs; Brutdauer 13 Tage, Nestlingsdauer 18–19 Tage.

Stimme: Trauriges „huit"; Gesang weich, abfallend, ähnelt dem „Schlag" des Buchfinken.

Sommergoldhähnchen
(Regulus ignicapillus); Fam. Sylviidae (Grasmücken)

Anderer Name: Feuerköpfiges Goldhähnchen.

Beschreibung: Wie der Zaunkönig einer der kleinsten einheimischen Vögel, KL 9 cm; ♂ mit auffälligem, intensiv gelb-orangem Scheitel, schwarzer

Zilpzalp
(Phylloscopus collybita)

Fitis *(Phylloscopus trochilus)*

Sommergoldhähnchen
(Regulus ignicapillus) am Nest

Augenbinde und weißem Überaugenstreifen, bräunlichem Ohrenfleck; Rücken und obere Flügel grünlich, Ventralseite weißlich-grau, Flügel mit 2 weißen und 1 dunklen Binde; ♀ mit gelbem Scheitel.

Lebensraum: Baumkronen von Misch- und Nadelwäldern.

Nahrung: Sehr kleine Gliederfüßer, die von den äußersten Zweigenspitzen abgesammelt werden.

Lebensweise: Überwiegend Zugvogel, im Westen auch Teilzieher.

Fortpflanzung: 2 Jahresbruten (V–VII), pro Gelege 7–11 Eier, nahezu geschlossenes Kugelnest aus Moosen und Flechten, das hoch oben in Nadelbäumen hängt; Brutzeit gut 2 Wochen, die Junge werden aber erst nach etwa knapp 3 Wochen flügge.

Stimme: Schnelles, scharfes „sisisi"; leiser, langsam lauter werdender Gesang.

Besonderheiten: Weibchen bauen zwei bis drei Wochen mit viel Sorgfalt an ihrem Nest, das innen mit Haaren, Filz, Spinnweben und Raupenseide fein gepolstert ist.

Wintergoldhähnchen

(Regulus regulus) Fam. Sylviidae (Grasmücken)

Anderer Name: Gelbköpfiges Goldhähnchen.

Beschreibung: KL 9 cm: Oberseite schwach grün, Unterseite weiß-grau; ♂ zwar mit oranger, aufstellbarer Kappe, im Gegensatz zu *R. ignicapillus* fehlen jedoch die schwarzen und weißen Streifen im Gesicht; 2 Flügelbinden, spitzer, schlanker Schnabel, schlanke Füße; Kappe beim ♀ unigelb.

Lebensraum: Nadelwälder (Fichte, Tanne).

Nahrung: Kleininsekten, Insekteneier und -larven.

Lebensweise: Teilzieher, der mitunter in S- oder SO-Europa überwintert.

Fortpflanzung: Brütet 2mal im Jahr (IV–V/VI), pro Gelege 8–11 Eier, faustgroßes, kugeliges Nest, das wie eine Hängeampel an den Ästen von Nadelbäumen hängt; Brutzeit 12–17 Tage, Nestlingszeit meist mehr als zwei Wochen.

Stimme: Helles, zirpendes „sri sri sri sri" (meist 4silbig).

Besonderheiten: ♂ und ♀ hängen während der Brutzeit sehr aneinander, permanent rufen sie einander und schlafen nachts Seite an Seite geschmiegt auf einem Ast.

Mönchsgrasmücke

(Sylvia atricapilla); Fam. Sylviidae (Grasmücken)

Anderer Name: Schwarzkopf.

Beschreibung: Mittelgroße Grasmücke (etwa spatzengroß), KL 14 cm; Unterseite weißlich, Oberseite hellgrau, Kappe beim ♂ tiefschwarz, beim ♀ rostbraun, Flügel braungrau.

Lebensraum: Laub- und Nadelwälder mit viel Unterholz, Gärten und Parks.

Wintergoldhähnchen
(Regulus regulus)

Mönchsgrasmücke *(Sylvia atricapilla)*, Männchen

Nahrung: Insekten, Beeren.

Lebensweise: Zugvogel.

Fortpflanzung: ♂ und ♀ brüten 2mal im Jahr (V–VII), pro Gelege 4–6 Eier, gepolstertes, schalenförmiges Nest aus Halmen, oft im Brennesselgestrüpp; Brutzeit 11–13 Tage, Nestlingszeit 10–15 Tage.

Stimme: metallisches „tak tak"; Gesang sehr melodisch schwätzend.

Gartengrasmücke
(Sylvia borin); Fam. Sylviidae (Grasmücken)

Beschreibung: Mittelgroße Grasmücke, KL 14–15 cm; Gefiederoberseite grau-beige, Unterseite weißlich, Bauch weiß; schwacher, heller Überaugenstreif; ♂ und ♀ gleich gefärbt.

Lebensraum: Waldränder, lichte Laub- und Nadelwälder mit viel Unterholz, Parkanlagen, Ufergestrüpp von Seen und Flüssen.

Lebensweise: Zugvogel.

Nahrung: Weichhäutige Insekten, deren Eier, Larven und Puppen, auch kleine Schmetterlinge.

Fortpflanzung: ♂ und ♀ brüten 1mal im Jahr (V–VII) 4–6 Eier aus, lockeres Nest aus Gras und Stengeln, oft in Himbeer- oder Brombeergestrüpp; Brutdauer 13–14 Tage, Junge nach 10–12 Tagen flügge.

Stimme: Gestört ruft sie rhythmisch wiederholend „wet-wet"; Gesang volltönend, flötend oder orgelnd, sehr melodisch.

Besonderheiten: ♂ beginnen als letzte Grasmückenart im Frühjahr (ab Mitte V) mit ihrem Gesang.

Trauerschnäpper
(Ficedula hypoleuca); Fam. Muscicapidae (Fliegenschnäpper)

Anderer Name: Trauerfliegenschnäpper.

Beschreibung: Kleiner Fliegenschnäpper, KL 12–13 cm; beim ♂ Oberseite und Flügel schwarz bis grau-braun, Kehle, Brust, Bauch und Bürzelunterseite weiß, außerdem weißer Stirnfleck und weiße Flügelflecken; ♀ eher mit grau-brauner Färbung.

Lebensraum: Misch- und Laubwälder, Parks.

Nahrung: Insekten, im Herbst Beeren als Zusatznahrung.

Lebensweise: Zugvogel, der ab VIII/IX nach Afrika zieht.

Fortpflanzung: 1 Jahresbrut (V–VI), 5–7 Eier, Höhlenbrüter (Nistkästen, Spechtwohnungen), lockeres, gepolstertes Nest aus Moos und Rinde; Brutdauer 14–15 Tage, Nestlingsdauer 14–16 Tage.

Stimme: Kräftiges „bit" oder „wit"; Gesang hell, kraftvoll.

Besonderheiten: Auffälliges Zucken mit Schwanz und Flügeln; jagt Insekten in der Luft.

Gartengrasmücke
(Sylvia borin)

Trauerschnäpper *(Ficedula hypo-leuca)*, singendes Männchen

Schwanzmeise

(Aegithalos caudatus); Fam. Aegithalidae (Schwanzmeisen)

Beschreibung: Winziger Vogel; KL 14 cm, davon 8 cm Schwanzlänge; Gefieder schwarz-weiß, teilweise rötlich; Schwanz oberseitig rot-schwarz, unterseitig hell; Schnabel winzig.
Lebensraum: Unterholzreiche Mischwälder, Waldränder.
Nahrung: Kleine Insekten.
Lebensweise: Standvogel und Teilzieher; beweglich bis rastlos.
Fortpflanzung: ♀ brütet 2mal im Jahr (IV–VI), pro Gelege 7–12 Eier, eiförmiges Nest, mit seitlichem Eingang, gepolstert mit Moos, Flechten und Federn; Brutzeit 12–13 Tage, Nestlingsdauer 15–16 Tage.
Stimme: Hohes „sri „ oder „ziit"; Gesang aus den einzelnen Locktönen zusammengesetzt.
Besonderheiten: Der Schwanz des ♀ wird im Nest oft verbogen (manchmal mehrere Wochen lang).

Blaumeise

(Parus caeruleus); Fam. Paridae (Meisen)

Beschreibung: KL 11–12 cm; unverwechselbare gelbe Meise; Schopf, Flügel und Schwanz hellblau, Gesicht weiß mit schwarzer Augenbinde.
Lebensraum: Mischwälder, Parks.
Nahrung: Insekten, Spinnen.
Lebensweise: Standvogel.
Fortpflanzung: ♀ brütet 2mal im Jahr (V–VI), pro Gelege 8–10 Eier, Höhlenbrüter (Spechtwohnungen, Baumhöhlen, Astlöcher); Brutdauer knapp 2 Wochen, Nestlingsdauer 18–20 Tage.
Stimme: Trillernder Störruf „tscherretretete"; heller, glockenartiger Gesang.
Besonderheiten: Blaumeisen turnen sehr gewandt im Geäst umher.

Haubenmeise

(Parus cristatus); Fam. Paridae (Meisen)

Beschreibung: KL 11 cm; graubraune Meise mit deutlicher Haube; Haube und Kopf schwarz-weiß gesprenkelt, Unterseite hellbraun-grau; Geschlechter gleich aussehend.
Lebensraum: Nadelwälder, oberste Baumregionen.
Nahrung: Insekten (Imagines, Larven und Eier).
Lebensweise: Standvogel; nicht sehr gesellig.
Fortpflanzung: Brütet 1–2 mal im Jahr (III–VII), pro Gelege 5–7 Eier, in Höhlen und Astlöchern; Brutzeit 12–13 Tage, Nestlingszeit 18–21 Tage.
Stimme: Helles „zi zi gürr" (letzteres trillernd); Gesang aus diesen Elementen zusammengesetzt.

Schwanzmeise
(Aegithalos caudatus)

Haubenmeise
(Parus cristatus)

Blaumeise
(Parus caeruleus)

Kohlmeise

(Parus major); Fam. Paridae (Meisen)

Beschreibung: Größte heimische Meisenart (spatzengroß), KL 14 cm; Kopf blauschwarz, mit weißer Wange, Oberseite mattoliv-grau, Unterseite gelb mit schwarzem Längsmittelstreifen, Flügel und Schwanz blaugrau-grünlich; Geschlechter gleich aussehend.
Lebensraum: Laub- und Mischwälder, Gärten, Parks.
Nahrung: Insekten, Insekteneier, auch Früchte und Körner.
Lebensweise: Standvogel, munterer „Turner" an Zweigen.
Fortpflanzung: Brütet 1mal im Jahr (III–V), pro Gelege 6–12 Eier, Nest schalenförmig, mit Gras gepolstert, in Höhlen; Brutzeit 13–14 Tage, Junge verlassen nach 18–20 Tagen die Höhle; Familien bleiben oft noch zwei Wochen zusammen.
Stimme: Gesang das bekannte „zizibebe zizibebe", das man mancherorts bereits im Winter hören kann.
Besonderheiten: Meisen halten beim Fressen das Futter zwischen beiden Beinen am Boden fest und hämmern mit dem starken Schnabel darauf ein. In England wird oft beobachtet, wie Meisen die Aluminiumkappen der Milchflaschen aufpicken.

Weidenmeise

(Parus montanus); Fam. Paridae (Meisen)

Beschreibung: KL 11,5 cm; Gefieder ähnlich wie Sumpfmeise, aber Kopfplatte mattschwarz, Kehlfleck etwas größer.
Lebensraum: Nadelwälder, feuchte Waldgebiete.
Nahrung: Insekten, Spinnen, Samen von Nadelbäumen.
Lebensweise: Standvogel.
Fortpflanzung: 1 Jahresbrut (V–VI), 6–8 Eier, selbstgebaute Nisthöhlen; Brutzeit 14–15 Tage, Nestlinsgzeit 16–19 Tage.
Stimme: Gedehntes „ziü-ziü-ziü".
Besonderheiten: Weidenmeisen leben paarweise, auch im Winter.

Kleiber

(Sitta europaea); Fam. Sittidae (Kleiber)

Anderer Name: Spechtmeise.
Beschreibung: Graublauer Vogel (etwa spatzengroß), KL 14–15 cm; Unterseite beige-gelblich, Kehle weiß, schwarze Augenbinde. Schnabel spitz, dunkel, kräftig; kurzer Schwanz.
Lebensraum: Laub- und Mischwälder, Parks.
Nahrung: Insekten, im Winter Haselnüsse, Bucheckern und Eicheln, die mit dem Schnabel zertrümmert werden.
Lebensweise: Standvogel.

Kohlmeise
(Parus major)

Weidenmeise
(Parus montanus)

Kleiber
(Sitta europaea)

Fortpflanzung: Brütet 1mal im Jahr (IV–VI), 5–9 Eier, Höhlenbrüter in alten Spechtwohnungen, Baumhöhlen und Nistkästen; Brutzeit 14–18 Tage, Nestlingszeit 23–25 Tage.

Stimme: Rufe wie „titi tirr" oder „tuit"; Gesang trillernd und laut pfeifend.

Besonderheiten: Der Kleiber ist der einzige mitteleuropäische Vogel, der kopfüber am Stamm entlang abwärts läuft. Der Name „Kleiber" rührt daher, weil der Vogel den Eingang seiner Bruthöhle mit Ton und Lehm zumauert.

Grauammer

(Emberiza calandra [= Miliaria calandra]); Fam. Emberizidae (Ammern)

Beschreibung: Größte einheimische Ammerart (etwa spatzengroß), KL 18–19 cm; Gefieder grau-braun, mit dunklen Längsstreifen und Sprenkeln; kräftiger Schnabel, im Flug baumeln die Beine herab.

Lebensraum: Ränder von Laubwäldern, offene Feldfluren mit Einzelbäumen, Telefonmasten und Gebüschen (Singwarten!).

Nahrung: Insekten, Sämereien.

Lebensweise: Teilzieher, im Winter umherstreifend.

Fortpflanzung: 2–3 Jahresbruten (IV–VII), pro Gelege 3–5 Eier, ♀ baut unter herabhängenden Grashalmen oder Stauden ein napfförmiges Bodennest aus Grashalmen und Würzelchen, das mit dünnem Gras und Haaren ausgepolstert wird; Brutdauer 12–13 Tage, Nestlingsdauer 9–12 Tage, die noch nicht flüggen Jungen verlassen oft vorzeitig das Nest.

Stimme: Gesang „zit zit zitzit rideritt" wird immer und immer wiederholt, erinnert an den der Goldammer; Strophe endet mit dem „Klirren eines Schlüsselbundes".

Besonderheiten: ♂♂ haben oft mehrere ♀♀. Laut Roter Liste (Deutschland) **stark gefährdet.**

Goldammer

(Emberiza citrinella); Fam. Emberizidae (Ammern)

Beschreibung: Schlanke Ammer, KL 16–17 cm; typisch ist das Balzkleid des ♂: Unterseite und Kopf zitronengelb, Rücken nußbraun, schwarzgestreift, Bürzel rotbraun; Winterkleid des ♂: Kopf und Kehlbereich bräunlich gestreift, ventral schwächer gelb; ♀ insgesamt schwächer gefärbt, dafür mit intensiverer Streifung und Musterung.

Lebensraum: Felder, Wiesen, Waldrand (Laubwälder), auch Schonungen.

Nahrung: Insekten und unreife Grassamen, die am Boden gesammelt werden; Altvögel zerquetschen Insekten, um sie an ihre Jungen zu verfüttern; die noch blinden Jungen werden von den Eltern mit einem Lockton geweckt.

Lebensweise: Teilzieher; bildet im Herbst Schwärme.

Fortpflanzung: Brütet 2–3 mal im Jahr (IV, VI und VIII), pro Gelege 3–6 Eier, ordentliches, schalenförmiges Nest aus Grashalmen, Moos, Flechten und Wurzeln, in Hecken, niedrigem Gebüsch oder am Boden; Brut- und Nestlingsdauer je 14 Tage.

Grauammer *(Emberiza calandra)*, singend

Goldammer *(Emberiza citrinella)*, Männchen

Goldammer *(Emberiza citrinella)*, Weibchen

Stimme: Typischer, melodischer Gesang „zizizizizizi-zii-düu" (Motive des Ammernrufes finden sich zum Beispiel in Musikstücken von Beethoven und Wagner wieder).

Besonderheiten: Goldammern zucken heftig mit dem Schwanz, wenn sie sich auf Zweigen niederlassen.

Hänfling

(Carduelis cannabina [= Acanthis cannabina];
Fam. Fringillidae (Edelfinken)

Anderer Name: Bluthänfling.

Beschreibung: Kleiner Finkenvogel, KL 13–14 cm; Oberseite braun-grau gesprenkelt, graue Wangen, Kehle hell, mit braunen Streifen; ♂ mit dunkelroter Stirn und Brust, ♀ nicht rot gefärbt, Oberseite zimtbraun.

Lebensraum: Offenes Gelände, Waldränder, Auwälder und Hecken, fehlt im Waldinneren und Hochwald.

Nahrung: Samen, aber auch Insekten; im Winter werden gerne Hanfsamen gefressen (Name!).

Lebensweise: Teilzieher, lebt gesellig in Schwärmen, die zur Herbstzeit auch südwärts ziehen.

Fortpflanzung: 2–3 Bruten pro Jahr (Ende III–VIII), je 5–6 Eier, zierliches, festes, schalenförmiges Nest, gut gepolstert, im unteren Bereich von Bäumen und Büschen; ♂ brütet knapp 2 Wochen, die Jungen werden nach 12–14 Tagen flügge.

Stimme: Ein weiches „djek-djek" während des Fluges, der Gesang ist ein variationsreiches, melodisches Zwitschern.

Besonderheiten: Während das Weibchen brütet, wird es vom Männchen stündlich gefüttert.

Stieglitz

(Carduelis carduelis); Fam. Fringillidae (Edelfinken)

Anderer Name: Distelfink.

Beschreibung: Kleiner, auffällig bunter Finkenvogel, KL 12–14 cm; mit kleinem, hellem Schnabel; Gesicht rot, Wangen weiß, Scheitel und Nacken dunkel; Rücken hellbraun, Flügel schwarz, mit intensiv gelber Binde, Bürzel hellgrau, Schwanz dunkel, gegabelt, mit hellen Spitzen, Gefieder bei beiden Geschlechtern gleich.

Lebensraum: Lichte Wälder, Waldränder.

Nahrung: Samen von Distelköpfen, Knospen, Blattgrün, Blattläuse (vor allem zur Jungenaufzucht).

Lebensweise: Standvogel, im Herbst schwarmbildend.

Fortpflanzung: 2 Jahresbruten (V–VII), pro Gelege 4–6 Eier, schalenförmiges Nest, aus Gras, Flechten und Moos geflochten, Eier werden vom ♀ 14 Tage lang bebrütet, Junge nach weiteren 2 Wochen flügge, aber noch länger von Altvögeln betreut.

Hänfling (*Carduelis cannabina*), Männchen

Stieglitz (*Carduelis carduelis*)

Stimme: Häufige Rufe „dudidelit" und „didudide"; Gesang zwitschernd und trillernd.

Besonderheiten: Stieglitze turnen zur Nahrungssuche oft geschickt auf Distelköpfen umher.

Grünfink

(Carduelis chloris [= Chloris chloris]); Fam. Fringillidae (Edelfinken)

Anderer Name: Grünling.

Beschreibung: Häufiger Finkenvogel am Waldrand, KL 14–15 cm; Gefieder olivgrün, Flügel und Schwanz mit hellgelbem Streifen; ♀ etwas farbloser als ♂.

Lebensraum: Helle Laubwälder, Waldränder und angrenzende Gärten und Wiesen, auch in Parks und Alleen.

Nahrung: Insekten, Beeren, Samen.

Lebensweise: Teilzieher.

Fortpflanzung: ♀ brütet 2–3 mal im Jahr (IV, V, VI und VIII), pro Gelege 4–6 Eier, großes, schalenförmiges Nest, in Bäumen oder dichtem Gebüsch; Brutzeit 13–15 Tage, Junge werden 2 Wochen später flügge.

Stimme: Alarmierend „dschwüid", Flugruf „gigigi"; Gesang trillernd, ähnlich Kanarienvogel, endet gequetscht.

Besonderheiten: Altvögel reinigen das Nest nicht vom Kot der Jungen, sondern türmen ihn am Nestrand zu einer Art „Kotmäuerchen" auf.

Kernbeißer

(Coccothraustes coccothraustes); Fam. Fringillidae (Edelfinken)

Beschreibung: Kräftiger Fink, KL 17–18 cm; mit dickem Kopf, kompaktem, sehr großen Schnabel und kurzem Schwanz; Kopf des ♂ hellbraun, Schnabelbasis schwarz, schwarzer Kehlfleck; Unterseite rötlichbraun, Rücken und Schwanz kräftig rostbraun, weiße Schwanzspitze; grauer Halsring, Flügel anthrazit, weiße Flügelbinde; ♀ insgesamt grauer als ♂.

Lebensraum: Helle Laub- und Mischwälder, auch Gärten.

Nahrung: Kerne, Knospen, Samen, Früchte sowie Insekten.

Lebensweise: Scheu, Standvogel; sitzt oft in Baumspitzen; typisch ist der wellenförmige Flug.

Fortpflanzung: ♀ brütet einmal im Jahr (V), pro Gelege 4–6 Eier, schalenförmiges Flachnest, mit Moos, kleinen Wurzelhaaren und Pflanzenwolle gepolstert, in Bäumen (ab 2 m bis Wipfel); Brutzeit 11–14 Tage, Junge bleiben weitere 14 Tage im Nest.

Stimme: Kurzes, scharfes „zieck" (als Lockruf), gedehntes „ziiht"; Gesang selten, wie ein kratzender Plattenspieler.

Besonderheiten: Mit dem kräftigen Schnabel werden harte Kirsch- und Pflaumenkerne geknackt (Name!), deren weiches Innere der Vogel gerne verzehrt. Die Altvögel bringen ihren Jungen bei, wie man Kerne knackt.

Grünfink
(Carduelis chloris)

Kernbeißer *(Coccothrau-
stes coccothraustes)*

Buchfink

(Fringilla coelebs); Fam. Fringillidae (Edelfinken)

Beschreibung: Mittelgroßer Waldvogel (gut spatzengroß), KL 15–16 cm; mit auffälliger, doppelter, weißer Flügelbinde, Schwanzaußenseite ebenfalls weiß; ♀ braungrau, ♂ dunkelbraun (Rücken), rötlichbraun (Wange, Brust), mit blauem Scheitel und Nacken und dunklem Stirnfleck, Bürzel gelbgrünlich.

Lebensraum: Wälder, auch Parks, Alleen und Gärten.

Nahrung: Insekten, Früchte und Samen.

Lebensweise: Teilzieher.

Fortpflanzung: ♀ brütet 1–2 mal im Jahr (Ende IV–V und VI–VII), pro Gelege 4–6 Eier, napfförmiges Moosnest, in Astgabeln; Brutzeit 12–13 Tage; Junge bleiben 12–15 Tage im Nest.

Stimme: Metallisch klingendes „pink-pink", im Fluge auch „tschip"; Gesang ein kräftig schmetterndes „zizizizi zirrrr" mit charakteristischem, melodischen Endschlenker (sogenannter Finkenschlag).

Besonderheiten: Der Endschlenker kann regional unterschiedlich lauten z. B. „zizigall" oder „vridjuh". Die Jungen werden nur mit Insekten großgezogen. In der Brutzeit leben auch die Eltern von Insekten.

Fichtenkreuzschnabel

(Loxia curvirostra); Fam. Fringillidae (Edelfinken)

Beschreibung: Stämmiger, großer Fink, KL bis 17 cm; mit gekreuzten Schnabelhälften; Kopf groß, Schwanz gekerbt, dunkelbraun, Flügel dunkelbraun; ♂ karmesinrot, ♀ olivgrün.

Lebensraum: Nadelwälder (meist Mittelgebirge und Gebirge), kein festes Brutrevier.

Nahrung: Samen aus Tannen- und Fichtenzapfen.

Lebensweise: Standvogel, auch nomadischer Wandervogel, der südwärts zieht; fliegt rasch, wellenförmig, klettert nach Papageienmanier auf Nadelholzzapfen umher.

Fortpflanzung: Brütet ganzjährig, meist aber im Winter, 3–4 Eier pro Gelege, Napfnest mit dicken Wänden, innen mit Grashalmen und einzelnen Federn gepolstert, in hohen Tannen und Fichten, unter überhängenden Zweigen, die das Nest vor Schnee schützen; ♀ brütet 14–16 Tage, Junge werden nach ca. 2 Wochen flügge.

Stimme: Ein lautes, metallisches „gip-gip-gip"; der Gesang ist kurz, zwitschernd und flötend.

Besonderheiten: Fichtenzapfen werden seitlich mit dem Schnabel geöffnet und die Samen anschließend mit der Zunge herausgeholt. Die Jungen werden mit normalen, geraden Schnäbeln geboren. Erst im Alter von 3 Wochen biegt sich die Spitze des Oberschnabels, und der Schnabel erhält nach und nach seine typische Form.

Buchfink *(Fringilla coelebs)*, Weibchen

Buchfink, Männchen

Fichtenkreuzschnabel, Weibchen

Fichtenkreuzschnabel *(Loxia curvirostra)*, Männchen

Dompfaff

(Pyrrhula pyrrhula); Fam. Fringillidae (Edelfinken)

Anderer Name: Gimpel.

Beschreibung: Auffälliger Finkenvogel (spatzengroß), KL 15–18 cm; mit großem Kopf und kräftigem Schnabel; Kopf, Schwanz und Flügelspitze schwarz, Flügel mit weißer Binde, Bürzel weiß; Unterseite des ♂ zinnoberrot, Rücken grau; ♀ bauchseitig rosa-beige.

Lebensraum: Nadelwälder, buschige Waldränder, auch Obstgärten.

Nahrung: Knospen, Blüten, Blatttriebe und vor allem Früchte.

Lebensweise: Standvogel; gesellig, lebt in Paaren oder Familien, nur zur Brutzeit scheu.

Fortpflanzung: 2 Bruten pro Jahr (IV–V, VI–VII), die vom ♀ ausgebrütet werden; pro Gelege 4–6 Eier, flaches, schalenförmiges Nest, in dichtem Gebüsch; Brutzeit und Nestlingszeit etwa 14 Tage, Junge leben noch länger im Familienverband.

Stimme: Leises, pfeifendes „diü"; der Gesang ist eine Mischung aus Knarz- und gequetschten Zwitscherlauten.

Besonderheiten: Im Winter ist der Dompfaff oft an Futterhäuschen zu sehen; wenn im Frühjahr eine Dompfaffschar in einen Obstgarten einfällt, kann sie erheblichen Schaden verursachen, denn der Dompfaff hat eine Vorliebe für junge Knospen. Der ausgezeichnete Sänger kann sogar komplette Lieder erlernen und nachpfeifen.

Girlitz

(Serinus serinus); Fam. Fringillidae (Edelfinken)

Beschreibung: Kleinster einheimischer Finkenvogel, KL 11–12 cm; gelbgrün mit dunken Längsstreifen, Schwanz gekerbt, Bürzel rein gelb, Schnabel kurz, kräftig ♀ blasser gelb als ♂, stärker längsgestreift.

Lebensraum: Waldrand, Hecken, Gärten.

Nahrung: Samen, Körner.

Lebensweise: Zugvogel; Girlitze fliegen rasch und wellenförmig.

Fortpflanzung: ♀ brütet zweimal jährlich (V und VI–VII), jeweils 3–5 Eier pro Gelege; kleines, festes Schalennest, mit tiefer, gut gepolsteter Mulde, in Bäumen und Büschen (2–4 m Höhe), Brutzeit und Nestlingszeit knapp zwei Wochen.

Stimme: Ein klirrendes „girlitt"; der Gesang erinnert an ein klirrendes Schlüsselbund und wird von einer hohen Warte vorgetragen.

Besonderheiten: Girlitze sind erst seit 2–3 Jahrzehnten bei uns eingebürgert. Der Nestrand besitzt einen „Kotkranz", weil die Altvögel die Exkremente der Jungen nicht entfernen. Typisch ist der abwärts kreisendes Balzflug der ♂.

Dompfaff *(Pyrrhula pyrrhula)* im Flug

Girlitz *(Serinus serinus)*, Männchen

Dompfaff *(Pyrrhula pyrrhula)*, Weibchen

Haussperling
(Passer domesticus); Fam. Ploceidae (Webervögel)

Beschreibung: Sehr häufiger, bekannter Kulturfolger, KL 15 cm; braune Flügel mit einer hellen Binde; Kopfplatte von ♂ grau bis graubraun, Nacken rotbraun, schwarzer Kehlfleck, helle Wangen und Unterseite; bei ♀ und jungen Spatzen ohne diese Kennzeichen, Unterseite hellbeige.
Lebensraum: Menschliche Siedlungen.
Nahrung: Ursprünglich Samen, mittlerweile auch Würmer, Obst und Küchenabfälle; Junge werden mit Insekten gefüttert.
Lebensweise: Teilzieher, sehr gesellig.
Fortpflanzung: 2–3 Jahresbruten, nur von ♀ betreut (IV–VII), pro Gelege 3–6 Eier; nistet in aufgelockerter Brutkolonie, Nester in Mauerspalten, Nistkästen, selten in Baumhöhlen; unordentliches Nest, mit Flaum und Federn gefüllt; Brutzeit 12–13 Tage, Nestlingsdauer 14–16 Tage.
Stimme: Lautes, hartes „tschuip-tschuip", ansonsten kratzende und zwitschernde Laute.
Besonderheiten: Parallel zur Domestizierung des Pferdes wurde der Haussperling zum Kulturfolger. In den Städten kommen vielfach weiße Gefiedermorphen vor. Jungen Haussperlingen wächst kein Dunenkleid, sondern direkt das Gefieder der Jungvögel.

Feldsperling
(Passer montanus); Fam. Ploceidae (Webervögel)

Anderer Name: Feldspatz.
Beschreibung: KL 14 cm; Kopfplatte und Nacken haselnußbraun, mit weißem Kragen; Wangen hellgrau mit schwarzem Augen- und Ohrenfleck, Oberseite braun, mit schwarzen Streifen, braune Flügel mit zwei hellen Flügelbändern, Unterseite hellbeige, Kehle dunkel; ♀ und ♂ von gleichem Aussehen; ist dem Haussperling nahe verwandt.
Lebensraum: Lichte Wälder.
Nahrung: Insekten, Samen (im Winter).
Lebensweise: Standvogel und Teilzieher.
Fortpflanzung: 2–3 Jahresbruten (IV–VII), pro Gelege 5–7 Eier, beide Altvögel brüten; nistet in Baumhöhlen (Kopfweiden), Mauerlöchern, Nistkästen, auch unter Raubvogelhorsten, Nest ziemlich wirr, aus Halmen und Federn; Brutzeit zwei Wochen, Nestlingszeit 16–17 Tage.
Stimme: Bei Störung und im Fliegen „tek-tek", auch gereihtes „dschid"; tschilpender Gesang.
Besonderheiten: In der kalten Jahreszeit bilden Feldsperlinge Gruppen mit Goldammern, Finken und anderen Sperlingen. Feldsperlingen benutzen meist zeitlebens dieselbe Bruthöhle, in der sich auch außerhalb der Brutzeit nächtigen. Der Feldsperling hat sich dem Menschen nicht so eng wie der Haussperling angeschlossen. Laut Roter Liste (Deutschland) **zurückgehend** (Vorwarnliste).

Feldsperling *(Passer montanus)*, an Nistkasten

Haussperling *(Passer domesticus)*, Männchen

Star

(Sturnus vulgaris); Fam. Sturnidae (Stare)

Beschreibung: KL 21 cm; im Frühjahr schwarzes Gefieder, metallisch grün-violett schillernd („Glanzstar"), im Herbst und Winter matt, mit hellen federspitzen („Perlstar"); langer, gelber Schnabel; beide Geschlechter haben gleiches Aussehen.

Lebensraum: Früher Laubwälder, heute oft offenes Terrain (Parks, Gärten, Wiesen).

Nahrung: Regenwürmer, Insekten, Schnecken, auch Früchte (Kirschen).

Lebensweise: Teilzieher; geselliger Vogel, der oft in Schwärmen auftritt; trippelt bei der Nahrungungssuche, wobei der Kopf ruckartig hin und her bewegt wird.

Fortpflanzung: Brütet 1–2 mal im Jahr (IV–VI), meist in Kolonien; pro Gelege 4–6 Eier, schalenförmiges Nest, meist in Baumhöhlen oder Nistkästen; Brutzeit 13–15 Tage, Junge nach 18–22 Tagen flügge.

Stimme: Gesang aus zahlreichen Schnalz-, Quetsch- und Pfeiflauten.

Besonderheiten: Zum Schlafen fallen Stare oft laut lärmend in großen Scharen in einen Baum ein. Der Star ist neben dem Haussperling der erfolgreichste Kulturfolger in der Vogelwelt. Im 17. Jahrhundert wurden junge Stare gegessen.

Pirol

(Oriolus oriolus); Fam. Oriolidae (Pirole)

Anderer Name: Pfingstvogel.

Beschreibung: Großer, intensiv gefärbter Vogel (etwa amselgroß), KL 23–24 cm; ♂ hellgelb, Flügel schwarz, mit kleiner, weißer Binde; dunker Fleck zwischen Augen und Schnabel; Schnabel rötlich; Schwanz schwarz, mit gelber Zeichnung; bei ♀ Rücken gelblich-grün, Brust und Bauch bräunlich-grau gesprenkelt, Schnabel blaßrot, Flügel und Schwanz dunkel.

Lebensraum: Auwälder, lichte Mischwälder; reiner Baumvogel, der den Boden scheut.

Nahrung: Früchte, Raupen und baumbewohnende Insekten.

Lebensweise: Zugvogel, der den Großteil des Jahres in Afrika (Regenwald) lebt; Flug wellenförmig.

Fortpflanzung: ♀ brütet 1mal im Jahr (Ende V–VI), pro Gelege 3–5 Eier, hängekorbartiges, geflochtenes Nest, mit Gras, Bastfäden und Pflanzenwolle gepolstert, auf geraden Ästen hoch oben in Bäumen; Brutzeit 14–15 Tage, Junge nach ca. 2–3 Wochen flügge.

Stimme: Gesang leise, mit melodischem „düdlio" oder „dülioliu" endend.

Besonderheiten: Pirole sind scheue, heimliche Vögel. Als ausschließliche Baumbewohner fliegen die Vögel fast nie zum Waldboden hinab. Seine Wasserversorgung deckt der Pirol, indem er Tau aus den Blättern trinkt.

Star *(Sturnus vulgaris)*

Pirol *(Oriolus oriolus)*,
Männchen

Pirol *(Oriolus oriolus)*,
Weibchen

Aaskrähe

(Corvus corone); Fam. Corvidae (Rabenvögel)

Dieser Rabenvogel bildet in Mitteleuropa zwei Unterarten, deren Verbreitungsgebiet durch die Elbe getrennt werden: die eigentliche Aas- oder Rabenkrähe (westlich der Elbe) und die Nebelkrähe (östlich der Elbe vorkommend). An den Grenzen treten Überschneidungszonen auf, in denen es zu einer Mischpaarbildung kommt.

Rabenkrähe

(Corvus corone corone); Fam. Corvidae (Rabenvögel)

Anderer Name: Aaskrähe.
Beschreibung: Große schwarze Krähe, KL 47 cm; Oberseite leicht metallisch grünglänzend; kräftiger Schnabel, Basis mit Flaum, kein keilförmiger Schwanz. ♀ und ♂ von gleichem Aussehen.
Lebensraum: Überall verbreitet, wo es Bäume gibt, kommt nur westlich der Elbe vor.
Nahrung: Insekten, Würmer, Schnecken, Mäuse, Eier und junge Vögel, Aas, auch Obst, Nüsse und sogar Müll.
Lebensweise: Teilzieher.
Fortpflanzung: Brütet 1mal im Jahr (IV–V), pro Gelege 5–6 Eier, klobiges Nest aus dürren Reisern, Grasbüscheln und Wurzeln, auf hohen Bäumen; Brutzeit 18–20 Tage, Nestlingsdauer 31–32 Tage. Die Jungen werden im zweiten Lebensjahr geschlechtsreif.
Stimme: Rauhes „kräh", meist 6mal gereiht.
Besonderheiten: Die Vögel versammeln sich abends zu mehreren auf einem „Schlafbaum". Ansonsten lebt diese Krähe paarweise.

Nebelkrähe

(Corvus corone cornix); Fam. Corvidae (Rabenvögel)

Beschreibung: Mit der Rabenkrähe eng verwandte schwarz-graue Krähe; Rücken und Bauch grau, restliches Gefieder schwarz.
Lebensraum: Wie bei Rabenkrähe.
Nahrung: Wie bei Rabenkrähe.
Fortpflanzung: Wie bei Rabenkrähe.
Verbreitung: In Mitteleuropa nur östlich der Elbe, im übrigen in Westeuropa nur auf dem Durchzug oder als Wintergast beobachtet.
Besonderheiten: Beide Unterarten können sich erfolgreich untereinander paaren. Die Erwachsenen beider Unterarten sind Einzelgänger mit starker Paarbildung und strengem Revierverhalten.

Rabenkrähe
(Corvus corone corone)

Nebelkrähe
(Corvus corone cornix)

Saatkrähe
(Corvus frugilegus); Fam. Corvidae (Rabenvögel)

Beschreibung: Mittelgroße Krähe, KL 46 cm; Gefieder schwarz, leicht violett glänzend, Schnabel schlanker als bei Rabenkrähe, Schnabelwurzel nackt, grau; typisch sind die „Pluderhosen", das an den Beinen herabhängende Gefieder.
Lebensraum: Offenes Kulturland mit Baumbeständen, Waldränder.
Nahrung: Insekten, Mollusken, Würmer, Obst, Körner, aber auch Mäuse und Aas.
Lebensweise: Gesellig, zur Winterzeit in größeren Schwärmen; Standvogel und Teilzieher.
Fortpflanzung: 1 Jahresbrut (April), 4–5 Eier, Horst aus Stöcken und Zweigen, mit Erde verputzt, hoch oben in Bäumen gelegen; Brutzeit 18 Tage, Nestlingsdauer 4–5 Wochen.
Stimme: Leises, gedehntes „korr".
Besonderheiten: Bildet Brutkolonien aus bis zu 100 Tieren; bei der Nahrungungssuche schreitet die Saatkrähe wippend wie ein Huhn.

Dohle
(Corvus monedula); Fam. Corvidae (Rabenvögel)

Beschreibung: Schlanker Rabenvogel (etwa taubengroß), KL 33 cm; Gefieder schiefergrau, Nacken und Augenbereich hellgrau, mit weißem Halskragen.
Lebensraum: Felswände, Schluchten, Parks, Ruinen, auch Städte.
Nahrung: Insekten, Würmer, Obst, Aas, auch Abfall.
Lebensweise: Teilzieher, sehr gesellig, bildet Kolonien.
Fortpflanzung: 1 Jahresbrut (IV–V), 3–6 Eier, Höhlenbrüter (Felsen, Baumhöhlen), unordentliches, schalenförmiges Nest aus Stengeln und Zweigen; Brutzeit 17–20 Tage, die Junge verlassen nach 30 Tagen den Horst.
Stimme: Gesang leise, variabel schwätzend, Lockruf ein schnarrendes „kjarr"; gleichzeitig bei geöffnetem Schnabel eine Verbeugung nach vorne.
Besonderheiten: Dohlenkolonien bestehen aus mehreren dauerhaften Paaren. Die Jungen werden erst im zweiten Jahr geschlechtsreif.

Eichelhäher
(Garrulus glandarius); Fam. Corvidae (Rabenvögel)

Beschreibung: Großer, intensiv gefärbter Rabenvogel, KL 34–35 cm; Gefieder rötlichbraun, Schwanz schwarz, Bürzel weiß, Flügel charakteristisch blauschwarz gestreift, mit weißen Bändern, Scheitelfedern schwarzweiß, dunkler Wangenfleck.
Lebensraum: Laub- und Mischwälder, in zunehmendem Maße auch Gärten und Parks.

Dohle *(Corvus monedula)*

Saatkrähe *(Corvus frugilegus)*, adult

Eichelhäher *(Garrulus glandarius)*

Nahrung: Sämereien (Bucheckern, Eicheln; letztere werden im Herbst als Wintervorrat im Erdreich vergraben), Beeren, Insekten, Würmer, aber auch Eier, junge Vögel und Kleinsäuger.

Lebensweise: Teilzieher.

Fortpflanzung: 1 Jahresbrut (IV–V), 5–7 Eier, Nest aus Zweigen, hoch oben im Baum; Brutzeit 16–17 Tage, Junge nach 19–20 Tagen flügge.

Stimme: Krächzendes, rätschendes „schräit schräit".

Besonderheiten: Mißtrauischer Vogel, wegen seines krächzender Warn-rufs auch „Waldpolizist" genannt. Eichelhäher leben paarweise oder in klei-nen Trupps. Da der Eichelhäher mehr Eicheln versteckt, als er benötigt, trägt er zur Verbreitung dieses Baumes bei.

Elster

(Pica pica); Fam. Corvidae (Rabenvögel)

Beschreibung: Großer schwarz-weißer Rabenvogel, KL 46–50 cm; Kopf, Brust und Rückseite schwarz, Bauch, Flanken und Schulter weiß; Schwanz schwarz, leicht violettschillernd, lang (bis 24 cm).

Lebensraum: Offenes Kulturland, Waldrand, Gebüsch.

Nahrung: Insekten, Weichtiere, aber auch junge Vögel und Kleinsäuger, sowie Samen, Beeren und Aas; Elstern werden oft zu Unrecht als „arge Nest-räuber" beleumundet; beim Fressen vom Aas überfahrener Tiere erweisen sie sich als sehr geschickt und werden selbst so gut wie nie von vorbeifah-renden Autos erfaßt.

Lebensweise: Standvogel.

Fortpflanzung: 1 Jahresbrut (IV–VI), 5–6 Eier, kugeliges Nest aus Reisig, Ästen und Halmen, mit seitlichem Eingang; Nest mit Lehmschicht ausge-kleidet, mit lockerer Kuppel aus Zweigen, oft Dorngestrüpp; Nest in Baum-kronen oder tief im Gebüsch versteckt; Brutzeit 17–18 Tage, Nestlingsdauer 22–28 Tage.

Stimme: Rauhes schackerndes „tsche tsche tsche".

Besonderheiten: Der Ausdruck „diebische Elster" stammt daher, weil der Vogel sich gerne von gleißenden Gegenständen (Glas, Silberpapier, Sil-berlöffel) anziehen läßt. Die Bezeichnung „schwatzhafte Elster" beruht wahrscheinlich auf dem stundenlangen Schwatzen der Paare untereinan-der, vor allem während der Paarungszeit. Nach der Brutzeit bleiben die Jungelstern lange im Geschwisterverband beisammen. Sie werden erst im zweiten oder dritten Jahr geschlechtsreif. Elstern sind sehr anpassungs-fähige Kulturfolger, die mitunter auch in Siedlungen zwischen Häusern und neben dicht befahrenen Straßen brüten.

Elster *(Pica pica)*

Lurche und Kriechtiere

In Mitteleuropa gibt es nicht viele Vertreter der beiden folgenden Wirbeltierklassen, der Lurche (Amphibien) und Kriechtiere (Reptilien). Da beide Gruppen wechselwarme Tiere darstellen (d. h. ihre Körpertemperatur ist nicht konstant, sondern hängt von der jeweiligen Umgebungstemperatur ab; diese Tiere können also nur bei warmen Temperaturen größere Aktivitäten entfalten), entwickeln sie in wärmeren und heißen Gebieten verständlicherweise auch eine größere Artenvielfalt. Die kalte Jahreszeit überbrücken die heimischen Amphibien und Reptilien daher durch einen längeren Winterschlaf.

Lurche besitzen eine dünne, meist feuchte Haut, die leicht austrocknet. Daher sind diese Tiere zeitlebens an Gewässer oder zumindest feuchte Lebensräume gebunden. Die Eier werden als „Laich" immer im Wasser abgelegt, und auch ihr erster Lebensabschnitt, das sogenannte Larvenstadium, findet ausschließlich im Wasser statt. Gegen Ende dieses Lebensabschnitts wird der Larvenkörper vollständig in einen erwachsenen Lurch umgewandelt. So wird beispielsweise aus einer Salamanderlarve, die über Kiemen atmet und nur im Wasser lebt, während dieser Verwandlung (Metamorphose) ein erwachsener Salamander, der Lungen besitzt und auch an Land gehen kann.

Lurche werden in drei Gruppen eingeteilt, von denen bei uns nur die Schwanzlurche (Molche und Salamander) sowie Froschlurche (Frösche, Kröten und Unken) heimisch sind. Die regenwurmähnlichen Blindwühlen hingegen kommen nur in tropischen Gebieten vor.

Kriechtiere schützen sich vor dem Austrocknen durch eine dicke Haut aus Schuppen bzw. Hornplatten (Schildkröten). Sie sind fast ausschließlich Landbewohner. Auch ihre Eier, die durch eine derbe ledrige Eihülle, bei manchen Arten auch durch eine Kalkschale geschützt sind, entwickeln sich immer auf dem Festland; dehalb müssen wasserbewohnende Reptilien immer zur Eiablage an Land kommen. Ihren höchsten Entwicklungsstand hatten die Reptilien im Erdmittelalter (vor 225 Mio.-65 Mio. Jahren). Damals lebten die Dinosaurier, von denen einige nach Ansichten moderner Forscher wahrscheinlich auch gleichwarm (ähnlich wie Säuger und Vögel) waren. Heutige Reptilien werden in vier Ordnungen eingeteilt: Schildkröten, sogenannte Panzerechsen (Krokodile und Alligatoren), die urtümlichen Brückenechsen und die Schuppenkriechtiere (Squamata), die ihrerseits in Schlangen und Echsen untergliedert sind. In beiden Klassen gibt es übrigens auch einige Vertreter, die lebende Junge gebären. Alle bei uns heimischen Reptilien und Amphibien sind geschützt!

Gelbbauchunke *(Bombina variegata)*, Unterseite

Schwanzlurche

Charakteristisch ist für die langgestreckten Schwanzlurche (Caudata) der ebenfalls recht lange Schwanz. Sie besitzen eine feuchte, drüsenreiche Haut, als erwachsene Tiere können sie sowohl im Wasser als auch an Land leben. Ihre Larven müssen sich jedoch im Wasser entwickeln. Die männlichen Tiere legen zur Paarungszeit meist ein sehr prächtiges „Hochzeitkleid" an, wie z. B. der Alpenmolch.

Feuersalamander

(Salamandra salamandra);
Fam. Salamandridae (Salamander und Molche)

Beschreibung: Unverwechselbarer Schwanzlurch, KL 14–17 cm; Körper plump, Oberseite lackschwarz, mit großen gelben oder gelborangen Flecken; Unterseite schwarz oder bräunlich; beidseits 10–12 Rippenfurchen, mit deutlichen Ohrdrüsenwülsten; ♀♀ oft massiger als ♂♂; Kloake bei ♂♂ stärker geschwollen, auch besitzen sie längere Vorderbeine.

Lebensraum: Feuchte, dichte, Laub- oder Mischwälder, selten reine Nadelwälder; in Höhenlagen auch Lichtungen, Schneisen, Bergbachtäler und Dickichte; Verbreitung von Meereshöhe bis über 2100 m ü.N.N. Larven meist in kleinen, kühlen Fließgewässern, selten in Seen, Pfützen oder gefluteten Bergbaustollen.

Nahrung: Larven hauptsächlich Wasserinsektenlarven, Bachflohkrebse, gelegentlich kleine Molchquappen; adulte Salamander meist Regenwürmer, Spinnen, große Schnecken, Tausendfüßler, Käfer und Raupen.

Lebensweise: Adulte Tiere dämmerungsaktiv, tagsüber unter Baumstämmen, Steinen und in Erdlöchern; bei regnerischem Wetter auch tagsüber aktiv. Winterschlaf gruppenweise unter Laub- und Steinhäufen, in modernden Baumstämmen, Erdbauten und Höhlen; Winterruhe je nach lokalem Klima X–II.

Fortpflanzung: Paarung zwischen März und Oktober; ♀♀ werden innerlich befruchtet; 10–60 Larven in flachen Wasserbereichen abgesetzt. Larve: Schwanz stumpf, oberer Flossensaum reicht bis zum hinteren Rückendrittel; Kopf breit, Schnauze gerundet; lange Kiemenbüschel am Kopf; gelbe Flecken an den Ansatzstellen der Vorder- und Hinterbeine; ältere Larven oft schon gelb-schwarz gemustert; Metamorphose nach 4 Monaten abgeschlossen, KL dann 4,5–7,5 cm; geschlechtsreif mit 2–4 Jahren; Lebensalter etwa 20 Jahre, in Gefangenschaft sogar bis 50 Jahre.

Besonderheiten: Der Name „Salamander" leitet sich von dem altpersischen *„samandra"* ab, was soviel wie *„der im Gift steht"* bzw. *„der im Feuer verweilt"* bedeutet. Möglicherweise stammt daher auch der der deutsche Name „Feuersalamander". Salamander sondern ein giftiges Hautsekret aus (enthält das giftige Alkaloid Samandarin), wodurch adulte Tiere selten gefressen werden. Zu den natürlichen Feinden der Larven zählen Forellen und Libellenlarven.

Feuersalamander *(Sala-mandra salamandra)*

Feuersalamander, Larve im Wasser

Bergmolch

(Triturus alpestris); Fam. Trituridae (Echte Wassermolche)

Beschreibung: Kleiner bis mittelgroßer, gedrungener Wassermolch, KL 6,5–9 cm bei ♂, 6,5–12 cm bei ♀; flacher Kopf; Schwanz seitlich zusammengedrückt, kürzer als Kopf-Rumpf-Länge; beim ♂ oberseits blaugrau, mit gelb-schwarz gemustertem Rückenband (Kamm), Unterseite hellrot bis orange; Flanken mit schwarzweiß gemustertem Band; ♀ auf der Oberseite graublau oder bläulich-oliv marmoriert, ohne Kamm und Längsbänder; Haut der „Wassertracht" glatt, bei der „Landtracht" kleinkörnig; Rückenleiste bei den „Landtieren" rückgebildet.

Lebensraum: Schattig-feuchte Nadel-, Misch- und Laubwälder, Verbreitung von Meereshöhe bis über 2100 m ü.N.N. Als Laichgewässer kommen große Pfützen, wassergefüllte Spurrinnen, Waldseen und künstliche Teiche in Betracht.

Nahrung: Larven fressen Wasserinsektenlarven, Bachflohkrebse und Wasserflöhe, adulte Teichmolche hingegen Insekten, vor allem Zuckmücken, auch Regenwürmer und Kleinkrebse.

Lebensweise: Adulte Tiere meist am Grunde von Gewässern, am Land unter größeren Steinen, im Wurzelbereich von Bäumen, unter morschen Baumstämmen oder in Erdbauten; dort oft auch Winterquartier; in der Fortpflanzungszeit tagsüber und nachts aktiv; Winterschlaf Oktober–Februar.

Fortpflanzung: Paarung ab Mitte Februar, gelegentlich ab Mai bis Mai oder August, Paarung nach Paarungstanz, ♀ setzt während der Fortpflanzungsperiode bis zu 250 Eier ab, diese werden in Blätter von Wasserpflanzen eingefaltet; Embryonalentwicklung 14–30 Tage. Larve: KL 7–10 mm; Metamorphose von Ende August bis September, KL dann 6–8 cm.

Besonderheiten: Natürliche Feinde sind Forellen, die sowohl Larven wie erwachsene Bergmolche erbeuten, sowie die Wasserspitzmaus.

Kammolch

(Triturus cristatus); Fam. Trituridae (Echte Wassermolche)

Beschreibung: Großer bis mittelgroßer Wassermolch, KL 12–16 cm bei ♂, 18–20 cm bei ♀; Körper kräftig, Kopf breit; Oberseite und seitlich schwarz oder bräunlich schwarz mit dunklen Punkten; Flanken weiß getüpfelt; Unterseite gelb oder orange, schwarz gefleckt; Schwanz seitlich zusammengedrückt, Schwanzlänge entspricht etwa der Kopf-Rumpf-Länge; ♂ mit hohem, tief gezackten Rückenkamm, an der Schwanzbasis mit breiter Kerbe; ♀ mit flachem Schwanzflossensaum; Haut relativ grobkörnig; ♂ kleiner als ♀, Kloake beim ♂ dunkel und angeschwollen, beim ♀ orangefarben, kaum gewölbt.

Lebensraum: Offenes Terrain (auch Ackerland), aber auch größere Waldgebiete mit passenden Laichgewässern; Verbreitung von Meereshöhe bis meist nicht über 1000 m ü.N.N. Laichgewässer sind unbeschattete, mittel-

Bergmolch (*Triturus alpestris*), Männchen

Bergmolch, Weibchen

Kammolch (*Triturus cristatus*), Männchen und Weibchen

große, nicht zu flache Teiche und Seen mit gut bewachsenem Gewässerboden; auch große Pfützen, wassergefüllte Spurrinnen und Moorseen.

Nahrung: Larven ernähren sich zumeist von Wasserflöhen, erwachsene Kammolche von Kaulquappen, Wasserinsektenlarven und Kleinkrebsen.

Lebensweise: Adulte Tiere in der Umgebung der Laichgewässer, unter totem Holz, größeren Steinen und Wurzelbereich von Bäumen; manche Adulttiere auch ganzjährig im Wasser; Winterschlaf in tieferen Bodenschichten (gelegentlich auch Kellern) von Oktober–Februar; meist dämmerungs- und nachtaktiv.

Fortpflanzung: Paarung ab Mitte Februar bis Ende Mai, nach kompliziertem Paarungstanz; ♀ legt während der Fortpflanzungsperiode 200–400 Eier, die in Blätter von Wasserpflanzen eingefaltet werden, Embryonalentwicklung 10–20 Tage. Larve: KL 10–12 mm; Metamorphose von Ende August bis Anfang Oktober, KL dann 5–8 cm.

Besonderheiten: An Land wehren sich die Molche, indem sie sich entweder totstellen, ein milchiges Sekret ausscheiden (das bei manchem Menschen hautreizend wirkt) oder mitunter auch durch Beißen. Kammolchlarven werden von Fischen, Gelbbrandkäfern und Libellenlarven, erwachsene Kammolche hingegen von Graureihern und Wasserspitzmäusen erbeutet. Laut Roter Liste (Deutschland) **stark gefährdet.**

Teichmolch

(Triturus vulgaris); Fam. Trituridae (Echte Wassermolche)

Anderer Name: Streifenmolch.

Beschreibung: Kleiner Wassermolch, KL 11 cm; Kopf kurz, an der Schnauze gerundet, auf der Oberseite mit 3 Längsfurchen; Körper bräunlich-grau, mit schwarzen Punkten; heller Längsstreifen vom Kopf bis zum Schwanz; Unterseite gelb oder orange, schwarz gepunktet; Schwanz seitlich zusammengedrückt, Schwanzlänge entspricht etwa der Kopf-Rumpf-Länge; Wassertracht der ♂ mit hohem, gewelltem oder gezackten Rückenkamm, ohne Kerbe an der Schwanzbasis; im Schwanzsaumbereich hellblau und rot gezeichnet; ♀ mit niedrigem Rückensaum und flachen Schwanzflossensäumen; orangefarbene Bauchseite der ♂♂ mit größeren Punkten als ♀♀; breite Schwimmhäute an den Hinterbeinen der ♂♂; Haut glatt.

Lebensraum: Meist offene Lebensräume, wie Buschzonen, Parks, Gärten, Weiden und Ackerland; Kulturfolger; Vorkommen bis in über 2000 m Höhe. Laichgewässer sind kleinere, unbeschattete Gewässer mit viel Vegetation, ruhige Randzonen von größeren Seen, Teichen und Flüssen.

Nahrung: Während adulte Teichmolche meist Kaulquappen und Laich anderer Amphibien, Kleinkrebse und Wasserinsektenlarven erbeuten, ernähren sich ihre Larven von Wassertieren, die am oder im Gewässerboden leben (Zuckmückenlarven, Ruderfußkrebse und Wasserflöhe).

Lebensweise: Ausgewachsene Teichmolche an feuchten, kühlen Orten; dort, gelegentlich aber auch im Wasser, Winterruhe von Oktober/November bis Februar/März.

Teichmolch, Larve mit Kiemenbüschel

Teichmolch, Weibchen

Teichmolch (*Triturus vulgaris*), Männchen

Fortpflanzung: Paarung ab Mitte Februar bis Ende Mai, nach komplizierter Balz ♀ legt während einer Saison 200–300 Eier, die ebenfalls in Blätter von Wasserpflanzen eingewickelt werden, Embryonalentwicklung je nach Wassertemperatur 8–14 Tage. Larve: hohe Flossensäume, Finger und Zehen kurz; Schwanzende spitz; 3 Paar lange Kiemenbüschel; Metamorphose von Anfang Juli bis November, KL dann 4–6 cm.

Besonderheiten: Bei der „Landtracht" ist die Haut der Teichmolche stark wasserabweisend. Zu den natürlichen Feinden zählen neben zahlreichen Fischen, Larven von Libellen und anderen Wasserinsekten, Störche, Reiher und Stare.

Froschlurche

Ausgewachsene Froschlurche (Anura) haben einen plumpen Körper ohne Schwanz, ihre Vorderbeine tragen 4 gut entwickelte „Finger". Mit den kräftigen Hinterbeine bewegen sich viele Anuren springend oder hüpfend fort. Auch diese Lurchtiere sind an den Lebensraum Wasser gebunden: Eiablage (als Laich, der in großen Klumpen oder Schnüren abgesetzt wird) und Entwicklung der Larven (Kaulquappen) finden immer in Seen, Teichen und anderen Gewässern statt; nur ausgewachsene Frösche, Unken und Kröten können sich an Land bewegen. Die meisten männlichen Tiere besitzen große Schallblasen, mit denen sie typische, weit reichende Quaklaute erzeugen, um die Weibchen anzulocken. Unken und Kröten besitzen eine warzige, Frösche hingegen eine glatte Haut. Froschlurche sind Jäger.

Erdkröte

(Bufo bufo); Fam. Bufonidae (Echte Kröten)

Beschreibung: Sehr häufige, große bis mittelgroße, kräftige Kröte, Kopf-Rumpf-Länge 9–10 cm bei ♂, 11–15 cm bei ♀; trockene, oliv-bräunliche Oberseite, mit zahlreichen Warzen; Unterseite grau, hellrötlichbraun oder schmutzigweiß; waagerecht elliptische Pupillen, Iris rotgolden; große Ohrdrüsen; ♀♀ größer und kräftiger als ♂♂; letztere mit Brunstschwielen an den ersten drei Fingern, zur Paarungszeit mit dunklen Flecken.

Lebensraum: Meist Waldgebiete, aber auch offenes Terrain, sogar Großstädte; Vorkommen bis in Höhen von über 2100 m. Tiefere und größere Weiher und Seen werden meist als Laichgewässer genutzt, aber auch Fischteiche, Pfützen und wassergefüllte Rinnspuren.

Nahrung: Vor allem bodenbewohnende Landinsekten und Schnecken, Larven vornehmlich Algen und abgestorbene Wasserpflanzen.

Lebensweise: Tagsüber verstecken sich Erdkröten in selbstgegrabenen Höhlen, Erdlöchern, in morschem Holz, unter Steinen, in Fels- und Mauerspalten; Winterruhe in tieferen Bodenschichten von Oktober/November bis Februar/März; große Krötenwanderungen zu den Laichgewässern ab Mitte Februar, oft ausgelöst durch feuchtwarme Witterung; zur Laichzeit tag- und nachtaktiv, im Sommer meist nur nach Regenfällen nachtaktiv.

Erdkröte *(Bufo bufo)*, an Land

Erdkröte, Laichschnur

Erdkröte, eine Woche alte Kaulquappen

Fortpflanzung: Paarungszeit Ende Februar bis Mitte April; zur Paarung hockt das ♂ huckepack auf dem ♀ und umklammert dessen Achseln; da es zu viele männliche Tiere gibt, wird das ♀ öfters auch von mehreren ♂♂ umklammert; manche ♂♂ umklammern auch tote Kröten, Fische, Treibgut und andere bewegliche Gegenstände; ♀ legt 3–5 doppelte Laichschnüre, die um Wasserpflanzen (Schilfhalme) gewickelt werden; Embryonalentwicklung nach 21–28 Tagen abgeschlossen. Larve: KL 0,3–0,5 cm, schwarz, mit dunklem Flossensaum, oberer Flossensaum bis Rumpfende; Metamorphose zwischen Anfang Juni und Anfang Juli beendet; junge Erdkröten dann mit einer Kopf-Rumpf-Länge von höchstens 3,9 cm.

Stimme: Metallisches, hohes und krächzendes „oäck … oäck … oäck", 2–3mal/Sekunde.

Besonderheiten: Natürliche Feinde sind Iltis, Raubvögel (Bussard, Milan) und Eulen (Uhu, Waldkauz), ihre Larven fallen räuberischen Wasserinsekten zum Opfer. Von Schlangen attackierte Erdkröten „plustern" sich auf; zur Abwehr sondern die Tiere ferner ein giftiges Hautsekret ab, das Giftstoffe wie Bufotoxine, Bufotenine und Bufogenine enthält.

Wechselkröte

(Bufo viridis); Fam. Bufonidae (Echte Kröten)

Beschreibung: Mittelgroße Kröte, Kopf-Rumpf-Länge 8 cm bei ♂, 9–10 cm bei ♀; Kopf recht breit; Haut hellgrau mit großen grünlich-braunen Flecken; Trommelfell deutlich erkennbar; Pupillen waagerecht elliptisch, Iris zitronengelb-grünlich; Ohrdrüsen fast parallel angeordnet; ♀♀ größer und kräftiger als ♂♂; Flecken beim ♂ meist hellgrün, beim ♀ dunkler, kontrastreicher; ♂ mit Brunstschwielen an den ersten drei Fingern, diese zur Paarungszeit mit dunklen Flecken.

Lebensraum: Trockene Lebensräume, Trocken- und Halbtrockenrasen, lichte, sandige Wälder, auch Dörfer; Vorkommen in M-Europa bis in Höhen von über 2100 m. Zum Ablaichen wandert die Wechselkröte in flache, vegetationsarme Kleingewässer (z. B. alte Dorf- und Löschteiche).

Nahrung: Bodenbewohnende Landinsekten (Weichkäferlarven, Ameisen, Lauf- und Rüsselkäfer) und Spinnen.

Lebensweise: Als Verstecke dienen flache Steine, Planken und Bretter in Ufernähe; Winterruhe von September/Oktober bis Ende März; größte Aktivität entfalten erwachsene Wechselkröten nachts und in der Dämmerung (auch außerhalb der Fortpflanzungsperiode).

Fortpflanzung: Paarungszeit je nach Witterung von Anfang/ Mitte April bis Juni, zur Paarung umklammert ♂ das ♀ in der Achselregion; ♀ legt 2–4 m lange Laichschnüre, die 2000–15000 Eier enthalten, am Grunde des Laichgewässers ab; Embryonalentwicklung je nach Wassertemperatur nach 3–6 Tagen abgeschlossen. Larve: KL 0,3–0,4 cm; Metamorphose im Juni-August, junge Wechselkröten messen dann 1–1,7 cm Kopf-Rumpf-Länge.

Stimme: Längeres Trillern „ürrr … ürrr … ürrr", das 10 Sekunden anhalten kann. ♂♂ suchen das Wasser erst in der Dämmerung auf, dann häufig Quaken im Chor.

Wechselkröte
(Bufo viridis)

Wechselkröte
(Bufo viridis)

Besonderheiten: Dank ihrer hohen Toleranz gegenüber starken Temperaturschwandungen vermag sich die Wechselkröte auch im Hochgebirge fortpflanzen; außerhalb Europas wurden schon Exemplare in 4500 m Höhe angetroffen. Freßfeinde der Larven dieser Art sind Libellen- und Wasserkäferlarven, adulte Wechselkröten werden von Rotmilan, Waldkauz und Storch erbeutet, junge Wechselkröten von Igeln, Ratten, Hausenten und Staren. Laut Roter Liste (Deutschland) **gefährdet.**

Laubfrosch

(Hyla arborea); Fam. Hylidae (Laubfrösche)

Beschreibung: Kleiner Baumfrosch, Kopf-Rumpf-Länge 3–4 cm; Oberseite grasgrün, Flanken mit dunklem Streifen von Nasenloch bis Hüfte; Unterseite grau-weißlich; Zehen- und Fingerspitzen scheibenförmig; waagerecht elliptische Pupillen; Trommelfell sichtbar; Kehle beim ♂ braungelblich und runzelig, beim ♀ glatt und hell; ♂ mit großer Schallblase.

Lebensraum: Gewässernahe Gebüsche, Raine und Waldränder, auch Wiesen, Weiden, Gärten und Parks; Vorkommen bis in Höhen von 2300 m. Zum Ablaichen dienen baum- und buschgesäumte Gewässer mit reichhaltiger Unterwasservegetation.

Nahrung: Larven fressen meist Algen und pflanzliche Schwebteilchen; ausgewachsene Laubfrösche erbeuten Spinnen, Käfer, Wanzen, Fliegen, Mücken und Ohrwürmer.

Lebensweise: Im Frühjahr klettern die ♂♂ auf Stauden, Sträucher und Bäume (bis 10 m Höhe); den Winter verbringen die adulten Tiere im Wurzelbereich der Sträucher und Bäume, in Fallaubhaufen und totem Holz; Winterruhe von Ende August/ Anfang Oktober bis Ende März; in Mitteleuropa meist dämmerungs- und nachtaktiv.

Fortpflanzung: Paarungszeit von Anfang/Mitte April bis Mitte/Ende Juni (auch Juli); während der Paarung umklammert ♂ das ♀ in der Achselregion, ♀ legt pro Saison 200–1400 Eier, die in Form kleiner Klümpchen zu jeweils 3–50 Eiern im Laichgewässer abgelegt werden; pro Nacht werden max. 50 Eier gelegt, Embryonalentwicklung nach 2–3 Tagen abgeschlossen. Larve: KL 0,3–0,5 cm; Metamorphose abhängig von der Gewässertemperatur nach 50–78 Tagen abgeschlossen; Kopf-Rumpf-Länge junger Laubfrösche dann 1,2–2,1 cm.

Stimme: Laute, harte Rufreihen „äpp … äpp … äpp", die meist 4–6mal/Sek. wiederholt werden; die ♂♂ singen nachts im Chor und beenden nach Mitternacht ihr „Froschkonzert".

Besonderheiten: Manche ♂♂ rufen überhaupt nicht, sondern warten als sog. „Satelliten" in der Nähe der quakenden Konkurrenten auf ein paarungsbereites ♀. Natürliche Feinde der Kaulquappen sind die Larven anderer Froscharten; auf erwachsene Tiere machen nicht nur Sumpfschildkröte und Ringelnatter Jagd, sondern auch Eulen, Greifvögel, Neuntöter und Lachmöwe. Laut Roter Liste (Deutschland) **stark gefährdet.**

Laubfrosch *(Hyla arborea)*, grüne Färbung

Laubfrosch, graue Färbung

Wasserfrosch

(Rana esculenta); Fam. Ranidae (Echte Frösche)

Anderer Name: Teichfrosch.

Beschreibung: Häufigster Wasserfrosch; groß bis mittelgroß, Kopf-Rumpf-Länge 9 cm bei ♂, 11–12 cm bei ♀; Kopf spitz, Oberseite grasgrün bis braungrün gefärbt, bräunlich oder schwarz gefleckt; Unterseite weißlich oder grau-schwarz marmoriert; bei ♂♂ hellgraue Schallblasen hinter den Mundwinkeln; ♂♂ wesentlich kleiner als ♀♀.

Lebensraum: Gewässernähe; Vorkommen bis in Höhen von 1500 m. Als Laichgewässer geeignet sind zahlreiche Gewässerformen mit dichtem Uferbewuchs und üppiger Schwimmpflanzenvegetation (z. B. Teiche, Seen, Weiher, auch Altwasserarme, Moore und Entwässerungsgräben).

Nahrung: Fluginsekten, die mit einem Sprung von einer Sitzwarte aus erbeutet werden; auch Würmer und Schnecken.

Lebensweise: Winterruhe (IX–III) an Land in Gewässernähe, seltener auf dem Gewässergrund; außerhalb der Laichperiode tagaktiv, schwebt oft an der Wasseroberfläche oder hockt auf Seerosenblättern.

Fortpflanzung: Paarungszeit V–VI; das ♀ setzt jährlich 600–1500 Eier in Form mehrerer großer, gallertiger Laichklumpen ab, Embryonalentwicklung nach 5–8 Tagen abgeschlossen; Larve: KL 0,5–1 cm; Metamorphose nach 2–3 Monaten abgeschlossen; junge Teichfrösche von Mitte VII bis Mitte VIII, gelegentlich auch bis IX/X, Kopf-Rumpf-Länge dann oft bis 4 cm.

Stimme: Knarrendes, schnurrendes „rä … rä … rä"; Dauer etwa 1 Sekunden. Die Froschkonzerte sind den ganzen Sommer über zu hören.

Besonderheiten: Laut Roter Liste (Deutschland) **gefährdet.**

Grasfrosch

(Rana temporaria); Fam. Ranidae (Echte Frösche)

Beschreibung: Großer, massiger Frosch, Kopf-Rumpf-Länge knapp 11 cm bei ♂, ♀ geringfügig größer; Schnauze kurz, stumpf; Oberseite sehr variabel braun gezeichnet, ♂ eher dunkelbraun, ♀ mehr rötlichbraun, dunkel bis schwarz gefleckt, Rücken mit hellem, verwaschenen Längsstreifen; Unterseite weißlich, beim ♂ mit grauen Flecken, beim ♀ mit rötlich-braunen Flecken, variable Kehlzeichnung; Pupillen waagerecht elliptisch; ♂ mit inneren Schallblasen und verdickten „Ärmchen", Daumenschwielen dunkelbraun gefärbt; ♀♀ zur Fortpflanzungszeit mit weißlichem Laichausschlag („Pickel") an den Flanken.

Lebensraum: Kühle, schattige und wassernahe Lebensräume, auch Au- und Bruchwälder, Parks, Gärten und Äcker; zum Ablaichen sucht der Grasfrosch Verlandungszonen von Seen, Niedermoorseen, ruhige Bachabschnitte, auch Gräben, Pfützen und Löschteiche auf; Vorkommen bis in Höhen von über 2700 m.

Nahrung: Larven sind kannibalisch, ernähren sich aber auch von Algen, adulte Grasfrösche fressen vor allem Landinsekten und Spinnen.

Wasserfrosch
(Rana esculenta)

ältere Kaulquappe

Grasfrosch *(Rana temporaria)*, erwachsenes Tier

Lebensweise: Winterruhe unter Wasser oder an Land (X/XI bis II/III); zur Laichzeit tag- und nachtaktiv, ansonsten nachtaktiv.

Fortpflanzung: Grasfrösche laichen sehr früh, Wanderung zu den Laichgewässern ab Mitte Februar, ab Mitte März bereits Umzug in die Sommerquartiere; ♀ wird vom ♂ bei der Kopulation im Achselbereich umklammert, ♀ setzen meist 1 selten 2 Laichballen ab; diese enthalten je nach Größe des ♀ zwischen 700–4500 Eier, Laichballen quellen im Wasser auf (Faustgröße!); Embryonalentwicklung dauert 10–14 Tage. Larve: KL 0,6–0,9 cm; hohe Flossensäume, oberer Saum bis Rumpfmitte; Metamorphose zwischen Mitte VI bis Ende X abgeschlossen; Länge junger Grasfrösche dann bei 1–1,6 cm.

Stimme: Dumpfes Knurren oder Grunzen; ♂♂ rufen meist mittags oder bei Einbruch der Dämmerung.

Besonderheiten: Eine häufige, weitverbreitete Amphibienart Europas.

Seefrosch

(Rana ridibunda); Fam. Ranidae (Echte Frösche)

Beschreibung: Großer Wasserfrosch, Kopf-Rumpf-Länge 10–14 cm, einige ♂♂ bis 18 cm; Oberseite oliv-bräunlich bis braun, dunkel gefleckt, Rücken mit grünem Längsstreifen; Unterseite grau- oder dunkelgefleckt, auf hellem Grund; Pupillen fast rund, am Unterrand leicht „geknickt"; Trommelfell deutlich zu erkennen; ♂ zur Fortpflanzungszeit mit grau- oder dunkel gefärbten Daumenschwielen; Schallblasen beim ♂ grau bis schwarz.

Lebensraum: Laichgewässer meist offen, Fluß- und Kanaluferbereiche, Altwasserarme und stehende Gewässer, aber auch Kleinstgewässer (Pfützen, Brunnen); Vorkommen bis in Höhen von 2000 m.

Nahrung: Larven sind kannibalisch, fressen aber auch Laich und Larven anderer Amphibien; die ausgewachsenen Seefrösche vertilgen eine breite Auswahl an Tieren (Laufkäfer, Raupen, Ameisen, Spinnen, Schnecken, aber auch kleine Fische, Molche, junge Singvögel und Mäuse).

Lebensweise: Winterruhe meist unter Wasser (Oktober–März); tag- und nachtaktiv zur Laichzeit, ansonsten tagaktiv.

Fortpflanzung: Paarungszeit je nach Witterung von Ende April bis Anfang Juni; ♂♂ versammeln sich oft zu „Rufgemeinschaften", zum Teil entstehen dann Revierkämpfe (Rufe, aggressives Verhalten); ♂ paart sich meist mit einem kräftigen revierbildenden ♂, der seine Partnerin bei der Kopulation an den Achseln umklammert, ♂ kann pro Fortpflanzungsperiode bis zu 16000 Eier bilden, die als Laichballen an Unterwasserpflanzen geheftet werden; Embryonalentwicklung nach 4–7 Tagen abgeschlossen. Larve: KL 0,6–0,8 cm, gegen Ende der Larvalentwicklung oft „Riesenlarven" von 10 cm beobachtet; Metamorphose zwischen Mitte Juli bis Ende August abgeschlossen; junge Seefrösche dann mit einer Kopf-Rumpf-Länge von 1,6–2,5 cm.

Stimme: Lautes Keckern „ä … ä … ä" in einer Frequenz von 10 Tönen pro Sekunde. In der Hauptrufzeit liegen ♂♂ mit angewinkelten Beinen im Wasser, die Schallblasen blähen sich seitlich wie Kaugummiblasen auf.

Besonderheiten: Laut Roter Liste (Deutschland): **Gefährdet.**

Seefrosch *(Rana ridibunda)* mit Schallblasen

Seefrosch *(Rana ridibunda)*

Echsen und Schlangen

Da bei Echsen und Schlangen der Körper mit Schuppen bedeckt ist, werden beide Gruppen zu einer Ordnung zusammengefaßt. Die Echsen (Sauria) besitzen fast immer vier wohlentwickelte Laufbeine mit 5 krallenbewehrten Zehen, einen langen Schwanz, den einige Arten bei Gefahr abwerfen können, sowie Augen mit getrennten Lidern. Schlangen (Unterordnung Serpentes) haben keine Gliedmaßen, einen sehr dehnbaren, oft ausklappbaren Kiefer und nach hinten gekrümmte Zähne, die vielfach zu Giftzähnen wurden. Echsen und Schlangen sind Fleischfresser, legen überwiegend Eier und verfügen über einen hervorragenden Geruchssinn.

Blindschleiche
(Anguis fragilis); Fam. Anguidae (Schleichen)

Beschreibung: Beinlose, in ganz Mitteleuropa weit verbreitete Echse, KL 40–50 cm, davon 2/3 Schwanz; Körper glatt, drehrund, mit glänzenden Schuppen; sehr variabel gefärbt, Oberseite meist grau-rötlich (in verschiedenen Schattierungen), Unterseite schwarz- bis blaugrau; Kopf klein, nicht vom Rumpf abgesetzt, Augen durch Lider verschließbar; Schwanz kann bei Gefahr abgeworfen werden, er regeneriert jedoch nicht wieder vollständig.

Lebensraum: Sonnige Lichtungen, Heidelandschaften, Heckenränder, Gebüschsäume; Vorkommen bis in Höhen von 2000 m.

Nahrung: Nacktschnecken, Regenwürmer.

Lebensweise: Unter Steinen, Holzstapeln oder Laubhaufen, in der Dämmerung oder nach warmen Regengüssen aktiv; Winterruhe von X–IV/V; oft zu mehreren, in Erdlöchern und Wurzelhöhlen.

Fortpflanzung: Paarungszeit kurz nach dem Winterschlaf, das ♀ ist 3 Monate trächtig, Geburt von 8–12 Jungen (KL 7–9 cm) im Juni–August.

Besonderheiten: Die Blindschleiche ist keine Schlange und unterscheidet durch sich ihre glänzende, glatte Beschuppung und bewegliche Augenlider von diesen. Natürliche Feinde sind kleinere Raubvögel und Raubtiere.

Zauneidechse
(Lacerta agilis); Fam. Lacertidae (Echte Eidechsen)

Beschreibung: Relativ gedrungene, weit verbreitete Eidechse, KL 20–21 cm; Schwanz kurz, Schwanzlänge 8–9 cm; Zeichnung, Farbe und Beschuppung sehr vielfältig; Oberseite bräunlich-grau, mit 1–3 Reihen hellen Längsstreifen und dunklen Fleckenreihen; Flanken weiß-dunkel gefleckt, beim ♂ zur Paarungszeit Kehle und Flanke lebhaft grün; Unterseite beim ♂ grün, beim ♀ bräunlich-gelb.

Lebensraum: Sonnige freie Flächen wie Schonungen, Heidelandschaften, Grashängen und Wiesen, aber auch auf Bahndämmen, in Gärten und Parkanlagen; in warmen Lagen bis 2000 m Höhe.

Nahrung: Insekten, Tausendfüßer, Spinnen, Asseln und Würmer.

Blindschleiche
(Anguis fragilis)

Zauneidechse *(Lacerta agilis)*,
trächtiges Weibchen

Lebensweise: tagaktiv; Winterschlaf von IX/X bis III/IV.

Fortpflanzung: Paarung im Frühjahr, ♂♂ kämpfen miteinander um Reviere; das ♀ legt 1–2mal im Jahr jeweils 4–15 Eier in selbst gegrabenen Erdlöcher; witterungsabhängig schlüpfen die Jungen nach 7–10 Wochen, geschlechtsreif nach dem 2. Winterschlaf.

Besonderheiten: Natürliche Feinde sind Marder, Igel, Elster, Krähe, Storch, Milan, Bussard und Fasan, aber unter Umständen auch Haushühner. Laut Roter Liste (Deutschland) **gefährdet.**

Smaragdeidechse

(Lacerta viridis); Fam. Lacertidae (Echte Eidechsen)

Beschreibung: Größte und schönste Eidechse Mitteleuropas, Kopf-Rumpf-Länge weniger als 13 cm, KL 38–40 cm (Schwanz meist doppelte KL); Oberseite auffällig gelb-grün, ♂ zur Paarungszeit mit türkisfarbener Kehle und Wangen; Unterseite weiß-gelblich; ♀ meist unibraun, oft mit schwarzen Flecken und 2–4 schmalen, gelblich-weißen Längsstreifen.

Lebensraum: In Mitteleuropa nur kleinräumig in klimatisch günstigen Regionen verbreitet (Oberrheingraben, Niederlausitz); sonnige, buschreiche Hanglagen, offene Kiefernwälder, Feldraine und Heidelandschaften; in warmen Lagen bis in 2000 m Höhe.

Nahrung: Insekten, Spinnen, Schnecken und Würmer, gelegentlich auch Beeren, Eier, junge Eidechsen und Schlangen.

Lebensweise: Wärmeliebende Art; tagaktiv, sehr flink und äußerst scheu, guter Kletterer in Büschen und Sträuchern; Winterschlaf meist bis April/Mai.

Fortpflanzung: Paarung IV/V, ♂♂ kämpfen miteinander um Reviere, ausgeprägtes Imponiergehabe; das ♀ legt 1mal, in günstigen Klimaten auch 2mal jährlich 5–21 Eier; Schlüpfen der Jungen (KL 7,5–9 cm) nach 7–9 Wochen, ♀♀ geschlechtsreif nach dem 2. Winterschlaf.

Besonderheiten: Freßfeinde sind vor allem Greifvögel und Schlangen. Laut Roter Liste (Deutschland) **vom Aussterben bedroht.**

Bergeidechse

(Lacerta vivipara); Fam. Lacertidae (Echte Eidechsen)

Andere Namen: Mooreidechse, Waldeidechse.

Beschreibung: Kleinste einheimische Eidechse, Kopf-Rumpf-Länge etwa 6,5 cm, KL 16 cm; Schwanz kurz, im hinteren Drittel spitz verjüngend; Kopf klein, nicht vom Rumpf abgesetzt; Oberseite in verschiedenen Brauntönen, mit dunklen Längsstreifen, unscharfes Rückenband aus schwarzen Flecken, Unterseite beim ♂ gelb-orange, dunkelgefleckt, beim ♂ hingegen rahmfarben, kaum gefleckt.

Lebensraum: Waldränder, Schonungen und Heidelandschaften; auch feuchtere Lebensräume wie Auwiesen und Moore; in den Alpen bis in 3000 m Höhe.

Smaragdeidechse *(Lacerta viridis)*, Männchen

Smaragdeidechse

Nahrung: Insektenlarven, Spinnen, Würmer, Tausendfüßer.

Lebensweise: nicht sehr wärmeliebend, tagaktiv; Winterschlaf von Oktober bis Ende Februar/ März.

Fortpflanzung: Paarung April/Juni; lebendgebärend, ♂ 3 Monate trächtig, im Juli–Oktober werden 3–10 Junge in einer durchsichtigen Eihülle geboren, die sie umgehend abstreifen.

Besonderheiten: Die hauptsächlich bodenbewohnende Bergeidechse paßt sich in ihrer Fortpflanzungsbiologie gut dem jeweiligen Klima an: Im Norden, wo ihr Verbreitungsgebiet bis zum Polarkreis reicht, erfolgt die Paarung bereits im Herbst, die Jungen werden erst im Folgejahr geboren; im Süden hingegen (z. B. Spanien) bringt die Bergeidechse keine lebenden Jungen zur Welt, sondern legt Eier.

Schlingnatter

(Coronella austriaca); Fam. Colubridae (Nattern)

Anderer Name: Glattnatter.

Beschreibung: Relativ kleine Schlange, KL 50–70 cm, selten 80 cm; Kopf eiförmig, große Kopfschilder, dunkle Augenbinde, die bis zur Nase zieht; Auge klein, Pupillen rund; Körper oberseits grau, braun, rötlichbraun oder gelbbraun, Unterseits eher rötlich, braun oder grau, mitunter marmoriert; Flanken oft dunkel getüpfelt; Rücken mit paarigen, gegeneinander versetzten dunklen Flecken gezeichnet.

Lebensraum: Sonniges, offenes Terrain mit reichlich Versteckmöglichkeiten (Heiden, Waldränder, Lichtungen, Geröllhladen, Ruderalflächen mit Steinhaufen), auch nahe menschlichen Siedlungen; Vorkommen bis in Höhen von über 2000 m.

Nahrung: Eidechsen, Blindschleichen, auch junge Mäuse; die Beute wird erdrosselt und heruntergewürgt.

Lebensweise: Tagaktive, jedoch langsame Schlange, lebt meist versteckt, gutes Tarnkleid; Bodenbewohner, der ab und zu auch in Büsche klettert; mehrmonatige Winterruhe, die im April–Mai endet.

Fortpflanzung: Paarungszeit April bis Mai, Paarung mit „Nackenbiß" durch das ♂; lebendgebärend; im August–September Geburt von 6–15 Jungen in durchsichtiger Schleimhülle, KL der Jungschlangen 12–15 cm; in kühleren Klimazonen kann die Geburt der Jungen nach der Paarung um eine Saison verschoben werden, die Jungen werden dann erst im Folgejahr geboren.

Besonderheiten: Wegen ihrer dunklen Rückenzeichnung wird die Schlingnatter oft mit der Kreuzotter verwechselt, jedoch ist sie im Gegensatz zu dieser Vipernart völlig harmlos und ungiftig. Natürliche Feinde sind Wildschwein, Bussard, Milan und Marder, junge Nattern können von Igeln und Ratten erbeutet werden. Infolge intensiver Forstbaumaßnahmen sind die natürlichen Lebensräume dieser Natter zurückgegangen. Laut Roter Liste (Deutschland) **gefährdet.**

Bergeidechse
(Lacerta vivipara)

Schlingnatter *(Coronella austriaca)*

Ringelnatter

(Natrix natrix); Fam. Colubridae (Nattern)

Beschreibung: Relativ große Wassernatter, häufigste Schlange Mitteleuropas. KL 60–70 cm bei ♂, 80–100 cm bei ♀, große Einzeltiere bis 180–200 cm bekannt; Kopf deutlich vom Rumpf abgesetzt; Auge mit runder Pupille; große Kopfschilder; Körper oberseits schiefergrau, olivgrau bis grüngrau, selten rein schwarz; Hinterkopf beidseitig mit hellem Halbmondfleck; unterseits gelblich oder weißgrau, schachbrettartig gemustert.

Lebensraum: Uferbereiche von Fließ-und Standgewässern, auch Gärten, Waldränder, Lichtungen und Wiesen, im Gebirge bis ca. 2300 m Höhe.

Nahrung: Frösche, Kröten, auch Fische, seltener Mäuse und Eidechsen. Die Beute wird wahllos am Körper ergriffen und bei lebendigem Leibe verschlungen; oft ist sie viel größer als der Kopf.

Lebensweise: Tagaktive, jedoch scheue Schlange, die hervorragend tauchen und schwimmen kann; bei Gefahr rasche Flucht. Bedroht man sie, so zischt die Natter und sondert ein stinkendes, gelbliches Sekret aus der Analdrüse ab, das lange an Kleidern haften bleibt; auch reflexartiges Totstellen, wobei die Schlange sich auf den Rücken wirft, erschlafft, die Pupillen verdreht und die Zunge heraushängen läßt; nach einiger Zeit erwacht die Schlange wieder „zum Leben" und flieht dann eilig. Nimmt morgens meist ein Sonnenbad; mehrmonatige Winterruhe in Komposthaufen, Torfstichen, morschen Baumstubben und unter dichtem Laub, endet März–April, dann häutet sich die Schlange.

Fortpflanzung: Nach der Häutung Paarung; die Schlangen sammeln sich zu mehreren (50–60) an Paarungsplätzen, oft überwiegen die ♂♂; Eiablage Ende Juli–August in Kompost- und Misthaufen, verrottendem Sägemehl und Schilf u. ä.; das ♀ legt 20–50 weichschalige Eier, an günstigen Eiablagestellen legen mehrere ♀♀ gemeinsam Eier ab bis zu 3000 Eier kann ein solcher Platz enthalten; Schlüpfen der Jungen nach 4–8 Wochen.

Besonderheiten: Die Ringelnatter ist völlig harmlos und ungiftig. Zu ihren Freßfeinden zählen u. a. Taucher, Störche, Reiher, Greif- und Rabenvögel, Iltisse, Marder, Füchse und Igel, aber auch Hechte und Barsche. In den deutschen Volksmärchen galt die Ringelnatter als Glücksbringerin, die über das Hausvieh wacht. Laut Roter Liste (Deutschland) **gefährdet.**

Kreuzotter

(Vipera berus); Fam. Viperidae (Vipern und Ottern)

Beschreibung: Gedrungene, jedoch schlank wirkende Viper, am weitesten verbreitete Giftschlange Europas; KL 65–75 cm, mitunter auch 85 cm; ♀ stets viel größer als ♂. Kopf kaum vom Rumpf abgesetzt, Schnauze nicht aufgeworfen; Auge mit rötlicher Iris und senkrecht geschlitzter Pupille; Körperfarbe sehr variabel: Oberseite silbergrau, braun, olivgrün, blaugrau, rötlichbraun und gelb; selten rein schwarze Tiere (meist nur in Mooren und Hochgebirgslagen); auffälliges dunkles Zickzack- oder Rautenmuster auf

Ringelnatter
(Natrix natrix)

Ringelnatter *(Natrix natrix)*, züngelnd

dem Rücken; Hinterkopf mit X-förmiger oder spitzwinkliger (V-förmiger), mit der Spitze nach vorne weisender Zeichnung; breite Augenbinde; Unterseite graubraun, schwarz oder schwarzbraun.

Lebensraum: Lebensräume mit starkem Tag-Nacht-Temperaturgang und hoher Luftfeuchtigkeit; meist höhere Berglagen, lichte Nadelwälder, Moore, Steinbrüche und Bergwiesen, auch Waldränder, Lichtungen und Uferbereiche von Teichen und Seen, im Gebirge bis 3000 m Höhe.

Nahrung: Frösche (meist Braunfrösche), Mäuse, Jungvögel und Eidechsen. Die Beute wird mit einem Giftbiß getötet, nach dem Tod der Beute (Herzstillstand innerhalb von Minuten) wird diese mit dem Kopf voran verschlungen.

Lebensweise: Tagaktive, nur im Hochsommer dämmerungsaktive Schlange; scheu; Kreuzottern sonnen sich frühmorgens und am späten Nachmittag; guter Schwimmer; sehr aktiv bei schwül-warmem Wetter und nach längerem Regen; bei Gefahr zunächst rasche Flucht, erst bei Bedrohung richtet sie sich auf und schnellt den Oberkörper vor, um zu beißen. Winterruhe 5–7 Monate lang, oft zu mehreren Kreuzottern in Erdhöhlen, unter Fallaub und Reisig, endet im zeitigen Frühjahr.

Fortpflanzung: Zur Paarungszeit (April–Mai) führen die ♂♂ untereinander sog. „Kommentkämpfe" durch, bei denen der Gegner umschlungen, aufgerichtet und niedergerungen wird; lebendgebärend, Ende August bis Anfang Oktober werden 5–15 (selten 20) Junge geboren, die von einer durchsichtigen Schleimhülle umschlossen sind, aus der sie sich umgehend befreien; geschlechtsreif nach 3–4 Jahren.

Besonderheiten: Giftige Schlange, deren Gift auf Blut und Blutgefäße wirkt, der Biß ist äußerst schmerzhaft. Menschen werden jedoch sehr selten gebissen, und diese Unfälle verlaufen selten tödlich; dennoch sollte bei einem Kreuzotterbiß unbedingt ein Arzt aufgesucht werden. Zu den Freßfeinden der Kreuzotter zählen u. a. Taucher, Störche, Reiher, Greif- und Rabenvögel, Iltisse, Marder, Füchse und Igel, aber auch Hechte und Barsche. Laut Roter Liste (Deutschland) **stark gefährdet.**

Kreuzotter
(Vipera berus)

Insekten

Die Klasse der Insekten umfaßt eine gewaltige Artenzahl: So befinden sich unter den bisher wissenschaftlich bekannten und bestimmten 1,2 Millionen Tierarten etwa 900 000 Insektenarten (davon etwa 20 000 heimische Arten). Dabei geht man sogar davon aus, daß diese riesige Zahl nur 10 bis 20 Prozent aller Insekten repräsentiert. Obwohl also nur sehr klein, gelang es diesen Tieren, unzählige Lebensräume zu besiedeln und zahlreiche Nährstoffe zu nutzen. Folgende Merkmale sind für alle Insekten charakteristisch: Sie besitzen einen deutlich dreigeteilten Körper (aufgrund dieser Ein-"kerbung" entstand der veraltete Begriff „Kerbtier" oder „Kerf"), bestehend aus Kopf, Brust (Thorax) und Hinterleib (Abdomen), drei Beinpaaren und (meist) zwei Paar Flügeln, die alle im Brustbereich ansetzen, sowie am Kopf ein Paar Fühler und drei Paar Mundwerkzeugen. Insekten atmen über Tracheen, sehen mit Hilfe sogenannten Facettenaugen und besitzen einen festen Panzer aus Chitin, der bei jedem Wachstumsschub eines Insekts gehäutet werden muß. Sie sind stets getrenntgeschlechtlich und entwickeln sich auf zwei unterschiedliche Weisen: Bei der unvollständigen (hemimetabolen) Entwicklung schlüpft aus dem Ei eine Larve, die bereits gewisse Ähnlichkeiten mit dem ausgewachsenen Tier, der sogenannten Imago, aufweist. Bei jeder Häutung ähnelt das junge Insekt immer stärker seinen Eltern (junge Heuschrecken bekommen beispielsweise jedesmal längere Flügel), bis es nach der letzten Häutung erwachsen ist. Zu diesem Insektentypus zählen z. B. Libellen, Heuschrecken, Wanzen und Eintagsfliegen. Bei der vollständigen (oder holometabolen) Entwicklung schlüpft eine Larve, die den ausgewachsenen Eltern auch nicht im entferntesten ähnelt. Bekannte Beispiele sind Schmetterlingsraupen, Fliegenmaden und die Engerlinge von Käfern. Auch hier häuten sich die Insekten, und nach der letzten Häutung wird aus der Larve eine Puppe. Dies ist eine Art Ruhestadium (obwohl es auch bewegliche Puppen gibt), in der die Larve vollständig zum erwachsenen Insekt „umgebaut" wird. Holometabole Insekten unterscheiden sich nicht nur rein äußerlich völlig von ihren Larven, vielfach ernähren sie sich oder leben auch grundlegend anders. In diese Kategorie fallen unter anderem Schmetterlinge, Käfer, Fliegen, Mücken, Flöhe, Bienen und Wespen. In der Natur liefe ohne Insekten manchmal gar nichts: Viele Blütenpflanzen sind auf Bienen, Hummeln und andere Fluginsekten als Bestäuber angewiesen, manche sogar auf nur eine einzige Art (z. B. Feigenwespen). Andere Pflanzen wiederum werden ausschließlich durch Ameisen verbreitet. Für den Menschen spielen Insekten nicht nur als Schädlinge, Krankheitsüberträger oder Lästlinge eine wichtige Rolle, viele Arten sind auch nützlich, wie beispielsweise die Honigbiene. Auch in ihrem Verhalten sind diese Tiere sehr vielseitig: Manche bilden riesige Staaten, wie etwa Ameisen und Termiten, während andere außer zur Paarungszeit ganz allein leben.

Eintagsfliege
(Ecdyonurus insignis)

Urinsekten, Eintags- und Steinfliegen

Die wohl altertümlichsten Insekten stellen die sog. Urinsekten (Apterygota) dar, eine Gruppe sehr winziger Insekten, deren Hauptmerkmal darin besteht, daß sie keine Flügel haben (*„a-pterygos"* bedeutet *„flügellos"*), dafür aber am Hinterleib Überreste von Gliedmaßen besitzen. Die Biologen teilen die Apterygota in vier Ordnungen ein: Beintaster (Protura), Springschwänze (Collembola), Doppelschwänze (Diplura) und Fischchen (Zygentoma), zu denen das bekannte Silberfischchen gehört. Zwei weitere Insektenklassen, deren erste Vertreter bereits im Karbon (vor 350–280 Millionen Jahren) lebten, sind die Eintagsfliegen (Ephemeroptera) und die Stein- oder Uferfliegen (Plecoptera). Die zarten, nicht sehr großen Eintagsfliegen verbringen die meiste Zeit ihres Daseins (bis zu 3 Jahren) als Larven im Wasser. Ausgewachsene Eintagsfliegen besitzen stets 3 fadenförmige Schwanzanhänge (Cerci), ihre Larven sind am Hinterleib mit Tracheenkiemen ausgestattet. Daß die Eintagsfliege als Synonym für Kurzlebigkeit steht, liegt wohl darin begründet, daß erwachsene Tiere tatsächlich meist nur wenige Stunden leben, die dann zur Fortpflanzung genutzt werden. Stein- und Uferfliegen leben auch in Wassernähe, jedoch wesentlich länger als die Ephemeroptera. Sie haben nur 2 Cerci, ihre ebenfalls im Wasser lebenden Larven sind kiemenlos (sie atmen über die Haut). Beide Klassen sind in Mitteleuropa nur mit wenigen Arten vertreten, ein gutes Unterscheidungsmerkmal ist die Flügelstellung bei ruhenden erwachsenen Tieren: Eintagsfliegen klappen ihre beiden Flügelpaare in Ruhe nach oben zusammen, während Steinfliegen sie waagerecht über dem Rücken zusammenlegen.

Urinsekten

Silberfischchen

(Lepisma saccharina); Fam. Lepismatidae (Fischchen)

Anderer Name: Zuckergast.
Beschreibung: Flügelloses Urinsekt, KL 10–12 mm; Körper silbrig glänzend, Hinterleibsende mit 3 fadenförmigen Anhängen; Augen winzig.
Lebensraum: Häuser, in Badezimmern, Küchen und Heizungskellern.
Lebensweise: I–XII; nachtaktiv, Kulturfolger, weltweit verbreitet; das ♂ befruchtet das ♀ in einem sehr aufwendigen Ritual, wobei das Sperma eine Zeitlang außerhalb des Körpers verweilt, bis das ♀ den Spermatropfen in seine Geschlechtsöffnung geschoben hat.
Besonderheiten: Vorliebe für Zucker (Name „Zuckergast"!).

Silberfischchen
(*Lepisma saccharina*)

Eintagsfliegen

Gemeine Eintagsfliege
(Ephemera danica); Fam. Ephemeridae (Eintagsfliegen)

Beschreibung: Kleine Eintagsfliege, KL 20–24 mm, SpW bis 45 mm; Körper hellbraun, mit 3–4 Cerci; Flügel transparent, durch Äderung mit grünlichen „Fensterchen", in Ruhe nach oben geklappt, Vorderflügel zweimal so groß wie Hinterflügel. Larve: 15–23 mm (mit Cerci 70 mm), Körper braungelb, drehrund, mit 7 fransigen Kiemenpaaren am Hinterleib, mit 3–4 Cerci; auffällig die dolchartig ausgezogenen Oberkiefer (Mandibeln).

Lebensraum: Larven in sedimentreichen, ruhigen Fließgewässern, im Boden eingegraben.

Nahrung: Schwebstoffe.

Lebensweise: Larven I–XII; ♂♂ bilden Tanzschwärme aus 20–30 Tieren, angelockte ♀♀ werden sofort ergriffen; die Paarung erfolgt unmittelbar danach, anschließend stirbt das ♂, das ♀ läßt ihre Eier aus der Luft ins Wasser fallen, da sonst seine zarten Flügel benetzt werden und es ertrinkt; Lebensdauer knapp 2 Jahre.

Besonderheiten: Der drehrunde Körperbau dieser Eintagsfliege stellt eine Anpassung an die grabende Lebensweise in langsam fließenden Bächen dar. Eintagsfliegen durchlaufen als Insekten mit unvollständiger Verwandlung kein Puppenstadium; als Besonderheit kann das letzte Larvenstadium (Subimago) innerhalb von Sekunden das Wasser fliegend verlassen. Innerhalb der folgenden 2 Tage findet dann die Häutung zum erwachsenen Tier (Imago) statt.

Steinfliegen

Aschgraue Steinfliege
(Nemoura cinerea); Fam. Nemouridae (Steinfliegen)

Beschreibung: Häufigste heimische Steinfliege, KL 6–9 mm; Körper braun, mit 2 Schwanzfäden; Flügel transparent, in Ruhe über dem Rücken zusammengefaltet, Vorderflügel und Hinterflügel gleich groß. Larve: 15–23 mm (mit Cerci 70 mm), Körper braungelb, drehrund, mit 7 fransigen Kiemenpaaren am Hinterleib, mit 3–4 Cerci; auffällig die dolchartig ausgezogenen Oberkiefer (Mandibeln).

Lebensraum: Larven in schnell fließenden Gewässern.

Nahrung: Grün- und Kieselalgen, faulende Pflanzenreste.

Lebensweise: Larven I–XII; erwachsene Tiere leben 4–6 Wochen, in denen sie keine feste Nahrung zu sich nehmen, sondern von körpereigenen Fettreserven zehren. Imago meist verborgen unter Blättern oder Baumrit-

Gemeine Eintagsfliege
(Ephemera danica), Imago

Gemeine Eintragsfliege,
wasserlebende Larve

Aschgraue Steinfliege
(Nemoura cinerea), Imago

Aschgraue Steinfliege,
wasserlebende Larve

zen in Ufernähe; schlechte Flieger, die bei Bedrohung oft eher laufend als fliegend die Flucht ergreifen; Lebenserwartung knapp 1 Jahr.

Besonderheiten: Die genaue Bestimmung von Stein- und Eintagsfliegen anhand der Äderung der Flügel fällt selbst Experten schwer; der interessierte Laie kommt meist nur bis zur Gattung. Die Larven benötigen sauerstoffreiche Gewässer und bevorzugen daher reine Mittelgebirgsbäche mit schneller, oft reißender Strömung.

Libellen und Heuschrecken

Libellen (Odonata) stellen ebenfalls eine sehr urtümliche Insektenordnung dar. Erwachsene Libellen sind sehr flinke, gute und tagaktive Jäger; ihre Jungen leben hingegen als gefräßige Raubtiere im Wasser, wo sie mit Hilfe eines speziellen Fangorgans, der „Fangmaske", Wasserinsekten, Kleinkrebse, Fischlaich, ja sogar Lurchlarven erbeuten. Libellen besitzen einen schlanken, oft schillernd gefärbten Körper, 2 Paar meist glasklare Flügel, die in Ruhe aneinandergelegt oder waagerecht abgespreizt werden sowie entsprechend ihrer Lebensweise beißend-kauende Mundwerkzeuge. Typisch für alle Libellen ist die Haltung bei der Kopulation, das sogenannte „Paarungsrad". Mit seinen Hinterleibszangen packt das Männchen das paarungsbereite Weibchen hinter dem Kopf (in dieser Haltung, dem sogenannten Tandem, können beide Tiere zusammen fliegen); anschließend biegt das Weibchen seinen Hinterleib nach vorne durch, so daß dieser die Bauchunterseite des Männchens berührt und das dort abgesetzte Sperma aufnimmt. Libellen machen eine unvollständige Entwicklung durch. Zwei der drei Unterordnungen sind in Mitteleuropa vertreten: Zum einen die Kleinlibellen (Zygoptera) mit den Familien Prachtlibellen, Teichjungfern und Schlanklibellen, zum anderen die Großlibellen (Anisoptera) mit den Familien Edellibellen, Flußjungfern, Quelljungfern und Kurzlibellen.

Heuschrecken (Saltatoria) sind unverkennbare Insekten, deren letztes Beinpaar in ein Paar kräftiger Sprungbeine umgewandelt wurde. Sie haben einen länglichen, seitlich abgeplatteten Körper, ihre 2 Flügelpaare liegen in Ruhe dem Körper an, und ihr nach unten geneigter Kopf besitzt kräftige Kauwerkzeuge. Durch Reiben der Beine an den Flügeldecken erzeugen die Männchen vieler Heuschreckenarten hohe und weithin hörbare Zirptöne. Die Systematik der Heuschrecken ist für den Laien etwas verwirrend. Der Einfachheit halber soll hier nur die Aufteilung in Langfühlerschrecken und Kurzfühlerschrecken erfolgen. Zu den räuberisch lebenden Langfühlerschrecken (Ensifera) zählen wir die Laubheuschrecken und Grillen (bekannte Vertreter z. B. Grünes Heupferd, Maulwurfsgrille und Heimchen), während den pflanzenfressenden Kurzfühlerschrecken (Caelifera) in erster Linie die Feldheuschrecken (z. B. Wanderheuschrecke).

Grünes Heupferd *(Tettigonia viridissima)*, Weibchen

Kleinlibellen

Gebänderte Prachtlibelle
(Calopteryx splendens); Fam. Calopterygidae (Prachtlibellen)

Beschreibung: KL 50 mm, SpW 60–70 mm; ♂ metallisch blau gefärbt, Flügel mit breitem grün-blauen Band; ♀ metallisch grün gefärbt, mit grünen, durchsichtigen Flügeln. Larve lebt im Wasser, im Pflanzen- und Wurzelgestrüpp, verträgt auch sauerstoffärmeres Wasser.

Lebensraum: Larven in langsam fließenden Flüssen und Bächen; erwachsene Tiere in deren Uferbereich.

Lebensweise: VI–IX, tagaktiv; ♀ legt Eier nach komplizierter Balz durch ♂ und erfolgter Befruchtung in schwimmende Pflanzenteile ab; Entwicklung 1–2jährig; die letzte Häutung zur Imago findet frühmorgens an Pflanzen statt, die 10–40 cm aus dem Wasser ragen; überwintert als Larve.

Besonderheiten: Die ♂♂ zeigen starkes Territorialverhalten: Reviere werden durch spezielle Flugweise (Schwirrflug) markiert; bei der Paarung folgen sie ebenfalls einem kompliziertem Balzritual; fremde ♂♂ werden durch Zweikämpfe verdrängt. Die Partner erkennen sich am Flügelbewegungsmuster. Nach der Paarung lösen die ♂♂ den Zangengriff, begleiten aber das ♀ bei der Eiablage.

Fledermausazurjungfer
(Coenagrion pulchellum);
Fam. Coenagrionidae [= Agrionidae] (Schlanklibellen)

Beschreibung: KL 30–35 mm, SpW 40–50 mm; ♂ leuchtend hellblau und schwarz, ♀ schwarz, Hinterleib blau oder grün gefleckt. Larve: schlanker, langgestreckter Körper, mit 3 blattförmigen Anhängen (Atmungs- und Fortbewegungsorgane).

Lebensraum: Stehende Gewässer mit Schwimmblattpflanzen (z. B. Gartenteiche mit Seerosen); Larven halten sich zwischen abgestorbenen Pflanzenresten auf.

Lebensweise: V–VIII; tagaktiv; erwachsene Tiere leben etwa 4 Wochen; Gesamtentwicklung 1 Jahr; überwintert als Larve.

Besonderheiten: Der deutsche Name bezieht sich auf den dunklen „Fledermausumriß", den man mit etwas Vorstellungskraft auf dem Rücken der ♂♂ erkennen kann. Häufiger noch als die Fledermausazurjungfer sieht man die mit ihr leicht zu verwechselnde Hufeisenazurjungfer (*Coenagrion puella*, ohne Abbildung), deren ♂ statt einer „Fledermauszeichnung" ein blaues U („Hufeisen") auf dem Rücken trägt.

Gebänderte Prachtlibelle,
wasserlebende Larve

Gebänderte Prachtlibelle *(Calopteryx splendens)*, Paarungsrad

Fledermausazurjungfer *(Coenagrion pulchellum)*, Männchen

Große Pechlibelle

(Ischnura elegans); Fam. Coenagrionidae [= Agrionidae] (Schlanklibellen)

Beschreibung: KL 50 mm, SpW 35–40 mm; ♂ metallisch blau gefärbt, Hinterleib schwarz mit einem leuchtend blauen Segment (8. Hinterleibssegment); ♀ variabel gefärbt, grün, z. T. bläulich (wie ♂♂) oder dunkel oliv. Larve lebt im Wasser zwischen Pflanzen; die Larven reifen schnell, es können sich in warmen Jahren 2–3 Generationen entwickeln.
Lebensraum: Stehende und langsam fließende Gewässer.
Lebensweise: V–IX; tagaktiv; ♀ legt Eier ohne Anwesenheit des ♂ dicht über dem Wasserspiegel in herausragende Wasserpflanzen ab.
Besonderheiten: Eine der häufigsten einheimischen Libellen, die sich oft als erste an neuangelegten Gartenteichen einfindet.

Frühe Adonislibelle

(Pyrrhosoma nymphula);
Fam. Coenagrionidae [= Agrionidae] (Schlanklibellen)

Beschreibung: Rötliche Kleinlibelle mit schwarzen Beinen, KL 30–35 mm, SpW 40–45 mm; ♂ mit rotem Hinterleib, im letzten Drittel eher schwarz. Larve: frei an Pflanzen, flieht schwimmend bei Störungen.
Lebensraum: Stehende und langsam strömende Gewässer; erwachsene Tiere in deren Ufervegetation.
Lebensweise: IV–VIII; tagaktiv; Gesamtentwicklung 1–3 Jahre; bei der Paarung Eiablage, wie auch bei den anderen hier beschriebenen Kleinlibellenarten, in der sogenannten Tandemstellung (♂ klammert sich mit Zangenfortsätzen seines Hinterkörpers an Kopf oder Brust des ♀ fest, dieses stellt durch Krümmen des Hinterleibes nach vorne die Kopulation her; ♂ und ♀ können in dieser herzförmigen „Paarungsrad-Stellung" sogar ganz gut fliegen); Eier werden in Pflanzenteile unter Wasser eingestochen; Überwinterung als Larve.
Besonderheiten: Diese Art gehört mit zu den ersten Libellen, die im Frühjahr erscheinen.

Großlibellen

Blaugrüne Mosaikjungfer

(Aeshna cyanea); Fam. Aeshnidae (Edellibellen)

Beschreibung: Sehr große Edellibelle, KL 80 mm, Spw 95–110 mm; ♂ grün, blau und schwarz, Oberseite der Brust mit 1 Paar ovaler, grüner Flecken; ♀ grün und braun. Larve schlüpft im Frühjahr, Entwicklung in 10 Häutungen.

Große Pechlibelle *(Ischnura elegans)*, Paarungsrad

Blaugrüne Mosaikjungfer *(Aeshna cyanea)*, frisch geschlüpftes Imago

Frühe Adonislibelle *(Pyrrhosoma nymphula)*, Männchen

Lebensraum: Larven in kleinen Seen, Weihern und Teichen, auch größeren Pfützen und kleinen Gartenteichen; erwachsene Mosaikjungfern machen ausgedehnte Beuteflüge auf Wiesen, auch an Waldränder, in Hecken und Gärten, selbst in Großstadtbereiche.

Lebensweise: VII–X/XI; tagaktiv; Paarung im Sitzen, das ♀ wird im Flug vom ♂ von hinten gepackt; Eiablage von VII–IX in feuchtem Boden oberhalb der Gewässerlinie; Entwicklung 2 Jahre; überwintert erst als Ei, im 2. Jahr als Larve.

Besonderheiten: Häufigste einheimische Mosaikjungfer.

Plattbauch

(Libellula depressa [= Platetrum depressum]); Fam. Libellulidae (Kurz- oder Segellibellen)

Anderer Name: Plattbauchlibelle.

Beschreibung: KL 40–50 mm, SpW 70–88 mm; Hinterleib auffällig verbreitet, seine Oberseite beim ♂ hellblau, beim ♀ braun gefärbt; Hinterflügel am äußeren Vorderrand mit großem, scharze Fleck. Larve: Gräbt sich im Boden stehender Gewässer ein.

Lebensraum: Stehende Gewässer mit geringem Bewuchs.

Lebensweise: V–VIII; Entwicklung der Larven zweijährig, es wurden aber auch schon Tiere beobachtet, die nach einem Jahr als Imago das Wasser verließen.

Besonderheiten: Plattbauchlibellen lauern ihrer Beute von erhöhter Warte aus auf, die Tiere werden im Flug ergriffen und sogleich gefressen; anschließend kehrt die Libelle stets zum selbem Ansitz (z. B. Grashalm, Zweig oder Stein) zurück. Die Art gehört mit zu den ersten Libellen, die sich an neuangelegten Gartenteichen einstellen.

Vierfleck

(Libellula quadrimaculata); Fam. Libellulidae (Kurz- oder Segellibellen)

Beschreibung: Mittelgroße, Großlibelle, KL 40–50 mm, SpW 70–85 mm; Körper bernsteinfarben, Hinterleibsende dunkel, Hinterleib flach, breit; Flügel transparent, in jedem Flügel am Rand 1 dunkler Fleck (Name!). Larve: lebt am Boden stehender Gewässer, jedoch nicht eingegraben.

Lebensraum: Kleine stehende Gewässer, besonders gerne Torfstiche und Moorseen.

Lebensweise: V–VII; tagaktiv; ♂♂ auf Ausguck, um Revier zu kontrollieren; Paarung im Flug; Eiablage durch Abwerfen der Eier durch das ♀♀ auf die Wasseroberfläche; Entwicklung 2 Jahre, 13 Larvenstadien.

Besonderheiten: Gelegentlich bildet die Art nach Massenvermehrung Wanderzüge; am Ende werden die entkräfteten Tiere von Vögeln gefressen. Als Auslöser der Wanderungen gilt der parasitische Saugwurm *Prosthogonimus ovatus*, der in den Eileitern von Vögeln (Enten, Hühner) schmarotzt; die Libelle dient diesem Parasiten als Zwischenwirt.

Weibchen

Plattbauch *(Libellula depressa)*, Männchen

Vierfleck *(Libellula quadri-maculata)*, Männchen

Langfühlerschrecken

Grünes Heupferd

(Tettigonia viridissima); Fam. Tettigoniidae (Laubheuschrecken)

Beschreibung: Eine der größten einheimischen Heuschrecken mit einer KL von 28–36 mm (♂) bzw. 36–42 mm (♀); Körper fast ganz grün, nur Oberseite oft braun, mitunter auch die kräftigen Sprungbeine gelblich; Flügel, einfarbig grün, sehr lang; lange Fühler; ♀ mit langer Legeröhre (reicht bis zur Flügelspitze).

Lebensraum: Kulturland (Getreidefelder, Gärten), sonnige Wegränder, Trockenrasen.

Lebensweise: Erwachsene Tiere von Mitte VII–X; tag- und nachtaktiv; Gesang schwirrend, laut, von Mittag bis Mitternacht; nach erfolgter Paarung werden die schlanken, bräunlichen Eier im Erdreich abgesetzt.

Nahrung: Insekten, wie Raupen, Fliegen und Käferlarven, brauchen als Beikost aber auch Blätter und Blüten; Larven fressen gerne Blattläuse.

Besonderheiten: Der Name „Heupferd" leitet sich von dem großen, pferdeähnlichen Kopf der Heuschrecke ab. Der Flug des Grünen Heupferds ist für Heuschrecken ziemlich schnell. Bei Gefahr geht der Sprung regelmäßig in Fliegen über.

Heimchen

(Acheta domestica); Fam. Gryllidae (Echte Grillen)

Anderer Name: Hausgrille.

Beschreibung: Bekannte einheimische Heuschrecke, KL 15–20 mm; Körper schlanker als bei der Feldgrille, strohgelb bis gelb-braun; Kopf und Halsschild mit dunkler Zeichnung, lange Hinterleibsanhänge; ♀ mit 15 mm langer, gerader Legeröhre.

Lebensraum: Im Sommer auch im Freiland (Müllplätze), sonst ganzjährig nur in meist älteren Häusern (Kellern, Garagen, Heizungsschächte).

Lebensweise: Erwachsene Tiere von I–XII; nachtaktiv; Gesang wohlklingend, kräftig, meist nur abends und nachts.

Nahrung: Allesfresser, im Hause gerne Küchenabfall, selten auch Vorratsschädling.

Besonderheiten: Heimchen sind Kulturfolger, die man in vielen menschlichen Behausungen antrifft. Nachts singen die ♂♂ oft stundenlang, was sicherlich nicht jeden Mitmenschen erfreut. Für jedes Haus gelten Heimchen als Glücksbringer.

Grünes Heupferd *(Tettigonia viridissima)*, Weibchen

Heimchen *(Acheta domestica)*

Maulwurfsgrille

(Gryllotalpa gryllotalpa [= Gryllotalpa vulgaris]);
Fam. Gryllotalpidae (Maulwurfsgrillen)

Beschreibung: Unverwechselbare einheimische Grille, KL bis 50 mm; Körper meist braun gefärbt; auffällig sind die zu Graborganen („Grabschaufeln") umgewandelten Vorderbeine.
Lebensraum: Lockere, feuchte Böden mit geringem Grasbewuchs, auch schwerere Lehmböden.
Lebensweise: I–XII; Gesang laut, anhaltend surrend, an Abenden im Mai oder Juni; ♀ betreibt Brutpflege der Eier und jungen Grillen in spezieller, mit Speichel „tapezierter" Brutkammer; Entwicklungsdauer 3 Jahre.
Nahrung: Raupen und andere Insektenlarven.
Besonderheiten: Als vermeintlicher Gartenschädling wurde die Maulwurfsgrille vielerorts intensiv bekämpft; tatsächlich frißt sie jedoch vornehmlich Insektenlarven (z. B. Eulenfalterraupen), so daß sie im Prinzip als nützlich angesehen werden müßte.

Feldgrille

(Gryllus campestris); Fam. Gryllidae (Echte Grillen)

Beschreibung: Kräftig gebaute Grille, KL 20–26 mm; massiger Kopf, dieser und Körper glänzend schwarz, Flügelbasis gelblich, Flügel sonst eher braun.
Lebensraum: Trockene, sonnenreiche Standorte, z. B. Heiden, Trockenrasen, Feldraine.
Lebensweise: V–VII (auch VIII); nachtaktiv; einzelgängerisch; Gesang der ♂♂ laut, wird in warmen Sommernächten vor der selbstgegrabenen Höhle vorgetragen; bei Gefahr verstummen sie sofort; die im Sommer geschlüpften Larven überwintern.
Nahrung: Krautpflanzen, Gräser und Kleininsekten.
Besonderheiten: Feldgrillen sind die ersten Grillen, die im Frühjahr erscheinen. Die Erdhöhlen der ♂♂ können bis zu 40 cm lang werden und bis zu 30 cm tief in den Boden reichen.

Kurzfühlerschrecken

Gewöhnlicher Grashüpfer

(Chorthippus biguttulus); Fam. Acrididae (Feldheuschrecken)

Beschreibung: Eine der häufigsten einheimischen Kurzfühlerschrecken, KL 13–15 mm (♂), 17–22 mm (♀); Körper sehr variabel gefärbt, meist graubraun, mitunter auch grün, rotbraun und ganz rot.

Maulwurfsgrille
(Gryllotalpa gryllotalpa)

Maulwurfsgrille *(Gryllotalpa gryllotalpa)*, Porträt

Feldgrille *(Gryllus campestris)*, Männchen

Lebensraum: Wegränder, Wiesen, Weiden und Böschungen.

Lebensweise: Erwachsene Tiere von Mitte VII–XI; Ruf besteht aus schmetternden, durchdringenden Versen; die Abstände der einzelnen Schläge verkürzen sich im Laufe der Strophe immer mehr, der Ruf wird lauter und endet abrupt nach 2–3 Sekunden.

Nahrung: Gräser.

Besonderheiten: Die drei heimischen Grashüpferarten wurden früher für eine einzige Spezies gehalten; eine Unterteilung in drei Arten war erst nach eingehender Analyse des Gesangs möglich.

Blauflügelige Ödlandschrecke

(Oedipoda caerulescens); Fam. Acrididae (Feldheuschrecken)

Beschreibung: Sehr variabel gefärbte Kurzfühlerschrecke, KL 15–21 mm (♂), 22–28 mm (♀), Vorderflügel mit 2–3 dunklen Querbinden, Hinterflügel intensiv hellblau mit breiter, dunkler Querbinde und transparenter Spitze; Körper je nach Untergrund rotbraun, grau-schwarz, gelblich, schwarz oder ganz hell gefärbt.

Lebensraum: Trockene Standorte, wie Steinbrüche, Sand- und Kiesgruben, Trockenrasen, Sandheiden; auch auf Schotter an Bahngleisen.

Lebensweise: Erwachsene Tiere von VII–X; in warmen Regionen gebietsweise sehr häufig.

Nahrung: Verschiedene Gräser.

Besonderheiten: Die variable Färbung ergibt sich aufgrund der unterschiedlichen Pigmente, die in bei jungen Ödlandschrecken gebildet werden; sie hängt auch vom jeweiligen Untergrund ab; auf Heideböden sind die Tiere eher grau, auf Lehmböden eher braun gefärbt. Auf diese Weise sind sie optimal getarnt. Obwohl sie gebietsweise recht zahlreich vorkommen, ist sie insgesamt laut Roter Liste (Deutschland) **gefährdet** und insgesamt **gesetzlich geschützt**.

Ohrwürmer, Schaben und Läuse

Die drei nachfolgend beschriebenen Insektenordnungen rufen bei den meisten Menschen keine große Begeisterung hervor, im Gegenteil vielfach sogar Ekel und Abscheu. Zumindest bei den Ohrwürmer (Dermaptera) ist dies sicherlich völlig unberechtigt: Die Behauptung, diese mit einem zangenbewehrten Hinterleib ausgestatteten, langgestreckten und abgeplatteten Insekten könnten einem Menschen ins Ohr kriechen und dort sein Trommelfell durchbohren, ist ein völliges Ammenmärchen. Die zangenförmigen Hinterleibsanhänge (Cerci) dienen zur Verteidigung und zum Packen von kleinen Beuteeinsekten, die über den Rücken hinweg zum Mund geführt werden. Bei den Ohrwürmern liegen die Hinterflügel in Ruhe unter den schuppenförmigen Vorderflügel. Es sind sehr wärmeliebende Insekten, deshalb leben von den gut 1300 bekannten Arten gerade einmal 7–8 in den kühleren Breiten Mitteleuropas. Sie gehören zu den wenigen Insekten, die

Gewöhnlicher Grashüpfer
(Chorthippus biguttulus)

Blauflügelige Ödlandschrecke
(Oedipoda caerulescens)

Brutpflege betreiben. Die Ordnung der Schaben (Blattodea) ist weltweit verbreitet. Zahlreiche Arten sind Kulturfolger und finden sich in fast allen Lebensräumen des Menschen. Bei diesen Kosmopoliten handelt es sich meist um Allesfresser, während die im Freien lebenden Tiere Vegetarier sind. Der Kopf dieser flachen, vierflügligen Insekten besitzt lange peitschenförmige Fühler, die regelmäßig geputzt werden; er ist nach vorne gerichtet und von einem breiten Halsschild bedeckt. Schaben reagieren sehr empfindlich auf Erschütterungen, an ihrem Hinterleib sitzen nachgewiesenermaßen auf den Schwanzanhängen sogenannte „Hörhaare", mit denen die Tiere Schallwellen wahrnehmen können. Die Weibchen setzen ihre Eier in Eipaketen ab.

Die Tierläuse, auch Lauskerfe oder Läuslinge (Phthiraptera) genannt, sind winzige 1–14 mm lange, flügellose Insekten, die als Außenparasiten auf Menschen, Vögeln und Säugetiere leben. Sie werden in zwei Untergruppen geteilt, die sich auf unterschiedliche Ernährungsweisen spezialisiert haben: Die Haar- oder Federlinge (Mallophaga) klammern sich im Fell von Säugern oder im Gefieder von Vögeln fest und fressen Hautschuppen, trockenes Blut, Federn und Härchen, während die Tierläuse (Anoplura) das Blut ihrer Wirte saugen. Die Eier werden in typischen Paketen, den sogenannten Nissen, an den Wurzeln von Haaren und Federn festgeklebt. Die Entwicklung aller drei Ordnungen verläuft unvollständig.

Ohrwürmer

Gemeiner Ohrwurm
(Forficula auricularia); Fam. Forficulidae (Eigentliche Ohrwürmer)

Beschreibung: Häufigster einheimischer Ohrwurm, KL 9–16 mm, Körper braun gefärbt; die „Zange" ist beim ♂ innen oval oder rund (erinnert an einen Nußknacker), beim ♀ sind die Schwanzanhänge eher gestreckt; Hinterflügel unter den schuppenförmigen Vorderflügel verborgen.
Lebensraum: Überall, meist Felder und Gärten; unter Steinen und in anderen dunklen Schlupfwinkeln.
Lebensweise: III–X, dämmerungs- und nachtaktiv; wärmeliebend; ♂ wuchtet mit den Zangen den Hinterleib des ♀ vor der Kopulation hoch; ♀♀ legen ihre Eier (bis 50 Stück) in unterirdischen Kammern ab und umhegen sie; die Eier werden zu Haufen zusammengelegt und immer wieder abgeleckt, damit sie nicht verpilzen. Auch die ausgeschlüpften Larven werden eine Zeitlang auf diese Weise versorgt; 4–5 Larvenstadien; Überwinterung meist als Imago, aber auch als Ei oder Larve.
Nahrung: Tierische und pflanzliche Mischkost.
Besonderheiten: Manche Ohrwürmer können sich in Nutzgarten als sehr hilfreich erweisen, da sie besonders gerne Raupen der Eulenfalter fressen. Viele Bio-Gärtner bieten den Insekten daher strohgefüllte Tontöpfe als „Ohrwurmkästen" an. Die Zangen dienen nicht nur zum Fangen von Insekten, sondern auch zum Entfalten der Flügel.

Gemeiner Ohrwurm
(Forficula auricularia)

Schaben

Gemeine Küchenschabe
(Blatta orientalis); Fam. Blattidae (Schaben)

Anderer Name: Kakerlak.

Beschreibung: Zweithäufigste Wohnungsschabe (nach der kleineren Hausschabe *Blattella germanica*), KL 18–30 mm; Körper abgeflacht, schwarz bis dunkelbraun; nur die ♂♂ mit durchsichtigen Flügeln, die ♀♀ mit Stummelflügeln; Beine etwas heller, griffelförmige Schwanzanhänge, am Hinterleib sitzen auf der Unterseite Stinkdrüsen, aus denen ein Sekret abgegeben wird, das Feinde abwehren soll.

Lebensraum: Warme, dunkle Orte in menschlichen Behausungen, gerne in Küchen (Name!), Bäckereien, Heizungskellern, Hotels, Krankenhäusern, Kasernen und Badeanstalten.

Lebensweise: I–XII; nachtaktiv; lichtscheuer, wärmeliebender Kulturfolger; Eiablage der Eier in einem Eikokon (Oothek, 7–12 mm lang); Entwicklung ca. 12 Monate, 6 Larvenstadien; bei jeder Häutung schluckt die Schabe Luft in ihren Kropf, der sich daraufhin ausdehnt und die alte chitinhaltige Hüllhaut (Cuticula) sprengt; anschließend bläht die Schabe ihren Kropf erneut wieder mit Luft auf, damit die neue, weiche Haut geglättet und in diesem Zustand sklerotisiert, d. h. gehärtet, werden kann.

Nahrung: Allesfresser, die vielfach Lebensmittel verderben und Krankheiten übertragen können.

Besonderheiten: Die Herdenbildung bei manchen Schabenarten wird durch ein Hormon ausgelöst, das die Tiere zusammen mit dem Kot abgeben und mit Riechsinnesorganen an den Fühlern wahrnehmen. Der Name „Kakerlake" wie auch der englische Name *„cockroach"* leiten sich vom spanischen *„cucaracha"* (Küchenschabe) ab.

Kleine Waldschabe
(Ectobius lapponicus); Fam. Ectobiidae (Waldschaben)

Beschreibung: Kleinere, einheimische Schabe, KL 7–12 mm; Körper braungelb, ♂ mit langen Flügeln, ♀ mit Stummelflügeln.

Lebensraum: Waldboden, auf Bäumen und in Gebüschen, vor allem zwischen Heidelbeeren und Heidekräutern; auch Grasland.

Lebensweise: V–IX, flinker Läufer; ♂♂ fliegen tagsüber, besonders gerne an sonnigen Waldrändern, die flugunfähigen sind ♀♀ stets am Boden; Eier werden in einem 3 mm großen, quergestreiften Eikokon abgelegt.

Nahrung: Pflanzliche Kost.

Besonderheiten: Die meisten Schaben beherbergen in ihrem Fettkörper (einem Speicherorgan, das der menschlichen Leber vergleichbar ist) symbiontische Bakterien (Mycetome), ohne die sie überhaupt nicht überleben könnten: Manche Bakterien z. B. sind in der Lage, Zellstoff in bestimmte

Gemeine Küchenschabe *(Blatta orientalis)*, Männchen auf Brot

Gemeine Küchenschabe, Weibchen

Kleine Waldschabe *(Ectobius lapponicus)*

Zucker zu spalten, die dann von den Schaben verdaut werden können (ähnliche Bakterien leben auch in den Mägen der meisten Pflanzenfresser). Die Symbionten werden im Mutterleib an die Nachkommen weitergegeben, indem sich die Bakterien an die Eiröhren legen und von dort in die Eizellen wandern. Bei der Begattung stehen die Partner mit abgewendeten Köpfen in entgegengesetzter Richtung.

Wanzen, Zikaden und Blattläuse

Wanzen, Zikaden und Blattläuse sind Untergruppen der sogenannten Schnabelkerfe (Hemiptera, früher auch Rhynchota). Die Vertreter dieser Insektenordnung ähneln sich im Bau ihrer Vorderflügel. Sie machen eine hemimateabole Entwicklung durch, besitzen alle charakteristische Stinkdrüsen und als Mundwerkzeuge einen typisch gebauten Stech- und Saugrüssel, mit dem die erwachsenen Tiere flüssige Nahrung aufsaugen.

Bei den Wanzen (Heteroptera) liegen die Vorderflügel flach am Körper an und sind stets zweigeteilt, wobei sich die membranähnlichen Spitzen beider Flügel in der Regel überlappen; aufgrund dieser Zweiteilung entstand der wissenschaftliche Name (griechisch „heteros" = „verschieden" und „pteron" = „Flügel"). Die meisten Wanzen saugen an Pflanzen. Einige Arten, wie beispielsweise die bekannte Bettwanze (Cimex lectualrius) und manche südamerikanische Raubwanzen, haben sich auf das Saugen von Blut spezialisiert. Die mitteleuropäischen Wanzen werden aufgrund der hochspezialisierten Anpassung an ihre Lebensräume in Wasserwanzen (Hydrocorisae), z. B. Wasserskorpion, Rückenschwimmer, und Landwanzen (Geocorisae), wie z. B. Bettwanze und Feuerwanze, aufgeteilt.

Im Gegensatz zu den Heteroptera sind die Vorderflügel bei Zikaden und Blattläusen nicht unterschiedlich gebaut und im Ruhezustand dachziegelartig gefaltet. Daher werden sie auch unter dem Begriff Homoptera (griechisch „homoios" = „gleich") zusammengefaßt. Bei diesen Tieren handelt es sich um reine Pflanzensaftsaugern, die aufgrund der Lage ihres Rüsselansatzes in Zikaden (Auchenorrhyncha) und Pflanzenläuse (Sternorrhyncha) unterteilt werden. Für den Laien fallen als Unterscheidung eher die starken Größenunterschiede auf: Zikaden sind relativ große, längliche, zwischen 2–40 mm lange Insekten, die hervorragend springen können. Einige Zikadenarten, insbesondere solche aus wärmeren Regionen, besitzen überdem Schrillorgane, mit denen sie sich lautstark verständigen können. Die Pflanzenläuse, zu denen neben Blattläusen auch Blattflöhe, Schild- und Mottenläuse gehören, sind meist sehr winzige, unauffällige Pflanzensauger, die erwachsen oft keine Flügel haben. Blattläuse unterliegen komplizierten Lebens- und Vermehrungszyklen. Auf Nutz- und Zierpflanzen sind sie nicht gerne gesehen, doch besitzen sie viele natürliche Feinde, die sie oft erheblich dezimieren können.

Margeritenschmalwanze
(Caloceris roseomaculatus)

Landwanzen

Beerenwanze
(Dolycoris baccarum); Fam. Pentatomidae (Baumwanzen)

Beschreibung: Mittelgroße Wanze, KL 10–12 mm; Körper bräunlich, Deckflügel rötlich-violett; Hinterleib am Rande abwechselnd schwarz-weiß gemustert; Fühler schwarz-weiß geringelt.
Lebensraum: Wiesen, Waldränder, Gärten; gerne auf Disteln, Brombeeren und Himbeeren (Name!), Königskerzen.
Lebensweise: V–IX; tagaktiv; Eiablage an Blättern; 5 Larvenstadien, überwintert als Imago.
Nahrung: Pflanzensäfte, gerne von Beeren, die durch den eingespritzten Speichel dann allerdings ungenießbar werden.
Besonderheiten: Vor allem die Larven des 1. Stadiums bleiben nach dem Schlüpfen eine Zeitlang im Verband zusammen; der Zusammenhalt dieser „Kinderstube" wird hormonell durch einen „Gruppenlockstoff" bewirkt, umgekehrt kann bei Bedrohung durch Feinde auch ein „Alarmriechstoff" dafür sorgen, daß sich die Larven blitzartig zerstreuen.

Grüne Stinkwanze
(Palomena prasina); Fam. Pentatomidae (Baumwanzen)

Beschreibung: Häufigste einheimische Wanzen, KL 12–14 mm, großer, breit ovaler Körper, verfärbt sich im Frühjahr und Sommer grün, zum Herbst hin braun; Membranspitze der Vorderflügel dunkel; Augen rot-braun.
Lebensraum: Wiesen, Gebüsche, Waldränder, Gärten und Parks; auf Linden, Erlen, Brennesseln und Disteln.
Lebensweise: IV–XI; tagaktiv; zur Paarungszeit stoßen die Wanzen oft tiefe Laute aus; Eiablage im VI–VII, pro ♀ ca. 100 Eier, in mehreren Gelegen, die an der Oberseite von Blättern abgesetzt werden; 5 Larvenstadien, Überwinterung als Imago.
Nahrung: Säfte verschiedener Pflanzen (siehe Lebensraum), auch von Getreide; mitunter räuberisch.
Besonderheiten: Im Mitteldarm der Tiere sitzen oft symbiontische Bakterien, die sich bei der Eiablage an der Oberfläche der Eier anlagern; Symbionten werden anschließend durch die geschlüpften Junglarven aufgesaugt.

Rotbeinige Baumwanze
(Pentatoma rufipes); Fam. Pentatomidae (Baumwanzen)

Beschreibung: Eine der größten einheimischen Wanzen, KL 13–15 mm; Körper dunkelbraun, Hinterleib schwarz-weiß-rot gesäumt, Halsschildränder seitlich stark geschwungen; Schildspitze gelb; Beine rötlich.

Beerenwanze
(Dolycoris baccarum)

Grüne Stinkwanze
(Palomena prasina)

Rotbeinige Baumwanze
(Pentatoma rufipes)

Lebensraum: Hecken, Wiesen, Gebüsche, Waldränder, Gärten und Parks; auf verschiedenen Bäumen (Ahorn, Linde, auch Obstbäumen).

Lebensweise: VI–IX; tagaktiv; Eiablage im VIII auf Blätter; überwintert als Larve (in Baumritzen), 5 Larvenstadien; im folgenden Juli sind die Larven erwachsen; ♀♀ leben länger als ♂♂.

Nahrung: Pflanzensäfte, saugt auch tote Insekten aus; an Obstbäumen kann sie die Früchte durch eingespritzten Speichel ungenießbar machen.

Besonderheiten: Die überwinternden Larven dienen vielen Vögeln in der kalten Jahreszeit als Beute.

Gemeine Feuerwanze
(Pyrrhocoris apterus); Fam. Pyrrhocoridae (Feuerwanzen)

Beschreibung: Auffällige Wanze, KL 10–12 mm; Oberseite flach, Unterseite gewölbt; Körper leuchtend schwarz-rot gefärbt; rote Deckflügel mit schwarzen Augenflecken (Zeichnung erinnert an afrikanische Tanzmasken); Kopf, Fühler und Beine schwarz.

Lebensraum: Meist in größeren Gruppen an Linden, seltener an Robinien und Malven (meist nur in S-Europa).

Lebensweise: IV–X tagaktiv; überwintert als Imago.

Nahrung: Saugt an Samen von Linden, Robinien und Malven, auch an toten Insekten.

Besonderheiten: Die ♂♂ werden zur Paarung durch einen Sexualduftstoff angelockt, den die ♀♀ aussenden; die Paarung verläuft nach einem komplexen Ritual, bei dem das ♂ auf dem ♀ aufsitzt, dessen Fühler und Kopfregion „betrillert" und vibrierend hin- und herrutscht; die Paarung kann 10–30 Stunden dauern. Die auffälligen Farben und Muster der Feuerwanze sollen Feinde abschrecken.

Ritterwanze
(Lygaeus equestris); Fam. Lygaeidae (Boden- oder Langwanzen)

Beschreibung: Auffällige, längliche Wanze, KL 11–12 mm; Körper schwarz-rot gefärbt; Vorderflügel auf der Membranspitze mit weißem Fleck.

Lebensraum: Warme, trockene Standorte (Wiesen, Trockenrasen), bevorzugt Blüten von Schwalbenwurz *(Cynanchum vincetoxicum)*, Löwenzahn und Kratzdistel *(Cirsium)*.

Lebensweise: IV–IX; tagaktiv; überwintert als Imago; ♀ mit Legebohrer; guter Läufer.

Nahrung: Saugt Pflanzensäfte, besonders die der Schwalbenwurz.

Besonderheiten: Auch bei dieser Wanzenart dauert die Paarung verhältnismäßig lange, bis zu 24 Stunden.

Gemeine Feuerwanze *(Pyrrhocoris apterus)*, Vollinsekten und Larven

Ritterwanze *(Lygaeus equestris)*

Wasserläufer

(Gerris lacustris); Fam. Gerridae (Wasserläufer)

Anderer Name: Wasserschneider.

Beschreibung: Häufige einheimische Wanze, die auf dem Wasser lebt; KL 8–13 mm; Körper länglich, grauschwarz; mittlere und hintere Laufbeine deutlich länger als vordere; Beine und Körper dicht befilzt (wasserabstoßend!); Flügel sehr unterschiedlich ausgebildet.

Lebensraum: Auf Oberflächen stehender Gewässer, wie Gräben, Pfützen und Gartenteiche.

Lebensweise: III–XI; tagaktiv; Paarung IV–VI; Ablage der Eier an Wasserpflanzen, einzeln oder zu mehreren; Eier werden mit gallertigem Sekret festgeklebt, 5 Larvenstadien; Überwinterung als Imago, oft weit entfernt vom Wasser.

Nahrung: Insekten, die ins Wasser gefallen sind.

Besonderheiten: Beim Laufen und Beutemachen kommt jedem der 3 Beinpaare eine besondere Aufgabe zu: Während die Beute mit dem 1. Beinpaar gepackt wird, sorgt das 2. (mittlere) als reines Laufbeinpaar für den Antrieb, während das 3. Paar zum Laufen und Steuern verwendet wird.

Wasserwanzen

Gewöhnlicher Rückenschwimmer

(Notonecta glauca); Fam. Notonectidae (Rückenschwimmer)

Anderer Name: Wasserbiene.

Beschreibung: Recht kleine, gesellige Wasserwanze, KL 14–17 mm, Rücken dachförmig, Halsschild grau, Hinterflügel gelblich, graugemustert; Hinterbeine recht lang, mit langen Schwimmhaaren, die sich beim Schwimmen aufspreizen; große rötliche Augen, helle Stirn.

Lebensraum: Stehende Gewässer, wie Gartenteiche und Pfützen; oft die ersten Tiere, die sich hier niederlassen.

Lebensweise: I–X; schwimmt in Rückenlage; der Luftvorrat wird auf der Bauchseite in 2 haarbesetzten Längskanälen transportiert; Rückenschwimmer können aber auch gut fliegen. Ablage der bis zu 200 Eier per Legebohrer in Halme und Blätter; die erwachsenen Tiere sterben anschließend; 5 Larvenstadien; Überwinterung als Imago.

Nahrung: Insekten, die ins Wasser gefallen sind, aber auch Wasserinsekten, Kaulquappen und kleine Fische.

Besonderheiten: Beutetiere werden aufgrund der von diesen erzeugten Oberflächenwellen des Wassers registriert und geortet; Artgenossen, erwachsene Tiere wie auch Larven, werden als solche erkannt und nicht attackiert. Der sehr schmerzhafte Stich eines Rückenschwimmers (Name „Wasserbiene!) kann beim Menschen eine örtliche Entzündung hervorrufen.

Wasserläufer
(Gerris lacustris)

Gewöhnlicher Rückenschwimmer
(Notonecta glauca)

Zikaden

Erlenschaumzikade

(Aphrophora alni); Fam. Cercopidae (Schaumzikaden)

Beschreibung: Recht große heimische Schaumzikade; KL 8–12 mm; Körper dunkelbraun, die transparenten Flügel dachziegelartig gefaltet, am Rand des Vorderflügel grob dunkel gefleckt.

Lebensraum: Bruch- und Auwälder, Hochstaudenfluren, feuchte Wiesen; Larven in Schaumnestern auf Krautpflanzen, erwachsenen Zikaden auf Laubbäumen, nicht nur Erlen.

Lebensweise: IV–X; tagaktiv, häufige Art.

Besonderheiten: Die Schaumnester der Larven dienen wahrscheinlich als Schutz vor Austrocknen und Feinden. Der Schaum entsteht, indem die Larve Luft aus der Atemhöhle in eine proteinhaltige Kotflüssigkeit „bläst".

Blutzikade

(Cercopis vulnerata); Fam. Cercopidae (Schaumzikaden)

Beschreibung: Auffällige Schaumzikade; KL 9,5–11 mm; Vorderflügel rot-schwarz gebändert, dachziegelartig gefaltet, Kopf und Halsschildchen glänzend schwarz, kurze Fühler.

Lebensraum: Wiesen, Waldränder, Gebüsche, Hecken und Gärten; ausgewachsene Tiere auf Gräsern und Sträuchern, Larven im Boden.

Lebensweise: IV–X; tagaktiv; Tiere können wie die meisten Zikaden gut springen; 5 Larvenstadien; überwintert als Larve.

Besonderheiten: Die Schaumnester der bleichen Larven dieser Art sieht man nur selten, da sie sich unterirdisch an den Wurzeln von Krautpflanzen, oft auch von Wein, befinden.

Wiesenschaumzikade

(Philaenus spumarius); Fam. Cercopidae (Schaumzikaden)

Beschreibung: Kleinere Schaumzikade, KL 5–7 mm; Körperfärbung sehr variabel, von grau-braun bis grünlich oder rötlich, sehr unterschiedlich gezeichnet, meist Flügel hell gebändert.

Lebensraum: Wiesen und Hochstaudenfluren.

Lebensweise: VII–X, tagaktiv, recht häufige Art.

Nahrung: Sehr unspezifisch in der Wahl der Futterpflanzen, auf über 170 verschiedenen Pflanzen.

Besonderheiten: Die Schaumnester dieser Zikadenart, im Volksmund als „Kuckucksspeichel" bezeichnet, sieht man oft an Grashalmen kleben. Der Schaum schützt nicht nur vor Feinden, sondern auch gegen die Austrocknung.

Erlenschaumzikade
(Aphrophora alni), Kopulation

Blutzikade
(Cercopis vulnerata)

Blutzikade
(Cercopis vulnerata)

Wiesenschaumzikade *(Philaenus spumarius)*, Vollinsekt

Blattläuse

Schwarze Bohnenlaus
(Aphis fabae); Fam. Aphididae (Röhrenläuse)

Anderer Name: Rübenlaus.

Beschreibung: KL 2–3 mm; schwarz oder grün; Körper birnenförmig; dünne Rückenröhren; ♀♀ zum Teil eierlegend, zum Teil lebendgebärend (siehe Große Rosenlaus).

Lebensraum: Sträucher, Gärten.

Lebensweise: IV–X; oft in Massenvorkommen; Überwinterung als Ei an Sträuchern.

Nahrung: Blattläuse saugen Pflanzensäfte, als Hauptwirt werden Sträucher wie Pfaffenhütchen und Schneeball, als Nebenwirte Ackerbohnen, Rüben und zahlreiche Krautpflanzen befallen.

Besonderheiten: Oft wird überschüssiger Zucker als „Honigtau" wieder ausgeschieden. Honigtau kennt jeder Autofahrer, der im Sommer seinen Wagen unter befallenen Bäumen abgestellt hat und bei der Rückkehr feststellen muß, daß Fensterscheiben und Lack mit unzähligen Tröpfchen ausgeschiedener Zuckerlösung verklebt sind.

Fransenflügler, Netzflügler und Verwandte

Im folgenden Abschnitt werden einige kleinere Insektenordnungen vorgestellt. Die Ordnung der Fransenflügler (Thysanoptera), auch Thripse oder Blasenfüße genannt, umfaßt eine Gruppe winziger, meist 1–2 mm langer Insekten mit 4 fransengesäumten Flügeln, die auch fehlen können; sie werden daher oft mit dem Wind verfrachtet. Fransenflügler durchlaufen eine unvollständige Entwicklung. Sie leben zumeist als Pflanzensauger und legen auch ihre Eier in oder an Pflanzen ab. Viele Arten sind daher Schädlinge an Nutz- und Zierpflanzen (z. B. Topfblumen) oder übertragen Pflanzenkrankheiten, wie beispielsweise der Getreideblasenfuß *(Limothrips cerealium)*, der im Sommer auch in Massen auftreten kann und dann unter dem Namen „Gewitterwürmchen" bekannt ist. Zu den echten Netzflüglern oder Haften (Planipennia) gehören einige heimische Fluginsekten, die vom Körperbau her stark an Libellen erinnern. Im Gegensatz zu diesen besitzen sie jedoch lange Fühler, deren Enden keulenförmig verdickt sind. Ein weiteres typisches Merkmal sind die reichlich geäderten Flügel (daher „Netzflügler"). Die Larven leben räuberisch, wobei sie sich teilweise stark spezialisiert haben, wie etwa der Ameisenlöwe, die Larve der Ameisenjungfer, der Ameisen auflauert, erbeutet und aussaugt. In Mitteleuropa sind insgesamt 8 Familien heimisch, darunter Ameisenlöwen, Florfliegen und Bachhaften.

Schwarze Bohnenlaus
(Aphis fabae)

Zahlenmäßig gering vertreten (3–6 Arten) sind in Mitteleuropa auch die Schlammfliegen oder Großflügler (Megaloptera, griech. *„megalos" = „groß"* und *„pteron" = „Flügel"*). Diese ausgewachsen leicht mit Köcherfliegen zu verwechselnden Fluginsekten leben in der Nähe schlammiger Gewässer, in denen sie bereits als Larven gelebt haben. Oft findet man die braunen Tiere, deren Netzflügel in Ruhe dachziegelartig gefaltet sind, in Gewässernähe auf Pflanzen sitzen; Männchen und Weibchen finden sich zur Paarung über für das menschliche Ohr nicht wahrnehmbare Vibrationssignale. Ablage der Eier erfolgt in Reihen auf Pflanzen oberhalb der Wasserlinie. Geschlüpfte Larven lassen sich ins Wasser fallen, wo sie sich weiterentwickeln. Auch die Kamelhalsfliegen (Raphidioptera) besitzen stark genetzte Flügel, die in Ruhe dachziegelartig gefaltet werden, typisches Ordnungsmerkmal ist jedoch der längliche, abgewinkelte Kopf. Kamelhalsfliegen leben räuberisch von Insekten, fressen gerne Blattläuse, aber auch von Artgenossen. Die Larven können sehr flink rennen (auch rückwärts!) und erweisen der Forstwirtschaft gute Dienste, da sie die Eier und Larven von Schädlingen wie Nonne und Borkenkäfern vertilgen. Bei uns gibt es etwa ein Dutzend Arten. Die Entwicklung von echten Netzflüglern, Schlammfliegen und Kamelhalsfliegen verläuft holometabol, d. h. ihre Larven entwickeln sich nach einer Puppenruhe zu den fertigen Imagines.

Fransenflügler

Ackerblasenfuß
(Thrips angusticeps); Fam. Thripidae (Blasenfüße)

Beschreibung: Kleiner Fransenflügler; KL 0,7–12 mm, erwachsene Tiere dunkelbraun bis schwarz, mit gefransten Flügeln (nur durch Lupe erkennbar), Larven orange oder gelb.
Lebensraum: An Getreide, Bohnengewächsen und Kohl; stark befallene Pflanzen besitzen verkrüppelte Blätter oder sterben zu Teilen oder ganz ab.
Lebensweise: V–IX.
Nahrung: Saugt Pflanzensäfte.
Besonderheiten: Weitere Vertreter der Gattung *Thrips* haben sich auf andere Pflanzen spezialisiert: So befällt der Rosenblasenfuß *(Thrips fuscipennis)* meist Rosen und andere Zierpflanzen, während es sich *Thrips tabaci* gerne an Tabakpflanzen und Zwiebeln gütlich tut. Ein häufiger und überhaupt nicht gerne gesehener Besucher in Gewächshäusern ist der Gewächshausblasenfuß *(Heliothrips haemorrhoidalis)*, volkstümlich auch Schwarze Fliege genannt, der Topf- und Kübelpflanzen befällt.

Ackerblasenfuß
(Thrips angusticeps)

Echte Netzflügler

Goldauge
(Chrysoperla carnea); Fam. Chrysopidae (Florfliegen)

Anderer Name: Blattlauslöwe.

Beschreibung: Heimische Florfliege; KL 10–14 mm, SpW 18–30 mm; Körper grün, verfärbt sich im Herbst rötlich; Vorderflügel mit grünen Queradern; Augen goldfarben, lange, dunkle Fühler. Larve: Körper mit Hakenborsten versehen, tarnt sich mit toten Blattläusen, Rindenstückchen und ähnlichem, die mit den Saugzangen auf dem Rücken befestigt werden; die Tarnung dient wahrscheinlich zum Schutz vor Ameisen, die die Blattlauskolonien bewachen; die Larve kann sich durch Ausstülpen des Enddarms an einer Unterlage festhaften.

Lebensraum: Gärten, Wälder, Parks, auf Blättern.

Lebensweise: V–IX; dämmerungs- und nachtaktiv; sehr häufig; Imagines erzeugen besondere „Werbungsgesänge", indem sie vor der Paarung den Hinterleib in Schwingung versetzen; diese Schwingungen werden von anderen paarungswilligen Goldaugen wahrgenommen, und diese antworten mit entsprechenden Vibrationen; Ablage der mit dünnen Stielen versehenen Eier immer in der Nähe einer Blattlauskolonie; die Florfliege überwintert gerne in Dachböden und Heuböden.

Nahrung: Blattläuse und andere Kleininsekten, die ausgesaugt werden; erwachsene Goldaugen lecken auch Honigtau auf und fressen Pollen.

Besonderheiten: Florfliegen können die Ortungsgeräusche von Fledermäusen wahrnehmen und sich dann per Sturzflug in Sicherheit bringen. Die Bezeichnung „Blattlauslöwe" erhielt dieses Insekt, weil Imago und Larve unzählige Blattläuse vertilgen.

Bachhaft
(Osmylus chrysops [= Osmylus fulvicephalus]);
Fam. Osmylidae (Bachhafte)

Beschreibung: Schlanker Netzflügler, KL 12–17 mm, SpW 37–52 mm; Körper dunkel, manchmal blau schimmernd; Kopf rötlich oder gelblichbraun; Flügel transparent, dachziegelartig anliegend (wie auch beim Goldauge), mit dunklen Flecken und reich geädert; breiter als bei der Florfliege.

Lebensraum: Imago in der Nähe fließender Gewässer.

Lebensweise: V–VIII; dämmerungsaktiv; Eiablage an Land, auf Blättern; Larve schlüpft nach 2–3 Wochen, ernährt sich durch Aussaugen von Insekten (meist Mückenlarven), die etwa 20 mm große Larve besitzt hierzu eine zweiteilige Saugzange; Larve überwintert an Land und verpuppt sich im Frühling in Ufernähe, nach 2 Wochen Puppenruhe schlüpft die Imago.

Nahrung: Insekten (Imago), kleinere Insektenlarven, z. B. Mückenlarven (Larve).

Goldauge
(*Chrysoperla carnea*)

Bachhaft
(*Osmylus chrysops*)

Schlammfliegen

Schlammfliege
(Sialis flavilatera [= S. lutaria]); Fam. Sialidae (Wasserflorfliegen)

Beschreibung: Netzflügliges Fluginsekt; KL 25 mm, SpW 37–52 mm; Körper dunkel, Flügel bräunlich, dachförmig übereinanderliegend, reich geädert, ohne Flecken; Hinterflügel meist größer als Vorderflügel.

Lebensraum: Imagines auf Pflanzen in Wassernähe; Larvenentwicklung in stehenden und langsam fließenden Gewässern mit üppigem Uferbewuchs.

Lebensweise: Frühjahr; tagaktiv; Ablage der 200 bis 2000 Eier oft an Schilf und anderen Wasserpflanzen, stets über dem Wasserspiegel; schlüpfende Larven lassen sich ins Wasser fallen und entwickeln sich am Grunde schlammiger Gewässer, Larve mit 7 Paar fadenförmigen Tracheenkiemen, 10 Larvenstadien, überwintert 2mal als Larve, verpuppt sich im Frühling in Ufernähe, nach 2 Wochen Puppenruhe die Imago.

Nahrung: Nektar (Imago), Insektenlarven (Larve).

Besonderheiten: Paarungswillige Tiere suchen einander mit Hilfe von Klopfgeräuschen, vornehmlich aber über Vibrationen auf, deren Frequenzen für das menschliche Ohr nicht wahrnehmbar sind. Schlammfliegen sind ungeschickte Flieger, sie halten sich lieber am Boden auf.

Kamelhalsfliegen

Kamelhalsfliege
(Raphidia notata); Fam. Raphidiidae (Kamelhalsfliegen)

Beschreibung: Häufigste einheimische Vertreterin dieser Ordnung; KL bis 30 mm, SpW 25–29 mm; Körper braunschwarz; reich genetzte Flügel jeweils am Rand mit 1 dunklen Fleck. Larve flach, langgestreckt, lebt räuberisch unter Baumrinde.

Lebensraum: An schattigen Orten; Gebüsche, Hecken, besonders in Wassernähe, Wald- und Wegränder.

Lebensweise: IV–VIII; langsame Flieger; ♀ mit langem Legebohrer (fast so lang wie Hinterleib), mit dem sie die länglichen Eier unter Baumrinde ablegen; Überwinterung als Larve.

Nahrung: Insekten, auch Artgenossen und Aas; Larven besonders gerne Nonnenraupen und Borkenkäfer.

Besonderheiten: Das „halsartig" verlängerte 1. Brustsegment und die dadurch bedingte typische Haltung des Kopfes haben den Kamelhalsfliegen ihren Namen gegeben. Bei Gefahr fliegen die Tiere nicht auf, sondern laufen lieber weg.

Schlammfliege
(Sialis flavilatera)

Kamelhalsfliege *(Raphidia notata)*, Männchen

Käfer

Die Ordnung der Käfer (Coleoptera) stellt die artenreichste Gruppe der Insekten und auch des Tierreiches überhaupt dar. Weltweit gibt es 350000 bekannte Käferarten, und für Mitteleuropa sind über 8000 Käferarten beschrieben. Käfer können sehr winzig sein, wie beispielsweise ein nur 0,25 mm großer Federflügler (Familie Ptiliidae) aus Nordamerika, in tropischen Regionen aber auch beachtliche Größen erreichen. Der Riesenbockkäfer *(Titanus giganteus)* aus Südamerika z. B. kann bis zu 16 cm lang werden. Rein anatomisch läßt sich an jedem Käfer die Dreiteilung in Kopf, Brust und Hinterleib gut nachvollziehen. Typische Käfermerkmale sind zum einen die Mundwerkzeuge; diese sind beißend-kauend und bestehen aus Unterlippe (Labium), Unterkiefern (Maxillen) und den kräftigen Oberkiefern (Mandibeln) sowie der Oberlippe (Labrum). Die mit Sinnesorganen besetzten Taster an Unterlippe und -kiefern helfen den Käfern bei der Wahl der Nahrung. Durch die Mundwerkzeuge kann man Käfer eindeutig von den Wanzen unterscheiden, während der Körper für den Laien kaum Unterscheidungsmerkmale aufweisen: Wanzen besitzen stets einen langen Stechrüssel, Käfer hingegen nie. Gelegentlich sind die Oberkiefer, mit denen die pflanzenfressenden Käfer ihre Nahrung abschneiden und zerkleinern, bei Raubkäfern (Lauf-, Sandlauf- und Gelbbrandkäfer) zu Greifzangen umgewandelt, mit denen die Beute gepackt und anschließend ausgesaugt wird.

Als weiteres Charakteristikum hat sich das erste Flügelpaar bei den Käfern zu derben Flügeldecken (Elytren) umgewandelt, die das zweite dünnhäutige Flügelpaar, mit dem die Käfer fliegen, schützend bedecken. Daß der Brustbereich der Käfer aus den drei Körperringen Vorder-, Mittel- und Hinterbrust besteht, läßt sich in der Rückenansicht nicht erkennen, da die drei Teile dort zu einem Brustschild (Pronotum) verschmolzen sind.

Von ihrer Entwicklung her sind Käfer holometabol, das heißt Insekten mit vollständiger Umwandlung. Aus den Eiern schlüpfen Larven, die entsprechend der jeweiligen Käferfamilien und Lebensweisen sehr vielgestaltig sind. Räuberisch lebende Larven, wie z. B. diejenigen des Sandlaufkäfers, Marienkäfers oder Gelbbrands, sind flinke, gute Läufer bzw. Schwimmer (Gelbbrand). Dies gilt auch für die Larven der Blattkäfer, die sich frei auf ihren Futterpflanzen bewegen. Bei Larven, die ausschließlich im ernährenden Substrat (Boden, Mulm, Dung) oder in ihren Futterpflanzen (in Holz, Wurzeln oder minierend in Blättern) leben, sind die Beine nur klein oder völlig rückgebildet; typische Beispiele hierfür sind der stummelbeinige Engerling des Maikäfers, der beinlose Drahtwurm, die Larve des Schnellkäfers oder die nur mit Kriechwülsten versehenen, walzenförmigen Rüsselkäferlarven. Andere Larven sehen asselförmig aus, wie die der Aas- und Speckkäfer. Die Puppe der Käfer ist überwiegend eine sogenannte freie Puppe (Pupa libera), das heißt die Puppenhülle liegt nicht fest am Larvenkörper an. Bei einigen Familien ist dies jedoch der Fall; dann spricht man von einer bedeckten Puppe (Pupa obtecta). Käferpuppen können sich nicht wie manche anderen Insektenpuppen fortbewegen, meist findet man sie in Erdhöhlen, Rindenspalten oder auch frei an Pflanzenteilen hängend.

Trichodes apiarius

Käfer haben als überwiegend aktive Flieger die unterschiedlichsten Lebensräume erobert: Manche wie Gelbbrand- und Taumelkäfer sind schwimmende Wasserbewohner geworden; einige Arten, wie etwa die Carabiden (Laufkäfer), besitzen keine Hautflügel mehr und können daher nicht fliegen, und einige Käfer, wie beispielsweise die Weibchen der Leuchtkäfer, sind völlig flügellos und erinnern äußerlich an Larven.

Auch gibt es etliche Nahrungsspezialisten, wie etwa die Dungkäfer, die den Kot von Säugetieren fressen, Marienkäfer als Blattlausfresser oder einige Laufkäfer, die nur Schnecken jagen. Manche Borkenkäfer, die im Holz leben, legen eigene Pilzgärten an. Man findet sogar einige Fälle von intensiver Brutpflege, beispielsweise beim Schwarzen Totengräber, einem Aaskäfer, dessen Weibchen die Larven mit einem vorgekauten Nahrungsbrei füttern. Auch gibt es Beispiele von Arten, die eine Symbiose mit staatenbildenden Insekten (Ameisen und Termiten) eingegangen sind: So ernähren sich die Larven des Blattkäfers *Clytra quadripunctata* in Ameisenhaufen von Kotresten oder Eiern ihrer Wirte (die Eier des Käfers wurden von den Ameisen eingetragen). Mit einem üblen Trick ergaunert sich der Glanzkäfer *(Amphotis marginata)* sein Futter von Schwarzen Wegameisen: Er wartet nachts auf heimkehrende Arbeiterinnen, fühlt mit den Fühlern, ob ihr Kropf gefüllt ist, und trommelt – wenn dies zutrifft – mit den Fühlern auf deren Kopf. Die Ameise hält ihn zunächst für einen Artgenossen und würgt Futter hervor, das der Käfer gierig verschlingt. Die Arbeiterin bemerkt jedoch rasch den Schwindel und attackiert den Käfer, worauf dieser blitzschnell Kopf und Beine unter seinen schildförmigen Körper zieht und sich mit Hilfe von „Haftborsten" so fest am Boden anklammert, daß er nicht umgedreht werden kann.

Ökonomische Bedeutung haben Käfer in der Land- und Forstwirtschaft, so etwa der Kartoffelkäfer oder Borkenkäfer bzw. Bockkäfer. Viele Arten, die in der Vergangenheit bekannte Hausgenossen waren, sind im Zeitalter von Tiefkühlkost und Fertigprodukten kaum noch von Bedeutung: Wer sieht heute beispielsweise noch Speckkäfer, Diebs- oder Pochkäfer? Die Anleitung in alten Kochbüchern, das Mehl vor dem Backen zu sieben, verhalf nicht nur zu unverklumptem Mehl, sondern sorgte gleichzeitig auch dafür, daß die unweigerlich vorhandenen Mehlwürmer, die Larven des Mehlkäfers, entfernt wurden. Mehlkäfer spielen auch als Überträger des parasitischen Bandwurms *Hymenolepis nana* auf den Menschen eine wichtige Rolle.

Käfer haben wegen ihrer Farben- und Formenpracht neben den Schmetterlingen schon immer das größte Interesse bei Insektenfreunden auf sich gezogen. Das Sammeln von Käfern war vor allem früher ein beliebtes Hobby. Aber das Sammeln zum Zeitvertreib kann zur Ausrottung der letzten Reste einiger großen und begehrten Arten, die selten geworden sind, führen.

Getreidehähnchen
(Oulema melanopus)

Laufkäfer

Goldschmied

(Carabus auratus); Fam. Carabidae (Laufkäfer)

Anderer Name: Goldlaufkäfer.

Beschreibung: Mittelgroßer, schlanker Laufkäfer, KL 17–34 mm; Körper goldgrün metallischglänzend, Flügeldecken mit drei abgerundeten goldgelben Längsrippen; Beine und erste vier Fühlerglieder braunrot, Füße und Fühlerende schwarz.

Lebensraum: Felder, Äcker und buschiges Terrain, meist Flachland bis Mittelgebirge, klettert gelegentlich auf Bäume.

Lebensweise: IV–VIII; tagaktiver, flugunfähiger Jäger; Eiablage in kleinen Erdhöhlen (20–60 Eier); Larven jagen in den Morgen- und Abendstunden, 3 Larvenstadien innerhalb von 8–10 Wochen Entwicklungszeit; Verpuppung in Erdhöhlen in einer Puppenwiege; Überwinterung als Käfer unter Steinen und Moos.

Nahrung: Insekten, Insektenlarven, Schnecken, Würmer, auch Aas und Pilze.

Besonderheiten: Da der Goldschmied und seine Larven ausgezeichnete Vertilger vieler Schädlinge (Raupen, Schnecken) sind, werden sie in Garten und Wald gerne gesehen; zur Verteidigung dienen ihnen wie auch anderen *Carabus*-Arten Wehrdrüsen am Hinterleibsende, aus denen bei Bedrohung aggressive Substanzen verspritzt werden. **Gesetzlich geschützt.**

Lederlaufkäfer

(Carabus coriaceus); Fam. Carabidae (Laufkäfer)

Beschreibung: Größter einheimischer Laufkäfer, KL 30–40 mm; Körper mattschwarz, Flügeldecken grob, Halsschild und Kopf fein gerunzelt.

Lebensraum: Feuchte Laubwälder (typische Buchenwaldart), Kiefernmischwälder, auch Magerrasen, Gärten und Hecken.

Lebensweise: V–IX; nachtaktiv, jagt mitunter auch tagsüber; Fortpflanzung im Herbst; Überwinterung als Larve; Larvenentwicklung über mehrere Jahre hinweg, Lebensdauer der erwachsenen Käfer 2–3 Jahre.

Nahrung: Insekten, Aas, Schnecken und Würmer.

Besonderheiten: Bei Bedrohung können Lederlaufkäfer ihren aggressiven, stinkenden Verdauungssaft bis zu einen Meter weit gegen einen Angreifer spucken. Der Lederlaufkäfer lebt vereinzelt, kommt aber überall vor. **Gesetzlich geschützt.**

Goldschmied
(*Carabus auratus*)

Lederlaufkäfer
(*Carabus coriaceus*)

Gekörnter Laufkäfer
(Carabus granulatus); Fam. Carabidae (Laufkäfer)

Beschreibung: Mittelgroßer Laufkäfer, KL 16–33 mm; Körper sehr unterschiedlich gefärbt, von metallisch-schwarz und kupferfarben bis grünmetallic oder bronzefarben; typisch die abwechselnd durchgängigen und gekettelten Längsstreifen der Flügeldecken; Fühler und Beine in der Regel schwarz, Schenkel oft rötlich.
Lebensraum: Feucht-frische Lebensräume: Bruch- und Auwälder, feuchte Laubwälder, Flachmoore und Feuchtwiesen.
Lebensweise: IV–IX; nachtaktiv, flugunfähiger Jäger; häufig anzutreffen, klettert auch in Bäume; Überwinterung als Käfer unter loser Baumrinde.
Nahrung: Insekten, Schnecken und Würmer, auch faulende Früchte und frisches Aas.
Besonderheiten: Wie alle Carabiden verdaut auch diese Art ihre Beute vor dem Mund (extraintestinale Verdauung): Der Käfer „spritzt" seinen ätzenden Verdauungssaft in den Panzer eines erbeuteten Insekts, dieses wird durch die im Sekret enthaltenen Enzyme verdaut, der Nahrungsbrei wird anschließend eingesaugt. **Gesetzlich geschützt.**

Hainlaufkäfer
(Carabus nemoralis); Fam. Carabidae (Laufkäfer)

Beschreibung: Gedrungener Laufkäfer, eine der häufigsten Arten Mitteleuropas, KL 18–28 mm; Körper glänzend bronzefarben oder grünschwarz, Flügeldecken und Halsschild violett gerandet; Flügeldecken mit schwer zu erkennenden Streifen.
Lebensraum: Sämtliche Waldtypen, Gärten, Hecken, Parks, Felder, Wiesen und Äcker, auch Heiden und Magerrasen.
Lebensweise: IV–IX; einzeln lebend; während des Hochsommers halten die Tiere einen Sommerschlaf (Ästivation) in Baunstümpfen, unter Steinen oder im Moospolster, sie sind tag- und nachtaktiv; Fortpflanzung im Frühjahr, danach Ästivation; Überwinterung als Käfer.
Nahrung: Insekten, Schnecken und Würmer, auch Fallobst.
Besonderheiten: Als gierige „Raupenfresser" zählen Hainlaufkäfer zu den bedeutenderen biologischen Schädlingsbekämpfungsmitteln. **Gesetzlich geschützt.**

Gestreifter Schulterläufer
(Pterostichus niger); Fam. Carabidae (Laufkäfer)

Anderer Name: Schwarzer Grabkäfer.
Beschreibung: Mittelgroßer, schlanker Laufkäfer, KL 15–20 mm; Körper glänzend schwarz, Flügeldecken längsgestreift; Enden von Fühlern und Beinen braun.

Gekörnter Laufkäfer
(Carabus granulatus)

Hainlaufkäfer
(Carabus nemoralis)

Gestreifter Schulterläu-
fer *(Pterostichus niger)*

Lebensraum: Offenes Terrain, Felder, Gärten und Uferbereiche, mitunter Wälder.

Lebensweise: Käfer und Larven jagen am Boden und auch unterirdisch verschiedene Kleinarthropoden; Käfer verbergen sich unter Steinen, Baumrinden und in Moospolstern; Entwicklungszeit der Larvenstadien mehrere Monate; Verpuppung im Boden; Überwinterung als Käfer.

Nahrung: Kleinere Insekten und andere Bodentiere, die extraintestinal verdaut und dann ausgesaugt werden.

Schwimmkäfer

Gemeiner Furchenschwimmer

(Acilius sulcatus); Fam. Dytiscidae (Schwimmkäfer)

Beschreibung: Kleiner Schwimmkäfer, KL 15–18 mm; Körper abgeplattet, oval; Kopf mit gelber V-Zeichnung; Halsschild gelb, mit 2 dunklen Querbinden, Flügeldecken beim ♀ mit 4 behaarten, bräunlichen Längsfurchen, Flügeldecken beim ♂ glatt; Vorderbeine der ♂♂ mit Saugnäpfen, mit denen sie sich während der Paarung an den ♀♀ festklammern; Hinterbeine bei beiden Geschlechtern breit mit Borsten gesäumt, die Beine dienen als Schwimmbeine.

Lebensraum: Stehende Teiche, Pfützen und Tümpel; auch Gräben.

Lebensweise: IV–VII; gutes Flugvermögen, die Käfer besiedeln so leicht andere Lebensräume. ♀ legen die Eier mit langem, dünnen Legeapparat außerhalb des Wassers ab (in Ritzen und Spalten von morschem Holz); Larven leben im Wasser; Verpuppung außerhalb des Wassers.

Nahrung: Kleine Wassertiere, vornehmlich Mückenlarven und Bachflohkrebse.

Besonderheiten: Die ausgewachsenen Käfer zerstückeln ihre Beute vor dem Fressen, während die Käferlarven sie aussaugen. Die Familie der Schwimmkäfer ist in hohem Maße an das Leben im Wasser angepaßt: Die mit Borsten besetzten Beine dienen zum Schwimmen oder Paddeln, und die Atemluft wird unter den Flügeldecken gespeichert.

Gelbrandkäfer

(Dytiscus marginalis); Fam. Dytiscidae (Schwimmkäfer)

Anderer Name: Gemeiner Gelbrand.

Beschreibung: Großer Schwimmkäfer, KL 27–35 mm; Körper stromlinienförmig, oval, dunkel gefärbt; Kopf braun; Halsschild braun, breit gelb gerandet, Flügeldecken ebenfalls gelb gerändertert (Name!), beim ♀ bis zum hinteren Drittel gefurcht, beim ♂ glatt, ohne Furchen; Beine gelbbraun, Hinterbeine mit Borsten (Schwimmbeine), Vorderbeine der ♂♂ mit Saugnäpfen, die zum Festhalten während der Paarung dienen. Larve: KL 80 mm,

Gemeiner Furchenschwim-
mer (Acilius sulcatus)

Larve

Gelbrandkäfer (Dytiscus
marginalis), Männchen

Körper auf der Oberseite dunkel, mit 8 Hinterleibssegmenten, Hinterende spitz-länglich; Kopf mit kräftigen, dolchförmigen Oberkieferzangen (Mandibeln).

Lebensraum: Stehende Gewässer mit Pflanzenbewuchs.

Lebensweise: III–X; schwimmt und fliegt gut (3 m/sec), meist nachts; Ablage der Eier (ca. 1000) im Blattinneren oder in den Stengeln von Wasserpflanzen, die das ♀ mit seinem kräftigen Legebohrer anbohrt; Larven leben im Wasser, berühren zum Luftholen mit dem Hinterleibsende die Wasseroberfläche, das dort sitzende große Stigmenpaar dient als „Atemloch"; die seitliche Behaarung der Hinterleibsflanken sowie die behaarten Beine bilden funktionell einen „Schwimmfächer", die Larve schwimmt durch Auf- und Abschlagen des gesamten Körpers voran; Verpuppung an Land in einer Erdhöhle, die mit Speichel und Lehm ausgekleidet ist; Überwinterung als Käfer im zugefrorenen Wasser, gerne in leeren Schneckenhäusern.

Nahrung: Ausgewachsene Käfer wie Larven ernähren sich von Kaulquappen, jungen Fischen und wasserbewohnenden Insektenlarven; die Käfer packen die Beute und fressen sie, Gelbrandlarven bohren ihre Dolchmandibeln in das Opfer, spritzen einen Cocktail aus Gift und Verdauungsenzymen ein und saugen dann den Nahrungsbrei anschließend mit dem Schlund auf.

Besonderheiten: Die Käfer schützen sich mit einem Sekret, das aus Drüsen am Hinterleib stammt und gleichmäßig mit den Beinen über de Körper verteilt wird, vor einem Befall mit Kleinstorganismen (Bakterien, Pilzen, Algen, Wimperntierchen usw.)

Aaskäfer

Gemeiner Totengräber
(Necrophorus vespilloides); Fam. Silphidae (Aaskäfer)

Beschreibung: Mittelgroßer Käfer, KL 12–22 mm; Körper schwarz, Flügeldecken abgestutzt, mit zwei orangeroten Querbändern; Beine und Fühler dunkel, Fühlerende keulenförmig verdickt, orange. Larve: für diese Familie untypische raupenförmige Gestalt.

Lebensraum: Weit verbreitet, in der Nähe kleinerer Tierkadaver, auf lockeren Böden, meist außerhalb von Waldgebieten.

Lebensweise: IV–X; meist nachtaktiver Aasfresser, fliegt gut; ♀ schaufelt das lockere Erdreich unter einem Kleintierkadaver (tote Maus) weg, bis dieser eingegraben ist, in dieser Erdhöhle wird er zu einer Kugel geformt; Eiablage (bis 24 Stück) an der Höhlenwand; das ♀ beißt einen Trichter in die Aaskugel und speit Verdauungssäfte hinein; mit diesem angedauten „Speisebrei" werden die Larven vom ♀ gefüttert, direkt nach dem Schlüpfen und jeweils nach einer Häutung; 3 Larvenstadien innerhalb von 7 Tagen Entwicklungszeit; Verpuppung in der „Futterhöhle"; Überwinterung als junger Käfer.

Gelbrandkäfer *(Dytiscus marginalis)*, Weibchen

Gemeiner Totengräber *(Necrophorus vespilloides)*

Nahrung: Käfer und Larven ernähren sich von Aas.

Besonderheiten: Diese Form der Brutpflege ist unter Käfern einzigartig. Oft findet man an den weichhäutigen Beingelenken Milben, die an den Totengräbern saugen. Totengräber verständigen sich untereinander durch Zirplaute, die sie erzeugen, indem sie mit dem Ende der Flügeldecken über Rillen am Hinterleib streichen.

Rothalsige Silphe
(Oeceoptoma thoracica); Fam. Silphidae (Aaskäfer)

Beschreibung: Flacher Aaskäfer (unverwechselbar), KL 11–16 mm; Körper breit oval, düstergrau bis schwarz, Flügeldecken mit dünnen Rippen; Halsschild rot, fein behaart; Fühlerende kolbenförmig verdickt. Larve: KL bis 20 mm, asselförmige Gestalt.

Lebensraum: Häufig in Laubwäldern.

Lebensweise: IV–X; Käfer und Larven werden vom Verwesungsgeruch eines Tierkadavers, aber auch vom „vorgetäuschten" Aasgeruch einer Stinkmorchel angezogen.

Nahrung: Kadaver, Kot, faulende Blätter und Pilze (Stinkmorcheln).

Besonderheiten: Dieser Aaskäfer frißt zwar an Stinkmorcheln, sorgt aber auch gleichzeitig für die Verbreitung dieses Pilzes, indem er anschließend seine Sporen „mitschleppt".

Kurzflügler

Schwarzer Moderkäfer
(Ocypus olens [=Staphylinus olens]); Fam. Staphylinidae (Kurzflügler)

Anderer Name: Schwarzer Raubkäfer.

Beschreibung: Größter heimischer Vertreter dieser sehr artenreichen Käferfamilie (weltweit 25000 Arten, in Mitteleuropa ca. 1300 Arten), KL 22–32 mm; Körper schwarz, sehr schlank, überall fein behaart; Flügeldecken ganz kurz (daher der Familienname), Kopf groß, mit zwei kräftigen Kieferzangen.

Lebensraum: in Laubwäldern, unter moderndem Holz, Mulm, unter faulender Rinde.

Lebensweise: V–IX; nachtaktiver Jäger, gelegentlich auch tagaktiv; zur Abwehr können die Käfer mit ihren kräftigen Kiefern beißen (ihre Bisse sind auch für einen Menschen schmerzhaft) und Wehrsekrete aus Hinterleibsdrüsen verspritzen; Eier werden einzeln abgelegt, Larven auch räuberisch, 3 Larvenstadien; als Mumienpuppe in einer Erdhöhle.

Nahrung: Insektenlarven, Schnecken und Regenwürmer.

Besonderheiten: Die Körperflüssigkeit einiger Kurzflügler, z. B. des Uferkurzflüglers *(Paederus riparius)*, enthält Reizstoffe, die auf der menschlichen Haut Bläschenbildung und Ausschlag hervorrufen kann.

Rothalsige Silphe
(Oeceoptoma thoracica)

Schwarzer Moderkäfer
(Ocypus olens)

Kaiserkurzflügler
(Staphylinus caesareus); Fam. Staphylinidae (Kurzflügler)

Andere Namen: Goldstreifiger Moderkäfer, Bunter Kurzflügler.

Beschreibung: Recht bunter, unverwechselbarer Kurzflügler, KL 17–22 mm; Körper schwarz, fein behaart; die kurzen Flügeldecken, die Beine und Fühler sind rötlich-braun; Hals mit gelbem Haarsaum, auch die Hinterleibsringe besitzen rechts und links am Rand je einen goldenen Tupfer (Name!).

Lebensraum: Waldböden der Mittelgebirge; selten im Norden Deutschlands, nach Süden häufiger.

Lebensweise: V–IX; bei Gefahr Drohhaltung mit gespreizten Kieferzangen und nach vorn gewölbtem Hinterleib; gute Flieger, die häutigen Flugflügel liegen unter den Flügeldecken verborgen und müssen zum Fliegen mithilfe der Beine „aufgeklappt" werden; Larven ebenfalls räuberische Bodenbewohner, die aus Erdröhren heraus ihre Beute angreifen, 3 Larvenstadien; Verpuppung (als Mumienpuppe) in einer Erdhöhle.

Nahrung: Insektenlarven und Nacktschnecken.

Leuchtkäfer

Großer Leuchtkäfer
(Lampyris noctiluca); Fam. Lampyridae (Leuchtkäfer)

Andere Namen: Großes Johanniswürmchen, Großes Glühwürmchen.

Beschreibung: Sehr bekannter kleiner Käfer; Geschlechter unterscheiden sich deutlich: KL 10–12 mm (♂), 15–20 mm (♀); männliche Käfer klein, flach, braungefärbt, Halsschild gelb gerandet; Flügeldecken lang, mit unauffälligen Längsrippen; am Hinterleib (7. Segment) mit einem Leuchtfleck; ♀ ohne Flügeldecken, larvenförmig (daher die Bezeichnung „Glühwurm"), Hinterleib breit aufgetrieben, am 6. und 7. Hinterleibssegment mit Leuchtfeldern.

Lebensraum: Wiesen, an Waldrändern und Hecken, auch Gärten.

Lebensweise: VI–VII; nachtaktiv; das Leuchten dient der Partnerfindung und kommt durch Biolumineszenz („kaltes Licht") zustande; dabei werden bestimmte Leuchtproteine (Luciferin) durch ein bestimmtes Enzym (Luciferase) gespalten; das Leuchten wird durch Abnahme der Helligkeit ausgelöst und unterliegt einem 24-Stunden-Rhythmus. Die flügellosen ♀♀ sitzen am Boden, recken den Hinterleib empor und geben blinkende Leuchtsignale ab, die von den umherfliegenden, schwächer leuchtenden ♂♂ wahrgenommen werden. ♀♀, die über längere Zeit keinen Partner gefunden haben, winken mit dem Hinterleib und machen so verstärkt auf sich aufmerksam. Ältere Weibchen winken sogar, um sich besonders anziehend zu machen.

Kaiserkurzflügler
(Staphylinus caesareus)

Großer Leuchtkäfer
(Lampyris noctiluca)

Nahrung: Die Vollinsekten fressen nicht; die am Boden lebenden Larven ernähren sich von Schnecken.

Besonderheiten: Der Name andere Johanniswürmchen leitet sich daher ab, weil das Leuchten dieser Käfer besonders häufig um die Zeit des Festes des Heiligen Johannes (27. Juni) beobachtet wurde. Das artspezifische Leuchten wird auch von den ♀♀ mancher Leuchtkäferarten imitiert, um liebestrunkene ♂♂ einer anderen Art anzulocken, zu fangen und anschließend zu fressen.

Weichkäfer

Gewöhnlicher Weichkäfer

(Cantharis fusca); Fam. Cantharidae (Weichkäfer)

Anderer Name: Soldatenkäfer.

Beschreibung: Mittelgroßer, typischer Weichkäfer, KL 11–15 mm; Körper länglich, weich; Halsschild rot, mit variabler dunkler Zeichnung; Flügeldecken schwarz; Hinterleib aufgetrieben; Fühler lang, fadenförmig. Larve: dunkel, fein samtig behaart.

Lebensraum: Wiesen, Waldränder, Hecken, Felder und Äcker; auf Wiesenblumen (gerne Doldenblütler), Getreide und Blättern.

Lebensweise: V–VII; tagaktiv; flugfähiger Räuber; Larven am Boden, ebenfalls räuberisch, 6 Larvenstadien; Überwinterung als Larve, oft auf dem Schnee umherlaufend (daher auch als „Schneewurm" bezeichnet).

Nahrung: Kleininsekten, gelegentlich nagen Käfer auch an jungen Trieben; Larven erbeuten bodenbewohnende Kleininsekten sowie deren Larven und Schnecken.

Besonderheiten: Den Namen Weichkäfer erhielt diese Käferfamilie, weil die Haut ihrer Flügeldecken – im Vergleich zu den Elytren anderer Käfer – kaum verhärtet ist.

Rotgelber Weichkäfer

(Rhagonycha fulva); Fam. Cantharidae (Weichkäfer)

Beschreibung: Mittelgroßer, relativ häufiger Weichkäfer, KL 7–11 mm; Körper länglich, weich, meist rot oder gelbrot gefärbt; Spitzen der Fühler und Flügeldecken schwarz.

Lebensraum: Offenes Terrain, Gebüsche, Hecken und Gärten; auf Blumen (Doldenblütler); Flachland bis Gebirge.

Lebensweise: VI–VIII; tagaktiv, flugfähiger Räuber; Larven am Boden, ebenfalls räuberisch, 7 Larvenstadien; Überwinterung als Larve, unter Steinen, Moos, Blättern und Baumrinde.

Nahrung: Andere blütenbesuchende Kleininsekten; Larven ernähren sich vorzugsweise von Schnecken und Bodenarthropoden.

Gewöhnlicher Weich-
käfer *(Cantharis fusca)*

Rotgelber Weichkäfer
(Rhagonycha fulva)

Zipfelkäfer

Zweifleckiger Zipfelkäfer
(Malachius bipustulatus); Fam. Malachiidae (Zipfel- oder Warzenkäfer)

Anderer Name: Zweifleckiger Warzenkäfer.

Beschreibung: Häufigster europäischer Malachiide; KL 5,5–6 mm; Körper recht variabel gefärbt, meist dunkelgrün metallisch glänzend, Kopf, Vorderrand des Halsschilds und Spitze der Flügeldecken rot gefleckt; Fühler lang, an den Spitzen und an der Basis rot; Beine rötlich geringelt.

Lebensraum: Blühende Wiesen, vom Flachland bis in Höhen von 1000 m; Larven leben in Holzmulm oder unter Baumrinde.

Lebensweise: V–VIII; tagaktiv.

Nahrung: Erwachsene Zipfelkäfer ernähren sich von Pollen, meist Gräserpollen; die Larven leben räuberisch von kleinen Insekten (Springschwänze), aber auch von Resten toter Arthropoden.

Besonderheiten: Bei dieser Käferfamilie, die auch als Malachitenkäfer bezeichnet wird, findet ein interessantes, auf geschmackliche Reizung basierendes „Paarungsvorspiel" statt: Männliche Zipfelkäfer besitzen spezielle als Gruben oder ausstülpbare Häute ausgebildete drüsenreiche Reizorgane („Excitatoren"), deren Sekrete ♀♀ anlockt; diese beginnen, vor der Paarung an den Excitatoren zu lecken, zu knabbern oder sich hineinzuverbeißen, bis beide Partner so stimuliert sind, daß die eigentliche Kopulation stattfindet.

Schnellkäfer

Saatschnellkäfer
(Agriotes lineatus); Fam. Elateridae (Schnellkäfer)

Beschreibung: Mittelgroßer, unauffälliger Käfer, KL 7,5–10,5 mm; Halsschild dunkel, Flügeldecken hellbraun bis schwarz, die variable Behaarung bewirkt den Eindruck eines Streifenmusters; Fühler fadenförmig. Larve: länglich, harter Körper („Drahtwurm"), rötlich-orange gefärbt; Kopf braun, flachgedrückt.

Lebensraum: Felder, Äcker und Gärten.

Lebensweise: V–VII; weit verbreitet; Larven finden Pflanzenwurzeln vermutlich anhand von Kohlendioxid oder Duftstoffe, die aus den Wurzeln freigesetzt werden; Verpuppung in der Nähe der Freßplätze; Überwinterung als Käfer.

Nahrung: Larven fressen Wurzeln, bei manchen Pflanzen (Erdbeeren, junges Getreide) auch oberirdische Triebe; haben als Kulturpflanzenschädlinge einer außerordentliche Bedeutung.

Zweifleckiger Zipfelkäfer
(Malachius bipustulatus)

Saatschnellkäfer
(Agriotes lineatus)

Besonderheiten: Ihren Namen haben die Schnellkäfer, auch Schmiede genannt, nach der Fähigkeit, aus einer Rückenlage abrupt durch Abknicken der Vorderbrust hochzuschnellen und durch gleichzeitiges Drehen in der Luft wieder auf die Beine zu gelangen. Ermöglicht wird dies zum einen anatomisch durch einen Dorn mit entsprechender Grube (die als Widerlager dient), zum andern durch bestimmte Kontraktionen der Brustmuskulatur: Vor dem Hochschnellen geht der Käfer erst ins Hohlkreuz.

Blutroter Schnellkäfer

(Ampedus sanguineus [= Elater sanguineus]);
Fam. Elateridae (Schnellkäfer)

Beschreibung: Häufiger auffälliger Schnellkäfer; KL 12–17,5 mm; Körper schwarz, nur die Flügeldecken intensiv karmesinrot, Oberseite mit starker schwarzer Behaarung; Fühler deutlich gezähnt.
Lebensraum: Wälder im Bergland; sehr oft auf Kiefern und anderen Nadelhölzern, gerne auch auf Eichen und Buchen; im Sommer nachmittags auch auf Doldenblütern; häufig..
Lebensweise: V–VIII; tagaktiv; Eiablage im Boden; Larven („Drahtwürmer") leben räuberisch in verrottendem Nadelholz; Entwicklung mehrere Jahre; Verpuppung im Boden; Überwinterung als Käfer.
Nahrung: Käfer fressen auf Doldenblüten; Larven jagen Insektenlarven, besonders gerne Bockkäferlarven.
Besonderheiten: Bei Gefahr stellen sich Schnellkäfer häufig tot.

Rotbauchiger Laubschnellkäfer

(Athous haemorrhoidalis); Fam. Elateridae (Schnellkäfer)

Beschreibung: Sehr häufiger heimischer Schnellkäfer; KL 9–15 mm; Körper schmal, dunkelbraun bis schwarz, Oberseite gänzlich fein behaart; Flügeldecken beigefarben, Unterseite des Hinterleibs rostbraun (Name!); Fühler fein gesägt.
Lebensraum: Offenes Terrain, Felder, Wiesen, Äcker und Gärten, in Waldgegenden auf Laubbäumen.
Lebensweise: IV-VI, häufig vorkommend; Eiablage im Boden, in der Nähe von Wurzeln; Larven („Drahtwürmer") benötigen für ihre Entwicklung mehrere Jahre; Verpuppung im Boden; Überwinterung als Käfer.
Nahrung: Käfer nagen an Laub und Knospen, Larven fressen Wurzeln, auch von Getreide und Kartoffeln; daher bei starker Vermehrung schädlich.
Besonderheiten: Schnellkäfer „schnellen" übrigens auch, wenn sie sich aus der Puppenhülle befreien wollen, oder wenn man sie in der Hand hält – daher auch die volkstümliche Bezeichnung „Guten-Tag-Sager".

Blutroter Schnellkäfer
(Ampedus sanguineus)

Rotbauchiger Schnellkäfer (Athous
haemorrhoidalis), Kopulation

Prachtkäfer

Glänzender Blütenprachtkäfer

(Anthaxia nitidula); Fam. Buprestidae (Prachtkäfer)

Anderer Name: Zierlicher Prachtkäfer.
Beschreibung: Sehr hübscher, kleiner Prachtkäfer, KL 5–7,5 mm; ♂ und ♀ von unterschiedlichem Aussehen: Körper bei beiden Geschlechtern blaugrün, der Halsschild ist beim ♂ ebenfalls blaugrün, beim ♀ jedoch goldgrün, messing- oder purpurfarben. Larve: KL bis 10 mm, Körper flach, schlank, beinlos, löffelförmig (bedingt durch die starke Verbreiterung des Brust), am hinteren Ende zwei zangenartige Fortsätze.
Lebensraum: Sonniges, warmes Wald- und Buschland; insgesamt selten, fehlt im Norden.
Lebensweise: IV–VII; Käfer bei Sonnenschein auf gelben Blüten, meist jedoch auf Rosenblüten, Larven im Holz wilder Rosengewächse.
Nahrung: Käfer Blütenfresser, Larven bohren im Holz von Heckenrose, Schlehe und anderen Rosenhölzern. Status: **Gesetzlich geschützt.**

Marienprachtkäfer

(Chalcophora mariana); Fam. Buprestidae (Prachtkäfer)

Anderer Name: Kiefernprachtkäfer.
Beschreibung: Größter einheimischer Prachtkäfer, KL 24–33 mm; Körper kupferfarben glänzend, Flügeldecken mit unregelmäßiger dunkler Rippenzeichnung; honiggelbe Augen. Larve: KL bis 30 mm, Körper nackt, weißlich, flach, schlank, am Körperende mit zwei zangenartigen Fortsätzen.
Lebensraum: Naturbelassene Kieferwälder, alte Parks; Hügel- und Bergregionen; insgesamt selten, fehlt in Nordwestdeutschland.
Lebensweise: V–X; an sonnigen Tagen auf Kiefern, die beinlosen Larven bohren in morschen, aber noch lebenden Kiefernstümpfen.
Nahrung: Larven fressen morsches Kiefernholz.
Besonderheiten: Die Seltenheit vieler Prachtkäfer ist durch die derzeitige Bewirtschaftung der Nadelwälder bedingt; die Lebensräume der Larven, nämlich morsches Holz oder kranke Bäume, wie man sie in „Urwäldern" findet, gibt es in modernen, durchforsteten Monokulturen einfach nicht mehr. **Gesetzlich geschützt.**

Glänzender Blütenprachtkäfer
(Anthaxia nitidula)

Marienprachtkäfer
(Chalcophora mariana)

Speckkäfer

Gewöhnlicher Speckkäfer

(Dermestes lardarius); Fam. Dermestidae (Speckkäfer)

Beschreibung: Kleiner, längsovaler Käfer, KL 7–9,5 mm; Körper dunkel, mit gelbgrauer Querbinde, die jeweils drei schwarze Tupfer enthält; Fühler kurz, am Ende keulenförmig; Beine recht kurz. Larve: KL bis 11 mm, schmal, lang, borstig behaart (Haare wahrscheinlich giftig), mit dunklen Rückenschildern, am Hinterende mit zwei zangenfrömigen Anhängen.

Lebensraum: Immer in der Nähe menschlicher Behausungen und Vorratslager, Kulturfolger; im Freiland in Vogelnestern, Bienenstöcken, Holzmulm oder an Aas.

Lebensweise: I–XII; Larven sind große Schädlinge an Stoffen tierischer Herkunft (siehe Nahrung); je nach Temperatur der Wohnräume mehrere Generationen möglich.

Nahrung: Käfer fressen Pollen, Larven ernähren sich unter anderem von Fleisch (Speck, Schinken, Wurst), Räucherfisch, Horn, Leder, Seide, Wolle, Teppichen und Textilien.

Besonderheit: Speckkäfer haben einen wichtigen Platz im Nahrungskreislauf, werden aber in unseren Speisekammern lästig.

Blütenfresser

Himbeerkäfer

(Byturus tomentosus); Fam. Byturidae (Blütenfresser)

Beschreibung: Recht kleiner Käfer, KL 3,2–4,3 mm, Körper walzenförmig, grau-hellbraun. Larve: KL bis 6 mm, weißlich, madenförmig.

Lebensraum: In Blüten von Äpfeln, Brom- und Himbeeren.

Lebensweise: IV–VII; häufig vorkommend; Eiablage an jungen Brom- und Himbeeren; Larven entwickeln sich im Fruchtboden; zur Verpuppung, die in Rindenspalten, Holzritzen oder in der Erde stattfindet, spinnen die Larven ein Gespinst.

Nahrung: Die Käfer fressen Pollen, die Larven reife Himbeeren und Brombeeren.

Besonderheiten: Die Larven sind als Himbeerwürmer oder Himbeermaden jedem Gärtner oder Beerensammler geläufig. Die Familie Byturidae, die mit nur zwei Arten in Mitteleuropa vertreten ist, wird auch als Himbeerkäfer bezeichnet; diese Bezeichnung trifft in erster Linie jedoch nur auf diese Art zu, die verwandte Art *Byturus aestivus* lebt ausschließlich in Nelkenwurz.

Gewöhnlicher Speckkäfer *(Dermestes lardarius)*

Himbeerkäfer *(Byturus tomentosus)*

Marienkäfer

Augenmarienkäfer
(Anatis ocellata); Fam. Coccinellidae (Marienkäfer)

Beschreibung: Größter mitteleuropäischer Marienkäfer, KL 8–12 mm; Körper typische Marienkäferform, Halsschild mit weißer Fleckenzeichnung, jede Flügeldecke mit 10 dunklen, weiß gesäumten Punkten; Kopf schwarz mit 2 weißen Tupfern; Beine schwarz.

Lebensraum: Misch- und Nadelwälder mit Fichtenvorkommen.

Lebensweise: VI–IX; Eiablage auf Rinde und Nadeln von Fichten, die von Blattläusen oder Blattwespenlarven befallen sind; Käfer und Larven sind aktive Jäger und erkennen ihre Beute aus 2–3 cm Entfernung; 4 Larvenstadien; Verpuppung als Stürzpuppe; Überwinterung als Käfer am Boden, in der Laub- und Nadelstreu.

Nahrung: Blattläuse, Blattwespenlarven, aber auch Fichtengalläuse.

Besonderheiten: Forstwirte sehen diese Art als „nützliches Waldinsekt" gerne in ihren Fichtenschonungen.

Siebenpunkt-Marienkäfer
(Coccinella septempunctata); Fam. Coccinellidae (Marienkäfer)

Beschreibung: Häufigster einheimischer Marienkäfer; KL 5–8 mm; Körperumriß fast kreisrund, Flügeldecken intensiv rot, mit 7 schwarzen Punkten (Name!), Halsschild schwarz, seitlich mit je 1 weiß-gelben Fleck; Beine schwarz. Larve: schlank, weichhäutig, grau oder schwarz, mit gelben oder roten Flecken.

Lebensraum: Wälder, Hecken und Gärten; findet sich zur Überwinterung oft in größeren Mengen in menschlichen Wohnungen ein, wo die Käfer aufgrund der geheizten Räume meist jedoch eingehen.

Lebensweise: IV–X; Eiablage neben Blattlauskolonien; Käfer und Larven sind eifrige Blattlausjäger (eine Larve kann bis zur Verpuppung an die 600 Blattläuse vertilgen); 4 Larvenstadien, die letzte Larve klebt sich mit einem Sekret aus ihrem Hinterleib an Blättern fest, bevor sie sich zur bunten Mumienpuppe häutet; Überwinterung als Käfer, vielfach zu mehreren in der Laubstreu oder in Wohnungen.

Nahrung: Blatt- und Schildläuse.

Besonderheiten: Obwohl der Siebenpunkt als effizienter Blattlausvertilger gerne zur „biologischen Schädlingsbekämpfung" eingesetzt wird, bekommt ihm doch nicht jede Kost: So führt der Verzehr von Schwarzen Holunderläusen *(Aphis sambuci)* in der Regel zum vorzeitigen Exitus des Marienkäfers. Nach ausgesprochenen Blattlausjahren stellen sich im Frühjahr auffallend viele Marienkäfer ein, wogegen nach schwachen Blattlausjahren nur wenige Altkäfer auftreten. Dies ist auf die hohe Sterblichkeit der Jungkäfer bei Nahrungsmangel zurückzuführen.

Augenmarienkäfer
(Anatis ocellata)

Siebenpunkt-Marienkäfer (Coccinella septempunctata), Paarung

Siebenpunkt-Marienkäfer (Coccinella septempunctata), Larve

Nagekäfer

Brotkäfer
(Stegobium paniceum); Fam. Anobiidae (Nagekäfer)

Anderer Name: Brotbohrer.

Beschreibung: Ziemlich kleiner, unauffälliger Käfer, KL 2–4 mm; Körper rotbraun bis rotgelb, Oberseite behaart; Flügeldecken mit mehreren gepünktelten Längsreihen; Kopf unter dem Halsschild eingezogen, mit fadenfrömigen Fühlern.

Lebensraum: Vorratsschädling und Kulturfolger, besonders in warmen Räumen, z. B. Speisekammern, Apotheken, Bäckereien und Museen.

Lebensweise: I–XII; Larven und Käfer fressen sich durch Backwaren; Verpuppung in der Nahrung.

Nahrung: Brot, Backwaren, getrocknete Kräuter, Drogen und Gewürze.

Besonderheiten: Die meisten Vertreter der Anobiidae (Nage-, Klopf- oder Pochkäfer), Käfer wie Larven, sind gefürchtete Holzschädlinge, die ihre Bohrgänge in Bauholz, Möbel und Holzfiguren fressen; um sich zu verständigen, schlagen sie mit der Kopfunterseite gegen das Holz, so daß dumpfe Klopf- oder Pochgeräusche entstehen (Name!). Bei der Eiablage geben die Weibchen hefeartige Symbionten an die Eier weiter. Diese Hefen haften auf der Eioberfläche, die nach dem Schlüpfen von der Larve verzehrt werden. Auf diese Weise infiziert sie sich mit den Mikroorganismen, ohne die sie nicht überleben kann.

Scheinbockkäfer

Schenkelkäfer
(Oedemera nobilis); Fam. Oedemeridae (Scheinbockkäfer)

Anderer Name: Gemeiner Scheinbockkäfer.

Beschreibung: Kleiner, schmaler Käfer; KL 9–12 mm; Körper weich, grün metallischglänzend, Flügeldecken nach hinten zugespitzt, mit Längsrippen; Halsschild gekielt; Hinterschenkel bei ♂♂ stark keulenförmig verdickt; Fühler lang, fadenförmig; dieser Käfer erinnert vom Körper an einen Bockkäfer (Name!).

Lebensraum: Wiesen, Hecken, Gärten, Waldränder; auf Blüten von Sträuchern und Krautpflanzen.

Lebensweise: Tagaktiver Blütenbesucher; Larven unter Rinde, in morschem Holz und faulenden Stengeln von Stauden und Krautpflanzen.

Nahrung: Ausgewachsene Schenkelkäfer fressen Pollen (Holunder, Doldenblüter und anderen Wiesenpflanzen); Larven leben vegetarisch.

Brotkäfer
(Stegobium paniceum)

Schenkelkäfer
(Oedemera nobilis)

Ölkäfer

Schwarzblauer Ölkäfer
(Meloe proscarabaeus); Fam. Meloidae (Ölkäfer)

Anderer Name: Maiwurm.

Beschreibung: Einer der häufigsten einheimischen Ölkäfer, KL beim ♂ 8–11 mm, beim ♀ 32–35 mm; Körper schwarz-blau glänzend, Flügeldecken bedecken Hinterleib (♂) oder stark klaffend (beim ♀), Flugflügel fehlen; Hinterleib beim ♀ dick, aufgetrieben; bei Gefahr treten aus Poren an den Beinen ölige Bluttropfen aus (Name!).

Lebensraum: Wiesen, Weiden, Trockenrasen, Feldraine.

Lebensweise: IV–VI; ♀ legt mehrere Eier in eine kleine, selbst gegrabene Erdhöhle; aus den Eiern schlüpft zunächst als 1. Larve der sogenannte „Dreiklauer" („Triungulus, KL 2 mm), der auf Blüten klettert. Der Dreiklauer wartet dort auf Bienen, die die Blüte besuchen, in denen er sich dann festkrallt und so in ihr Nest gelangt. Dort – und zwar nur in den Nestern einzeln lebender Bienen – wird das Bienenei gefressen; der Triungulus häutet sich erneut zu einer augenlosen Made mit kurzen Beinen, die nach dem Auffressen des durch die Biene angelegten Pollenvorrats das Nest verläßt und sich im Boden weiterentwickelt, wo sie auch überwintert.

Nahrung: Imago ist Pflanzenfresser; Larve lebt vom Honig.

Besonderheiten: Auffallend ist die Abgabe von orangeroter Körperflüssigkeit bei Erregung und Gefahr. Das Blut der Ölkäfer enthält das für Menschen hochgiftige Cantharin (bereits 0,03 g sind für ihn tödlich); anderen Freßfeinden des Ölkäfers (Igeln, Fledermäusen, Schwalben und Fröschen) schadet das Gift allerdings überhaupt nicht. Ein Verwandter des Schwarzblauen Ölkäfers, die Spanische Fliege *(Lytta vesicatoria)*, wurde früher aufgrund seines Cantharidingehaltes in getrocknetem Zustand zu Pflastern und Aphrodisiaka verarbeitet, die Art wird auch heute noch in der Homöopathie medizinal genutzt. **Gesetzlich geschützt.**

Feuerkäfer

Scharlachroter Feuerkäfer
(Pyrochroa coccinea); Fam. Pyrochroidae (Feuerkäfer)

Andere Namen: Kardinalkäfer, Feuerfliege.

Beschreibung: Mittelgroßer, flacher Käfer, KL 14–18 mm; Körper gestreckt, leuchtend rot, Unterseite schwarz; Flügeldecken nach hinten breiter werdend; Kopf und Beine schwarz; die ebenfalls schwarzen, langen Fühler sind beim ♀ gesägt, beim ♂ gekämmt. Larve: KL bis 35 mm, langgestreckt, hell braungelb, stark abgeflacht.

Schwarzblauer Ölkäfer
(Meloe proscarabaeus)

Lebensraum: Laubwälder, gerne reine Eichenbestände, und Waldränder; auf Blüten und Blättern von Eichen, auch auf gefällten Bäumen.

Lebensweise: V–VII; tagaktiv, mitunter häufig vorkommend; Käfer jagen andere blütenbesuchende Insekten; Eiablage in Stubben, altem oder Totholz; Larven räuberisch, unter der Rinde; Entwicklungsdauer 2–3 Jahre; Überwinterung als Larve, ausgewachsene Jungkäfer schlüpfen im Mai.

Nahrung: Blütenbesuchende Kleininsekten; Feuerkäferlarven erbeuten vorzugsweise die holzbohrenden Larven von Borken-, Bock- und Prachtkäfern, weshalb sie als nützliche Forstinsekten eingestuft werden.

Besonderheiten: Im Hochsommer ist diese Art einer der am häufigsten anzutreffenden Käfer. Sehr oft findet man dann auch kopulierende Pärchen, da die Paarung bei *Rhagonycha fulva* recht lange dauert.

Schwarzkäfer

Großer Totenkäfer
(Blaps mortisaga); Fam. Tenebrionidae (Schwarzkäfer)

Anderer Name: Totengräber.

Beschreibung: Größter heimischer Vertreter dieser auch als Dunkelkäfer bekannten Familie, KL 20–31 mm, Körper gedrungen, schwarz, mattglänzend; Hinterleib aufgetrieben; Flügeldecken zu einem Zipfel ausgezogen, Nähte miteinander verbunden, daher flugunfähig; Flügeldecken und Halsschild mit feinen Pünktchen; Fühler fadenförmig, mit verdickten Gliedern; Larve länglich, stark gepanzert, erinnert an die Larve der Schnellkäfer („Drahtwurm").

Lebensraum: In Kellern, Schuppen, Ställen, auch in Holzstapeln oder Steinhaufen; Kulturfolger.

Lebensweise: IV–X; dunkelheitsaktiv.

Nahrung: Käfer und Larven fressen gelegentlich Vorräte (Obst), ansonsten Pflanzenteile aller Art.

Besonderheiten: Bedrohte Totengräber stellen sich tot und sondern ein stinkendes Sekret aus, das Angreifer abscheckt. Geruchssekrete spielen bei vielen Tenebrioniden, speziell bei der Gattung *Blaps*, eine wichtige Rolle: So bewirken solche Sekrete, die ♂♂ und ♀♀ aussondern, daß sich zahlreiche Artgenossen einfinden; das ♂ einer anderen Totenkäferart klebt seinem ♀ nach erfolgreicher Paarung ein Sekret auf den Hinterleib, das das ♀ für andere ♂♂ unattraktiv macht. Da Totengräber mitunter auch in menschlichen Wohnungen auftauchen, wurden sie von abergläubischen Menschen als Vorboten des Todes gedeutet (Name!).

Scharlachroter Feuerkä-
fer *(Pyrochroa coccinea)*

Großer Totenkäfer
(Blaps mortisaga)

Mehlkäfer
(Tenebrio molitor); Fam. Tenebrionidae (Schwarzkäfer)

Beschreibung: Mittelgroßer Schwarzkäfer, KL 12–23 mm, Körper läng-lich, kastanienbraun bis schwarz; Flügeldecken mit feinen gepünktelten Streifen; Halsschild ebenfalls mit feinen Pünktchen; Beine und Fühler rot-braun, letztere kurz, fadenförmig, mit verdickten Gliedern. Larve: gelblich, mit brauner Ringelung, werden gerne als Futter für in Terrarien gehaltene Reptilien, Ziervögel und Aquarienfische verwendet.

Lebensraum: Kulturfolger; häufig, zum Teil massenhaft in Häusern (in Getreideprodukten aller Art; Vorratsschädling), im Freiland in Vogelnestern und Mulm.

Lebensweise: I–XII; nachtaktiv; Käfer werden nachts gerne von Licht-quellen angezogen und gelangen so in Wohnungen.

Nahrung: Käfer und Larven fressen Mehl, Stärke, Getreideflocken und andere Getreideprodukte, im Freiland stärkehaltige Pflanzenteile.

Besonderheiten: Bei Überpopulation scheiden die Käfer mit dem Kot einen Duftstoff aus, der bewirkt, daß ♀♀, die gerade Eier ablegen, diese so-fort wieder fressen. Mehlkäfer können demnach über derartige Hormone die Dichte ihrer Population regulieren. In der Dunkelheit orientieren sich Käfer und Larven anhand des Erdmagnetfeldes. Eine wichtige Rolle (als di-rekter Überträger oder Zwischenwirt) spielt diese Art auch bei der Übertra-gung von Parasiten, wie Bandwürmern, Kratzern und Fadenwürmern, auf den Menschen und Nagetiere.

Mistkäfer

Frühlingsmistkäfer
(Geotrupes vernalis); Fam. Geotrupidae (Mistkäfer)

Beschreibung: Großer, gedrungener, hochgewölbter Käfer, KL 12–20 mm; Körper metallischglänzend mit grünen, blauen und schwarzen Farb-tönen, Flügeldecken nur ansatzweise gepünktelt; Kopf vorgestreckt, schau-felförmig; Beine kräftig.

Lebensraum: Wälder, weit verbreitet, in letzter Zeit rückläufig.

Lebensweise: IV–VI; ♂ und ♀ leben zur Paarungszeit in Einehe; beide Käfer legen unter frischem Dung eine trichterförmige Grube an, von deren Spitze aus sie anschließend verschiedene waagerechte Vorratsstollen gra-ben, die mit Kot und Dung gefüllt werden; Eiablage in einer länglichen Dungkugel, der „Brutpille"; die geschlüpften, engerlingsförmigen Larven ernähren sich anfangs von der Brutpille, später vom Kot in den Vorratskam-mern; Dauer der gesamten Larvenentwicklung 10 Monate; die Käfer legen für den Eigenbedarf schräg in die Erde verlaufende Vorratsstollen an, die ebenfalls mit Kot gefüllt werden.

Mehlkäfer *(Tenebrio molitor)*, Vollinsekten, Puppen und Larven im Mehl

Frühlingsmistkäfer *(Geotrupes vernalis)*

Nahrung: Kot von Pflanzenfressern.
Besonderheiten: Die Familie der Dungkäfer (Geotrupidae) wurde in älterer Literatur als Unterfamilie der Blatthornkäfer geführt.

Blatthornkäfer

Junikäfer
(Amphimallon solstitiale); Fam. Scarabaeidae (Blatthornkäfer)

Andere Namen: Gerippter Brachkäfer, Kleiner Maikäfer.
Beschreibung: Dem Maikäfer recht ähnlich; KL 14–18 mm; Körper gleichmäßig hellbraun, mit stärkerer Behaarung; Flügeldecken mit je 3 erhabenen, am Rande bewimperten Rippen; Fühlerende als dreigliedriger Fächer.
Lebensraum: Offenes Terrain mit lockerem Boden, Parks, Gärten und Gelände mit aufgelockerte Baumbewuchs, Flachland bis Mittelgebirge.
Lebensweise: V–VII; schwärmt meist nach Sonnenuntergang (VI–VII) für kurze Zeit; Eiablage in lockeres Erdreich (bis 35 Eier); weitere Entwicklung der engerlingsförmigen Larven ähnlich Maikäfer, dauert allerdings nur 2–3 Jahre; danach Verpuppung im Boden (Frühjahr), Käfer schlüpft ab Mai.
Nahrung: Larven fressen an Wurzeln von jungen Bäumen (Schädling in Baumschulen!), Wiesen- und Feldpflanzen.
Besonderheiten: Den Namen Blatthornkäfer erhielt diese Familie aufgrund der Form ihrer Fühlerenden: Die letzten Glieder der Fühler (je nach Art 3–7) sind blatt- oder fächerförmig verbreitert und können von den Käfer über Blutdruckveränderungen gespreizt werden. Mitunter werden die Käfer von Laien für noch nicht ausgewachsene Maikäfer gehalten, was natürlich ein Irrtum ist, da eine vollständig entwickelte Insektenimago nicht mehr wachsen kann.

Gemeiner Rosenkäfer
(Cetonia aurata); Fam. Scarabaeidae (Blatthornkäfer)

Anderer Name: Goldkäfer.
Beschreibung: Leicht erkennbar Blatthornkäfer; KL 14–20 mm; Körper oberseits goldgrün glänzend, auch violett oder blau schillernd, auf der Unterseite kupferbraun; Flügeldecken mit 2 flachen Rippen, im letzten Drittel mit weißen Querflecken.
Lebensraum: Waldränder, blühende Gebüsche und Hecken, auch Gärten; weit verbreitet.
Lebensweise: V–VII; tagaktiv, fliegt bei Sonnenschein auf verschiedene Blüten; Entwicklung der Larven ähnlich lange wie bei anderen Blatthornkäfern.

Junikäfer *(Amphimallon solstitiale)*

Gemeiner Rosenkäfer *(Cetonia aurata)*

Nahrung: Käfer fressen Blüten von Heckenrosen (können an Zierrosen mitunter schädlich werden), Holunder, Weißdorn und weißblütigen Doldenblütern, gelegentlich lecken sie austretende Baumsäfte auf; Larven fressen Holzmulm von Laubbäumen (Pappel, Weide), aber auch Mulm aus Ameisenbauten.

Besonderheiten: Beim Fliegen spreizt der Rosenkäfer seine Flügeldecken nicht ab (wie dies andere flugfähige Käfer tun), sondern hält sie über dem Rücken zusammen, die häutigen Flugflügel werden statt dessen durch seitliche Randausschnitte gestreckt und bewegt. **Gesetzlich geschützt.**

Feldmaikäfer

(Melolontha melolontha); Fam. Scarabaeidae (Blatthornkäfer)

Beschreibung: Wohlbekannter, großer Blatthornkäfer, KL 20–30 mm; Flügeldecken schokoladenbraun, mit 4 deutlichen Längsrippen; Kopf, Halsschild und Schildchen schwarz, Hinterleib mit stumpfen Ende, dunkel, seitlich weiß gezeichnet; die fächerförmigen Fühlerenden beim ♂ mit 7, beim ♀ mit 4 Lamellen. Larve: KL bis 45 mm, „Engerlingsform", weißlich, mit hellbrauner Kopfkapsel und blasig aufgetriebenem, gräulich schimmerndem Hinterleibsende.

Lebensraum: Laubwälder und Waldränder, meist Flachland; früher häufig, heute eher selten vorkommend.

Lebensweise: V–VII; fliegt in der Abenddämmerung und nachts, oft massenhaft, auf verschiedene Laubbäume (siehe Nahrung); Paarung auf den Fraßbäumen, die ♀♀ fliegen anschließend auf offenes Terrain, Eiablage (10–30 Eier) in lockerem Boden (in 20–40 cm Tiefe); ♂♂ gehen bald nach der Paarung zugrunde; nach 4–6 Wochen Schlüpfen der Engerlinge; starker Wurzelfraß (daher früher als Forstschädlinge bekämpft), Verpuppung im 4. Fraßsommer (August, ebenfalls im Boden), letzte Überwinterung als Käfer in der „Puppenwiege".

Nahrung: Käfer fressen Laub, bevorzugt von Eichen, Buchen und Obstbäumen; Larven sind Wurzelfresser.

Besonderheiten: Aufgrund der mehrjährigen Entwicklung der Käfer gibt es alle 3–4 Jahre (je nach Klima) eine Massenvermehrung (Engerlingsdichte kann dann 100 Larven/m² betragen), ein sogenanntes „Maikäferjahr"; wenn die Käfer dann massenhaft ausschwärmen, können sie die Bäume regelrecht kahlfressen. Den Hauptschaden verursachen die Jungengerlinge im dritten und vierten Sommer. In der Vergangenheit ging man daher nicht zimperlich mit Maikäfern um; sie wurden beispielsweise in Eimer geschaufelt und als Schweinefutter verwendet. Heute sind Maikäfermassenvorkommen Anlaß genug, dieses Ereignis in der Lokalpresse zu veröffentlichen.

Feldmaikäfer (*Melo-lontha melolontha*)

Feldmaikäfer, Larve (Engerling)

Bockkäfer

Blauer Scheibenbock
(Callidium violaceum); Fam. Cerambycidae (Bockkäfer)

Anderer Name: Veilchenbock.
Beschreibung: Überall häufiger Bockkäfer, KL 8–16 mm; Halsschild breit, flach, metallisch grünblau; Flügeldecken blauviolett.
Lebensraum: Misch- und Nadelwälder.
Lebensweise: V–VII; Käfer in der Nähe des Fraßholzes der Larven; junge Larven nagen zunächst unter der Rinde und im Bast, ausgewachsene Larven fressen einen hakenförmigen Gang, in dem sie sich verpuppen.
Nahrung: Larven fressen in trockenem Nadelholz, seltener in Laubholz.
Besonderheiten: Ihren Namen erhielt die Familie der Bockkäfer nach den langen, zum Teil den ganzen Körper überragenden Fühlern, die an die Hörner eines Ziegen- oder Steinbocks erinnern. Gefährlich wird der Blaue Scheibenbock, wenn die Larven sich in Dachbalken oder Holztreppen entwickeln.

Hausbock
(Hylotrupes bajulus); Fam. Cerambycidae (Bockkäfer)

Anderer Name: Balkenbock.
Beschreibung: Besonders gefürchteter Schädling; KL 7–21 mm; Körper düster grau bis schwarzbraun, Halsschild hellgrau behaart; Flügeldecken grau; ♀♀ mit langer Legeröhre.
Lebensraum: Weltweit verbreitet, in altem, verbautem Nadelholz (Dachbalken, Eisenbahnschwellen. Leitunsgmasten); heute recht selten.
Lebensweise: V–IX; die insgesamt 200 Eier werden mithilfe des Legebohrers in Holzspalten abgelegt; die ♀♀ finden die geeigneten Holzsorten wahrscheinlich geruchlich (anhand aus dem Nadelholz ausdunstender ätherischer Öle); Larvenentwicklung sehr lang, zwischen 2–10, durchschnittlich 3–4 Jahre (auch 15 Jahre sind bekannt); da die Käferlarven das Holz völlig zerfressen, ist der angerichtete Schaden beträchtlich; Hausbockbefall ist meist erkenntlich an den Ausfluglöchern der geschlüpften Vollinsekten.
Nahrung: Trockenes, älteres Nadelholz.
Besonderheiten: Da die Hausbocklarven (je nach Nährstoffgehalt des Fraßholzes) bis zu 15 Jahre für ihre Entwicklung benötigen, hat diese Art mit eine der höchsten Lebenserwartung unter den Insekten. Zu den natürlichen Feinden, die diese Lebensspanne zu verkürzen wissen, zählen beispielsweise die Larven des Hausbuntkäfers *(Opilo domesticus)*. In den 30er Jahren, als das Bauholz nicht mit chemischen Mitteln vorbehandelt wurde, waren etwa 40% aller Gebäude in Deutschland vom Hausbock befallen.

Blauer Scheibenbock
(Callidium violaveum)

Hausbock
(Hylotrupes bajulus)

Rothalsbock

(Leptura rubra); Fam. Cerambycidae (Bockkäfer)

Anderer Name: Roter Schmalbock.
Beschreibung: Nicht sehr großer Bockkäfer, KL 10–19 mm; Geschlechter unterschiedlich gefärbt, ♀♀ größer, gedrungen, Flügeldecken, Halsschild und Füße rötlichbraun, Fühler kurz, schwach gesägt; ♂♂ kleiner, schmaler; Halsschild schwarz, Flügeldecken gelb, schmal zulaufend, Fühler lang, stark gesägt.
Lebensraum: Lichtungen, Waldwiesen und -ränder, auf Doldenblütlern (Apiaceae) und totem Nadelholz.
Lebensweise: VI–IX; ♂♂ sind eifrige Blütenbesucher, während man die ♀♀ meist auf dem Fraßholzes der Larven findet; Larvenentwicklung in Nadelholzstubben, Dauer 2 Jahre.
Nahrung: Larven fressen Nadelholz (Fichte, Kiefer), erwachsene Käfer sind Blütenfresser.

Gefleckter Schmalbock

(Strangalia maculata); Fam. Cerambycidae (Bockkäfer)

Beschreibung: Einer der häufigsten heimischen Bockkäfer; KL 14–20 mm; Halsschild und Kopf schwarz, Flügeldecken schmal, mit variabler, gelbschwarzer „Wespenzeichnung"; Fühler und Beine schwarz-gelb geringelt.
Lebensraum: Laubwälder, Waldwiesen und Lichtungen; Flachland bis Mittelgebirge.
Lebensweise: V–IX; Käfer auf Doldenblüten, Eiablage in der Nähe des morschen Fraßholzes (Laubhölzer); frisch geschlüpfte Larven fressen sich einen langen Gang ins Holz; Verpuppung an dessen Ende.
Nahrung: Larven ernähren sich von morschem Laubholz (Eiche, Buche, Birke, Ulme, Hasel, Weißdorn), selten von Fichtenholz; die Käfer fressen verschiedene Blütenteile (Pollen, Staubgefäße, Stempel).

Gemeiner Fichtensplintbock

(Tetropium castaneum); Fam. Cerambycidae (Bockkäfer)

Anderer Name: Fichtenbock.
Beschreibung: Kleiner, sehr variabler gefärbter Bockkäfer, KL 9–18 mm; Körper schwarz bis dunkelbraun, Flügeldecken rötlichbraun bis ockerfarben; Fühler und Beine dunkel, letztere mit hellbraunen Füßen. Larve: braun, beinlos, am hinteren Ende mit zwei Spitzen.
Lebensraum: Fichten- und Kieferwälder.
Lebensweise: IV–VIII; Käfer fliegt tagsüber; Eiablage unter Borkenschuppen; Larven im Splintholz von 60- bis 100jährigen Nadelbäumen, meist Fichten; sie nagen breite, geschlängelte, tiefe Gänge; Verpuppung in hakenförmigem Gang im Holzinnern.

Rothalsbock *(Leptura rubra)*, Weibchen

Gefleckter Schmalbock *(Strangalia maculata)*

Gemeiner Fichtensplintbock *(Tetropium castaneum)*

Nahrung: Larven fressen Holz von Fichten und Kiefern.

Besonderheiten: Diese Art zählt unter den Bockkäfern zu den gefürchtesten Schädlingen, weil sie nicht nur kranke oder bereits durch Windbruch, Pilze oder Borkenkäfer geschwächte Bäume befällt, sondern auch an gesunde Fichten oder Kiefern geht.

Blattkäfer

Blauer Erlenblattkäfer

(Agelastica alni); Fam. Chrysomelidae (Blattkäfer)

Beschreibung: Sehr häufiger einheimischer Blattkäfer, KL 6–7 mm; Körper klein, nach hinten kugelig aufgewölbt, blau, grün oder lila glänzend, Oberseite dicht gepunktet; Beine und Fühler schwarz.

Lebensraum: Auf Erlen, meist Flachland.

Lebensweise: IV–X; tagaktiv; ♂♂ sterben meist unmittelbar nach der Paarung; die ♀♀ legen die intensiv gelben Eier in einem Haufen an der Unterseite von Erlenblättern ab; Schlupf der tiefschwarzen Larven nach 14 Tagen, 3 Larvenstadien innerhalb von 4 Wochen Entwicklungszeit; Verpuppung unterirdisch; Überwinterung als Käfer.

Nahrung: Käfer und Larven fressen Blätter von Erlen und anderen Bäumen, bei Massenbefall bleiben nur die kahlgefressenen Blattrippen übrig.

Besonderheiten: Der Erlenblattkäfer ist ein typischer Vertreter der Chrysomeliden, einer sehr artenreichen Familie (35 000 Arten weltweit, davon in Mitteleuropa etwa 500). Die heimischen Blattkäfer, mitunter auch Laubkäfer genannt, sind meist nicht sehr große, pflanzenfressende Käfer, die oft prächtig, metallisch schillernd gefärbt sind.

Ovaläugiger Blattkäfer

(Dlochrysa fastuosa [=Chrysomela fastuosa]);
Fam. Chrysomelidae (Blattkäfer)

Anderer Name: Prächtiger Blattkäfer.

Beschreibung: Kleiner, gedrungener Blattkäfer, KL 5–6 mm; metallisch glänzende Färbung sehr variabel, von Grünblau, Blauviolett bis Rotblau, Flügeldecken oft mit blauviolettem Längsband; Halsschild mit zwei blauen Tupfern; Fühler dunkel, Beine blaugrün.

Lebensraum: Wiesen, Ruderalflächen, Wald- und Wegränder; auf Lippenblütlern (Lamiaceae).

Lebensweise: IV–VIII; Eiablage von IV–V auf den Futterpflanzen (siehe Nahrung), Entwicklung der Larven während des Sommers, Jungkäfer schlüpft im Herbst und überwintert.

Nahrung: Käfer und Larven fressen in erster Linie Blätter von Hohlzahn, Taubnessel und Goldnessel.

Blauer Erlenblattkäfer
(*Agelastica alni*)

Ovaläugiger Blattkäfer
(*Dlochrysa fastuosa*)

Besonderheiten: Die relativ flugfaulen Käfer kann man häufig an sonnigen Tagen auf den genannten Futterpflanzen beobachten.

Kartoffelkäfer
(Leptinotarsa decemlineata); Fam. Chrysomelidae (Blattkäfer)

Anderer Name: Coloradokäfer.

Beschreibung: Bekannter, unverwechselbarer Blattkäfer; KL 6–10 mm; Kopf und Halsschild rötlichgelb, schwarz gemustert, Flügeldecken etwa heller, mit insgesamt 10 schwarzen Längsstreifen (daher der wissenschaftliche Name *„decemlineata"* = *„mit zehn Streifen"*); Fußglieder und Fühlerende schwarz.

Lebensraum: Ursprünglich aus Nordamerika stammend, ist diese Art überall anzutreffen, wo Kartoffeln angebaut werden.

Lebensweise: IV–VIII; tagaktiv; Eiablage gruppenweise an der Blattunterseite von Kartoffelpflanzen und anderen Nachtschattengewächsen; ♀♀ werden bis zu 2 Jahre alt und können im Laufe ihres Lebens bis zu 2400 Eier produzieren; die aufgeblähten, roten Larven schlüpfen 5–12 Tage später und beginnen sogleich, Blätter zu fressen; Verpuppung nach einigen Wochen im Boden; überwintert als Käfer.

Nahrung: Blätter von Kartoffeln und anderen Nachtschattengewächsen (Solanaceae); bestimmte Arten dieser Familie werden jedoch wegen der darin enthaltenen Alkaloide verschmäht.

Besonderheiten: Kartoffelkäfer wurden 1874 aus Amerika nach Europa eingeschleppt, 1877 fand man die ersten dieser Käfer in Deutschland. Obwohl er als sogenannter Faunenfremdling in Mitteleuropa eigentlich keine natürlichen Feinde besitzt, stellen ihm größere Carabidenarten (Laufkäfer) erfolgreich nach; auch von Fasanen und Rebhühnern wird er gern gefressen. Bei Gefahr sondert er wie auch seine Larven ein gelbes Wehrsekret ab.

Pappelblattkäfer
(Melasoma populi); Fam. Chrysomelidae (Blattkäfer)

Beschreibung: Häufiger Blattkäfer Mitteleuropas, KL 10–12 mm; Körper gewölbt, gerundet; Halsschild und Kopf metallisch schwarz, Flügeldecken intensiv rot, am Ende mit schwarzem Zipfel; Beine und Fühler ebenfalls schwarz.

Lebensraum: Auf Pappeln und Weiden, meist Flachland.

Lebensweise: V–VIII; tagaktiv; das ♀ legt gruppenweise 30–40 leuchtend orangefarbene Eier an der Unterseite von Bättern der Futterpflanzen ab; die weißen, mit schwarzen Tupfern übersäten Larven fressen die Blätter bis zu den Rippen auf; Verpuppung als Stürzpuppe an Zweigen; Überwinterung als Käfer unter Fallaub am Boden.

Nahrung: Käfer und Larven fressen Blätter von Erlen und anderen Bäumen, bei Massenbefall bleiben mitunter nur die kahlgefressenen Blattrippen übrig.

Kartoffelkäfer *(Leptinotarsa decemlineata)*

Pappelblattkäfer, Imago

Pappelblattkäfer *(Melasoma populi)*, Larve

Besonderheiten: Käfer und Larven des Pappelblattkäfers sondern bei Gefahr ein stechend riechendes Sekret ab, eine Aldehydverbindung, die der Käfer aus der Salicylsäure bildet, die er beim Fressen der Weidenblätter aufnimmt.

Tatzenkäfer
(Timarcha tenebricosa); Fam. Chrysomelidae (Blattkäfer)

Andere Namen: Riesenblattkäfer, Labkrautblattkäfer.
Beschreibung: Größter heimischer Blattkäfer, KL 11–18 mm; Körper dunkel, matt glänzend, kugelig aufgewölbt, Flügeldecken verwachsen, daher nicht flugfähig; Fühler lang, fadenförmig; Füße „tatzenförmig" verbreitert.
Lebensraum: Waldränder, Waldwiesen, Trockenrasen, meist Mittelgebirge.
Lebensweise: III–X; tagaktiv; Eiablage und Verpuppung am Boden; Überwinterung teilweise als Ei, zum Teil als Käfer.
Nahrung: Käfer und Larven fressen in erster Linie Labkraut *(Galium verum)* und andere Krautpflanzen.
Besonderheiten: Der Tatzenkäfer sondert bei Bedrohung mehrere Tropfen eines blutroten Sekrets aus; dieses sogenannte Reflexbluten hat ihm in England den bezeichnenden Name „*Bloody Nose Beetle*" (zu deutsch „Nasenblutenkäfer") eingetragen.

Rüsselkäfer

Haselnußbohrer
(Curculio nucum); Fam. Curculionidae (Rüsselkäfer)

Beschreibung: Kleiner ovaler Rüsselkäfer, KL 6–9 mm; Körper dunkel, dicht graubraun beschuppt, Kopf mit langer, ausgezogener, brauner Schnauze („Rüssel"), an der die geknieten Fühler ansetzen; Rüssel bei den ♀♀ länger als bei den ♂♂.
Lebensraum: Waldränder, Hecken und Gärten überall, wo es Haseln, Eichen und Obstbäume gibt.
Lebensweise: IV–IX; tagaktiv; nach dem Schlüpfen fressen die Käfer an verschiedenen Früchten; Eiablage von V–VI, ♀ sticht mit dem Rüssel die noch ganz kleinen, grünen Haselnüsse an und legt je ein Ei hinein; da die Frucht erst im Wachsen ist, vernarbt das Bohrloch; die Larve frißt die Nuß von innen heraus, diese fällt vorzeitig ab; die Altlarve bohrt sich durch die Schale; Überwinterung als Larve in einer Erdhöhle (auch 2–3 Winter möglich); hier Verpuppung im Frühjahr.
Nahrung: Erwachsene Haselnußbohrer fressen vor der Paarung an unreifen Birnen, Äpfeln und Kirschen, später von Haselblättern; Larven ernähren sich von Nußkernen.

Tatzenkäfer
(Timarcha tenebricosa)

Haselnußbohrer
(Curculio nucum)

Besonderheiten: Beim Haselnußbohrer ist das namengebende Merkmal der Familie, der Rüssel, besonders gut ausgeprägt. Je nach Art und Weise, wie Rüsselkäfer für ihren Nachwuchs sorgen, unterscheidet man in Stecher und Roller; der Haselnußbohrer fällt in die erste Kategorie, die ihre Eier durch Anstechen bestimmter Pflanzenteile (Früchte, Blüten, Stengel) ablegt und so für die Larven einen Nahrungsvorrat schafft.

Großer Brauner Rüsselkäfer
(Hylobius abietis); Fam. Curculionidae (Rüsselkäfer)

Anderer Name: Fichtenrüsselkäfer.
Beschreibung: Mittelgroßer Rüsselkäfer, KL 8–14 mm; Körper braunschwarz, stellenweise beschuppt, Flügeldecken und Halsschild mit gelben Tupfern, Kopf mit spitz ausgezogenem Rüssel, Fühler gekniet, Fühlerende keulig geformt.
Lebensraum: Nadelwälder, auf Kiefern und Fichten; Flachland bis Gebirge.
Lebensweise: IV–VIII; tagaktiv; geschlüpfte Käfer fliegen, von ätherischen Lockstoffen der Nadelhölzer angezogen, junge Bäume an und fressen bis zum Herbst an deren Rinde; Eiablage an Nadelholzstubben, mehrere Eier in einem Bohrloch; die Larven fressen sich bis ins Splintholz durch; Überwinterung als Larve; Verpuppung im folgenden Sommer; Lebenserwartung der Käfer 2–3 Jahre.
Nahrung: Erwachsene Fichtenrüsselkäfer ernähren sich von Rinde und Bast; Larven fressen an Kiefern- und Fichtenwurzeln.
Besonderheiten: Die Rüsselkäfer (Cucurlionidae), mit ca. 50000 bekannten Arten die weltweit größte Käferfamilie, stellen neben Kurzflüglern (Staphylinidae) und Laufkäfern (Carabidae) mit 900 mitteleuropäischen Arten auch in Deutschland einen Großteil der Käferfauna.

Silberner Grünrüßler
(Phyllobius argentatus); Fam. Curculionidae (Rüsselkäfer)

Anderer Name: Goldgrüner Blattnager.
Beschreibung: Kleiner, länglicher Rüsselkäfer, KL 3,5–6 mm; Körper mit Ausnahme der rotbraunen Beine und geknieten Fühler völlig mit metallisch grünen Schuppen bedeckt; Halsschild und Kopf gepünktelt, Flügeldecken längsgestreift.
Lebensraum: Auf Laub- und Nadelbäumen, in Gärten auch auf Obstbäumen; Flachland bis Gebirge.
Lebensweise: V–X; tagaktiv, häufig vorkommend; Eiablage am Boden; die beinlosen, madenförmigen Larven bohren in den Stengeln von Krautpflanzen; Altlarven verlassen die Futterpflanzen, vergraben sich im Boden; hier auch Verpuppung; Puppe überwintert, der junge Käfer schlüpft dann im Frühling.
Nahrung: Ausgewachsene Grünrüßler sind Blattfresser (Laubbäume); Larven fressen in Krautpflanzen.

Großer Brauner Rüssel-
käfer *(Hylobius abietis)*

Silberner Grünrüßler
(Phyllobius argentatus)

Besonderheiten: Die ähnliche, etwas größere und schwarzbeinige Grünrüßlerart, den Brennesselrüßler *(Phyllobius urticae)*, findet man im Frühjahr und Sommer regelmäßig in Brennesselhecken.

Dickkopfrüßler

Haselblattroller

(Apoderus coryli); Fam. Attelabidae (Dickkopfrüßler)

Beschreibung: Auffälliger Käfer, KL 6–8 mm; Halsschild, Flügeldecken und Schenkel rot, Kopf, Fühler und Beine schenkelabwärts schwarz.
Lebensraum: Gebüsche, Hecken, Waldränder und Gärten, auf Haseln, nur selten an Birken und Erlen zu finden.
Lebensweise: V–IX; vor der Eiablage schneidet das ♀ das Haselblatt in einem komplizierten Schnittmuster einseitig an, und legt eine zigarrenförmige Blattrolle an, in die es je 1–2 Eier legt; Verpuppung in der „Blattzigarre“; Überwinterung als Käfer.
Nahrung: Haselblätter, selten Laub von Erlen oder Birken.
Besonderheiten: Eine interessante Form von Brutparasitismus muß der Eichenblattroller *(Attelabus nitens)* erdulden, der dem Haselblattroller stark ähnelt; in die tönnchenförmige Blattrolle dieses Käfers legt das ♀ des Kuckucksrüßlers *(Rhynchites sericeus)* jeweils ein Ei; anschließend entwickeln sich Wirt- und Kuckuckslarve gemeinsam im Blattwickel.

Schwarzer Birkenblattroller

(Deporaus betulae); Fam. Attelabidae (Dickkopfrüßler)

Beschreibung: Kleiner Käfer, KL 2,5–5 mm; Körper oberseitig glänzend schwarz, Flügeldecken mit Punktreihen; Kopf mit breiter, rüsselförmiger Verlängerung; ♂♂ mit sehr kräftigen, verdickten Hinterschenkeln; Fühlerenden keulig verdickt.
Lebensraum: Auf Birken, Erlen und Haseln, vom Flachland bis Gebirge.
Lebensweise: IV–X; ♂♂ führen „Ringkämpfe“ um die ♀♀ aus, wobei sie sich mit den Hinterbeinen aneinanderklammern; das ♀ schneidet nach der Begattung das Blatt einer Futterpflanze so ab, daß es welkt und sich zu einer Tüte zusammenfalten läßt, darin Ablage weniger (bis 6) Eier; Larvenentwicklung in der „Blattüte“, diese fällt nach einiger Zeit zu Boden, die Käferlarven kriechen heraus und verpuppen sich im Erdreich; Überwinterung als Käfer.
Nahrung: Birkenblätter, selten Blätter von Erlen, Haseln und anderen Laubbäumen.

Haselblattroller
(Apoderus coryli)

Birkenblattroller *(Deporaus betulae)*, eingerolltes Birkenblatt

Borkenkäfer

Großer Waldgärtner
(Blastophagus piniperda); Fam. Scolytidae (Borkenkäfer)

Anderer Name: Gefurchter Waldgärtner, Kiefernmarkkäfer.
Beschreibung: KL 3,5–4,8 mm; Körper zylindrisch, dunkel; Halsschild glänzend schwarz, Flügeldecken glänzend bräunlich, längsgestreift; Beine und Fühler gelb.
Lebensraum: Nadelwälder (Kiefernwälder); unter der Rinde von Kiefern.
Lebensweise: IV–IX; das ♀ bohrt einen geraden, bis 16 cm langen Muttergang (s. u.) in den Kieferstamm; ♂♂ werden durch hormonelle Duftstoffe (Pheromone) zur Paarung angelockt. Vom Muttergang aus fressen die Larven im rechten Winkel seitliche Gänge unter die Rinde, in denen sie sich entwickeln und später verpuppen. Jungkäfer nagen sich ab VII durch die Borke ins Freie und höhlen fressenderweise die Triebspitzen des Baums von innen aus; diese werden brüchig und fallen ab. Die Kiefer sieht insgesamt dann so aus, als sei sie mit der Heckenschere gestutzt worden (Name Waldgärtner!).
Nahrung: Kiefernbast und -triebe.
Besonderheiten: Anders als Buchdrucker, leben Waldgärtner in Einehe. Anhand der typischen Fraßbilder kann man Borkenkäferarten bestimmen.

Buchdrucker
(Ips typographus); Fam. Scolytidae (Borkenkäfer)

Beschreibung: Häufiger heimischer Borkenkäfer, KL 4,2–5,5 mm; Körper zylindrisch, klein, seitlich lang behaart; Halsschild schwarzbraun, groß, überragt den Kopf, dieser mit kurzen, gelben Fühlern; Flügeldecken braunrot, am Ende abgestutzt und am Rande mit 4 Zähnen; Beine braun, mit gelben Füßen.
Lebensraum: Nadelwälder (Fichtenwälder); unter der Rinde von Fichten.
Lebensweise: IV–X; polygame Art, das heißt das ♂ lebt in in Vielehe mit 1–3 ♀♀; in der Fortpflanzungszeit fliegt es auf eine Fichte, legt dort bohrend eine Paarungskammer („Rammelkammer") an, diese wird später von mehreren ♀♀ angeflogen; angelockt werden sie durch hormonelle Duftstoffe (Pheromone), die das ♂ aussendet. Jedes ♀ frißt nun einen geraden, bis 15 cm langen „Muttergang" ins Holz, in dem es 30–60 Eier in die Nischen absetzt. Vom Muttergang aus fressen sich die bis 4 mm langen Larven seitliche Gänge (5–7 cm lang) unter die Rinde, in denen sie sich entwickeln und später verpuppen.
Nahrung: ♀♀ und Larven fressen die Bastschicht von Fichten.
Besonderheiten: Da Buchdrucker vor allem den lebenden Bast schädigen, kann der Baum bei starkem Käferbefall absterben. Zur biologischen Bekämpfung setzt man spezielle Borkenkäferfallen ein, zu denen die Tiere durch Pheromone gelockt werden.

Waldgärtner, Fraßbild

Großer Waldgärtner *(Blastophagus piniperda)*

Borkenkäferfalle

Buchdrucker *(Ips typographus)*, Fraßbild

Hautflügler, Schnabel- und Köcherfliegen

Die Ordnung der Hautflügler (Hymenoptera) besteht aus Insekten mit 2 Paar durchsichtigen Hautflügeln, deren vorderes Paar meist viel größer ist als das hintere. Je nach Ernährungsweise – die meisten Hautflügler sind Nektar- und Pollenfresser, lediglich Ameisen und einige Wespenarten sind Fleischfresser – besitzen sie beißende oder leckend-saugende Mundwerkzeuge. Hautflügler machen eine vollständige Entwicklung durch. Die Weibchen haben eine Legeröhre, mit der die Eier abgesetzt werden. In dieser Ordnung finden wir auch die meisten staatenbildenden Insekten: Ameisen, Bienen, Wespen, Hummeln und Hornissen; lediglich die Termiten gehören einer anderen Ordnung an, nämlich den Gleichflüglern (Isoptera). Hymenopteren werden systematisch in zwei Unterordnungen geteilt: Pflanzenwespen (Symphyta) und Taillenwespen (Apocrita), letztere zusätzlich in Leg- und Stechwespen. Bei den Pflanzenwespen gehen Brust und Hinterleib übergangslos ineineinander über, und ihre meist vegetarisch lebenden Larven erinnern äußerlich an Schmetterlingsraupen; deshalb werden sie auch „Afterraupen" = „Falsche Raupen" genannt. Zu den Symphyta zählen unter anderem Holz-, Schwert- und Gespinstblattwespen. Bei den Apocrita hingegen sind Brust und Hinterleib durch die sogenannte „Wespentaille" deutlich getrennt, und die ohne madenförmigen Larven besitzen weder Beine noch Augen. Bekannte Vertreter der Taillenwespen sind neben den staatenbildenden Bienen und Ameisen auch die Schlupf- und Gallwespen.

Schnabelfliegen (Mecoptera, früher auch Panorpata) sind eine Gruppe mitelgroßer Insekten mit vollständiger Umwandlung, deren vorderer Kopfabschnitt schnabel- oder rüsselartig ausgezogen ist. Schnabelfliegen sind recht schlechte Flieger; bei einigen Arten sind die Flügel zu Stummeln reduziert, während andere Arten recht gut springen können wie z. B. der Winterhaft. Die Insekten fressen meist Aas oder totes Pflanzenmaterial, die meist raupenähnlichen Larven leben und verpuppen sich im Boden.

Köcherfliegen (Trichoptera), weisen große Ähnlichkeit mit Schmetterlingen, speziell Nachtfaltern auf und werden oft mit diesen verwechselt. Im Gegensatz zu den Schmetterlingen sind ihre Fühler meist viel länger und ihre Flügel nicht beschuppt, sondern stets fein behaart (daher der lateinische Name, von altgriech. *trix, trichos = Haar* und *pteron = Flügel*). Der deutsche Name dieser Insektenordnung leitet sich von den Schutzhüllen her, den Köchern, mit denen die wasserlebenden Larven ihren Hinterleib schützen. Diese Köcher können artspezifisch aus weichen Gespinsten, Sandkörnern, Kieselsteinchen, Schneckenhaustrümmern, Tannennadeln und anderem Material bestehen, so daß man anhand von Form und Zusammensetzung des Köchers oft die Art bestimmen kann; die Larven mancher Arten sind jedoch weniger wählerisch und nehmen zum Köcherbau alles, was kommt. Imago der Köcherfliegen sind keine ausdauernden Flieger, leben meist in der Nähe von Fließgewässern und ernähren sich von Nektar. Die Larven fressen meist Pflanzen, mitunter auch Plankton und Insektenlarven.

Nest der Steinhummel
(Bombus lapidarius)

Pflanzenwespen

Riesenholzwespe

(Urocerus gigas); Fam. Siricidae (Holzwespen)

Beschreibung: Größte einheimische Holzwespe, ♀ einer der größter Hautflügler Europas, KL 10–40 mm; Körper der ♀♀ schwarz, Kopfkapsel, Fühler und Beine gelb, mit langem gelben Legebohrer (etwa körperlang, jedoch trotz seiner Länge für Mensch und Tier völlig ungefährlich), ♂ ohne Legebohrer, Hinterleib rötlich; Flügel transparent. Larve gelblich-weißlich, mit 3 Paar kurzen Brustbeinen, ohne Augen, KL bis 30 mm; lebt in Nadelholz, in selbstgegrabenen, bis zu 40 cm langen Gängen.

Lebensraum: Insbesondere in Nadelwäldern.

Lebensweise: V–X tagaktiv; Eibalage wie bei der Kiefernholzwespe per Legebohrer direkt ins Holz (bis 1 cm tief); beim Ablegen der Eier werden diese aus speziellen „Pilzspritzen" mit einem pilzsporenhaltigen Sekret beschmiert; der Pilz wächst später im Holz, das von der Larve gefressen wird und dient ihr teilweise auch als Nahrung; Entwicklung der Larven mehrere, meist 3 Jahre.

Nahrung: Erwachsene Kiefernholzwespen saugen Baumsäfte, Larven fressen Holz und Pilzmyzel und nagen bis 40 cm lange Gänge. Sie können die Holznahrung mit Hilfe symbiontischer Pilze aufschließen.

Besonderheiten: In den holzfressenden Riesenholzwespenlarven schmarotzen oft die fleischfressenden Larven anderer Schlupfwespen, z. B. der Riesenholzschlupfwespe *(Rhyssa persuasoria)*; diese Form des Parasitismus, bei dem ein Parasit in einem anderen schmarotzt, nennt man Hyperparasitismus.

Gierschblattwespe

(Tenthredo campestris [= T. flavicornis]);
Fam. Tenthredinidae (Echte Blattwespen)

Beschreibung: KL 12–14 mm; Kopf und Hinterleibsende ganz schwarz, Hinterleib gelb-rötlich, im Brustbereich oberseits mit karmesinroter Zeichnung; Fühler ganz gelb (daher der ältere Artenname *flavicornis* ="gelbhörnig"), Flügel honigfarben, an der Spitze schwärzlich. Larve: Afterraupe mit 8 Bauchfußpaaren an den Bauchringen, KL 20–24 mm; verpuppt sich innerhalb eines Kokons im Erdreich.

Lebensraum: Wiesen und Weiden mit Doldenblütlern.

Lebensweise: V–VIII auf Doldenblütlern; Puppe überwintert.

Nahrung: Die Afterraupe ist spezialisiert auf den Giersch *(Aegopodium podagraria)* als Wirtspflanze.

Riesenholzwespe
(Urocerus gigas)

Gierschblattwespe
(Tenthredo campestris)

Taillenwespen

Schwarze Schlupfwespe
(Pimpla instigator); Fam. Ichneumonidae (Echte Schlupfwespen)

Beschreibung: Häufige Schlupfwespe des Waldes; KL 10–24 mm; Körper schwarz, Kopf und vorderer Brustabschnitt schwarz behaart, rötliche Beine, Hinterleib kräftig, niedergedrückt; Legebohrer kurz, etwa halbe Körperlänge; ausgewachsen riechen die Tiere nach Asphalt.

Lebensraum: Wälder.

Lebensweise: V–X; Schlupfwespen überwintern unter Baumrinde, öfters zu mehreren; ♀ legt Eier in die Raupen und Puppen verschiedener Schmetterlinge und Blattwespen, in denen sich die Eier sehr rasch entwickeln (vor der Metamorphose der Wirtspuppe).

Nahrung: Die Larven ernähren sich von Schmetterlings- und Blattwespenraupen; erwachsene Schlupfwespen saugen Blütennektar, ♀♀ saugen gerne auch „Blut" aus Puppen, die sie vorher mit dem Legebohrer anstechen; ♂♂ saugen auch gerne Blut, müssen aber eine angestochene Puppe finden, da sie selbst keinen Bohrer besitzen.

Besonderheiten: Da die Schwarze Schlupfwespe die Raupen vieler Forstschädlinge befällt, gehört sie zu den wichtigen natürlichen Feinden (und Bekämpfungsmitteln) dieser Tiere. Viele Schlupfwespen zeigen den Hyperparasitismus und haben sich oftmals auf bestimmte Insekten spezialisiert; während z. B. die Riesenschlupfwespe ihre Eier in Larven von Holzwespen ablegt, bevorzugt die Schlupfwespe *Ephialtes manifestator* Bockkäferlarven.

Riesenschlupfwespe
(Rhyssa persuasoria); Fam. Ichneumonidae (Echte Schlupfwespen)

Anderer Name: Pfeifenräumer.

Beschreibung: stattliche Schlupfwespe, KL 10–30 mm, ♀ mit Legebohrer etwa 80 mm un damit längstes einheimisches Insekt; Körper schwarz mit weißen Tupfern, Kopf dunkel, mit langen, schwarzen Fühlern, rötliche Beine; Legebohrer lang und dunkel, etwa 1 KL.

Lebensraum: Wälder.

Lebensweise: VI–IX; ♀ legt Eier in die Nähe von Holzwespenlarven, die durch einen Giftstich gelähmt werden.

Nahrung: Die Larven sind Außenschmarotzer von Holzwespenlarven, erwachsene Riesenschlupfwespen ernähren sich von Nektar (gerne von Doldenblütern), gelegentlich auch von Honigtau.

Besonderheiten: ♀♀ suchen sehr zielsicher die Wirtslarven auf und durchbohren das Holz mit ihrem Legeapparat während des etwa 30 min. dauernden Bohraktes; beim Gleiten durch den Bohrer werden die Eier oft stark defomiert. Als Orientierung dienen dem ♀ Duftstoffe der Pilzgattung *Amylostereum*, die im Fraß-"Sägemehl" der Holzwespenlarven lebt.

Schwarze Schlupfwespe
(Pimpla instigator)

Riesenschlupfwespe
(Rhyssa persuasoria)

Kupfergoldwespe

(Chrysis cuprea); Fam. Chrysididae (Goldwespen)

Beschreibung: Kleiner Hautflügler, KL 6–10 mm; Körper vollständig rot-gold-glänzend, Beine und hinterer Brustabschnitt metallisch-blau.

Lebensraum: Warme, trockene, kaum bewachsene Standorte, z. B. Magerrasen, Kies- und Schutthalden.

Lebensweise: V–VII, tagaktiv; diese Goldwespe betreibt wie die meisten Vertreter ihrer Familie Brutparasitismus: Sie wartet in der Nähe von Schneckenhäusern, die von der Mauerbiene *Osmia rufohirta* zur Eiablage genutzt werden, einen günstigen Moment ab, um die eigenen Eier abzulegen. Wird die Goldwespe dabei von der Biene überrascht, so kugelt sie sich zusammen und läßt sich protestlos hinauswerfen. Gegen Stiche der wütenden Biene ist *Chrysis cuprea* zudem durch einen dicken Panzer geschützt.

Besonderheiten: Goldwespen sind als Brutparasiten oft nur auf einen Wirt festgelegt; so sucht sich beispielsweise die etwas größere Schneckenhausgoldwespe (*Chrysis trimaculata*, KL 8–10 mm, Vorderkörper grünblau-metallisch, Hinterleib rotgolden) meistens Schneckenhäuser aus, in denen die Mauerbienenart *Osmia bicolor* ihre Eier ablegt. Diese Abhängigkeit wird für die Goldwespen zur Gefahr, wenn die Dichte ihrer Wirte umweltbedingt abnimmt. Hingegen kommt die relativ häufige Gemeine Goldwespe (*Chrysis ignita*, ähnlich gezeichnet wie *C. trimaculata*, nur ist die Goldwespe größer KL bis 13 mm!) vielleicht deshalb so oft vor, weil sie beim Aussuchen der Wirtbienen oder -wespen nicht so wählerisch ist.

Gemeine Sandwespe

(Ammophila sabulosa); Fam. Sphecidae (Echte Grabwespen)

Beschreibung: Größte heimische Grabwespe, KL 14–28 mm; Körper schlank, schwarz, Hinterleib rot, lang gestielt, Hinterleibsende bräunlich-schwarz.

Lebensraum: Weit verbreitet, gerne auf Sandböden.

Lebensweise: VI–X; das ♀ gräbt bis 5 cm lange Gänge in den Sandboden, unmittelbar danach macht es sich auf die Jagd nach einer Raupe (oftmals Eulenfalterraupen); die Raupe wird mit einem Stich in das Bauchmark gelähmt und in die Höhle geschleppt; bis zu drei Raupen werden in eine Höhle eingetragen. Anschließend legt die Grabwespe ein Ei auf den lebenden Nahrungsvorrat, verschließt die Höhle mit Sandbrocken und Steinchen und „fegt" zum Schluß lockeren Sand über alles. Dazu gehört ein ausgeprägtes Ortsgedächtnis. Das Öffnen des Nestes, Eintragen der Beute, Verschließen und Tarnen des Nestes sind angeborene Verhaltensweisen, die starr ablaufen und kaum abgewandelt werden können. Ein ♀ betreut mehrere Nester gleichzeitig.

Nahrung: Saugt an Skabiose und Thymian. Larven fressen Schmetterlingsraupen, meist von Eulenfaltern.

Kupfergoldwespe
(Chrysis cuprea)

Sandwespe *(Am-mophila sabulosa)*

Gewöhnliche Wespe

(Vespula vulgaris [= Paravespula vulgaris]); Fam. Vespidae (Echte Wespen)

Beschreibung: Bekannte Wespenart, KL 16–19 mm (Königin), 13–17 mm (♂) und 11–14 mm (Arbeiterin); Körper charakteristisch schwarz-gelb gebändert, Kopf mit schwarzem Längsstreifen; „Wespentaille" (der 1. Hinterleibsring ist stark eingeschnürt.

Lebensraum: Offenes Terrain, fast überall verbreitet.

Lebensweise: IV–X; tagaktiv; diese zu den Faltenwespen gehörende Art lebt wie viele andere Netzflügler in sozialen Gebilden, den „Staaten", zusammen. Im Frühjahr schlüpft die junge Königin aus ihrem Winterquartier und sammelt morsche Holzfasern, die sie mit den kräftigen Kiefern zerkaut und mit Speichel zu einer Art „Papiermasse" anrührt, aus dieser Masse wird das Nest, das meist bräunlich-gelb aussieht, in einer Erdhöhle gebaut. Dieses enthält einige wenige, nach unten offene Brutzellen, in die die ersten Eier gelegt werden. Die geschlüpften Larven werden mit erbeuteten und zerkauten Insekten (meist Fliegen) gefüttert, und nach einigen Wochen schlüpfen die ersten Arbeiterinnen. Die Arbeiterinnen (unfruchtbare ♀♀) unterstützen die Königin beim Nestbau, so daß sich diese mit zunehmender Größe des Volkes nur noch um die Eiablage zu kümmern braucht; die Größe des Volkes kann maximal bis zu 7000 Individuen betragen. Zum Herbst hin schlüpfen voll entwickelte ♀♀ sowie ♂♂; diese paaren sich mit den jungen ♀♀ und sterben bald darauf. Mit zurückgehendem Nahrungsangebot sterben immer mehr Arbeiterinnen, und die ersten Nachtfröste töten dann die übrigen Nestbewohner einschließlich der Königin. Lediglich die befruchteten ♀♀ überleben in einem Winterquartier und beginnen den Zyklus im Frühjahr erneut.

Nahrung: Erwachsene Wespen Nektar, Fruchtsäfte, süße Früchte und saftiges Obst; Wespenlarven sind reine Fleischfresser und müssen mit zerkleinerten Fleischstückchen gefüttert werden.

Besonderheiten: Der Stachel der Wespen hat keinen Widerhaken und bleibt deshalb auch nicht nach einem Stich hängen. Normalerweise stechen Wespen nur, wenn sie sich bedroht fühlen; im allgemeinen stellt ein Wespenstich jedenfalls kein Drama dar. Probleme kann es jedoch bei Stichen in Mundraum, Hals und Rachen geben, weil dann der Gestochene zu ersticken droht. Bei manchen Allergikern und überempfindlichen Menschen kann es dann ebenfalls zu Überreaktionen des Immunssystems (anaphylaktischer Schock) bis hin zum Herzstillstand kommen.

Hornisse

(Vespa crabro); Fam. Vespidae (Echte Wespen)

Beschreibung: Größte Wespe Mitteleuropas, KL 25–35 mm (Königin), 21–28 mm (♂) und 18–24 mm (Arbeiterin); der typisch schwarz-gelb gefärbte Wespenkörper weist zusätzlich an Kopf, Brust, Hinterleib und Beinen rote Zeichnungen auf, Kopfschild nicht dunkel gezeichnet.

Gewöhnliche Wespe *(Vespula vulgaris)*, Porträt

Hornisse *(Vespa crabro)* an Fallobst

Lebensraum: Aufgelockerte Waldgebiete, auch in besiedeltem Gebiet; Nester in hohlen Bäumen, Nistkästen, Scheunen, Dachstühlen und Holzschuppen.

Lebensweise: IV–X; tagaktiv; früher weit verbreitet, heute gebietsweise selten geworden. Hornissen bilden ebenfalls Staaten. Die Nestgründung erfolgt wie bei der Gemeinen Wespe im Frühjahr allein durch die überwinternde Königin; als Baumaterial dienen vor allem Fasern aus morschem Holz, wodurch sich eine rötlich-gelbbraune Färbung des Papiernestes ergibt. Die geschlüpfte Brut wird von den Arbeiterinnen mit Fliegen, Bienen und gerne auch Wespen gefüttert; das Nest ist gegen Herbstende bis 60 cm hoch (∅ bis 30 cm), die Staatengröße beträgt aber nie mehr als 1000 Hornissen. Auch hier stirbt das Volk im September, spätestens im Oktober, nur junge, befruchtete Königinnen überwintern.

Nahrung: Hornissenlarven fressen von den Arbeiterinnen erbeutete Insekten (meist Hautflügler oder Fliegen), die Imagines lecken pflanzliche Säfte an „Baumwunden" oder Obst, vergreifen sich jedoch aufgrund ihrer natürlichen Scheuheit nicht wie die Wespen an Marmeladen, Torten, Limonade und ähnlichem.

Besonderheiten: Hornissen sind größtenteils aus Unkenntnis seit jeher schlecht beleumundet. Hornissenstiche, von denen angeblich sieben ein Pferd und drei einen Menschen töten sollen, sind nicht gefährlicher als der Stich einer Biene oder Wespe, wohl aber etwas schmerzhafter. Im Gegensatz zu Wespen sind Hornissen äußerst menschenscheu, und außerhalb der „Bannmeile" um ihr Nest flüchten sie vor jedem Angreifer. Innerhalb eines Radius von 5 m um Hornissennest wird jedoch jeder Eindringling attackiert. Da Hornissen unter Naturschutz stehen (**gesetzlich geschützt**), dürfen ihre Nester nicht vernichtet werden, selbst wenn sie als störend empfunden werden. Gegebenenfalls kann das ganze Nest in einen Kasten umgesiedelt werden.

Rote Waldameise
(Formica rufa); Fam. Formicidae (Ameisen)

Beschreibung: Eine der bekanntesten Ameisenarten Mitteleuropas, KL 9–11 mm (Königin), 9–11 mm (♂) und 4–9 mm (Arbeiterin); Körper rotgefärbt, mit Ausnahme von Kopfoberseite, Rückseite der Vorderbrust, Hinterleib und Beinen, zum Teil schwach behaart.

Lebensraum: Waldgebiete mit mäßiger Beschattung, gerne nicht zu dunkle Nadelwälder; der typische kuppelförmige „Ameisenhaufen" (Höhe bis 1,5 m) liegt an windgeschützten Stellen, die Oberseite ist mit einer Streu aus Fichtennadeln bedeckt; der aus zahlreichen Gängen und Kammern bestehende Bau reicht meist bis maximal 2 m in die Tiefe.

Lebensweise: IV–X; tagaktiv; auch die Rote Waldameise lebt in Staaten zusammen. Nestgründung erfolgt durch Eindringen einer begatteten jungen Königin in das Nest einer kleineren Ameisenart *(Formica fusca)*, die ansässige Königin wird getötet, und die neue Königin läßt ihre erste eigene Brut von den Fremdameisen groß ziehen. Da Rote Waldameisen viele Insekten

Rote Waldameise *(Formica rufa)*, Ameisenansammlung

Rote Waldameise, Ameisenhaufen

(auch große Raupen) erbeuten, gelten sie als Forstnutzinsekten **(gesetzlich geschützt)**. Die Arbeiterinnen betreiben intensive Brutpflege, die Eier werden abgeleckt (Schutz vor Verpilzung), die Larven werden gefüttert und innerhalb des Baus wie auch die Puppen dauernd an optimal belüftete und temperierte Orte gebracht; ein Ameisenhaufen kann aus bis zu 100 000 Individuen bestehen. Von VI–IX, meist an schwül-warmen Tagen zu Hunderten, meist zwischen Mittag und spätem Nachmittag, schwärmen die geflügelten ♂♂ und ♀♀ zum Hochzeitsflug aus. Lebensalter einer Königin bis 20 Jahre, aber auch die Arbeiterinnen können mit einer Lebenszeit von bis zu 6 Jahren ein (für Insekten) recht hohes Alter erreichen.

Nahrung: Insekten, auch Regenwürmer.

Besonderheiten: Ameisen besitzen keinen Giftstachel, sondern wehren sich, in dem sie ihren Hinterleib unter dem Körper nach vorn durchkrümme und Gift (Ameisensäure) verspritzen. Zum Schutz der Rote Waldameisen vor Vandalismus sind ihre Haufen oft mit Maschendraht abgedeckt.

Schwarze Wegameise
(Lasius niger); Fam. Formicidae (Ameisen)

Beschreibung: Weit verbreitete Wegameise, KL 8–9 mm (Königin), 3,5–4,5 mm (♂) und 3–5 mm (Arbeiterin); Körper uni schwarzbraun, dicht silbrig behaart.

Lebensraum: Offenes Terrain, Gärten, Wiesen, Parks, auch unter Steinplatten; Nester meist unterirdisch oder hinter Baumrinde.

Lebensweise: IV–X, meist unterirdisch. An schwül-warmen Hochsommertagen (VII–VIII) schwärmen die geflügelten ♂♂ und ♀♀ zu Hunderten zum Hochzeitsflug aus; begattete ♀♀ werfen bald danach ihre Flügel ab, um neue Staaten zu gründen.

Nahrung: Zuckerhaltige Ausscheidungen von Blattläusen.

Besonderheiten: Auch die Blattlauskolonien werden von den Schwarzen Wegameisen sorgfältig gepflegt. Beim Melken ihrer „Lauskühe" betrillern die Ameisen die Läuse mit den Fühler, um sie so zur Abgabe eines süßen Tropfens zu bewegen; die Kolonien werden mit Schutzwällen versehen, die Wege dorthin geschickt überdacht. In den Kolonien der Wegameisen können auch mehrere Königinnen nebeneinander leben.

Honigbiene
(Apis mellifica [= A. mellifera]); Fam. Apidae (Echte Bienen)

Beschreibung: Bekanntester einheimischer Hautflügler, KL 15–18 mm (Königin), 13–16 mm (♂, „Drohne") und 11–13 mm (Arbeiterin); Körper bräunlich gefärbt, Hinterleib schwach gelb gebändert, Vorderkörper gelb behaart.

Lebensraum: Ursprünglich lichte Waldgebiete, in hohlen Bäumen oder Felsspalten; als einziges echtes Haustier unter den Insekten durch die Imker weltweit verbreitet.

Schwarze Wegameise
(Lasius niger)

Honigbiene *(Apis melli-fica)*, Blick auf Waben

Lebensweise: III–X; tagaktiv; Honigbienen bilden sehr große Staaten (bis zu 80 000 Indiviuduen); typisch ist das aus sechseckigen Wabenzellen bestehende Wachsnest, die Wabe; das dazu benötigte Wachs wird aus speziellen Drüsen am Hinterleib der Tiere in Plättchenform ausgeschieden. In diesem Nest wird der von den Arbeiterinnen gesammelte Pollen und Nektar als Honig eingelagert; die Hinterbeine der Tiere sind mit speziellen Vorrichtungen („Kamm" und „Körbchen") zum Pollensammeln ausgestattet; der Nektar hingegen wird aufgeleckt, im „Honigmagen" gespeichert und im Bau entweder direkt an anderen Tiere verfüttert oder aber als Honig eingelagert. Honigbienen zeigen ein ausgeprägtes Sozialverhalten, sie können gut farbsehen (sogar UV–Licht) und haben ein Kommunikationssystem entwickelt („Tanzsprache"), mittels dessen sie ihre Artgenossinnen über Standort und Ergiebigkeit von Futterquellen informieren. Die Königin kann täglich bis zu 1500 Eier legen, aus dem Ei schlüpft nach 3 Tagen die madenförmige, weiße Larve, die nach 6 Tagen voll entwickelt ist und sich anschließend in einem selbstgesponnenen Kokon verpuppt; insgesamt 21 Tage nach Eiablage schlüpft die junge Arbeistbiene. In ihrem insgesamt 4–5wöchigen Leben durchläuft die Arbeiterin mehrere Funktionsphasen: im 1. Lebensdrittel zunächst als Putzbiene, dann als Brutamme (die Larven mit einem speziellen Futtersaft füttert), im 2. Drittel als Baubiene, die die Wachszellen baut, und im letzten Drittel als Sammlerbiene, die Pollen und Nektar in den Stock einträgt. Aus unbefruchteten Eier entwickeln sich (von III–V) die ♂♂ (Drohnen), ab V–VI die neuen Königinnen; diese entwickeln sich wie die Arbeiterinnen aus befruchteten Eizellen, doch allein die ausschließlich Fütterung mit Futtersaft (Gelee Royale) entscheidet letztlich über das Dasein als Königin. 1 Woche vor Schlüpfen der neuen Königinnen beginnt der Exodus der alten Königin mit etwa 50% des Volkes; dieses sammelt sich als Schwarmtraube außerhalb des Stocks an einem Ast und bezieht ein neues Quartier, das zuvor von Kundschafterinnen ausgesucht wurde; im alten Stock schlüpft 3–4 Tage später eine neue Königin, die zunächst einmal alle anderen Königinnenpuppen ersticht. Sie wird von Arbeiterinnen gefüttert und begibt sich 1 Woche später auf Paarungsflug zu einem „Drohnenplatz", wo sich alle ♂♂ versammeln. Das ♀ paart sich mit mehreren ♂♂ und kehrt dann wieder zum Stock zurück, wo sie mit der Eiablage beginnt und ihn erst wieder im folgenden Jahr (wie ihre Vorgängerin) zum „Schwärmen" verläßt. Die ♂♂, die sich nicht selbst ernähren können und stets gefüttert werden müssen, werden nach der Paarung im Spätsommer getötet oder aus dem Stock geworfen, wo sie im Freien schon bald verhungern. Im Gegensatz zu Wespen und Hornissen lebt die Bienenkönigin mehrere Jahre (4–5), wobei sie jedes Jahr 1mal umzieht.

Besonderheiten: Da der Bienenstachel einen Widerhaken besitzt, bleibt er in der Einstichstelle hängen, die Biene geht anschließend ein. Bienengift kann bei empfindlichen Personen allergische Reaktionen hervorrufen. In Japan wurde bei einem Bienenvolk ein interessantes Verteidigungsverhalten gegen Angriffe durch Honissen beobachtet: Bis zu 500 Bienen kesselten eine eingedrungene Hornisse ein und erzeugten durch gemeinsames Vibrieren eine Temperatur von 47° C, so daß die Hornisse bei lebendigem Leib „gekocht" wurde. **Gesetzlich geschützt.**

Honigbiene
(Apis mellifica)

Steinhummel

(Bombus lapidarius [= Pyrobombus lapidarius]);
Fam. Apidae (Echte Bienen)

Beschreibung: Weit verbreitete Hummel, KL 20–22 mm (Königin), 14–16 mm (♂) und 12–16 mm (Arbeiterin); Körper völlig schwarz behaart, nur im letzten Hinterleibsdrittel leuchtend orange-rot behaart; Rüssel kurz; ♂♂ auf der Brust zusätzlich gelb gebändert.

Lebensraum: Offenes Gelände, Waldränder, Wiesen, gerne Gärten; Nester nicht nur in verlassenen Mauselöchern, sondern auch in Nistkästen, Mauerritzen und Felsspalten (Name!).

Lebensweise: IV–X; tagaktiv, seltener als Erdhummel; Steinhummelvölker können aus bis zu 300 Tieren bestehen; die Nester werden stets mit einer Wachsschicht umgeben. Steinhummeln bestäuben zahlreiche Blütenpflanzen (knapp 250 Arten, davon 21 Kulturpflanzen), u. a. Rotklee, Disteln, Wiesensalbei, Kastanien und Goldregen.

Nahrung: Pollen.

Besonderheiten: Gelegentlich findet man unter blühenden Linden, insbesondere Krimlinden *(Tilia euchlora)*, größere Mengen toter Hummeln und Bienen; die Tiere haben sich wahrscheinlich mit einem im Lindennektar enthaltenen Zucker (Mannose) regelrecht „vergiftet", da ihr Organismus diesen Zucker nicht abbauen kann, wodurch er sich im Körper dieser Hautflügler anreichert und ihren Tod verursacht.

Dunkle Erdhummel

(Bombus terrestris); Fam. Apidae (Echte Bienen)

Beschreibung: Verbreiteste heimische Hummelart, KL 20–23 mm (Königin), 14–16 mm (♂) und 11–17 mm (Arbeiterin); plumper Körper, dick schwarz behaart, Vorderbrust und Hinterleib jeweils breit gelb-orange gebändert, Hinterleib im letzten Drittel weiß; Rüssel etwa halbe Körperlänge.

Lebensraum: Offenes Terrain, lichte Waldgebiete, auch Gärten; unterirdische Nester gerne in verlassenen Mauselöchern oder anderen Erdhöhlen.

Lebensweise: III–X, tagaktiv, häufig; Erdhummelvölker können aus 100–600 Tieren bestehen; die aus Wachs bestehenden Waben werden oft von Wachsmotten befallen. Erdhummeln bestäuben besonders gerne Wicken, Flockenblumen, Fingerhut, Goldregen, Lerchensporn sowie die verschiedenen Weidenarten.

Nahrung: Pollen.

Besonderheiten: Den Erdhummeln kommt wie allen Hummelarten eine wichtige Rolle als Bestäuber zu; Hummelvölker werden deshalb teilweise in Gewächshäusern gezüchtet oder können per Versandhandel bezogen werden. Die Veränderlichkeit der Hummelzeichnung, auch ihre Größe, ist so verwirrend, daß es schwerfällt, die einzelnen Arten zu erkennen.

Steinhummel *(Bombus lapidarius)*, Vollinsekt auf der Blüte

Erdhummel *(Bombus terrestris)*, an einer Blüte

Schnabelfliegen

Gemeine Skorpionsfliege
(Panorpa communis); Fam. Panorpidae (Skorpionsfliegen)

Beschreibung: Auffälliger Vertreter der Schnabelfliegen, KL bis 20 mm, SpW 25–32 mm; Körper bauchseitig gelblich, Rücken dunkel mit gelben Flecken, 2 Flügelpaare, transparent, unregelmäßig dunkel gefleckt; lange schwarze Fühler, „Schnauze" rüsselartig ausgezogen; bei den ♀♀ Hinterteil mit spitz auslaufender Legeröhre, bei den ♂♂ Hinterteil mit braunem, skorpionsschwanzähnlichem Fortsatz (Name!). Larve: raupenähnlich, mit recht dunkler Färbung, auf dem Rücken zahlreiche Warzen.

Lebensraum: Wälder, Hecken, Unterholz und Bachufer.

Lebensweise: V–IX; tagaktiv; Imagines halten sich im Sommer meist im Schatten auf, als „Brautgeschenk" erhält das ♀ vom ♂ mehrere hervorgewürgten Speicheltropfen, die es während der Paarung verzehrt; dabei hocken beide Partner in V-Stellung aufeinander; Paarungsakt dauert 15–20 min.; Ablage der 15–20 Eier im Boden; 4 Larvenstadien, überwintert als verpuppungsreife Larve, verpuppt sich in Erdhöhle.

Nahrung: Imagines fressen tote und verletzte Insekten, Larven ernähren sich ebenfalls von toten Bodeninsekten und anderen toten, bodenlebenden Kleintieren.

Köcherfliegen

Köcherfliege
(Potamophylax spec.); Fam. Limnephilidae (Köcherjungfern)

Beschreibung: Körper bräunlich, KL 6–12 mm, SpW 19–30 mm; lange, dunkle Fühler, Flügel dunkel, Vorderflügel am Außenrand gleichmäßig gerundet, in Ruhe dachziegelartig zusammengelegt. Larve: Körper rundlich, walzenförmig; Kopf nach unten gerichtet, Kopf und Brust bräunlich, Hinterleib hell, KL bis 20 mm, in schnellfliessenden Gewässern mit ruhigen Zonen (Gleithangbereiche), Gehäuse anfangs aus abgebissenen Blattstückchen, später aus kleinen Steinen; das Material wird mit Ausscheidungen aus den mächtigen Spinndrüsen „zusammengeklebt".

Lebensraum: Schnellfließende Bäche mit Kolken.

Lebensweise: V–IX; das ♀ legt die Eier über dem Wasser ab; Lebensdauer je nach Temperatur 1 Jahr; 5 Larvenstadien, 2–3 Wochen Puppenruhe.

Nahrung: Larve ernährt sich von vermoderndem Fallaub (Erle, Rotbuche).

Besonderheiten: Die Larve erweitert bei jeder Häutung ihren Köcher mit z. T. unteschiedlichem Material (1. Larvenstadium reiner Sandköcher, 5. Larvenstadium Köcher aus kleinen Kieseln und Steinchen).

Gemeine Skorpionsfliege
(Panorpa communis)

Köcherfliege, wasserle-
bende Larve im Köcher

Köcherfliege *(Potamo-
phylax spec.)*, Imago

Schmetterlinge

Außer den Käfern gibt es kaum eine andere Insektenordnung, die so bekannt und beliebt ist wie die Schmetterlinge (Lepidoptera). Bei ihnen handelt es sich um eine Insektengruppe mit vollständiger Entwicklung, bei der sowohl die erwachsenen Falter wie auch ihre Larven, die Raupen, eine erstaunliche Farben- und Formenvielfalt aufweisen. Zu den Charakteristika der ausgewachsenen Schmetterlinge zählen die beschuppten, häutigen Flügel, bei denen der Vorderflügel meist größer als der Hinterflügel ist, ansonsten sind Vorderflügel und Hinterflügel von gleicher Größe. Charakteristisch ist ferner der bei vielen Arten recht lange Saugrüssel, der wie eine Lakritzschnecke aufgerollt ist. Schmetterlinge werden grob in zwei Gruppen unterteilt: Die meist sehr farbenprächtigen Tagfalter, die zum Teil recht gut farbsehen können, keulig verdickte Fühlerende besitzen und ihre Flügel in Ruhe über dem Rücken zusammenklappen, und die Nachtfalter, zu denen alle Mottenarten gehören, die ihre Flügel in Ruhe nicht zusammenklappen. Nachtfalter orientieren sich in der Dunkelheit mit Hilfe ihrer Riechorgane, die auf den langen Fühlern sitzen. Nach einer anderen Aufteilung unterscheidet man in die auffälligen Großschmetterlinge (hierzu zählen alle Tagfalter, Spinner, Schwärmer, Eulen und Spanner) und in die meist winzigen, unauffälligen Kleinschmetterlinge. Ausgewachsene Falter saugen in der Regel Nektar, viele Arten nehmen auch gar keine Nahrung mehr auf. Die Augenfalter (Familie Satyridae) lieben offenbar Schweiß und Tränenflüssigkeit, weswegen sie auch auf Menschen „gehen", um zu trinken. Umso gefräßiger sind die meist walzenförmigen Raupen, die kräftige Kauwerkzeuge besitzen, ferner neben den drei gegliederten Beinpaaren im Brustbereich eine wechselnde Zahl von ungegliederten Beinpaaren („Afterfüßchen") am Hinterleib und zwar stets zwischen 3. und 6. Hinterleibsring sowie ein Paar Beinchen am 10. Segment, die sogenannten Nachschieber. Die typische Puppe der Schmetterlinge ist eine auffällige Mumienpuppe. Raupen leben hauptsächlich vegetarisch, wobei bestimmte Futterpflanzen bevorzugt werden. Neben den im Orient und Asien als Erzeuger von Seide genutzten Echten Spinnern (Familie Bombycidae) spielen Schmetterlinge im Gartenbau, aber auch in Land- und Forstwirtschaft eine wichtige, wenn auch negative Rolle, da viele Raupen (z. B. der meisten Nachtfalter oder Motten) als Nahrungsspezialisten bei Nutzpflanzen starke Fraßschäden hervorrufen können. In Monokulturen (wie z. B. Fichtenschonungen oder Obstplantagen) können diese Schäden verheerende Ausmaße annehmen. Wie Kleider- und Wachsmotten beweisen, sind diese Fraßschäden nicht zwangsläufig auf Pflanzen beschränkt. Weitere sporadische Fleischfresser sind die sogenannten „Mordraupen" einiger Eulenfalter und Bläulinge. Der oftmals als unschön angesehene Ausdruck „Schmetterling" für diese wunderschönen Insekten leitet sich etymologisch nicht von dem martialischen „schmettern", sondern vom böhmischen „smeta" (= „Rahm") ab; dies spielt angeblich auf die Angewohnheit mancher Falter an, sich auf dem Rand der Melkeimer niederzulassen und den zuoberst schwimmenden Rahm abzusaugen. Auf ähnliche Weise ist wohl auch der englische Ausdruck für Schmetterling, nämlich „butterfly", zustande gekommen.

Holzbohrer

Weidenbohrer

(Cossus cossus); Fam. Cossidae (Holzbohrer)

Beschreibung: Großer, dicker, träger Falter, KL 30–40 mm, SpW 80–100 mm; grau-braun, fein weißgrau überzogen, Vorderflügel mehrfach schwarz gestrichelt, in Ruhe dachziegelartig zusammengefaltet; ♀♀ größer als ♂♂. Raupe: KL bis 100 mm, stattliche Größe, Körper braungelb.

Lebensraum: Waldränder, Auwälder, Parks und Gärten.

Lebensweise: V–VIII; Ablage der Eier im Sommer zu mehreren in Ritzen von Laubbäumen (meist Weide, Pappel, auch Obstbäume); Raupen nagen meterlange Gänge ins Holz; Überwinterung als Raupe, mitunter auch ein zweites Mal.

Nahrung: Raupen fressen an Weiden, Pappeln und Obstbäumen.

Besonderheiten: Die Raupen, die im alten Rom als Delikatesse galten, sondern ein nach Essig duftendes Sekret ab, das auf Ameisen schädigend wirkt; ergriffene Weidenbohrerraupen wehren sich mit Beißen und Spucken; die Imagines sind durch die Rindenfärbung der Flügel optimal getarnt. Größter Vertreter der Kleinschmetterlinge.

Wickler

Apfelwickler

(Laspeyresia pomonella [= Carpocapsa pomonella, Cydia pomonella]); Fam. Tortricidae (Wickler)

Beschreibung: Unauffälliger Wickler, KL 7–9 mm, SpW 14–25 mm; Körper dunkel, Vorderflügel braungelb oder schwarz quergebändert, Hinterflügel dunkel-bräunlich, gelbe Fühler. Raupe: KL 20–25 mm, rötlich mit dunklem Kopf.

Lebensraum: Obstgärten, Streuobstwiesen.

Lebensweise: V–X; dämmerungsaktiv; ♂♂ schwärmen in lauen Frühlingsnächten, angelockt von Duftstoffen der ♀♀; Eiablage einzeln an junges Kernobst (Äpfel), jedes ♀ legt bis zu 100 Eier; die Raupe schlüpft nach 1–2 Wochen und dringt am Kelchrand bis zum Kerngehäuse in den Apfel ein; hier werden Kerne und Fruchtfleisch gefressen; der Kot wird durch das Einbohrloch nach außen gestoßen. Erwachsene Raupe „seilt" sich 4–5 Wochen später an Spinnfaden ab oder verlässt den herabgefallenen Apfel; Überwinterung als Raupe in selbstgesponnenem Kokon am Boden oder in Rindenritzen; Verpuppung im Frühjahr; Falter fliegen in 2 Generationen.

Nahrung: Kernobst (Äpfel, Birnen), selten Steinobst.

Weidenbohrer
(Cossus cossus), Imago

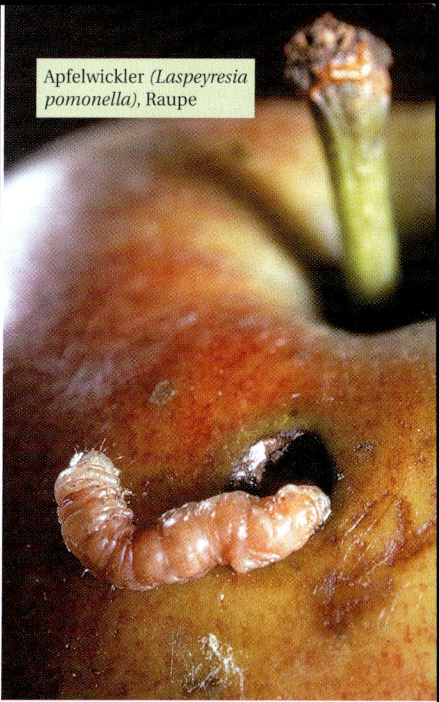

Apfelwickler *(Laspeyresia pomonella)*, Raupe

Weidenbohrer, Raupe

Apfelwickler, Imago

Besonderheiten: Apfelwicklerraupen richten als weltweit verbreitete Obstmade große Schäden an („wurmstichige Äpfel"). Die Kokons werden oft unter der Rinde von Meisen aufgespürt, aufgehackt und die Raupen gefressen.

Zünsler

Mehlmotte
(Ephestia kuehniella); Fam. Pyralidae (Zünsler)

Beschreibung: Schmutziggrauer, kleiner Zünsler, KL 10–12 mm, SpW 22 mm, Vorderflügel mit dunkler Zeichnung, Rücken braun gefleckt; Raupen bleich rötlich bis gelblich (KL bis 20 mm) in lockeren Gespinsten in Mehl, Haferflocken, Reis, Dörrobst und anderen Trockenvorräten, sogar Leinsamen; weiche, spindelförmige Puppenkokons in Möbel- und Bodenritzen, je nach Temperatur 2–3 (selten 5) Generationen.
Lebensraum: Lagerräume, Haushalte. Die Raupen leben als Vorratsschädlinge in Mehl, Teigwaren und anderen Lebensmitteln, die sie durch ihre Gespinste und Exkremente verschmutzen und unbrauchbar machen.
Lebensweise: I–XII.
Nahrung: Mehl und verschiedene Getreidesorten und -produkte.
Besonderheiten: Obwohl als Hausbewohnerin nicht gerade mit Begeisterung begrüßt, wird *Ephestia kuehnella* in genetischen Labors gerne als Versuchstier eingesetzt, da sie sich problemlos in Mehl züchten läßt. Ursprünglich stammt dieser Zünsler wohl aus Indien, heute ist er auf der ganzen Welt verbreitet.

Kupferrote Dörrobstmotte
(Plodia interpunctella); Fam. Pyralidae (Zünsler)

Beschreibung: Strohfarbener Zünsler, KL 9–11 mm, Spw 18–20 mm, Vorderflügel an den Spitzen kupferfarben, Rücken hellbraun; die Raupen besitzen eine ähnliche Lebensweise wie die der Mehlmotte, sie gehen auch auf Trockenobst, Gewürze und vertilgen sogar tote Insekten. Mitunter fressen sie sich sogar durch Plastiktüten zu den Vorräten durch.
Besonderheiten: Lästiger Vorratsschädling, zum Teil massenhaft auftretend. ♀♀ der Dörrobstmotte wie auch der Mehlmotte senden den gleichen Sexuallockstoff, so daß auch ♂♂ der jeweils anderen Art angelockt werden. Damit es nicht zu Bastarden zwischen beiden Arten kommt, senden die ♀♀ gleichzeitig aber auch Blockierungshormone aus, die alle artfremden ♂♂ abstoßen.

Mehlmotte
(Ephestia kuehniella)

Dörrobstmotte
(Plodia interpunctella)

Schwärmer

Hummelschwärmer

(Hemaris fuciformis [= Haemorraghia fuciformis]);
Fam. Sphingidae (Schwärmer)

Beschreibung: Mittelgroßer Schwärmer, KL 24–26 mm, SpW 40–45 mm; Kopf und Brust oliv-grün, Hinterleib gelbbraun, mit breitem rötlichem Gürtel; Flügel nach dem Schlüpfen dicht braun-grau beschuppt, Schuppen gehen bis auf braunen Saum am Flügelrand verloren, Schwärmer sehen dadurch wie Hummeln aus; Hinterflügel winzig, Fühler lang, dunkel, am Ende leicht keulig verdickt. Raupe: KL bis 50 mm, hellgrün, seitlich mit braunroten Flecken, weißen Stigmen; beidseits heller Längsstreif, Hinterende wie alle Schwärmerraupen auf dem Rücken mit braunem „Horn"; Kopf grün.

Lebensraum: Lichtungen, Waldränder, Auwälder, Parks.

Lebensweise: IV–VI; tagaktiv; Eiablage auf der Unterseite von Blättern einiger Strauch- und Krautpflanzen (siehe Nahrung); Raupenzeit VII–VIII, unter günstigen Bedingungen fliegt 2. Schwärmergeneration bereits im Spätsommer, sonst Überwinterung als Puppe im Boden.

Nahrung: Schwärmer saugen Nektar, Raupen fressen Blätter von Heckenkirsche, Geißblatt, Labkraut, Lichtnelke und Knautie. **Gesetzlich geschützt.**

Abendpfauenauge

(Smerinthus ocellata [= Smerinthus ocellatus]);
Fam. Sphingidae (Schwärmer)

Beschreibung: Mittelgroßer Schwärmer, KL 37–40 mm, SpW 78–80 mm; Kopf und Brust dunkelbraun, Hinterleib bräunlich-rot, hell gemustert, Vorderflügel grau, dunkel gezeichnet Hinterflügel orange-rot mit schwarz und weiß eingefaßtem blauen „Auge"; Rüssel verkümmert. Raupe: KL 80–90 mm, weißlich-grün, hell gekörnt, seitlich weiß schräggestreift; Stigmen rot, innen weiß; blau-grünes „Horn"; Kopf blau-grün, mit 2 weißen Bögen.

Lebensraum: Flußniederungn mit Weidegebüschen, Streuobstwiesen, Gärten, Auwälder, Parks.

Lebensweise: V–VIII; nachtaktiv; Eiablage an Blättern von Weiden, Pappeln und Obstbäumen; Raupenzeit VII–VIII.

Nahrung: Raupen fressen Blätter von Weide, Pappel, Birne, Apfel, Pflaume, Schlehe und Traubenkirsche.

Besonderheiten: Flügel werden in Ruhe seitlich leicht abgespreizt, so daß die Augenflecken auf den Hinterflügel dann nicht zu sehen sind. Erst bei Bedrohung (z. B. durch Vögel) werden „Augen" gezeigt, indem das Abendpfauenauge die Vorderflügel rasch nach vorne zieht. Durch zusätzliches Schaukeln des Hinterkörpers können die „Augen" außerdem „wild rollen", was die Abwehr vergrößert. **Gesetzlich geschützt.**

Hummelschwärmer
(Hemaris fuciformis)

Abendpfauenauge
(Smerinthus ocellata)

Ligusterschwärmer
(Sphinx ligustri); Fam. Sphingidae (Schwärmer)

Beschreibung: Häufigster einheimischer Schwärmer, KL 45–50 mm, SpW 100–120 mm; Kopf und Brust dunkel, Hinterleib rosa-schwarz quergebändert, mit grau-braunem Längsband, Vorderflügel dunkelbraun, schwarz gezeichnet, Hinterflügel wie Hinterleib rosa-schwarz gefärbt. Raupe: KL bis 120 mm, hellgrün, mit 7 weißen, oberseits purpurfarben gesäumten Schrägstrichen, „Horn" gelblich; Kopf grün.

Lebensraum: Buschreiche Misch- und Auwälder, sonnige Hanglagen, Gärten und Parks.

Lebensweise: V–VII; tagaktiv; Eiablage einzeln auf der Unterseite von Blättern von Ölbaumgewächsen und anderen Futterpflanzen (siehe Nahrung); Raupenzeit VII–VIII, die sehr gefräßigen Raupen sind nach 4 Wochen ausgewachsen; Verpuppung im Herbst am Boden.

Nahrung: Raupen fressen Blätter von Liguster, Flieder, Forsythie, Schneeball und Esche.

Besonderheiten: Der Ligusterschwärmer erscheint in der Abenddämmerung, irritiert durch den Lichtschein, manchmal unvermutet in den beleuchteten Zimmern. Die auffälligen Riesenraupen kann man abends auf den Futterpflanzen sitzen sehen, der Boden unter den Futterpflanzen ist mit erbsengroßen Kotballen (in auffälliger Kleeblattform) übersät. **Gesetzlich geschützt.**

Widderchen

Blutströpfchen
(Zygaena filipendulae); Fam. Zygaenidae (Widderchen)

Anderer Name: Erdeichelwidderchen.

Beschreibung: Häufigster Vertreter der Widderchen, KL 16–18 mm, SpW 35–39 mm; Vorderflügel blau-schwarz bis grau-schwarz, mit sechs blutroten, paarweise angeordneten Tupfern, Hinterflügel karminrot, schmal schwarz gesäumt, Fühler lang, schwarz, mit keulenförmig verdickten Enden (deutscher Name der Familie!). Raupe: KL bis 30 mm, gelb-grün mit 4 Reihen schwarzer Flecken (jeweils 2 Flecken pro Körperring), Kopf und Stigmen schwarz.

Lebensraum: Verschiedene Wiesentypen, auch in Moor und Heide, sonnige Hanglagen.

Lebensweise: VI–VIII; tagaktiv; Eiablage auf Schmetterlingsblütlern; die Raupen schlüpfen im September und überwintern als junge Raupe; Verpuppung in gelbem, spindelförmigen Kokon, der an Grashalmen klebt. Die beweglichen Puppen besitzen freie Flügelscheiden, ein Merkmal, das die Familie als ziemlich ursprünglich erkennen läßt.

Ligusterschwärmer
(Sphinx ligustri), Imago

Ligusterschwärmer,
Raupe

Blutströpfchen
(Zygaena filipendulae)

Nahrung: Imagines saugen an den Blüten von Kletten, Dost, Skabiosen und Disteln; Raupen auf Schmetterlingsblütlern, meist Hornklee *(Lotus corniculatus)* und Bergkronwicke *(Coronilla coronata)*.

Besonderheiten: Bei Gefahr sondern die Falter ein ekelig schmeckendes Sekret ab; die roten Flecken dienen demnach als Warnfarbe „Achtung, ungenießbar!" **Gesetzlich geschützt.**

Thymianwidderchen

(Zygaena purpuralis [= Mesembrynus purpuralis]);
Fam. Zygaenidae (Widderchen)

Beschreibung: Häufigster Vertreter der Widderchen, KL 14–16 mm, SpW 33–36 mm; Vorderflügel grau-schwarz, leicht grünmetallisch, mit drei großen roten Längsflecken, Hinterflügel rot, leicht transparent, schmal schwarz gesäumt. Raupe: gelblich-weiß, leicht bläulich, mit 2 Reihen schwarzer Flecken, Kopf und Stigmen braunschwarz.

Lebensraum: Trocken-warme Standorte, Sandheiden, auf denen die Futterpflanze der Raupe, der Thymian, reichlich wächst.

Lebensweise: fliegt VI–VIII; tagaktiv; Eiablage auf Schmetterlingsblütlern; die Raupen schlüpfen im August; Überwinterung als Raupe; Verpuppung am Boden in rundlichem, silbergrauen Kokon, an Grashalmen oder Steinen.

Nahrung: Raupen ausschließlich auf Sandthymian *(Thymus serpyllum)*.

Besonderheiten: Diese Art kommt in Nordwestdeutschland nicht vor. **Gesetzlich geschützt.**

Eulenfalter

Ahorneule

(Acronicta aceris [= Apatele aceris]); Fam. Noctuidae (Eulenfalter)

Anderer Name: Roßkastanieneule.

Beschreibung: Häufige Eulenart, KL 22 mm, SpW 41 mm; Körper dicht behaart, Vorderflügel aschgrau, mit welligen Querlinien und Pfeilzeichnung. Raupe: rötlich-gelb, mit langen dichten Haaren, Rücken einreihig mit weißen, schwarzgesäumten Rauten besetzt.

Lebensraum: Lichte Wälder und Parks mit Ahorn- oder Kastanienalleen.

Lebensweise: V–VII; nachtaktiv; Eiablage einzeln auf die Blattunterseite von Ahornarten; Überwinterung als Puppe; Puppenruhe IX–V, Puppe in Rindenritzen.

Nahrung: Raupen auf Ahorn- und Kastanienblättern (zum Teil diese skelettierend).

Besonderheiten: Ahorneulen besitzen wie alle Vertreter der Eulen ein Hörorgan, das sogenannte Tympanalorgan. Damit können sie die Ultra-

Thymianwidderchen *(Zygaena purpuralis)*

Ahorneule *(Acronicta aceris)*, Imago

Ahorneule, Raupe

schallaute von Fledermäusen hören: Sobald sie einen „Fledermausschrei" wahrgenommen haben, lassen sie sich wie ein Stein aus der Lauft fallen – die einzige Möglichkeit, um diesen Nachtfliegern zu entkommen.

Gemeine Graseule

(Agrotis exclamationis [= Scotia exclamationis]);
Fam. Noctuidae (Eulenfalter)

Anderer Name: Braungraue Graserdeule.
Beschreibung: Häufige Eulenart, SpW 35–45 mm; Vorderflügel braun, dunkel gefleckt, Hinterflügel weiß-gelblich. Raupe: KL 40–45 mm, Oberseite braun, Unterseite grau.
Lebensraum: Weit verbreitet in Feldern, Wiesen und Gärten.
Lebensweise: V–VIII; nachtaktiv; die Raupen sitzen in Erdlöchern und ziehen Blätter und Wurzeln hinein, die sie fressen wollen; Überwinterung als Raupe in einer Erdhöhle, Verpuppung im August.
Nahrung: Wurzeln von Gräsern und Krautpflanzen.
Besonderheiten: Eine der häufigsten Raupen, die man beim Gärtnern antrifft.

Gammaeule

(Autographa gamma [= Phytometra gamma, Plusia gamma]);
Fam. Noctuidae (Eulenfalter)

Beschreibung: Tagaktive Eule; KL bis 20 mm, SpW 42–50 mm, Vorderflügel braun, mit unterschiedlicher Zeichnung, Oberseite stets mit metallglänzender Gammazeichnung („γ"); Hinterflügel bräunlich-grau. Raupe: KL bis 50 mm, grün mit weißem Seitenstreifen, kielartig vorspringende Rüsselscheide; eindeutig nur bestimmbar, indem man die Raupe zum Falter heranzüchtet.
Lebensraum: Äcker, Wiesen, Felder, Gärten.
Lebensweise: V–VII; Eulen besuchen Jelängerjelieber und andere Geißblattgewächse, auch Disteln und Flieder; in Mitteleuropa ist die genaue Vermehrung noch nicht geklärt.
Nahrung: Raupen an verschiedenen Kräutern.
Besonderheiten: Gammaeulen fliegen im Mai in großer Zahl in Mitteleuropa ein; die nächste Generation wandert im Herbst wieder nach Süden ab.

Blaues Ordensband

(Catocala fraxini); Fam. Noctuidae (Eulenfalter)

Beschreibung: Größte einheimische Eule, einer der größten heimischen Schmetterlinge; KL bis 48 mm, SpW bis 95 mm; Vorderflügel grau, variabel gezeichnet, mit weißem gewellten Rand, Hinterflügel schwarz, weiß ge-

Gammaeule *(Autogra-pha gamma)*, Imago

Gemeine Graseule
(Agrotis exclamationis)

Blaues Ordensband
(Catocala fraxini), Imago

Blaues Ordens-
band, Raupe

säumt, mit breiter, hellblauer Binde. Raupe: KL bis 90 mm, gräulich, dunkel gepunktet, mit dicker Kopfkapsel, 8. und 11. Körperring dunkel.

Lebensraum: Pappel-, seltener Eschenbestände, Auwälder, Ufergehölze, feuchte Parks.

Lebensweise: VII–X; Eiablage einzeln, Eier überwintern, Raupenzeit IV–VI; Puppe bläulich überlaufen, versteckt zwischen Fallaub und versponnenen Blättern im Kronbereich.

Nahrung: Raupen auf Pappeln, auch Eschen.

Besonderheiten: Hinterflügel liegen bei den Ordensbändern (Gattung *Catocala*) in Ruhe unter den Vorderflügel verborgen, bei Bedrohung werden die Vorderflügel beiseite gezogen und die blauen, bei anderen Arten roten Querbänder der Hinterflügel dem Angreifer präsentiert, was viele abschreckt. Früher häufiger Falter, heute selten; **gesetzlich geschützt.**

Forleule

(Panolis flammea); Fam. Noctuidae (Eulenfalter)

Anderer Name: Kieferneule.

Beschreibung: Im Frühjahr fliegende Eule, KL bis 21 mm, SpW bis 38 mm; Vorderflügel grau oder rötlich-braun, mit weißen Flecken, Körperzeichnung insgesamt sehr variabel, Brustbereich und Kopf grau behaart. Raupe: KL bis 38 mm, grüne Spannerraupe mit 3–5 weißen Längsstreifen und je einem braunen Längsstreifen über deb Beinen; Kopf hellbraun.

Lebensraum: Lichte Nadelwälder, primär Kiefernbestände.

Lebensweise: III–VI; nachtaktiv, gelegentlich auch tagaktiv; Ablage der Eier in Reihe an vorjährigen Kiefernnadeln, geschlüpfte Raupen fressen zunächst die Eischale, später dann junge Maitriebe der Kiefernnadeln, ältere Raupenstadien können alle Nadelgenerationen einer Kiefer abfressen; Überwinterung als Puppe in oberer Bodenschicht.

Nahrung: Raupen fressen Nadeln von Kiefern, selten Föhren.

Besonderheiten: In Massen auftretende Raupen können große Schäden in Kiefernmonokulturen anrichten; natürliche Feinde der Forleule sind beispielsweise einige Schlupfwespen und Raupenfliegen, die an den Raupen parasitieren, ferner einige sehr kleine Schlupfwespenarten (Familie Trichogrammatidae), die in den Eiern dieser Eule schmarotzen.

Glucken

Wollafter

(Eriogaster lanestris); Fam. Lasiocampidae (Glucken)

Anderer Name: Birkenwollafter.

Beschreibung: Sehr frühzeitig fliegende Glucke, SpW 30–40 mm; Körper rotbraun, Vorderflügel mit weißem Fleck an der Basis; ♀♀ größer als ♂♂,

Forleule *(Panolis flammea)*, Imago

Wollafter, Raupe

Wollafter *(Eriogaster lanestris)*, Männchen

Hinterleib des ♀ mit dichtem Haarbüschel. Raupe: KL bis 50 mm, schwärzlich mit Doppelreihe großer, rotgelb behaarter Tupfer; letztes Stadium nach dem Verlassen des Gespinstes werden die Flecken unverwechselbar intensiv rot.

Lebensraum: Mischwälder, Parks; eher selten.

Lebensweise: III–IV; Ablage der ca. 200 Eier in Birken-, Schlehen- und Weidengebüschen; Gelege spiralig um einen Zweig gewickelt, mit grauer Afterwolle bedeckt; Raupen schlüpfen 6–7 Tage später, sie leben gemeinsam in einem dichten, grauen Gespinstbeutel (bis 30 cm lang), das nachts zum fressen verlassen wird; die ausgewachsenen Raupen verlassen das Gemeinschaftsgespinst, um bis Mitte Juni zu fressen; anschließend Verpuppung in dünnem Kokon im Geäst; Überwinterung als Puppe (1–2mal).

Nahrung: Raupen auf Kirsche, Schlehe, Birke, Weide und Pflaume.

Besonderheiten: Die Raupen orientieren sich bei ihren Wanderungen durch Hormonduftstoffe und selbstgesponnene Seidenfäden.

Augenspinner

Nagelfleck

(Aglia tau); Fam. Saturnidae (Augenspinner)

Beschreibung: Auffälliger Falter mit Augenflecken, Geschlechter unterschiedlich groß: beim ♂ KL bis 27 mm, SpW bis 60 mm, beim ♀ KL bis 42, SpW bis 90 mm; Vorderflügel und Hinterflügel orange-braun, mit deutlichem, breit schwarz gesäumten, violetten Augenfleck, der in der Mitte ein weißen, T-förmigen Kernfleck hat, erinnert an den griechischen Buchstaben *tau* („τ"); daher der wissenschaftliche Name; Fühler beim ♂ doppelt gekämmt, beim ♀ schwach gekämmt. Raupe: Grünlich, während der ersten 3 Raupenstadien mit langen, bizarren, rot-weiß geringelten dornigen Fortsätzen, sie dienen wahrscheinlich als Schutzmechanismus gegen kleinere Feindinsekten (Ameisen, Schlupfwespen); Dornen pro Raupenhäutung kleiner werdend, nach 4. Häutung verschwunden.

Lebensraum: Laub- oder Mischwälder mit alten Buchenbeständen, Parks.

Lebensweise: IV–V; ♂♂ an sonnigen Tagen aktiv, suchen die ♀♀, die schlechter fliegen können, mittels hormoneller Duftstoffe (Pheromone) auf; Eiablage an der Unterseite von Buchenblättern; Überwinterung als Puppe, am Boden unter alten Buchenblättern.

Nahrung: Vornehmlich Buchenblätter, seltener Eichen-, Birken- und Lindenlaub.

Besonderheiten: Die Weibchen findet man nur selten. Sie sitzen mit zusammengeklappten Flügeln an Buchenstämmen und ähneln vertrockneten Blättern. Der Nagelfleck wurde in älterer Literatur oft der Familie Syssphingidae (kein deutscher Name) zugerechnet, deren einziger Vertreter er in Mitteleuropa darstellt. **Gesetzlich geschützt.**

Nagelfleck *(Aglia tau)*, Imago-Männchen

Nagelfleck: Raupe

Träg- und Schadspinner

Goldafter

(Euproctis chrysorrhoea); Fam. Lymantridae (Träg- oder Schadspinner)

Beschreibung: KL 22 mm, SpW 38 mm; Flügel weiß, beim ♂ oft weißgepunktet, Hinterleib goldbraun befilzt. Raupe: dicht bräunlich behaart, orange-weiß gefleckt; zu mehreren in dichtem Gespinst.
Lebensraum: Gärten, Laub- und Mischwälder.
Lebensweise: VI–VIII; Eiablage auf der Blattunterseite von Laubbäumen.
Nahrung: Knospen, Blätter, Blüten und junge Sprosse von Obst- und anderen Laubbäumen.
Besonderheiten: Häufigste einheimische Schadspinnerart; die „Brennhaare" der Raupen sind hautreizend, Raupen werden von Vögeln gemieden (Ausnahme: Kuckuck).

Nonne

(Lymantria monacha); Fam. Lymantridae (Träg- oder Schadspinner)

Beschreibung: KL 27 mm, SpW 40 mm (♂), 50–55 mm (♀); Vorderflügel zickzackförmig, braun gemustert, Hinterflügel grau. Raupe: schwarz, grauscheckig, mit großem hellen „Sattelfleck"; frißt nachts.
Lebensraum: Nadelwälder.
Lebensweise: VI–IX, fliegt in der Dämmerung und nachts; Eiablage (Gelege bis 300 Eier) in Baumritzen.
Nahrung: Nadeln von Fichten, auch anderer Nadelbäume; großer Schädling (bei Massenbefall) in Fichtenmonokulturen; eine Raupe verzehrt im Laufe ihrer Entwicklung bis zu 1000 Nadeln.
Besonderheiten: Anlockung der ♂♂ durch Pheromone; frisch geschlüpfte „Eiräupchen" bleiben als „Raupenspiegel" im Verband, erst nach Stunden oder Tagen wandern sie in den Kronbereich.

Prozessionsspinner

Eichenprozessionsspinner

(Thaumetopoea processionea);
Fam. Thaumetopoeidae (Prozessionsspinner)

Beschreibung: KL 18 mm, SpW 29–35 mm; Vorderflügel grau, mit 2–3 braunen Querlinien, Hinterflügel weiß-gelblich, mit brauner Binde. Raupe: Schiefergrau, Kopf dunkel, mit hellen langen Brennhaaren, spinnt ihr Gespinst an geschützen Stellen (Astgabeln); Verpuppung VII–VIII.

Goldafter *(Euproctis chrysorrhoea)*, Imago

Nonne *(Lymantria monacha)*, Imago-Männchen

Eichenprozessionsspinner, Raupen in „Prozession"

Lebensraum: Laub- und Mischwälder mit Eichen.

Lebensweise: VIII–IX, fliegt abends; Eiablage (100–200 Eier) plattenförmig an dünner Eichenrinde.

Nahrung: Eichenlaub.

Besonderheiten: Die Raupen halten sich tagsüber gemeinsam in einem großen, locker gesponnenen Nest auf und wandern abends hintereinander in langen Prozessionen (Name!) zum Fressen ins Laub. Die mit Widerhaken versehenen Brennhaare sind für den Menschen stark hautreizend.

Zahnspinner

Großer Gabelschwanz

(Cerura vinula [= Dicranura vinula]); Fam. Notodontidae (Zahnspinner)

Beschreibung: Tagfalter mit markanter Raupe; KL 20–30 mm, SpW 55–75 mm; Körper grauweiß, mit schwarzgrauen Linien gezeichnet, Fühler dicht weiß behaart (sehen fransig aus); Flügel grau-weiß, mit feiner gelber und dunkler Streifung. Raupe: KL bis 70 mm; Körper glatt, grün mit weiß gerandetem Sattelfleck, Kopf leuchtend rot gerandet, mit zwei schwarzen Flecken; Gabelschwanz mit roten Endfäden, die bei Bedrohung ausgefahren werden.

Lebensraum: Fluß- und Stromauen, Uferzonen von Bächen und Teichen, aufgelassene Gruben, Parks.

Lebensweise: IV–VII, tagaktiv; Eiablage auf Pappel- und Weidenblättern, meist in kleinen Gruppen, oft Zweiergruppen; Überwinterung als Puppe; 5 Raupenstadien; bei Störung hebt die Raupe den Kopf („Drohgesicht").

Nahrung: Raupen auf Weiden, Pappeln und Espen.

Besonderheiten: Bei Bedrohung schützen sich die Raupen nicht nur durch Imponieren („Drohgesicht"), sondern zusätzlich auch durch Versprühen von Ameisensäure. **Gesetzlich geschützt.**

Spanner

Großer Birkenspanner

(Biston betularia [= Amphidasis betularia]); Fam. Geometridae (Spanner)

Anderer Name: Astspanner.

Beschreibung: Sehr variabel gefärbter Spanner; KL bis 32 mm, SpW 60–68 mm; Körper weißlich, dunkel bestäubt, auch reine schwarze Färbung möglich (siehe Besonderheiten); ♂ mit gekämmten Fühlern. Raupe: KL bis 50 mm, Färbung von grünlich bis braun oder dunkelgrau (borkenfarben), Kopfkapsel mit 2 Spitzen.

Großer Gabelschwanz
(Cerura vinula), Imago

Großer Gabelschwanz,
Raupe

Großer Birkenspanner
(Biston betularia)

Lebensraum: Wälder, Parks, Gärten und ähnliche Habitate.

Lebensweise: V–VIII; Falter in Ruhe optimal auf Birkenrinde getarnt; die Raupen nehmen in Ruhe die sog. „Zweigstellung" ein.

Nahrung: Die polyphagen (vielfressenden) Raupen sind in ihrer Kost nicht sehr wählerisch; meist werden Birken bevorzugt, aber sie fressen auch die Blätter aller anderen Laubbäume, sogar Lärchennadeln.

Besonderheiten: Seit Mitte des 19. Jahrhunderts wurde in englischen und anderen Industriegebieten eine dunklere Mutante beobachtet, die zahlenmäßig nach und nach größer wurde. Grund: Auf der vom Industrierauch dunkel gefärbten Rinde vieler Birken waren dunkle Birkenspanner besser vor ihren Freßfeinden (Vögeln) getarnt; interessant ist, daß seit Abnahme der Luftverschmutzung (und entsprechender Zunahme von „sauberen" Birken mit heller Rinde) die weiße Variante wieder häufiger vorkommt.

Großer Frostspanner

(Erannis defoliaria [= Hybernia defoliaria]); Fam. Geometridae (Spanner)

Beschreibung: Auch im Winter aktiver Spanner, KL 26–30 mm, SpW 41–50 mm; Vorderflügel weißlich-gelb bis braungelb, mit je 1 dunklen Augenfleck, Querlinien an den einander zugewandten Seiten dunkel, an den einander abgewandten Seiten breit braun gebändert; Hinterflügel grauweiß; die ♀♀ sind flügellos, ihr Körper grauweiß, mit schwarzen Flecken, Beine und Fühler dunkel geringelt. Raupe: KL bis 30 mm, stets bunt, Oberseite meist dunkel, Unterseite weißlich-gelb, seitlich unterhalb einer dünnen schwarzen Wellenlinie mit einer Reihe brauner oder roter Flecken, die die Stigmen enthalten.

Lebensraum: Misch- und Laubwälder, Parks, Gärten, Obstplantagen.

Lebensweise: X–XII, die ♂♂ fliegen im Winter selbst bei geschlossener Schneedecke; Überwinterung als Ei; die Raupen fressen sämtliche Formen von Laub.

Nahrung: Laub von Obstbäumen, auch von Wildkirsche, Schlehe und Weißdorn, ferner von Eiche, Linde und Rotbuche.

Besonderheiten: Die Raupen des Großen Frostspanners können in Obstplantagen verheerende Schäden durch Fraß an Blättern, Knospen, Blüten und Früchten anrichten.

Ritterfalter oder Apollofalter

Schwalbenschwanz

(Papilio machaon); Fam. Papilionidae (Ritterfalter)

Beschreibung: KL 45 mm, SpW 80 mm; Grundfarbe gelblich bis rahmfarben, Vorderflügel an Rand und Basis schwarz, Hinterflügel am unteren Rand mit blauem Band und blau gerändertem, roten „Augenfleck", mit ty-

Großer Frostspanner
(Erannis defoliaria), Imago

Großer Frostspanner, Raupe

Schwalbenschwanz
(Papilio machaon), Imago

pischen Schwanzfortsätzen (Name!). Raupe: KL 50–55 mm; grün, jedes Segment mit schwarzem, rot-gelb gepunkteten „Gürtel"; bei Bedrohung wird die familientypische Nackengabel ausgestülpt, die ein übel riechendes Sekret erzeugt; Puppe: Gürtelpuppe, je nach Unterlage grün (an Stengeln), braun (auf Rinde) oder grau (auf Steinen), vorn mit 2 Zipfeln.

Lebensraum: Offenes Terrain, Magerwiesen, blütenreiches Ödland, im Gebirge bis 2000 m Höhe.

Lebensweise: IV–VIII; fliegt tagsüber, Balzflug oft um Geländeerhöhungen; Eiablage einzeln an Doldenblütler, in Gärten gerne auch an Möhren, selten an Küchenkräutern; 2 Generationen (die Falter der 2. Generation sind satter gelb und tiefer schwarz gefärbt); überwintert als Puppe.

Nahrung: Raupen fressen ausschließlich verschiedene Doldenblüter (Apiaceae).

Besonderheiten: Die meisten Vertreter der Ritter- oder Apollofalter sind gute, schnelle und ausdauernde Flieger; trotz Gefährdung (laut Roter Liste) nimmt der Bestand in Mitteleuropa seit einigen Jahren wieder leicht zu; **gesetzlich geschützt.**

Weißlinge

Aurorafalter
(Anthocharis cardamines); Fam. Pieridae (Weißlinge)

Beschreibung: Unverwechselbarer Tagfalter, KL 19–25, SpW 33–45 mm; Vorderflügel weiß, mit dunklem Augenfleck und Vorderrand, beim ♂ vordere Hälfte orange, Hinterflügel bei beiden Geschlechtern auf der Unterseite grün gescheckt. Raupe: KL 30–35 mm, blaugrün, mit feinen dunklen Wärzchen, seitlich mit weißem Längsstreifen; Verwechslungsmöglichkeit mit Raupen des Zitronenfalters möglich (letzteren fehlen Warzen).

Lebensraum: Offenes Terrain, Wiesen, Hecken, auch am Waldrand.

Lebensweise: IV–VI; Ablage der roten Eier einzeln an die Knospen der Futterpflanzen (siehe Nahrung); Raupenzeit V–VI; Überwinterung als Puppe.

Nahrung: Imagines saugen an Wiesenschaumkraut, Veilchen und Knoblauchsrauke; Raupen fressen an Kreuzblütlern, meist Wiesenschaumkraut, Knoblauchsrauke und Ackersenf.

Besonderheiten: Der deutsche Name leitet sich von Aurora, der römischen Göttin der Morgenröte, ab und spielt auf die orangefarbene Verfärbung der Vorderflügel des ♂ an. **Gesetzlich geschützt.**

Schwalbenschwanz
(Papilio machaon), Raupe

Aurorafalter *(Anthocharis cardamines)*, Männchen

Baumweißling

(Aporia crataegi); Fam. Pieridae (Weißlinge)

Beschreibung: Auffälliger Weißling, KL 28–35 mm, SpW 57–68 mm; Flügel transparent wirkend, da kaum beschuppt, Grundfarbe weiß mit dunklen, klaren Adern, Flügel dunkel gesäumt. Raupe: schwarz, dorsal mit zwei breiten, orangefarbenen Längsstreifen, Körper fein behaart.

Lebensraum: Offenes Terrain, Gärten, Moore und Auen.

Lebensweise: V–VII; ♀♀ legen die hellgelben Eier in Gelegen zu 70–90 an die Blätter von strauchigen Rosengewächsen; Raupen leben gesellig in einem Nest, das an Zweigen aufgehängt ist, Überwinterung in einem Gemeinschaftsnest aus zusammengesponnenen Blättern; Puppe ist eine grüngelbliche, schwarz getüpfelte Gürtelpuppe.

Nahrung: Raupen fressen Blätter von Weißdorn (*Crataegus*, daher wissenschaftlicher Artenname), Schlehe, Eberesche, mitunter auch Obstbäume (Kern- und Steinobst).

Besonderheiten: Der in der Vergangenheit recht häufige, stellenweise sogar in Massen auftretende Falter ist heute aufgrund intensiver Bekämpfung der Raupen, die fälschlicherweise als Obstbaumschädlinge eingestuft wurden, selten geworden. In jüngster Zeit hat man größere Vorkommen von Baumweißlingen jedoch an bepflanzten Böschungen von Autobahnen oder Bahngleisen beobachtet.

Zitronenfalter

(Gonepteryx rhamni); Fam. Pieridae (Weißlinge)

Beschreibung: Recht häufiger einheimischer Tagfalter, KL 26–30 mm, SpW 50–68 mm; ♂ zitronengelb, ♀ grünlichweiß gefärbt, orange-gelber Fleck in der Flügelmitte (♀ und ♂); Flügelränder geschwungen, Hinterflügel spitz ausgezogen. Raupe: KL bis 50 mm, mattgrün, mit blaßweißer Seitenlinie, in der die dunklen Stigmen sitzen.

Lebensraum: Waldränder, lichte Wälder, Auwälder.

Lebensweise: I–XII; nach dem ersten Ausfliegen im Juli (8–10 Tage) legen die Falter eine „Sommerpause" ein, um im Herbst erneut aktiv zu werden; Eiablage einzeln oder zu wenigen an die auftreibenden Blätter von Kreuzdorn *(Rhamnus catharticus)* und Faulbaum *(Rhamnus frangula)*; Raupen nach dem Schlüpfen glasig-glänzend, ältere Stadien sind mattgrün; Raupenzeit V–VI; Überwinterung als Falter.

Nahrung: Blätter von *Rhamnus*-Arten, auf Weiden, Pappeln und Espen.

Besonderheiten: Da Zitronenfalter völlig ungeschützt im Freien überwintern, frieren sie tatsächlich vollständig ein. Dank bestimmter Gefrierschutzkomponenten in ihrem Gewebe können die Falter dieses Einfrieren und das anschließende Auftauen unbeschadet überstehen.

Baumweißling
(Aporia crataegi), Imago

Raupe

Zitronenfalter *(Gonepteryx rhamni)*,
Männchen und Weibchen

Raupe

Großer Kohlweißling
(Pieris brassicae); Fam. Pieridae (Weißlinge)

Beschreibung: Bekanntester einheimischer Weißling; KL 28–34 mm, SpW 56–70 mm; Oberseite des Vorderflügel weiß, Flügelspitze und vorderer Außenrand schwarz, beim ♀♀ mit 2 schwarzen Flecken, Vorderflügel des ♂ ohne diese; Hinterflügel am Rande mit einem dunklen Fleck. Raupe: KL bis 32 mm, grün mit gelblicher Rücken- und Seitenlinie.

Lebensraum: Offenes Terrain, Gärten, Kohlfelder.

Lebensweise: V–VII; 2–3 Generationen; Ablage der gelben Eier gruppenweise auf der Oberseite von Kohlblättern; Raupenzeit V–X, junge Raupen bilden zunächst einen Verband, den sog. „Raupenspiegel", sie fressen eine Zeitlang gemeinsam und zerstreuen sich später; bei Berührung schlagen sie wild um sich und spucken ihren grünen Mageninhalt aus, Überwinterung als Puppe.

Nahrung: Raupen fressen Kreuzblütler, gerne Kohl, im Herbst auch Kapuzinerkresse.

Besonderheiten: Die Raupen von *Pieris brassicae* werden zwar von Vögeln verschmäht, besitzen aber auch andere natürliche Feinde: Sehr oft werden sie von der Schlupfwespe *Apanteles glomeratus* befallen; die Larven des Parasiten höhlen die Raupe komplett aus und verpuppen sich in dem sterbenden Tier in gelben Kokons, den sogenannten Raupeneiern.

Kleiner Kohlweißling
(Pieris rapae [= Artogeia rapae]); Fam. Pieridae (Weißlinge)

Anderer Name: Rübenweißling.

Beschreibung: Recht häufiger einheimischer Weißling; KL 23–27 mm, SpW 46–54 mm; Flügel weiß, Vorderflügel mit kleinem, grauem Spitzenfleck, Oberseite beim ♂ mit einem, beim ♀ mit zwei dunklen Tupfern, Unterseite des Vorderflügels bei beiden Geschlechtern mit 2 dunklen Flecken, Hinterflügel gelb, dunkel bestäubt (♂) bzw. kaum oder nicht bestäubt (♀). Raupe: KL bis 26 mm, grün mit gelbem Rückenstrich, gelbe Flecken neben den Stigmen.

Lebensraum: Offenes Terrain, Gärten.

Lebensweise: III–X; 2–3 Generationen (Sommergeneration sehr zahlreich, teilweise in Massen auftretend); Ablage der weißen Eier an Blättern von Kreuzblütlern; Überwinterung als Puppe, Verpuppung oft in der Nähe von Mauern und Zäunen.

Nahrung: Raupen fressen an Kresse, Knoblauchrauke, Gänsekresse und vielen Kohlarten; Imagines saugen gerne auf Klee, Luzerne und am Blutweiderich *(Lythrum salicaria)*.

Raupe

Großer Kohlweißling
(Pieris brassicae), Imago

Kleiner Kohlweißling
(Pieris rapae), Männchen

Weibchen

Bläulinge

Geißkleebläuling

(Plebejus argus [= Lycaena argus]); Fam. Lycaenidae (Bläulinge)

Andere Namen: Argus-Bläuling, Kleiner Silberfleckbläuling.
Beschreibung: Kleiner Bläuling, KL 12–15 mm, SpW 28–34 mm; ♂♂ auf der Oberseite tiefblau, am Rand breit schwarz gebändert, mit weißem Saum, Unterseite der Flügel gräulich, mit braunen, schwarz eingefaßten und dunklen, weiß einfaßten Tupfern; ♀♀ braun, am Flügelrand mit heller, gezackter Zeichnung. Raupe: grün bis braune Grundfarbe, mit weiß geran- detem, dunkelbraunen Rückenstreifen, seitlich hell, dunkelgrau gestreift.
Lebensraum: Heidekrautbewachsene Sandböden, Moorwiesen und feuchte Waldwiesen.
Lebensweise: VI–VIII; Eiablage an holzigen Pflanzenteilen der Futter- pflanzen; Überwinterung als Ei; Raupen schlüpfen im April, sie fressen unter den Futterpflanzen verborgen, meist von Ameisen umgeben.
Nahrung: Heidekraut, Glockenheide und verschiedene Schmetterlings- blütler, wie z. B. Hornklee, Kornwicke und Hufeisenklee.
Besonderheiten: Die Raupen dieses Bläulings gehen wie viele Vertreter dieser Familie eine Symbiose mit Ameisen – hier Schwarzen Wegameisen *(Lasius niger)* – ein; die Raupen sondern dabei aus den „Honigdrüsen", die auf ihrem Rücken sitzen, ein süßes Sekret ab, das die Ameisen verzehren; im Gegenzug „bewachen" die Ameisen die Raupen; auch die Verpuppung er- folgt oft unter Betreuung von Ameisen. Andere Bläulingspuppen werden von Ameisen sogar in ihre Bauten eingetragen.

Gemeiner Bläuling

(Polyommatus icarus [= Lycaena icarus]); Fam. Lycaenidae (Bläulinge)

Anderer Name: Hauhechelbläuling.
Beschreibung: Häufigster europäischer Bläuling; KL bis 18 mm, SpW bis 35 mm; ♂♂ auf der Oberseite hellblau, Flügel schwarz gesäumt, mit weißen Fransen; ♀♀ auf der Oberseite braun, am Flügelrand mit heller, gezackter Zeichnung. Raupe: KL bis 13 mm, hellgrün, mit je einem hellen Seitenstrei- fen, Stigmen als kleine winzige Punkte zu erkennen.
Lebensraum: Unterschiedliche Graslandhabitate, vom Trockenmagerra- sen bis zur Feuchtwiese.
Lebensweise: V–VIII; 2 Generationen; Eiablage an Futterpflanzen (siehe Nahrung); Überwinterung als Jungraupe; Raupen tagsüber unter Futter- pflanzen versteckt, wandern nachts zum Fressen an diesen empor.
Nahrung: Verschiedene Schmetterlingsblütler, wie Klee *(Trifolium)*, Hau- hechel *(Ononis)* und Färberginster *(Genista tinctoria)*.
Besonderheiten: Raupen des Gemeinen Bläulings besitzen „Honigdrü- sen" und werden wie andere Bläulingsraupen von Ameisen betreut. Die

Geißkleebläuling
(Plebejus argus)

Gemeiner Bläuling *(Polyom-matus icarus)*, Männchen

Gemeiner Bläuling,
Männchen und Weibchen

enge Symbiose zwischen Bläulingen und Ameisen wurde von einigen Arten in Schmarotzertum umgewandelt: So lassen sich die Raupen des Arionbläulings *(Maculinea arion)* durch Rote Waldameisen von Thymianpflanzen, auf denen sie geschlüpft sind, in die Ameisenburgen schleppen; dort ernähren sich die Raupen von Ameisenlarven und entwickeln sich dabei unbehelligt bis zur Verpuppung weiter.

Edelfalter

Kleiner Fuchs
(Aglais urticae); Fam. Nymphalidae (Edelfalter)

Anderer Name: Nesselfalter.
Beschreibung: Unverwechselbarer Edelfalter; KL 22–25, SpW 44–55 mm; Oberseite rotbraun, Vorderflügel am Rand mit alternierend schwarzen und gelben Flecken, zur Spitze hin ein weißer Fleck; restlicher Vorderflügel-Rand sowie Hinterflügel dunkel gesäumt, mit hellblauen Flecken; Unterseite braunschwarz. Raupe: KL bis 40 mm, schwarz mit gelben Rücken- und Seitenbändern und schwarzen Dornen; gesellig, lebt bis zur letzten Häutung im gemeinsamen Gespinst.
Lebensraum: Brennesselhecken auf Ruderalflächen, an Wegrändern, Bahndämmen.
Lebensweise: V–X, 2–3 Generationen; ♀ legt bis zu 200 Eier an die Unterseite von Trieben der Großen Brennessel *(Urtica dioica)*; hängende, graue Puppe mit Goldflecken (Stürzpuppe), an Pflanzenstengel, auch an Zäunen; Überwinterung als Falter.
Nahrung: Brennesseln, seltener Hopfen.
Besonderheiten: Durch Thermik können die wanderlustigen Falter der 2. und 3. Generation über Entfernungen von bis zu 100 km „verfrachtet" werden. In freier Natur überwintern die Falter in Erdritzen, Mauselöchern und kleinen Höhlen, als Kulturfolger findet man sich auch in Kellern und auf Dachböden.

Landkärtchen
(Araschnia levana); Fam. Nymphalidae (Edelfalter)

Beschreibung: Edelfalter mit Saisondimorphismus (d. h. die beiden zu verschiedenen Jahreszeiten lebenden Generationen des Falters besitzen unterschiedliche Färbung); KL 16–19 mm, SpW 32–40 mm; bei der Frühjahrsform ist die Oberseite der Falter rotbraun mit dunkler, gelber und etwas weißer Zeichnung, bei der Sommerform schwarz mit roten und gelben Querbinden; die braunviolette Unterseite weist bei beiden Formen eine helle Netzzeichnung auf. Raupe: KL bis 35 mm, schwarz oder bräunlich-gelb, gelegentlich seitlich mit braunrotem Streifen, Kopf rot gefleckt, mit 2 Dornen.

Raupen

Kleiner Fuchs
(Aglais urticae), Imago

Landkärtchen:
2. Generation

Landkärtchen *(Araschnia levana)*, 1. Generation

Lebensraum: Schattige, feuchte Au- und Laubwälder.
Lebensweise: IV–VIII; 2 Generationen; ♀ legt die Eier in Turmform an der Unterseite von Brennesselblättern; Überwinterung als Puppe.
Nahrung: Große Brennessel *(Urtica dioica)*.
Besonderheiten: Wie Laborversuche zeigten, hängt die Entwicklung der Frühlings- bzw. Sommerform von der Tageslänge ab.

Tagpfauenauge
(Inachis io); Fam. Nymphalidae (Edelfalter)

Beschreibung: Unverwechselbarer, prächtiger Edelfalter; KL 27–35 mm, SpW 56–68 mm; Flügel rötlich-braun, Vorderflügel und Hinterflügel jeweils am Vorderrand mit großem blau-rot-gelbem „Auge". Unterseite schwarzbraun. Raupe: KL bis 45 mm, schwarz, weiß gepunktet, mit schwarzen Dornen und grau-rötlichen Bauchfüßchen, werden daher von Vögeln (Meisen) nicht gefressen, wohl aber die Puppen.
Lebensraum: Weit verbreitet, Brennesselhecken an feuchten Standorten, auch an Straßen- und Wassergräben, in Parks und Gärten.
Lebensweise: I–XII; Ablage der Eier in einem aus mehreren hundert bestehenden Haufen an der Unterseite von Brennesselblättern; Raupen in gemeinsamem Gespinstband, spätere Raupenstadien bilden nur nachts Verbände; graugrüne Puppe (Stürzpuppe), mit 2 Reihen silbrig glänzender Dornen, Puppenruhe 2–3 Wochen; Überwinterung als Falter an geschützten Stellen, als Kulturfolger auch unter Dachböden, in Heuschobern, Gartenhäuschen und Kellern.
Nahrung: Raupen fressen an der Großen Brennessel *(Urtica dioica)* und an Hopfen *(Humulus lupulus)*; Imagines saugen im Sommer gerne am Sommerflieder *(Buddleia)*.
Besonderheiten: Die Stacheln der Dornenraupen können auch die menschliche Haut durchdringen! Im Kollektiv können sich die Raupen gegen Schlupfwespen wehren: Wenn sie das Summen eines dieser heranschwirrenden Brutparasiten vernehmen, schlagen alle Raupen eines Gespinstes ihre Körper im Gleichtakt.

Trauermantel
(Nymphalis antiopa [= Vanessa antiopa]); Fam. Nymphalidae (Edelfalter)

Beschreibung: Unverwechselbarer Edelfalter; KL 30–45 mm, SpW 60–75 mm; Oberseite dunkelbraun, am Rand breit mit gelbem Band gesäumt, darüber nach innen ein schmales Band hellblauer Flecken; äußere Spitzen beider Flügel stumpf. Raupe: grau-schwarze Dornenraupe, dorsal mit einem Band hellrosa Flecken, Dornen schwarz, an den Spitzen weiß; gesellig, Raupen leben in gemeinsamen Gespinsten.
Lebensraum: Waldränder, Schneisen, Lichtungen, Schonungen.
Lebensweise: VI–X; 1 Generation; ♀ legt die Eier in Ringen um dünne Zweige der Futterbäume (siehe Nahrung); Raupen ab VI–VII oft auffallend

Tagpfauenauge *(Inachis io)*, Imago

Raupe

Trauermantel *(Nympha-lis antiopa)*, Imago

Raupe

(Kahlfraß); bräunliche Stürzpuppe mit schwarz-oranger Zeichnung; Überwinterung als Falter.

Nahrung: Blätter von Weiden, Birken, Espen und Feldulmen.

Besonderheiten: Sehr flugstarker Falter; die gelben Flügelsäume wirken nach der Winterruhe bleicher. **Gesetzlich geschützt.**

Großer Fuchs

(Nymphalis polychloros [= Vanessa polychloros]);
Fam. Nymphalidae (Edelfalter)

Beschreibung: Mittelgroßer Edelfalter, KL 25–32 mm, SpW 54–66 mm; Oberseite orangebraun, mit brauner Randbinde und braunen Flecken, Hinterflügel mit vereinzelten blauen Flecken. Raupe: KL bis 50 mm, dunkle Dornenraupe, dorsal mit dünnem dunklen Band; Stacheln und Rücken hellbraun, weiße Härchen.

Lebensraum: Offenes, buschiges Terrain mit aufgelockertem Baumbestand, Parks, Waldränder, Obstgärten, Streuobstwiesen.

Lebensweise: VII–VIII; ♀ legt die Eier in Ringen an sonnenbeschienenen Zweigen der Futterbäume; Raupen schlüpfen nach 10 Tagen; Raupenzeit V–VI; Verpuppung am Boden (Stürzpuppe); Überwinterung als Falter.

Nahrung: Falter werden durch reifes Obst angezogen; Raupenfraß an den Blättern von Ulme, Weide, Kirsche, Birne und Apfel.

Besonderheiten: Der Große Fuchs, der in den letzten Jahrzehnten recht selten geworden ist (möglicherweise durch das Ulmensterben und den zunehmenden Einsatz von Insektiziden in Obstplantagen), ist näher mit dem Trauermantel als mit dem Kleinen Fuchs (siehe oben) verwandt – der deutsche Name ist hier irreführend. **Gesetzlich geschützt.**

C-Falter

(Polygonia c-album); Fam. Nymphalidae (Edelfalter)

Anderer Name: Weißes C.

Beschreibung: Nicht seltener Edelfalter; KL 22–25 mm, SpW 44–54 mm; Oberseite orangebraun mit hellen, dunkelbraunen und schwarzen Flecken, Hinterflügel auf der Unterseite mit einem weißen „Komma" gezeichnet (Name!); Flügelränder stark gezackt. Raupe: KL bis 35 mm, Jungraupe schwarz, stachelig, lebt als Einzelgängerin; die älteren Raupen werden rotbraun-schwarz mit bizarren gleichfarbigen Dornen, auf dem Rücken ab der Körpermitte (7. Segment) intensiv weiß gefärbt.

Lebensraum: Aufgelockerte Wälder, Lichtungen, Gärten, Waldränder, Parks, Auen.

Lebensweise: III–VIII; 2 Generationen; ♀ legt die Eier in Ringen an sonnenbeschienenen Zweigen der Futterbäume (siehe Nahrung); Raupen schlüpfen nach 10 Tagen; Raupenzeit V–VI; bizarre, silbrig gefleckte Stürzpuppe; überwintert als Falter (2. Generation), der dann ab März wieder fliegt.

Großer Fuchs *(Nympha-lis polychloros)*, Imago

Raupe

C-Falter *(Polygonia c-album)*, Imago

Nahrung: Falter werden durch Blüten des Sommerflieders *(Buddleia)* und der Fetthenne *(Sedum)* angelockt; Raupen fressen an Hopfen, Brennessel, Stachel- und Brombeere, gelegentlich auch an Ulme, Salweide und Hasel.

Besonderheiten: Die bizarren Raupen leben einzeln und hocken in gekrümmter Lage in der Nähe ihres Fraßloches, das sich auf der Oberseite von Blättern der Futterpflanzen befindet. **Gesetzlich geschützt.**

Admiral

(Vanessa atalanta [= Pyrameis atalanta]); Fam. Nymphalidae (Edelfalter)

Beschreibung: Recht häufiger Edelfalter; KL 28–31 mm, SpW 56–68 mm; Oberseite dunkelbraun, Vorderflügel mit breiter zinnoberroter Binde, Spitzen schwarz mit weißen Flecken, Hinterflügel mit roter Randbinde, diese fein dunkel getupft; Unterseite im vorderen Teil des Vorderflügel mit bläulich-roter Binde. Raupe: KL bis 50 mm, bestachelte, gedrungene Raupe, schwarz bis dunkeloliv, mit variabler Zeichnung, seitlich mit gelben halbmondförmigen Flecken.

Lebensraum: Offenes Terrain, Hecken, Obstgärten, Waldränder, Parks.

Lebensweise: V–X; zur Fortpflanzungszeit können die ♂♂ für kurze Zeit ein Revier bilden; Eiablage einzeln; Brennesselblätter werden angenagt, bis sie abknicken und zu einer Tüte zusammengesponnen, in diesem Schutzgespinst leben die Raupen dann; Raupenzeit VI–X; grau-braune Stürzpuppe, bauchseits mit Metallflecken; Falter wandert regelmäßig zur Herbstzeit in den Süden, überwintert oft aber auch unter großen Verlusten in Mitteleuropa.

Nahrung: Imagines saugen an Fallobst und aussickernden Baumsäften; Raupenfutter sind Brennesseln, seltener Disteln.

Besonderheiten: Der sehr wanderfreudige Admiral, der in warmen Sommern aus Mitteleuropa bis zum Polarkreis hochzieht, ist sehr eng mit dem Distelfalter verwandt, was man der ähnlichen Flügelzeichnung, der Art und Weise der Eiablage und der Raupenform erkennen kann: Unterschiede bestehen für beide Arten in der Wahl der Futterpflanzen: Admiralraupen findet man zu 90% auf Brennesseln, Raupen des Distelfalters zumeist auf Disteln (Name!). **Gesetzlich geschützt.**

Distelfalter

(Vanessa cardui [= Cynthia cardui]);
Fam. Nymphalidae (Edelfalter)

Beschreibung: Einer der häufigsten Edelfalter Mitteleuropas; KL 27–31 mm, SpW 54–60 mm; Oberseite braungelb, Flügelspitze schwarz, mit weißen Tupfern, Hinterflügel fächerartig mit braunen Tupfern; Unterseite des Hinterflügel mit 5 Augenfleckchen. Raupe: KL bis 50 mm, bestachelt, schlanker als Admiralraupe, olivgrün, Unterseite rötlich-braun, mit hellem, unterbrochenen Rückenstrich und ähnlichen Seitenstreifen, grau-gelbe Dornen mit rötlicher Basis.

Admiral *(Vanessa atalanta)*, Raupe

Admiral, Imago in Seitenansicht

Raupe

Distelfalter *(Vanessa cardui)*, Imago

Lebensraum: Offenes Terrain, ähnliche Verbreitung wie Admiral, kommt im Waldesinneren nicht vor.

Lebensweise: V–X; Eiablage einzeln; Raupenzeit VI–IX, Raupen leben in tütenförmigem, zum teil offenem Gespinst; grau-grüne Stürzpuppe, mit goldenen Dornen; wandert zur Überwinterung stets in den Süden zurück.

Nahrung: Imago saugen Sommerflieder, Klee und Luzerne; Raupen fressen primär Disteln.

Besonderheiten: Der Distelfalter ist ein ausdauernder Wanderfalter, der regelmäßig aus Nordafrika und Südeuropa einwandert und nördlich bis Island zieht, in der 2. Jahreshälfte dann wieder nach Süden wandert. **Gesetzlich geschützt.**

Gras- oder Augenfalter

Großes Ochsenauge

(Maniola jurtina [= Epinephele jurtina]);
Fam. Satyrididae (Gras- oder Augenfalter)

Beschreibung: Einer der häufigsten einheimischen Vertreter dieser Familie; KL 22–28 mm, SpW 44–55 mm; Flügel oberseits zimtbraun, Vorderflügel in der Spitze gelb-braun, mit je einem braunen „Auge" (bei den ♂♂ ist dieses rotgerandet); Vorderflügel bei den ♀♀ mit breiter, gelbbrauner Binde; Unterseite bei ♂♂ mit, bei ♀♀ ohne Augenflecken. Raupe: KL bis 30 mm, grün, fein weiß behaart, Rückenhaare nach hinten gerichtet; frißt nur nachts.

Lebensraum: Wiesen aller Art (außer regelmäßig gemähten Rasen), auch Waldränder und lichte Wälder.

Lebensweise: VI–IX; Eiablage an Grashalmen, manche ♀♀ werfen die Eier auch blindlings ab; Überwinterung als Raupe; Raupen werden im V–VI erwachsen; Verpuppung als grünlich-gelbliche, schwarz längsgestreifte Stürzpuppe, an Grashalmen.

Nahrung: Strauß- und Rispengräser (gerne *Poa pratensis*).

Besonderheiten: Die Mitglieder der sehr artenreichen Familie der Augenfalter (Satyrididae) sind meist bräunlich gefärbt und besitzen auf den Flügeln deutliche augenförmige Flecken, die dazu dienen, Freßfeinde (Vögel) zu erschrecken. Bei ausgebreiteten Flügeln erinnert dieser Falter tatsächlich an das Gesicht einer Allgäuer Kuh (Name!)

Schachbrett

(Melanargia galathea); Fam. Satyrididae (Gras- oder Augenfalter)

Anderer Name: Damenbrett.

Beschreibung: KL 23–28 mm, SpW 45–55 mm; beide Flügelpaare oberseits mit schwarzweißem, mitunter gelblichem Schachbrettmuster, Unter-

Großes Ochsenauge
(Maniola jurtina), Weibchen

Schachbrett *(Melanargia galathea)*, Imago

seite des Hinterflügels mit kleinen, runden Augenflecken; ♀ größer als ♂. Raupe: gelbgrün, dicht behaart; Oberseite mit 2 dunklen, weißrandigen Linien, helle Seitenlinien; kurze rote Schwanzgabel; frißt nur nachts; gelbgraue Puppe mit seitlichen schwarzen Punkten, Verpuppung am Boden unter Futterpflanzen.

Lebensraum: Waldwege, Trockenhänge, Lichtungen, meist Mittelgebirge.

Lebensweise: Ende VI–VIII; Falter fliegen meist mittags; Winterruhe als Puppe zwischen abgestorbenem Gras.

Nahrung: Raupe frißt auf verschiedenen Gräsern (Knäuelgras, Lieschgras, Schwingel, Honiggras). **Gesetzlich geschützt.**

Dickkopffalter

Kommafalter

(Hesperia comma); Fam. Hesperiidae (Dickkopffalter)

Beschreibung: KL 14–16 mm, SpW 28–31 mm; Flügel auf der Oberseite goldbraun, breit dunkel gerändert, nur ♂♂ besitzen an der Basis des Vorderflügel ein dunkles „Komma"; Körperfarbe der ♀♀ dunkler, ihre Vorderflügel mit kräftigeren weißen Flecken. Raupe: schwarzgrau, Unterseite an den letzten beiden Körperringen mit 2 weißen Flecken; Kopf dunkel, mit 2 braunen Längsstreifen.

Lebensraum: Blumenwiesen, Kalkmagerrasen, Waldlichtungen, Feldraine.

Lebensweise: VI–IX; Eiablage an der Blattscheide von Gräsern; Raupen leben in röhrenförmigen Gespinsten, die sie aus Grashalmen zusammengesponnen haben; nachts gehen sie zum Fressen auf Wanderschaft; Verpuppung am Boden, als braune Gürtelpuppe in festem Kokon; Überwinterung als Ei.

Nahrung: Futterpflanzen sind Gräser, z. B. Schafschwingel *(Festuca ovina)*, Rispengras, Quecke *(Agropyron)* und andere.

Zweiflügler und Flöhe

Wissenschaftlicher und deutscher Name der Zweiflügler (Diptera) ergibt sich aus einer Besonderheit: Statt einem Paar wohlausgebildeter Hinterflügel besitzen die Mitglieder dieser Insektenordnung nur ein Paar Schwingkölbchen (Halteren) – also verkümmerte Flügel. Unter diesen Insekten mit vollständiger Entwicklung befinden sich viele Arten, deren Weibchen Blut zur Eiablage benötigen bzw. sich generell davon ernähren und ihre Larven in Kot und Wirbeltieren ablegen. So kommt ihnen auch aus medizinischen Gründen eine besondere Bedeutung zu: Sie stellen nicht nur als Lästlinge und Blutsauger echte Plagegeister dar, sondern übertragen manchmal auch Erreger von Seuchen auf den Menschen und seine Haustiere, z. B. Malaria,

Schachbrett *(Melanargia galathea)*, Raupe

Kommafalter
(Hesperia comma)

Schlafkrankheit und Leishmaniose. Wissenschaftlich werden die Zweiflügler in Mücken (Nematocera) und Fliegen (Brachycera) unterteilt. Die typische Larve der Fliegen ist die kopflose, unförmige Made, die in faulendem Fleisch, Kot oder ähnlichem lebt; Mückenlarven leben hingegen stets in fließenden oder stehenden Gewässern.

Flöhe (Siphonaptera) sind ebenfalls mehr oder weniger wirtspezifische Blutsauger, die einen seitlich zusammengedrückten Körper und Stechborsten als Mundwerkzeuge besitzen, die auf das Anzapfen und Saugen von Blut spezialisiert sind; Flöhe haben zwar keine Flügel mehr, können zum Ausgleich jedoch (sprichwörtlich) sehr gut springen; einige Arten haben keine Augen. Diese kleinen Parasiten dienen oft auch als Transportmittel für Krankheitserreger des Menschen; so können z. B. tropische Rattenflöhe den Erreger der Pest *(Yersinia pestis)* auf den Menschen übertragen.

Mücken

Markusfliege

(Bibio marci); Fam. Bibionidae (Haarmücken)

Anderer Name: Märzfliege.
Beschreibung: Im Frühling oftmals häufige, etwa stubenfliegengroße, robuste Mücke, KL bis 11 mm; Körper dunkel, stark behaart; Flügel transparent, Augen geteilt, grau-schwarz.
Lebensraum: Grasland, Gebüsche, Wege und offenes Terrain.
Lebensweise: III–V; tagaktiv; die ♀♀ sitzen meist auf Büschen, die ♂♂ fliegen mit hängenden Beinen umher und stürzen sich wahllos auf fliegenden Insekten und Objekte, die mit der oberen Augenhälfte wahrgenommen werden; handelt es sich dabei um ein ♀ der eigenen Art, so packt es das ♂, um sich zu paaren. Im Frühjahr oft massenhaft auftretend.
Nahrung: Honigtau und Nektar.
Besonderheiten: Die zweite Bezeichnung „Märzfliege" entstand wahrscheinlich aus einer Verballhornung des wissenschaftlichen Namens; da man die Art im Frühjahr oft in großen Massen antrifft, ist der Name nicht ganz so abwegig. Markusfliegen gelten als nützliche Insekten, da sie einige Nutzpflanzen, speziell Frühblüher, bestäuben.

Waldschnake

(Aëdes geniculatus); Fam. Culicidae (Stechmücken)

Anderer Name: Baumhöhlenmücke.
Beschreibung: Kleine Stechmücke, KL 2–10 mm; Körper grau-weißlich. Diese Mücken knicken beim Sitzen ihren Körper ab. Larve freischwimmend in stehenden Gewässern, am Hinterende mit Atemrohr und ventralem (bauchseitigem), aus Haaren bestehendem Schwimmfächer.

Märzfliege *(Bibio marci)*,
Kopulation

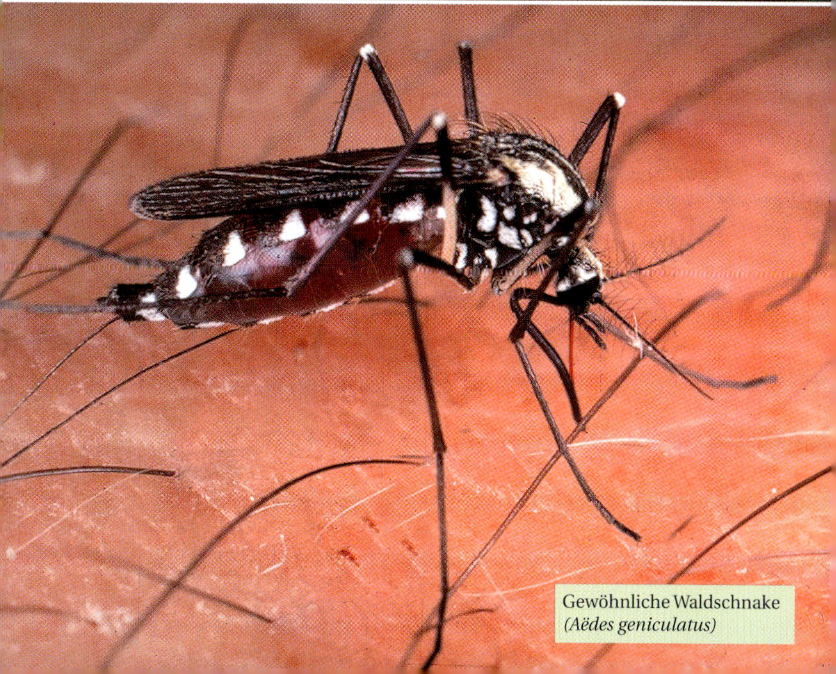

Gewöhnliche Waldschnake
(Aëdes geniculatus)

Lebensraum: In der Nähe stehender Gewässer.

Lebensweise: VI–VIII; tagaktiv; die ♀♀ benötigen das Blut von Wirbeltieren zur Eiablage; das Stechverhalten wird zum einen durch die Witterung ausgelöst (die Stechhäufigkeit nimmt bei schwül-warmem Wetter zu), aber auch hormonell; Ablage der Eier am Boden stehender Gewässer, dicht unterm Wasserspiegel.

Nahrung: ♀♀ saugen Blut, ♂♂ saugen Pflanzensäfte.

Besonderheiten: Die in den Tropen vorkommende verwandte Gelbfiebermücke *Aëdes aegypti* überträgt die Erreger des Gelbfiebers.

Gemeine Stechmücke

(Culex pipiens); Fam. Culicidae (Stechmücken)

Beschreibung: Weltweit verbreitete Stechmücke, KL 6–8 mm, Körper mit langen Beinen; ♂ mit gefiederten Fühlern. Larve: bräunlich, KL 10 mm; freischwimmend in stehendem Gewässer, mit Atemrohr am Hinterleib; 4 Larvenstadien; Puppe kräftig, schwebt, mit dem Kopfbruststück nach oben gewandt, an der Wasseroberfläche, besitzt als Atemorgan 2 „Atemhörner".

Lebensraum: In der Nähe stehender Gewässer.

Lebensweise: IV–X; nachtaktiv; nur die ♂♂ tanzen in großen Schwärmen; begibt sich ein ♀ in den Schwarm, so stürzen sich gleich mehrere ♂♂ auf sie; die Paarung mit einem dieser ♂♂ dauert nur wenige Sekunden; Eiablage auf stehenden Gewässern aller Art, auch Kleinstgewässer wie Regentonnen, Pfützen, wassergefüllte Eimer und Blechdosen; das ♀ legt die 200–300 länglichen, zugespitzten Eier in einem floßartigen Gebilde („Mückenschiffchen") ab; Larven strudeln mit Hilfe einer haarbesetzen Lippe feine Schwebstoffe (Algen) ein. Sie „hängen" mit dem Atemrohr an der Unterseite der Wasseroberfläche.

Nahrung: Nur die ♀♀ saugen auch Blut, ♂♂ ernähren sich ausschließlich von Nektar und Wasser.

Besonderheiten: Beim Stechen wird ein blutgerinnungshemmendes Mittel injiziert, das nach dem Stich einsetzende Jucken wird wahrscheinlich durch Stoffe hervorgerufen, die im Speichel der Mücke enthalten sind. Die Mücken überwintern in Kellern und anderen kühlen Räumen. In Süddeutschland werden Stechmücken auch als „Schnaken" bezeichnet.

Gemeine Zuckmücke

(Chironomus plumosus);
Fam. Chironomidae [= Tendipedidae] (Zuckmücken)

Beschreibung: Häufige Art, KL 11–13 mm, „bucklige" Brust, Fühler der ♂♂ mit langen Fiedern, Hinterleib dicht behaart. Larve: länglicher, mehrfach gegliederter Körper, KL je nach Alter zwischen 1–2 mm bis 20 mm (!); Larven der einzelnen Arten kaum auseinanderzuhalten, sehr variabel gefärbt, meist rötlich, aber auch weiß, gelb, dunkelrot oder braun.

Lebensraum: In der Nähe von Gewässern aller Art, weltweit verbreitet.

Gemeine Stechmücke *(Culex pipiens)*, schlüpfend auf der Wasseroberfläche

Gemeine Zuckmücke, Imago

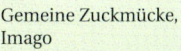

Gemeine Zuckmücke, Larven im Wasser

Lebensweise: IV–X; Tiere können nicht stechen, daher keine Nahrungsaufnahme möglich; ♂♂ bilden große Schwärme, Auslöser sind möglicherweise aufsteigende Methangase; Paarung in der Luft; Eiablage unmittelbar nach der Paarung durch Abstreifen eines Eiballens auf der freien Wasseroberfläche; Larven leben in selbstgesponnenen Wohnröhren in den obersten Schlammschichten von Gewässern, selbst stark verschmutzter Gewässer; Chironomidenlarven gelten daher als „Bio-Indikatoren" für Wasserverschmutzung; 4 Larvenstadien; die erwachsenen Tiere schlüpfen meist im Herbst, und zwar abends.

Nahrung: Erwachsene Tiere fressen gar nicht; Larven ernähren sich von aus dem Wasser gefilterten Algen und Schwebstoffen.

Besonderheiten: Die Familie der Zuckmücken stellt mit etwa 1000 Arten eine der größten Gruppe innerhalb der Zweiflügler in Mitteleuropa; allerdings lassen sich die einzelnen Arten selbst von Experten nur sehr schwer bestimmen.

Kriebelmücke

(Simulium spec.); Fam. Melusinidae [= Simuliidae] (Kriebelmücken)

Beschreibung: Recht kleine Mücke, KL 1,5–4 mm; Körper beim ♂ samtschwarz, beim ♀ grau, die Mücke wirkt aufgrund eines aufgewölbten Brustschildes von der Seite gesehen „buckelig". Larve: KL 12 mm, lebt in schnell fließenden Gewässern, wo sie sich mit Hilfe einer am Hinterleib befindlichen Haftscheibe an Kieseln, Steinchen und ähnlichem verankert; sie filtert mit einem „Kiemenkorb" Algen und Schwebstoffe aus dem Wasser. Puppe: KL 8 mm; in tütenförmigem Gehäuse mit charakteristischen „Hörnern"; bräunlich, unmittelbar vor dem Schlüpfen schwarz.

Lebensraum: Rasch fließende Gewässer, besonders gerne im Bergland.

Lebensweise: V–X tagaktiv; ♂♂ bilden an sonnigen, schwach windigen Tagen große Schwärme; hereinfliegende ♀♀ werden gepackt und begattet, Eiablage an und in Fließgewässer.

Nahrung: Beide Geschlechter ernähren sich von Nektar, ♀♀ bevorzugen Blut, da es zur Eireifung erforderlich ist. Als Blutwirte können artspezifisch nur Säuger, nur Vögel oder auch beide in Frage kommen.

Besonderheiten: Bei massenhaftem Befall durch Kriebelmücken kann es durch die im Speichel enthaltenen Eiweißstoffe beim Weidevieh zu überstarken Reaktionen des Immunssystems, vergleichbar einer starken Allergie, kommen; die Rinder sterben dann an Herzlähmung infolge eines anaphyllaktischen Schocks. Der Stich der Kriebelmücken ist sehr schmerzhaft.

Riesenschnake

(Tipula maxima); Fam. Tipulidae (Schnaken oder Schnauzenmücken)

Beschreibung: Größte einheimische Mückenart, KL 50–60 mm, SpW bis 55 mm; Körper länglich, grau, Brustbereich gedrungen („buckelig"), rüsselartige Schnauze, mit der die Tiere nicht stechen können (also keine

Kriebelmücke,
Ansammlung

Kriebelmücke,
Einzeltier

Riesenschnake
(Tipula maxima)

Blutsauger!); Flügel gelblich, gefleckt, in Ruhe schräg und nach hinten gehalten; charakteristisch die langen stelzenförmigen Beine. Larve: walzenförmig, grau, KL bis 50 mm, am Hinterteil eine charakteristische Zeichnung, die „Teufelsfratze"; dabei handelt es sich um eine Platte mit Atemöffnungen.

Lebensraum: Waldränder, feuchte Waldgebiete, Gebüsche.

Lebensweise: IV–V und VIII–IX (2 Generationen), häufig; die ♀♀ legen bis zu 1000 im Boden ab; 4 Larvenstadien.

Nahrung: Die Larven fressen an Wurzeln oder Fallaub in Waldbächen, erwachsene Riesenschnaken saugen Nektar und Wasser.

Kohlschnake

(Tipula oleracea); Fam. Tipulidae (Schnaken oder Schnauzenmücken)

Beschreibung: Mittelgroße Schnakenart, KL 17–25 mm; Körper länglich, grau, Hinterkörper gelblich, mit braunen Querstreifen; Flügel farblos, am Rand mit dunkler Vorderkante; lange Beine. Larve: walzenförmig, grau, KL bis 25 mm, Hinterteil mit „Teufelsfratze"; 4 Larvenstadien.

Lebensraum: Offenes Terrain wie Wiesen, Weiden und Gärten.

Lebensweise: IV–VI und VIII–X (2 Generationen); bei der Paarung hebt das ♀ dem ♂ seine Beine entgegen, das ♂ steigt und beleckt dabei den Kopf des ♀; Eiablage unmittelbar nach der Paarung; in einer Art „Tanzflug" berührt das ♀ immer wieder den Boden, wobei es jedesmal ein Ei ablegt, zur Ablage werden feuchte Böden (Sumpf, Schlamm) oder moderndes Laub aufgesucht; 4 Larvenstadien.

Nahrung: Die Larven fressen an Wurzeln, ältere Larven auch an oberirdischen Pflanzenteilen. Bei Massenbefall können die Larven größere Schäden auch in Gärten und Feldern verursachen.

Besonderheiten: Da die erwachsenen Schnaken oft vom Licht angezogen ins Haus fliegen, werden sie dort häufig als vermeintliche Blutsauger (auch sie können wie alle Vertreter der Tipuliden nicht stechen) erschlagen.

Fliegen

Goldaugenbremse

(Chrysops caecutiens); Fam. Tabanidae (Bremsen)

Beschreibung: Schlanke, langbeinige Bremse, KL 7,5–11 mm; Körper schwarz, walzenförmiger Hinterleib vorne gelblich, hinten schwarz, Flügel bräunlich gescheckt; Augen grün-goldglänzend, Fühler relativ lang.

Lebensraum: Feuchte Weiden, Wiesen und Gärten.

Lebensweise: V–IX, häufig.

Nahrung: Nur die ♀♀ saugen Blut von Menschen, Pferden und Rindern.

Larve im Wasser

Kohlschnake
(*Tipula oleracea*)

Goldaugenbremse
(*Chrysops caecutiens*)

Besonderheiten: Obwohl ihr Stich zweifellos sehr unangenehm ist, muß man eingestehen, daß die Goldaugenbremse zu den prächtigsten Zweiflüglern Mitteleuropas zählt.

Regenbremse
(Haematopota pluvialis [= Chrysozona pluvialis]);
Fam. Tabanidae (Bremsen)

Andere Namen: Gewitterfliege, Blinde Fliege.
Beschreibung: Eine der häufigsten und lästigsten einheimischen Bremsen; KL 8–12 mm; Körper grau-schwarz, Brustbereich mit grauen Längsbändern, Hinterleib walzenförmig; Flügel transparent, am Rande mit kleinem dunklen Fleck, werden im Sitzen dicht zusammengehalten. Larve: länglich, gelbbraun bis weiß, KL bis 14 mm.
Lebensraum: Wälder, Wegränder, im Gebirge bis in Höhen von 2000 m.
Lebensweise: V–X; tagaktiv; ♀♀ fliegen schnell und lautlos, sie stechen nach dem Ansitzen auf einen Blutwirt sofort zu; Stich meist sehr schmerzhaft, da die ♀♀ eine Art Raspelzunge besitzen, die wie eine Stichsäge arbeitet; als Einstichort konzentriert sich die Regenbremse weniger auf den Kopf, sondern fast ausschließlich auf Arme und Beine; Eiablage ähnlich wie bei Rinderbremse; Larven leben räuberisch im Uferschlamm kleinerer Gewässer; 2 Generationen im Jahr.
Nahrung: ♂♂ leben von Nektar, die ♀♀ von Säugerblut.
Besonderheiten: Bei schwülem Wetter lassen sich die ♀♀ auch durch Nieselregen nicht vom Stechen abhalten. Der Name „Blinde Fliege" beruht zum einen wohl auf der trüben Färbung der Flügel, möglicherweise aber auch auf dem Aberglauben, ein Stich dieser Bremse führe zur Erblindung.

Rinderbremse
(Tabanus bovinus); Fam. Tabanidae (Bremsen)

Beschreibung: Kräftige, große Bremse, KL 18–25 mm, gelblich-schwarzer Hinterleib, Kopf (von oben betrachtet) breiter als lang, mit großen, grün schillernden Augen. Larve: länglich, weißbraun, segmentierter Körper, KL 30–40 mm.
Lebensraum: Wiesen, Weiden, Gärten, Waldränder; in Niederungen bis 2000 m u.N.N.
Lebensweise: V–IX; tagaktiv; eigenartiges Balzverhalten: ♂♂ fliegen frühmorgens auf Lichtungen, „rütteln" und verfolgend sich gegenseitig; ♀♀ tauchen etwas später auf, mehrere ♂♂ verfolgen jeweils ein ♀; Paarung erfolgt am Boden; vor der Eiablage sucht das ♀ einen „Blutwirt" auf; das Eigelege wird geschichtet, meist werden die Eier in Wassernähe abgelegt.
Nahrung: ♂♂ saugen Pflanzensäfte, die ♀♀ hingegen Blut, vor allem von Weidevieh; Larven fressen Kleintiere (Schnecken, Mückenlarven, auch Kaulquappen und sogar frisch umgewandelte Fröschlein), die Beute

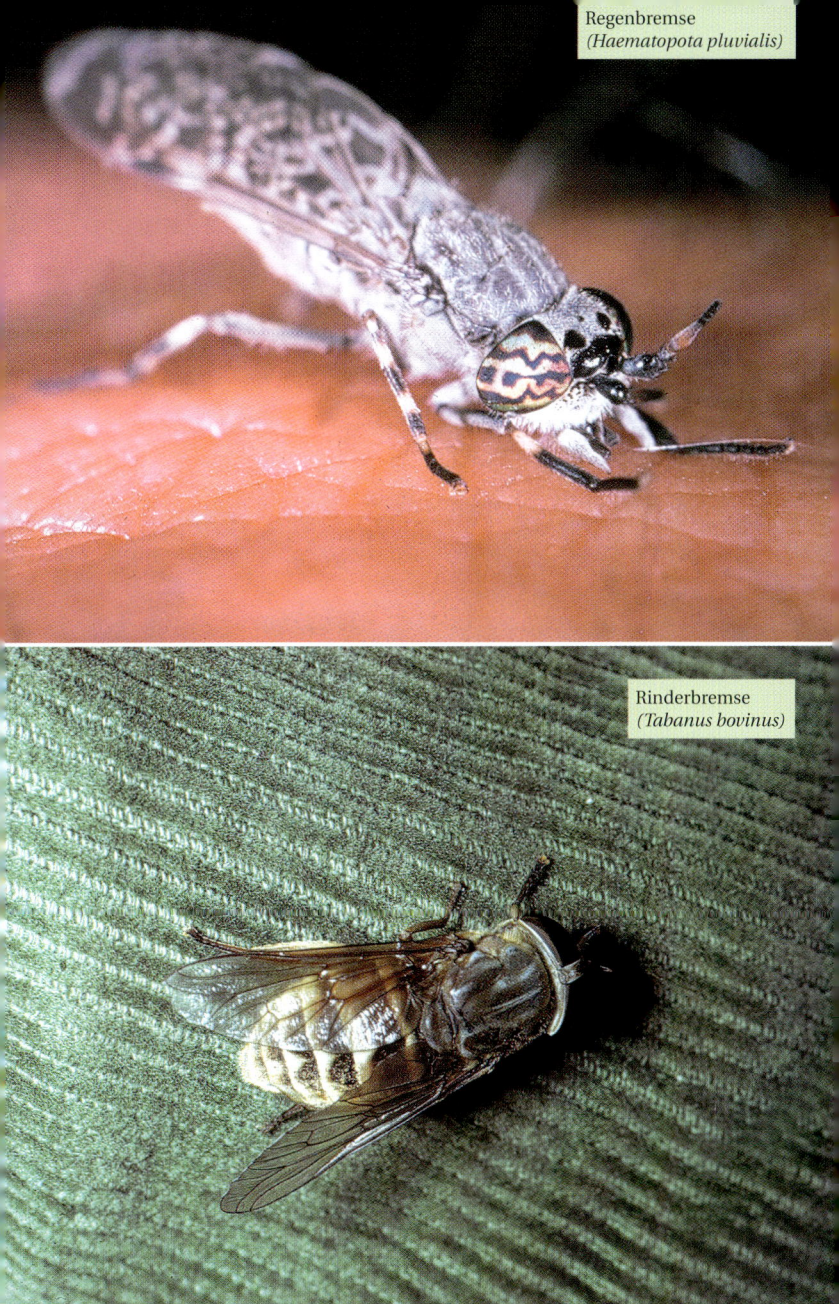

Regenbremse
(Haematopota pluvialis)

Rinderbremse
(Tabanus bovinus)

wird durch Einspritzen eines Giftes aus den Kiefernklauen der Larven getötet.

Besonderheiten: Die Stiche der lautlos fliegenden Rinderbremse sind sehr schmerzhaft; der eingespritzte blutgerinnungshemmende Speichel bewirkt, daß die Wunde oftmals nachblutet.

Mordfliege
(Laphria fulva); Fam. Asilidae (Raubfliegen)

Beschreibung: Große, robuste Raubfliege, KL 13–23 mm, Augen kugelförmig, hervorquellend; Brustbereich schwarz, kugelig, Hinterkörper gestreckt, vorne schwarz, hinten weißgelblich befilzt, Kopf unterseits gelblich behaart, Beine kräftig, dicht behaart, mit starken Fußkrallen (Beutefang!). Larven leben räuberisch oder von verrottenden Pflanzenteilen, im Boden oder Holzmulm abgestorbener Bäume; Überwinterung als Puppe, diese beweglich und am Hinterleib mit Haken und Dornenkränzen bewehrt.

Lebensraum: Waldränder, Lichtungen, alte Kahlschläge.

Lebensweise: IV–IX, an sonnigen Tagen aktiv; Paarung in der Luft, oft nach Balz; Eiablage in Holz- und Rindenritzen.

Nahrung: Kleine und mittelgroße Insekten, meist Käfer; mit ihren harten Stechborsten kann diese Raubfliege sogar den Panzer von Rüssel- und Prachtkäfern durchbohren; den Speichel, den die Fliege in ihr Opfer injiziert, enthält wahrscheinlich ein Gemisch aus Giftstoffen, die sie töten, sowie Verdauungsenzymen.

Besonderheiten: Die Mordfliege lauert ihren Opfern auf einer Warte (z. B. Baumstumpf) sitzend auf und ergreift sie im Sturzflug mit ihren dornbewehrten Vorderbeinen.

Schlammfliege
(Eristalis tenax [=Eristalomya tenax]); Fam. Syrphidae (Schwebfliegen)

Andere Namen: Mistbiene, Scheinbienen-Keilfleckschwebflige.

Beschreibung: Weltweit verbreitete Schwebfliege; KL 12–20 mm, leicht zu verwechseln mit Bienen; Körper braun-schwarz, schwarzer Hinterleib mit 2 gelbroten Flecken. Larve: im Wasser lebende sog. „Rattenschwanzlarve" kaum als solche zu erkennende, walzenförmige, weißlich-gelbe Made (KL 2 cm) , Unterseite mit 7 Paar Kriechhöckern, langes dreiteiliges, einziehbares Atemrohr (ausgefahren bis 4 cm Länge) am Hinterende.

Lebensraum: Anspruchslose Art, daher auf allen Arten von Blüten; Rattenschwanzlarve in schlammigen Gewässern, auch Jauchegruben, Miniteichen, Regentonnen u. ä.

Lebensweise: III–XI; Eiablage in schlammige, stehende Gewässer; Überwinterung nur der befruchteten ♀♀.

Nahrung: Imagines Pollen und Honigtau, Larven fressen organischen Schlamm.

Mordfliege
(Laphria fulva)

Schlammfliege
(Eristalis tenax)

Besonderheiten: Der Name „Mistbiene", der an die starke Ähnlichkeit dieser Schwebfliege mit Bienen erinnert, findet sich auch in anderen Kulturkreisen: So hielt man im alten China die in Jauchegrauben und Aborten umherkrabbelnden *Eristalis* ebenfalls für Bienen und folgerte daraus, daß die Tiere menschlichen Urin benötigten, um Honig herstellen zu können.

Große Schwebfliege
(Syrphus ribesii); Fam. Syrphidae (Schwebfliegen)

Beschreibung: Eine der häufigsten Schwebfliegen Mitteleuropas; KL 9–13 mm, schwarzer Hinterleib mit 3 gelben Binden, große braune Augen, Rücken mattschwarz.

Lebensraum: Sonnige Wälder, Wiesen und Felder; auf Doldenblütlern (Giersch, Bärenklau, Wilde Möhre), Hahnenfußgewächsen (Sumpfdotterblume), auch Weißdorn und Huflattich.

Lebensweise: IV–IX; Eiablage erfolgt in der Nähe von Blattlauskolonien, da die Larven Blattläuse aussaugen; Überwinterung als Larve.

Nahrung: Vollinsekten Pollen und Honigtau, Larven ernähren sich von Blattläusen.

Besonderheiten: Auch die Große Schwebfliege wendet erfolgreich Mimikry an d. h. sie täuscht durch ihre gelb-schwarze „Wespenfärbung" eine Giftigkeit vor, die tatsächlich nicht vorhanden ist. (Die abgebildeten Art ist nicht *Syrphus ribesii*, sondern *S. vitripennis*, die jedoch genauso aussieht wie die Große Schwebfliege, lediglich etwas kleiner ist und anders gefärbte Hinterschenkel besitzt.)

Hummelschwebfliege
(Volucella bombylans); Fam. Syrphidae (Schwebfliegen)

Beschreibung: Hummelähnliche Schwebfliege; KL 11–15 mm, dicker Körper, schwarz-rötlichbraun gefärbt, Hinterleib hinten weiß behaart, Flügel mit dunkler zickzackförmiger Binde, Augen behaart, Beine nackt.

Lebensraum: Sonnige Wälder, Lichtungen und Waldränder; auf Ackerkratzdistel, Giersch, Liguster, Wiesenkerbel, Kriechendem Hahnenfuß, Himbeere, Weißdorn und Liguster.

Lebensweise: V–VIII; Entwicklung der Larven in Hummel- und Wespennestern.

Nahrung: Imago Pollen und Honigtau, Larven ernähren sich von toten Wespen und Hummeln, wahrscheinlich auch von deren lebenden Larven; Überwinterung als Vorpuppe außerhalb des Nestes im Boden.

Besonderheiten: Mimikry kommt auch bei der Hummelschwebfliege vor; sie ähnelt meist denjenigen Hautflüglern, an deren Nester sie ihre Eier ablegt, so daß die schlüpfenden Larven durch die Nestaußenwand direkt eindringen können.

Große Schwebfliege
(Syrphus ribesii)

Hummelschwebfliege
(Volucella bombylans)

Taufliege

(Drosophila melanogaster); Fam. Drosophilidae (Taufliegen)

Andere Namen: Fruchtfliege, Essigfliege.

Beschreibung: Sehr kleine Fliege, KL 2–3 mm, Körper braun, Hinterleib mit dunklen Bändern; ♀♀ besitzen ein spitzes Hinterleibsende, bei ♂♂ ist dieses abgerundet; Augen intensiv rot leuchtend. Larve: weiße Made, mit Freßhaken, KL 4–5 mm.

Lebensraum: Auf faulendem oder überreifen Obst (Name!), Komposthäufen, auch in Gebäuden; weltweit verbreitet.

Lebensweise: V–X, in Häuser auch im Winter; nach kompliziertem Balztanz (Vibrieren, Betasten, Ausscheren der Flügel) und erfolgter Kopulation legt das ♀ bis zu 600 Eier in gärenden Fruchtsäfte; Entwicklung einer Generation 2–3 Wochen; 3 Larvenstadien.

Nahrung: Erwachsene Taufliegen saugen an Tautropfen (Name!), die Larven ernähren sich von Bakterien und Hefen im gärenden Fruchtbrei.

Besonderheiten: Aufgrund ihrer leicht zu handhabenden Zucht, der kurzen Entwicklungszeiten und häufig auftretenden Mutationen haben sich Fruchtfliegen als ideale Forschungsobjekte der Genforschung etabliert – man spricht auch vom „Haustier" der Genetiker.

Stubenfliege

(Musca domestica); Fam. Muscidae (Echte Fliegen)

Beschreibung: Eine der verbreitetsten Fliegen; KL 8–9 mm, Körper grau, dunkel behaart; Beine grau, behaart; Augen groß, dunkel; Rüssel am Ende polsterförmig. Larve: typische Made, ohne Kopf mit Freßhaken, weißlich, KL bis 12 mm; bräunliche Tönnchenpuppe.

Lebensraum: Gebäude und Stallungen, weltverbreit verbreitet.

Lebensweise: III–X; tagaktiv; Fliegen neigen zur „Herdenbildung", was man bei Fliegenfängern ausnutzt; Eiablage an sich zersetzendem Material, gerne Mist von Rindern und anderen Haustieren; Gelegegröße bis 2000 Eier; diese gelblich, länglich-zapfenförmig, 1 mm lang; Entwicklung unter günstigen Bedingungen 7–8 Tage, daher bis zu 154 Generationen pro Jahr möglich.

Nahrung: Erwachsene Stubenfliegen saugen mit dem Rüssel zuckerhaltige Säfte (auch an festem Zucker, der durch ausströmenden Fliegenspeichel verflüssigt und dann aufgesaugt wird).

Besonderheiten: Bekannt ist, daß Stubenfliegen elegant und flink auf allen Flächen laufen können; dies ermöglicht der Bau ihrer Füße: Mithilfe von 2 Krallen haftet sich die Fliege auf rauhen Flächen fest, ein dazwischen liegendes „Sohlenpolster" ermöglicht das Laufen auf ganz glatten Flächen. Stubenfliegen besitzen einen guten optischen Sinn, als neu erkannte Objekte (auch Menschen) werden eine Zeitlang (bis zu 20 Minuten) immer wieder angeflogen und mit dem Rüssel geschmacklich „getestet", weswegen sie stets als lästig empfunden werden.

Taufliege *(Drosophila melanogaster)*

Stubenfliege
(Musca domestica)

Wadenstecher
(Stomoxys calcitrans); Fam. Muscidae (Echte Fliegen)

Beschreibung: Kleinere Fliege, KL 5,5–7, Körper grau, behaart, Hinterleib mit bräunlichen Flecken; Beine grau, behaart; Augen kleiner als bei Stubenfliege, dunkel; dünner Stechrüssel, in Ruhe nach vorn gestreckt.
Lebensraum: Bei Viehherden, seltener in Ortschaften, weltweit.
Lebensweise: III–X; Wadenstecher sitzen in Ruhe mit erhöhtem Vorderkörper und nach vorne gerichtetem Stechrüssel. Ablage der 60–100 Eiern in Stallmist; Entwicklung unter günstigen Bedingungen 7–8 Tage, daher bis zu 154 Generationen pro Jahr möglich.
Nahrung: Blut von pflanzenfressenden Säugern (Rinder, Pferde), auch vom Menschen. Bei dieser Art stechen ♂♂ und ♀♀.
Besonderheiten: Der Stich ist schmerzhaft; der deutsche Name kommt daher, weil diese Fliegen meist die Beine eines Menschen anfliegen; Rinder und Pferde werden bevorzugt in Rücken und Flanken gestochen.

Blaue Schmeißfliege
(Calliphora vicina); Fam. Calliphoridae (Schmeißfliegen)

Beschreibung: Große Schmeißfliege, KL 8–11 mm, Körper schiefergrau gefärbt; Augen groß, rötlich-braun.
Lebensraum: Weltweit verbreitet, in allen Lebensräumen.
Lebensweise: IV–X; tagaktiv; die Fliegen legen ihre gelblichen Eier in Fleisch jeglicher Form (Kadaver, lebende Tiere) ab, auch in Wunden und verrottendem Pflanzenmaterial; Entwicklung der Larven (bis 13 mm) in Fleisch, Larvenentwicklung 3–4 Tage; Verpuppung in dunkler Tönnchenpuppe, erwachsene Schmeißfliegen schlüpfen nach ca. 6–7 Tagen.
Nahrung: Pflanzensäfte und Pollen, Larven von Fleisch.

Große Fleischfliege
(Sarcophaga carnaria); Fam. Calliphoridae (Schmeißfliegen)

Beschreibung: Äußerst häufige, große Schmeißfliege, KL 13–15 mm, Vorderkörper abwechselnd hellgrau und dunkelgrau längsgestreift; Hinterkörper schachbrettartig gezeichnet; Augen groß, rot.
Lebensraum: Weltweit verbreitet, in allen Lebensräumen.
Lebensweise: IV–X; tagaktiv; die Fliegen sind lebendgebärend und setzen ihre Larven auf Aas, oft auch in der Nähe von Regenwurmlöchern oder in Regenwurmkothaufen ab; die Larven suchen den Wurm aktiv auf, dringen am „Gürtel" in ihn ein und fressen ihn von innen auf; Larvenentwicklung 6–7 Tage; mehrere Generationen pro Jahr; die Tiere überwintern als Puppe oder erwachsene Fliege.
Nahrung: Erwachsene ernähren sich von Pflanzensäften und Pollen, Larven von Regenwürmern, auch Aas oder Kot.

Wadenstecher
(Stomoxys calcitrans)

Blaue Schmeißfliege
(Calliphora vicina)

Fleischfliege
(Sarcophaga carnaria)

Flöhe

Hundefloh

(Ctenocephalides canis [C. felis, Katzenfloh]); Fam. Pulicidae (Flöhe)

Beschreibung: KL bis 2 mm, wie alle Flöhe ohne Flügel; Körper braunschwarz, mit langen, kräftigen Sprungbeinen. Larve: schlank, spannerartig, meist gelblich, ohne Augen; 3 Larvenstadien; Verpuppung in Gespinstkokon, oft in Teppichen oder Bodenfugen; Puppenruhe 4 Tage.

Lebensraum: In Tierhaaren (speziell Hunde); weltweit verbreitet.

Lebensweise: I–XII; Imago kann lange im Kokon bleiben, gegebenenfalls auch überwintern; das Verlassen der Puppenhülle wird durch Erschütterung (sich nähernder Wirt) ausgelöst. Der Katzenfloh *(Ctenocephalides felis)* besitzt eine ähnliche Biologie wie der Hundefloh. Wenn Katzenbesitzer nach einem längeren Sommerurlaub ihre zwischenzeitlich nicht benutzte Wohnung wieder betreten, können sie massenhaft von Katzenflöhen attackiert werden; die Flöhe haben sich in Teppichböden und Bodenritzen verpuppt und nur auf irgendeinen Wirt gewartet.

Nahrung: Blut von Hunden und Katzen; Larven ernähren sich fast ausschließlich vom bluthaltigen Kot der Imago, die oft „über den Durst trinken".

Besonderheiten: Der Hundefloh scheut sich nicht, auch auf Menschen zu saugen. Auf Hunde kann er den Hundebandwurm *Dipylidinum caninum* übertragen, dessen Finne im Floh sitzt; die Infektion erfolgt, wenn ein Hund einen Floh mit den Zähnen zerknackt und verschluckt.

Menschenfloh

(Pulex irritans); Fam. Pulicidae (Flöhe)

Beschreibung: KL 2–3,5 mm, Körper braun-schwarz, seitlich zusammengedrückt, flügellos; mit langen, kräftigen Sprungbeinen. Larve: borstig (daher „Drahtwurm" genannt), ohne Augen; 3 Larvenstadien.

Lebensraum: Im Fell seiner Wirtstiere (unter unhygienischen Verhältnissen beim Menschen auch in schmutziger Kleidung); weltweit verbreitet.

Lebensweise: I–XII; Begattung findet auf dem Wirt statt; in Säugerbauten oder verstaubten Ecken legen die ♀ insgesamt jeweils bis zu 450 Eier ab, aus denen die „Drahtwürmer" schlüpfen; Verpuppung nach 2–3 Wochen in einen Kokon; die Puppenruhe dauert wenigstens 1–2 Wochen; auslösender Reiz zum Verlassen des Kokons sind Erschütterungen.

Nahrung: Blut von Menschen, Haustieren und anderen Säugetieren; Larven ernähren sich von Detritus, toten Flöhen sowie Flohkottropfen.

Besonderheiten: Der Menschenfloh war möglicherweise auf dem Dachs heimisch. Die Tatsache, wer als Hauptwirt einer Flohart in Frage kommt, beruht also weniger auf einer Blutspezifität. Die Erreger der Pest werden durch den Ratten- oder Pestfloh *(Xenopsylla cheopis)* nicht nur von Ratten auf den Menschen übertragen.

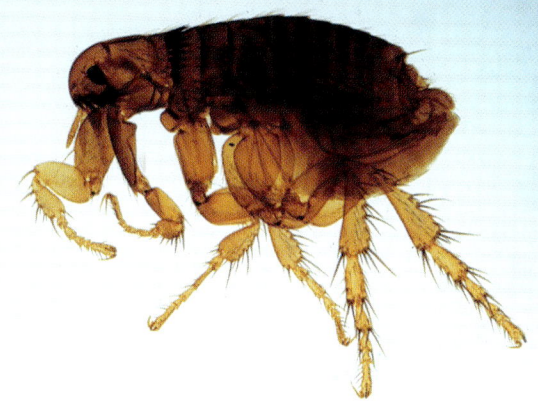

Hundefloh (Cteno-
cephalides canis)

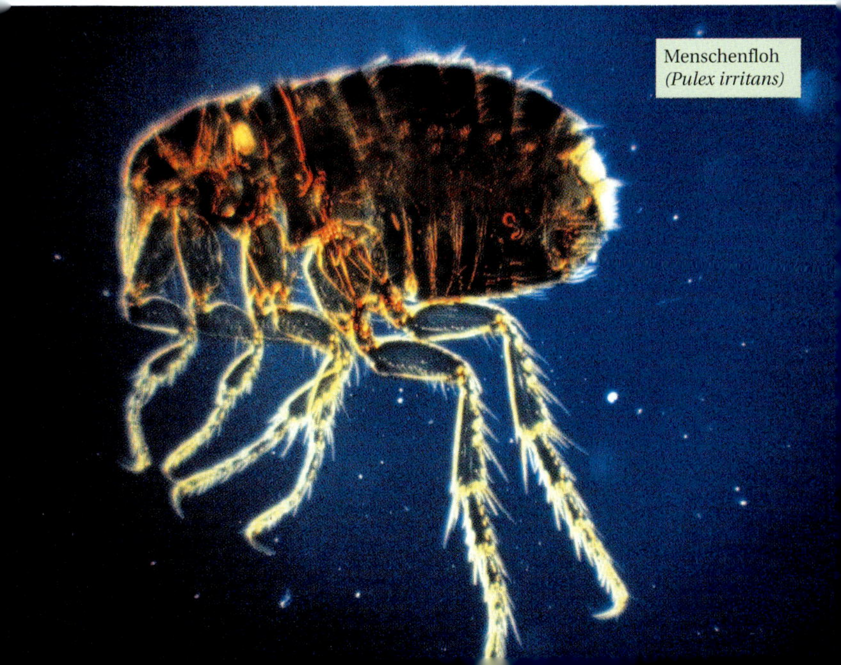

Menschenfloh
(Pulex irritans)

Niedere Wirbellose

Angesichts der Arten- und Formenfülle, welche die Klasse der Insekten in Mitteleuropa dem Naturbetrachter bietet, werden die restlichen einheimischen wirbellosen Tiere (ungeachtet ihrer ebenso großen Artenzahl) in den meisten bebilderten Naturführern kaum ausreichend gewürdigt. Ähnlich verhält es sich auch mit diesem Buch, und so werden aus Platzgründen hier nur wenige Vertreter der Weichtiere, Ringelwürmer, Spinnen und anderer Gliedertiere vorgestellt. Zumeist handelt es sich um mehr oder weniger auffällige, und wenn nicht, dann zumindest um häufig anzutreffende Arten.

Schnecken und Muscheln

Der recht große und formenreiche Tierstamm der Weichtiere (Mollusken) umfaßt viele Gruppen und Arten, die am oder im Meer leben, z. B. Tintenfische, Käferschnecken, die meisten Muschelarten und viele Schnecken. Aus diesem Grund werden in diesem Buch nur wenige Vertreter genannt, die an Land bzw. in und an Binnengewässern leben. Kennzeichnend für alle Weichtiere sind die harte, aus Kalk und Perlmutt bestehende Schale, wie beispielsweise Muschelschalen und Schneckenhäuser, sowie ein weicher, fleischiger Körper, der aus Kopf, Eingeweidesack, Fuß und Mantel besteht. Selbstverständlich können diese Merkmale bei einigen Gruppen fehlen oder verkümmert sein (so haben Muscheln keinen Kopf, und bei Tintenfischen ist die Schale ins Körperinnere gewandert und zum Schulp geworden), aber dennoch bleiben diese Tiere unverkennbar Mollusken. Auf dem Festland Mitteleuropas finden wir hauptsächlich Schneckenarten und nur wenige Vertreter der Muscheln (Bivalvia). Diese haben immer eine zweiklappige Schale und leben ausschließlich im Wasser. Sie sind fast immer getrenntgeschlechtlich und atmen mit Hilfe echter Kiemen.

Schnecken (Gastropoda) haben ein spiralig gewundenes Gehäuse, in dem sich der größte Teil ihres asymmetrisch gebauten Eingeweidesacks befindet. Ihr Kopf besitzt 2–4 mit Augen besetzte Fühler, ferner haben sie einen muskulösen Kriechfuß sowie eine Raspelzunge. Die meisten Schnecken sind getrenntgeschlechtlich, jedoch gibt es auch zwittrige Arten, wie z. B. die bekannte Weinbergschnecke. Die bei uns heimischen Schnecken gehören überwiegend der Gruppe der Lungenschnecken an, die wiederum je nach Lebensraum in Wasserlungenschnecken (Basommatophora) und Landlungenschnecken (Stylommatophora) unterteilt werden.

Posthornschnecke
(Planorbarius corneus)

Schnecken

Schöne Landdeckelschnecke

(Pomatias elegans [= Cyclostoma elegans]);
Fam. Pomatiasidae (Landdeckelschnecken)

Anderer Name: Kreismundschnecke.

Beschreibung: Kräftiges, dickwandiges Gehäuse, Höhe 1,3–1,6 cm, Breite 0,9–1,1 cm, breit konisch; Oberseite mit deutlicher Gitterstruktur, Mündung des Gehäuses mehr oder weniger kreisrund, mit 4–5 stark gerundeten Umgängen, gelblich bis grauviolett; dicker, verkalkter Schließdeckel; Kriechsohle gattungstypisch durch tiefe Furche zweigeteilt. Getrenntgeschlechtlich, Gehäuse von ♀♀ etwas größer als diejenigen von ♂♂.

Lebensraum: Lichte Wälder, Waldränder, Hecken und Berghänge auf lockeren Kalkböden.

Lebensweise: V–X; wühlt sich gerne in lockeren Boden ein, liebt warme Kalkböden; Ablage der kugelförmigen Eier (∅ 2mm) zerstreut im lockeren Boden; überwintert im ersten Jahr wahrscheinlich als Ei, Lebensalter 4–5 Jahre.

Nahrung: Abgestorbene Blätter (Buche), Mulm, vermoderndes Holz.

Besonderheiten: Diese Landdeckelschnecke ist eine wärmeliebende Art, die an günstigen Stellen in sehr großer Zahl (40–80 Tiere/m²) vorkommen kann.

Sumpfdeckelschnecke

(Viviparus viviparus); Fam. Viviparidae (Sumpfdeckelschnecken)

Beschreibung: Schlankes Gehäuse, braungelb bis olivbraun, Höhe 3–4 cm; mit 6–6 gewölbten, mehr oder weniger stufig abgesetzten Umgängen, kräftiger, brauner Schließdeckel.

Lebensraum: Vegetationsreiche, saubere Fließgewässer.

Lebensweise: I–XII; Atmung mit echten, kammförmigen Kiemen; das ♀ bringt lebende Junge zur Welt (daher der lateinische Name *Viviparus* = „lebendgebärend").

Nahrung: Weidet Wasserpflanzen ab.

Besonderheiten: Sie sind sehr anpassungsfähig und können sogar längere Trockenperioden überdauern, indem sie ihr Gehäuse mit dem Deckel verschließen. Leicht zu verwechseln ist diese Art mit der Sumpfdeckelschnecke *Viviparus contectus*; bei dieser sind die Umgänge deutlich stufiger abgesetzt, das Gehäuse wirkt grober, und außerdem lebt sie nur in Stillgewässern.

Schöne Landdeckelschnecke
(Pomatias elegans)

Sumpfdeckelschnecke
(Viviparus viviparus)

Große Posthornschnecke

(Planorbarius corneus); Fam. Planorbidae (Posthornschnecken)

Beschreibung: Flaches, gelbliches bis schwarzes, dünnwandiges Gehäuse, Höhe 1,4–2 cm, Breite bis 3,5 cm; Oberseite an den Umgängen deutlich gekielt.
Lebensraum: Stehende, schlammige Gewässer; häufig.
Lebensweise: I–XII; bevorzugt schlammige und stark verschmutzte Gewässer; tolerant gegen Trockenfallen der Lebensräume.
Nahrung: Organische Schwebstoffe, weidet Algen ab.
Besonderheiten: Diese im Wasser lebende Schnecke muß als echte Lungenschnecke immer wieder zum Atemholen an die Wasseroberfläche kommen, kann bei längerem Aufenthalt unter Wasser (z. B. im Winter unter dem Eis) aber auch mit Hilfe von „Ersatzkiemen" atmen. Als Blutfarbstoff besitzt sie ebenfalls Hämoglobin, wie die Säugetiere.

Große Schlammschnecke

(Lymnaea stagnalis); Fam. Lymnaeidae (Schlammschnecken)

Anderer Name: Spitzschlammschnecke.
Beschreibung: Größte und häufigste heimische Schlammschnecke; sehr spitzes Gehäuse, Höhe bis 6 cm, einfarbig braun; letzter Umgang bauchig, Mündung groß, Schließdeckel fehlt.
Lebensraum: Ruhige Gewässer, mit dichter Vegetation.
Lebensweise: III–XI; Ablage der Eier als Laichschnur, an Wasserpflanzen und Steine; junge Schnecken schlüpfen nach 20–22 Tagen.
Nahrung: Wasserpflanzen.
Besonderheiten: Gerne wird diese Schlammschnecke auch in künstlichen Gartenteichen ausgesetzt, wo sie sich sehr stark vermehren kann. Im Winter atmet sie unter Wasser mit Hilfe von Hautatmung.

Gemeine Bernsteinschnecke

(Succinea putris); Fam. Succinidae (Bernsteinschnecken)

Beschreibung: Transparentes, dünnes, bernsteinfarbenes Gehäuse, spitz-eiförmig, mit 3–4 Umgängen, Höhe 1,6–2,2 cm, Breite 0,8–1,2 cm, ohne Nabel, bauchige Endwindung mit breiter Mündung, diese beträgt etwa 2/3 der Gehäusehöhe; Körperfarbe variabel, gelblich-grau bis bräunlich oder schwarz, mit schwarzen Fühlern.
Lebensraum: Mit Hochstauden (Schilf) bewachsene Uferränder, Verlandungszonen, feuchte Gräben oder Sumpfgebiete.
Lebensweise: III–X; Paarung V–VIII, Ablage der Eier meist auf verrottenden Pflanzenteilen; gallertiges Gelege aus 50–70 Eiern; junge Schnecken schlüpfen witterungsabhängig nach 1–3 Wochen.
Nahrung: Faulende oder frische Pflanzenteile.

Große Posthornschnecke
(*Planorbarius corneus*)

Große Schlammschnecke
(*Lymnaea stagnalis*), von oben

Gemeine Bernsteinschnecke
(*Succinea putris*)

Besonderheiten: Die Bernsteinschnecke ist Zwischenwirt des Saug-wurms *Leucochloridium macrostoma*, der erwachsen im Enddarm von Singvögeln der Uferregion (z. B. Sumpfrohrsänger) schmarotzt. Die Eier des Parasiten werden zusammen mit Vogelkot von der Schnecke gefressen, ent-wickeln sich in ihr zu Infektionsstadien, die sich zu 200–300 in einem Brut-sack ansammeln. Dieser wandert tagsüber in einen Fühler der Schnecke, wodurch dieser anschwillt, hin und her „wedelt" und auffällig grün oder rot-gelb schillert. Hungrige Singvögel halten den Fühler möglicherweise für eine Raupe, picken ihn ab und infizieren sich so mit dem Parasiten.

Große Rote Wegschnecke

(Arion rufus); Fam. Arionidae (Wegschnecken)

Beschreibung: Große kräftige Nacktschnecke, KL langgestreckt 8–15 cm (bis 20 cm), Gehäuse fehlt, Körper runzelig, ziegelrot oder braun, auch schwarz (dann immer mit rotem Fußsaum), Atemloch schwarz gerandet, Kopf und Fühler dunkel, Schleim zäh, wie Tapetenkleister, bei roten Tieren orange, bei schwarzen und braunen farblos.
Lebensraum: Überall häufig anzutreffen, dringt selbst auf saure Moor-böden vor; Schädling in Gärten.
Lebensweise: III–XI; Paarung VIII–XI, Paarung dauert 2–2 Stunden; während der Paarungszeit mehrfach Gelege (8–13) mit insgesamt bis zu 500 Eiern. Junge Schnecken schlüpfen je nach Temperatur nach 20–40 Tagen, manchmal auch erst nach 120 Tagen.
Nahrung: Frische Pflanzen (Gemüse, Setzlinge, Kräuter), welkes Gras, auch Heu, Pilze, Aas und sogar Hundekot.
Besonderheiten: Aufgrund des sehr zähen Schleims werden Schnecken oft von Vögeln als Nahrungung verschmäht; der Schleim kann recht schnell erstarren und klebt dann fast so fest wie Zweikomponentenkleber. Bei ganz schwarzen Wegschnecken mit schwarzem Fußsaum handelt es sich um die ähnliche Große Schwarze Wegschnecke *(Arion ater)*.

Braune Wegschnecke

(Arion subfuscus); Fam. Arionidae (Wegschnecken)

Beschreibung: Mittelgroße Nacktschnecke, KL langgestreckt 5–7 cm, Gehäuse fehlt, Körper fein gerunzelt, Färbung variabel, meist rotgelb bis ockergelb, mit dunklen Seiten- und Rückenbinden, Atemloch hell umran-det, Kopf und Fühler dunkel, Körperschleim gelb oder orange (Vorsicht: färbt sehr stark!), Sohlenschleim farblos.
Lebensraum: Wälder, Parks, Friedhöfe, Hecken, Gärten, auch Wiesen und Felder, Flachland bis in 2500 m Höhe.
Lebensweise: III–XI; geschlechtsreif mit 8–10 Monaten; während der Paarungszeit mehrfach Eiablage (8–12) mit je 7 bis über 50 Eiern; junge Schnecken schlüpfen nach 25–40 Tagen.
Nahrung: Früchte, Pilze, Krautpflanzen, gelegentlich auch Aas.

Große Rote Wegschnecke
(Arion rufus), ein rotes Tier

Braune Wegschnecke
(Arion subfuscus)

Kugelige Glasschnecke

(Vitrina pellucida [Helicolimax pellucidus]);
Fam. Vitrinidae (Glasschnecken)

Beschreibung: Transparentes, dünnwandiges, glasig-grünliches Gehäuse, Breite 4,5–6 mm, mit 3–3$^1\!/_2$ schwach gewölbten Umgängen; Mündung schräg, Mundsaum scharf, Körper variabel gezeichnet, hell- bis dunkelgrau.

Lebensraum: Feuchte Wälder und Wiesen, auch trockene Gebiete (Dünen); selten.

Lebensweise: I–XII; Ablage der 6–8 Eier (pro Gelege) nachts, ab Oktober; Eier überwintern, ab II–III schlüpfen die jungen Schnecken, die bis IX–X unterirdisch leben; sie werden etwa ein Jahr alt.

Besonderheiten: Die Kugelige Glasschnecke ist recht unempfindlich gegen Kälte; sie kommt bis in 3000 m Höhe vor und wurde selbst im Winter (I–II) noch auf dünnen Schneedecken angetroffen.

Schwarzer Schnegel

(Limax cinereoniger); Fam. Limacidae (Schnegel)

Anderer Name: Schwarze Egelschnecke.

Beschreibung: Größte einheimische Nacktschnecke, KL (ausgestreckt) 10–20 cm (selten 30 cm), schwarz bis schwarzgrau, mit schwachen dunklen Längsstreifen auf den Flanken, Mantelschild einheitlich dunkel; Runzeln lang, schmal, gröber strukturiert.

Lebensraum: Laubwald; vom Flachland bis ins Gebirge, meidet Kulturland; unter lockerer Rinde, Schlagholz und umgestürzten Stämmen.

Lebensweise: III–XI; geschlechtsreif nach 1$^1\!/_4$ bis 1$^1\!/_2$ Jahren, Paarung auf Baumstämmen, Eier werden in 2 Perioden (die 1. im VII–VIII, die 2. im VI–VII des folgenden Jahres) abgelegt; dabei produzieren die Tiere pro Periode 3–4 Gelege zu je 15–360 (!) Eiern; die jungen Schnegel schlüpfen nach 19–24 Tagen.

Nahrung: Verrottendes Gras und Laub, auch Pilze und tote Schnecken.

Einfarbige Ackerschnecke

(Deroceras agreste [Agriolimax agrestis]);
Fam. Agriolimacidae (Ackerschnecken)

Beschreibung: Kleinere Nacktschnecke, KL 3,5–5 cm (selten 6 cm), rahmfarben, gelblich oder hellbraun, Kopf und Fühler dunkler als restlicher Körper, Atemloch mit hellem Rand.

Lebensraum: Wälder der Mittelgebirge, auch Kulturland, Verbreitung zur Zeit noch nicht eindeutig gesichtert.

Lebensweise: II–XI; nachtaktiv, tagsüber unter Steinen, Blättern und

Schwarzer Schnegel
(*Limax cinereoniger*)

Einfarbige Ackerschnecke
(*Deroceras agreste*)

Kugelige Glasschnecke
(*Vitrina pellucida*)

Ästen; Ablage von 7–40 klaren Eiern; junge, farblose Schnecken (KL 3–4 mm) schlüpfen nach 16–25 Tagen.

Nahrung: Pflanzen; richten im Garten bei Massenvorkommen zum Teil recht großen Schaden an.

Besonderheiten: Zu den natürlichen Feinden zählt der Igel. Häufiger verbreitet ist die Genetzte Ackerschnecke *(Deroceras reticulatum)*; diese jedoch mit dunkler Netzzeichnung (Name!) und stärker gekieltem Schwanz als *D. agreste*.

Gartenschnirkelschnecke

(Cepaea hortensis); Fam. Helicidae (Schnirkelschnecken)

Anderer Name: Gartenbänderschnecke.

Beschreibung: Dickwandiges Gehäuse, Höhe 1–1,7 cm, Breite 1,4–2,2 cm, leicht gedrückt, kugelförmig, mit 5–5^1/$_2$ leicht gewölbten Umgängen, Zeichnung sehr variabel, meist weißlich-hellgelbe Grundfarbe, mit bis zu 5 dunklen Spiralbändern, die jedoch zu einem Band verschmelzen oder ganz fehlen können; Mundsaum erweitert, mit kräftiger weißer Innenlippe; Körper grau, Fühler und Oberseite dunkel.

Lebensraum: Recht frische, kühle und feuchte Hochstaudenfluren, gerne Brennesselhecken, Gräben, lichte Wälder, auch Gärten.

Lebensweise: III–X.

Nahrung: grüne Pflanzen.

Besonderheiten: Garten- und Hainschnirkelschnecken bilden einen wichtigen Nahrungsbestandteil der Singdrossel, die diese Schnecken an bestimmten Plätzen, den sogenannten „Drosselschmieden", auf einem flachen Stein zertrümmert.

Hainschnirkelschnecke

(Cepaea nemoralis); Fam. Helicidae (Schnirkelschnecken)

Andere Namen: Schwarzmündige Bänderschnecke, Hainbänderschnecke.

Beschreibung: Geringfügig größer als Gartenschnirkelschnecke; festes, dickwandiges Gehäuse, Höhe 1,2–2,2 cm, Breite 1,8–2,5 cm, leicht zusammengedrückt, kugelförmig, mit 4^1/$_2$–5^1/$_2$ leicht gewölbten Umgängen, gelbrötliche Grundfarbe, Variabilität in der Zeichnung fast genau wie bei der Gartenschnirkelschnecke; Körper hellgrau, Fuß schwach gelb gesäumt, Fühler dunkel.

Lebensraum: Fast gleiche Lebensräume wie Gartenschnirkelschnecke, oft mit dieser Art vergesellschaft; die Standorte sind jedoch etwas wärmer und trockener.

Lebensweise: III–X; Paarungszeit III–V, Ablage der 30–50 Eier von VI–VIII in kleiner selbstgegrabener Erdkammer; Entwicklung der jungen Schnecken 20–22 Tage, sie verlassen die Erdhöhle aber erst nach 10–14 Tagen.

Gartenschnirkelschnecke
(Cepaea hortensis)

Hainschnirkelschnecke
(Cepaea nemoralis)

Nahrung: Frische grüne Pflanzen.

Besonderheiten: Die enorme Vielfalt der Gehäusefarben bei der Hainschnirkelschnecke und der Gartenschnirkelschnecke bietet beispielsweise den Vorteil, daß je nach Jahreszeit immer nur ein bestimmter Farbtypus (Morphe) von Vögeln (z. B. Singdrossel) erbeutet wird und die anderen Morphen somit eine höhere Überlebenschance besitzen.

Weinbergschnecke

(Helix pomatia); Fam. Helicidae (Schnirkelschnecken)

Beschreibung: Größte einheimische Landgehäuseschnecke; sehr großes, dickwandiges Gehäuse, Höhe 3–5 cm, Breite 3,2–5 cm, kugelförmig, mit $4^{1}/_{2}$–5 gewölbten Umgängen; Färbung sehr variabel, von rahmweiß bis braun-gelblich, dunkelbraun gebändert; Mündung sehr groß, Körper graugelblich, runzelig, Fühler und Scheitel etwas dunkler.

Lebensraum: Wärmeliebende Art, meist auf Kalkböden, lichte Waldränder, Kalkmagerrasen, Weinberge (Name).

Lebensweise: III–X; zwittrige Schnecken paaren sich im V–VII, Eiablage 4–6 nach Paarung; 40–50 milchig-weiße Eier werden in selbstgegrabener Grube abgelegt; junge Schnecken schlüpfen nach 25–26 Tagen.

Nahrung: Frische, grüne Pflanzen.

Besonderheiten: Die Weinbergschnecke bildet im Spätherbst einen besonders dicken Deckel (Winterdeckel) aus, mit dem sie ihr Gehäuse fest verschließt und so auch tiefere Temperaturen gut überstehen kann. Schon seit der Römerzeit wird die Weinbergschnecke kulinarisch genutzt; da sich die Tiere nur schlecht in größeren Mengen züchten lassen, stammen viele der verzehrten Tiere aus Wildfängen. Gebietsweise sind „überjagte" Populationen daher potentiell gefährdet; **gesetzlich geschützt.**

Gürtelwürmer

Unter dem Begriff Gürtelwürmer (Clitellata) einer Gruppe länglicher, gegliederter Würmer, deren Körper einen drüsenreichen, schleimabsondernden Abschnitt, den sogenannten „Gürtel" aufweist werden grob gesagt zwei Ordnungen zusammengefaßt: Wenigborster und Egel. Zu den Wenigborstern (Oligochaeta) zählen so bekannte Vertreter wie der Regenwurm. Würmer dieser Ordnung sind meist zwischen 0,3 cm bis 10 cm lang; einige „Zwerggarten" messen knapp 1 mm, während die Riesenregenwürmer der Gattung *Megascolides* bis zu 3 m lang werden. Es handelt sich um zwittrige Tiere, deren Larven sich in einem Kokon entwickeln. Viele Arten fressen totes Pflanzenmaterial, Aas und Kleinstlebewesen, andere leben räuberisch oder parasitisch. Als Bodenzersetzer spielen diese Würmer (z. B. der Regenwurm) eine wichtige Rolle im Kreislauf der Natur. Am Regenwurm kann man auch sehr gut die Gliederung des Körpers in einzelne, ähnlich gebaute, ringförmige Abschnitte (Segmente) sehr gut erkennen. Diese segmentierte Gliederung des Körpers (typisch ist auch ein Paar Extremitäten pro Seg-

Weinbergschnecke
(Helix pomatia)

Weinbergschnecke
in Ruheposition

ment) finden wir charakteristischerweise, wenn auch in abgewandelter Form, noch bei den Gliedertieren (Arthropoden), z. B. bei Insekten, Spinnen, Krebsen und Tausendfüßern.

Im Gegensatz zu den Wenigborstern kann man die stets 33 Segmente bei den Egeln (Hirudinea) äußerlich nicht genau erkennen, da die Haut dieser Würmer zusätzlich geringelt ist. Charakteristisch für Egel sind die Saugscheiben, die sich vorne und hinten am Körper befinden, sowie ihre Fortbewegungsweise, die an die Bewegung von Spannerraupen erinnert. Egel saugen entweder Blut von Wirbeltieren oder jagen Kleintiere (z. B. Regenwürmer, Insektenlarven oder Kleinkrebse). Systematisch werden die Egel entsprechend der Anatomie ihrer Organe zur Nahrungsaufnahme in Rüssel-, Kiefer- und Schlundegel aufgeteilt.

Ringelwürmer

Enchyträe
(Enchytraeus albidus); Fam. Enchytraeidae (Enchyträen)

Anderer Name: Topfwurm.
Beschreibung: KL 2–3,5 cm, Körper weiß bis gelblich, Blut enthält keinen Farbstoff.
Lebensraum: Mist- und Komposthaufen, Erde, angespülter Schlamm an Binnengewässern, Pfützen und schlammige, flache stehende Gewässer.
Nahrung: Pflanzlicher Detritus.
Besonderheiten: Die Würmer werden ebenfalls als Zusatzfutter für Aquarienfische verwendet, Zuchten sind in vielen Zooläden erhältlich.

Kompostwurm
(Eisenia foetida); Fam. Lumbricidae (Regenwürmer)

Anderer Name: Mistwurm.
Beschreibung: Schlanker Wurm, KL 5 bis 13 cm, ∅ 3–4 mm, rötlich bis kräftig violett, mit roten Ringeln und hellen Rillen (Segmentfurchen), Schwanzspitze gelblich.
Lebensraum: Mist- und Komposthäufen.
Lebensweise: III–X; wärmeliebend, kommt daher nur in verrottendem organischen Material vor.
Nahrung: Kompostabfall.
Besonderheiten: Dieser Wurm verbreitet einen üblen Geruch (daher lateinisch *foetidus* = „stinkend"), dennoch ist er ein beliebter Angelköder. Da er täglich etwa 50 % des Eigengewichtes an Kompost verzehrt, wird dieser Wurm zum Teil gezielt als Kompostbildner in Abfallhaufen eingebracht.

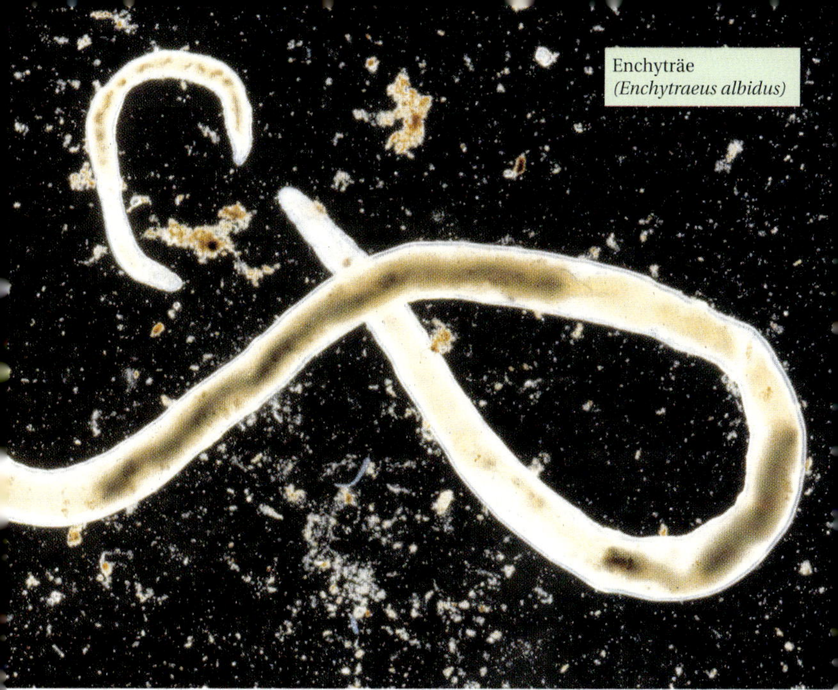

Enchyträe
(Enchytraeus albidus)

Kompostwurm
(Eisenia foetida)

Großer Regenwurm
(Lumbricus terrestris); Fam. Lumbricidae (Regenwürmer)

Anderer Name: Tauwurm.
Beschreibung: Unverwechselbarer Wurm, KL 8 bis 30 cm, ⌀ 6–9 mm, rotbraun gefärbt, am Vorderende oberseits dunkelviolett, hellerer, verdickter „Gürtel" (32.-37. Segment), Hinterende hell rötlich bis bräunlich, geringelt, oft abgeplattet.
Lebensraum: Bodenbewohner, der in 1–2 m tiefen Gängen lebt; diese werden bei längerer Kälte oder Trockenheit mit Kotballen verstopft; Kothäufchen am Ausgang der Wohnröhrchen oft gut zu erkennen.
Lebensweise: I–XII; kommt auch tagsüber an die Erdoberfläche.
Nahrung: Blätter und abgestorbene Pflanzenteile, die in den Gang hineingezogen werden.
Besonderheiten: Wichtiger Humusbildner; der Regenwurm gibt einen Schleim ab, der Stoffe enthält, die Artgenossen anziehen oder abschrecken. Feinde sind Maulwürfe, wurmfressende Vögel und bestimmte Käferlarven.

Egel

Blutegel
(Hirudo medicinalis); Fam. Hirudinidae (Blutegel)

Anderer Name: Medizinischer Blutegel.
Beschreibung: KL 10–20 cm, größter einheimischer Kieferegel, Oberseite dunkeloliv, mit hellen bräunlich-grauen Längsstreifen; Unterseite gelblich-ockerfarben, mit dunklen Flecken; zwei Saugnäpfe: ein großer am Hinterende, in der Mitte des kleineren vorderen befindet sich die Mundöffnung mit 3 Hornkiefern.
Lebensraum: Stille Flachteiche, Weiher und Moorseen, mit dichter Wasservegetation, selten.
Lebensweise: I–XII; geschlechtsreif erst nach dem Saugen von Säugetierblut; Ablage der 1,5–2 cm großen Eikokons in feuchter Erde; jeder Kokon enthält 5–15, maximal 30 Eier; Jungegel schlüpfen nach 4–5 Wochen, KL dann 9–10 mm; schwimmt oder bewegt sich spannerartig fort.
Nahrung: Blut von Säugetieren; der Egel saugt innerhalb kurzer Zeit soviel Blut (bis 1,5 cl), daß er bis zu einem Jahr hungern kann.
Besonderheiten: Blutegel sondern beim Saugen ein blutgerinnungshemmendes Sekret ab, das den Wirkstoff Hirudin enthält, so daß auch nach dem Saugakt die Wunde noch 6–10 Stunden nachblutet. Bis in die Neuzeit setzten Ärzte Blutegel an, um ihre Patienten zur Ader zu lassen. Künstliches Hirudin wird heute in der Pharmaindustrie in Mitteln gegen Blutergüsse verwendet.

Großer Regenwurm
(*Lumbricus terrestris*)

Blutegel (*Hirudo medicinalis*)

Rollegel

(Erpobdella octoculata [= Herpobdella octoculata]);
Fam. Erpobdellidae (Hundegel)

Anderer Name: Hundeegel.

Beschreibung: Relativ platter Schlundegel, KL 2–6 cm, hellbräunlich, recht variable Rückenzeichnung, helle gelblich gefleckte Querstreifen, langer muskulöser Schlund.

Lebensraum: Stehende Kleingewässer, mit dichter Wasservegetation, auch Wassergräben; relativ häufig; wandert gelegentlich auch ans Ufer.

Lebensweise: I–XII; tagsüber unter Steinen, erst in der Dämmerung kommen die Egel aus ihrem Versteck; Paarung im Sommer; Eier in kleinen (3–6 mm langen), flachen, dunkelbraunen Kokons, mit festem Sekret umhüllt; diese liegen unter Steinen; Jungegel schlüpfen im Spätsommer bis Herbst; schwimmt oder bewegt sich spannerartig fort; Lebenserwartung 2 Jahre.

Nahrung: Wirbellose Bachbewohner, besonders gerne Kriebelmücken, auch Ringelwürmer, Planarien und Kleinkrebse; Beutetiere werden im Ganzen verschlungen, Schnecken auch ausgesaugt.

Besonderheiten: Der Rollegel verträgt auch ganz gut schadstoffbelastete Gewässer; er gilt – bezogen auf seine Beute – als einer der „Spitzenraubtiere" des Flußbereichs, das selbst kaum Feinde besitzt.

Großer Schneckenegel

(Glossiphonia complanata); Fam. Glossiphoniidae (Knorpelegel)

Beschreibung: Kleiner, birnenförmiger Rüsselegel, KL 1–4 cm, Körper knorpelig-fest, abgeflacht, Farbe variabel, braun bis grünlich, schöne Rückenzeichnung (dunkle Bänder), mit 4–6 Augen.

Lebensraum: In stehenden oder fließenden Binnengewässern, zwischen Wasserpflanzen und Ufersteinen; nicht selten; Schneckenegel verlassen das Wasser nie.

Lebensweise: I–XII; Schneckenegel betreiben Brutpflege; die „Mutteregel" legen sich schützend über den Kokon, haften sich mit beiden Saugnäpfen an Steinen fest und fächeln ihm mit den Körperrändern Frischwasser zu; andere Knorpelegel tragen sogar ihre Jungen bäuchlings mit sich umher.

Nahrung: Körperflüssigkeiten von Schnecken, Würmern und Insektenlarven, die ausgesaugt werden.

Rollegel
(*Erpobdella octoculata*)

Großer Schneckenegel
(*Glossiphonia camplanata*)

Spinnentiere und andere Gliederfüßer

Im folgenden Abschnitt werden neben der großen Gruppe der Spinnentiere (Arachnida) auch noch einige andere landbewohnende Vertreter der Gliederfüßer (Arthropoda) vorgestellt, wie etwa Tausendfüßer und Krebstiere. Die fast ausnahmslos an Land wohnenden Spinnentiere (rund 45 000 bekannte Arten) lassen sich gut anhand einiger typischer Merkmale erkennen: Sie haben immer 8 Beine (mit Ausnahme von Gallmilben, die nur 2 Beinpaare haben, sowie junger Milben, die zunächst nur 6 Beine besitzen), besitzen im Gegensatz zu den Insekten Punktaugen, und ihnen fehlen Flügel und Fühler. Ihr Körper ist außer bei Weberknechten und Milben (beide Abschnitte zusammengeschmolzen) zweigeteilt, ein meist größerer, oft noch gegliederter Hinterkörper (außer bei den Spinnen) sowie ein kleinerer Vorderkörper. An diesem sitzen alle Beine, aber auch die Mundwerkzeuge. Als solche besitzen Spinnentiere ein Paar kräftige Kieferzangen (Cheliceren) sowie ein Paar Mund- oder Kiefertaster (Pedipalpen). Spinnentiere leben fast ausschließlich als Raubtiere, die ihre Nahrung stets außerhalb des Magens verdauen: Sie spritzen Gift- und Verdauungsstoffe in ihre Beute, die diese töten bzw. verdauen; anschließend saugen sie den verflüssigten Nahrungsbrei aus dem Körper der Beute. Spinnentiere werden in 11 Ordnungen unterteilt, von denen aber nur 6 im heimischen Raum vertreten sind: Als erste Ordnung werden die Afterskorpione (Pseudoscorpionida) vorgestellt, die wie Skorpione aussehen, denen aber der typische Skorpionsstachel fehlt. Die echten Spinnen (Araneida) sind bekannte „Ekeltiere", die ihre Beute größtenteils mit Hilfe von Netzen fangen; diese Gespinste erstellen sie mit Hilfe zum Teil komplizierter Spinnapparate. Ferner gibt es in Mitteleuropa noch die Weberknechte (Opilionida), eine Gruppe langbeiniger Spinnentiere mit einteiligem Körper, sowie die Zecken und Milben (Acarina), sehr kleine, unscheinbare Spinnentiere, die zum Teil als Räuber, zum Teil als Blut- und Pflanzensauger leben. Als bei uns seltene Arachnidenordnungen seien an dieser Stelle die Palpigraden, kleine, bleiche Spinnentiere, die einen Schwanzfaden besitzen und im Erdreich leben, und die echten Skorpione (Scorpionida) mit echtem Giftstachel, wie z. B. der Skorpion *(Euscorpius germanicus)*, erwähnt, von denen einzelne Vertreter aus Österreich und der Südschweiz bekannt sind.

Anschließend werden als weitere Gliedertiergruppen die Tausendfüßer (Myriopoda) und die Krebstiere (Crustacea) besprochen. Tausendfüßer (über 10 000 Arten) sind meist lange, schlanke Gliedertiere, bei denen fast alle Körpersegmente 1 oder 2 Beinpaare besitzen (bis zu 340 Beinpaaren) im Gegensatz zu den Insekten und Spinnentieren, die nur 3 bzw. 4 Beinpaare

Zebraspinne *(Argyope bruennichi)* erbeutet eine Libelle

haben. Die Systematik der Myriapoda ist auch für Fachleute sehr verwirrend, deshalb soll hier der Einfachheit halber nur eine grobe Gruppierung in Wenig- und Hundertfüßer (rund 2800 Arten) sowie in Tausend- und Doppelfüßer erfolgen. Wenig- und Hundertfüßer (Chilopoda) besitzen einen gleichmäßig segmentierten Körper sowie jeweils 1 Beinpaar pro Körperring (mit Ausnahme der beiden letzten) und außerdem Giftklauen; sie sind nachtaktive Räuber. Die relativ langen und langsamen Tausend- und Doppelfüßer (Diplopoda) besitzen hingegen meist 2 Beinpaare pro Segment; sie ernähren sich von Kompost, Pilzen und gelegentlich auch frischen Pflanzenteilen.

Eine ebenfalls sehr formenreiche Gruppe bilden die Krebstiere, zu denen Hummer und Krabben genauso zählen wie Entenmuscheln und Seepocken, die auf den ersten Blick überhaupt nicht wie Krebse aussehen. Krebstiere sind überwiegend reine Wasserbewohner, deren Körper von einem festen Panzer umgeben ist; lediglich die Asseln (Isopoda) haben es geschafft, dauerhaft den Lebensraum Land zu besiedeln. Interessanterweise atmen einige Arten immer noch genauso wie ihre Verwandtschaft in Meer und Süßwasser – nämlich nicht über Lungen, sondern über Kiemen. Daher müssen Asseln sich stets an feuchten Orten aufhalten, einige besitzen auf der Bauchseite kleine wassergefüllte „Kiementaschen", aus denen sie ihren Sauerstoff „wiederauftanken".

Afterskorpione

Bücherskorpion

(Chelifer cancroides); Fam. Cheliferidae (Bücherskorpione)

Beschreibung: KL 2,6–3,5 mm (trächtige ♀♀ auch bis 4,5 mm), Körper und Scheren dunkel, Beine braun-rötlich; Körper stark abgeflacht, granuliert, Vorderkörper mit 2 Querfurchen, Hinterleib nach hinten breiter werdend, mit halbierten Rückenplatten; mit Augen.
Lebensraum: Im Wald unter trockener Rinde von Bäume mit Borkenkäferbefall, ansonsten in Vogelnestern, Bienenstöcken, Stallungen und Häusern (dort gerne zwischen Altpapier und alten Büchern).
Lebensweise: I–XII; da der Körper so platt ist, kann der Bücherskorpion auch bequem zwischen die Seiten eines Buches kriechen, um dort zu jagen.
Nahrung: Staubläuse.
Besonderheiten: Die ♀♀ betreiben eine sehr intensive Brutpflege; die befruchteten Eier trägt das ♀ in einer Bauchtasche unter der Geschlechtsöffnung mit sich herum. Die Embryonen, die sich in den Eiern entwickeln, werden mit einem Nährstoffsekret aus dieser Öffnung versorgt; dabei saugen sie das Sekret aktiv auf.

Bücherskorpion
(Chelifer cancroides)

Moosskorpion

(Neobisium muscorum [= N. carcinoides]);
Fam. Neobisiidae (Moosskorpione)

Beschreibung: KL 2,2–3,6 mm (selten 4,5 mm), Körper dunkel, Beine und Scheren braun-rötlich, Hinterleib mit ungeteilten Rückenplatten, Scherenfinger mit mehreren Haaren (Lupe!).

Lebensraum: In der Bodenstreu von Laub- und Mischwäldern, unter Sträuchern, Hecken, Steinen und Moos.

Lebensweise: I–XII.

Nahrung: Kleine Bodentiere, wie z. B. Milben, Springschwänze und kleine Insektenlarven.

Besonderheiten: Häufigster Vertreter dieser Unterordnung in Mitteleuropa. Afterskorpione werden oft mit Skorpionen verwechselt; sie besitzen jedoch keinen Giftstachel am Hinterleib; hingegen sitzt ihr Gift, das sie zum Töten ihrer Beute brauchen, in den Scherenfingern. Viele Afterskorpione besitzen keine Augen, sondern nehmen ihr Umwelt mit Hilfe sensibler Tasthaare wahr.

Spinnen

Fensterspinne

(Amaurobius fenestralis); Fam. Amaurobiidae (Finsterspinnen)

Beschreibung: Mittelgroße, gedrungene Finsterspinne, KL 7–9 mm (♀), 5–7 mm (♂), Kopf dunkel, Rückenschild dunkelbraun, dicker Hinterleib, kurz behaart, braungrau, mit dunkler, weiß gesäumter Herzzeichnung; mit 8 silbrig glitzernden Augen; Beine hellbraun, schwarz geringelt, kurz behaart. Ihr röhrenförmiges Netz findet man oft an Fenstern von Kellern und Wohnungen (Name!).

Lebensraum: Mauerlöcher, -ritzen, unter Steinen und loser Baumrinde; in der Nähe von Häusern, oft auch in Wäldern der Mittelgebirge.

Lebensweise: Auffällig im Herbst, nachtaktiv; ♂♂ werden im Herbst geschlechtsreif, beide Geschlechter überwintern in den Wohngespinsten, Paarung im Frühjahr, das ♀ spinnt sich mit etwa 100 Eiern im Kokon ein.

Nahrung: Meist Insekten.

Besonderheiten: Bei der Werbung „trommelt" das ♂ gegen das Netz des ♀; nach der Paarung spinnt sich das ♀ im Frühsommer ein und bewacht den Eikokon, bis die jungen Spinnen schlüpfen; kurz vorher oder unmittelbar danach stirbt es und dient seinen Jungen als Nahrung.

Moosskorpion
(Neobisium muscorum)

Fensterspinne
(Amaurobius fenestralis)

Kellerspinne

(Amaurobius ferox); Fam. Amaurobiidae (Finsterspinnen)

Beschreibung: Größte einheimische Finsterspinne, KL 12–16 mm (♀), 9–12 mm (♂); ♀ mit dunklem Hinterleib und dunklen, ungeringelten Beinen; ♂ wie ♀ gefärbt, Beine jedoch rötlichbraun, geringelt; mit 8 silbrig glitzernden Augen; Mundtaster mit hellen Spitzen; röhrenförmiges Netz, von wo aus sie ihre bläulichen Fangfäden auslegen.

Lebensraum: In Häusern, Kellern, Schuppen, Stallungen und Gärten, zwischen gestapeltem Holz und in Mauerlöchern.

Lebensweise: Ähnliche Lebensweise, Ernährung und Brutbiologie wie die Fensterspinne.

Zitterspinne

(Pholcus phalangoides); Fam. Pholcidae (Zitterspinnen)

Beschreibung: Langbeinige, schmale Spinne, KL 7–12 mm (beide Geschlechter gleich groß), Rückenschild kreisförmig, blaßgrau; Hinterleib zylindrisch, schwachgrau, mit dunkleren Flecken; Beine sehr lang (fünffache KL), dünn, fein behaart; Mundtaster zart; unregelmäßiges kuppelförmiges Netz, in dem die Spinnen mit dem Rücken nach unten hängen; mit klebrigen Fangfäden.

Lebensraum: Keller und Garagen, an Badezimmer- und Küchendecken.

Lebensweise: I–XII; die etwa 20 rosafarbenen Eier werden vom ♀ in einen dünnen Kokon gewickelt und mit den Kieferklauen umhergetragen.

Nahrung: Insekten.

Besonderheiten: Die Zitterspinnen hängen mit dem Rücklen nach unten an einem zarten Fadengerüst und versetzen bei Gefahr das Netz durch heftiges Schaukeln in Bewegung, so daß ihre Konturen von möglichen Freßfeinden nicht erkannt werden können. Zitterspinnen findet man oft in Roh- und Neubauten.

Gewächshausspinne

(Achaearanea tepidariorum);
Fam. Theridiidae (Kugel- und Haubennetzspinnen)

Beschreibung: KL 4,5–7 mm (♀), bis 4 mm (♂), Geschlechter kaum von der Färbung auseinanderzuhalten, ♂♂ meist etwas rötlicher, Beine kaum geringelt; Rückenschild bräunlich, glänzend, Hinterleib dick, olivbraun, hell schräggestreift, vorne mit dunklem Streifen; Beine grünlichbraun, bei ♀♀ mit braun-grauer Ringelung; Netz haubenförmig, ohne Schlupfwinkel.

Lebensraum: Blumen- und andere Gewächshäuser, Zoogehege, Tierställe, in Südeuropa auch im Freien.

Lebensweise: I–XII; Eikokon groß, birnenförmig, im Erdreich gut getarnt.

Kellerspinne
(*Amaurobius ferox*)

Zitterspinne
(*Pholcus phalangoides*)

Gewächshausspinne
(*Achaearanea tepidariorum*)

Nahrung: Insekten.

Besonderheiten: Diese Kugelspinne ist ein häufiger Kulturfolger, der wahrscheinlich aus den Tropen stammt.

Kugelspinne

(Enoplognatha ovata [= E. redimita; = Theridion ovatum]);
Fam. Theridiidae (Kugel- und Haubennetzspinnen)

Beschreibung: Häufigste Kugelspinne Europas, KL 3,5–7 mm bei ♀, 3,5–5 mm (♂); Färbung sehr variabel, Vorderleib oberseits schwachgrau, dunkel gesäumt, mit schwarzem Mittelstreifen, Hinterleib hell, mit 2 Längsreihen aus 4–5 schwarzen Punkten, alternativ mit 2 roten Längsbändern; Beine lang, schwach grünlich oder grau gefärbt.

Lebensraum: Weg- und Waldränder, auch sonnige, sandige Stellen; auf Gräsern, Krautpflanzen, niedrigen Stauden und Sträuchern.

Lebensweise: Erwachsene Spinnen zwischen VI–VII; der bläuliche Eikokon wird vom ♀ bewacht; Junge werden von der Mutter gefüttert; Netze meist in Bodenvertiefungen.

Nahrung: Insekten, auch andere Kugelspinnen.

Besonderheiten: Diese Kugelspinne betreibt häufig Parasitismus, indem sie andere Kugelspinnen tötet, um deren Netze oder Eikokons zu übernehmen. Anschließend beißt sie ein Loch in die Kokonhülle, frißt die darin enthaltenen Eier und legt die eigenen darin ab.

Echte Baldachinspinne

(Linyphia triangularis); Fam. Linyphiidae (Baldachin- und Zwergspinnen)

Beschreibung: Kleine Netzspinne, KL 6 mm (♀), 5 mm (♂), Grundfärbung dunkelbraun bis schwarz, nur ♀ an heller Zeichnung auf dem Hinterleib eindeutig bestimmbar; der flache, dunkel geränderte Rückenschild ist breit eiförmig, glänzend, mit dunklem Gabelstreifen, von dem rötlichorange Strahlen ausgehen; Beine lang, dunkelbraun bis graubraun, mit Stachelhaaren; kleines, waagerecht hängendes Netz, oft über kleinen Bodensenken oder -löchern, aber auch in Bäumen (bis 6 m Höhe); mitunter zu mehreren nebeneinander im Gebüsch.

Lebensraum: Sehr verbreitet; Wälder, Parks und Gärten; dort in der Kraut-, Strauch- und Baumschicht.

Lebensweise: VIII–X; die Spinne sitzt mit dem Bauch nach oben unter dem Bodennetz, über dieses laufen zahlreiche „Stolperfäden"; Insekten, die sich verfangen haben, werden von der Spinne heruntergeschüttelt. Zum eigenen Schutz webt sich die Baldachinspinne eine zusätzliche „Zwischendecke" unter dem Bodennetz; bei Gefahr läuft sie in eine Ecke, von wo sie sich abseilt und unter Blättern oder in der Bodenstreu versteckt.

Nahrung: Bodenbewohnende und Fluginsekten.

Besonderheiten: Zur Paarungszeit kämpfen die ♂♂ mit ihren Kieferklauen gegeneinander.

Kugelspinne
(*Enoplognatha ovata*)

Echte Baldachinspinne
(*Linyphia triangularis*)

Streckerspinne

(Tetragnatha extensa);
Fam. Tetragnathidae (Kiefer- oder Streckerspinnen)

Beschreibung: Stabförmige Spinne mit länglichem Hinterleib, KL bei ♀ 6,5–12 mm, 5–9 mm bei ♂; ♂ und ♀ ähnlich gezeichnet, langer Rückenschild braungelb, glänzend, Hinterleib silbrigweiß, mit 1–2 schwarzen oder rötlichbraunen Längsbändern; Beine lang, braungelb, glänzend; Radnetz mit offener Nabe, Signalfaden fehlt.

Lebensraum: In Wassernähe, Schilf und dichte Grasufervegetation.

Lebensweise: V–VI; oft zu mehreren an sonnigen Stellen.

Nahrung: Insekten.

Besonderheiten: Bei Gefahr streckt sich die Spinne (Name) und tarnt sich als „Stab": Sie richtet die beiden vorderen, recht langen Beinpaare nach vorne und das letzte Beinpaar analog nach hinten, so daß sie wie ein Stab aussieht.

Gemeine Kreuzspinne

(Araneus diadematus); Fam. Araneidae (Kreuz- und Radnetzspinnen)

Anderer Name: Gartenkreuzspinne.

Beschreibung: Bekannteste Kreuzspinne, beim ♀ KL 10–12 mm (selten 18 mm), beim ♂ 5–9 mm (♂), Färbung sehr variabel, ockerfarben, rötlich und braun; auffällig die namengebende helle Kreuzzeichnung auf dem Hinterleib; Netz kreisförmig, recht groß, meist 1,5–2 ,5 m über dem Boden hängend.

Lebensraum: Weg- und Waldränder, Hecken und Gebüsche, auch in Gärten.

Lebensweise: VIII–X; Eier verbringen den Winter im Kokon; die frisch geschlüpften Jungspinnen bleiben eine Zeitlang in einer „Kinderstube" zusammen; Lebenserwartung 2–3 Jahren.

Nahrung: Insekten.

Besonderheiten: Die regelmäßigen Netze der Kreuzspinne sind eine Meisterleistung. Sie bildet eine Fadenbrücke, von deren Mitte aus sie einen Faden senkrecht nach unten spannt. Sobald dieses „Y" fertig ist, setzt die Spinne vom Mittelpunkt aus weitere Speichen ein und verbindet sie mit einer Hilfsspirale, um die Fangspirale einsetzen zu können. Die Fangspirale hat sehr viel mehr Umgänge und wird mit Leimtröpfchen versehen. Die Spinne sitzt bei schönem Wetter im Zentrum des Netzes, bei schlechtem in einem seitlichen Schlupfwinkel; Signalfäden verraten ihr, wenn sich ein Insekt im Gespinst verfangen hat. Diese Kreuzspinnenart hat der gesamten Familie ihren Namen gegeben.

Streckerspinne
(Tetragnatha extensa)

Netz einer Kreuzspinne
mit Tautropfen

Gemeine Kreuzspinne *(Araneus
doadematus)*, Ansicht von oben

Kürbisspinne

(Araniella cucurbitina [= Araneus cucurbitinus]);
Fam. Araneidae (Kreuz- u. Radnetzspinnen)

Beschreibung: Auffällige und recht häufige Radnetzspinne; KL 6–7 mm (♀), 3,5–4,5 mm (♂), Rückenschild und Beine grünlich-grau gefärbt, Hinterleib glänzend, hellgelb, mit grüner Zeichnung, die an einen Kürbis erinnert (Name!) sowie mit 2 Längsreihen aus 4–5 dunkel gepunkteten Vertiefungen; das kleine Netz (⌀ 10 cm) wird flach auf große Blätter gespannt.
Lebensraum: Sonnige Gebüsche lichter Wälder, helle Weg- und Waldränder, Parks und Gärten.
Lebensweise: V–VI; noch nicht geschlechtsreife Tiere sind rot-orange, später bräunlich gefärbt.
Nahrung: Insekten.

Labyrinthspinne

(Agelena labyrinthica); Fam. Agelenidae (Trichternetzspinnen)

Beschreibung: Häufige Trichternetzspinne, KL 10–15 mm (♀), 8–12 mm (♂), Grundfärbung bei beiden Geschlechtern ähnlich, schwarz-grau, Rückenschild rötlichbraun, mit heller Zeichnung; Hinterleib dunkel, mit hellem Mittelband, von dem weiße Winkelstreifen abgehen; Beine dunkelbraun bis grau, mit kurzen Härchen; großes, dicht gewebtes Netz, mit langem Trichter, in dem die Spinne lauert; Fangfäden verlaufen in mehrere Richtungen.
Lebensraum: Sonnige Standorte über dem Boden in niedriger Kraut- und Strauchschicht; Parkanlagen, Gärten, oft unter Wacholderbüschen.
Lebensweise: VII–X; Eikokon (enthält 50–130 Eier) besteht aus einem Beutel, der von einem Außenbeutel umhüllt wird; dieser wird vom ♀ oft mit Teilen der Bodenstreu getarnt.
Nahrung: Fluginsekten.
Besonderheiten: Stolpert ein Insekt über einen der ausgelegten Fäden, so stürzt die Spinne aus ihrem Schlupfwinkel hervor, beißt die Beute und zieht sich wieder zurück; dann wartet sie solange, bis das Insekt völlig gelähmt ist, schleppt es daraufhin in ihre Wohnröhre, um es dort zu verspeisen.

Hausspinne

(Tegenaria atrica); Fam. Agelenidae (Trichternetzspinnen)

Anderer Name: Winkelspinne.
Beschreibung: Häufigste Spinne in Gebäuden; KL bei ♀ 12–18 mm, bei ♂ 10–15 mm, meist dunkelbraun bis braun, dunkler Brustschild mit keulenförmiger, hellbrauner Zeichnung, gesäumt von 6 hellen Punkten; Rückenschild etwas breiter als brauner Hinterleib mit schwarzen Winkelflecken; Beine dreifache KL, bräunlich; dichtes kleines Netz mit Fallstricken, in Ecken und Winkeln.

Kürbisspinne
(Araniella cucurbitina)

Hausspinne
(Tegenaria atrica)

Labyrinthspinne
(Agelena labyrinthica)

Lebensraum: Häuser, Keller, Garagen und Stallungen.
Lebensweise: I–XII; nachtaktiv, mehrjährig.
Nahrung: Insekten, vor allem Mücken und Fliegen.
Besonderheiten: Größte im Haus lebende Spinne, als Mückenvertilgerin sehr nützlich.

Wasserspinne
(Argyroneta aquatica); Fam. Argyronetidae (Wasserspinnen)

Beschreibung: Eng mit den Trichternetzspinnen verwandte Wasserspinne; KL 8–15 mm (♀), 9–15 mm (♂), Grundfärbung, auch der Beine, dunkelbraun, Rückenschild gelblichbraun bis grau, kurz dunkel behaart, Hinterleib dunkelbraun, dicht behaart (Haare glänzen unter Wasser silbern).
Lebensraum: Sie hat sich vollständig dem Wasserleben angepaßt und lebt gesellig in sauberen, sauerstoffreichen Fließgewässern mit dichter Unterwasservegetation.
Lebensweise: I–XII; mitunter zu mehreren in einem Lebensraum; nicht sehr häufigvorkommend; das ♀ legt bis zu 90 Eier in einem Kokon in der Luftblase ab.
Nahrung: Larven von Wasserinsekten, Bachflohkrebse.
Besonderheiten: Da die Wasserspinne keine Kiemen besitzt, nimmt sie zum Tauchen atmosphärischen Sauerstoff in einer „Luftglocke" mit unter Wasser. Sie konstruiert diese Glocke, indem sie kurz den Hinterleib aus dem Wasser streckt und rasch wieder herunterzieht. Infolge dieser raschen Aktion bleibt eine größere Luftblase am Hinterleib haften, die von der Spinne zudem mit den Hinterbeinen festgehalten wird. In dieser etwa 2 cm großen Glocke spielt sich das gesamte Leben der Spinne ab: Atmen, Fressen, Paarung, Bau des Eikokons und Häutung.

Listspinne
(Dolomedes fimbriatus); Fam. Pisauridae (Raubspinnen)

Anderer Name: Gerandete Jagdspinne.
Beschreibung: Eine der größten einheimischen Spinnen, KL 13–22 mm (♀), 9–13 mm (♂), Körper dunkel, bei ♂ sind Vorder- und Hinterkörper beidseits mit einem breiten hellen Band gesäumt; Beine lang, dunkelbraun, unten beflaumt.
Lebensraum: Feuchte Gebiete, an stehenden oder langsamen Fließgewässern mit dichtem, aber niedrigen Uferbewuchs.
Lebensweise: Läuft auf dem Wasser, ohne einzusinken, taucht bei Gefahr unter und kann sogar an Unterwasserpflanzen entlanglaufen; Paarung erfolgt nur, wenn das ♀ frißt; es legt anschließend bis zu 1000 Eier ab (zweimal im Jahr möglich), die sorgfältig betreut werden.
Nahrung: Wasserinsekten, Kaulquappen, auch Fischlarven.
Besonderheiten: Die dicht behaarten unteren Beinabschnitten verhindern, daß diese „Wasserläufer-Spinnen" im Wasser einsinken.

Listspinne
(Dolomedes fimbriatus)

Wasserspinne
(Argyroneta aquatica)

Raubspinne

(Pisaura mirabilis); Fam. Pisauridae (Raubspinnen)

Beschreibung: Mittelgroße, längliche Raubspinne, KL 12–15 mm (♀), 10–12 mm (♂), Körper braungrau, Färbung sonst sehr variabel, Vorderleib mit schmalem hellen, breit dunkel gesäumten Mittelstreifen, Hinterleib länglich-oval zugespitzt, dicht behaart, mit charakteristischer „Winkelzeichnung"; baut kein Netz.

Lebensraum: Geschlossene, sonnige, niedrige Krautschichten, auch Brennesselhecken, gerne am Waldrand in Wassernähe.

Lebensweise: V–VII; sonnt sich gerne mit nach vorne und hinten gestreckten Beinen; ♀ baut 3–4 Wochen nach der Paarung einen, großen, weißen Eikokon, in dem 100–300 Eier abgelegt werden; dieser wird unter dem Körper mit herumgetragen; sobald die Jungen schlüpfreif sind, wird der Eikokon unter zusammengesponnenen Grashalmen aufgehängt; die geschlüpften Jungen bilden in den ersten Tagen „Kinderstuben".

Nahrung: Insekten.

Besonderheiten: Diese Raubspinne legt ein interessantes Balzverhalten an den Tag: Das ♂ fängt beispielsweise eine Fliege, spinnt diese in ein „Päckchen" ein und nähert sich damit behutsam dem auserwählten ♀. Wenn dieses mit dem „Hochzeitsgeschenk" einverstanden ist und es frißt, kann das ♂ derweil mit der Paarung beginnen.

Waldwolfspinne

(Pardosa lugubris); Fam. Lycosidae (Wolfspinnen)

Beschreibung: Häufigste einheimische Wolfspinne; KL beim ♀ 6–7 mm (selten 10 mm), beim ♂ 5–5,5 mm, Grundfärbung dunkelbraun, mit hellem Filz bedeckt; der sehr breite Rückenschild mit breitem, hellen Längsband, Beine dunkel, breit grau geringelt; kein Netz.

Lebensraum: Bodenlaub, an sonnigen Weg- und Waldrändern, Lichtungen, Hecken und Parks; an einem Standort zum Teil sehr zahlreich.

Lebensweise: V–XI; das ♀ schleppt den blaugrünen, linsenförmigen Eikokon an den Spinnwarzen des Hinterleibs festgesponnen mit; Jungspinnen reiten noch einige Zeit auf dem Rücken der Mutter „Huckepack", bis sie sich erneut häuten.

Nahrung: bodenbewohnende Insekten.

Besonderheiten: Wolfspinnen sind flinke Bodenjäger, die ihre Beute entweder freilaufend ohne Netz fangen oder ihnen vom Eingang einer selbst angelegten, mit Eigengespinst ausgekleideten Erdröhre aus auflauern. Die Seidenfäden, die freilaufende Waldwolfspinnen hinter sich herziehen, enthalten bei den ♀♀ ein Duftstoff, der es den ♂♂ ermöglicht, ihre Partnerin zu finden. Ihre Balz besteht aus verschiedenen Zitterbewegungen von Hinterleib, Beinen und Kiefertastern.

Raubspinne *(Pisaura mirabilis)*, Weibchen mit Eikokon

Waldwolfspinne *(Pardosa lugubris)*, Weibchen mit Eikokon

Grüne Huschspinne

(Micrommata virescens [= M. roseum]);
Fam. Heteropodidae (Riesenkrabbenspinnen)

Anderer Name: Grasgrüne Huschspinne.

Beschreibung: Große Spinne, KL 12–15 mm (♀), 7–10 mm (♂), Augen mit intensiv weißen Haarringen; ♀ gänzlich grün, ♂ mit gelblichem Hinterleib, dieser mit breitem roten Mittelstreifen und seitlichen roten Bändern; Jungspinnen sind am Hinterleib zunächst gelblich, dann bräunlich gefärbt.

Lebensraum: Sonnige Weg- und Waldränder, auf Gräsern, niedrigen Stauden und Sträuchern.

Lebensweise: V–VII; tagaktiv, das ♀ bewacht den Eikokon in einem großen Blätternnetz (besonders Himbeerblätter), das durch ein paar Seidenfäden zusammengehalten wird; ♀ verläßt das Nest erst, wenn die Jungspinnen selbständig werden (nach 3–5 Wochen); Überwinterung der jungen Spinnen in einem weißem Gespinst, das unter Steinen und Blättern angebracht wird.

Nahrung: Insekten.

Besonderheiten: Die Huschspinne ist eine flinke Räuberin, die Insekten nicht mit Hilfe von Fangnetzen erbeutet, sondern direkt mit den langen Vorderbeinen packt und zwischen die Kieferklauen schiebt. Sie ist recht angriffslustig und setzt auch einem entkommenem Beutetier im Sprung nach. Aufgrund der grünen Färbung ist sie gut getarnt und wird daher leicht übersehen. Sie ist die einzige Art dieser Familie diesseits der Alpen.

Goldfarbige Laufspinne

(Philodromus aureolus); Fam. Philodromidae (Laufspinnen)

Anderer Name: Flachstrecker.

Beschreibung: Häufigste Laufspinne dieser Gattung; KL bis 6 mm (♀) bzw. bis 4 mm (♂), Körper stark abgeflacht, Rückenschild dunkel gesäumt, mit hellem Mittelstreifen, Hinterleib breit oval, schwach gelb bis hellbraun, Seiten dunkler (gute Tarnfärbung); Beine hellbraun mit dunklen Flecken; die ♂♂ glänzen leicht metallisch purpurgrün (Name!).

Lebensraum: Niedrige Sträucher, Bäumer und Hecken.

Lebensweise: Erwachsene Tiere von IV–VII; Eikokon wird vom ♀ mit dicker Lage aus Webseide bedeckt und bewacht, bis es stirbt; überwindende Jungspinnen manchmal auch bei mildem Winterwetter aktiv.

Besonderheiten: Die meisten der 18 einheimischen Flachstreckerarten besitzen eine erdfarbene oder dunkle Tarnkleidung, die sie in ihrer Umgebung kaum auffallen läßt. Flachstrecker sind in der Regel standorttreue Lauerjäger.

Grüne Huschspinne
(Micrommata virescens)

Grüne Huschspinne,
Weibchen

Goldfarbige Laufspinne
(Philodromus aureolus)

Weibchen

Veränderliche Krabbenspinne

(Misumena vatia [= M. calycina]); Fam. Thomisidae (Krabbenspinnen)

Beschreibung: Auffällige Krabbenspinne, KL 7–11 mm (♀), 3–5 mm (♂), deutliche Größen- und Färbungsunterschiede zwischen den Geschlechtern; ♀ weiß, grünlich oder gelb (je nach Nahrung), mit gelbem Augenfeld, Hinterleib mit 2–4 roten Längsbändern; ♂ klein, dunkelbraun; Beine dunkel- und hellbraun geringelt.

Lebensraum: Blüten auf Wiesen und Weiden (gerne Löwenzahn), an sonnigen Weg- und Waldrändern, auch Trockenrasen.

Lebensweise: V–IX; tagaktiv; häufig vorkommende Art, jedoch meist einzeln auf einer Blüte.

Nahrung: Bienen und Wespen, die bis auf den Chitinpanzer ausgesaugt werden.

Besonderheiten: Diese Krabbenspinne legt sich oft einen Vorrat an Bienen und Wespen an, die an einem Seidenfaden unter der Wirtblüte aufgehängt werden. Die Farbveränderung geht bei den ♀♀ nicht sogleich vonstatten, sondern dauert etwa 3 Tage; anschließend wird eine der neuen Körperfarbe entsprechende Blüte aufgesucht.

Zebraspringspinne

(Salticus scenicus); Fam. Salticidae (Springspinnen)

Andere Namen: Harlekinspringspinne, Mauerspringspinne.

Beschreibung: Kleine, unverwechselbare Springspinne, KL 5–7 mm beim ♀, 5 mm beim ♂, Körper mit typischer schwarz-weißer Zeichnung, kurze, kräftige Sprungbeine, mittleres Augenpaar sehr groß („Scheinwerferaugen"); Kieferzangen beim ♂ recht groß; keine Fangnetze, lediglich Wohngespinste zur Häutung, Eiablage und Überwinterung.

Lebensraum: Sonnige Mauern, Zäune, Balkone und Hauswände, auch an freistehenden Bäumen und Felswänden.

Lebensweise: IV–X; wärmeliebende Art; Insekten werden mit den Augen erfaßt, angeschlichen, im Sprung erbeutet und durch Giftbiß getötet; ♂♂ führen zur Paarung einen komplizierten „Balztanz" vor den ♀♀ auf; Eikokon und Jungtiere werden vom ♀ bewacht.

Nahrung: Fluginsekten.

Besonderheiten: Diese Art findet man als Kulturfolger oft am Mauerwerk menschlicher Behausungen. Kühle, nasse Tage verbringen sie in ihren selbstgesponnenen „Wohnsäcken".

Veränderliche Krabbenspinne
(Misumena vatia), auf Blüte getarnt

Zebraspringspinne
(Salticus scenicus)

Weberknechte, Kanker und Schneider

Waldweberknecht

(Mitopus morio); Fam. Phalangiidae (Echte Weberknechte)

Beschreibung: Weit verbreitet; KL 6,6–8 mm (♀) bzw. 5–5,2 mm (♂), ♀ dunkler gefärbt als ♂, typisch ist das breite, dunkle Rückenband („Sattel"), die Seiten sind hellgrau, Zeichnung insgesamt sehr variabel, Hinterleib beim ♂ dunkelgrau, seitlich hell gepunktet; Augenhügel weit hinten, 2. Beinpaar sehr lang (30–40 mm), Beine gräulich, dunkel gepunktet.
Lebensraum: Krautschicht, Gras; vom Flachland bis Hochgebirge.
Lebensweise: Erwachsene Tiere je nach Höhenlage von VI–XI anzutreffen; Eiablage im Sommer, zwischen hohlen Stengeln von Stauden; Eier überwintern.
Nahrung: Pflanzen, tote und lebende Kleinstinsekten.

Gemeiner Weberknecht

(Phalangium opilio); Fam. Phalangiidae (Echte Weberknechte)

Beschreibung: KL 4,5–9 mm (♀) bzw. 3,5–6 mm (♂), Kieferzangen beim Männchen hornähnlich verlängert.
Lebensraum: Offenes, sonniges Terrain; Parks, Gärten, Felder, Wiesen, Weiden, Waldränder; auf Gras, Mauern und Steinen.
Lebensweise: Erwachsene Tiere VI–XI; Weberknechte sonnen sich gerne und sind sehr gesellig.
Nahrung: Pflanzen, tote und lebende Kleinstinsekten.
Besonderheiten: Das 2. Beinpaar ist bei allen Weberknechten sehr lang (das 5–7fache der KL) und besitzt Sollbruchstellen d. h. es kann bei Angriff durch einen Freßfeind abgeworfen werden und zappelt dann noch eine Weile im Gras, wodurch der Angreifer unter Umständen abgelenkt wird, und der Weberknecht sich inzwischen aus dem Staube machen kann.

Milben und Zecken

Holzbock

(Ixodes ricinus); Fam. Ixodidae (Zecken)

Beschreibung: Körper hellbräunlich, dunkles Rückenschild, KL 4 mm (♀; vollgesogen bis 11 mm, Hinterleib dann weißlich), beim ♂ beträgt die KL 2,5 mm; Kopf und Stechrüssel von oben gut zu sehen.

Waldweberknecht, *(Mitopus morio)*

Gemeiner Weberknecht *(Phalangium opilio)*

Holzbock *(Ixodes ricinus)*, Einzeltier

Lebensraum: Feuchte Wälder, mit dichter Strauch- und Krautschicht.

Lebensweise: V–X; ausgewachsene ♂♂ fressen überhaupt nicht mehr, nur ♀♀ saugen Blut (5–13 Tage lang) von Warmblütern, denen sie von Krautpflanzen und Blattspitzen aus auflauern. Die Eier (1000 bis 3000) werden nach der Blutmahlzeit im Boden abgelegt; die sechsbeinigen Larven klettern nach dem Schlüpfen auf die Pflanzen, von wo sie sich auf passende Opfer stürzen. Nach dem Saugen läßt sich die Larve zu Boden fallen, wo sie sich zu einer achtbeinigen Nymphe häutet.

Besonderheiten: Durch Zeckenbisse, die ähnlich wie ein Mückenstich stark jucken, können die Erreger gefährlicher Krankheiten übertragen werden, z. B. diejenigen einer besonderen Form der Gehirnhautentzündung (Frühsommer-Meningo-Enzephalitis, FSME).

Taubenzecke

(Argas reflexus); Fam. Argasidae (Lederzecken)

Beschreibung: Weichhäutige Lederzecke, Körper hellbräunlich, Oberseite mit dunkler Zeichnung, KL 6–11 mm (♀) bzw. 5,5–8 mm (♂); Kopf und kurzer Stechrüssel von oben nicht erkennbar, Rückenschild fehlt.

Lebensraum: Taubenschläge, Hühnerställe; verbirgt sich in Ritzen.

Lebensweise: I–XII; die Tiere saugen nur nachts Blut, bei ♀♀ mehrere Blutmahlzeiten, anschließend Ablage von etwa 70 Eiern.

Nahrung: Blut von Tauben, auch von anderem Hausgeflügel (Hühner, Enten, Gänse).

Besonderheiten: Taubenzecken befallen nur dann Menschen, wenn sie stark ausgehungert sind; menschliches Blut bekommt ihnen jedoch so schlecht, daß sie spätestens nach 9 Tagen verenden.

Kugelwassermilbe

(Hydrachna geographica); Fam. Hydrachnidae (Wassermilben)

Beschreibung: Größte einheimische Wassermilbe, KL bis 8 mm, Körper rotbraun, hochgewölbt, Vorderkörper mit Augen und 2 Rückenplatten, Mundteil mit langem, schmalen, nach unten gebogenen Rüssel.

Lebensraum: In kleinen Stillgewässern, häufig.

Lebensweise: Erwachsene Wassermilben sind zwar langsame, aber gute Schwimmer, die räuberisch leben; Larven schmarotzen an Wasserinsekten.

Nahrung: Weichhäutige Larven von Wasserinsekten (Zuckmücken), Wasserflöhe, Hüpferlinge.

Besonderheiten: Wassermilben sind neben der Wasserspinne *Argyroneta aquatica* die einzigen Spinnentiere, die zeitlebens im Wasser leben. Die Bestimmung der etwa 450 Wassermilbenarten ist selbst für Experten sehr schwierig.

Taubenzecke
(Argas reflexus)

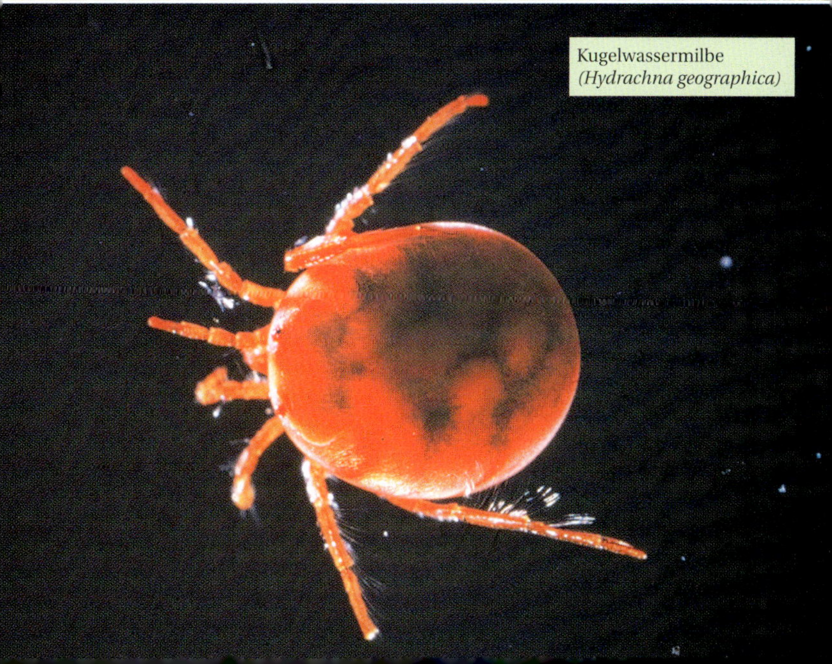

Kugelwassermilbe
(Hydrachna geographica)

Sammetmilbe
(Trombidium spec.); Fam. Trombidiidae (Echte Laufmilben)

Beschreibung: KL bis 4 mm, roter, rund-walzenförmiger Körper wie ein „Plüschtier" behaart. Larve ohne Samtbehaarung, mit nur 6 Beinen.
Lebensraum: in oberen Bodenschichten.
Lebensweise: Erwachsene Milben meist von März–Mai, Larven meist von Juni–September; Larven schmarotzen äußerlich auf verschiedenen Insekten und Spinnen.
Nahrung: Erwachsene Sammetmilben fressen Insekteneier.
Besonderheiten: Die Sammetmilbe sollte nicht mit der sogenannten „Roten Spinne" verwechselt werden, bei der es sich um eine rote Spinnmilbe handelt, die an Pflanzen schmarotzt, diese mit einem Gespinst umgibt und insgesamt sehr lästig ist.

Tausendfüßer

Erdläufer
(Geophilus spec.); Fam. Geophilidae (Erdläufer)

Beschreibung: Langer, dünner Hundertfüßer, KL 20–40 mm, Körper braun-gelblich, mit höchstens 80 Beinpaaren, je 1 Beinpaar pro Segment; Augen fehlen.
Lebensraum: Im Erdreich, unter Steinen; Wälder und Kulturland.
Lebensweise: I–XII; Tiere dringen im Sommer in tiefere Erdschichten (bis 40 cm) vor; relativ langsame Tiere.
Nahrung: V. a. Regenwürmer und Enchyträen, die mit Giftbissen erlegt werden.
Besonderheiten: Die ♀♀ betreiben Brutpflege, indem sie sich zur Eiablage eine Kammer im Boden graben, anschließend legen sie dort mehrere Eier ab, die sie mit ihrer Bauchseite umhüllen, bis die Jungen schlüpfen.

Brauner Steinläufer
(Lithobius forficatus); Fam. Lithobiidae (Steinläufer)

Beschreibung: Großer und häufiger einheimischer Hundertfüßer, KL bis 32 mm, Körper rötlich-braun, mit 15 gelblichen Beinpaaren, je 1 Beinpaar pro Segment; mit Augen und langen Fühlern.
Lebensraum: Im Humus und anderen feuchten Stellen (verrottendes Laub, bemooste Rinde) von Waldböden; Flachland bis Hochgebirge.
Lebensweise: I–XII; ♀♀ legen Eier einzeln ab, zuvor wurden diese in einen Kokon aus verklebten Erdkrümeln verpackt; Lebenserwartung 5–6 Jahre.

Sammetmilbe
(Trombidium spec.)

Erdläufer
(Geophilus spec.)

Brauner Steinläufer
(Lithobius forficatus)

Nahrung: Regenwürmer, Spinnen, Springschwänze und andere Insekten; größere Beutetiere können mit Hilfe eines Sekretfadens gefesselt werden.
Besonderheiten: Junge Steinläufer schlüpfen mit nur 7 Beinpaare; pro Häutung kommen neue Beinpaare hinzu.

Gerandeter Saftkugler

(Glomeris marginata); Fam. Glomeridae (Saftkugler)

Beschreibung: KL 6–20 mm, Körper ungefleckt, glänzend schwarz, 12 Körperringe mit hellem Rand, Rückenplatten unbehaart, Kopf mit Augen (Lupe!); 2 Beinpaare je Segment.
Lebensraum: Buchenwälder auf flachgründigen Kalkböden; Feuchtstellen wie vermoderndes Laub, Holzmulm, Moos; nicht im Freiland.
Lebensweise: I–XII.
Nahrung: Verrottendes Pflanzenmaterial.
Besonderheiten: Bei Gefahr rollen sich die Tiere zusammen und scheiden seitlich einen Tropfen Wehrsekret aus. Saftkugler werden mitunter mit der Rollassel verwechselt; bei einem eingerollten Saftkugler überlagern sich die Ecken der Randschilder nicht, sondern liegen so aneinander, daß eine geschlossene Fläche entsteht.

Tausendfüßer

(Cylindroiulus silvarum [= C. punctatus]); Fam. Julidae (Schnurfüßer)

Beschreibung: Mittelgroßer Schnurfüßer, KL 13–28 mm, Körper schlank, dunkel, ohne helle Längsbinde, mit gut erkennbaren Einzelaugen, am Ende mit kurzem, dicken „Schwänzchen" (beides mit Lupe zu sehen!); mindestens 30 Körperringe, 2 Beinpaare je Segment; das 1. Laufbeinpaar entwickelte sich bei ♂♂ zu einem hakenartigens Klammerorgan.
Lebensraum: Meist in Wäldern; unter Steinen, feuchtem Laub und mulmiger Rinde.
Lebensweise: I–XII; die Eier werden wie bei den Bandfüßern in glockenförmigen Eikammer abgelegt.
Nahrung: Verrottendes Pflanzenmaterial.
Besonderheiten: Der Panzer der Schnurfüßer ist durch Kalkeinlagerungen zusätzlich verstärkt, so daß sie das Vierzehntausendfache ihres Körpergewichts tragen können. In Gärten und Feldern trifft man die ähnlich aussehende Art *Cylindroiulus teutonicus [= C. londinensis]* (ohne Bild) an, die schwarzglänzend und wesentlich länger (KL 19–38 mm) ist; die genaue Unterscheidung und Artbestimmung von „Tausendfüßern" ist jedoch selbst für Fachleute recht knifflig. Die Schnurfüßer stellen die artenreichste Familie in Mitteleuropa, sie sind wichtige Streuersetzer und Humusbildner.

Gerandeter Saftkugler *(Glomeris marginata)*, zusammengerolltes Tier

Gerandeter Saftkugler, Tier entrollt sich gerade

Tausendfüßer *(Cylindroiulus silvarum)*

Krebstiere

Mauerassel

(Oniscus asellus); Fam. Oniscidae (Mauerasseln)

Beschreibung: KL bis 18 mm; Körper abgeflacht, braungrau, mit hellen Rückenflecken; Panzer oberseits glänzend, Kopf und Vorderkörper gekörnelt. Ihre Luftatemorgane sind weniger gut entwickelt als die der Kellerassel.

Lebensraum: Feuchte, dunkle Lebensräume, in der Nähe menschlicher Siedlungen; meidet trockene Biotope; unter Steinen, mulmiger Rinde, Fallaub und Totholz.

Lebensweise: I–XII.

Besonderheiten: Mauerasseln und Kellerasseln kommen häufig an denselben Stellen vor.

Kellerassel

(Porcellio scaber); Fam. Porcellionidae (Kellerasseln)

Beschreibung: KL bis 18 mm; Körper abgeflacht, schwarz bis braungrau, mit hellen Rückenflecken; Panzer oberseits gekörnelt.

Lebensraum: Häufig in feuchten, dunklen Gebäude (Keller, Gewölbe, Garagen), aber auch in allen Lebensräumen mit hoher Luftfeuchtigkeit (Gewächshäuser, Komposthaufen).

Lebensweise: I–XII; nachtaktiv.

Nahrung: Verrottendes Pflanzenmaterial.

Besonderheiten: Bis zu 85 Embryonen werden vom ♀ in einem Brutbeutel an den Brustbeinhüften herumgetragen.

Gemeine Rollassel

(Armadillidium vulgare); Fam. Armadillidiidae (Kugelasseln)

Anderer Name: Gemeine Kugelassel.

Beschreibung: KL 13–22 mm; Körper hoch gewölbt, ♀♀ meist dunkelbraun, teilweise gefleckt, ♂♂ hingegen schwarz bis graublau; dunkle Schildplatten schwach hell gesäumt. Beim Zusammenrollen werden Fühler und Beine verborgen.

Lebensraum: Offenes Terrain, zwischen Pflanzen, unter Blättern und Steinen, auch in Gewächshäusern und in der Nähe menschlicher Behausungen; kalkliebend.

Lebensweise: I–XII; tagaktiv.

Besonderheiten: Rollasseln können beim ersten Hinsehen leicht mit dem Saftkugler verwechselt werden; bei einer eingerollten Rollassel stehen die Ecken der Randschilder übereinander.

Mauerassel
(Oniscus asellus)

Kellerassel
(Porcellio scaber)

Gemeine Rollassel *(Armadilli-dium vulgare)*, Tier entrollt sich

Bestimmungsschlüssel

Aufbau der Blüte

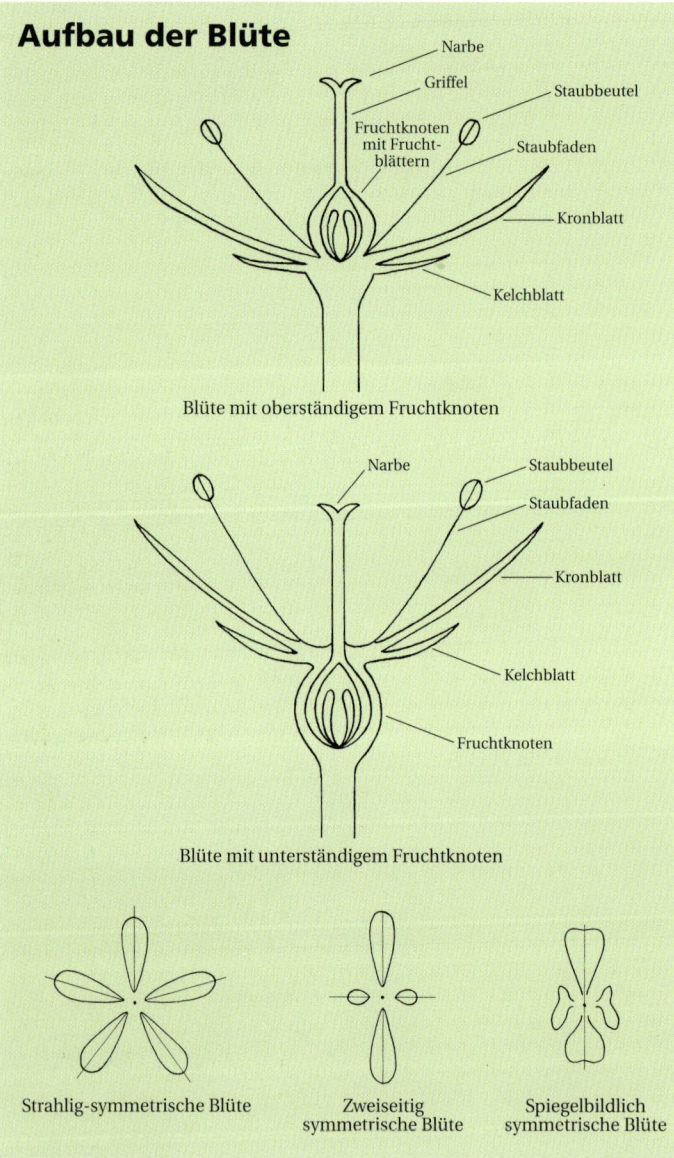

Blüte mit oberständigem Fruchtknoten

Blüte mit unterständigem Fruchtknoten

Strahlig-symmetrische Blüte

Zweiseitig symmetrische Blüte

Spiegelbildlich symmetrische Blüte

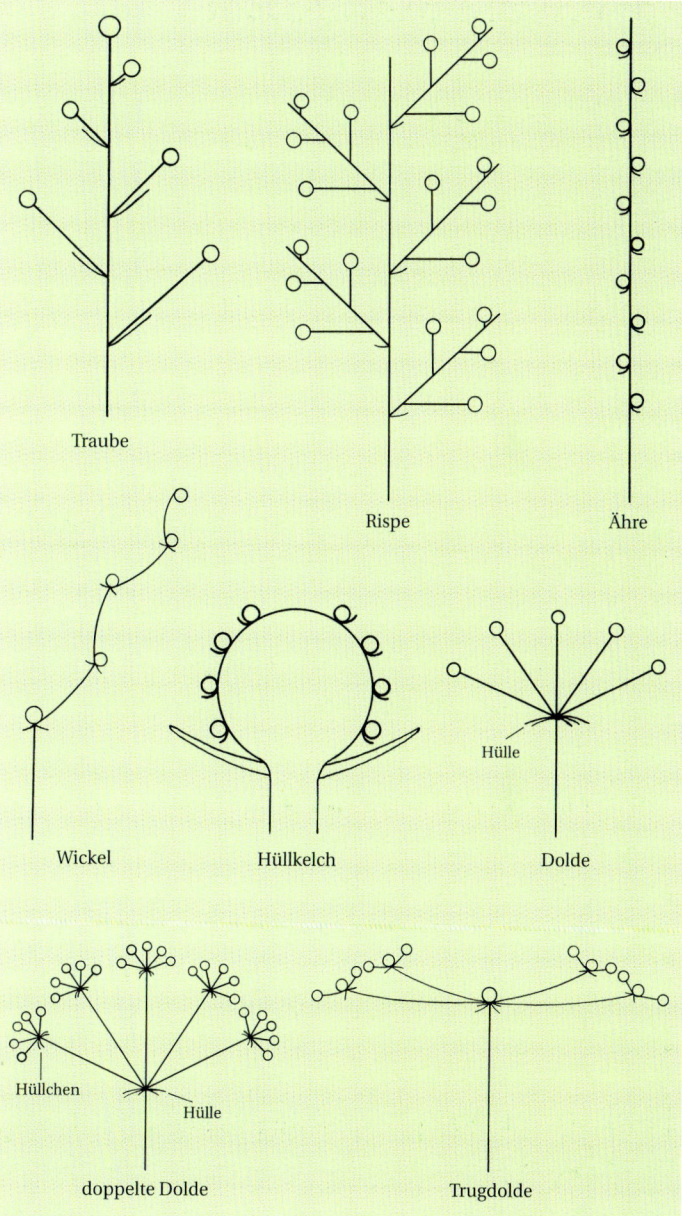

Traube

Rispe

Ähre

Wickel

Hüllkelch

Hülle

Dolde

Hüllchen

Hülle

doppelte Dolde

Trugdolde

Blattstellung und Blattform

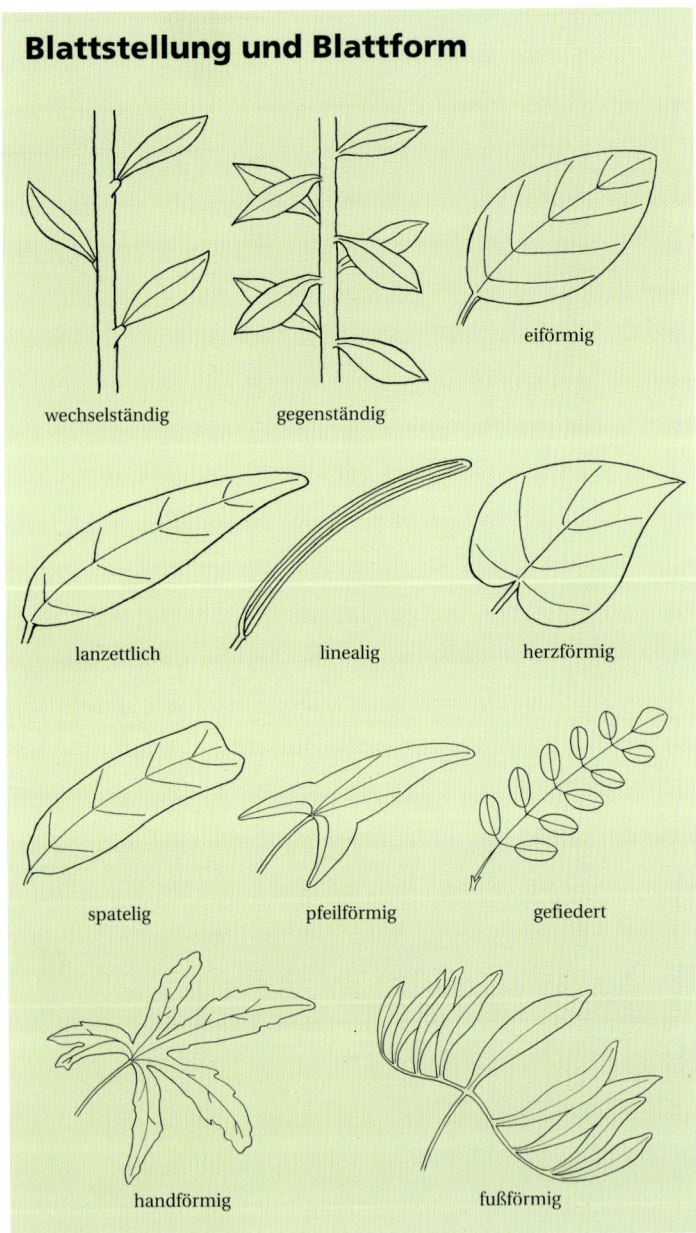

wechselständig   gegenständig   eiförmig

lanzettlich   linealig   herzförmig

spatelig   pfeilförmig   gefiedert

handförmig   fußförmig

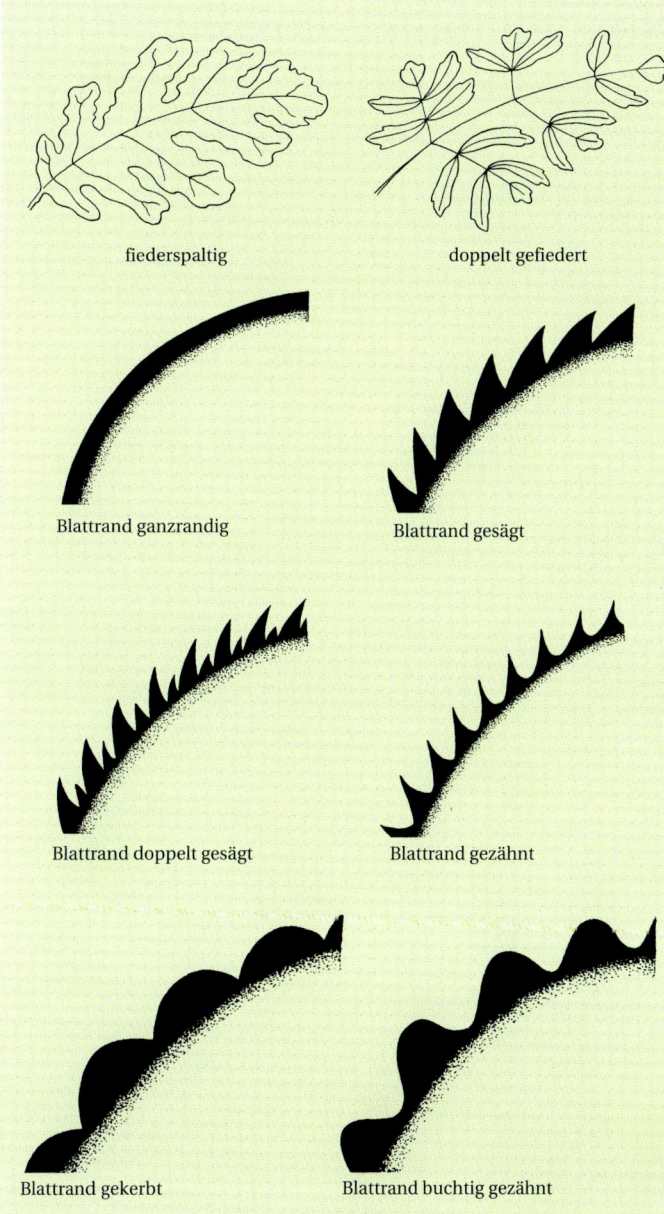

fiederspaltig

doppelt gefiedert

Blattrand ganzrandig

Blattrand gesägt

Blattrand doppelt gesägt

Blattrand gezähnt

Blattrand gekerbt

Blattrand buchtig gezähnt

Kräuter und Stauden – Übersicht

Die folgenden Seiten geben einen Überblick über charakteristische Merkmale der wichtigsten Familien mit krautigen Pflanzen und können als Bestimmungs- und Orientierungshilfe herangezogen werden.

Blattform und Erscheinungsbild	Blütenstand (wenn charakteristisch)	Blüte (auffällige Mermale)	Familie	Seite
meist lineal bis lanzettlich, gelegentlich herzförmig, mit Längsnervatur; Stauden	traubig, ährig, rispig, Einzelblüten	strahlig, 2 x 3 meist farbige Hüllblätter, oberständiger Fruchtknoten	Liliaceae u. Trilliaceae (Liliengewächse)	82
meist lineal bis lanzettlich, mit Längsnervatur; Stauden	wenigblütig oder Einzelblüten	strahlig, 2 x 3 meist farbige Hüllblätter, mitunter mit Nebenkrone, unterständiger Fruchtknoten	Amaryllidaceae (Narzissengewächse)	88
lineal oder schwertförmig, mit Längsnervatur; Stauden	wenigblütig oder Einzelblüten	strahlig oder spiegelbildlich-symmetrisch, 3 Staubblätter, 3 oft blütenblattähnliche Griffel	Iridaceae (Schwertliliengewächse)	90
meist lineal bis lanzettlich, mit Längsnervatur; Stauden	ährig oder traubig	spiegelbildlich-symmetrisch, 2 x 3 Hüllblätter, eines als Lippe ausgebildet, Griffel und Narben verwachsen, unterständiger, gedrehter Fruchtknoten	Orchidaceae (Knabenkrautgewächse)	90
länglich, herz- oder pfeilförmig, netznervig; Stauden	Kolben, der von einem auffälligen Hochblatt umhüllt ist	Einzelblüte tritt optisch gegenüber dem Blütenstand zurück	Araceae (Aronstabgewächse)	94
wechsel-, selten gegenständig, einfach, gefiedert oder gefingert; Kräuter, Stauden, holzige Kletterpflanzen		strahlig oder spiegelbildlich symmetrisch, 4 - 5 (-viele) Hüllblätter, zahreiche Staub- und Fruchtblätter, mitunter auch Honigblätter	Ranunculaceae (Hahnenfußgewächse)	96
wechselständig, meist gefiedert oder tief eingeschnitten; Kräuter, Stauden, z.T. mit Milchsaft		strahlig symmetrisch, 2 Kelch-, 4 Kronblätter, zahlreiche Staubblätter	Papaveraceae (Mohngewächse)	104

Blattform und Erscheinungsbild	Blütenstand (wenn charakteristisch)	Blüte (auffällige Mermale)	Familie	Seite
gegenständig, mit gesägtem Blattrand (Wechselständige Arten werden in diesem Buch nicht aufgeführt.); Stauden mit Brennhaaren	knäulig oder scheinährig	unscheinbar, grünlich	Urticaceae (Brennessel-gewächse)	108
wechselständig, meist mit Neben-blättern, einfach, gefiedert oder gefingert; Kräuter, Stauden, Gehölze		strahlig symmetrisch, je 5 Kelch- und Kron-blätter, 5 oder ein mehrfaches an Staub-blättern	Rosaceae (Rosen-gewächse)	108
wechsel-, gegen- oder grundständig, fleischig und saftig; Kräuter und Stauden		strahlig symmetrisch, auffällig sternförmig, 4 - 5zählig	Crassulaceae (Dickblatt-gewächse)	116
wechsel-, selten gegenständig; Kräuter, Stauden		strahlig symmetrisch, 5zählig, Fruchtknoten am Grunde verwach-sen	Saxifragaceae (Steinbrech-gewächse)	116
meist gefiedert oder 3zählig gefingert, ge-legentlich mit Ran-ken, meist mit auffäl-ligen Nebenblättern; Kräuter, Stauden, Gehölze		spiegelbildlich sym-metrisch, 5zählig mit großem oberen (Fahne), 2 seitlichen (Flügel) und 2 ver-wachsenen kleinen unteren Kronblättern (Schiffchen), Frucht von charakteristischer Hülsenform	Fabaceae (Schmetter-lingsblütler)	118
gegenständig oder quirlig, ganzrandig; Stauden		strahlig symmetrisch, 6zählig	Lythraceae (Weiderich-gewächse)	128
3zählig kleeblattartig gefingert; Kräuter, Stauden		strahlig symmetrisch, 5zählig	Oxalidaceae (Sauerklee-gewächse)	132
wechsel- oder gegen-ständig, gefiedert oder handförmig ge-teilt, mit Nebenblät-tern; Kräuter, Stauden		strahlig symmetrisch, 5zählig, Fruchtblätter verlängert (Schnabel)	Geraniaceae (Storchschna-belgewächse)	132
gegenständig; Kräuter mit auffällig durch-scheinendem Stengel		spiegelbildlich sym-metrisch, 3 Kelch-blätter, davon hinte-res mit Sporn, ansonsten 5zählig, charakteristische, auf Druck aufspringende Kapselfrucht	Balsaminaceae (Balsaminen-gewächse)	136

Blattform und Erscheinungsbild	Blütenstand (wenn charakteristisch)	Blüte (auffällige Mermale)	Familie	Seite
wechselständig; Kräuter, niedrige Gehölze	traubig	spiegelbildlich symmetrisch, 3kleine, 2 große Kelchblätter, 3 oder 5 Kronblätter, 8 verwachsene Staubblätter	Polygalaceae (Kreuzblumengewächse)	138
wechselständig, meist gefiedert, mit auffälliger Blattscheide; Kräuter, Stauden	doldig oder doppelt doldig	mehr oder weniger strahlig symmetrisch, 5zählig, Blütenachse zu Scheibe (Diskus) erweitert	Apiaceae (Doldenblütler)	138
wechsel- oder gegenständig, ungeteilt; Kräuter, Stauden, Gattung *Euphorbia* mit Milchsaft	Häufig sind mehrere Blüten zu einer „Scheinblüte" zusammengefaßt.	eingeschlechtliche, meist gelbgrüne Blüten, 3zählig	Euphorbiaceae (Wolfsmilchgewächse)	144
gegenständig, meist mit punktförmigen Öldrüsen; Stauden, niedrige Gehölze		strahlig symmetrisch, 5zählig, mit zu Büscheln aufgespaltenen Staubblättern	Hypericaceae (Johanniskrautgewächse)	148
meist mehr oder weniger herzförmig, mit großen Nebenblättern; Kräuter		langgestielt, spiegelbildlich symmetrisch, 5zählig, unteres Kronblatt gespornt	Violaceae (Veilchengewächse)	150
wechselständig; Kräuter, Stauden, häufig mit scharfem Geruch	traubig, selten trugdoldig	kreuzförmig (Name!) zweiseitig symmetrisch, 4zählig, meist 6 Staubblätter, Frucht von charakteristischer Schoten- oder Schötchenform	Brassicaceae (Kreuzblütler)	154
wechselständig, mit kleinen Nebenblätter; Kräuter oder Stauden	meist ährig	klein, spiegelbildlich symmetrisch, gelblich	Resedaceae (Resedengewächse)	160
wechsel- oder gegenständig, nadelförmig oder ledrig; niedrige Gehölze		meist strahlig symmetrisch, oft glockenförmig mit verwachsenen Kronblättern, 4 - 5zählig	Ericaceae (Heidekrautgewächse)	162
meist rosettig; Kräuter, Stauden		strahlig symmetrisch, 5zählig, Kronblätter verwachsen	Primulaceae (Primelgewächse)	166

Blattform und Erscheinungsbild	Blütenstand (wenn charakteristisch)	Blüte (auffällige Mermale)	Familie	Seite
gegenständig oder quirlig, ungeteilt; Kräuter, Stauden	meist charakteristisch verzweigt mit Endblüte und jeweils zwei wiederum verzweigten Seitenästen (Dichasium)	strahlig symmetrisch, 4 - 5zählig, Kronblätter mitunter in „Platte" und „Nagel" gegliedert und/oder mit „Nebenkrone", bisweilen auch unscheinbar	Caryophyllaceae (Nelkengewächse)	168
gegen- oder wechselständig, ungeteilt; Kräuter, Stauden (niedrige Sträucher nicht in diesem Buch)	meist knäulig	klein, unscheinbar, grünlich oder rötlich	Chenopodiaceae (Gänsefußgewächse)	176
wechselständig, mit charakteristischer, den Stengel umgebender Blattscheide; Kräuter, Stauden, gelegentlich Kletterpflanzen		strahlig symmetrisch, klein, 3zählig, grünlich, rötlich oder weiß	Polygonaceae (Knöterichgewächse)	178
meist gegenständig, ungeteilt; Kräuter, Stauden		strahlig symmetrisch, meist 5zählig, röhren-, trichter- oder glockenförmig	Gentianaceae (Enziangewächse)	184
gegenständig, lederig; verholzende, kriechende Staude		strahlig symmetrisch, 5zählig, trichterförmig, blau	Apocynaceae (Hundsgiftgewächse)	186
gegenständig; hohe Stauden		strahlig symmetrisch oder glockenförmig, 5zählig	Asclepidaceae (Schwalbenwurzgewächse)	000
scheinbar quirlig (charakteristisch), ungeteilt; Kräuter, Stauden	trugdoldig	strahlig symmetrisch, röhrig, meist 4zählig	Rubiaceae (Rötegewächse)	188
gegenständig, gefiedert oder ungeteilt; Stauden, Gehölze	trugdoldig (Gehölze auch mit einzelnen oder paarweisen Blüten)	strahlig oder spiegelbildlich symmetrisch, 5zählig	Caprifoliaceae (Geißblattgewächse)	190
gegenständig, 3zählig gelappt; Kraut	charakteristisch würfelförmig 5blütig	strahlig symmetrisch, 4 - 5zählig, gelbgrün	Adoxaceae (Moschuskrautgewächse)	190
gegenständig (im Gegensatz zu Doldenblütern!), ungeteilt oder gefiedert; Kräuter, Stauden	rispig trugdoldig	leicht assymmetrisch, trichterförmig mit verwachsener Krone	Valerianaceae (Baldriangewächse)	192

Blattform und Erscheinungsbild	Blütenstand (wenn charakteristisch)	Blüte (auffällige Mermale)	Familie	Seite
gegenständig (im Gegensatz zu Korbblütern!) mit verwachsenem Blattgrund; Kräuter, Stauden	ährig oder in Köpfchen	4 - 5zählig, mit deutlichen Kelch	Dipsacaceae (Kardengewächse)	194
wechselständig, ungeteilt; meist windende Kräuter und Stauden		strahlig symmetrisch, 5zählig, groß, weit trichterförmig	Convolvulaceae (Windengewächse)	196
wechselständig, ungeteilt, meist rauhhaarig; Kräuter, Stauden, meist rauhhaarig	wickelig	strahlig symmetrisch oder leicht spiegelbildlich symmetrisch, 5zählig, Krone röhrig mit hohlen Ausstülpungen	Boraginaceae (Rauhblattgewächse)	198
wechselständig, ungeteilt oder gefiedert, ohne Nebenblätter; Kräuter, Stauden	meist wickelig	strahlig symmetrisch, 5zählig, häufig mit auffällig hervortretender Staubblattröhre	Solanaceae (Nachtschattengewächse)	202
wechsel- oder gegenständig, ohne Nebenblätter; Kräuter, Stauden		mehr oder weniger spiegelbildlich symmetrisch, 4 - 5zählig, Kronblätter verwachsen, „Schlund" häufig durch eine Ausstülpung verschlossen	Scrophulariaceae (Rachenblütler)	204
wechselständig oder rosettig, parallelnervig; Kräuter, Stauden	ährig oder kopfig	unscheinbar, 4zählig	Plantaginaceae (Wegerich-gewächse)	210
kreuzförmig gegenständig; Kräuter, Stauden, niedrige Sträucher mit 4kantigem Stengel	mehr oder weniger quirlig in den Achseln von Hochblättern	meist spiegelbildlich symmetrisch, 5zählig, charakteristische Form mit Ober- und Unterlippe	Lamiaceae (Lippenblütler)	210
wechselständig, ungeteilt oder gelappt; Kräuter, Stauden		strahlig symmetrisch, 5zählig, glocken- oder trichterförmig	Campanulaceae (Glockenblumengewächse)	222
meist wechselständig (im Gegensatz zu Kardengewächsen), ohne Nebenblätter; Kräuter, Stauden, z.T. mit Milchsaft	charakteristisch körbchenförmig	5zählig, strahlig symmetrisch oder sasymmetrisch mit „Zunge", Kelch meist zu Haarkranz umgebildet	Asteraceae (Korbblütler)	224

Bestimmungsschlüssel für Tiere

Zur groben Klassifizierung eines beobachteten Tieres helfen folgende Kriterien: Wo habe ich es gesehen oder gefunden (beispielsweise am Waldrand, im Garten, am Ufer eines Sees oder an einem Felshang)? Wie groß ist es, welche auffälligen Merkmale (Farbe, Körperform usw.) besitzt es? Wie bewegt es sich?

Die in folgenden Tabelle aufgelisten Merkmale führen den Leser zu den einzelnen Tierklassen (z.B. Säugetiere, Vögel oder Insekten); dort leitet ihn ein weiterer Merkmalsschlüssel zu den einzelnen Ordnungen und Familien, wo er dann aufgrund der Seitenverweise möglicherweise fündig wird.

Selbstverständlich kann nicht jedes Tier, das uns in freier Natur begegnet, aus Platzgründen in diesem Buch beschrieben werden. So wurden beispielsweise nicht nur sämtliche Küsten- und Hochgebirgsarten, sondern auch alle Wasserbewohner weggelassen (Ausnahmen sind einige Amphibien und Wasserinsekten). Im Literaturverzeichnis findet der interessierte Leser aber zahlreiche Hinweise auf andere Bestimmungsführer, die sich gezielt auf einzelne Tiergruppen (z.B. Käfer, Tagschmetterlinge oder Singvögel) spezialisiert haben; in diesen Werken wird er vielleicht dann die Art finden, die im vorliegenden Band nicht auftaucht.

Auffällige Merkmale zur Identifizierung eines Tieres	siehe
– Tiere mit vier Beinen und Fell	Säugetiere (siehe Seite 260)
– Tiere mit zwei Beinen, zwei Flügeln und Federn	Vögel (siehe Seite 298)
– Tiere ohne Beine, mit Schuppen,	Schlangen (siehe Seite 420)
– Tiere mit vier Beinen und Schuppen	Kriechtiere (siehe Seite 416)
– Tiere mit vier Beinen und glatter, feuchter Haut	Lurche (siehe Seite 400)
kleine Tiere (meist unter 5 cm), mit sechs Beinen	Insekten (siehe Seite 426)
– kleine Tiere (meist unter 5 cm), mit acht Beinen	Spinnentiere (siehe Seite 628)
– kleine Tiere (meist unter 5 cm), mit zehn und mehr Beinen	Krebstiere (siehe Seite 658), Mehrfüßler (siehe Seite 654)
– kleine, längliche, wurmähnliche Tiere	Gürtelwürmer (siehe Seite 620, manche Insektenlarven (siehe Seite 680)
– kleine, längliche Tiere, meist mit Gehäuse und Fühlern	Schnecken (siehe Seite 608)

Säugetiere (Mammalia)

Wichtigste Kennzeichen der Klasse der Säugetiere sind:

• Körperbehaarung • Nachwuchs wird von den Weibchen mit Milch gesäugt • Gebiß der Säuger sowie Nachwuchs mit Milchgebiß • Haut mit Schweiß- und Talgdrüsen

Schema der Vermaßung eines Säugers

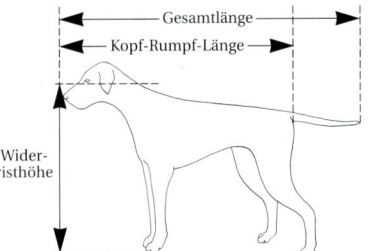

Schema eines Säugerschädels

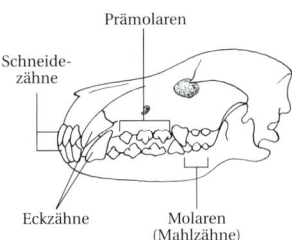

Im vorliegenden Buch werden folgende heimische Landsäugetierordnungen behandelt: (1) Fledertiere, (2) Insektenfresser, (3) Nagetiere, (4) Hasentiere, (5) Raubtiere und (6) Paarhufer.

Auffällige Merkmale zur Identifizierung der Ordnung	siehe
– Kleine fliegende Säuger, nachtaktiv	Fledertiere
– Mittelgroße bis große Landtiere, tagaktiv	Hasentiere, Raubtiere, Paarhufer
– Kleine bis mittelgroße Landtiere, tagaktiv	Insektenfresser, Nagetiere, hasentiere, Raubtiere
– Kleine bis mittelgroße Landtiere, dämmerungsaktiv	Insektenfresser, Nagetiere, Hasentiere, Raubtiere
– Kleine bis mittelgroße Landtiere, nachtaktiv	Insektenfresser, Nagetiere, Raubtiere

1. Fledertiere (Chiroptera)

• Kennzeichen: kleine, nachtaktive, fliegende Säugetiere; Orientierung per Echolotorgan; Ernährung von Insekten, Spinnen und anderen Gliederfüßlern.

Familie Verspertilionidae (Glattnasen, S. 262)

2. Insektenfresser (Insectivora)

• Kennzeichen: Kleine, nachtaktive Tiere; Schnauze lang, rüsselförmig, mit Tasthaaren (Vibrissen); Fell kurz, samthaarig (außer Igel); Beine kurz, mit fünf bekrallten Fingern; Zähne spitz, höckrig; Nahrung tierisch, meist Insekten, auch Aas.

Familie Erinaceidae (Igel; S. 266); Familie Talpidae (Maulwürfe; S. 266); Familie Soricidae (Spitzmäuse; S. 268)

3. Nagetiere (Rodentia)

• Kennzeichen: Meist nachtaktiv, je zwei Paar meißelartige Schneidezähne (Nagezähne) in Ober- und Unterkiefer; Zehen bekrallt; Schnauze nicht rüsselförmig; Nahrung pflanzlich (Ausnahme Ratten: Allesfresser).

Familie Sciuridae (Hörnchenartige; S. 270); Familie Muridae (Echte Mäuse; S. 278); Familie Gliridae (Schläfer, Bilche; S. 270); Familie Arvicolidae (Wühlmäuse; S. 272)

4. Hasentiere (Lagomorpha)

• Kennzeichen: ein Paar zusätzliche Schneidezähne hinter den „normalen" Schneidezähnen; Tiere mittelgroß, mit langen Hinterbeinen und Ohren, Schwanz kurz, behaart; Lippe tief gespalten.

Familie Leporidae (Hasen und Kaninchen; S. 282)

5. Raubtiere (Carnivora)

• Kennzeichen: Kräftiges Gebiß, auffällig die zwei großen Reißzähne und sechs kleinen Schneidezähne; Zehen mit kräftigen Krallen; Fleisch- und Allesfresser, gute Läufer und Springer.

Familie Canidae (Hundeartige; S. 284); Familie Mustelidae (Marderartige; S. 286)

6. Paarhufer (Artiodactyla)

• Kennzeichen: Große Pflanzenfresser; vier Zehen jeweils paarig angeordnet (Name); Wiederkäuer und Männchen meist mit Geweih oder Gehörn (Ausnahmen in beiden Fällen die Schweine).

Familie Suidae (Schweine; S. 296); Familie Cervidae (Hirsche; S. 292)

Vögel (Aves)

Wichtigste Kennzeichen der Klasse der Vögel sind:

• Körper mit Federn bedeckt • Vordergliedmaßen als Flügel • Nachwuchs aus hartschaligen Eiern gebrütet • leichte, hohle Knochen • Muskulatur und Skelett an fliegende Lebensweise angepaßt • guter Gesichtssinn

Vogelkörper (Übersicht)
[aus Schaefer-Brohmer; veränd.]

Vogelkopf (Übersicht)
[aus Schaefer-Brohmer; veränd.]

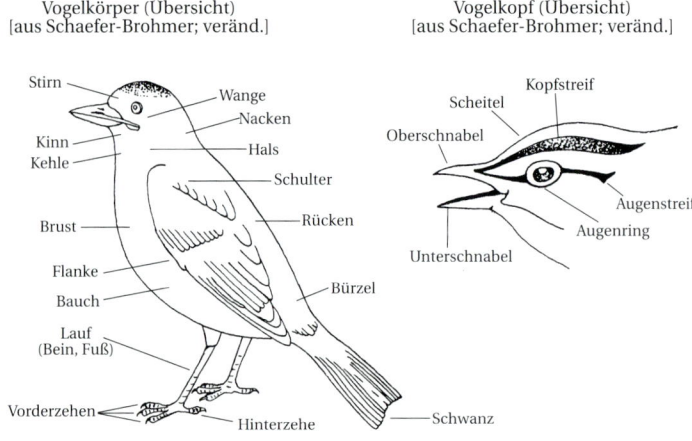

Stirn
Wange
Nacken
Kinn
Kehle
Hals
Schulter
Brust
Rücken
Flanke
Bauch
Bürzel
Lauf
(Bein, Fuß)
Vorderzehen
Hinterzehe
Schwanz

Kopfstreif
Scheitel
Oberschnabel
Augenstreif
Augenring
Unterschnabel

Flügel (Übersicht)
[aus Schaefer-Brohmer; veränd.]

Vorderrand
Handschwingen
Hinterrand
Armschwingen
Schulterfedern

Im vorliegenden Buch werden folgende heimische Vogelordnungen behandelt: (1) Lappentaucher, (2) Kormorane, (3) Schreitvogel, (4) Gänsevögel, (5) Greifvögel, (6) Hühnervögel, (7) Kranichvögel, (8) Watvögel, Möwen und Seeschwalben, (9) Taubenvögel, (10) Kuckucksvögel, (11) Eulen, (12) Segler, (13) Rackenvögel, (14) Spechtvögel und (15) Sperlingsvögel.

Auffällige Merkmale zur Identifizierung der Ordnung	siehe
– Langbeinige Vögel, auf oder an Gewässern	Schreitvögel, Kranichvögel
– Schwimmende o. tauchende Vögel, auf o. an Gewässern	Lappentaucher, Kormorane, Gänsevögel, Kranichvögel, Watvögel, Rackenvögel, Sperlingsvögel
– Raubvögel, tagaktiv	Greifvögel, Rackenvögel, Sperlingsvögel
– Raubvögel, nachtaktiv	Eulen
– Singvögel	Sperlingsvögel
– Segelnde und schwirrende Vögel	Segler, Sperlingsvögel
– Stelzende Vögel, offenes Gelände, Wälder	Kranichvögel, Watvögel
– Vögel an Baumstämmen	Spechtvögel, Sperlingsvögel
– Nicht singende Landvögel, offenes Gelände, Wälder	Hühnervögel, Taubenvögel, Kuckucksvögel, Spechtvögel, Sperlingsvögel

1. Lappentaucher (Podicipediformes)

• Kennzeichen: Tauchvögel, kleiner, büscheliger Schwanz.

Familie Podicepedidae (Lappentaucher; S. 298)

2. Kormorane (Pelecaniformes)

• Kennzeichen: Füße mit vier Zehen und Schwimmhäuten.

Familie Phalacrocoracidae (Kormorane und Scharben; S. 300)

3. Schreitvögel (Ciconiiformes)

• Kennzeichen: Schnabel lang; Hals und Beine lang; Füße ohne Schwimmhäute (oder nur an Vorderzehen).

Familie Ardeidae (Reiher; S. 300); Familie Ciconiidae (Störche; S. 302)

4. Gänsevögel (Anseriformes)

• Kennzeichen: Kleine bis mittelgroße Wasservögel; Füße mit Schwimmhäuten; Junge Nestflüchter, schlüpfen mit Daunenkleid.

Familie Anatidae (Entenvögel; S. 304)

5. Greifvögel (Falconiformes)

• Kennzeichen: Tagaktive Raubvögel; Schnabel kräftig, hakenförmig; Hals kurz; Beine nackt, mit kräftigen, gebogenen Krallen. Gute Flieger; Sehvermögen ausgezeichnet.

Familie Accipitridae (Habichtvögel; S. 314); Familie Falconidae (Falken; S. 318)

6. Hühnervögel (Galliformes)

• Kennzeichen: Meist in Bodennähe lebende Vögel, Beine und Füße kräftig; Kopf klein, mit kräftigem Schnabel; Bodenbrüter; Junge Nestflüchter.

Familie Phasianidae (Fasanenvögel; S. 320)

7. Kranichvögel (Gruiformes)

• Kennzeichen: Schnabel kürzer als bei Schreitvögeln, verhältnismäßig lange Schreitbeine; meist in Wassernähe.

Familie Gruidae (Kraniche; S. 322); Familie Rallidae (Rallen; S. 324)

8. Watvögel, Möwen und Seeschwalben (Charadriiformes)

• Kennzeichen: Sehr unterschiedlich zusammengesetzte Vogelgruppe; meist in Wassernähe oder auf diesem, oft Seevögel; vielfach mit Schwimmhäuten (zwischen den Zehen); Hinterzehe oft fehlend oder rückgebildet.

Familie Haematopidae (Austernfischer; S. 328); Familie Charadriidae (Regenpfeifer; S. 326); Familie Scolopacidae (Schnepfen; S. 330); Familie Laridae (Möwen; S. 332); Familie Sternidae (Seeschwalben; S. 334)

9. Taubenvögel (Columbiformes)

• Kennzeichen: Körper plump; Flügel lang, spitz; Beine kurz; Kopf und Schnabel klein; Höhlenbrüter; Junge Nesthocker, Fütterung mit „Kropfmilch".

Familie Columbidae (Tauben; S. 336)

10. Kuckucksvögel (Cuculiformes)

• Kennzeichen: Fuß mit vier Zehen, davon zwei nach vorn, zwei nach hinten gerichtet; 8–10 Schwanzfedern; Oberschnabel starr.

Familie Cuculidae (Kuckucksvögel; S. 338)

11. Eulen (Strigiformes)

• Kennzeichen: Nachtaktive Jagdvögel; Kopf groß, rund, mit nach vorn gerichteten, großen Augen; Füße mit scharfen Krallen; Weibchen meist größer als Männchen.

Familie Strigidae (Ohreulen und Käuze; S. 340; Familie Tytonidae (Schleiereulen; S. 342)

12. Segler (Apodiformes)

• Kennzeichen: Hervorragende Flieger mit sehr kleinen Füßen.

Familie Apodidae (Segler; S. 344)

13. Rackenvögel (Coraciiformes)

• Kennzeichen: Auffällig bunt gefärbte, fleischfressende Landvögel mit langem Schnabel.

Familie Alcedinidae (Eisvögel; S. 344)

14. Spechtvögel (Piciformes)

• Kennzeichen: Typische, unverwechselbare Baumvögel, Trommeln mit dem Schnabel auf Holz; Höhlenbrüter.

Familie Picidae (Spechte; S. 346)

15. Sperlingsvögel (Passeriformes)

• Kennzeichen: Landbewohnende Vögel, Füße mit drei geraden Vorderzehen und einer geraden Hinterzehe; Schwimmhäute stets fehlend; Vögel fliegen und singen meist gut; Nachwuchs in der Regel Nesthocker; Bebrütung der Eier durch Weibchen (meistens); Brutpflege fast stets durch beide Geschlechter.

Familie Alaudidae (Lerchen; S. 348); Familie Hirundinidae (Schwalben; S. 350); Familie Motacillidae (Stelzen und Pieper; S. 352); Familie Laniidae (Würger; S. 356); Familie Cinclidae (Wasseramseln; S. 356); Familie Troglodytidae (Zaunkönige; S. 358); Familie Prunellidae (Braunellen; S. 358); Familie Turdidae (Drosseln; S. 360); Familie Sylviidae (Grasmücken; S. 366); Familie Muscicapidae (Fliegenschnäpper; S. 372); Familie Paridae (Meisen; S. 360); Familie Aegithalidae (Schwanzmeisen; S. 374); Familie Sittidae (Kleiber; S. 376); Familie Emberizidae (Ammern; S. 378); Familie Fringillidae (Edelfinken; S. 380); Familie Ploceidae (Webervögel; S. 388); Familie Sturnidae (Stare; S. 390); Familie Oriolidae (Pirole; S. 390); Familie Corvidae (Rabenvögel; S. 392)

Lurche (Amphibia)

Wichtigste Charakteristika dieser Klasse sind:

● Drüsenreiche, meist feuchte Haut ● Eier (Laich) in Gallerthülle ● Typische, stets im Wasser lebende Larve (z.T. mit Kiemen ausgestattet) ● Tiere zeitlebens im Wasser oder in Wassernähe.

Anatomie von Schwanzlurchen und Froschlurchen
[aus Noellert & Noellert; veränd.]

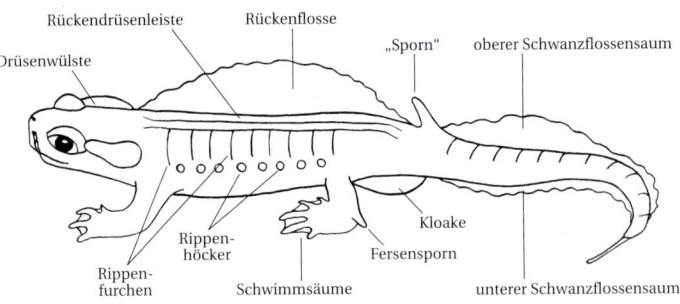

Rückendrüsenleiste — Rückenflosse — „Sporn" — oberer Schwanzflossensaum — Drüsenwülste — Rippenhöcker — Kloake — Rippenfurchen — Fersensporn — Schwimmsäume — unterer Schwanzflossensaum

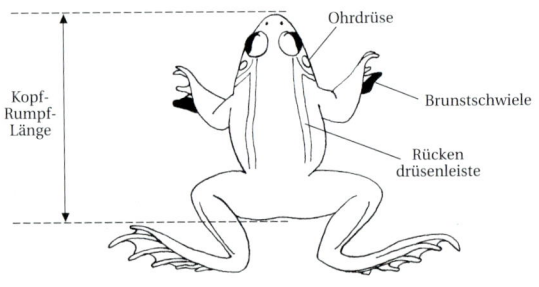

Kopf-Rumpf-Länge — Ohrdrüse — Brunstschwiele — Rückendrüsenleiste

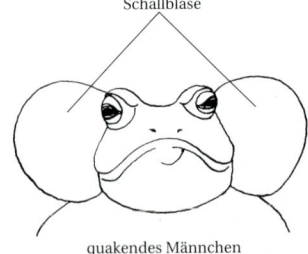

Schallblase

quakendes Männchen

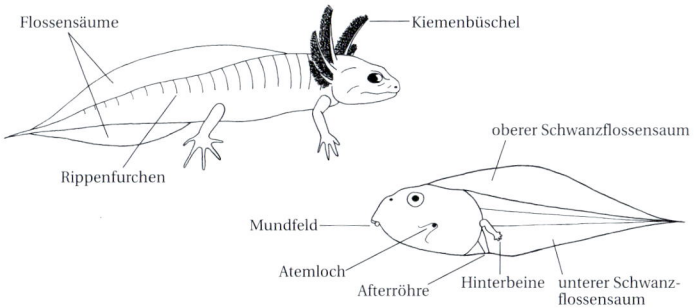

Larven von Schwanzlurchen und Froschlurchen
[aus Noellert & Noellert; veränd.]

Flossensäume — Kiemenbüschel

Rippenfurchen

oberer Schwanzflossensaum

Mundfeld —
Atemloch
Afterröhre — Hinterbeine — unterer Schwanzflossensaum

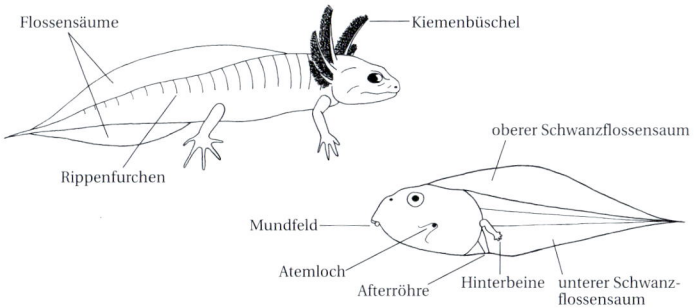

Im vorliegenden Buch werden folgende heimische Lurchordnungen behandelt: (1) Schwanzlurche und (2) Froschlurche.

Auffällige Merkmale zur Identifizierung von Lurchen	**siehe**
– Körper länglich, mit Schwanz; im Wasser oder in Wassernähe	Schwanzlurche
– Körper gedrungen, ohne Schwanz (außer Larve); Wasser o. Wassernähe	Froschlurche

1. Schwanzlurche (Caudata)

• Kennzeichen: Körper lang, Schwanz so lang wie Körper; Hinterbeine so lang wie Vorderbeine; Haut meist glatt, feucht; erwachsene Tiere oftmals im Wasser wie auch an Land; Haut der Männchen zur Paarungszeit prächtig gezeichnet (Hochzeitkleid). Larven mit äußeren Kiemenbüscheln, Vorderbeine entwickeln sich vor den Hinterbeinen.

Familie Salamandridae (Salamander und Molche; S. 400)

2. Froschlurche (Anura)

• Kennzeichen: Körper gedrungen, Schwanz fehlt; Hinterbeine groß, muskulös (Sprungbeine); Männchen stets mit großen Schallblasen (dienen zum Erzeugen des Quakens); zur Paarungszeit Vorderfüße der Männchen mit kräftigen Daumenschwielen; Larven mit Atemrohr, ohne äußere Kiemenbüscheln, Hinterbeine entwickeln sich vor den Vorderbeinen.

Familie Hylidae (Laubfrösche; S. 410); Familie Ranidae (Echte Frösche; S. 412); Familie Bufonidae (Echte Kröten; S. 406)

Kriechtiere (Reptilia)

Wichtigste Charakteristika der Reptilienklasse sind:

• dicke Schuppenhaut • Landbewohner • gespaltene Zunge • Eier mit kräftiger lediger Hülle (evtl. auch mit Kalkschale)

Nattern- und Vipernkopf
[aus Schefer-Brohmer; veränd.]

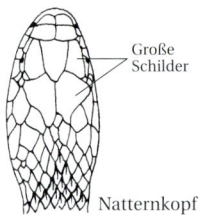

Große Schilder

Natternkopf

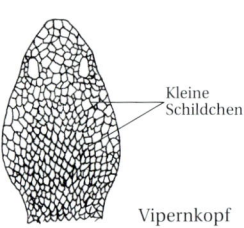

Kleine Schildchen

Vipernkopf

In diesem Buch kommt als einzige Reptilienordnung die Ordnung der Schuppenkriechtiere (Squamata) vor, die wiederum in die beiden Unterordnungen Schlangen (1) und (2) Echsen unterteilt ist.

Auffällige Merkmale zur Identifizierung von Reptilien	siehe
– längl., beschuppter Körper, mit 4 Beinen (reduziert bei Schleichen), Landtiere	Echsen
– länglicher, beschuppter Körper, ohne Schwanz, Landtiere	Schlangen

1. Echsen (Sauria)

• Kennzeichen: Körper mit 4 Laufbeinen (außer Schleichen), jeweils mit 5 krallenbewehrten Zehen; Schwanz lang (kann bei Gefahr u.U. abgeworfen werden); Augen mit getrennten Lidern.

Familie Anguidae (Schleichen; S. 416); Familie Lacertidae (Echte Eidechsen; S. 416)

2. Schlangen (Serpentes)

• Kennzeichen: Gliedmaßen fehlen; Augenlider verwachsen; Kiefer gut dehnbar, oft ausklappbar; Zähne nach hinten gekrümmt (Giftzähne!).

Familie Colubridae (Nattern; S. 420); Familie Viperidae (Vipern und Ottern; S. 422).

Insekten (Insecta)

Zu den wichtigsten Kennzeichen dieser Wirbellosenklasse gehören:

• dreigeteilter Körper (Kopf, Brust und Hinterleib) • drei Beinpaare, im Brustbereich ansetzend • 1-2 Flügelpaare, im Brustbereich ansetzend • Fester Außenpanzer aus Chitin • ein Paar Facettenaugen • Atmung über Tracheen • Entwicklung vollständig (holometabol, über Ei – mehrere Larvenstadien – Puppe – Imago; Häutung zwischen jedem Stadium) oder unvollständig (hemimetabol, dann ohne Puppenruhe)

Insekt (schematisch)

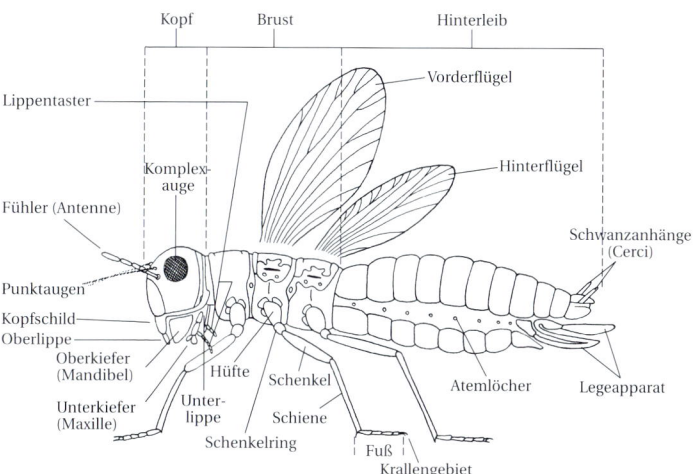

Puppenformen

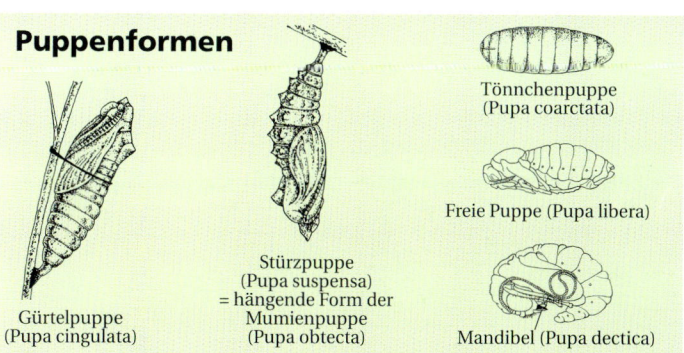

Gürtelpuppe
(Pupa cingulata)

Stürzpuppe
(Pupa suspensa)
= hängende Form der
Mumienpuppe
(Pupa obtecta)

Tönnchenpuppe
(Pupa coarctata)

Freie Puppe (Pupa libera)

Mandibel (Pupa dectica)

Larvenformen der Insekten

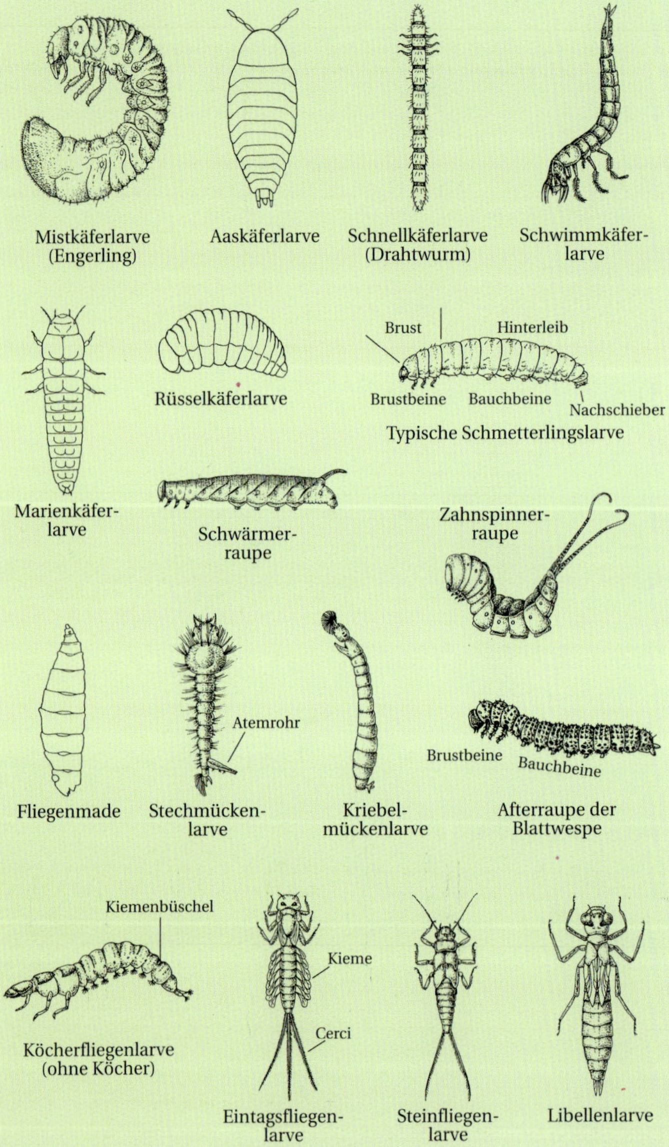

Mistkäferlarve
(Engerling)

Aaskäferlarve

Schnellkäferlarve
(Drahtwurm)

Schwimmkäfer-
larve

Rüsselkäferlarve

Brust — Hinterleib

Brustbeine Bauchbeine

Nachschieber

Typische Schmetterlingslarve

Marienkäfer-
larve

Schwärmer-
raupe

Zahnspinner-
raupe

Fliegenmade

Stechmücken-
larve

Atemrohr

Kriebel-
mückenlarve

Brustbeine Bauchbeine

Afterraupe der
Blattwespe

Kiemenbüschel

Köcherfliegenlarve
(ohne Köcher)

Kieme

Cerci

Eintagsfliegen-
larve

Steinfliegen-
larve

Libellenlarve

Im folgenden werden folgende einheimische Insektenordnungen vorgestellt. (1) Springschwänze, (2) Fischchen, (3) Eintagsfliegen, (4) Stein- und Uferfliegen, (5) Libellen, (6) Heuschrecken, (7) Ohrwürmer, (8) Schaben, (9) Läuse, (10) Schnabelkerfe (als Überordnung), (11) Fransenflügler, (12) Netzflügler, (13) Kamelhalsfliegen, (14) Käfer, (15) Hautflügler, (16) Schnabelfliegen, (17) Köcherfliegen, (18) Schmetterlinge, (19) Zweiflügler und (20) Flöhe.

Auffällige Merkmale zur Identifizierung einer Familie	siehe Ordnung Nummer:
– klein, unauffällig	1, 2, 9, 10, 11, 20
– auf Wasseroberfläche oder in Gewässernähe	1, 3, 4, 5, 10, 14, 17
– hüpft und springt gut	1, 6, 10, 14, 20
– am Boden	1, 2, 12, 14, 15
– flinke Läufer	2, 7, 8, 14
– gute Flieger	3, 4, 12, 13, 14, 15, 17, 18, 19
– staatenbildend	15
– im Freiland (Felder, Äcker, Gärten, offenen Parks)	7, 10, 14, 15, 18, 19
– in Wäldern, am Waldrand	13, 14, 16, 18, 19
– an Baumstämmen, unter Baumrinde	7, 14
– auf Blüten	10, 14, 15, 18, 19
– Lästling	8, 15, 19, 20
– in Wohnungen o. Umfeld des Menschen	2, 8, 9, 10, 14, 15, 19, 20
– Schädling an Pflanzen u. Nahrungsmitteln, Parasit	6, 8, 9, 10, 11, 14, 15, 18, 19
– sticht	10, 15, 19, 20
– räuberisch	5, 7, 10, 12, 14, 15, 16, 19
– Aasfresser	14, 19
– auf Kot, Misthaufen oder verrottenden Pflanzen	14, 19
– Körper zylindrisch-wurmförmig (Larven!)	14, 15, 18, 19
– in Pflanzengallen (kugelige Auswüchse an Pflanzenteilen)	15

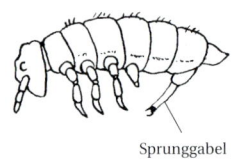

Sprunggabel

1. Springschwänze (Collembola)

• Kennzeichen: Körper sehr klein (1-2 mm, nicht > 8mm), Flügel fehlen; Hinterleib mit Sprunggabel; Bewohner der Bodenstreu, auch auf Schnee oder Wasseroberflächen

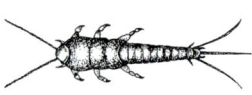

2. Fischchen (Zygentoma)

• Kennzeichen: Körper beschuppt, klein (4-12 mm), silbrig-glänzend; Flügel fehlen; Hinterleib mit 3 langen, griffelartigen Schwanzanhängen; Antennen lang: nur 1 Familie Lepismatidae (Fischchen; S. 428)

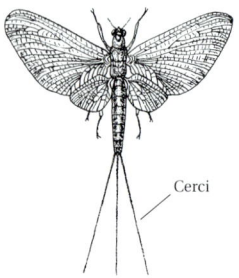

Cerci

3. Eintagsfliegen (Ephemeroptera)

• Kennzeichen: Körper zart, braun; 2 Paar Flügel, bräunlich, Vorderflügel 2mal so groß wie Hinterflügel; Hinterleib mit 3-4 fadenförmigen Schwanzanhängen (Cerci); Mundwerkzeuge zurückgebildet; Larven Wasserbewohner (bis zu 3 Jahre), am Hinterleib mit Tracheenkiemen sowie 3 Cerci. Hier: Familie Ephemeridae (Eintagsfliegen; S. 430)

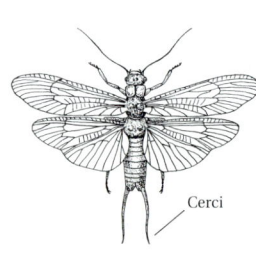

Cerci

4. Stein- und Uferfliegen (Plecoptera)

• Kennzeichen: Körper bräunlich; 2 Paar Flügel, reich geädert, Vorderflügel ≈ gleich groß wie Hinterflügel; Hinterleib mit 2 fadenförmigen Schwanzanhängen (Cerci); Larven Wasserbewohner (> 3 Jahre), am Hinterleib nur 3 Cerci, Tracheenkiemen fehlen. Hier: Familie Nemouridae (Steinfliegen; S. 430)

5. Libellen (Odonata)

• Kennzeichen: Körper groß, schlank, oft metallisch schillernd; Kopf mit großen Augen und kurzen Fühlern; 2 Paar durchsichtige, reich geäderte Flügel; Mundwerkzeuge beißendkauend; Paarung in sog. „Tandemstellung" („Paarungsrad"); Larven Wasserbewohner, mit Fangmaske (umgebildete Unterlippe).

Familie Calopterygidae (Prachtlibellen; S. 434); Familie Coenagrionidae (Schlanklibellen; S. 434); Familie Aeshnidae (Edellibellen; S. 436); Familie Libellulidae (Kurz- oder Segellibellen; S. 438)

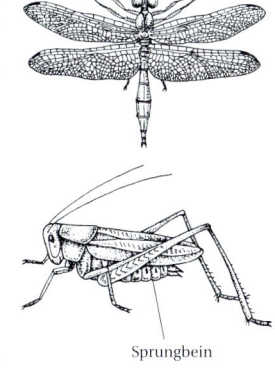

6. Heuschrecken (Saltatoria)

• Kennzeichen: Körper länglich, seitlich abgeplattet; 2 Paar Flügel (in Ruhe zusammengefaltet); Vorderflügel kräftiger als weiche Hinterflügel; Hinterbeinschenkel groß, kräftig (Sprungbein); kräftige Kauwerkzeuge; Männchen zirpen (Reiben der Beine an den Flügeldecken).

Sprungbein

Familie Tettigoniidae (Laubheuschrecken; S. 440); Familie Gryllidae (Echte Grillen; S. 440); Familie Acrididae (Feldheuschrecken; S. 442); Familie Gryllotalpidae (Maulwurfsgrillen; S. 438)

7. Ohrwürmer (Dermaptera)

• Kennzeichen: Vorderflügel sind schuppenförmige, kräftige, kurze Flügeldecken, Hinterflügel darunter gefaltet; Mundwerkzeuge beißend; Hinterleibsende mit 2 kräftigen Zangen; Kulturfolger.

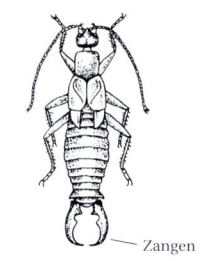

Zangen

Familie Forficulidae (Eigentliche Ohrwürmer; S. 446)

8. Schaben (Blattodea)

• Kennzeichen: Körper relativ platt, länglich-eiförmig; Vorderflügel derb, Hinterflügel häutig; Mundwerkzeuge beißend; Kopf nach vorne gerichtet, unter breitem Halsschild verborgen; lange Fühler; 2 kurze Hinterleibsanhänge; Eiablage in Paketen; Pflanzen- und Allesfresser; oft Kulturfolger.

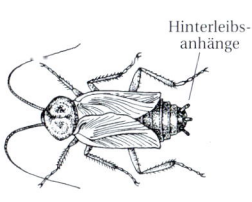

Hinterleibsanhänge

Familie Blattidae (Schaben; S. 448); Familie Ectobiidae (Waldschaben; S.448)

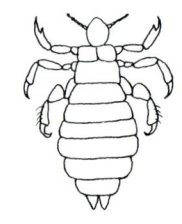

9. Läuse (Phthiraptera)

• Kennzeichen: Körper klein (1–1,4 mm), ohne Flügel; Mundwerkzeuge beißend (zangenförmige Mandibeln bei Federlingen) oder saugend (Saugrüssel bei Tierläusen); Tierläuse leben als Außenparasen (Blutsauger) von Säugern; Eiablage in Paketen („Nissen").

Familie Pediculidae (Kopfläuse; ohne Abb.)

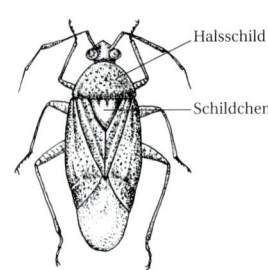

Halsschild

Schildchen

10. Schnabelkerfe (Hemiptera, Rhynchota)

• Wanzen (Heteroptera): Kennzeichen: Körper platt; Fühler kurz; 2 Paar Flügel, Vorderflügel zweigeteilt, vorderer Teil sklerotisiert, Spitze häutig; in Ruhe flach über den Rücken gelegt; kleines Schildchen an der Basis der Vorderflügel; Stech- und Saugrüssel lang, beginnt vorne am Kopf und läuft bauchseitig durch eine Rüsselscheide; Stinkdrüsen.

Familie Pentatomidae (Baumwanzen; S. 452); Familie Pyrrhocoridae (Feuerwanzen; S. 454); Familie Lygaeidae (Boden- oder Langwanzen; S. 454); Familie Gerridae (Wasserläufer; S. 456); Familie Notonectidae (Rückenschwimmer; S. 456)

• Zikaden (Auchenorrhyncha): Körper länglich, Fühler kurz; 2 Paar Flügel; Vorderflügel einheitlich, oft häutig, in Ruhe stets dachförmig zusammengelegt; Stechrüssel beginnt auf der Kopfunterseite oder weiter hinten; Schrillorgane; gutes Sprungvermögen.

Familie Cercopidae (Schaumzikaden; S. 458)

• Pflanzenläuse (Sternorrhyncha): Kennzeichen: Körper unfällig, klein (schildförmig bei Schildläusen), Augen mitunter zurückgebildet; 2 Paar Flügel, Flügel häutig, in Ruhe dachförmig zusammengelegt, bei manchen Stadien fehlend; Saugrüssel auf Kopfunterseite; Wachsdrüsen.

Familie Aphididae (Röhrenläuse; S. 460)

11. Fransenflügler (Thysanoptera)

• Kennzeichen: Klein, unauffällig (1-2 mm, max. 5 mm); 2 Paar Flügel, schmal, am Saum gefranst; Fußende blasenförmig; mit Stechrüssel (Pflanzenparasit). Hier: Familie Thripidae (Blasenfüße; S. 462)

12. Netzflügler (Planipennia)

• Kennzeichen: Körper schlank; 2 gleich große Flügelpaare; Flügel häutig, oft grünlich, mit Netzadern; in Ruhe dachziegelartig gefaltet; Vorderbeine sind Fangbeine; beißende Mundwerkzeuge; Larven mit Saugzangen.

Familie Chrysopidae (Florfliegen; S. 464)

13. Kamelhalsfliegen (Raphidioptera)

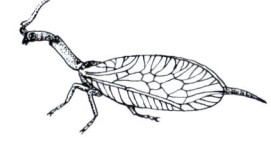

• Kennzeichen: 2 gleich große, häutige Flügelpaare; Hals (= Vorderbrust) lang, 2mal so lang wie breit; Kopf flach, beweglich; Vorderbeine keine Fangbeine.

Familie Raphidiidae (Kamelhalsfliegen; S. 466)

14. Käfer (Coleoptera)

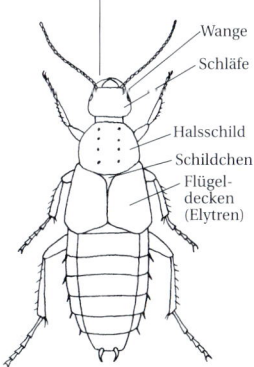

beißende Mundwerkzeuge
Wange
Schläfe
Halsschild
Schildchen
Flügeldecken (Elytren)

• Kennzeichen: Vorderflügel sind kräftige, hornige, ungeäderte Flügeldecken (Elytren), in Ruhe über die Hinterflügel gelegt; Mundwerkzeuge beißend (mit Maultaster); Hinterleibsende ohne Zange; Larven meist in sogenannter Engerlingsform (Abb. 2).

Familie Dytiscidae (Schwimmkäfer; S. 476); Familie Lampyridae (Leuchtkäfer; S. 482); Familie Silphidae (Aaskäfer; S. 478); Familie Carabidae (Laufkäfer; S. 472); Familie Staphylinidae (Kurzflügler; S. 480); Familie Meloidae (Ölkäfer; S. 498); Familie Cantharidae (Weichkäfer; S. 486); Familie Malachiidae (Zipfel- oder Warzenkäfer; S. 486); Familie Elateridae

(Schnellkäfer; S. 486); Familie Buprestidae (Prachtkäfer; S. 490); Familie Pyrochroidae (Feuerkäfer; S. 498); Familie Coccinellidae (Marienkäfer; S. 494); Familie Tenebrionidae (Schwarzkäfer; S. 500); Familie Geotrupidae (Mistkäfer; S. 502); Familie Scarabaeidae (Blatthornkäfer; S. 504); Familie Cerambycidae (Bockkäfer; S. 508); Familie Oedemeridae (Scheinbockkäfer; S. 496); Familie Chrysomelidae (Blattkäfer; S. 512), Familie Curculionidae (Rüsselkäfer; S. 516), Familie Attelabidae (Dickkopfrüßler; S. 520); Familie Scolytidae (Borkenkäfer; S. 522); Familie Byturidae (Blütenfresser; S. 492); Familie Dermestidae (Speckkäfer; S. 492); Familie Anobiidae (Nagekäfer; S. 496)

15. Hautflügler (Hymenoptera)

• Kennzeichen: 2 Paar durchsichtige Hautflügel (Vorderflügel >> Hinterflügel); beißende oder leckend-saugende Mundwerkzeuge; Weibchen mit Legeröhre; 1. Hinterleibssegment bei Taillenwespen (Apocrita) zu „Stielchen" reduziert („Wespentaille"); Larven bei Pflanzenwespen (Symphyta) raupenförmig („Afterraupen") und bei Taillenwespen madenförmig; viele Arten staatenbildend.

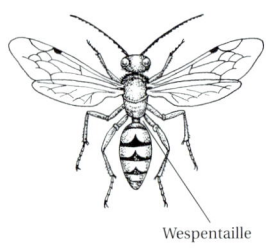

Wespentaille

Familie Siricidae (Holzwespen; S. 526); Familie Tenthredinidae (Echte Blattwespen; S. 526); Familie Ichneumonidae (Echte Schlupfwespen; S. 528); Familie Chrysididae (Goldwespen; S. 530); Familie Sphecidae (Echte Grabwespen; S. 530); Familie Vespidae (Echte Wespen; S. 532); Familie Formicidae (Ameisen; S. 534); Familie Apidae (Echte Bienen; S. 536)

16. Schnabelfliegen (Mecoptera)

• Kennzeichen: Vorderer Kopfabschnitt schnabel- oder rüsselartig ausgezogen, daran ansitzend die beißenden Mundwerkzeuge; schlechte Flieger; als Nahrung Aas oder totes Pflanzenmaterial; Larven raupenähnlich.

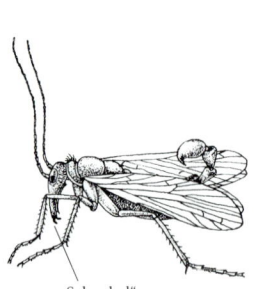

„Schnabel"

Familie Panorpidae (Skorpionsfliegen; S. 542)

17. Köcherfliegen (Trichoptera)

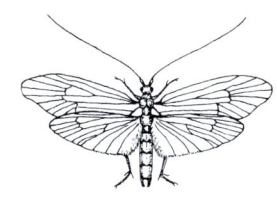

• Kennzeichen: 2 häutige Flügelpaare, fein behaart, in Ruhe flach oder dachartig angelegt; Fühler lang; Larven im Wasser lebend, in köcherförmigen Gehäusen.

Familie Limnephilidae (Köcherjungfern; S. 542)

18. Schmetterlinge (Lepidoptera)

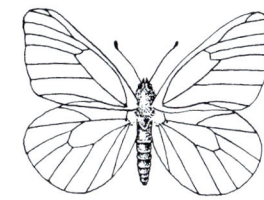

• Kennzeichen: 2 Paar beschuppter, häutiger Flügel (Vorderflügel meist größer als Hinterflügel), in Ruhe meist über dem Körper zusammengeklappt; meist langer, aufgerollter Saugrüssel; Fühlerenden keulig verdickt (bei Tagfaltern); typische Larve ist die meist walzenförmige Raupe, mit kräftige Kauwerkzeugen, 3 gegliederten Brustbeinpaaren, mehreren „Afterfüßchen" (0–4) sowie 1 Paar „Nachschieber"; typische Puppe ist die Mumienpuppe.

Tagaktive Falter:
Familie Papilionidae (Ritterfalter; S. 566); Familie Cossidae (Holzbohrer; S. 546); Familie Pieridae (Weißlinge; S. 568); Familie Nymphalidae (Edelfalter; S. 576); Familie Satyrididae (Gras- oder Augenfalter; S. 584); Familie Notodontidae (Zahnspinner; S. 564); Familie Hesperiidae (Dickkopffalter; S. 586); Familie Pyralidae (Zünsler; S. 548); Familie Lycaenidae (Bläulinge; S. 574); Familie Zygaenidae (Widderchen; S. 552)

Nacht- und dämmerungsaktive Falter:
Familie Noctuidae (Eulenfalter; S. 554); Familie Saturnidae (Augenspinner; S. 560); Familie Lasiocampidae (Glucken; S. 558); Familie Sphingidae (Schwärmer; S. 550); Familie Thaumetopoeidae (Prozessionsspinner; S. 562); Familie Lymantridae (Träg- oder Schadspinner; S. 562); Familie Geometridae (Spanner; S. 564); Familie Tortricidae (Wickler; S.546)

Schwing-
kölbchen
(Halteren)

19. Zweiflügler (Diptera)

• Kennzeichen: 1 häutiges Flügelpaar (Vorderflügel); Hinterflügel zu 1 Paar Schwingkölbchen verkümmert; Mundwerkzeuge leckend-saugend oder stechend saugend; Fühler oft recht lang; Körper oft stark behaart; Larven weichhäutig, entweder im Wasser lebend, dann mit Atemrohr (Mückenlarven), oder wurmartig, weiß, bein- und kopflos, dann oft nur mit Freßhaken (Fliegenmaden).

Familie Tipulidae (Schnaken oder Schnauzenmücken; S. 594); Familie Bibionidae (Haarmücken; S. 588); Familie Culicidae (Stechmücken; S. 588); Familie Chironomidae (Zuckmücken; S. 590); Familie Melusinidae (Kriebelmücken; S. 592); Familie Tabanidae (Bremsen; S. 594); Familie Asilidae (Raubfliegen; S. 598); Familie Syrphidae (Schwebfliegen; S. 598), Familie Muscidae (Echte Fliegen; S. 602); Familie Calliphoridae (Schmeißfliegen; S. 604); Familie Drosophilidae (Taufliegen; S. 602)

20. Flöhe (Siphonaptera)

• Kennzeichen: Körper klein (2-4 mm), seitlich zusammengedrückt; flügellos, gutes Sprungvermögen; Stechborsten als Mundwerkzeuge, meist Blutsauger an Vögeln und Säugern. Heimisch nur 1 Familie: Familie Pulicidae (Flöhe; S. 606)

Schnecken (Gastropoda)

Zu den wichtigsten Kennzeichen dieser Wirbellosenklasse gehören:

• spiralig gewundes Gehäuse (außer Nacktschnecken) • Fuß muskulös, als Kriechsohle • Kopf mit 2-4 Fühler, auf denen Augen sitzen

In diesem Buch werden die beiden folgenden einheimischen Schneckenordnungen Vorderkiemer und Landlungenschnecken vorgestellt; letztere unterteilt sich dann noch einmal in Wasserlungenschnecken (Basommatophora) und Landlungenschnecken (Stylommatophora).

1. Schnecken auf dem Festland

Familie Arionidae (Wegschnecken; S. 614); Familie Limacidae (Schnegel; S. 616); Familie Agriolimacidae (Ackerschnecken; S. 626); Familie Helicidae (Schnirkelschnecken; S. 618); Familie Pomatiasidae (Landdeckelschnecken; S. 610); Familie Planorbidae (Posthornschnecken; S. 612); Familie Viviparidae (Sumpfdeckelschnecken; S. 610); Familie Lymnaeidae (Schlammschnecken; S. 612)

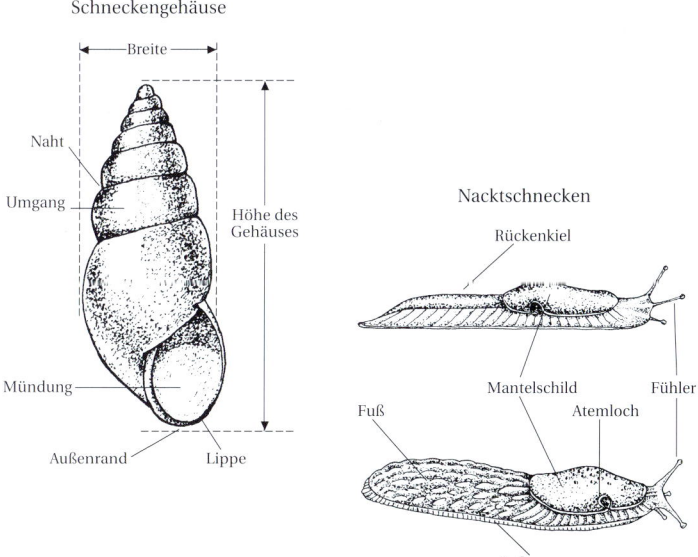

Schnecken [aus Schaefer-Brohmer; veränd.]

Schneckengehäuse

Nacktschnecken

Gürtelwürmer (Clitellata)

Zu den wichtigsten Kennzeichen dieser Wirbellosenklasse gehören:

• Körper deutlich geringelt • drüsenreicher, schleimbildender „Gürtel" • Extremitäten fehlen

In diesem Buch werden die beiden folgenden einheimischen Ringelwurmordnungen vorgestellt – (1) Wenigborster und (2) Egel.

1. Wenigborster (Oligochaeta)

• Kennzeichen: zwittrige Tiere; Larvenentwicklung in einem Kokon; vielfach Bodenzersetzer.

Familie Enchytraeidae (Enchyträen; S. 622); Familie Lumbricidae (Regenwürmer; S. 622)

Regenwurm [veränd. aus Amann]

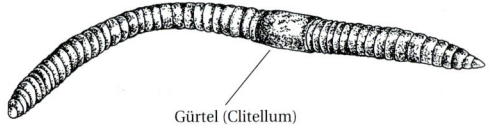

Gürtel (Clitellum)

2. Egel (Hirudinea)

• Kennzeichen: Körper stark geringelt, mit 33 Segmenten. Bauch mit Saugnapf, Haftscheibe am Hinterende; kräftige Kiefer

Familie Hirudinidae (Blutegel; S. 624); Familie Erpobdellidae (Hundegel; S. 626)

Egel [veränd. aus Fey]

Kopfsaugnapf

Haftscheibe (Hintersaugnapf)

Spinnentiere (Arachnida)

Zu den wichtigsten Kennzeichen dieser Wirbellosenklasse gehören:

• vier Beinpaare • zweigeteilter Körper (Vorderkörper und Hinterkörper) • acht Beine (Jungmilben mit drei Beinpaaren, Gallmilben mit zwei Beinpaaren) • Punktaugen • Flügel und Fühler fehlen • Mundwerkzeuge mit 1 Paar kräftiger Kieferzangen (Cheliceren) und • Paar Mund- oder Kiefertaster (Pedipalpen)

In diesem Buch werden die folgenden einheimischen Spinnentierordnungen vorgestellt: (1) Afterskorpione, (2) Webspinnen, (3) Weberknechte sowie (4) Zecken und Milben.

1. Afterskorpione (Pseudoscorpionida)

• Kennzeichen: Körper nach hinten schmaler werdend, ohne Stachel; Kiefertaster beinähnlich, mit Schere.

Familie Cheliferidae (Bücherskorpione; S. 630); Familie Neobisiidae (Moosskorpione; S. 632)

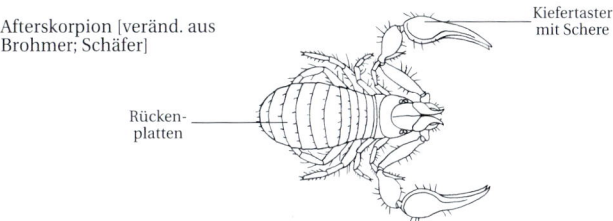

Afterskorpion [veränd. aus Brohmer; Schäfer]

Kiefertaster mit Schere

Rückenplatten

2. Webspinnen (Araneida)

• Kennzeichen: Körper zweigeteilt; Hinterleib mit 1-3 Spinnwarzenpaaren; Palpenende beim Männchen verdickt (Organ zur Spermaübertragung); Tiere weben Netze.

Familie Amaurobiidae (Finsterspinnen; S. 632); Familie Pholcidae (Zitterspinnen; S. 634); Familie Theridiidae (Kugel- und Haubennetzspinnen; S. 634); Familie Linyphiidae (Baldachin- und Zwergspinnen; S. 636); Familie Tetragnathidae (Kiefer- oder Streckerspinnen; S. 638); Familie Araneidae (Kreuz- und Radnetzspinnen; S. 638); Familie Agelenidae (Trichternetzspinnen; S. 640), Familie Argyronetidae (Wasserspinnen; S. 642), Familie Pisauridae (Raubspinnen; S. 642), Familie Lycosidae (Wolfspinnen; S. 644); Familie Heteropodidae (Riesenkrabbenspinnen; S. 646); Familie Philodromidae (Laufspinnen; S. 646); Familie Thomisidae (Krabbenspinnen; S. 648); Familie Salticidae (Springspinnen; S. 648)

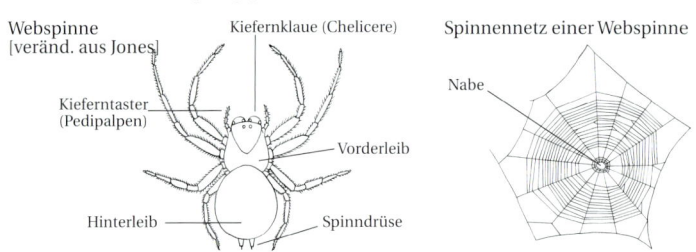

Webspinne [veränd. aus Jones]

Kiefernklaue (Chelicere)

Kieferntaster (Pedipalpen)

Vorderleib

Hinterleib

Spinndrüse

Spinnennetz einer Webspinne

Nabe

3. Weberknechte (Opilionida)

• Kennzeichen: Körper gedrungen, eiförmig, oben mit Augenhügel; sehr lange, dünne Beine; Kieferntaster beinähnlich, ohne Schere; Spinnwarzen fehlen.

Familie Phalangiidae (Echte Weberknechte; S. 650)

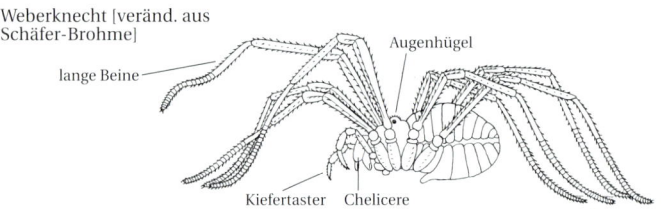

Weberknecht [veränd. aus Schäfer-Brohme]

lange Beine

Augenhügel

Kieferntaster   Chelicere

4. Zecken und Milben (Acarina)

• Kennzeichen: Kleine, unscheinbare Spinnentiere, Körper zwischen 2. und 3. Beinpaar deutlich eingeschnürt; spezieller Kopfvorderteil enthält Mundwerkzeuge.

Familie Ixodidae (Zecken; S. 650); Familie Argasidae (Lederzecken; S. 652); Familie Hydrachnidae (Wassermilben; S. 652); Familie Trombidiidae (Echte Laufmilben: S. 654)

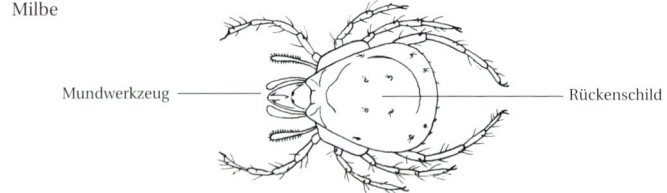

Milbe

Mundwerkzeug

Rückenschild

Tausendfüßer (Myriapoda)

In diesem Buch werden die beiden folgenden einheimischen Myriapoden-ordnungen vorgestellt – (1) Wenig- und Hundertfüßer sowie (2) Tausend- und Doppelfüßer.

1. Wenig- und Hundertfüßer (Chilopoda)

• Kennzeichen: Körper lang, flach, vielgliedrig, Körperringe pro Segment mit je 1 Beinpaar; Fühler aus mindestens 10 Gliedern. Mundwerkzeuge mit Giftklauen, räuberisch.

Familie Geophilidae (Erdläufer; S. 654); Familie Lithobiidae (Steinläufer; S. 654)

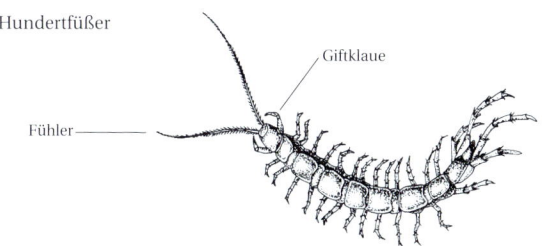

Hundertfüßer

Giftklaue

Fühler

2. Tausend- und Doppelfüßer (Diplopoda)

• Kennzeichen: Körper gut gepanzert, Körperringe ab dem 5. Rumpfglied mit je 2 Beinpaaren; Fühler aus maximal 8-9 Gliedern; Pflanzenfresser.

Familie Glomeridae (Saftkugler; S. 656); Familie Julidae (Schnurfüßer; S. 656)

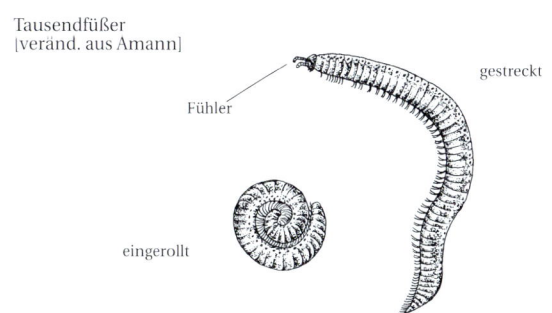

Tausendfüßer
[veränd. aus Amann]

Fühler

gestreckt

eingerollt

Krebstiere (Crustacea)

In diesem Buch wird lediglich die einheimische Krebstierordnung der landlebenden Asseln (Isopoda) beschrieben. (Die meisten Crustaceen leben im Meer oder Süßwasser, weshalb sie hier nicht genannt werden.)

Asseln (Isopoda)

• Kennzeichen: Körper abgeflacht, mit plattenartigem Panzer; Fühler winkelförmig gekniet; letztes Hinterleibbeinpaar zapfenförmig, ragt nach hinten, tracheenähnliche Atmung bei einigen Landasseln (Trachealsysteme); Entwicklung direkt; Eier in Bruttasche unter dem Bauch.

Familie Oniscidae (Mauerasseln; S. 658); Familie Porcellionidae (Kellerasseln; S. 658); Familie Armadillidiidae (Kugelasseln; S. 658)

Asseln

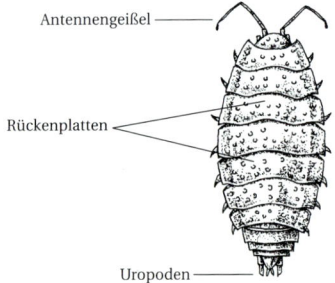

Antennengeißel ——

Rückenplatten ——

Uropoden ——

Verzeichnis der verwendeten Abkürzungen und Symbole

< kleiner
> größer
<< deutlich kleiner
>> deutlich größer
KL Körperlänge
SPW Spannweite
♂ Männchen
♀ Weibchen

I – XII Januar bis Februar
BArtSchV:
Bundesartenschutzverordnung
CITES:
Washingtoner Artenschutzabkommen, internationales Abkommen zur Einschränkung des Handels mit bedrohten Arten

Steht ein Name in eckigen Klammern, handelt es sich um ein Synonym.

Literatur

Amann, Gottfried: *Bäume und Sträucher des Waldes*. 16. Auflage. Natur-buch Verlag, Augsburg, 1993.
– *Bodenpflanzen des Waldes*. 4. Auflage. Naturbuch Verlag, Augsburg, 1994.
– *Kerfe des Waldes*. 11. Auflage. Naturbuch Verlag, Augsburg, 1995.
– *Pilze des Waldes*. 7. Auflage. Naturbuch Verlag, Augsburg, 1995.
– *Säugetiere und Kaltblüter des Waldes*. Natur, Augsburg, 1991.
– *Vögel des Waldes*. 5., unveränderte Auflage. Naturbuch Verlag, Augs-burg, 1995.
Bastian, Olaf: *Schwebfliegen*. Neue Brehm Bücherei Bd. 576 – Ziemsen, Wittenberg, 1986.
Bejcek, Vladimir: *Zugvögel*. Werner Dausien, Hanau/Main, 1988.
Bellmann, Heiko: *Bienen, Wespen, Ameisen – Die Hautflügler Mitteleuropas*. Kosmos, Stuttgart, 1995.
– *Heuschrecken beobachten, bestimmen*. Naturbuch Verlag, Augsburg, 1993.
Bergmann, H.-Heiner; Helb, H.-Wolfgang: *Stimmen der Vögel Europas*. BLV, Mün-chen, 1982.
Bernard, Raimar: *Vogelnamen. Englisch – Deutsch – Latein*. Aula, Wies-baden, 1993.
Bogon, Klaus: Landschnecken. *Biologie – Ökologie – Biotopschutz*. Naturbuch Ver-lag, Augsburg, 1990.
Bon, Marcel: *Pareys Buch der Pilze*. Paul Parey, Hamburg – Berlin, 1988.
Cetto, Bruno: *Enzyklopädie der Pilze*. (in 4 Bänden) BLV, München, 1978/88.
Chinery, Michael (Hrsg.): *The Kingfisher Natural History of Britain and Europe*. Kingfisher Books, London, 1992.
Dierl, Wolfgang: *Welcher Käfer ist das?* Kosmos, Stuttgart, 1987.
Dittberner, Hartmut; Dittberner, Winfried: *Die Schafstelze*. Neue Brehm Bücherei Bd. 559 – Ziemsen, Wittenberg, 1984.
Eisenreich, Wilhelm; Handel, Alfred; Zimmer, Ute E.: *Der neue BLV Naturführer für unterwegs*. 3., durchgesehene Auflage. BLV, München, 1996.
Engelhardt, Wolfgang: *Was lebt in Tümpel, Bach und Weiher?* 13. Auflage. Kosmos, Stuttgart, 19897.
Engelmann, Wolf-Eberhard; Fritzsche, Jürgen; Günther, Rainer; Obst, Fritz Jürgen: *Lurche und Kriechtiere Europas*. Ferdinand Enke, Stuttgart, 1986.
Fey, J. Michael: *Biologie am Bach*. Quelle & Meyer, Wiesbaden, 1996.
Fitschen, Jost; Meyer, Franz H.: *Gehölzflora: Ein Buch zum Bestimmen der in Mittel-europa wildwachsenden und angepflanzten Bäume und Sträucher*. 8., völlig neube-arbeitete und neugestaltete Auflage. Quelle & Meyer, Heidelberg – Wiesbaden, 1987.
Fitter, Richard: *Pareys Blumenbuch: Wildblühende Pflanzen Deutschlands und Nordwesteuropas*. Paul Parey, Hamburg – Berlin, 1974.
Flindt, Rainer: *Biologie in Zahlen*. 3., durchgesehene und erweiterte Aufla-ge. Gu-stav Fischer, Stuttgart, 1988.
Garnweidner, Edmund: *Pilze. Bestimmen – Kennenlernen – Sammeln*. Gräfe & Un-zer, München, 1992.
Gerhardt, Ewald. *Pilze*. 4., durchgesehene Auflage. BLV, München, 1995.
Gerstmeier, Roland: *Welcher Schmetterling ist das?* Kosmos, Stuttgart, 1988.
Görner, Martin; Hackethal, Hans: *Säugetiere Europas*. Ferdinand Enke, Stuttgart, 1988.
Gosler, Andrew (Hrsg.): *Die Vögel der Welt*. Kosmos, Stuttgart, 1991.
Gruber, Ulrich: *Die Schlangen Europas*. Kosmos, Stuttgart, 1989.
Grünert, Helmut; Grünert, Renate: *Pilze*. Neue, bearbeitete Sonderausgabe. Mosaik, München, 1996.
Grzimek, Bernhard (Hrsg.): *Grzimeks Tierleben – Enzyklopädie des Tierreichs*. 13 Bände. dtv, München, 1993.
Hagen, Eberhard von: *Hummeln bestimmen – ansiedeln – vermehren – schützen*. 4. Auflage. Naturbuch Verlag, 1994.
Harde, Karl-Wilhelm; Severa, Frantisek: *Der Kosmos-Käferführer*. 3. überarbeitete und erweiterte Auflage. Kosmos, Stuttgart, 1988.

Harrison, Colin; Greensmith, Alan: *Vögel der Welt*. Ravensburger Buchverlag, Ravensburg, 1994.

Heinzel, Hermann; Fitter, Richard; Parslow, John: *Pareys Vogelbuch – Alle Vögel Europas, Nordafrikas und des Mittleren Orients*. 7., vollständig überarbeitete Auflage. Parey Buchverlag, Berlin, 1996.

Henschel, Uta: *Was denkt das Tier?* GEO, Mai 1996, S. 15-37.

Hentschel, Erwin; Wagner, Günther: *Zoologisches Wörterbuch*. 4. Auflage, Gustav Fischer, Stuttgart, 1990.

Humphries, C. J.; Press, J. R.; Sutton, D. A.: Der Kosmos Baumführer. Kosmos, Stuttgart, 1982

Jacobs, Werner; Renner, Maximilian: *Biologie und Ökologie der Insekten*. 2. Auflage, VEB Gustav Fischer, Jena, 1989.

Jedicke, Eckhard (Hrsg.): *Die Roten Listen. Gefährdete Pflanzen, Tiere, Pflanzengesellschaften und Biotope in Bund und Ländern*. Eugen Ulmer, Stuttgart, 1997.

Jones, Dick: *Der Kosmos-Spinnenführer*. 3. Auflage, Kosmos, Stuttgart, 1987

Jurzitza, Gerhard: *Welche Libelle ist das?* Kosmos, Stuttgart, 1988.

Kaestner, Alfred (Begr.); Gruner, Hans-Eckhard (Hrsg): *Lehrbuch der speziellen Zoologie*. 3. Teil: Mollusca, Sipunculida, Echiurida, Annelida, Onychophora, Tardigrada, Pentastomida. 4., völlig neu bearbeitete Auflage. Gustav Fischer, Stuttgart, 1982.

Kalb, Roland: *Der Luchs*. Naturbuch Verlag, Augsburg, 1992.

Kerney Michael P., Cameron, R.A.D., Jungbluth, Jürgen H.: *Die Landschnecken Nord- und Mitteleuropas*. Paul Parey, Hamburg – Berlin, 1983.

Koch, Manfred; Heinicke, Wolfgang (Bearb.): *Wir bestimmen Schmetterlinge*. 1. einbändige Auflage. Neumann-Neudamm, Radebeul, 1984.

Kormann, Kurt: *Schwebfliegen Mitteleuropas*. ecomed, Landsberg – München, 1988.

Kothe, Hans W.; Kothe, Erika: *Pilzgeschichten*. Springer, Heidelberg, 1996.

Kühlmann, Dietrich; Kilias, Rudolf; Moritz, Manfred; Rauschert, Manfred: *Wirbellose Tiere Europas*. Neumann, Radebeul, 1993.

Kuzmin, Sergius L.: *Die Amphibien Rußlands und angrenzender Gebiete*. Neue Brehm Bücherei Bd. 627 – Westarp Wissenschaften, Magdeburg, 1995.

Mehlhorn, Heinz; Piekarski, Gerhard: *Grundriß der Parasitenkunde des Menschen und der Nutztiere*. UTB – 1075. Gustav Fischer, Stuttgart, 1981.

Mitchel, Alan: *Die Wald- und Parkbäume Europas*. 2. Auflage. Paul Parey, Hamburg – Berlin, 1979

Mühlenberg, Michael; Slowik, Jolantha: *Kulturlandschaft als Lebensraum*. UTB, Quelle & Meyer, Wiesbaden, 1997.

Nachtigall, Werner: Erfinderin Natur. *Konstruktionen der belebten Welt*. Rasch & Röhring, Hamburg – Zürich, 1984.

Niethammer, Jochen; Krapp, Franz (Hrsg.): *Handbuch der Säugetiere Europas*. Band 1,I: Nagetiere. Aula, Wiesbaden, 1978.

Niethammer, Jochen; Krapp, Franz (Hrsg.): *Handbuch der Säugetiere Europas*. Band 2,II: Paarhufer. Aula, Wiesbaden, 1986.

Nöllert, Andreas; Nöllert, Christel: *Die Amphibien Europas*. Kosmos, Stuttgart, 1992.

Oberdorfer, Erich: *Pflanzensoziologische Exkursionsflora*. 7., überarbeitete und ergänzte Auflage. Eugen Ulmer, Stuttgart, 1994.

Obst, Fritz Jürgen; Meusel, Walter: *Die Landschildkröten Europas*. 7., unveränderte Auflage. Neue Brehm Bücherei Bd. 319 – Westarp Wissenschaften, Magdeburg, 1994.

Perrins, Christopher: *Pareys Naturführer Plus – Vögel*. Paul Parey, Hamburg – Berlin, 1987.

Peters, Werner; Walldorf, Volker: *Der Regenwurm Lumbricus terrestris L.* Quelle & Meyer, Heidelberg – Wiesbaden, 1986.

Sandhall, Åke: *Insekten und Weichtiere*. 3. Auflage, BLV, München, 1984.

Sauer, Frieder: *Die schönsten Raupen – nach Farbfotos erkannt*. Fauna, Karlsfeld, 1992.

Sauer, Frieder: *Heimische Nachtfalter – nach Farbfotos erkannt*. Fauna, Karlsfeld, 1984.

Sauer, Frieder: *Landvögel*. Mosaik, München, 1982.

Schaefer, Matthias: *Brohmer – Fauna von Deutschland*. 19., überarbeitete Auflage. Quelle & Meyer, Heidelberg – Wiesbaden, 1994.

Schilling, Detlef; Singer, Detlef; Diller, Helmut: *Säugetiere.* BLV, München, 1983.

Schmeil, Otto; Rauh, Werner; Senghas, Karlheinz: *Flora von Deutschland und seinen angrenzenden Gebieten.* 87., völlig überarbeitere und erwei-terte Auflage. Quelle & Meyer, Heidelberg, 1982.

Schmidt, Eberhard: *Ökosystem See – Uferbereich.* 5., völlig neu bearbeitete Auflage. Quelle & Meyer, Wiesbaden, 1996.

Seifert, Bernhard: *Ameisen beobachten, bestimmen.* Naturbuch Verlag, Augsburg, 1996.

Stary, Bohumil, und Autorenkolektiv: *Atlas nützlicher Forstinsekten.* Deutscher Landwirtschaftsverlag, Berlin, 1990.

Stichmann, Wilfried; Kretzschmar, Erich: *Der neue Kosmos-Tierführer.* Kosmos, Stuttgart, 1996.

Stubbe, Michael; Krapp, Franz (Hrsg.): *Handbuch der Säugetiere Europas.* Band 5,I: *Raubsäuger.* Aula, Wiesbaden, 1993.

Stubbe, Michael; Krapp, Franz (Hrsg.): *Handbuch der Säugetiere Europas.* Band 5,II: *Raubsäuger.* Aula, Wiesbaden, 1993.

Wachmann, Ekkehard: *Wanzen beobachten – kennenlernen.* Neumann-Neudamm, Melsungen, 1989.

Wachmann, Ekkehard; Platen, Ralph; Barndt, Dieter: *Laufkäfer.* Naturbuch Verlag, Augsburg, 1995.

Wachmann, Ekkehard; Saure, Christoph: *Netzflügler, Schlamm- und Kamelhalsflie-gen.* Naturbuch Verlag, Augsburg, 1997.

Weber, Hermann; Weidner, Herbert: *Grundriß der Insektenkunde.* 5., völlig neu be-arbeitete Auflage, Gustav Fischer, Stuttgart, 1974.

Weidemann, Hans-Josef: *Tagfalter beobachten, bestimmen.* 2., völlig neu bearbeitete Auflage. Naturbuch Verlag, Augsburg, 1995.

Witt, Reinhard; Lieckfeld, Claus Peter: *Bionik – Patente der Natur.* Pro Futura, München, 1991.

Zahradnik, Jirí: *Bienen, Wespen, Ameisen – Die Hautflügler Mitteleuropas.* Kosmos, Stuttgart, 1985.

Zahradnik, Jirí: *Der Kosmos-Insektenführer.* 3. Auflage. Kosmos, Stuttgart, 1982.

Zimen, Erik: *Der Wolf – Verhalten, Ökologie und Mythos.* Knesebeck & Schuler, München, 1990.

Impressum

Es ist nicht gestattet, Abbildungen dieses Buches zu scannen, in PCs oder auf CDs zu speichern oder in PCs/Computern zu verändern oder einzeln oder zusammen mit anderen Bildvorlagen zu manipulieren, es sei denn mit schrift-licher Genehmigung des Verlages.

Die Deutsche Bibliothek – CIP-Einheits-aufnahme

Tiere und Pflanzen in Wald, Feld und Flur / Gerald Bosch / Manfred Kurz. [Ill.: Anna Aisenstadt]. – Augsburg : Naturbuch-Verl., 1999
  ISBN 3-89440-221-0

Naturbuch Verlag
© 1999 Weltbild Verlag GmbH, Augsburg
Alle Rechte vorbehalten

Layout und Satz: Gesetzt aus der Utopia 8/9,5 Punkt von Uhl & Massopust, Aalen, nach einem Entwurf von Cosmas Fette
Umschlaggestaltung: Artelier für Grafik & Werbung, München
Umschlagfoto(s): Bavaria Bildagentur / Giel (vorne), F. Hecker und M. Bosch (hinten)
Illustrationen: Anna Aisenstadt, Augsburg
Reproduktion: Uhl & Massopust, Aalen
Druck und Bindung: Neue Stalling, Oldenburg
Gedruckt auf chlorfrei gebleichtem Papier
Printed in Germany

ISBN 3-89440-221-0

Register

Deutsch

Aaskäfer 478 ff.
Aaskrähe 392
Abendpfauenauge 550
Abendsegler 262
Ackerblasenfuß 462
Ackerfrauenmantel 110
Ackergänsedistel 246
Ackergauchheil 166
Ackerhellerkraut 160
Ackerhundskamille 226
Ackerkratzdistel 232
Ackerschmalwand 154
Ackerschnecke 616
Ackersenf 158
Ackerstiefmütterchen 150
Ackervergißmeinnicht 198
Ackerwinde 196
Adlerfarn 256
Admiral 582
Adonislibelle, Frühe 436
Ahorneule 554
Akelei, Gewöhnliche 102
Ameisen 534 ff.
Ammern 378 ff.
Ampfer 184
Amsel 362
Apfelwickler 546
Aronstabgewächse 94 ff.
Arzneibaldrian 192
Aschweide 26
Augenmarienkäfer 494
Augenspinner 560 f.
Aurorafalter 568
Austernfischer 328 ff.

Bachhaft 464
Bachstelze 354
Baldachinspinne 636
Baldriangewächse 192 ff.
Balsamine 136
Bärlauch 82
Baumpieper 352
Baumwanzen 452 ff.
Baumweißling 570
Beerenwanze 452
Beifuß, Gemeiner 226
Beinwell, Gemeiner 200
Bergahorn 66
Bergeidechse 418
Bergjohanniskraut 148
Bergmispel, Gemeine 54
Bergmolch 402
Bergweidenröschen 130
Bernsteinschnecke 612
Berufskraut 234
Besenginster 62
Bibernelle, Große 144
Bienen, Echte 536 ff.

Bienenragwurz 92
Bingelkraut 144
Birkenblattroller 520
Birkengewächse 38 ff.
Birkenspanner 564
Bisamratte 276
Blasenfüße 462 f.
Bläßhuhn 324
Blatthornkäfer 504 ff.
Blattkäfer 512
Blattwespen, Echte 526 f.
Bläuling, Gemeiner 574
Blaumeise 374
Blaustern 86
Blindschleiche 416
Blut-Weiderich 128
Blutegel 624
Blütenfresser 492
Blütenprachtkäfer 490
Blutströpfchen 552
Blutwurz 112
Blutzikade 458
Bockkäfer 508 ff.
Bodenwanzen 454
Bohnenlaus 460
Borkenkäfer 522 f.
Brandgans 312
Braunelle, Kleine 218
Braunellen 358 ff.
Braunwurz, Knotige 206
Breitwegerich 210
Bremsen 594 ff.
Brennessel 108
Brombeere 58
Brotkäfer 496
Bruchkraut, Kahles 170
Bruchweide 26
Buchdrucker 522
Buchengewächse 32 ff.
Bücherskorpion 630
Buchfink 384
Buntspecht 346
Buschwindröschen 98

C-Falter 580

Dachs 288
Damhirsch 292
Dickblattgewächse 116
Dickkopffalter 586 f.
Dickkopfrüßler 520 f.
Distel 228
Distelfalter 582
Dohle 394
Doldenblütler 138 ff.
Dompfaff 386
Dornfarn 256
Dörrobstmotte 548
Dost 218
Douglasie 18
Dreiblattgewächse 82, 88
Drosseln 360 ff.

Eberesche 52
Edelfalter 576 ff.
Edelfinken 380 ff.
Edelkastanie 38

Edellibellen 436 ff.
Efeu 74
Ehrenpreis 208
Eibe 12
Eichelhäher 394
Eichenprozessions-spinner 562
Eichhörnchen 270
Eidechsen 416 ff.
Einbeere 88
Eintagsfliege 430
Eisenhut, Blauer 96
Eisvogel 344
Elster 396
Enchyträe 622
Entenvögel 304 ff.
Enziangewächse 184 ff.
Erdhummel, Dunkle 540
Erdkröte 406
Erdläufer 654
Erlenblattkäfer 512
Erlenschaumzikade 458
Esche, Gemeine 76
Espe 20
Eulen 340 ff.
Eulenfalter 554 ff.

Falken 318 ff.
Färberresede 160
Fasan 322
Faulbaum 70
Feldahorn 68
Feldehrenpreis 206
Feldgrille 442
Feldhase 282
Feldheuschrecken 442 ff.
Feldklee 122
Feldlerche 348
Feldmaikäfer 506
Feldmaus 274
Feldsalat, Echter 192
Feldschwirl 366
Feldsperling 388
Feldspitzmaus 268
Feldthymian 222
Feldulme 44
Fensterspinne 632
Ferkelkraut 238
Feuerkäfer 498
Feuersalamander 400
Feuerwanze 454
Fichte, Gewöhnliche 14
Fichtenkreuzschnabel 384
Fichtensplintbock 510
Fingerhut, Roter 204
Fingerkraut 112
Finsterspinnen 632 ff.
Fischchen 428
Fischotter 286
Fitis 368
Flatterulme 46
Flaumeiche 34
Fledermausazurjungfer 434
Fleischfliege, Große 604

Fliegen, Echte 602 ff.
Fliegenragwurz 92
Fliegenschnäpper 372
Flöhe 606 f.
Flohknöterich 182
Florfliegen 464
Flügelginster 118
Flußregenpfeifer 326
Flußseeschwalbe 334
Forleule 558
Franzosenkraut, Behaartes 234
Franzosenkraut, Klein-blütiges 236
Frauenmantel 110
Frostspanner 566
Frühlingsmistkäfer 502
Fuchs, Großer 580
Fuchs, Kleiner 576
Fuchsgreiskraut 244
Furchenschwimmer 476

Gabelschwanz 564
Gagelstrauch 30
Gamanderehrenpreis 208
Gammaeule 556
Gänseblümchen 226
Gänsedistel, Rauhe 248
Gänsefingerkraut 112
Gänsefuß, Weißer 176
Gänsesäger 308
Gartengrasmücke 372
Gartenrotschwanz 362
Gartenschnirkel-schnecke 618
Gebirgsstelze 354
Geißblatt, Wildes 78
Geißblattgewächse 78 ff., 190
Geißkleebläuling 574
Gelbrandkäfer 476
Gewächshausspinne 634
Giersch 140
Gierschblattwespe 526
Gifthahnenfuß 102
Gilbweiderich 166
Ginster, Behaarter 118
Girlitz 386
Glasschnecke 616
Glattnasen 262 ff.
Glockenblume 222
Glockenheide 164
Glucken 558 ff.
Goldafter 562
Goldammer 378
Goldauge 464
Goldaugenbremse 594
Goldnessel 214
Goldrute 246
Goldschmied 472
Goldwespen 530 f.
Grabwespen, Echte 530
Grasfalter 586 f.
Graseule, Gemeine 556
Grasfrosch 412

Grashüpfer 442
Grasmücken 366 ff.
Grassternmiere 174
Grauammer 378
Graugans 310
Graureiher 300
Greiskraut 244
Greiskraut, Klebriges 242
Grillen 440 ff.
Grünfink 382
Grünrüßler 518
Grünspecht 348
Gundermann 214
Günsel, Kriechender 212

Haarmücken 588 f.
Habicht 314
Habichtskraut 236, 238
Hahnenfuß, Kriechen-
der 102
Hahnenfuß, Scharfer
100
Hainbuche 42
Hainlaufkäfer 474
Hainschnirkelschnecke
618
Hainveilchen 152
Hanfgewächse 106
Hänfling 380
Hartriegel 74
Haselblattroller 520
Haselmaus 270
Haselnuß 44
Haselnußbohrer 516
Haubenlerche 350
Haubenmeise 374
Haubentaucher 298
Hausbock 508
Hausmaus 278
Hausrotschwanz 362
Haussperling 388
Hausspinne 640
Heckenbraunelle 358
Heckenkirsche 78
Hederich 158
Heidekraut 162
Heidekrautgewächse
162 ff.
Heidelbeere 162
Heilziest 212
Heimchen 440
Herbstlöwenzahn 240
Herbstzeitlose 84
Heupferd, Grünes 440
Hexenkraut 130
Himbeere 56
Himbeerkäfer 492
Hirsch 292 ff.
Hirschzunge 254
Hirtentäschel 156
Höckerschwan 310
Hohlzahn 212
Holunder, Schwarzer 78
Holzbock 650
Holzbohrer 546 f.
Holzwespen 526 ff.

Honigbiene 536
Hopfen 106
Hörnchenartige 270
Hornisse 532
Hornklee 120
Hornkraut 168
Huflattich 250
Hummelschwärmer 550
Hummelschwebfliege
600
Hundeartige 284 ff.
Hundeegel 626 f.
Hundefloh 606
Hundsgiftgewächse 186
Hundsrose 56
Hundsveilchen 150
Hundswurz 90
Huschspinne, Grüne 646

Igel 266
Iltis 290

Japan-Knöterich 180
Johannisbeere, Rote 50
Johannisbeere,
Schwarze 50
Johanniskraut 148
Junikäfer 504

Kaiserkurzflügler 482
Kamelhalsfliege 466
Kamille, Echte 240
Kamille, Geruchlose 250
Kamille, Strahllose 240
Kammolch 402
Kanadagans 310
Kanadapappel 22
Karde, Wilde 194
Karthäusernelke 170
Kartoffelkäfer 514
Kellerassel 658
Kellerspinne 634
Kernbeißer 382
Kiebitz 328
Kieferngewächse 14 ff.
Klatschmohn 106
Klebkraut 190
Kleiber 376
Klette, Große 226
Knabenkräuter 90 ff.
Knäkente 306
Knoblauchsrauke 154
Knorpellegel 626 f.
Knoterichgewächse 178
ff.
Köcherfliege 542
Köcherjungfern 542 f.
Kohlgänsedistel 248
Kohlkratzdistel 232
Kohlmeise 376
Kohlschnake 594
Kohlweißling 572
Kommafalter 586
Kompaßlattich 238
Kompostwurm 622
Königsfarn 258
Königskerze, Dunkle 206

Korbblütler 224 ff.
Korbweide 28
Kormoran 300
Kornblume 228
Kornelkirsche 74
Krabbenspinne 648
Kranich 322
Kratzdistel 232
Kreuzblume 138
Kreuzblütler 154 ff.
Kreuzdorn 70
Kreuzotter 422
Kreuzspinne 638
Kriebelmücke 592
Kröten, Echte 406 ff.
Küchenschabe 448
Küchenschelle 100
Kuckuck 338
Kuckucksknabenkraut 94
Kuckckuckslichtnelke 170
Kugelnetzspinnen 634 ff.
Kugelasseln 658 f.
Kugelspinne 636
Kugelwassermilbe 652
Kupfergoldwespe 530
Kürbisspinne 640
Kurzlibellen 438
Kurzflügler 480 ff.

Labyrinthspinne 640
Lachmöwe 334
Landdeckelschnecke,
Schöne 610
Landkärtchen 576
Lappentaucher 298 ff.
Lärche, Europäische 16
Laubfrosch 410
Laubheuschrecken 440
Laubschnellkäfer 488
Laufkäfer 472 ff.
Laufmilben, Echte 654 f.
Laufspinne 646
Lederlaufkäfer 472
Lederzecken 652 f.
Leimkraut 174
Leinkraut 204
Lerchen 348 ff.
Lerchensporn 104
Leuchtkäfer, Großer 482
Lichtnelke, Rote 172
Lichtnelke, Weiße 172
Liguster 76
Ligustergewächse 76 ff.
Ligusterschwärmer 552
Liliengewächse 82 ff.
Lindengewächse 72 f.
Lippenblütler 210 ff.
Listspinne 642
Löffelente 304
Lungenenzian 184
Lungenkraut 200

Mädesüß, Echtes 114
Maiglöckchen 84
Marderartige 286 ff.
Margerite 230
Marienkäfer 494 f.

Marienprachtkäfer 490
Markusfliege 588
Märzveilchen 152
Mastkraut 174
Mauerassel 658
Mauerlattich 242
Mauerpfeffer 116
Mauersegler 344
Maulwurf 266
Maulwurfsgrille 442
Mäuse, Echte 278 ff.
Mäusebussard 316
Mausohr, Großes 262
Mehlkäfer 502
Mehlmotte 548
Mehlschwalbe 350
Meisen 374 ff.
Menschenfloh 606
Milzkraut 118
Mispel, Gemeine 54
Mistel 46
Mistkäfer 502 ff.
Moderkäfer 480
Mohngewächse 104 ff.
Möhre, Wilde 142
Molche 400 ff.
Mönchsgrasmücke 370
Moorbirke 40
Moosskorpion 632
Mordfliege 598
Mosaikjungfer 436
Moschuskraut 190
Möwen 332 ff.

Nabelmiere 172
Nachtigall 360
Nachtkerze 130
Nachtschatten 202
Nagekäfer 496
Nagelfleck 560
Narzissengewächse 88
Nattern 420 ff.
Natternkopf 198
Nebelkrähe 392
Nelkengewächse 168 ff.
Nelkenwurz, Echte 114
Neuntöter 356
Nieswurz, Stinkende 98
Nonne 562

Ochsenauge, Großes
584
Odermennig 114
Ödlandschrecke 444
Ohrweide 30
Ohrwurm, Gemeiner 446
Ölbaumgewächse 76 ff.
Ölkäfer 498
Orchideen 90 ff.
Ordensband, Blaues 556

Pappelblattkäfer 514
Pechlibelle, Große 436
Pestwurz 242
Pfaffenhütchen 64
Pippau, Grüner 232
Pirol 390

Platane 50
Plattbauch 438
Posthornschnecke 612
Prachtkäfer 490 f.
Prachtlibelle 434
Preiselbeere 164
Prozessionsspinner 562
Purpurknabenkraut 94
Purpurweide 28

Rabenkrähe 392
Rabenvögel 392 ff.
Rachenblütler 204 ff.
Rainfarn 230
Rainkohl 238
Rallen 324 ff.
Raubfliegen 598 f.
Raubspinne 644
Rauchschwalbe 352
Rauhblattgewächse 198
Rebhuhn 320
Regenbremse 596
Regenpfeifer 326 ff.
Regenwurm 624
Reh 294
Reiher 300 ff.
Reiherente 308
Reiherschnabel 132
Resede, Gelbe 180
Riesenbärenklau 142
Riesengoldrute 246
Riesenholzwespe 526
Riesenkrabbenspinnen 646 f.
Riesenschlupfwespe 528
Riesenschnake 592
Rinderbremse 596
Ringelnatter 422
Ringeltaube 336
Rippenfarn 254
Ritterfalter 566 ff.
Ritterwanze 454
Robinie 62
Röhrenläuse 460 f.
Rollassel, Gemeine 658
Rollegel 626
Rosengewächse 52, 108
Rosenkäfer 504
Roßkastanie 68
Rotbuche 36
Rötegewächse 188 ff.
Roteiche 36
Rötelmaus 274
Rotfuchs 284
Rothalsbock 510
Rothirsch 292
Rotkehlchen 360
Rotmilan 318
Rotschenkel 330
Rückenschwimmer 456
Rührmichnichtan 136
Rüsselkäfer 516 ff.

Saatkrähe 394
Saatmohn 106
Saatschnellkäfer 486

Saftkugler 656
Salamander 400
Salbeigamander 220
Salomonssiegel 86
Salweide 24
Sammetmilbe 654
Sandbirke 38
Sandkraut 168
Sandwespe 530
Sauerampfer 182
Sauerkleegewächse 132
Schaben 448 ff.
Schachbrett 584
Schachtelhalme 252
Schafstelze 354
Scharbockskraut 100
Schattenblümchen 84
Schaumzikaden 458 f.
Scheibenbock 508
Scheinbockkäfer 496
Schermaus 272
Schläfer 270 ff.
Schlammfliege 598
Schlammschnecke 612
Schlangenknöterich 180
Schlanklibellen 434 ff.
Schlehe 60
Schleichen 416
Schleiereule 342
Schlingnatter 420
Schlupfwespen 528 f.
Schlüsselblume 166, 168
Schmalbock 510
Schmeißfliege, Blaue 604
Schmetterlingsblütler 62 ff., 118 ff.
Schnaken 592 ff.
Schneckenegel 626
Schneeball 80
Schneeglöckchen 88
Schnegel, Schwarzer 616
Schnellkäfer 486 ff.
Schnepfen 330 ff.
Schnirkelschnecken 618
Schnurfüßer 656 f.
Schulterläufer 474
Schwalben 350 ff.
Schwalbenschwanz 566
Schwalbenwurz 186
Schwanzmeise 374
Schwärmer 550 ff.
Schwarzerle 40
Schwarzkäfer 500 ff.
Schwebfliegen 598 ff.
Schwertlilie, Gelbe 90
Schwimmkäfer 476 ff.
Seefrosch 414
Seeschwalben 334
Segler 344
Siebenpunkt 494
Siebenschläfer 272
Silberfischchen 428
Silbermöwe 332
Silberpappel 22
Silberweide 24

Silphe, Rothalsige 480
Singdrossel 364
Skorpionsfliege 542
Smaragdeidechse 418
Sommergoldhähnchen 368
Sommerlinde 72
Sonnenwendwolfsmilch 146
Spanner 564 ff.
Spechte 346 ff.
Speckkäfer 492
Sperber 314
Spindelstrauchgewächse 64 ff.
Spitzahorn 66
Spitzmäuse 268
Spitzwegerich 210
Spörgel, Roter 174
Springkraut 136
Springspinnen 648 f.
Stachelbeere 48
Star 390
Stechmücken 588 ff.
Stechpalme 64
Steinbrechgewächse 48 ff., 116 ff.
Steinfliege 430
Steinhummel 540
Steinkauz 340
Steinklee 122
Steinläufer, Brauner 654
Steinmarder 288
Stelzen 352 ff.
Sternmiere, Große 176
Stieglitz 380
Stieleiche 32
Stinkwanze, Grüne 452
Stockente 304
Störche 302 ff.
Storchschnabel 134
Streckerspinne 638
Stubenfliege 602
Sturmmöwe 332
Sumpfdeckelschnecke 610
Sumpfdotterblume 98
Sumpfhornklee 120
Sumpfkresse, Wilde 158
Sumpfporst 164
Sumpfschafgarbe 224
Sumpfvergißmeinnicht 198

Tafelente 306
Tagpfauenauge 578
Tatzenkäfer 516
Tauben 336 ff.
Taubenskabiose 194
Taubenzecke 652
Taubnessel 214, 216
Taufliege 602
Taumelkälberkropf 142
Tausendfüßer 656
Tausendgüldenkraut 184
Teichhuhn 324

Teichmolch 404
Teichrohrsänger 366
Teufelsabbiß 196
Teufelskralle 222
Thymianwüdderchen 554
Totengräber 478
Totenkäfer, Großer 500
Trägspinner 562 f.
Traubeneiche 34
Traubenholunder 80
Traubenkirsche 60
Trauermantel 578
Trauerschnäpper 372
Trichternetzspinnen 640
Tüpfelfarn 256
Tüpfelfarne 254 ff.
Tüpfeljohanniskraut 148
Türkentaube 336
Turmfalke 318
Turteltaube 338

Uferwolfstrapp 216
Ulmengewächse 44 ff.

Veilchen, Rauhes 150
Vierfleck 438
Vipern 422 ff.
Vogelkirsche 58
Vogelknöterich 178
Vogelmiere 176
Vogelwicke 124

Wacholder 18
Wacholderdrossel 364
Wadenstecher 604
Waldameise, Rote 534
Waldbingelkraut 146
Waldengelwurz 140
Walderdbeere 110
Waldfrauenfarn 254
Waldgärtner, Großer 522
Waldgreiskraut 244
Waldhabichtskraut 236
Waldkiefer 14
Waldmaus 278
Waldmeister 188
Waldohreule 340
Waldrebe 48
Waldsauerklee 132
Waldschabe, Kleine 448
Waldschnake 588
Waldschnepfe 330
Waldspitzmaus 268
Waldstendel 92
Waldveilchen 152
Waldvergißmeinnicht 200
Waldweberknecht 650
Waldweidenröschen 128
Waldwolfspinne 644
Waldziest 220
Walnuß 32
Wanderratte 280
Wasseramsel 356
Wasserdost 234
Wasserflorfliegen 466
Wasserfrosch 412

Wasserknöterich 178
Wasserläufer 456
Wassermilben 652 f.
Wasserminze 218
Wassermolche 402 ff.
Wasserpfeffer 180
Wasserspinne 642
Weberknecht 650
Webervögel 388 f.
Wechselkröte 408
Wegameise 536
Wegerichgewächse 210
Wegrauke 158
Wegschnecken 614 f.
Weichkäfer 484
Weidenbohrer 546
Weidengewächse 20 ff.
Weidenmeise 376
Weiderichgewächse 128
Weinbergschnecke 620
Weißdorn 52
Weißklee 124
Weißlinge 568 ff.
Weißstorch 302
Weisstanne 16
Weißwurz, Quirlblättrige 86
Weißwurz, Vielblütige 84
Wespe 532
Weymouthkiefer 16
Wicke, Behaarte 126
Wicke, Viersamige 126
Wickler 546 f.
Widderchen 552 ff.
Wiesenbärenklau 144
Wiesenflockenblume 230
Wiesenkerbel 140
Wiesenklee 124
Wiesenlabkraut 188
Wiesenlöwenzahn 248
Wiesenraute, Gelbe 104
Wiesensalbei 220
Wiesenschachtelhalm 252
Wiesenschafgarbe 224
Wiesenschaumkraut 156
Wiesenschaumzikade 458
Wiesenwachtelweizen 204
Wildkaninchen 284
Wildschwein 296
Windengewächse 196
Wintergoldhähnchen 370
Winterlinde 72
Wolfsmilch 144 ff.
Wolfspinnen 644 f.
Wollafter 558
Wühlmäuse 272 ff.
Würger 356
Wurmfarn 256

Zahnspinner 564 f.
Zauneidechse 416

Zaunkönig 358
Zaunwicke 126
Zaunwinde 196
Zebraspinne 629
Zebraspringspinne 648
Zecken 650 ff.
Zilpzalp 368
Zipfelkäfer 486
Zitronenfalter 570
Zitterspinne 634
Zuckmücken 590 ff.
Zünsler 548548 f.
Zwergfledermaus 264
Zypressengewächse 18
Zypressenwolfsmilch 146

Latein

Abies alba 16
Accipiter gentilis 314
Accipiter nisus 314
Acer campestre 68
Acer platanoides 66
Acer pseudoplatanus 66
Achaearanea tepidariorum 634
Acheta domestica 440
Achillea millefolium agg. 224
Achillea ptarmica 224
Acilius sulcatus 476
Aconitum napellus agg. 96
Acrocephalus scirpaceus 366
Acronicta aceris 554
Adoxa moschatellina 190
Aedes geniculatus 588
Aegithalos caudatus 374
Aegopodium podagraria 140
Aesculus hippocastanum 68
Aeshna cyanea 436
Agelastica alni 512
Agelena labyrinthica 640
Aglais urticae 576
Aglia tau 560
Agrimonia eupatoria 114
Agriotes lineatus 486
Agrotis exclamationis 556
Ajuga reptans 212
Alauda arvensis 348
Alcedo atthis 344
Alchemilla vulgaris agg. 110
Alliaria petiolata 154
Allium ursinum 82
Alnus glutinosa 40
Amaurobius fenestralis 632

Amaurobius ferox 634
Ammophila sabulosa 530
Ampedus sanguineus 488
Amphimallon solstitiale 504
Anacamptis pyramidalis 90
Anagalis arvensis 166
Anas clypeata 304
Anas platyrhynchos 304
Anas querquedula 306
Anatis ocellata 494
Anemone nemorosa 98
Angelica sylvestris 140
Anguis fragilis 416
Anser anser 310
Anthaxia nitidula 490
Anthemis arvensis 226
Anthocharis cardamines 568
Anthriscus sylvestris 140
Anthus trivialis 352
Aphanes arvensis 110
Aphis fabae 460
Aphrophora alni 458
Apis mellifica 536
Apodemus silvaticus 278
Apoderus coryli 520
Aporia crataegi 570
Apus apus 344
Aquilegia vulgaris 102
Arabidopsis thaliana 154
Araneus diadematus 638
Araniella cucurbitina 640
Araschnia levana 576
Arctium lappa 226
Ardea cinerea 300
Arenaria serpyllifolia 168
Argas reflexus 652
Argiope bruennichi 629
Argyroneta aquatica 642
Arion rufus 614
Arion subfuscus 614
Armadillidium vulgare 658
Artemisia vulgaris 226
Arum maculatum 96
Arvicola terrestris 272
Asio otus 340
Asplenium scolopendrium 254
Athene noctua 340
Athous haemorrhoidalis 488
Athyrium filix-femina 254
Autographa gamma 556
Aythya ferina 306
Aythya fuligula 308

Bellis perennis 226
Betonica officinalis 212

Betula pendula 38
Betula pubescens 40
Bibio marci 588
Biston betularia 564
Blaps mortisaga 500
Blastophagus piniperda 522
Blatta orientalis 448
Blechnum spicant 254
Bombus lapidarius 540
Bombus terrestris 540
Branta canadensis 310
Bufo bufo 406
Bufo viridis 408
Buteo buteo 316
Byturus tomentosus 492

Calliphora vicina 604
Calluna vulgaris 162
Calopteryx splendens 434
Caltha palustris agg. 98
Campanula rotundifolia 222
Cantharis fusca 484
Capreolus capreolus 294
Capsella bursa-pastoris 156
Carabus auratus 472
Carabus coriaceus 472
Carabus granulatus 474
Carabus nemoralis 474
Cardamine pratensis agg. 156
Carduelis cannabina 380
Carduelis carduelis 380
Carduelis chloris 382
Carduus crispus 228
Carduus nutans 228
Carpinus betulus 42
Castanea sativa 38
Catocala fraxini 556
Centaurea cyanus 228
Centaurea jacea 230
Centaurium erythraea 184
Cepaea hortensis 618
Cepaea nemoralis 618
Cerastium holosteoides 168
Cercopis vulnerata 458
Cerura vinula 564
Cervus elaphus 292
Cetonia aurata 504
Chaerophyllum temulum 142
Chalcophora mariana 490
Charadrius dubius 326
Chelifer cancroides 630
Chenopodium album 176
Chironomus plumosus 590

Chorthippus biguttulus 442
Chrysanthemum leucanthemum 230
C. vulgare 230
Chrysis cuprea 530
Chrysoperla carnea 464
Chrysops caecutiens 594
Chrysosplenium oppositifolium 118
Ciconia ciconia 302
Cinclus cinclus 356
Circea lutetiana 130
Cirsium arvense 232
Cirsium oleraceum 232
Cirsium vulgare 232
Clematis vitalba 48
Clethrionomys glareolus 274
Coccinella septempunctata 494
Coccothraustes coccothraustes 382
Coenagrion pulchellum 434
Colchicum autumnale 84
Columba palumbus 336
Columbidae 336
Convallaria majalis 84
Convolvulus arvensis 196
Convolvulus sepium 196
Conyza canadensis 234
Cornus mas 74
Cornus sanguinea 74
Coronella austriaca 420
Corvus corone 392
Corvus corone cornix 392
Corvus corone 392
Corvus frugilegus 394
Corvus monedula 394
Corydalis cava 104
Corydalis claviculata 104
Corylus avellana 44
Cossus cossus 546
Cotoneaster integerrimus 54
Crataegus monogyna 52
Crepis capillaris 232
Crocidura leucodon 268
Ctenocephalides canis 606
Cuculus canorus 338
Culex pipiens 590
Curculio nucum 516
Cygnus olor 310
Cylindroiulus silvarum 656
Cytisus scoparius 62

Dama dama 292
Daucus carota 142
Delichon urbica 350
Dendrocopos major 346
Deporaus betulae 520

Dermestes lardarius 492
Deroceras agreste 616
Dianthus carthusianorum 170
Digitalis purpurea 204
Dipsacus fullonum 194
Dlochrysa fastuosa 512
Dolomedes fimbriatus 642
Dolycoris baccarum 452
Drosophila melanogaster 602
Dryopteris filix-mas 256
D. carthusiana 256
Dytiscus marginalis 476

Echium vulgare 198
Ectobius lapponicus 448
Eisenia foetida 622
Emberiza calandra 378
Emberiza citrinella 378
Enchytraeus albidus 622
Enoplognatha ovata 636
Ephemera danica 430
Ephestia kuehniella 548
Epilobium angustifolium 128
E. montanum 130
Epipactis helleborine 92
Equisetum pratense 252
Erannis defoliaria 566
Erica tetralix 164
Erinaceus europaeus 266
Eristalis tenax 598
Erithacus rubecula 360
Erodium cicutarium 132
Erpobdella octoculata 626
Euonymus europaea 64
Eupatorium cannabinum 234
Euphorbia cyparissias 146
E. helioscopia 146
Euproctis chrysorrhoea 562

Fagus silvatica 36
Falco tinnunculus 318
Ficedula hypoleuca 372
Filipendula ulmaria 114
Forficula auricularia 446
Formica rufa 534
Fragaria vesca 110
Frangula alnus 70
Fraxinus excelsior 76
Fringilla coelebs 384
Fulica atra 324

Galanthus nivalis 88
Galeopsis tetrahit 212
Galerida cristata 350
Galinsoga ciliata 234
Galinsoga parviflora 236
Galium aparine 190
Galium mollugo 188
Galium odoratum 188

Gallinula chloropus 324
Garrulus glandarius 394
Genista pilosa 118
Genista sagittalis 120
Gentiana pneumonanthe 184
Geophilus spec. 654
Geotrupes vernalis 502
Geranium molle 134
Geranium pusillum 134
Geranium robertianum 134
Gerris lacustris 456
Geum urbanum 114
Glechoma hederacea 214
Glis glis 272
Glomeris marginata 656
Glossiphonia complanata 626
Gonepteryx rhamni 570
Grus grus 322
Gryllotalpa gryllotalpa 442
Gryllus campestris 442

Haematopota pluvialis 596
Haematopus ostralegus 328
Hedera helix 74
Helix pomatia 620
Helleborus foetidus 98
Hemaris fuciformis 550
Heracleum mantegazzianum 142
Heracleum sphondylium 144
Herniaria glabra 170
Hesperia comma 586
Hieracium murorum 236
Hieracium pilosella 238
Hieracium spec. 236
Hirudo medicinalis 624
Hirundo rustica 352
Humulus lupulus 106
Hydrachna geographica 652
Hyla arborea 410
Hylobius abietis 518
Hylotrupes bajulus 508
Hypericum maculatum 148
H. montanum 148
H perforatum 148
Hypochaeris radicata 238

Ilex aquifolia 64
Impatiens glandulifera 136
I. noli-tangere 136
I. parviflora 136
Inachis io 578
Ips typographus 522
Iris pseudacorus 90
Ischnura elegans 436

Ixodes ricinus 650

Juglans regia 32
Juniperus communis 18

Lacerta agilis 416
Lacerta viridis 418
Lacerta vivipara 418
Lactuca serriola 238
Lamium album 214
L. galeobdolon 214
L. maculatum 216
L. purpureum 216
Lampyris noctiluca 482
Lanius collurio 356
Laphria fulva 598
Lapsana communis 238
Larix decidua 16
Larus argentatus 332
Larus canus 332
Larus ridibundus 334
Lasius niger 536
Laspeyresia pomonella 546
Ledum palustre 164
Leontodon autumnalis 240
Lepidium virginicum 156
Lepisma saccharina 428
Leptinotarsa decemlineata 514
Leptura rubra 510
Lepus capensis 282
Libellula depressa 438
Libellula quadrimaculata 438
Ligustrum vulgare 76
Limax cinereoniger 616
Linaria vulgaris 204
Linyphia triangularis 636
Lithobius forficatus 654
Locustella naevia 366
Lonicera periclymenum 78
Lonicera xylosteum 78
Lotus corniculatus 120
Lotus uliginosus 120
Loxia curvirostra 384
Lumbricus terrestris 624
Luscinia megarhynchos 360
Lutra lutra 286
Lycaena phleas 545
Lychnis flos-cuculi 170
Lycopus europaeus 216
Lygaeus equestris 454
Lymantria monacha 560
Lymnaea stagnalis 612
Lysimachia vulgaris 166
Lythrum salicaria 128

Maianthemum bifolium 84
Malachius bipustulatus 486

Maniola jurtina 584
Martes foina 288
Matricaria chamomilla 240
Matricaria discoidea 240
Melampyrum pratense 204
Melanargia galathea 584
Melandrium album 172
M. rubrum 172
Melasoma populi 514
Meles meles 288
Melilotus albus 122
Melilotus officinalis 122
Meloe proscarabeus 498
Melolontha melolontha 506
Mentha aquatica 218
Mercurialis annua 144
Mercurialis perennis 146
Mergus merganser 308
Mespilus germanica 54
Micrommata virescens 646
Microtus arvalis 274
Milvus milvus 318
Misumena vatia 646
Mitopus morio 650
Moehringia trinervia 172
Motacilla alba 354
Motacilla cinerea 354
Motacilla flava 354
Mus musculus 278
Musca domestica 602
Muscardinus avellanarius 270
Mustela putorius 290
Mycelis muralis 242
Myosotis arvensis 198
Myosotis palustris 198
Myosotis sylvatica 200
Myotis myotis 262
Myrica gale 30

Natrix natrix 422
Necrophorus vespilloides 478
Nemoura cinerea 430
Neobisium muscorum 632
Notonecta glauca 456
Nyctalus noctula 262
Nymphalis antiopa 578
Nymphalis polychloros 580

Ocypus olens 480
Oeceoptoma thoracica 480
Oedemera nobilis 496
Oedipoda caerulescens 444
Oenothera biennis 130
Ondatra zibethica 276
Oniscus asellus 658
Ophrys apifera 92
Ophrys insectifera 92

Orchis mascula 94
Orchis purpurea 94
Origanum vulgare 218
Oriolus oriolus 390
Oryctolagus cuniculus 284
Osmunda regalis 258
Osmylus chrysops 464
Oxalis acetosella 132

Palomena prasina 452
Panolis flammea 558
Panorpa communis 542
Papaver dubium 106
Papaver rhoeas 106
Papilio machaon 566
Pardosa lugubris 644
Paris quadrifolium 88
Parus caeruleus 374
Parus cristatus 374
Parus major 376
Parus montanus 376
Passer domesticus 388
Passer montanus 388
Pentatoma rufipes 452
Perdix perdix 320
Petasites hybridus 242
Phalacrocorax carbo 300
Phalangium opilio 650
Phasianus colchicus 322
Philaenus spumarius 458
Philodromus aureolus 646
Phoenicurus ochruros 362
P. phoenicurus 362
Pholcus phalangoides 634
Phyllobius argentatus 518
Phylloscopus collybita 368
P. trochilus 368
Phyteuma nigrum 222
Pica pica 396
Picea abies 14
Picus viridis 348
Pieris brassicae 572
Pieris rapae 572
Pimpinella major 144
Pimpla instigator 528
Pinus strobus 16
Pinus sylvestris 14
Pipistrellus pipistrellus 264
Pisaura mirabilis 644
Planorbarius corneus 609, 612
Plantago lanceolata 210
Plantago major 210
Platanus x hybrida 50
Plebejus argus 574
Plodia interpunctella 548
Podiceps cristatus 298

Podicipedidae 298 ff.
Polygala vulgaris 138
Polygonatum multiflorum 84
P. odoratum 86
P. verticillatum 86
Polygonia c-album 580
Polygonum amphibium var. terr. 178
P. aviculare agg. 178
P. bistorta 180
P. cuspidatum 180
P. hydropiper 180
P. persicaria 182
Polyommatus icarus 574
Polypodium vulgare agg. 256
Pomatias elegans 610
Pomatiasidae 610 f.
Populus alba 22
Populus tremula 20
Populus x canadensis 22
Porcellio scaber 658
Potamophylax spec. 542
Potentilla anserina 112
Potentilla erecta 112
Potentilla reptans 112
Primula elatior 168
Primula veris 166
Prunella modularis 358
Prunella vulgaris 218
Prunus avium 58
Prunus padus agg. 60
Prunus serotina 60
Prunus spinosa 60
Pseudotsuga menziesii 18
Pteridium aquilinum 256
Pterostichus niger 474
Pulex irritans 606
Pulmonaria officinale 200
Pulsatilla vulgaris 100
Pyrochroa coccinea 498
Pyrrhocoris apterus 454
Pyrrhosoma nymphula 436
Pyrrhula pyrrhula 386

Quercus petraea 34
Quercus pubescens 34
Quercus robur 32
Quercus rubra 36

Rana esculenta 412
Rana ridibunda 414
Rana temporaria 412
Ranunculus acris 100
R. ficaria 100
R. repens 102
R. sceleratus 102
Raphanus raphanistrum 158
Raphidia notata 466
Rattus norwegicus 280
Regulus ignicapillus 368

Regulus regulus 370
Reseda lutea 160
Reseda luteola 160
Rhagonycha fulva 484
Rhamnus cartharticus 70
Rhamnus frangula 70
Rhyssa persuasoria 528
Ribes nigrum 50
Ribes rubrum 50
Ribes uva-crispa 48
Robinia pseudacacia 62
Rorippa sylvestris 158
Rosa canina 56
Rubus fruticosus 58
Rubus idaeus 56
Rumex acetosa 182
Rumex acetosella agg. 182
Rumex obtusifolius 184

Sagina procumbens 174
Salamandra salamandra 400
Salix alba 24
Salix aurita 30
Salix caprea 24
Salix cinerea 26
Salix fragilis 28
Salix purpurea 28
Salix viminalis 28
Salticus scenicus 648
Salvia pratensis 220
Sambucus nigra 78
Sambucus racemosa 80
Sarcophaga carnaria 604
Scabiosa columbaria 194
Scilla bifolia 86
Sciurus vulgaris 270
Scolopax rusticola 330
Scrophularia nodosa 206
Sedum acre 116
Sedum album 116
Senecio ovatus 244
Senecio sylvaticus 244
Senecio viscosus 242
Senecio vulgaris 244
Serinus serinus 386
Sialis flavilatera 466
Silene nutans 174
Sinullum spec. 592
Sinapsis arvensis 158
Sisymbrium officinale 158
Sitta europaea 376
Smerinthus ocellata 550
Solanum dulcamara 202
Solanum nigrum 202
Solidago canadensis 246
Solidago gigantea 246
Sonchus arvensis 246
Sonchus asper 248
Sonchus oleraceus 248
Sorbus aucuparia agg. 52
Sorex araneus 268

Spergularia rubra 174
Sphinx ligustri 552
Stachys sylvatica 220
Staphylinus caesareus 482
Stegobium paniceum 496
Stellaria graminea 174
Stellaria holostea 176
Stellaria media 176
Sterna hirundo 334
Stomoxys calcitrans 604
Strangalia maculata 510
Streptopelia decaocto 336
Streptopelia turtur 338
Sturnus vulgaris 390
Succinea putris 612
Succisa pratensis 196
Sus scrofa 296
Sylvia atricapilla 370
Sylvia borin 372
Symphytum officinale 200
Syrphus ribesii 600

Tabanus bovinus 596
Tadorna tadorna 312
Talpa europaea 266
Taraxacum officinale 248

Taxus baccata 12
Tegenaria atrica 640
Tenebrio molitor 502
Tenthredo campestris 526
Tetragnatha extensa 638
Tetropium castaneum 510
Tettigonia viridissima 440
Teucrium scorodonia 220
Thalictrum flavum 104
Thaumetopoea processionea 562
Thlaspi arvense 160
Thrips angusticeps 462
Thymus serpyllum 222
Tilia cordata 72
Tilia platyphyllos 72
Timarcha tenebricosa 516
Tipula maxima 592
Tipula oleracea 594
Trifolium campestre 122
Trifolium pratense 124
Trifolium repens 124
Tringa totanus 330
Tripleurospermum perforatum 250

Triturus alpestris 402
Triturus cristatus 402
Triturus vulgaris 404
Troglodytes troglodytes 358
Trombidium spec. 654
Turdus merula 362
Turdus philomelos 364
Turdus pilaris 364
Tussilago farfara 250
Tyto alba 342

Ulmus laevis 46
Ulmus minor 44
Urocerus gigas 526
Urtica dioica 108
Urtica urens 108

Vaccinium myrtillus 162
V. vitis-idaea 164
Valeriana officinalis 192
Valeriana procurrens 192
Valerianella locusta 192
Vanellus vanellus 328
Vanessa atalanta 582
Vanessa cardui 582
Verbascum nigrum 206
V. arvensis 206
V. chamaedrys 208

V. hederifolia agg. 208
V. persica 208
Vespa crabro 532
Vespula vulgaris 532
Viburnum lantana 80
Viburnum opulus 80
Vicia cracca 124
Vicia hirsuta 126
Vicia sepium 126
Vicia tetrasperma 126
Vinca minor 186
Vincetoxicum hirundinaria 186
Viola arvensis 150
V. canina 150
V. hirta 150
V. odorata 152
V. reichenbachiana 152
V. riviniana 152
Vipera berus 422
Viscum album agg. 46
Vitrina pellucida 616
Viviparus viviparus 610
Volucella bombylans 600
Vulpes vulpes 284

Zygaena filipendulae 552
Zygaena purpuralis 554

Bildnachweis

Klaus Bogon: Seite 617 u. (klein); **Borkenhagen:** Seite 263 (klein), 265 u., 295 u. (groß), 653 o.;
Michael Borsch: Seite 17 u.l., 23 o.r. klein und u., 25 o. groß und ganz oben klein, 27 o. und u.29 u., 31 o., 35 o. groß und klein, 37 o.r. und u., 39 r. Mitte, 41 o., 45 o. beide; u.r. und Mitte r., 47 o. r. (beide) und o.l., 57 u. (beide), 59 o. (beide), 73 Mitte r., 65 o., 79 u.r., 81 o.l., 83 o., 85 o.r. und u., 87 o.l., 93 o.r., 95 o.l., 101 u.l., 105 o.r. und l., 108 u., 113 u.l., 115 o.l. und u., 117 o., 119 o., 121 o.r. und u. (beide), 123 alle, 125 u., 127 u.r. und l., 131 groß, 133 u., 135 o.l., 137 alle, 139 o. und u., 141 u.r., 155 u.l., 157 o.l., 159 o.l. und u.r., 161 u., 165 u.l., 167 o. und u. (beide), 171 (alle), 173 o., 175 (alle), 177 o., 179 u.r., 181 o. (beide) und u.r., 183 (alle), 185 u.l. und u.r., 189 u.r., 191 (alle), 193 ur. und u.l., 195 (alle), 197 u.l. und o., 199 o.r. und u., 203 o. und u., 205 u.l., 207 o. und u.r., 209 o.r., 211 u.r., 213 u. (beide), 217 o.r., 219 o.r. und o.l., 221 o.r., 223 u.l., 229 o.l., 231 o.l., 232 (alle), 235 o.l., 237 o. und u., 239 o.r. und u., 241 o.r. und o.l., 247 o.l. und o.r., 249 o.l. und u., 443 o.l., 445 o., 453 u., 455 o., 495 u., 505 o., 507 o., 513 o., 515 o. und u., 519 u., 529 u., 531 o. und u., 543 u., 545, 551 o., 553 o. und Mitte (klein), 555 alle, 557 o. + u. und Mitte r. (klein), 559 alle, 561 o. und u., 563 o.r., 565 alle, 567 alle, 569 u., 571 alle, 573 alle, 575 alle, 577 u. (groß), 579 u. (klein), 581 o. (beide), 583 o.l. und u. (klein), 585 o., 587 u., 593 u.; **Jürgen Diedrich:** Seite 373 o.; **Rudolf König:** Seite 17 o., 19 unten (beide), 23 u.l., 29 o., 35 u., 49 u., 51 o.r. und l., 75 Mitte r., 93 u.l., 96 u.r. und l., 121 u.l., 159 o.r., 177 u.r., 179 o., 193 o.r., 239 u.l., 245 o.l., 251 o., 253, 257 o.r., 267 o., 269 o., 279 o., 287 Mitte r., 365 (groß), 339 o., 345 (groß), 417 u., 421 o. und u., 473 o., 481 u., 483 o., 487 u., 493 o., 499, 509 o., 511 u., 521 u., 523 o.r. und o.l., 527 u., 541 u., 547 u. (klein), 549 o., 595 u., 597 u., 599 o. und u., 603 u., 605 o., 607 o., 611 o., 633 u., 635 o. und u., 639 o., 641 u., 643 (groß), 647 o.l. und o.r., 651 o. und Mitte (klein); **Landesamt f. Natur und Umwelt Schleswig-Holstein:** Seite 286 u. (klein), 297 o. (klein), 335 u.; **Hans E. Laux:** Seite 73 u. (beide), 79 o.r. und Mitte r., 111 o.r., 127 o., 159 u.l., 221 u., 247 u.l.; **Alfred Limbrunner:** Seite 19 o.r. und o.l., 263 (groß), 265 o., 283 u.r. und u.l., 285 o. und u.l., 287 o.r. und u.l., 293 o.r., 293 u. (klein), 315 alle, 331 o., 349 o. und u., 367 u., 369 u., 399 o., 375 u.l., 381 u., 385 o. (klein), 391 u.l. und u.r., 393 u.; Erich Lütje: Seite 261, 351 o.r., 353 Mitte r., 365 o., 483 u., 591 u.l., 605 u.l. und o., 623 o.; **Eckard Mestel:** Seite 353 u., 373 u., 375 o., 387 o. und u.r.; **Ulrich Mierwald:** Seite 51 kl. Bild. Mitte, Seite 149 o.l.179 u.l., 209 u., 247 u.r., 255 u.l., 259 o. groß; **Gerd Richter:** Seite 7 o. und u., Seite 143 groß; **Frieder Sauer:** Seite 131 o.l., 151 o.r., 269 u., 273 Mitte und u., 275 u., 291 u., 351 u., 361 u., 377 Mitte, 403 u., 427, 431 u.l., 451, 455 u., 459 o., u. und Mitte r., 463, 465 u., 467 u., 469, 471, 487 o., 489 o. und u., 491 o. und u., 493 u., 497 o. und u., 501 u., 505 u., 509 u., 515 u.r., 517 o. und u., 519 o., 521 o., 525, 529 o., 533 (groß), 537 o., 541 o., 543 Mitte, 547 o.r.+l. und u., 549 u., 563 o.l. und u., 587 o., 589 o. und u., 591 o., 593 or. und u., 597 o., 601 o. und u., 603 o., 605 Mitte, 607 u., 627 o., 631, 633 o., 647 u. (beide), 653 u.; **Knut Schneider:** Seite 243 o.r.; **Erich Tomschi:** Seite 271 u., 283 o., 285 u.l., 317, 343 alle, 345 (klein), 355 o., 357 o.l. und u., 363 Mitte r. und l.; **Paul Trötschel:** Seite 338 u.l. und u.r.; **H. J. Vermehren:** Seite 45 u.l., 95 u.r. und l., 119 u. (beide), 173 u.r., 227 o.l., 243 o.l., 245 groß, 257 o. klein; **Wolfgang Willner:** Seite 103 o.l., 235 u. (beide), 461; **Siegfried Woike:** Seite 157 o.r.; **Volker Wordell:** Seite 277, 369 Mitte

Alle anderen: **Frank Hecker**